To Craig
With Warm Wishes
Der[illegible]
April 3, 2004

ՄԱՏԵԱՆ ԻՆՔՆՈՒԹԵԱՆ
BOOK OF IDENTITY

Library of Congress Control Number: 2001098502

Nalbandian, Zenob, Rev.
Book of Identity

For information address:
Mayreni Publishing, 65 Colonial Avenue, Waltham, MA 02453, U.S.A.

ISBN: 1-931834-01-6

MAYRENI PUBLISHING 2001

ԶԵՆՈԲ ՔՀՆՅ. ՆԱԼՊԱՆՏԵԱՆ

ՄԱՏԵԱՆ ԻՆՔՆՈՒԹԵԱՆ

Մայրենի Հրատարակչատուն
Ուոլթհէմ
2001

Հայաստանի Քրիստոնէացման 1700-ամեակին Առիթով

Տոքթ. և Տկն. Ալպերթ և Ճինճըր Մելիք Ղասէմեաններ
հովանաւորեցին այս հրատարակութիւնը, զայն նուիրելով
Տոքթ. Ղասէմեանի ծնողներուն՝
ՅՈՎՀԱՆՆԷՍ ՄԵԼԻՔ ՂԱՍԷՄԵԱՆԻ և ԱՐՄԵՆՈՒՀԻ ԱԲԱՐԵԱՆԻ

Գիրքիս անգլերէն թարգմանութիւնը կատարեց Դոկտ. Վաչէ Ղազարեան և զայն
վերստուգեց Պարպարա Ղազարեան:
Խորին շնորհակալութիւն իրենց միացեալ ճիգին համար:

Բովանդակութիւն

ARMENIA
FIRST CHRISTIAN NATION
301 AD
2001
17 CENTURIES OF
WALKING IN
THE LIGHT OF
OUR LORD

DIOCESE OF THE ARMENIAN
CHURCH OF AMERICA

ԱՌԱՋՆՈՐԴՈՒԹԻՒՆ
ՀԱՅՈՑ ԱՄԵՐԻԿԱՅԻ
301–2001

Նոյեմբեր 16, 2001

Արժանաշնորհ
Տ. Զենոբ Քհնյ. Նալպանտեան
Հոգեւոր Հովիւ Սուրբ Խաչ Եկեղեցւոյ
Լորէնս

Սիրելի Տէր Զենոբ,

Մեծապէս ուրախ ենք որ հոգեւոր հովիւի ծանր պարտականութեանց կարգին կը շարունակէք ձեր բեղուն գրիչը եւս ի սպաս դնել մեր ժողովուրդի հոգեւոր եւ իմացական յառաջդիմութեան եւ դաստիարակութեան համար: Հոգեւոր հովիւը Բանին Կենաց քարոզութիւնը եւ քրիստոնէական մշակոյթի տարածումը պարտի կատարել բանիւ, գործով եւ, եթէ ձիրքն ու պատրաստութիւնը ունի, գրչով:

Ձեր նախորդ հրատարակութիւններուն վրայ կ'աւելնայ երկլեզուեան նոր հատոր մը եւս, «ՄԱՏԵԱՆ ԻՆՔՆՈՒԹԵԱՆ», ճոխ բովանդակութեամբ: Սփիւռքի ներկայ պայմաններուն տակ նման գիրք մը պատիւ կը բերէ ոչ միայն հեղինակին, այլեւ հայ հոգեւորական դասուն: Իսկ շօշափուած նիւթերու այլազանութիւնը, գրական, երաժշտական, պատմա-հասարակական, բարոյական, լեզուաբանական եւ կրօնական մարզերէ ներս՝ 46 յօդուածներու մէջ ամփոփուած՝ ցոյց կու տայ ձեր հետաքրքրութեան լայն ծիրը, իմացական կարողութիւնը, բազմապիսի հարցերու շուրջ կատարած ձեր ընթերցումներն ու պրպտումները եւ անոնց մէջ յայտնուած գաղափարները համադրելու բացառիկ կարողութիւնը: Ջանասէր մեղուի նման հաւաքած էք սննդառատ հիւթը եւ պատրաստած անուշահամ խորիսխը՝ ի վայելումն ազգիս զաւակներուն:

Ձեր տարիներու աշխատանքի պտուղներուն դիմաց ընդունեցէք մեր գնահատանքը: Վստահ ենք որ ձեր նոր գիրքը, նախորդներուն նման, օգտակար պիտի հանդիսանայ ներկայ եւ ապագայ սերունդներուն: Անոնք ձեր գրութիւններէն պիտի ծանօթանան մեր անցեալին եւ մեր մշակոյթին, ինչպէս նաեւ ներկայ մարդկութիւնը յուզող այժմէական հարցերու:

Աստուած օրհնէ ձեզ եւ ձեր ընտանիքի անդամները, եւ տայ ձեզի ոյժ եւ կարողութիւն ձեր օգտաշատ գործունէութեան մէջ:

Սիրոյ ողջունիւ՝

Խաժակ Արք. Պարսամեան
Առաջնորդ

630 Second Avenue
New York, NY 10016-4806
Telephone: 212.686.0710
Facsimile: 212.779.3558
www.armenianchurch.org

Յառաջաբան

Հոգիի եւ միտքի ներդաշնակ ու գեղեցիկ խճանկար մըն է սոյն ժողովածուն։ Նախանձախնդրութեամբ եւ ազնիւ մղումներէ թելադրուած յօդուածներ են հոն։

Որպէս ուսեալ հոգեւորական, բնական է որ կրօնական-բարոյական յօդուածները մասնագիտական բարձր մակարդակ ունին։ Բարձր մակարդակով են գրուած նաեւ միւս յօդուածները, քանի որ հեղինակը կը գրէ իր իմացականութեան դաշտին քաջ ծանօթ նիւթերու մասին։

Մարդն է գլխաւոր նիւթը· մարդու ինքնաճանաչումը եւ բարոյական կերպարը։ Այսօր մեր մոլորակի վրայ ամէնուր կը տեսնենք որ թեքնիքի գերզարգացումին զուգահեռ կ'իջնէ մարդոց բարոյական վարկանիշը իր ողխտալի բոլոր դրսեւորումներով։ Այսօր ամէնուր կ'ապրին ու իրենց չարագործութիւնները կ'ընեն բիւրաւոր, միլիոնաւոր Կայէններ։ Նոյնիսկ պետութիւններ կը տառապին այս ախտէն...։

Ինչպէ՞ս կատարելագործել մարդը, որպէսզի ըստ Աստուծոյ պատկերին ստեղծուած այս արարածը ըլլայ բարի, ազնիւ, իր մերձաւորը իր անձին պէս սիրող...։

Այս ժողովածուի երաժշտագիտական, լեզուաբանական եւ գրականագիտական յօդուածները գրուած են մասնագիտական մակարդակով եւ նախանձախնդրութեամբ։ Հայաստանեան ուսանողական կեանքի վեց տարիներու ընթացքին հեղինակը համապատասխան մասնագիտական կրթութիւն ստացաւ, եւ լաւ քուրաներու մէջ թրծուեցան իր միտքն ու հոգին։ Յօդուածներու շարադրանքէն դատելով՝ ան ծանօթ է իր շօշափած նիւթերու մասին գիտութեան այսօրուայ նուաճումներուն եւ բարձրակարգ մասնագէտներու տեսութեան եւ տեսակէտներուն։

Շատ կարեւոր է որ ժողովածուն հիմնական մասով հայագիտական է, հայերէն մտածուած, հայերէն գրուած, գրական արեւմտահայերէնի տօնահանդէս մըն է սոյն ժողովածուի լեզուն։

Ամէն յօդուած կարդալէ ետք մարդ ինքզինք քիչ մը աւելի գիտակ եւ զարգացած կը զգայ, քիչ մը աւելի ինքզինք կատարելագործելու պարտադրանքի տակ։ Ահա այս իմաստով ասիկա յաջողած գիրք մըն է եւ յանձնարարելի որ ամէն հայորդի կարդայ զայն։

Ես անձամբ շատ յօդուածներ նորէն ու նորէն պիտի կարդամ։

Սամուէլ Անթոսեան
Բանասիրութեան Դոկտոր

ԳՐԱԿԱՆ

Շոթա Ռուսթավելիին Ժառանգը Եւ Մեր Իրականութիւնը

Վրաց ժողովուրդի գրականութեան պարծանք հանդիսացող, ականաւոր փիլիսոփայ-բանաստեղծ Շոթա Ռուսթավելին ապրած ու ստեղծագործած է Ժբ. դարուն՝ Թամար Թագուհիի ժամանակաշրջանին։

Շ. Ռուսթավելին նշանաւոր է իր գրական մեծագոյն ու ընտրելագոյն ստեղծագործութեամբ, որ կը կոչուի «Վագրենաւորը» (որ եւ՝ «Ընձենաւորը»)։

Կենսագրական առատ տեղեկութիւններ կը պակսին մեզի այս բանաստեղծին մասին։ Ծննդեան ու մահուան թուականները նոյնիսկ ցարդ կը մնան անորոշ։ Մեզի հասած ժլատ ու անբաւարար տեղեկութեանց վրայ հիմնուելով, կ'իմանանք որ Ռուսթավելին ծագումով Մեսխ է։ Ենթադրութիւններ կան որ աշխատած է Թամար Թագուհիի արքունիքին մէջ։ Կարգուած է «իշխանաց իշխան» եւ եղած է «գանձարանապետ կամ առեւտուրի եւ դրամական կեդրոնի նախարար»։ Ալեւորութիւնն անցուցած է Երուսաղէմի Սբ. Խաչ վրացական վանքին մէջ։ Գիտնականներ կատարած են գիւտը Ռուսթավելիի պատկերին՝ վանքին որմնանկարներէն մէկուն վրայ։

Իոանէ Պաթոնիշվիլին՝ Հերակլ Բ.-ի թոռը, որ կը համարուի Ժը. դարու նշանաւոր պատմաբան, իր «Կալմասոբա» գիրքին մէջ կը գրէ.

«Շոթա Ռուսթավելին՝ գրողներուն աւագագոյնը, Թամար Թագուհիի ժամանակ փիլիսոփայ էր, աստուածաբան, հոգեւոր ու աշխարհիկ գրականութեան մէջ փորձուած, պարսկերէն եւ հայերէն իմացող»։

Կ'ենթադրուի որ Ռուսթավելին գրած ըլլայ «Վագրենաւորը» 1189-1207 *թուականներուն եւ նուիրած Թամար Թագուհիին եւ Դաւիթ Սօսլանին։*

Փակագիծի մէջ կ'արժէ յիշել որ Թամարը ամուսնացած է երկիցս. առաջին անգամ՝ 1185-*ին Վլատիմիր-Սուզտալեան իշխան Անտրէյ Պոկալիւպսկիի որդիին՝ Եուրիի հետ. երկրորդ անգամ՝* 1189-*ին, Դաւիթ Սօսլանին հետ։ Թամար Թագուհին նշանաւորուած ըլլալով իր իշխանական բազմապիսի ու արդիւնաւոր աշխատանքներով, կարգ մը բանաստեղծներ իրեն ձօնած են իրենց աշխատանքը, ընդ որում եւ Շոթա Ռուսթավելին։*

Վրաց ժողովուրդի պատմութենէն յայտնի է որ Ժբ. դարը կը կոչուի Ոսկեդար, որովհետեւ շնորհիւ Թամար Թագուհիին եւ անոր օժանդակող անմիջական գործիչներուն, Վրաստանը, որ թիրախը հանդիսացած էր յարձակումներու եւ թատերաբեմը՝ բազմատեսակ ոտնձգութիւններու, պառակտութիւններու եւ այլ անկարգութիւններու, սկսաւ վերելք ապրիլ, մշակութապէս զարգանալ, բարգաւաճիլ ու ծաղկիլ։

Ռուսթավելիին գլուխ գործոցը՝ «Վագրենաւորը» ի լոյս աշխարհ եկաւ քաղաքական այս թոհուբոհին ու անցումային պայմաններուն մէջ եւ մեծ ազդեցութիւն գործեց իրեն ժամանակակից, ինչպէս նաեւ յետագայ վրաց գրողներուն, մտաւորականներուն եւ ընդհանրապէս ժողովուրդին վրայ։

«Վագրենաւորը» գրական ընտիր վրացերէնով եւ ճոխ բառամթերքով շարադրուած չափածոյ ընդարձակ վիպերգութիւն է, որ կը խտացնէ ու կը մարմնաւորէ վրաց ժողովուրդի դարաւոր տենչերը, ձգտումներն ու երազները: «Վագրենաւորը» արտացոլումն է մարդկային բարոյական պահանջքներուն, որք են՝ ազատասիրութիւն, հայրենասիրութիւն, եղբայրասիրութիւն եւ իրար օգնելու պատրաստակամութիւն:

Դարերու հնութիւն ունեցող, բայց եւ այժմեան թարմութիւն բուրող եւ գաղափարական այժմէականութիւն վայելող գրական այս գոհարը, ինչպէս անցեալին, ներկայիս եւս, կ'ընթերցուի աշխարհի բազմաթիւ ժողովուրդներու կողմէ յափշտակութեամբ ու մեծ հիացումով:

«Վագրենաւորը», իբրեւ գեղարուեստական հիանալի նմոյշ, մեծ հաճոյք պատճառած է ընթերցողաց, իսկ անոր բովանդակութեան ներքին ծալքերն ու խորունկ միտքերը՝ դարձած են առարկան խոշոր ներկայացուցիչներու եւ գրականագէտներու:

Անտարակոյս, վրացիք, դարերով, մեծ պարծանքով, ազգային հպարտ զգացումով եւ յարգանքով արտայայտուած են այս երկին մասին:

Ի թիւս այլ բազմաթիւ ժողովուրդներու, հայերը եւս, իբրեւ հարաւի հաւատարիմ հարեւանը, հետաքրքրուած են այդ գործով, եւ թարգմանութեան ճանապարհով, ծանօթացուցած են զայն հայ ժողովուրդի զանազան խաւերուն:

«Վագրենաւորը»-ի վրացերէնէ հայերէն անդրանիկ թարգմանութեան պատիւը կ'երթայ բժիշկ Ստեփան Պալթամեանին, որ 1860 թուականին կը ձեռնարկէ թարգմանական աշխատանքին եւ զայն կ'ուղարկէ «Կռունկ Հայոց Աշխարհի» ամսագրի խմբագրութեան հետեւեալ երկտողով.

«Էս թղթի հետ կու բերեն մէ կտոր բան, որը որ թարգմանուած է վրացերէնիցը: Գիրը ոտեղից վեր է առած էս կտոր բանը, ասվում է «մարդ ընձենու մորթի հագած»: Սրա գրողն է Շոթա Ռուսթավելը: Էս մարդը էնքան յարգեւոր է էլի վրացիներու մէջը, որ վեց հարիւր տարի է սրա շինած բանը էստեղ կարդւում է, ինչպէս Հոմերոսի շինածները կարդւում են ուրիշ ազգերի մէջ: Թիֆլիզեցի Հայքը, միշտ սիրել են Ռուսթավելի գրածները, ուրեմն յոյս ունիմ, թէ չեմ սխալւում, որ թարգմանածս էլ բաւական հաւնեն»:

Ահա այսպիսի գովասանքով արտայայտուած է առաջին թարգմանիչը՝ զայն հաւասարեցնելով յոյն մշակոյթէն՝ Հոմերոսի գործին հետ:

Յետագային, «Վագրենաւոր»-ի հայերէն թարգմանութեամբ զբաղած են այնպիսի յայտնի մտաւորականներ ու բանաստեղծներ, ինչպիսիք են՝ Յովհաննէս Թումանեանը, Վահան Տէրեանը, Փրոֆ. Գէորգ Ասատուրը (Աստուածատուրեան), Գէորգ Մուրատեանը, Յովհաննէս Դաւթեանը, Յովհաննէս Կարայեանը եւ այլք:

Հետաքրքրական է որ Կովկասի Հայոց Հրատարակչական Ընկերութեան Վարչութիւնը դիմած էր հայոց մեծ բանաստեղծ Յովհաննէս Թումանեանին, որ թարգմանէ «Վագրենաւորը»: Թումանեանի պատասխան նամակն ունի հետեւեալ բովանդակութիւնը.

«Ի պատասխան յարգելի վարչութեանդ եւ խմբագրական մասնաժողովի խառն ժողովի թիւ 56 գրութեամբ ինձ արած առաջարկին թէ քանի ժամանակում եւ ինչ պայմաններով հայերէնի կը թարգմանեմ Շ. Ռուսթավելու

«Ընձենաւորը» հուչակաւոր վիպերգութիւնը, պատիւ ունիմ յայտնելու, որ թարգմանութիւնը կ'անեմ հինգ տարուայ ընթացքում, իւրաքանչիւր տողին կ'առնեմ մի ռուբլի, գործը կը մնայ սեփականութիւն ընկերութեանը»։

Զանազան հանգամանքներու բերումով, դժբախտաբար, Յ. Թումանեանին չվիճակուեցաւ իրագործել այն, այլ բաւականացաւ բժիշկ Ստեփան Պասթամեանին Թիֆլիսի բարբառով թարգմանութիւնը վերածելով գրական աշխարհաբարի, 1913 թուականին։

Ուշագրաւ է նաեւ Վահան Տէրեանին պարագան։ Երիտասարդ բանաստեղծը վրացերէնին ծանօթ չէր երբ մտադրեց թարգմանական աշխատանքին ձեռնարկել։ Կարճ ժամանակամիջոցի մէջ, յամառ աշխատանքով եւ Նիկողայոս Մառի օգնութեամբ, ան հիմնովին իւրացուց վրացերէնը՝ ընկալելով լեզուի նրբագոյն տարրերը, ձեւերը եւ իւրայատկութիւնները։ Թարգմանութիւնն ամբողջանալէ ետք, տպագրութիւնը կատարուեցաւ յետ մահու՝ 1922 թուականին «Նորք» ամսագրի մէջ։

Նախքան վիպերգութեան բովանդակութեան անցնիլը, պէտք է ցաւով յիշատակել որ «Վագրենաւոր»-ի բնագիրը հրոյ ճարակ դարձած է մոնղոլական տիրապետութեան շրջանին։ Անոր լոկ մէկ ձեռագիր տպագրութիւնն է որ հասած է յաջորդ սերունդներուն։ «Վագրենաւոր»-ի վրացերէն առաջին տպագիր հրատարակութիւնը տեղի ունեցած է 1712 թուին, Թիֆլիս։ Այս անդրանիկ տպագրութեան մեծապէս նպաստած է Վախթանգ Զ., որ իր խմբագրութեամբ եւ մեկնաբանութիւններով ճոխացուցած է գիրքը։

«Վագրենաւոր»-ի բովանդակութիւնը կը սկսի Արաբիայի ծերունի Ռոստեւան թագաւորի պատմութեամբ, որ իր զառամութեան օրերուն կ'որոշէ իր գահաժառանգը դարձնել իր միակ չքնաղ դուստրը՝ Թինաթինը։ Պալատի խորհրդականները միահամուռ կը համաձայնին ու կ'ըսեն.

> «Թէեւ կին է թագաւորը՝ հարազատ զաւակն Աստուծոյ,
> Անշուշտ գիտէ կառավարել, այդ ըսած ենք, չենք ալ ժխտեր,
> Անմար է ան արեւի պէս, անոր պէս վառ ու լուսատու,
> Զագն առիւծի մէկ չէ՞ միթէ -էգ ըլլայ ան կամ թէ արու»:

Թինաթինը, հօրը այն խօսքին վրայ, որ՝ «առատ ձեռքն այն ծովն է, որ եւ՛ կու տայ, եւ՛ կը ստանայ», կը հրամայէ բանալ գանձարկղը եւ առատօրէն բաշխել բարիքներէն իր բոլոր հպատակներուն։ Ամէնքին ուրախութեանը չափ ու սահման չկար։ Ավթանտիլը՝ որդին ամիր սպասալարի եւ որդեգիրը Ռոստեւան թագաւորին, ամէնէն շատ կ'ուրախանայ, որովհետեւ աննման սիրով կապուած էր Թինաթինին եւ կ'ուզէր զայն կնութեան առնել։

Օր մը, երբ Ռոստեւանն ու Ավթանտիլը որսորդութեան ելած էին, կը հանդիպին հուժկու եւ կարշնեղ երիտասարդի մը, որ հագած էր վագրի մորթէ վերարկու մը եւ դառնագին կ'արտասուէր։ Թագաւորը կը վրդովի այս տեսարանէն եւ կը փափաքի պատճառը գիտնալ, բայց հնարաւոր չ'ըլլար, որովհետեւ վագրենաւորը իր նժոյգով իսկոյն կը փախչի։

Ի տես այս սրտաճմլիկ ու հոգեցունց տեսարանին, Ռոստեւանը խոր մտածմունքի մէջ կը մնայ։ Թինաթինը տեղեկանալով պատահարին մասին, իր մօտ կը կանչէ իր սիրելի ու քաջ Ավթանտիլը եւ իրմէ կը խնդրէ հետապնդել եւ գտնել փախչող երիտասարդը։ Ավթանտիլ իսկոյն կ'երթայ անծանօթ երիտասարդին հետքերով, եւ բազում դժուարութիւններէ, արկածախնդրութիւններէ եւ յուսախաբութիւններէ ետք կը հանդիպի Ասմաթի անունով սեւազգեստ կնոջ մը։ Վերջինս ամենայն մանրամասնութեամբ կը պատմէ Ավթանտիլին, անծանօթ երիտասարդին՝ Տարիէլի ցաւը եւ հոգեկան տուայտանքը։ Ասմաթին կը խոստանայ երկուքը իրար հանդիպեցնել։ Տարիէլ եւ Ավթանտիլ կը հանդիպին եւ կը բարեկամանան։

Տարիէլ կը պատմէ թէ ինչպէս իր թագաւոր հայրը եւս, խոր ծերութեան պատճառով, կը յանձնէ երկիրը Հնդկաստանի Փարսադան թագաւորին։ Տարիէլ որդեգիրը կը դառնայ այս թագաւորին, որ զաւակ չունէր։

Յետագային՝ սակայն, թագաւորը կը բախտաւորուի աղջիկ զաւակով՝ Նեստան-Դարեջան անունով։ Տարիէլ կը պատմէ որ ինք եւ Նեստան-Դարեջան մինչեւ որոշ տարիք մը միատեղ կը մեծնան ու կը դաստիարակուին։ Ապա, արքայադստեր եօթ տարեկանին, կ'անջատուին իրարմէ եւ աղջկան խնամքը հայրը կը յանձնէ իր այրի քրոջ՝ Տավարին։ Նեստան-Դարեջանին աննման գեղեցկութիւնը կը գերէ սիրտն ու հոգին քաջ Տարիէլին։ Նեստան-Դարեջան Տարիէլէն կը խնդրէ որ իրեն հանդէպ տածուած սէրը ցոյց տայ յարձակելով թշնամի Խատաւցիներուն վրայ, որոնք ապստամբութեան դրօշ պարզած էին։ Տարիէլ իսկոյն կ'արշաւէ ոսոխին վրայ եւ կը բնաջնջէ զայն։

Փարսադան թագաւորը երբ կ'առնէ Տարիէլին յաղթութեան լուրը, կ'երջանկանայ եւ Տարիէլ քովը կանչելով կ'ըսէ.

«Դուն լաւ գիտես, որդի, որ մենք արու թագաժառանգ չունինք, ուստի կը ցանկանք Նեստան-Դարեջանը ամուսնացնել եւ գահն ալ փեսացուին յանձնել, ի՞նչ խորհուրդ կու տաս մեզի»։

Փեսացու ընտրուած էր Խուարազմստանի արքայազունը։

Տարիէլ չանթահար կ'ըլլայ այս լուրին վրայ։ Նեստան-Դարեջանին հետ խորհրդակցելէ ետք, Տարիէլ կ'որոշէ սպաննել արքայազնը եւ ապահովել իր ապագայ կինը։

Փարսադան թագաւորը կը զայրանայ եւ կ'որոշէ սպաննել իր քոյրը՝ Տավարը։ Վերջինս իմանալով եղբօր չար մտադրութիւնը, սաստիկ չարչարանքներու կ'ենթարկէ Նեստան-Դարեջանը եւ զայն կը յանձնէ գերող ստրուկներուն, որոնք անհետ կը փախցնեն։

Տարիէլ սար ու ձոր կը պտըտի, բայց իր հոգեհարազատը չի գտներ։

Ավթանտիլ ունկնդրելէ ետք այս ցաւալի պատմութիւնը, կը խոստանայ Տարիէլին գտնել իր առեւանգուած սիրածը։

Ավթանտիլ կը սկսի իր երկար ու անվերջ փնտռտուքը։ Կը հասնի Գուլանշիր քաղաքը եւ կը հանդիպի Ֆաթման Խանումին որ իրեն կը պատմէ աննման աղջկայ մը տխրալի պատմութիւնը։ Ավթանտիլ անմիջապէս կը հետեւցնէ որ այդ աղջիկը պէտք է ըլլայ Նեստան-Դարեջանը։ Կը խնդրէ Ֆաթմանէն նամակ մ'ուղարկել անոր եւ յայտնել Տարիէլին մտահոգութիւնը իր ողջութեան ու առողջութեան մասին։

Նեստան-Դարեջան, որ առեւանգուելով նետուած էր բարձրաբերձ ամրոցի մը մէջ, սուրհանդակի միջոցով, կը ստանայ Ֆաթմանին հետեւեալ բովանդա-

կութեամբ գրութիւնը. «Զքնաղագեղ, պայծառ եւ ջերմացող արեգակ, իմ սիրասուն Նեստան-Դարեջան, գրէ քու կեանքիդ, տեղիդ, քու վրադ իշխողներուն եւ առողջութեան մասին, գրէ մանրամասնօրէն. քեզի համար դեգերող ու սգացող Տարիէլին շատ կարեւոր են այս լուրերը, հետն ալ որեւէ նշան մը ղրկէ անպայման Տարիէլիդ։ Երդմնեղբայր Ավթանտիլը իմ մօտս է եւ անհամբեր կը սպասէ նամակի պատասխանին»։

Նեստան-Դարեջան կը պատասխանէ իր շատ սիրելի Տարիէլին.

«Մէջքս գրիչ դարձած է, լեղիս թանաք եւ մեռած սիրտս թուղթ. տեսա՞ր, թանկագինս, ինչպէս աշխարհն ու ժամանակն անջատեցին մեզ իրարմէ. դառն է կեանքս. կ'երդուիմ արեւովդ, որ մինչեւ անգամ չէի գիտեր ողջ ըլլալուդ մասին։ Եթէ գլխովս անցածները պատմեմ, լեզուս կը ցամքի, ուժս ալ չի պատեր... Ես երկար, անպատմելի տանջանքներ կրելէ ետք, այժմ կը գտնուիմ անպարտելի դեւ-քաջերու ձեռքը, որոնք գիս կը պահեն այնպիսի բարձրաբերձ ամրոցի մը մէջ, որ աչքս հազիւ գետին կը հասնի։ Պահապաններս անթիւ, անհամար են եւ վա՛յ անոր որ կը համարձակի անոնց մօտենալ... Իմ հոգեակս, իմ սիրելի Տարիէլ, ամենեւին մտքովդ անգամ չանցընես անոնց դէմ կռուիլ, անոնք անյաղթելի են...»։

Ավթանտիլ անմիջապէս Տարիէլին կը հասցնէ նամակը եւ երկուքը կը ծրագրեն ու կը կազմակերպեն ազատագրումը չքնաղ Նեստան-Դարեջանին։ Երկար ու արիւնալի կռիւներէ ետք, Նեստան-Դարեջան կ'ազատի գերողներէն։ Տարիէլն իր մուրազին կը հասնի՝ ամուսնանալով անոր հետ։

Տարիէլ երախտամոռաց չ'ըլլար երբեք, այլ՝ Ավթանտիլին կ'ուղեկցի մինչեւ Արաբիա եւ կը մասնակցի իր քաջամարտիկ ու անձնազոհ ընկերոջ՝ Ավթանտիլի ու Թինաթինի փառաւոր հարսնիքին։ Այնուհետեւ, ամէնքն ալ կ'ապրին ուրախ ու երջանիկ կեանք։

Վրաց ժողովուրդի «Վագրենաւորը» վիպերգութեան բովանդակութեան զուգընթաց հանդէս կու գայ հայ ժողովուրդի նշանաւոր «Սասունցի Դաւիթ» դիւցազնավէպը, որ ստեղծուած է Թ. դարուն՝ ժողովուրդին կողմէ։ Այս երկու արժէքաւոր ստեղծագործութիւններով, երկու ժողովուրդներն ալ հանդէս կու գան իրենց արիութեամբ, նուիրուածութեամբ, անձնազոհութեամբ, անշահախնդրութեամբ, եղբայրասիրութեամբ եւ այլ վսեմ գաղափարներով ու առաքինութիւններով։

Ուշագրաւ երեւոյթ է, դեռեւս այդ դարաշրջաններուն, կնոջ հանդէպ ցուցաբերուած մասնաւոր յարգանքը, սէրն ու գուրգուրանքը, ինչպէս նաեւ գնահատումը անոր իմացական կարողութեանց եւ ոգեղէն արժէքներու։ Ներկայ մարդկութիւնը յուզող հրատապ հարցերէն մէկը՝ կանանց տղամարդկանց հետ համահաւասար իրաւունք ունենալու հարցն է, որ լուծուած կը գտնենք երկու վէպերուն մէջ։ «Վագրենաւոր»-ի մէջ, երբ Ռոստեւան թագաւորը կը փափաքի իր դստեր փոխանցել գահը, իր մեծ Վէզիրը իմաստութեամբ եւ անխտրականութեամբ կ'ըսէ. «Կորիւնը առիւծ է հաւասար, էգ ըլլայ ան թէ արու»։ Նոյն ազնիւ ու վեհ ոգին տիրական է նաեւ «Սասունցի Դաւիթ»-ին մէջ։ Նշանաւոր է Քեռի Թորոսին խօսքը ուղղուած Դաւիթին՝ անոր զայրոյթը մեղմելու համար՝ Խանդութէն՝ իր սիրածէն հարուած ստացած ըլլալուն համար. «Առիւծն առիւծ ա, էղնի էգ թէ արու...»։

Շ. Ռուսթավելին իր «Վագրենաւոր»-ին մէջ յայտնած է խորունկ ու յաւերժական մտքեր պարունակող իմաստութեան կայծեր. այսպէս՝

«Ինչ որ կու տաս, քոնն է, գիտցիր,
Ինչ որ չէ – կորսուած համարիր»:

Կեանքի գաղտնիքն ու երջանկութիւնը, հոգեկան գոհունակութիւնն ու բաւարարութիւնը կը կայանան ոչ թէ գիտութիւնը կամ գանձը պահելու եւ քանքարաթաքոյց ըլլալու մէջ, այլ՝ տալու, բաշխելու, լուսաւորելու, հարստացնելու եւ ազնուացնելու մէջ:
Ցարեւնման հարուստ գաղափարներ արտայայտած են նաեւ մեր իրականութենէն Յ. Թումանեանը, Վ. Թէքէեանը եւ ուրիշներ.

«Գործն է անմահ, լաւ իմացէք,
Որ ապրում է դարէ դար»: (Յ. Թումանեան)

«Կեանքէն ինծի ի՞նչ մնաց,
Ինչ որ տուի ուրիշին, տարօրինակ, այն միայն...
Ինչ որ գնաց ուրիշին՝ վերադարձաւ անուշցած»: (Վ. Թէքէեան)

«Վագրենաւոր»-ի մէջ կան հզօր պատկերներ հաւատքի, ջերմ երկիւղածութեան, աստուածավախութեան, ինչ որ կը մատնանշէ այդ ժամանակաշրջանի կրօնական տիրող ոգին եւ հեղինակին հաւատացեալ ըլլալու ճշմարիտ իրողութիւնը: Ցայտնի պատճառներով, մեր նախկին Խորհրդային Միութեան երկիրներու մտաւորականները չեն անդրադարձած ատոր: Այսպէս՝

«Հրամայեց "խինդն իմ, անշուշտ, չէ հաճելի Աստուծոյ,
Ահա ինչու Նա դառնութեամբ փոխարինեց օրս իմ խնդուն,
Անբուժելի վէրք մը տուաւ, որ մինչ ի մահ այրուի արթուն.
Բայց փա՜ռք Անոր, ես անոր մէջ Իր անքնին կամքն եմ կարդում"»:

Աստուծոյ համակ բարութեան ու անոխակալութեան նուիրուած տողերը ակնբախ են իրենց պարզութեամբ ու գեղեցկութեամբ. ահաւասիկ հատուած մը.

«Աղջիկն ըսաւ. "Թող քեզի հիմա դիմեմ խօսքով եւ համարձակ.
Ո՛վ թագաւոր, Աստուծմէ, բախտէն դժգոհելու արդեօք ի՞նչ հարկ.
Մի՛ վերագրեր դառը Անոր՝ քաղցր կը հայի ով շարունակ.
Ինչո՞ւ պիտի գործէ չարիք, երբ բարիին է լոկ ընդունակ"»:

Դարերուն ընդմէջէն փոխանցուած մեր նախահարց կրօնական ջերմեռանդութիւնը լաւագոյնս արտացոլուած կը գտնենք նաեւ «Սասունցի Դաւիթ» դիւցազնավէպին մէջ: Էպոսի բովանդակ տարածքին սփռուած են գովերգներ, փառաբանութիւններ, երկնային օգնութեան ու միջամտութեան աղերսանքներ, մաղթանքներ, նոյնիսկ անէծքներ՝ չարը արմատախիլելու եւ չորցնելու. այսպէս՝

«Դաւիթ քշեց Քուռիկ Ջալալին,
Ծիռկաւ թամքին, կանչեց, ասաց.
Յիշա Մարութայ բարձր Աստուածածին,
Խաչ Պատերազմին վեր Դաւթի աջ թեւին...»:

կամ՝

«Խանդութ Խանում կանչեց.
''Օրհնեալ, բարերար Աստուած,
Քո հրամանքն էր շատ,
Հրաման էնես՝ Գաբրիէլ հրեշտակ վար իջնէր,
Հէր, տղէն մէ-մէկից հետ կտրէր''»:

կամ՝

«Աստծու անուն էտու, Խաչ Պատերազմին կանչեց»:
Իբրեւ անէծք յիշենք՝ «Աստուած ձեր տուն քանդի» էն։

Կարեւորութեամբ պէտք է ընդգծել այն երեւոյթը, որ «Վագրենաւոր»-ի եւ «Սասունցի Դաւիթ»-ի մէջ հերոսները՝ Ավթանտիլը, Տարիէլը, Դաւիթը եւ ուրիշներ, խաղաղասէր մարդիկ են եւ երբեք պատերազմներ չեն հրահրեր. նոյնիսկ կռիւներու պատճառ չեն ըլլար. բայց, մարտահրաւէրէն եւս երկնչողը եւ խուսափողը չեն։ Չեն կռուիր ի հաճոյս իրենց կամաց ու կրից, այլ՝ ի պաշտպանութիւն իրենց ազատութեան, հայրենիքի փրկութեան, եւ մանաւանդ՝ ընդդէմ ստրկատիրութեան ու բռնակալութեան։ Ավթանտիլն ու Դաւիթը հրաշալի ու մաքրամաքուր սիրտ ունին որ իրենց անձը կը դնեն իրենց սկզբունքի ու հաւատքի, առհաւական դաստիարակութեան ու համոզման զոհասեղանին եւ պատրաստ են դիմակալելու անագորոյն մահը։

Երկու վէպերուն հերոսները մարմնացումն են երկու ժողովուրդներու հոգեկան լաւագոյն յատկութիւններուն եւ բարեմասնութեանց։ Վէպերը կ՚աւարտին պատուով ու յաղթանակով։

Եթէ «Սասունցի Դաւիթ» երկարաշունչ դիւցազնավէպը նուիրուած է հայ ժողովուրդի ոսոխի լուծէն ազատագրուելու հերոսական պայքարին, կենսական ու գոյութենական մարտին, ապա «Վագրենաւորը» լայնածաւալ վիպերգութիւնը նուիրուած է ազատ ու անկաշկանդ սիրոյ, ազնուագոյն իղձերու իրականացման, գեղեցկութեան ու արդարութեան յաղթանակի, բարեկամութեան յաւերժութեան, ինչպէս նաեւ կանացի խիզախութեան, տոկունութեան, անդաւաճանութեան ու անտեղիտալիութեան։

Վրացահայ մտաւորական Սուրէն Աւչեան իրաւացի է, երբ կը գրէ.

«Եւ Սասունցի Դաւիթը եւ Վագրենաւորը գրուած են լայն աշխարհայեցողութեամբ. նրանք համամարդկային են, երբեք չհնացող իրենց գաղափարախօսութեամբ, գեղարուեստական հմայքով՝ անմահ ու անթառամ»։

Մեր գրութեան աւարտին, կը փափաքինք յայտնել որ Հայ-Վրաց գրական կապերը ետ կ՚երթան մինչեւ Ե. Դար։ Հայերու Վրաստան հաստատման մասին կը վկայեն հնագոյն ու հաւաստի աղբիւրներէն Մովսէս Խորենացին, Ղազար Փարպեցին, Ստրաբոն եւ ուրիշներ։ Մամիկոնեան գերդաստանին՝ Ցուրտաւ քաղաքը ապաստանելու մասին կը խօսի Փարպեցին։ Երանելի Մեսրոպ Մաշտոցի Վրաստան առաքելութեան մասին կը գրէ վարքագիր Կորիւնը։ Ըստ կարգ մը հայերէն արձանագրութեանց, Վրաստանի շինութեան, բարգաւաճման եւ բարեզարդման գործին իրենց կարեւոր լուման ընծայաբերած են Հայերը։

Է. դարը անկիւնադարձային ժամանակաշրջան եղած է Հայ եւ վրաց եկեղեցիներու պատմութեան մէջ, վասնզի այդ դարուն էր որ երկու եկեղեցիները իրարմէ բաժնուեցան։ Այդ բաժանումը, սակայն, մասնաւոր արգելք չեղաւ որ երկու ժողովուրդները շարունակեն իրենց բարեկամութիւնն ու գրական կապերը։

Հայ եւ Վրաց ժողովուրդներու դարաւոր բարեկամութեան լաւագոյն գրաւականը գրական-մշակութային փոխադարձ կապն է։ Է-Թ. դարերուն Հայ մատենագիրներէն բազմաթիւ երկեր թարգմանուած են վրացերէնի, եւ՝ փոխադարձաբար։ Մեզի համար առանձնապէս հետաքրքրական եւ խիստ ուշագրաւ են երկու հայ դէմքեր (ի մէջ բազում այլոց), որոնք յիշատակուած կը գտնենք վրաց պատմութեան մէջ. անոնք են՝ Փիլիպպէ Քհյ. Ղայթմազաշվիլին (Ղայթմազեան) եւ Միրզա Գուրգէնի Մամիկոնեանը։

Անտոն Ա. Կաթողիկոսը Վրաց (1720–1788) *շարք մը հետաքրքրական տեղեկութիւններ կը հաղորդէ Հայաստանի եւ հայերուն մասին։ Վրաստանի մէջ գործած հայ մտաւորականներու մասին խօսած ատեն կը յիշէ Փիլիպպէ Քհյ. Ղայթմազաշվիլին, որուն օգնութեամբ Կաթողիկոսը հայերէնի թարգմանած է երկու գործ՝ «Եփեսոսի Պատմութիւնը» եւ Կիւրեղ Աղեքսանդրացիին «Գանձը»։ Մեծ դրուատիքով կը խօսի Վրաց Կաթողիկոսը այս զարգացած, ազնուական ծագումով հայ քահանային մասին։ Կաթողիկոսը քահանան կարգած է դասատու Թելաւիի դպրոցին՝ որպէս գիտնական եւ իմաստասէր՝ «ինչպէս հին փիլիսոփայութեան տեղեակ, նոյնպէս եւ նորի մէջ յոյժ փորձուած...»։*

Վրաց արքունիքի դիւանագիտական յարաբերութիւններու մէջ եւս նշանակալից դեր խաղցած են հայերը։

Գուրգէն Էնիկոլոփովին, ըստ Գ. Շերմազեանին հայթայթած տեղեկութեանց, Հերակլ Բ. թագաւորին կողմէ ղրկուած էր Կոստանդնուպոլիս՝ Թուրք եւ Վրաց ժողովուրդներու միջեւ տեղի ունեցած դժուարութիւնները հարթելու եւ թշնամութիւնները ընդմիշտ վերացնելու նպատակով։ Գուրգէն կոչուած այս հայ անձնաւորութիւնը կը կրէր «Մամիկոնեան» մականունը։ Գուրգէնն իր բազմաթիւ լեզուներ տիրապետելու շնորհքին համար, վրաց թագաւորին կողմէ կոչուած էր Էնիկոլոփի, որ թարգմանի՝ տուփ լեզուի, վրց. "էնա" «լեզու» եւ "կոլոփի" «տուփ»։ Այս լեզուագէտը վրաց դիւանագիտական պատմագրութեան մէջ յիշատակուած է՝ Միրզա Գուրգինայ Էնիկոլոփաշվիլի անունով։

Հայ եւ Վրաց ժողովուրդներու յաւերժական բարեկամութիւնը խարսխուած է ապառաժի վրայ եւ հետզհետէ աւելի կ'ամրանայ, կը խորանայ ու կը զարգանայ։

1996

Նահապետ Քուչակի Հայրէնները

Նահապետ Քուչակ՝ հայ միջնադարեան քնարերգութեան մեծագոյն վարպետը, ապրած ու ստեղծագործած է ԺԶ. դարուն։

Ծննդեան թուականն անյայտ է, բայց յայտնի է մահուանը՝ 1592։ *Եղած է երկարակեաց. ապրած է դար մը։ Թաղուած է Խառակօնիս գիւղը։ Անոր տապանաքարին վրայ կը կարդանք. «Սա արեւ Քուչակ ՌԽԱ Ցս. Քս.»։ Անոր գերեզմանը եղած է ուխտավայր եւ հայ երախտագէտ ժողովուրդը իր մշտական այցելութիւններով յարգած է իր մեծ բանաստեղծն ու իր սիրտին մէջ վառ պահած անոր անթառամ յիշատակը։*

Քուչակ թափառած է աշխարհը եւ տեսած ու վայելած զայն։ Էր արդարեւ այր լի փորձառութեամբ եւ իմաստութեամբ. գերազանցապէս սիրոյ եւ պանդխտութեան երգիչ. շեշտող՝ ազատ ու անկաշկանդ, անկեղծ ու հարազատ սիրոյ արտայայտութիւնը. ընդգծող՝ գիտութեան եւ ուսման անհրաժեշտութիւնն ու կենսականութիւնը մարդոց կեանքէն ներս։

Ն. Քուչակ ունեցած է իմացական բարձր կարողութիւն եւ սքանչելի ճաշակ. գէթ այդ կը վկայեն իր պատկերաւոր ու խորիմաստ հայրէնները (երգերը, բանաստեղծութիւնները)։ Իր ստեղծագործութիւնները յագեցած են խորին քնարականութեամբ։ Ցուզականութեամբ թաթաւուն պանդխտութեան երգերը եզակի են իրենց մարդկային զգացմունքներու եւ ապրումներու խորաթափանցութեամբ։

Քուչակի հայրէններուն լեզուն բաւական մօտ է Ակնի բարբառին։ Լեզուական կարգ մը իւրայատուկ արտայայտութիւններ ու դարձուածքներ կը բնորոշեն Ակնի խօսուածքը։ Քուչակ երբ բնութեան գովերգումը կը կատարէ, մեր առջեւ խկոյն կը պարզուի Ակն քաղաքը իր չքնաղ տեսարաններով ու բնական անզուգական գեղեցկութիւններով։

Թէ ի՞նչ հանգամանքներ ստիպած են որ Քուչակ ձգէ Ակն քաղաքը եւ երթայ Խառակօնիս, յայտնի չէ։

Հետաքրքրական է որ Հայր Ղեւոնդ Ալիշան իր «Ցուշիկք»ի մէջ, ի շարս այլ երգիչներու կամ տաղասացներու, կը յիշատակէ «Հուկուանցի Քուչակ»ի անունը։ Նշանաւոր բանասէր Նորայր Բիւզանդացի յայտնած է որ Հըռկուանը Խառակօնիսն է, եւ Ակն քաղաքը ունեցած է Խառակօնիս անունով գիւղ մը։

16*–րդ դարու Ակն քաղաքը եղած է Ն. Քուչակի ներշնչման ակնաղբիւրը։ Շրջապատուած իր հարազատ ժողովուրդով ու բնութեան օժտած կենդանի պատկերներով, Քուչակ գրած է հիանալի ու աննման հայրէններ։*

Կենսագրական յաւելեալ՝ լայն ու հարկաւոր տեղեկութիւններ, ցաւօք սրտի, կը պակսին Քուչակի մասին։ Բանասիրութիւնը՝ հիմնուած ԺԶ. դարու Ակնի պանդխտական շարժման վրայ, Քուչակ կը զետեղէ Ակնի մէջ, իբրեւ իր հայրենիքին։

Ուշագրաւ պարագայ է որ Ակնը կոչուած է Նետաձիգներու Քաղաք, *որովհետեւ աղեղնագործութիւնը տարածուած արհեստ եղած է։ Այս հան–*

գամանքը չէ վրիպած ուշադրութենէն մեծ աշուղին, որ իր հայրէններուն մէջ մերթ ընդ մերթ կը մէջբերէ աղեղ, լար ու նետ։

Թուրքերու տիրապետութեան տակ, Արեւմտեան Հայաստանը 16–րդ դարուն հետզհետէ կը ճնշուէր ու կը կքէր։ Գործազրկութենէն, փաշխառութենէն, կեղեքումէն ու ընդհանրապէս տնտեսական ահաւոր տագնապէն ազատելու համար, Ակնեցի շատ արհեստաւորներ եւ նորավարժ աշկերտներ ստիպուած կը հեռանային իրենց ծննդավայրէն ու պանդխտութեան ցուպն իրենց ձեռքին՝ յարմար վայրեր կ՚որոնէին արդար վաստակի համար։ Քաղաքական ու տնտեսական պատճառներով անըղձալի սպնջականութեան դիմող հայը մեծ ցաւ ու կորուստ կը պատճառէր իր հարազատին։ Այսպիսով, կը քայքայուէր գիւղը․ այս գաղթէն (թէկուզ ժամանակաւոր) մեծապէս կը տուժէր ընտանիքը։ Իր հարազատ քաղաքի կամ գիւղի արհեստաւորը կը դառնար օտար (ղարիպ) եւ կը սկսէր ճաշակել օտարութեան դառնութիւնն ու կրել պանդխտութեան սարսափելի հետեւանքները։ Աշխատասէր ու կորովամիտ ակնցին իր բախտն ու ճակատագիրը կը փնտռէր օտար ու անորոշ երկինքներու տակ։

16–րդ դարէն սկսեալ, պանդխտութիւնը ակնցիներուն համար կը դառնայ կեանքի երեւոյթ։ Պանդխտութիւնը սովորաբար կը կարծրացնէ պանդուխտին սիրտը եւ անոր մէջ կը ստեղծէ կամ կը խմորէ պանդխտութեան հոգեբանութիւն։ Առ ի հետեւանք այս հոգեվիճակին, պանդուխտը իղձն ու պահանջքը չի զգար վերջ տալու իր ստանդական կեանքին ու վերադառնալու հայրենիք, վերստին միանալու համար իր հարազատ ընտանիքին։ Ակնցիներու պարագան, սակայն, ամբողջովին տարբեր էր։ Օտարութեան մէջ ապրող ու գործող ակնցիին սիրտը կը բաբախէր հայրենի օճախին սիրով, իսկ միտքը կը զբաղէր հարազատներով։ Ան կ՚երազէր ու երեւակայութեամբ կաթոգին կը փարէր իր ընտանիքի սիրելիներուն։ Փոխադարձաբար, հոգեհարազատ անդամներ ալ կ՚ողողէին իրենց սիրելի պանդուխտը նամակներով, կ՚ամոքէին անոր տոչորող սիրտը եւ կը սփոփէին հայրենիքի կարօտով ճենճերող անոր հոգին։

Պանդուխտին ընտանիքի անդամները աղի արցունքով ու անհամբեր կը սպասէին անոր վերջնական դարձին։ Այդ վերադարձը, սակայն, կը յամենար անողոքաբար։ Ակնցին չէր յուսահատեր, չէր լքեր ու չէր մոռնար իր հարազատը։

Պանդխտութեան պատճառած ցաւն ու տառապանքը, ակօսած ճեղքն ու ստեղծած անջրպետը կը զգան լոկ պանդուխտներն ու իրենց սիրելիները։ Ազգային չափանիշով ու տարողութեամբ այս վիճակը պատճառած է մեծամեծ վնասներ ու խորտակած բազմաթիւ կեանքեր։ Քուչակ իբրեւ անկեղծ սիրոյ եւ պանդխտութեան գերզգայուն երգիչը, չէր կրնար իր հայրէններուն մէջ չանդրադառնալ այս համատարած ախտին ու անդարմանելի ցաւին։ Ան իր վարպետ գրիչով կ՚արտայայտէ սէրն ու հաւատարմութեան ուխտը սիրածին, անոր աչքէն վաթող արիւնն ու արցունքը եւ կարօտակէզ զգացումը վշտահար սիրտին։ Տղան պանդխտութեան տառապելի խաչակրութենէն առաջ, ի տես իր սիրուհիին կ՚երգէ երգն իր փառաբանութեան, գովերգումի, թախանձանքի ու կարօտի․

Հա՜յ իմ աննման նման, մայրն չէ բերեր քեզ նման․
Այդ քո ըռանայ (գեղեցիկ) մազերդ, որ առեր վզիդ մանէման,

Քաղէ՝ փունջ մ'ինձ տուր, ես օտար երկիր կու գնամ.
Քանի դուն իմ միտքս անկնիս, երեսիս դնեմ քեզ փոխան:

Տագնապալի եղած է սիրոյ տէր երիտասարդին սիրտը իր սիրահարէն բաժնուելու րոպէին.

Զմարդն սիրու տէր կ'անեն ու կու տան ճամբան թէ՝ գնա:

Պանդուխտին հոգեկան տուայտանքն ու սարսափելի թշուառութիւնը, խեղճութիւնը, մինակութիւնը եւ յուսալքուածութիւնը արտայայտող յաջորդ տողերը պարզապէս սրտաճմլիկ են ու հեծեծելի.

Մարդն որ սիրելիք ունի եւ ի նոցա միջէն բաժանի,
Հաշուեց թէ ի մահ կ'երթայ եւ ի մարմնոյն շունչն կու քաղի.
Ձերդ ձուկն ի ջրէն հանած, նա այլ ո՞նց կենայ կենդանի,
Ի բարկ կրակին դնեն, խեղճ եւ ողորմ ինքն խորովի:

Կամ՝

Յորժամ տօն օրեր լինի, կամ զատկի, կամ բարեկենդանի.
Ամէնքն են դրախտ ծաղկեալ, նա կտրած զերդ ճիւղ մի ծառի:

Իսկ ով որ պանդուխտին վիճակէն չհասկնայ ու անոր չխղճայ՝

Ով օտարին վատ ասէ, նա ինքն այլ ղարիպ լինենայ.
երթայ յօտար երկիր, զղարիպին ղատրն (արժէքը) գիտենայ:

Բանաստեղծը մռայլ ու վշտալի գոյներով կը պատկերէ անհուն ու մաքրամաքուր սիրոյ մորմոքով տոչորող պանդուխտը, որ իր սրտակտուր ճիչով կը դիմէ իր սիրածին, բացագանչելով.

Իմ եար, քու արեւդ ասեմ, միս չունիմ, ոսկերքս է մաշել,
Կաթիլ մ'արիւնիկ ունիմ, քու սիրուցդ ան ալ ցամաքել:

Պանդխտութիւնը նման է կամաւոր որբութեան՝ զուրկ ծնողքէ, կնոջմէ, զաւակներէ, հարազատներէ ու անմիջական պարագաներէ: Քուչակի պանդխտութեան հայրէնները ծնունդ են խիստ պահանջքի: Անոր երգերը մէկական սպեղանի են պանդուխտին կարեվէր ու կեղեքեալ սիրտին: Պանդուխտը կրցած է սփոփուիլ այս երգերով եւ շարունակել իր օտարութիւնը՝ միշտ յոյսով դէպի վառ ապագան ու հայրենի օճախը: Քուչակ յուսադրած է խեղճ ու տառապակոծ պանդուխտը, կարեկցած անոր ու սրտապնդած զայն, ապա նաեւ կոչ ըրած անոր՝ վերադառնալու եւ վերջ տալու հոգեմաշ կեանքին ու անվերջանալի չարչարանքին:

Քուչակ իբրեւ իմաստուն, հեռատես ու իրատես աչուղ կրցած է խորը թափանցել պանդուխտի հոգիին։ Տեսած ու լաւ ճանչցած է անոր ձգտումներն ու տենչանքները։ Շուտափոյթ վերադարձի յոյսով ներշնչուած ու յուսադրուած պանդուխտը վերջալոյսին նայած է նոր արշալոյսներու ակնկալութեամբ։

Սիրուհիէն իրեն ուղղուած մխիթարական խօսքերով, պանդուխտը գտած է հոգեկան անդորրութիւն։

Գրեմ ես բարակ թղթիկ, ուղարկեմ շատ պատգամ ի լաց.
Որտեղ ես՝ բարով կացիր, զքո սիրած եարդ չմոռնաս:

Ղարիպութիւնը համարուած է մեր ազգի մեծագոյն դժբախտութիւնը։ Դժուար եղած է օտարին սանդուղքը բարձրանալը․

Ժամ ժամ զիմ ղարիպութիւնս ես յիշեմ եւ նստիմ ու լամ.
Ճապղել եմ ջրի նման...:

Պանդխտութիւն ցանկալ կամ մաղթել մէկու մը՝ հաւասար էր կամ համազօր անէծքի՝

Մարիկն անիծեց զորդին.
Իմ որդի, դու ղարիպանաս.
Երթաս ի յօտար երկիր,
Զղարիպին ղատրն գիտենաս:

Քուչակ, այս աննման երգիչն ու անհամեմատելի աշուղը, մեր քնարերգութեան բարձունքը նուաճած այս «լուսապսակ ճակատ»ը, յաւերժական կոթողներ ստեղծած է իր հայրէններով։ Իր ժողովուրդին հետ ապրող, տուայտող, յուզուող ու տառապող այս եռամեծ աշուղը, իր կերտած բանաստեղծական զմայլելի պատկերներով ու գունագեղ տողերով, առանձնայատուկ անկիւն մը կը գրաւէ մեր սիրտերէն ներս։

Հայ ժողովուրդը իր պատմութեան վերջին հարիւրամեայ գոյութեան ընթացքին ենթարկուեցաւ հսկայ տեղաշարժերու, որոնք իրեն ստիպեցին պանդխտել մինչեւ արեւմտեան այս հեռաւոր ափերը։

Տխուր ու արկածալի եղած է պանդուխտին կեանքը։ Արեւմտահայը ցեղասպանութեան եւ յաջորդող տարիներուն, լքելով իր հայրենի շքեղ գիւղն ու քանդելով իր հարազատ բոյնը, իր աչքերը սեւեռեց հեռուն՝ Եւրոպա եւ Նոր Աշխարհ, որոնելու իր նոր բախտը եւ գտնելու իր ճակատագիրը։ Պանդուխտներէն շատեր եկան իրենց քրտնաթոր աշխատանքով վաստակելու իրենց օրապահիկը եւ զայն ուղարկելու իրենց ետին մնացած ընտանիքի անդամներուն։ Եւ երեւակայել՝ որ հայեր պանդխտեցին Նոր Աշխարհ վառ յոյսերով, շքեղ երազներով եւ մանաւանդ վերադառնալու մարմաջով։ Անոնցմէ շատեր, հաւատարիմ իրենց ներքին ձայնին ու խիղճին, տքնեցան տարիներով ու ճաշակեցին դառնութիւնը պանդխտութեան։ Այլք օտարացան ընկճուելով օտարի ծանր լուծին ներքեւ։ Մոռցան հայրենի գիւղ ու տուն, պատիւ ու ընտանիք, *ոգեղէն արժէքներ ու սրբութիւն, ձուլուեցան այս բազմացեղ ու համայնակուլ երկիրներուն մէջ։ Քիչերուն վիճակուեցաւ վերադառնալ. այլք իրենց աչքերը փակեցին առ յաւէտ պանդխտութեան մէջ՝ մինակուկ ու անմխիթար։*

Արեւելահայը եւս անմասն չմնաց այս օտարութենէն։ Հայաստանի քաղաքական ու մանաւանդ տնտեսական ծանր իրադարձութիւնները պատճառ հանդիսացան որ ան ալ զանգուածաբար չարժի, պանդխտէ եւ նոյնիսկ գաղթէ դէպի ռուսական հողերը, դրացի հանրապետութիւնները, ինչպէս նաեւ մինչեւ եւրոպական երկիրներն ու Ամերիկա եւ Գանատա։

Հայ ժողովուրդի պատմութեան այս ամենաճակատագրական տարիները պիտի բնորոշուին նաեւ իբրեւ պանդխտութեան ու գաղթի տարիներ։

Քուչակ ի տես պանդուխտին թեւաբաց կ՚աղօթէր·

«Կանչեմ, ո՞հ, իմ Աստուած, զամենայն դարիպ դու պահէ»։

1996

Սայաթ-Նովայի Կրօնական Աշխարհահայեացքը

Այս տարի հայ ժողովուրդը հանդիսաւորապէս կը տօնախմբէ յետմիջնադարի մեծագոյն սիրերգակ-բանաստեղծ՝ Սայաթ-Նովայի ծննդեան 280-ամեակը։ Սայաթ-Նովայի կրօնական աշխարհահայեացքին անդրադառնալէ առաջ, կ'արժէ համառօտիւ նկարագրել այս երիցս մեծ ու հանճարեղ երգիչը բնութագրող հիմնական յատկանիշները։ Սայաթ-Նովան ողջ աշխարհ մըն է երգի, նուագի, խոկման ու ամփոփման։ Համակ բարութիւն եւ զգացողութիւն բուրող այս անզուգական երգիչը գուսանական գրականութեան գագաթը կը համարուի։ Անոր ստեղծած չքնաղ պատկերները, աննման համեմատութիւնները՝ գերազանց միտքերը եւ հզօր երեւակայութեան արդիւնք՝ խաղերն ու տաղերը, պատուական տեղ կը գրաւեն հայ բանաստեղծական արուեստի անդաստանէն ներս։

Սայաթնովագիտութեան մէջ գոյութիւն ունին թերուղէմ կարծիքներ երաժիշտ երգիչի կրօնական ասպարէզ ընդգրկելու մասին։ Ոմանք այն համոզման են որ Քահանայութիւնը պարտադրուած պաշտօն էր, որ իբրեւ պատժամիջոց ծառայեց Սայաթ-Նովային՝ զգաստացնելու եւ ի կարգ հրաւիրելու զինք իր «անուղղայ» կեանքէն ու ճանապարհէն։ «Սեւ լիբաս»-ը, վանքը, Սբ· Գիրքը, հովուական պաշտօնը, ի վերջոյ, պիտի գային աշուղին կեանքը հանդարտեցնելու, ալեկոծ հոգին խաղաղեցնելու եւ առաքինի ու ողջախոհ ապրելակերպ մը սորվեցնելու։ Այլք, կը պնդեն թէ, հայ իրականութենէն ներս, հոգեւոր ասպարէզը երբեւէ բռնի չէ ընդգրկուած· քահանայութեան թեկնածուներ միշտ ալ վանք մտած ու ձեռնադրուած են իրենց ազատ կամքով եւ ոչ թէ բռնի ուժով։ Սայաթ-Նովային պարագան տարբեր չէր կրնար ըլլալ, որովհետեւ բացասուած, անտեսուած կ'ըլլար անձին անհատական որոշումը եւ իրաւունքը, ոտնակոխուած կ'ըլլար եկեղեցական դարաւոր օրէնքը եւ խափանուած կ'ըլլար շատ յարգելի ու նուիրական սովորոյթ մը։

Ինչ որ ալ ըլլայ պարագան, ներկայիս մենք դէմ յանդիման կը գտնուինք կատարուած իրողութեան մը· այն է, որ Սայաթ-Նովան դարձած է Տէր Ստեփանոս, եւ իր ստեղծագործութեանց մէջ, բնականօրէն, զգալիօրէն առկայ է կրօնական տարրը։

Սայաթ-Նովան չունի իւրովի տեսութիւն եւ առանձնակի մօտեցում կրօնական հաւատալեաց հանդէպ։ Ան կ'ընդունի իր ժամանակի բոլոր ուսուցումները։ Իր գրութիւնները, սակայն, կը մատնանշեն անոր ճշմարիտ ու անկեղծ հաւատացող մ'ըլլալու պարագան։ Ան ոչ միայն կը զբաղի կրօնական գիրքերու ընթերցանութեամբ, ծաղկագրութեամբ, ընդօրինակութեամբ (ընդօրինակած է Գրիգոր Նարեկացիի «Մատեան Ողբերգութեան» մատեանը) եւ ուսումնասիրութեամբ, այլեւ կրօնաբարոյական յորդորներ կը բաշխէ եւ «խալխը» ի լոյս աստուածգիտութեան կը հրաւիրէ։ Ներշնչուած ու տոգորուած Հին Կտակարանի գրութիւններով, կ'երգէ ունայնութիւնը աշխարհի եւ ինչքի։ Կարեւորութեամբ կ'ընդգծէ աստուածադիր պատուիրաններուն եւ օրէնքներուն պահպա-

նումը եւ գործադրումը։ Բարոյագէտ հեղինակը կը խօսի ամօթի, համեստութեան, պարկեշտութեան ու այլ առաքինութեանց մասին։

Սայաթ-Նովայի կրօնական աշխարհահայեացքին ծանօթ ենք իր գրութիւններէն։ Սայաթ-Նովան յաճախակիօրէն անունները կու տայ իրեն շատ սիրելի գիրքերուն՝ Հարանց Վարքի, Յայսմաւուրքի, Աւետարանի. այսպէս՝ «Խօսկիրըդ անգին ջավահիր՝ Ասմաւուրու ճառ իս էլի», կամ՝ «Ավիտարանի խօսկիրըն՝ մարքարիտէ կարքն սիրուն. մի՛ ածի խուզի առչիվըն լալ ու գօվար, Սայաթ-Նովա»։

Զանազան գիրքերու յիշատակութիւններէն, մէջբերումներէն յայտնի է որ աշուղը իր դարաշրջանի բարձր իմացականութեամբ օժտուած անձերէն էր, որ կը փայլէր արեգակի նման։

Սուրբգրական ակնարկութիւնները կու գան ապացուցելու որ ան շատ մօտէն ծանօթ էր Սուրբ Գիրքին։ Մէջբերենք քանի մը օրինակ միայն. «Թէգուզ մըտօք ճարտար ըլի, կանց Սօղօմօն դադա ըլի». «շատըն սատանէն է տանում, վիրչըն մընում է վայ տալու վուր չ՚է Ուռնիէլի նման, կալ անիլըն ինչի՞ն է չահ» (Տե՛ս Բ. Թագ. Իդ. 16–25, Ուռնա Յեբուսացի). «Կարմըրագուն դաշտի ծաղիկ, հովտաց շուշան իս ինձ ամա» (նմանութեամբ Երգ Երգոցի), կամ «Պռոշեմետ միղր է կաթում» (Երգ Երգոցն ունի՝ «Մեղր կաթուցանեն շրթունք քո»)։ Իր խրատականներուն մէջ ան չի մոռնար ընթերցողին յղելու վերոյիշեալ գիրքերուն, անոնցմէ ստանալու ուղղութիւն. «Անբարի գուրձըն կօրած է՝ կարթա Հարանց Վարքըն սիրուն». իր պատկերաւոր նկարագրութեանց մէջ նոյնիսկ երգիչը չի գլանար իր սիրուհին նմանցնելու Յայսմաւուրքին՝ «Թըխտիրըդ օսկէ վարաղօվ Ասմավուր իս՝ ճառ բացարած»։

Իր խաղերը կրօնական խօսքերով համեմող երգիչը իրեն բարոյական պարտք կը համարէ ժողովուրդին մէջ կրօնական գիտակցութիւն եւ ջերմեռանդութիւն արթնցնել։

Սայաթ-Նովան ընդունած է սուրբգրական այն ուսմունքը, ըստ որում մարդկութիւնը ստեղծուած է Արարիչին կողմէ. «Մտիկ արա քու Ստեղծօղին՝ նահախ տիղ ղազաբ մի՛ անի»։

Սուրբ Երրորդութեան մասին իր կատարած ակնարկութիւններով մեզի կը վստահեցնէ որ ան քաջ հաւատացողն է ոչ միայն անոնց սոսկ գոյութեան, այլեւ ներգործութեան. այսպէս՝ «Աստուձու բերնեմէն առնիս մխիթարիչ սուրփ հօքին»։

Սայաթ-Նովայի խաղերը լի են՝ Աստված, ճօքի, խրատ, վանք, անապատ, ժամ, պատարաք, դավթար, դրախտ, սատանէ, սաբըր, աղկատ, ղօնաղ, շար, Աթամ, Աբէլ, Կայէն *եւ այլ նման բառերով ու անուններով։ Անոր ուշադրութեան կեդրոնական առարկան եղած է մշտապէս ուսումը, կրթութիւնը, հոգու դաստիարակութիւնն ու եղբայրասիրութիւնը, խաղաղութիւնն ու արդարութիւնը։ «Աստուձուն փա՛ռք» երգող երգիչը չի գանգատիր իր վիճակէն, այլ՝ գոհունակ ու երախտագէտ սրտով կը դիմակալէ իր առջեւ ծառացած խոչընդոտները։ Աստուծոյ ամենակարողութեան վերագրուող հաստուածը ուշագրաւ է՝ «Աստուծու ձեռումըն հիշտ է՝ մարթու աշխարք ելումուտն»։*

Սայաթ-Նովայի խաղերուն մէջ մեծ հետաքրքրութեամբ կը հանդիպինք անոր անկեղծ սրտէն բխած կրօնաբոյր մաղթանքներուն, որոնք կու գան մէ-

կընդմիշտ պարզելու երգիչին ազնիւ հոգին ու հոգեւոր մտքի պայծառութիւնն ու յստակութիւնը. այսպէս՝ «Աստուած քիզ ու նըրան պահէ ում հիդ վուր նըվախտ (իմա՛ յարմար) իս, գօզալ», «գօզալ Աստուած քիզի լավ տայ», են։

Մեծ մաս կը կազմեն նաեւ Սայաթ-Նովայի կրօնաբարոյական յորդորները, որոնք առատօրէն գործածուած են աշուղին կողմէ՝ մարդոց ուղիղ ու անսայթաք ճամբան ցոյց տալու մտահոգութենէն մղուած. այսպէս՝ «սէրն սէր կու բերէ», «աղ ու հացըն մի՛ դէն գըցի», «էն բանն արա՝ վուր Աստուծու չարքումն է», «օվ քիզի լիղի պարքիվէ, դուն տու չաքար, Սայաթ-Նովա», «ով քեզ չար կամենայ, պարտ է բարի հատուցանել»։

Կրօնքի, ուսման ու դաստիարակութեան չքնաղ մէկ մարմնացումն է հետեւեալ խօսքը՝

«Հայա սիրէ, ադաբ սիրէ, ար սիրէ,
Աստված սիրէ, ճօքի սիրէ, եար սիրէ,
Վանք սիրէ, անապատ սիրէ, քար սիրէ»:

Դատաստանի եւ Բ. Գալստեան կրօնական գաղափարներով յափշտակուած ու զարհուրած աշուղը ինքզինք կը պատրաստէ այդ ահաւոր ու սոսկալի օրուան ու կ'ըսէ.

«Թէ էս կինաց փառքըն չ'ուզիս՝ էն կենաց ալմաստն կու տան.
Թէ ճօքուդ խաթիր շալ ճաքնիս՝ զար քաշած ատլասըն կու տան.
Խօստովնիս արած միխկըդ, չ'անիս ինքար, Սայաթ-Նովա»:

Այս անցաւոր աշխարհի ունայնութիւնը խորապէս ըմբռնած սիրահար երգիչը, բռնկուած իր սիրոյ անշէջ բոցով, մեղմիւ կը շշնջայ իր հոգեհատորին՝ «Աշխարհըս ո՞ւմն է մնացի՝ վուր ինձ ու քիզ մնայ, գօզալ»։ Գիրք Ժողովողի բովանդակութենէն մեծապէս ազդուած, աշուղը կեանքը կը դիտէ իրապաշտ աչքերով եւ կը հաւաստիացնէ իր սիրուհիին որ այս փաղանցուկ ու պատրալից կեանքին մէջ ոչինչ կը մնայ բացի բիւրեղ սէրէն։ Աւետարանական պատգամներով գօտեպնդուած երաժիշտը կտրականապէս կը մերժէ աշխարհի ստացուածքային հրապոյրներն ու հմայքները։ Անոր տոչորած սիրտը կը կազդուրուի լոկ սէրով. հակառակ պարագային ան իր սփոփանքը պիտի փնտռէ վանքէ վանք պտըտելով եւ իր մխիթարութիւնը պիտի գտնէ վանքի պարիսպներէն ներս, առանձնութեան մէջ՝ փաթաթուած սեւ շորերով. ահա այդ հատուածը՝ «առանց քեզ ի՞նչ կօնիմ աշխարհիս մալըն... կու հաքնիմ մազեղէն, կու հաքնիմ շալըն, կ'էրթամ ու ման կու գամ վանքիրըն մէմէկ»։

Սայաթ-Նովային համար աշուղ ըլլալ՝ պարզ նուագող ու երգող ըլլալէ շատ աւելի բարձր նշանակութիւն ունէր։ Աշուղը կոչման բարձր գիտակցութիւն ունենալէ զատ, պէտք է ըլլար զուտ բարոյախօս, տրոհուած անձ՝ միշտ պատրաստ բաժնելու իր մտապաշարը այլոց հետ եւ նուիրաբերելու իր կեանքը յանուն բարձր ու ազնիւ գաղափարներու։ Տարիներու ընթացքին հանրագումարած իր կենսափորձը՝ հանդերձ գիտելեօք, ի սպաս պէտք է դնէր ան իր «խալխին»։ Այսպիսով, աշուղը կը դառնար ոչ միայն ժողովրդական երգիչ, այլեւ՝ դաստիարակ, տիպար ու օրինակելի անձ։ Անոր միտքը պէտք է ըլլար վճիտ, հոգին՝ բիւրեղ, իսկ լեզուն՝ մաքուր· այսպէս՝ «աշուղի լիզուն բըլբուլ է, օրհնանք ունէ, նալաթ չը կայ», կը գրէ մեծ երգիչը։

Սայաթ-Նովայի բանաստեղծութեանց մէջ կը հանդիպինք հատուածներու, որոնք նուիրուած են սուրբերու գովերգութեանց։ Սուրբ Կարապետի ներբողը հիւսող երաժիշտը Անոր ուժին ու պարգեւին կը վերագրէ «քամանչէն, չոնգուրն ու այբուբեն» սորվելու կարողութիւնը· իր գովքին մէջ կը գրէ· «Մշո սուլթան սուրփ Կարապիտ, երկինք է հասեալ գովքըն քո· Գլուխ վարթապիտ ճշմարտութեան, չկայ հաւասար ոքըն քո....»։

Սայաթ-Նովան, ի պահանջել հարկին, իր տաղերուն մէջ յիշած է կրօնական տօները, խորհուրդներն ու սովորոյթները։ Այս յիշատակումները պատահական բնոյթ չունին երբեք։ Անոնք ոչ միայն իրենց վառ գունագեղութեամբ կը զարդարեն գրութիւնը, այլեւ պերճ խօսնակը կը հանդիսանան մեր անցեալի փառաւոր աւանդութեանց կենդանութեան ու չքեղութեան։ Իր սիրահարի տեսքին կարօտ հէք երգիչը կ'երազէ գինք տեսնել պճնուած՝ ծաղկատօնին·

«Լիզուդ քաղցըր ունիս՝ շաքար ու շարթըն·
Մազիրըդ ոէհան է փաթըթած վարթին·
Քի զարթարած տէսնիմ հիդ ծաղկազարթին՝
Հաքիլ ըլիս զարզարբաբըն խաս ալօվ»:

Սայաթ-Նովայի միւս պատկերները կ'ընդգրկեն մեղքը, խոստովանահայրը, ուխտը, գինին, ևն· այսպէս՝

«Խօստօվնահէրըս հիռացաւ, միղի համա իմ լալի»,

կամ՝

«գ'ուզիմ թէ համաշա դըրանըդ գամ ուխտ»:

Սայաթ-Նովան, իր սիրեկանը խաղ կանչով կը հրաւիրէ բացառիկ պատուի ու սպասարկութեան։ Իր խելացնոր ու անզուսպ սիրոյ հուրով խարուկուած երգիչը իր խրախճանքի հրաւէրը գագաթնակէտին կը հասցնէ իր սուրբ գինիով· ահա այդ հատուածը՝

«Հուր սիրօվ սիրէկան
Քիզի ղուլուղ (իմա՛ սպասաւորութիւն) պատվական
Հազար թուրլու (տեսակ) կէրակուր
Սուրփ գինի անապական»:

Սայաթ-Նովայի մէկ երգին մէջ կը հանդիպինք նաեւ անէծքի։ Հազուադէպ պարագայ է սա։ Համակ մաքրութիւն ու կուսութիւն բուրող սիրտէն ժայթքած կը գտնենք սեւ ու չար անէծք մը՝ այն անձին հանդէպ, որ չարութեան ու նենգութեան թակարդ լարեց իր դէմ եւ վնասեց իրեն։

Սուրբ Կարապետի զօրութեան հաւատացող ու ապաւինող երգիչը կը բացագանչէ՝

«Օվ օր ինձ շինից դիվանա
Սուրբ Կարապիտէն խիվանայ
Վադի էրէսըն սիվանայ»:

Նշանաւոր է Սայաթ-Նովայի Պարսիկներուն ուղղած վերջին խօսքը, երբ վերջիններս իրմէ կը պահանջէին դուրս գալ եկեղեցիէն եւ ուրանալ Յիսուսը. «Ջըխմանամ Քլիսաղան, դոնմանամ Իսաղան», որ թարգմանի՝ Եկեղեցուց չեմ դուրս գալ, չեմ ուրանալ Յիսուսին:

Սայաթ-Նովայի գրական ակունքներուն մէկ մասը, ինչպէս տեսանք, կրօնական աշխարհի մատեաններն էին: Հեղինակը մեծապէս ազդուած է եկեղեցական, հոգեւոր-կրօնական գրականութեան տարրերէն: Իբրեւ եկեղեցական, Սայաթ-Նովան առաւել եւս կարեւորութիւն ընծայած է կրօնական գիտելիքներու եւ հոգեւոր կերպարներու ընդգրկման: Հոգեւոր ակունքներուն դիմելով, Սայաթ-Նովան իր խօսքը դարձուցած է աւելի վճիտ ու ազդու, պատկերաւոր ու տպաւորիչ:

Սայաթ-Նովայի կրօնական աշխարհահայեացքը, որ սփռուած ու տարածուած է իր գոհար էջերուն վրայ, կը կրէ «միջնադարեան բարոյա-էթիկական նորմերը»:

Միջնադարեան կրօնա-փիլիսոփայական մտքի անմիջական ազդեցութեան տակ գտնուող երգիչը, իւրացնելով կրօնական գաղափարախօսական տարրերը, ներծծած է միջին դարերու աւիշը եւ սնած իր հոգին խորհրդապաշտութեամբ:

Սայաթ-Նովան լաւագոյնս կրցած է համադրել եւ զուգակցել աշխարհիկ ու կրօնական թեմաները: Երաժիշտ բանաստեղծին բարձր ճաշակով հանդիսադրուած ստեղծագործութիւնները՝ համաշխարհային գրականութեան չափանիշներով դատուած, մէկական գլուխ գործոցներ են իրենց անկրկնելիութեամբ ու եզակիութեամբ:

1993

Դանիէլ Վարուժանի Նամակները

Այս տարի կը լրանայ արեւմտահայ եղերաբախտ ու ականաւոր բանաստեղծ Դանիէլ Վարուժանի մահուան 85 ամեակը։ Շնորհալի բանաստեղծը իր գրական գոհար ստեղծագործութիւններուն առընթեր մեզի ժառանգ ձգած է իր անթիւ նամակները, որոնք ժամանակագրական կարգով, ծանօթութիւններով ու անձնանուններու բառարանով ի մի հաւաքուած ու հրատարակուած են Երեւան, 1965 թուին՝ «Նամականի» տիտղոսաթերթով։

Մեծ քերթողին նամակները, որոնք կ՚ընդգրկեն 1903–1915 տարիներու ժամանակաշրջանը, մեծաւ մասամբ գրուած են համալսարանական տարիներուն, երբ Վենետիկի Մուրատ–Ռափայէլեան վարժարանէն ընթացաւարտ՝ ուղարկուած է Պելճիքայի Կանտ գործաւորական քաղաքը, ուր ինքզինք նուիրած է «քաղաքական ու տնտեսական գիտութիւններու ճիւղին» ու «գրական եւ իմաստասիրական ճիւղերուն»։

Վարուժանի նամակները կ՚ընթերցուին մեծ հետաքրքրութեամբ ու յափըշտակութեամբ, վասնզի անոնք ուղղուած են իրեն ժամանակակից եկեղեցական դէմքերու, նշանաւոր մտաւորականներու (ինչպէս՝ Արշակ Չօպանեան, Վահան Թէքէեան, Թէոդիկ, Զապէլ Եսայեան, Ռուբէն Զարդարեան, եւն), բժիշկներու, մտերիմ բարեկամներու, եւն։ Նամակները ակնբախ են իրենց գրական–գեղարւեստական բարձր ոճով, գունագեղ լեզուով, բանաստեղծական պատկերներով, հայրենասիրական զգացումներու գեղուն արտայայտութեամբ ու մտաւորականի վայել իմացական պայծառութեամբ։ Մեծ բանաստեղծին նամակները խիստ ուսուցողական են։ Այնտեղ արտացոլուած են ոչ միայն անոր ուսանողական կեանքը օտար երկնակամարի տակ, այլեւ բովանդակ հոգեկան աշխարհը իր բոլոր դրսեւորումներով՝ յոյզերով, ալիքաւորումներով, փոթորկումներով, ընդվզումներով, ցասումներով եւ արդարութեան ու խաղաղութեան կոչերով ու պահանջումներով։ Նամակներուն ընդմէջէն երեւան կ՚ելլէ տաղանդաւոր ու նուիրեալ բանաստեղծը՝ յաղթահասակ, գերազնիւ, հայրենասէր, գրասէր ու մարդասէր։

Քերթողին համալսարանական տարիները եղած են խութերով ու փուշերով լի։ Փորձութիւնները եւ փորձանքները անպակաս եղած են։ Այս վերիվայրումներով ու խոչընդոտներով լեցուն կեանքը ան նաւարկած է լայնախոհութեամբ, հեռատեսութեամբ, երկայնամտութեամբ, նկարագրի պողպատեայ տոկունութեամբ ու իմաստուն յարատեւութեամբ։

Մուրատ–Ռափայէլեան վարժարանը աւարտելէ ետք, Վարուժան մեկնելով Պելճիքա, յաճախած է Կանտի համալսարանը՝ կրթական օժանդակութեամբ Մուրատ Ռափայէլեան հիմնադրամին։ Վարուժանին նամակները յարատեւ կ՚անդրադառնան կեցութեան ծախսերուն ու կրթանպաստին, որ ի յառաջագունէ սահմանուած էին անոր։ Ան կը գանգատի որ այդ կենսական գումարները յապաղումով կը ղրկուին՝ խիստ ծանր ու անտանելի դրութիւն ստեղծելով։ Բազում թախանձանքներէ ետք, խոստացուած գումարը երբ ուշացած է,

Վարուժան ինքզինք անտանելի դրութեան առջեւ գտնելով կտրականապէս յայտարարած է, «ինծի դարձեալ երկու միջոց կը մնայ – կամ վարժարանը պէտք է բոլոր պէտքերս հոգայ այն գիտակցութեամբ, որ բարերարներուն դրամը ծովը նետած չ'ըլլար եւ կամ պէտք է ուսումս կիսկատար թողում եւ երթամ օրական հացս շահելու»։ Մէկ այլ տեղ, Վարուժան՝ նիւթական ամենածանր պայմաններուն մէջ, անձնական ու աղերսական նամակին մէջ առ Հայր Յ. Թորոսեան, կը գրէ. «Ահա ձմեռն եկաւ եւ ես ամառային զգեստով եմ, եւ այնպիսի վերարկուով մը, որ աղքատ գործաւորի մը ողորմութիւն միայն կը տրուի (ասոնք խոստովանութիւններ են զոր հոգեկան հպարտութիւնս պիտի չներէր ոչ ոքի պատմելու՝ եթէ զՁեզ հօր մը տեղ դրած չըլլայի)»։ Իսկ ինչ կը վերաբերի ծնողքէն նիւթական օժանդակութիւն խնդրելուն, Վարուժան չափազանց զգոյշ է ու փափկանկատ. «Հօրս դիմել սրտիս կը դպչի. արիւն քրտինք մտնելէ վերջ ան հազիւ կարող է ընտանիքը ապրեցնել»։ Վարուժան պատկան իշխանութեանց կրկին ու կրկին կը հաւաստիացնէ որ իր վրայ ծախսուած ամէն մէկ գրոշ պիտի ծառայէ իր նպատակին։ Հայր Արիստակէսին ուղարկուած գրութեան մէջ այդ է որ կը շեշտէ. «Կ'ըմբռնէք պէտքիս անհրաժեշտութիւնը եւ հաւատքը ունիք լիուլի յաջողութեան, որուն համար այս տարի ամբողջ պողպատակամ աշխատեցայ մերթ ի վնաս առողջութեանս եւ հետեւաբար նախ ես ինքս կը յուսամ իմ յաջողութիւնս, առանց որոյ երթալ հօրը նետուիլ ինծի աւելի լաւ է եւ աւելի պատուաբեր»։ Երիտասարդ բանաստեղծին հիմնական նպատակը եղած է ապահովել իր դպրոցական ծախքը եւ նուիրուիլ դասերուն, օր առաջ գօտեպնդուիլ գիտութեամբ ու վերադառնալ ծննդավայր՝ Բրգնիկ գիւղ՝ հայ ազգին օգտակար ըլլալու համար։

Հայթայթուած կրթաթոշակի փոխարէն, Վարուժան, խոստանալով կատարել իր լաւագոյնը եւ նուիրաբերել գերագոյնը, կը գրէ. «Ամէն ջանք կ'ընեմ ըլլալ պարծանք դաստիարակներուս, եւ օգտակար Ազգին. ահա պարտքս. գիտակցօրէն կ'ըսեմ, եւ այս կը նկատեմ պարտքը բոլոր հայ երիտասարդութեան, մանաւանդ անոնց որոնց ծնողքը գրեթէ ոչինչ ըրած են, բայց եթէ Ազգը, որուն անդամներովը զարգացած են եւ նիւթականովը սնած»։ Ինչպիսի՜ մտքի հասունութիւն ու հոգիի վեհութիւն, յաջողելու վճռականութիւն եւ նկարագրի ազնուութիւն կը ցուցաբերեն այս խօսքերը։ Դեռ աւելի՛ն. Վարուժան ծայր աստիճան կը միտի ծառայել իր ժողովուրդի զաւակներուն. «Դեռ ինքզինքս հունդ կը զգամ, գրեթէ փոշի մը՝ խնամարկու ձեռքերէ նետուած ջերմ արեգակին եւ Մայիսի անձրեւի տակ. անոր մէջի սերմնատակը մաքուր է եւ զօրեղ. պիտի չվիժի ան, պիտի չուզեմ որ վիժի, ահա այնատեն է իմ նպատակիս կը հասնիմ երբ օգտակար ըլլամ Ազգիս եւ խինդ մշակներուս»։ Արդարեւ, ինչպիսի՜ գուրգուրանք, խանդաղատանք ու յարգանք՝ ազգին հանդէպ։

Կանտ քաղաքը տառապած է հայութեան պակասէ. «Եթէ մեծ ցաւ մ'ունիմ, քաղաքիս մէջ որոշ չափով հայութիւն չըլլալն է. հազիւ չորս հինգ հոգի կը գտնուի»։ Վարուժան, հեռու իր ընտանեկան յարկէն, կարօտի զգացումով ու «քաղցր տխրութեամբ» կը յիշէ Ծննդեան օրը, երբ կը գրէ. «Տօնի օրերուն մէջ մարդ աւելի կը զգայ ընտանեկան շրջանակի մը պէտքը»։

Վարուժանին մեծ վիշտ պատճառած է իր անդրանիկ հատորի մէջէն կարգ մը ընտիր, չքնաղ բանաստեղծութիւններուն բացակայութեամբ տպագրութիւնը։

Միջանկեալ յայտնենք որ տպագրութիւնը, որ յանձն առած էր Մխիթարեան միաբանութեան տպարանը, որոշ անյարմար բանաստեղծութիւններ դուրս ձգած էր տպագրական ցանկէն։ Ահա թէ ինչ ցասումով եւ ընդվզումով կ'արտայայտուի Վարուժան ի տես այս անարդար արարքին. «(Գեղունի)-ի եւ (Բազմավէպ)-ի մէջ հրատարակելէ վերջ մօտերս – առանձին հատոր պիտի կազմեն «Սարսուռներ» խորագրին տակ. բայց ի՛նչ նախճիրով եւ ի՛նչ (դեռ ենթադրելի) պայմաններով՝ ցաւալի է ըսելը։ Գաղափարի այսօրինակ բռնաբարումին առջեւ երբեմն մարդ կ'ուզէ այնպէս գոռ մռնչել որ վերէն Մուսան իսկ սարսափած գահավիժի»։ Ծայտնի գրագէտ Արշակ Չօպանեանին ուղղուած գրութեան մէջ կը գրէ. «Գալով հատորիկին –կէսէն աւելին– կրնամ ըսել լաւ մասը– չհրատարակուեցաւ՝ շնորհիւ (թո՛ղ ուրիշ պատճառները) վանքի մամուլին կուսակրօնութեան եւ կուսազգութեան»։ Մէկ այլ տեղ, «Սարսուռներ»-ուն մասին խօսածատեն, Վահան Թէքէեանին ուղղուած գրութեան մէջ վերստին կ'անդրադառնայ այս հարցին. «Անոր ծաւալին փոքրութիւնը հակառակ կամքիս եւ փափաքիս եղաւ. վանքը չուզեց հրատարակել՝ անոնց շեշտերը գայթակղեցուցիչ գտնալով իր հնադարեան կուսութեան եւ պահպանողականութեան»։

Վարուժանին հետապնդած ասպարէզը ըստ երեւոյթին հօրը կամքով չէ եղած. «Հօրմէս ջլատիչ նամակներ կը ստանամ. սկիզբէն ի վեր դառն ու միանգամայն տհաճ դժգոհութիւն մը ցոյց կու տայ որոշած ասպարէզիս հանդէպ. այն դիրքին մէջ եմ՝ որ կա՛մ հօրս պէտք է ծառայեմ կա՛մ հայրենիքիս։ Մինչ ցարդ վերջինն է ընտրածս. տեսնանք։ Մէկ խօսքով տխուր է ծնողքի այն մեծ սէրին յագուրդ չտալը»։

Հայրենիքին հանդէպ տածած իր անսահման սէրն ու պաշտամունքը ամենուրեք արտայայտուած են իր նամակներուն մէջ։ Ներքին ձայնը զինք կ'առաջնորդէ իր նախահայրերուն երկիրը. «Երկու երկիր կ'ուզեմ լաւ ճանապարհորդել –Հայաստան եւ Իտալիա. զգալու եւ մտածելու համար՝ վերջինը զոհելով առաջինին»։

Վարուժանին նամակներուն հիմնական առանցքը ազգի գաղափարն է։ Հայր Արիստակէս Քասգանտիլեանին ուղղուած նամակին մէջ շատ գեղեցիկ ու գերազնիւ զգացումներ կ'արտայայտուին. «Նպատակս է հայրենիքիս օգտակար դառնալ. ահա գաղափարականը որ զիս կ'ոգեւորէ եւ կը կանգնէ. արդ միայն իրմով կ'ապրիմ, իրմով եմ յաղթական»։ Այնուհետեւ կ'ընէ հետեւեալ հաստատումը, որ այսօր եւս պէտք է հնչէ ամենուրեք եւ զգուշացնէ ամէն ուսանող՝ երախտամոռաց ու անձնակեդրոն ըլլալէ։

Ահա եւ այդ հատուածը՝ «Ազգն է որ մեզ՝ վարժարանին մէջ թէ համալսարանին սնուցած է եւ կրթած։ Իր ցանկին տարուէ տարի վերածնող ընձիւղն ենք, իր կեանքին շարունակութիւնը եւ իր անցեալին ապագան։ Հետեւաբար Մուրատ-Ռափայէլեան ամէն ձրիավարժ շրջանաւարտ աշակերտ որ լոկ ընտանիքին օգտակար, հայրենիքին ոչինչ կ'ընէ՝ գող է, եւ ընտանիքը իր գողօնին մասնակից։ Ես խիստ զայրացած եմ մի քանի նախկին աշակերտներու վրայ որոնք կա՛մ այլասերած են կա՛մ եղած են անտարբեր եւ անձնապարար հայեր, եւ ճշմարիտ ըսելով քիչ մըն ալ վարժարանը մեղսակից կը գտնեմ ատոր ի վնաս իրեն... հոն բոլորովին տոհմային գիտութիւնը երեսէ ձգուած է»։

Վարուժան իր համալսարանի դասերը լրջութեամբ վերցուցած է եւ քննութիւնները չափազանց յաջող անցուցած. այդ առիթով ան առանց սնապարծութեան կամ գովաբանութեան կրկնած է իր վարժապետին մէկ խօսքը՝ «Mon ami, ce n'était pas une annonce que vous avez donnée, c'était une conférence», որ թարգմանի՝ «Բարեկամ, այդ բանաւոր ներկայացում չէր, այլ՝ բանախօսութիւն»: Անսահման ուրախութիւն եւ հոգեկան խորին գոհունակութիւն պատճառած է իրեն՝ վարժապետներուն համակրութիւնը: Յետ համալսարանական քննութեանց, Վարուժան ամենայն հանգստութեամբ գրած է. «Հոգիս բարերար գոհունակութեամբ համակուած է, այն գիտակցութեամբ, թէ ուժերուս ներածին չափ ընթացքս անցուցի բեղմնաւոր կերպով, ըլլայ ճիւղիս, ըլլայ գրականութեան տեսակէտով»:

Կանտի մէջ Վարուժան կ'ապրի մեկուսացած կեանք. ժամանակ մը կը տառապի հոգեկան անձկութենէ եւ վիճակը այնքան կը վատթարանայ որ անձնասպանութեան գաղափարը հետզհետէ աւելի կը զօրանայ իր մէջ: Այսպիսով, հայրենի տան կարօտը, ամսաթոշակներու անկանոն ժամանումը, բացարձակ ու անմխիթար մենակեցութիւնը, ուսանողական բարձր պարտաճանաչութիւնը՝ ինքզինք գերազանցելու եւ իր վրայ դրուած յոյսերը ի դերեւ չհանելու ճնշումը, ամէնքը միատեղ, երիտասարդ քերթողին վրայ իրենց ժխտական ու քանդիչ ազդեցութիւնը գործեցին եւ զինք առաջնորդեցին յուսահատութեան, յուսալքութեան եւ մանաւանդ՝ յոռետեսութեան: Եղաւ ժամանակ, երբ Վարուժան սոսկաց այս երկիւղալի ու արգահատելի վիճակէն եւ սիրտը բացաւ իր միակ սրտամօտ բարեկամին՝ Դերենիկ Ճիզմէճեանին: 1907 թուականին Դերենիկին ուղղուած լայնաշունչ նամակին մէջ, ան իր հոգեկան ալեկոծումը եւ խանգարումը արտայայտող արտասովոր ու պակուցիչ տողեր կ'արձանագրէ. ան իր արտակարգ չարժուձեւերուն ու կեցուածքին համար հալածանքի կ'ենթարկուի բնակիչներուն կողմէ, ինչպէս նաեւ ծաղրուծանակի՝ պատանիներէ: Բանաստեղծական խառնուածքով եւ հայատրոփ սիրտով երիտասարդի մը համար ամայութիւնը եւ ազգային մերկութիւնը սարսափելի ու դժնդակ վիճակ կը ստեղծեն: Ճիզմէճեանին ուղղուած այդ մարմին փշաքաղող ու ցաւատանջ հոգիէ արձակուած տողերը կը մատնանշեն, որ անզօր բանաստեղծը յուսակտուր է. «Մինակ եմ, մինակ եմ, մինա՛կ, կը հասկնա՞ս, solo e soletto! (Միս-մինակ) արցունքներու հետ մինակ, երազներու հետ մինակ, ամբողջ երկու տարի է որ անձնասպանութեան գաղափարին հետ կ'ապրիմ: Կամաց-կամաց այս մտածումը ինծի կ'ընտենանայ... այստեղի հայերը հայ չեն, ո՛չ լեզու, ո՛չ զգացումներս կը հասկնան. ռուսներու եւ պուլկարներու հետ խառնուած խորթացած են... Կը գտնուիմ հոգեկան այնպիսի դառն վայրկեաններու մէջ, որ ճամբորդութիւն մը լաւ գիտեմ թէ քիչ մը ցրում պիտի տար ինձ, եւ ջիղերուս այս հիւանդ վիճակը բարւոքէր: Ահաբեկիչ առանձնութեան մը մէջ, լեզուէս հասկցող չկայ, ուր մնաց հոգիէս: Այս լքիչ միայնութեան մէջ (հակառակ որ սեղանիս վրայ հռոմէական եւ յունական մատենագրութեան գլուխ գործոցներ դիզած եմ)՝ անկարելի պիտի ըլլայ յարայոյզ ժամերուս հանգիստ տալը: Ոչ թէ միայն չկայ մտերիմ մը, գորովալից սիրտ մը, մէկը որ քեզ մխիթարէ եւ քեզմէ մխիթարուի, կամ հասկնայ գրական խառնուածքդ ու ազդակ մ'ըլլայ բերումիդ, օրէօր զարգացումիդ, այլ հոս եղող ընիկ գիւղացիները ատելի եւ միանգամայն երկիւղալի *էակ մը նկատած են զիս։ ...Զիս կը նկատեն խենթ մը․ փոքր տղաքը, ճամբուս վրայ, սկսան ինծմէ հեռու փախչիլ, բայց որովհետեւ գիշերուան, տանս մօտ, դաշտի մը մէջ ծառերու վրայ կը նստիմ երկինքը դիտելու, գիւղին մէջ կամաց կամաց տարածայնուեցաւ թէ լսեր են որ աստղերուն հետ կը խօսիմ, թէ ծեր կին մը կաթ տարած ատենը իբր թէ զիս տեսեր է սատանայի փոխուած, արդ նկատուած եմ անհաւատ կախարդ մը, վհուկի պէս բան մը, հիմակ ալ տղաքն ալ սկսան ետեւէս քար նետել․ այդ պակաս էր... կեանքս վտանգի մէջ է․ նոյնիսկ ականջիս կը հասնի թէ գիւղապետը պիտի առաջարկէ որ այս տեղէն վալիզս առնեմ հեռանամ, վասնզի ժողովուրդը խորհրդաւոր կերպերէս ջղագրգռուած է․ Աստուած իմ, ընդէ՞ր թողեր զիս․ ... տխրութիւն, մտատանջութիւն, ձանձրոյթ եւ յուսահատութիւն, ահա բաժինը երիտասարդ հասակիս։ Վիճակս է ցիրուցան, միշտ գերագրգռուած։ Ժամեր կ՚ունենամ որ ես թշնամիս կը դառնամ, ես ինծմէ գրեթէ կը սոսկամ․ եթէ այսպէս շարունակուի ես ինծի հետ գէշ պիտի լմնցունեմ»։ Մէկ այլ տեղ կը գրէ․ «Հոգիս միշտ տխուր է այս աբեղայի մենութեանս մէջ, եւ ժպտելու ամէն ճիգ ինծի բռնազբօսիկ ու այլեւս անկարելի կը դառնայ... Հիւսիսի այս մշուշոտ երկրին վրայ այդ կարօտը զիս խիստ կը տառապեցնէ։ Ոչ մէկ հայ կայ հոս որ շնորհքով հայերէն գիտնայ։ Ահա ինչ որ մարդուս բռունցքը սեղմել կու տայ»։*

Հակառակ ուսանողական կեանքի բերած բոլոր տաղտուկներուն, մտատանջութեանց, Վարուժան չէ վհատած, այլ շարունակած է իր դասերը առաւել եռանդով ու կորովով․ ահա այդ հաստուածը՝ «Հակառակ այս յուսահատ վիճակիս կը զարմանա՞ս երբ լսեմ թէ արդէն կանոնաւոր ուսանող, հրաշալի քննութիւններ տուած եմ, այնպէս որ անցած եմ պատուոյ որոշ աստիճանով, ինչ որ թէ՛ զիս զարմացուց, թէ՛ ընկերներս»։

Վարուժան զայրոյթով անդրադարձած է այն տգեղ երեւոյթին, որ Մուրատ-Ռափայէլեանի ուսման համար կտակուած մեծամեծ գումարներէն օգտուած են այնպիսի «մակաբոյծներ, որոնք տարիներով նպաստ կ՚ընդունին առանց համալսարանի մթնոլորտը ծծելու, եւ եթէ բոլոր տարիներու ընթացքին մէջ այդպիսիները մէկ գիրք բացած են, թող գրատան ամբողջ հատորները (ուր նամակը կը գրեմ) գլխուս վրայ թափին»։ Վարուժան արդար ընդվզումով, ցասումով ու յուզումով կը գրէ Հայր Աթանաս Տիրոյեանին եւ կը բողոքէ իր ամենամօտ գրասէր ընկերոջ՝ Դերենիկ Ճիզմէճեանի դէմ գործուած մէկ սխալ արարքին դէմ։ Մուրատ-Ռափայէլեան վարժարանէն շրջանաւարտ Դերենիկին զլացուած է այն կրթանպաստը, որով հնարաւոր պիտի ըլլար անոր բարձրագոյն ուսումը։ Դերենիկ անձնական միջոցներով դիմած եւ ընդունուած է Պիզայի համալսարանը եւ ուսանած երկրագործութիւն։ Խօսելով Դերենիկի նիւթական անձուկ պայմաններուն մասին, Վարուժան սրտցաւօրէն կը գրէ․ «Այս պարոնը Մուրատ-Ռափայէլեանի ուսանողներուն, իր դասընկերներուն ճաշ կը պատրաստէ, եւ այսպէս գոնէ իր սնունդին գինը կը հանէ։ Ըսէք խնդրեմ։ Ձեր ո՛ր ուսանողը պիտի ուզէր թէ՛ ծառայութիւն ընել իր իրական ընկերներուն թէ՛ ուսում սորվելու ջանալ։ Այստեղ հայկական նկարագրին ազնուութիւնը եւ չարքաշութիւնը կայ՝ զոր պէտք է ճանչնանք եւ յարգենք եթէ կ՚ուզենք որ մեր հոգին անխառն ըլլայ աճպարարի եւ գնչուի արիւնէ։ Մինչ այս այսպէս, անդին ի՛նչ գոյնով եւ ինչ մորթով ուսանողներու համար Մուրա-

տի դրամը կը շահագործուի… բայց չէ կարելի լռել այս անիրաւուած գոհին առջեւ, որ Ձեզմէ այս վայրկենիս կ'ուզէ որ իր մասին արդարութիւնը գործադրուի… ինչո՞ւ զինքը անգթօրէն դուրս նետեցիք. ոճիր չէ՞ սակա, ոճիր է այս, եւ կը զարմանամ թէ Հայր Աթանաս մ'է դէմինս, որ այդ ոճիրը փէշերով ծածկել կը ջանայ.– դարձեալ կը կրկնեմ. ինչո՞ւ դուրս նետեցիք, երբ անդին իրենց խաղցած խաղէն վերջ ամբողջ բանակով աւելի նուազ արժանաւորներ ուսանողներ եղան…»։

Վարուժանին գրիչը հատու է ու ազդու։ Ան խտրութիւն չի դներ եկեղեցականի ու աշխարհականի միջեւ՝ երբ հարցը իրաւունքի ու արդարութեան մասին է։ Անոր ուժեղ գրիչը կը պախարակէ անարժան եկեղեցականը եւ կը դատապարտէ անոր ամօթալի գործունէութիւնը։ Ահա թէ ինչ կը գրէ նախկին տեսուչ Ստ. Սարեանի մասին, որ վանքէն հեռացուած էր. «Նկատի առնելով անոր հոգեբանութիւնը (եթէ ունի հոգի)՝ զայն նորէն վանքին մէջ մտցնելը ջորեակին առաջին սերմը ձգել է։ Լաւ է կապան փոխէ եւ երթայ սնգոյրի եւ չպարի խանութպան ըլլայ։ Այս է իր եզական կոչումը՝ կոչումը որ աւելի աքեմին ներքեւ է քան թէ սրտին մէջ»։

Վարուժան Թէոդիկին ուղղուած 1909 *թուակիր նամակին մէջ կը կատարէ սրտբաց խոստովանութիւններ ու հոգիէն ժայթքող պոռթկումներ իր «Սարսուռներ»-ու հրատարակութեան առիթով։ Թէոդիկ, ըստ երեւոյթին, ծանօթ չըլլալով սոյն գործի հրատարակութեան ընթացքին կատարուած գրաքննութեան, անգիտակցաբար Վարուժանին կը թելադրէ «Ցեղին Սիրտը» գիրքը եւս տպել տալ Ս. Ղազար։ Վարուժան զայս լսելով, կը քմծիծաղի ու Թէոդիկին կը յայտնէ հետեւեալը. «…Գրքիս համար խորհուրդ կու տաս որ դիմեմ Ս. Ղազար, խրախուսուելով «Սարսուռներ»-ուս վանքին տպարանէն ելլելէն։ Կը տեսնեմ որ դուն այդ զաւեշտը տեսնելու պատիւը չես ունեցած։ «Սարսուռներ»-ը նախ «Գեղունի»-ի մէջ հրատարակելէ վերջ (ինչ որ իրենց ոեւէ աւելորդ ծախք ընել չէր տար), կազմեցին յատուկ գրքոյկ մը եւ առանց ամչնալու ինձմէ առին… թուղթի ծախքը վաթսուն ֆրանք!!»։ Քահանաներուն խօսքը կրօնքին ռեքլամն է. իրենց խօսքը քաղցր է իրենց աղօթքին պէս, բայց իրենց սիրտը սեւ է իրենց գդակին պէս։ Ես դեռ չեմ ըմբռնած թէ ինչ տեսակ գծուծ զգացումներ պէտք էին ունենալ, որ նոյնիսկ պահանջեցին* 60 *ֆրանքի պէս չնչին գումար մը որ հացիւ իր խուղովը տապկուող ուսանողի մը համար գուցէ շատ բան է։ Այնուհանդերձ ես ամչցայ երբ ուղարկեցի* 60 *ֆրանքը։ Պիտի ուզէի* 600 *ֆրանք ուղարկել,* mandat*-ին ներքեւ գրելով. «Հալեցուցէք եւ խմեցէք, Ազնուութեան ծարաւիներ»։ Վանքը փճացած է. քանի մը քահանաներ կան միայն որ խոկապէս յարգուելու արժանի են. միւսներուն ոտքին կոխած տեղը մողէս կը սողայ։ Վանքը գերեզմանատուներ կան միայն, որոնք սոսկ նուիրական են։ Խե՜ղճ ոսկորներ իմ սիրելի Ալիշանիս, ո՜րքան պիտի ուզէի ազատել զձեզ եւ ծոցիս մէ՛ջ միայն թաղել»։*

Հայր Յովհաննէս Թորոսեան Վենետիկէն կը գրէ. «Ուսանողական կեանքի ամէնէն կնճռոտ հարցն է դրամականը. ատով կը տառապիք դուք ալ, մենք ալ»։ Վարուժան արհամարհած է նիւթական ամէն արգելք եւ կուրծք դնելով նման կոհակներու, դուրս եկած է վեհանձն, հպարտ ու յաղթական։

Վարուժան կանգնած է միշտ բարձր, աչքը ուղղած անհուն հորիզոնին, սիրտը նուիրած փշրուած հայրենիքին, միտքը լայն բացած լոյսին ու յոյսին, իսկ հոգին՝ գրականութեան։ Հայրենիքին օգտակար ըլլալու եւ մարդկութեան ծառայութիւն մատուցելու իղձը, մարմաջը, այնքան զօրեղ է, որ կը գրէ. «Բաղձանքս եթէ կ՚ուզէք -բաղձանքս է ապագային մարդերուն նուիրել այնպիսի հզօր երգ մը որ հայրենիքը ինծի պէս արարած մը ծնած ըլլալուն գոնէ չզղջայ»։

Վարուժան ծայր աստիճան ազգասէր է, հայրենասէր։ Ան կը տուայտի ու ծանրապէս կը տագնապի ի դիմաց իր անմեղ ժողովուրդի անլուր զրկանքներուն, չարչարանքներուն, աքսորին ու կոտորածին։ Ան շնչակտուր կը հետեւի մահասարսուռ լուրերուն, որոնք գաւառներէն կու գան փափուկ սիրտը խոցելու հէք ու նորափետուր բանաստեղծին։ Ազգին վիշտը ծրարած իր սրտին մէջ, ան կը մոռնայ իր անձնական ցաւը։ Ժողովուրդը գերիվեր է անհատներէ եւ անոր տառապանքը բաշխուելու է ամէն սրտցաւ անհատի վրայ։ Վարդգէս Ահարոնեանին ուղարկուած իր մասին ծանօթութիւններով լի նամակին մէջ կը գրէ. «Ձեզի ծանօթ ըլլալու են աննպաստ պայմաններու մէջ գտնուող հայ ուսանողի մը բոլոր տառապանքները, նիւթական եւ բարոյական արկածախնդրութիւնը։ Կրնամ ըսել, թէ ամէնէն խոր անձնական տառապանքները ես կրեցի Կանտի մէջ։ Սակայն, 1904–1907 շրջանն էր, երբ հայութիւնը կը խեղդուէր սուրի եւ սովի մղձաւանջին մէջ, ու ես չուզեցի տեղ տալ իմ անհատական ցաւերուս, գրեթէ լռեցուցի իմ սիրտս ու նախընտրեցի երգել ցեղին սիրտը, որուն բախումները կը զգայի իմ մէջս, իմ սեփական արիւնիս խորը։ Հայութիւնը կու լար եւ կը մռնչէր իմ մէջս եւ երգերս դուրս կու գային օտար երկնքի տակ կարօտի լարովը միայն կապուած մեր երկրի հողին եւ մարդուն հետ»։

1905 թուակիր նամակի մէջ, ուղղեալ Դերենիկին, Վարուժան մարգարէական կանխագուշակութիւններ կ՚ընէ մօտալուտ աղէտի մը, որ կործանիչ հետեւանք պիտի ունենար հայութեան համար. «Հօրմէս նամակ կ՚առնեմ, կը վախեմ որ Պոլիսը դարձեալ արեան քաոս պիտի դառնայ. գայս ենթադրելու բաւական փաստ ունիմ մտքիս մէջ»։ Մէկ այլ տեղ կ՚անդրադառնայ որ հայեր «կոտորածի տարին մահու չափ վնասուեցան, եւ մինչեւ հիմա կաղնիկաղը քաշքշեցին իրենց դիրքը, եւ այդ ամէն օր զգալով դեռ ուրիշ հարուածներ անկարելի կ՚ըլլայ իրենց գոյութիւնը պահել։ ...Կը փճանանք կոր, սիրելի Դերենիկ, կը փճանա՛նք»։

1907-ի Ռաֆայէլ Պագարճեանին ուղղած երկտողին մէջ Վարուժան յստակօրէն կը բացայայտէ ապագային պատահելիք զանգուածային քստմնելի ոճիրը. «Թրքահայաստանի վիճակը ամէն ջուր չի վերցներ. երթալով այդ մասին յոռետես կը դառնամ ես։ Այս վերածնութիւ՞ն է թէ հոգեվարքի խլրտում»։

1909 թուի «Ազդակ»-ի խմբագրութեան ուղարկուած երկար գրութեան մէջ, անդրադառնալով Կիլիկիոյ ջարդին, կը գրէ. «Ցեղին հոգին արիւն կու լայ մէջս, հրդեհուած քաղաքներէն եկող ամէն լուր տաք մոխիրի պէս կը թափի գլխիս եւ սրտիս վրայ... քանդել եւ այրելը բարբարոս ժողովրդի մը համար առաքինութիւն է»։

Վարուժան բանաստեղծն է ժողովուրդին. անոր ցաւերով կոտտացող, նուաճումներով հրճուող, ապագայով յուսադրուող, հայրենիքով սրտապնդուող ու ոգեշնչուող հսկան է։ Ան թարգմանն է հայրենի ժողովուրդի զգացումներուն։

Ապագայի վառ յոյսերով եւ լուսաշող Հայրենիքով տոգորուած ու ներշնչուած բանաստեղծը կը գրէ· «Բայց Հայը պիտի ապրի՛ հակառակ դահիճներուն, եւ հակառակ իր առիւծի աչքին տակ բուսած կորեկին։ Հայը պիտի ապրի ժողովուրդներու սիրազօդ շղթային մէկ ոսկի օղակն ըլլալու համար։ Այս է մեր բոլորին յոյսը, յոյս մը զոր մուրճով կռեցինք ինչպէս մեր պապերէն մէկուն նիզակը որ նպատակին կը դիմէր օդին եւ արեւուն մէջ երգելով»։

Վարուժան ապրելու, զգալու եւ ներշնչուելու համար կարօտ է Հայրենի ժողովուրդին, սէգ սարերուն, անամպ ու լազուարթ երկինքին, կոյս ու կենարար հողին եւ զուլալ ջուրին։ Անոր սիրավառ ու կարօտակէզ հոգին կը սաւառնի հայոց հարազատ երկրի երկնակամարին վրայ եւ ան իր հոգիին աչքերով կը տեսնէ Մայր Հայրենիքը։ Անոր անկեղծ ու ջերմ փափաքն է տեսնել Հայաստանը իրական աչքերով, միախառնուիլ անոր ու խոնարհիլ անոր առջեւ· «Անպատճառ ամբողջ Հայաստանը պէտք է տեսնել։ Կ՚ուզեմ համբուրել բոլոր այն տեղերը ուր նահատակ մը ինկաւ կամ հերոս մը կոխեց։ Մենք այնքան մեծ ենք որքան որ հողէն կը խմենք մեր զգացումները»։

Վարուժան բարձր գնահատականով եւ խորին յարգանքով կը խօսի վաստակաշատ բանաստեղծ ու մեծ գրագէտ Արշակ Չօպանեանին մասին։ 1908 *թուին գրած նամակին մէջ ան ներբողը կը հիւսէ ֆրանսահայ մեծ մտաւորականին եւ այս առիթով կը գրէ· «Մեր ժողովուրդը պէտք է Ձեր վրայ երկար մտածէ ու երկար խօսի, իսկ եթէ այդ բանը պէտք եղածին չափ չ՚ըներ ան, յանցանքը իր կուսակցութեան մոլեռանդութիւնն է։ Ասիկա զիս կը զայրացնէ, երբ անդին կը տեսնամ այսինչ կամ այնինչ դրօշակի պատկանող ոչնչութիւններ ուսերու վրայ ամէն օր կը խնկարկուին իսրայէլացիներու հորթին նման»։*

Վարուժան վերադառնալով իր ծննդավայրը կը լծուի ուսուցչական նուիրական աշխատանքին, բայց ուսման, գրականութեան ու բանաստեղծութեան ծարաւի սիրտը այստեղ յագուրդ չի գտներ։

1912 *թուականին Թէոդիկին ուղղուած գրութեան մէջ բացորոշ կերպով կը գանգատի· «Մտքի հաճոյք չկայ այստեղ· ըղեղի կատարեալ բզքտում է երբ մարդ ստիպուած է գոտեպնդուիլ ետ մնացած երկրի մը բիւրաձեւ կամ, լաւ եւս, տձեւ խաւարին հետ»։*

Երիտասարդ բանաստեղծը կ՚ուզէ ստեղծագործել, բայց շուտով կը նկատէ որ «միջավայրը ապերախտ է գրականութեան հանդէպ»։ Ցիրուցան քերթուածները մէկտեղելու եւ տպագրութեան յանձնելու ազնիւ միտումով, Վարուժան կը ջանայ գտնել առատաձեռն բարերար մը, որ ստանձնէ բոլոր ծախքերը։ Դերենիկին ուղղուած նամակին մէջ կը գրէ· «Մեկենաս մը գտնել կ՚ուզեմ։ Հիմա կը հասկնամ թէ որքան անիծուած են գրագէտները… վստահ եղիր, բոզ մը աւելի կը սիրուի ժողովուրդէն քան թէ գրագէտ մը· թէպէտեւ ան ալ կը բոզանայ իր երկը հասարակութեան առջեւ դնելով»։

Վարուժան շատ գեղեցիկ կերպով կը նկարագրէ իր բանաստեղծութեանց յօրինումը· «Ճշմարիտ բանաստեղծութիւնը մարտիրոսութիւն մ՚է· ամէն բառի մէջ սրտին կաթիլ-կաթիլ արիւնումն է ստեղծելը»։

Այստեղ մեծ սրտցաւութեամբ կ՚արձանագրենք Արշակ Չօպանեանին խօսքերը Վարուժանին ուղղուած նամակին մէջ՝ մեկենասի պակասի մասին· «Երկրորդ հատորին ձեռագիրը 2 1/2 *տարի ձեռագիր մնաց· ամէն տեղ դիմեցի, չկրցայ տպագրելու համար հարկ եղած գումարը գտնել։ Բայց ողորմելի՜ ալ ազգ ենք, հայերը իրենց շահը չեն գիտեր»։*

Մեր գրութեան վերջաւորութեան, կը փափաքինք մէջբերել Նշան Տէր Ստեփանեանին նամակէն կարճ հատուած մը՝ ուղղուած Վարուժանին, ուր կը խօսուի հայ երգի հանճարեղ երգիչ Կոմիտաս Վարդապետի մասին։ Պր. Նշան նախ գովքը կը հիւսէ աննման Վարդապետին բացառիկ կարողութեան, ապա վրդովմունքով կ՚արտայայտուի Հայր Կոմիտասին հանդէպ ցուցաբերուած բացասական ու արհամարհական վերաբերմունքին համար։ Ահա թէ ինչ կը գրէ ան. «Կոմիտաս Վարդապետ ունկնդրել մեծ բախտ մըն է, ամէն հաճոյք կը զոհեմ զայն լսելու համար. երգած ատեն կը սարսռայի, հոգեկան նուագ մը կը դառնայի միշտ անոր երգերուն ազդեցութեան տակ. դպրոցին տետրակ մը նրւէր ըրաւ որուն մէջ 12 հատ հայկական հրաշալի եղանակներ կան, միշտ ձեռքըս է ատ, եւ միշտ ալ այս եղանակները կը նուագեմ ջութակովս. այդ եղանակները գիս օրըստօրէ աւելի հայ կ՚ընեն. «հայ կ՚ընեն» գրած ատենս սոսկալի կերպով բարկացած եմ կարգ մը ցածերու դէմ, որոնք արհամարհանքով մը կը նային ամէն ինչի որ հայ է (ցուցնելով իրենց անձուկ միտքը եւ անձնական դատում չունենալը). ըստ այդ ապուշներուն ամէն ինչ որ հայ է՝ ոչինչ է. ամէն ինչ որ Եւրոպական է՝ հրաշալի է!! ա՜խ, ա՜խ նորէն ա՜խ... նոյն այդ ցածերը յանդգնութիւնը, լպիրշութիւնը ունեցան խնդալու Կոմիտաս Վարդապետի նման մարդու մը վրայ, այնպէս որ երբ գնաց՝ աս խօսքերը ըսաւ՝ «Ջանացէք աւելի ազնիւ գտնուելու»։ ...Մուրատ-Ռափայէլեան աշակերտ կոչուելու անարժան ոչինչները, այլասերածները, ցոփերը, կը համարձակին ծիծաղիլ մէկու մը վրայ որուն եղունգին աղտին իսկ չեմ հաւասարցներ ես զիրենք, եւ իրաւունք ունիմ»։

Վարուժան՝ արեւմտահայ չքնաղ բանաստեղծը, քերթողը, գեղարուեստասէրը, իրապաշտը, խորհրդապաշտը, գաղափարապաշտը, ոճաբանը, քննադատը, հայրենասէրը, աչքերը փակեց ծաղիկ հասակին՝ ամենաանգութ, ամենադաժան ու աննկարագրելի պայմաններու մէջ։ Ան իր պաշտելի ժողովուրդի ծոցէն կոպտօրէն փրցուեցաւ ու դատապարտուեցաւ ոչնչացման՝ մահուան։ Կեանքը չափազանց դաժան ու անողոք գտնուեցաւ այս նորափթիթ բանաստեղծին համար։ 31 գարուններ հազիւ բոլորած տաղանդաւոր բանաստեղծը այսօր կ՚ապրի իւրաքանչիւր հայ սիրտէ ներս։ Անոր բանաստեղծութիւնները յագեցած ու տոգորուած են համամարդկային գաղափարներով։ Վարուժանի բանաստեղծական մտածողութիւնը իր տեսակին մէջ եզակի է ու հոյակապ։ Անոր ստեղծած պատկերները անկրկնելի են, հրաշալի, աննման։ Հայ ժողովուրդը այսօր խորին ակնածանքով կը խոնարհի այս պատուական հայորդիին առջեւ՝ իր գրական հրաշալի ժառանգին, ազնուագոյն ձգտումներուն, խորագոյն ապրումներուն ու անկեղծ զգացմունքներուն համար։

Հայ բանաստեղծութեան համաստեղութեան մէջ այս անխոնջ, անվհատ ու պայծառամիտ գրագէտին անունը յաւիտեանս թող շարունակէ իմաստութիւն ճառագայթել նորահաս սերունդին։

Թող անմեռ մնայ Վարուժանին անունը մեր ժողովուրդին սիրտէն ներս։

Յիշատակն արդարոց ու նահատակաց օրհնութեամբ եղիցի։

2000

Վալերի Պրիւսով
(1873 - 1924)

Ռուս ականաւոր գործիչ ու մեծատաղանդ Վալերի Պրիւսովի ծննդեան 125-ամեակը կը տօնախմբէ այս տարի գրական աշխարհը։

Վ. Պրիւսով, զաւակը Եաքով Գուզմիչ Պրիւսովի եւ Մաթրիոնա Ալեքսանդրովնա Պաքուլինայի, մանուկ տիովք աչքի զարկած է իր իմացական փաղահաս կարողութեամբ։ Հայրը եղած է ազատամիտ եւ ինքնուսոյց։ Մանուկ Պրիւսով լայնօրէն օգտուած է իր հօր ընդարձակ ու ճոխ գրադարանէն։ Պատանի հասակէն գրած է կեղծ ու երեւակայական պատմութիւններ։ 1881-էն (ութ տարեկանէն) մեզի հասած է իր առաջին առասպելախառն պատմուածքը։

Պրիւսով մանկութեան տարիները անցուցած է բացարձակ առանձնութեան մէջ՝ անջատուած ընկերային շրջանակէ։ 1884-ին մտած է Ֆրանց Իվանովիչ Գրայմանի դպրոցը եւ զուրկ մնացած ընկերներէ՝ ընկերակցիլ ու խաղալ չգիտնալով անոնց հետ։

Շրջանակին չշաղուելու ու մարդկանց հետ չմիախառնուելու, չշփուելու այս ժխտական կեցուածքը ու վնասաբեր վերաբերմունքը ստեղծած է դժնդակ ու անբաղձալի վիճակ։ Դժբախտ, լռակեաց ու հանդարտաբարոյ պատանին ստիպուած ինքնամփոփուած իր պատեանին մէջ, իր բովանդակ կարողութիւնն ու ժամանակը նուիրած է ընթերցանութեան, գրական պրպտումի եւ ստեղծագործութեան։ Այս վարքագիծը եւ օրինակելի աշխատասիրութիւնը խորին յարգանք պարտադրած են շրջապատին։ Պրիւսովի բազմակողմանիօրէն զարգացած ըլլալու իրողութիւնը եւ քաջահմտութիւնը հասարակական գիտութիւններէ ու մանաւանդ գրականութենէ ներս ոչ միայն յարգանք, այլեւ զարմանք պատճառած են։ Պատանին, կը թուի թէ, գտած էր իր կեանքի ուղին եւ անկէ կ՚ընթանար առանց դոյզն իսկ վարանումի կամ զղջումի։ 1893-ին արդէն իսկ որոշած էր յաւէտ կապուած մնալ գրականութեան եւ խորհրդապաշտութեան (Symbolism) նոր ուղղութեան։

Հետաքրքրական է նշել, որ իր 4 Մարտ 1893 թուականի օրագրութեան մէջ յիշատակած է թէ խորհրդապաշտութիւնը ապագայի առաջնատար հոսանքն է եւ թէ ինք պիտի ըլլայ անոր առաջնորդը։ Հմայուած ու կլանուած գրական այս նոր ուղղութեամբ, ան կատարեց թարգմանական հսկայ աշխատանք Ֆրանսացի բանաստեղծներու երկերէն՝ Stephane Mallarme-էն, Arthur Rimbaud-էն եւ բազում ստեղծագործութիւններէն եւ խորապէս ազդուեցաւ Ֆրանսական գրականութեան այս տիտաններու արտայայտած միտքերէն եւ բռնած ընդհանուր ուղղութենէն։

Այստեղ տեղին է նշել, որ Պրիւսով բացի քաջահմտօրէն տիրապետած ըլլալէ ռուսերէնի, շատ գիտակ էր նաեւ եւրոպական լեզուներէն ֆրանսերէնի, իտալերէնի, լատիներէնի եւ գերմաներէնի։ Լեզուներու այս արագ ընկալումն ու լաւատեղեակութիւնը իրեն հնարաւորութիւն ընձեռեցին ձեռնարկելու մշակոյթի կարկառուն ներկայացուցիչներու կոթողական ստեղծագործութիւններու թարգմանական լայնածաւալ աշխատանքին։ Այսպիսով, ան թարգմանեց Շէյքսբիրէն, Հիւկոյէն, Պայրընէն, Կէօթէէն, Տանթէէն, եւն։

Արդ, ի՞նչ բան էր խորհրդապաշտութիւնը։ Խորհրդապաշտութիւնը, որ ձեւաւորուած էր 1870-ական թուականներուն յանձինս նշանաւոր գրողներու՝ Վեռլենի, Մալարմէի, Ռէմպոյի եւ այլոց, հիմնականին մէջ «կը ստեղծէր իրականութենէն, անոր կենսական խնդիրներէն փախչող, հակասական ապրումներու եւ մղումներու ոլորտին մէջ ներանձնացած եւ անզօր տառապանքի մէջ ծուատուող կերպարներ»։ Խորհրդապաշտական գրականութեան մէջ ստեղծագործող բանաստեղծներ ու գրողներ յաճախ հանդէս եկած են եսասիրական, անձնապաշտական, մարդատեացական, ժողովրդական զանգուածներու հանդէպ ժխտական տրամադրութիւններով ու հայեացքներով։ Այս ձգտումները հետապնդած են նաեւ այն նպատակը թէ՝ «կեանքն անիմաստ շրջապտոյտ է» այս անցաւոր աշխարհի վրայ եւ թէ մահը անյաղթահարելի ոյժ է։ Այս պատճառով, խորհրդապաշտութեան գեղարուեստական հոսանքը ոմանց կողմէ նկատուեցաւ իբրեւ անկումային արուեստ։ Խորհրդապաշտութեան մէջ ակներեւ է խորհրդանիշի առկայութիւնը եւ անոր ստեղծած խորհրդաւոր աշխարհը։ Խորհրդապաշտ բանաստեղծը իր հոգիին աչքերով կը զգայ ու կը տեսնէ անբացատրելի աշխարհ մը եւ հոն կ՚առաջնորդէ ընթերցողը։ Խորհրդապաշտը հաւատք կ՚ընծայէ աւելի խորհրդաւոր, մշուշապատ անդրաշխարհին, քան շօշափելի ու տեսանելի աշխարհին։ Անոր համար այս աշխարհը անցումային հանգրուան է, ուր մարդիկ առժամապէս ժամանած են, որպէսզի ի լրումն ժամանակին փոխադրուին միւս խորհրդաւոր աշխարհը։ Խորհրդապաշտի աչքին այս աշխարհը թերի է, անկատար ու չարութեամբ լեցուն։ Գրական այս ուղղութեան մէջ նկատելի է քամահրանք դէպի մարդկութիւնը եւ ներքին անսահման կարօտ ու մորմոք, ըղձանք ու տենչանք դէպի կատարելութիւն, անարատութիւն եւ անեղծութիւն։

Ռուս խորհրդապաշտները կարելի է բաժնել երկու խումբի. առաջին խումբին կը պատկանին՝ Գոնսթանթին Պալմոնթ, Ֆէոտոր Սոլլոկուպ, Վալերի Պրիւսով, Զինայտա Հիբբիուս, իսկ երկրորդին՝ Ալեքսանտր Պլոք, Անտրէ Պէլի, Վիաչեսլաւ Իվանով։

Ռուս մտաւորականութիւնը որոշ վերապահութեամբ իր մէջ ընդունեց խորհրդապաշտութիւնը, որ արդէն իսկ սկսած էր ներթափանցել Ռուսիոյ խորերը։ Ոմանք թեւաբաց ու սիրով ողջունեցին անոր մուտքը իբրեւ ոգեղէն արժէքներու գիտակցութեան վերագարթնումի էական տարրեր պարունակող ուղղութիւն։ Այլք, խոժոռ աչքով նայեցան անոր վրայ ու բնաւ չհաշտուեցան անոր հիմնական սկզբունքներուն հետ։ Մեռեժովսքին եւ Զինայտան խորհրդապաշտութիւնը համարեցին իբրեւ «վերարժեւորում համայն արժէքներու»։ Փակագիծի մէջ նշենք, որ այս շարժումը Խորհրդային Միութեան տարիներուն ոչ միայն չքաջալերուեցաւ ու չընդունուեցաւ, այլեւ արհամարհուեցաւ ու անգոսնուեցաւ։

Պրիւսով ռուսական խորհրդապաշտութեան ջատագովն ու հրահրողը եղաւ։ 1894 թուին ան հրատարակեց իր ծաղկաքաղը՝ «Ռուս Խորհրդապաշտները»։ Այս աշխատութեամբ ան իր բանաստեղծական զգայացունց նորարարութիւններով աննախընթաց յաջողութիւն արձանագրեց։ Անոր յաջորդեց Վեռլենի

«Ռոմաններ Առանց Խօսքի» աշխատութեան թարգմանութիւնը։ Հետաքրքրութեան նոր ալիք ծաւալեցաւ այս գործի հրատարակութեան վրայ։ Ռուս ու եւրոպացի երիտասարդ գրողներ սկսան կապի մէջ մտնել Պրիւսովի հետ՝ մօտէն ծանօթանալու Ռուսիոյ մէջ նոր ենթահող գտած ու տակաւ առ տակաւ տարածում վայելող ռուսական բանաստեղծական արուեստի այս նոր ուղղութեան հետ։

1895-ի Օգոստոսին, Պրիւսով ձեռնարկեց իր բանաստեղծական առաջին փունջի հրատարակութեան։ Ինքնուրոյն մտածողութեամբ, նորելուկ, ազատ, անկախ ու անկաշկանդ ոճով գրուած բանաստեղծութիւններու այս շարքը մեծ աղմուկ բարձրացուց Ռուսիոյ մէջ։ Ռուսական գրականութեան կաճառը զինք հեռացուց իր շրջանակէն երեք տարիով։ 1898-ին ան վերստին ընդունուեցաւ իբրեւ գրող եւ սկսաւ աշխատիլ իբրեւ խմբագիր։ Նոյն տարին, ան հրատարակեց իր «Գիրք խորհրդատուութեանց»-ը, որ բանաստեղծութիւններու հաւաքածոյ է։ 1900 թուականը Պրիւսովի համար եղաւ նշանակալի տարի, վասնզի իր երրորդ բանաստեղծական հատորին հրատարակութեամբ, ան թեւակոխեց նոր հանգրուան ու ստեղծագործական շրջան։ 1904-ին, ռուսական խորհրդապաշտութեան ռահվիրայ համարուեցաւ։ Երկու տարի ետք, Պրիւսով հրատարակեց իր «Ծաղկեպսակ»-ը։ Հարեւանցի ակնարկ նետելով Պրիւսովի բանաստեղծութիւններուն վրայ, կարելի է նկատել որ անոր բանաստեղծական երկերը զարմանալիօրէն աւելի մերձաւորութիւն ունին ԺԹ. դարի բանաստեղծական ուղղութեան, քան՝ քսաներորդ։ Անոր գեղագիտական ճաշակը եւ նիւթերու ընտրութիւնը սերտ աղերս ունին ռուս-եւրոպական բանաստեղծական տարրերուն հետ, քան՝ խորհրդապաշտ առաջնորդներու։

1908-ին Պրիւսով նշանակելիօրէն չեղեցաւ իր որդեգրած ուղեգիծէն եւ ինքզինք նուիրեց ուսուցչական ասպարէզին, թէպէտեւ շարունակեց մերթ ընդ մերթ գրել։ 1910-ի գրութիւնները կ՚ընդգրկեն թարգմանութիւններ Edgar Allan Poe-էն եւ հայկական գրական գանձերէն։ Պրիւսով իբրեւ մշակոյթի սիրահար, անգնահատելի աշխատանք տարաւ մեր մշակութային արժէքները օտարներուն ծանօթացնելու ուղղութեամբ։

Պրիւսով մահացաւ 9 Հոկտեմբեր 1924 թուին, Մոսկուա, թաղանթաւոր թոքատապէ եւ լանջամաշկի բորբոքումէ։

Վալերի Պրիւսով բազմատաղանդ գրող էր, պատմագէտ, կազմակերպող, ուսուցանող, անձանձրոյթ ընթերցող, պրպտող, արտադրող։ Ան բովանդակ կեանք մը նուիրաբերեց մշակոյթով քաղաքակրթութիւն պարգեւելու աշխարհի բազմազան ազգերուն։ Իր հիմնական վսեմ նպատակն էր կարգ ու կանոնի ճանաչում, ինչպէս նաեւ կեանքի եւ հասարակութեան գնահատում բերել՝ խառնակութեամբ լեցուն աշխարհին։

Մենք ջանացինք չափազանց սեղմ տողերու մէջ ուրուագիծը ներկայացնել գրական հսկայի մը, որ անդուլօրէն ու տքնաջանօրէն աշխատեցաւ գրականութեան ընդարձակ անդաստանէն ներս եւ առատօրէն արտադրեց իր մտքի արգասիքը։ Հրապարակած է աւելի քան ութսուն գիրք։

Հայերուս համար Վալերի Պրիւսով եղած է յարգելի ու սիրելի անուն։ Իբրեւ բազմակողմանիօրէն զարգացած գիտնական, ան մօտէն ուսումնասիրած է հայ մշակոյթը։ Հայ գրականութեան ու պատմութեան սիրահար այս անխոնջ *մշակը հսկայական, անծայրածիր ու անհունօրէն շնորհակալ աշխատանք կատարած է մեր մշակոյթի գոհարները, մեր գրական մասունքներն ու անկրկնելի պատառիկները աշխարհին ծանօթացնելու նուիրական գործին մէջ։ Պրիւսով խիստ բարձր գնահատած է հայ գրական մտքի արգասիքը եւ զայն համարած է ինքնատիպ, եզակի, հանճարեղ։ Ահա թէ ինչ կը գրէ ան. «Հայաստանի ուսումնասիրութեան մէջ ես գտայ վեհ, հոգեկան հրճուանքներու անսպառ աղբիւր, որ որպէս պատմաբան, որպէս գիտութեան մարդ՝ ես Հայաստանի պատմութեան մէջ գտայ մէկ ամբողջ, ուրոյն աշխարհ, որոնց մէջ հազարաւոր հետաքրքրական հարցեր կ’արծարծէին գիտական իմաստասիրութիւն, իսկ որպէս բանաստեղծ, որպէս արուեստագէտ՝ Հայաստանի բանաստեղծութեան մէջ ես տեսայ գեղեցկութեան այնպիսի ինքնուրոյն աշխարհ մը, նոր, առաջ ինծի անյայտ, տիեզերական գեղեցկութիւն, որուն մէջ կը փայլէին, կը շողշողային իսկական գեղարուեստական ստեղծագործութեան բարձր կերտուածքները»։*

Պրիւսով ճիշդ բնութագրելով ու մանաւանդ բարձր գնահատելով հայ ժողովուրդի պատմական անցեալը, գրած է. «Հայ ժողովուրդը ժամանակակից մշակութային ժողովուրդներէն հնագոյններէն մէկն է։ Ան մեր աշխարհ եկած է այնպիսի հեռաւոր անցեալէ, երբ ոչ միայն դեռ գոյութիւն չունէին ժամանակակից եւրոպական ժողովուրդները՝ ֆրանսացիները, իտալացիները, անգլիացիները, ռուսերը, այլեւ պատմական ասպարէզի մէջ հազիւ մուտք գործած էին հնադարեան ժողովուրդները՝ Հռովմէացիները եւ Հելլէնները»։

1915-ին, Պրիւսով ձեռնարկեց հայ բանաստեղծական արուեստը ուսումնասիրելու գործին եւ 1916-ին, Մոսկուայի մէջ, հրատարակեց իր «Հայ բանաստեղծութիւնը հնագոյն ժամանակներէն մինչեւ մեր օրերը» ծաղկաքաղի չարակարգութեամբ թարգմանուած եւ խմբագրուած կարեւոր աշխատութիւնը։

Պրիւսով հայ ժողովուրդի պատմութեան եւ բանաստեղծութեան իր մեծ ներդրումը կատարեց՝ հրատարակելով «Հայաստանի բանաստեղծութիւնը եւ անոր միասնութիւնը դարերու ընթացքին» եւ «Հայ ժողովուրդի պատմական բախտի տարեգրութիւնը» աշխատութիւնները։ Երկու գիրքերն ալ մեծապէս գնահատուած են գիտական հասարակութեան ու ընդհանրապէս գրական լայն շրջանակներու կողմէ։ Վերոյիշեալ երկրորդ գրքին մէջ յստակօրէն կը մատնանշէ այն դժբախտ երեւոյթը, որ հայ արժէքները անծանօթ են ռուս ընթերցողին եւ թէ «Հայաստանի պատմութիւնը նոյնքան արժանի է ուշադրութեան, որքան ամենանշանաւոր ժողովուրդներու պատմութիւնը»։

Վալերի Պրիւսով մօտէն շփուելու եւ հաղորդակցելու համար հայ ժողովուրդին ու ծանօթանալու, անոր պանծալի մշակոյթին հետ, 1916-ին մեկնեցաւ Անդրկովկաս։ Ան յաջորդաբար այցելեց Պաքու, Թիֆլիս, Երեւան եւ Էջմիածին։ Ամենուրեք ընդունուեցաւ ամենայն ջերմութեամբ ու յարգանքով։ Շրջագայութեանց ընթացքին ան հանդիպեցաւ հայ գրականութեան կարկառուն ներկայացուցիչներուն՝ Յովհաննէս Թումանեանին, Վահան Տէրեանին եւ այլ բազմաթիւ գրողներու եւ անոնց հետ մտերմական ու գրական կապեր հաստատեց։ Այս վայրերուն մէջ, Պրիւսով դասախօսութիւններ տուաւ հայ բանաստեղծութեան ու պատմութեան մասին։ Իր «Հայաստանի Պոէզիան» աշխատութեան մէջ, Պրիւսով կ’անդրադառնայ համաշխարհային մտքի գանձարանին հայ ազգի մատուցած մշակութային մեծ նպաստին։ Ան կ’ըսէ. «Հայ ժողովրդական բանաստեղծութիւնը կը պատկանի ամենահիանալիներու թւին այն բոլորին մէջ, որոնք ծանօթ են ինծի։ Քիչ ժողովուրդներ կրնան պարծենալ, որ իրենց ժողովրդական երգերը կը հասնին գեղարուեստական այսպիսի մակարդակի, այսպէս նրբագեղօրէն գերիչ են, այսպէս ինքնատիպօրէն ուրոյն են՝ իրենց ամբողջ անմիջականութեամբ եւ անսեթեւեթ անկեղծութեամբ հանդերձ»։

Պրիւսով զբաղեցաւ մեր գրականութեան բոլոր փուլերով, զարգացման աստիճաններով, հիացաւ անոր երանգաւորումներով, նրբագեղութիւններով եւ առանձնայատկութիւններով։ Ան յատուկ գովեստով անդրադարձաւ հայ դիւցազնավէպին՝ «Սասունցի Դաւիթ»-ին, մեր միջնադարեան քնարերգութեան, աշուղական կամ գուսանական երգերու հիւսուածքին։

Պրիւսով ճիշդ ընկալելով ու մեկնաբանելով մեր միջին դարերու բանաստեղծութեան բարձրութիւնը, խորութիւնը, յուզականութիւնը եւ արտակարգ գրաւչութիւնը, գրած է. «Միջնադարեան հայ քնարերգութիւնը մարդկային ոգիի ամենահիանալի յաղթանակներէն մէկն է, որպիսիք երբեւէ ճանչցեր է համայն աշխարհի տարեգրութիւնը։ Միանգամայն ուրոյն պոէզիա է, որ մեզի համար նոր է իր ձեւերով, խորունկ է բովանդակութեամբ, փայլուն՝ թեքնիկական վարպետութեամբ»։

Վերջապէս եւ մեծ դրուատիքով խօսած է Պրիւսով մեր աշուղական աննման գրականութեան ամենամեծ երգիչի ու ամենաշատ սիրուած բանաստեղծի՝ Սայաթ-Նովայի բարձրարուեստ երգերուն մասին։ Պրիւսով կը գրէ. «Սայաթ-Նովան առաջինը իր օրինակով ցոյց տուաւ ու ապացուցեց, թէ ինչ ոյժ պարփակուած է ժողովրդական երգիչի ձայնին մէջ, ցոյց տուաւ, որ այդ երգիչը ոչ միայն խնճոյքի ժամանակ ուրախացնող է, այլեւ ուսուցիչ, մարգարէ... Սայաթ Նովայի մօտ ամէն ինչ աշխուժացած ու շնչաւորուած է իսկական բանաստեղծութեան հանճարի ուժով»։

Վալերի Պրիւսով զբաղած է նաեւ արեւմտահայ բանաստեղծներու երկերով։ Իր հիացմունքը արտայայտած է Պետրոս Դուրեանի, Միսաք Մեծարենցի, Դանիէլ Վարուժանի, Սիամանթոյի եւ այլոց նուաճումներուն վրայ։

Վալերի Պրիւսով թարգմանած է 170-է աւելի հայ բանաստեղծական երկեր։ Անոր «Հայաստանի Պոէզիան» կ'ընդգրկէ աւելի քան քառասուն հայ բանաստեղծ՝ Գրիգոր Նարեկացիէն մինչեւ Վահան Տէրեան։

Պրիւսովի կեանքը եղաւ շատ կարճ, բայց գրիչը՝ բեղուն։ Իր արտադրութեան մէջ եղաւ խիստ առատ ու ծաւալուն։ Առ ի գնահատութիւն անոր մշակութային վիթխարի ու անգնահատելի ծառայութեանց, Հայաստանի կառավարութիւնը, Պրիւսովի ծննդեան յիսնամեակին առիթով, անոր շնորհած է ժողովրդական բանաստեղծի կոչում եւ անոր անունով կոչած Երեւանի ռուսաց եւ օտար լեզուներու պետական մանկավարժական հաստատութիւնը։

Վալերի Պրիւսովի վաւերական մեծութիւնը անառարկելի ճշմարտութիւն է։ Այս մեծ հայասէր գրագէտին յիշատակը ջինջ ու պայծառ պիտի մնայ մեր սրտերուն մէջ։ Հայերս երախտագիտութեամբ պիտի յիշենք այս ներհուն ու վաստակաւոր մտաւորականին անունը։

Վաստակաւորաց յիշատակն օրհնութեամբ եղիցի։

1998

Զօհրապին Ճառը Եւ Մշակոյթի Ամիսը

Հայ մեծ գրագէտ, երեսփոխան ու յայտնի վիպասան Գրիգոր Զօհրապ ճառ մը խօսած է 27 Հոկտեմբեր, 1913 թուականին, ուր շեշտադրած է հայ տառերու ստեղծման կարեւորութիւնը հայ մշակութային ու ազգային կեանքէն ներս եւ ընդգծած հայ լեզուի կենսական անհրաժեշտութիւնը մեր իրականութեան մէջ։

1913 *թուի «Ժամանակ» թերթը կը տեղեկացնէ որ հայ գիրերու գիւտին* 1500 *ամեակի եւ հայ տպագրութեան* 400*-ամեակի զոյգ տօնակատարութեանց մասնակցած են հայ եւ օտար բարձրաստիճան եկեղեցականներ, դեսպանատուներու ներկայացուցիչներ, յոյներու, պուլկարներու եւ ասորիներու պատրիարքներու փոխանորդներ։ Այս բացառիկ հանդիսութեանց իր ներկայութիւնը բերած է նաեւ ներքին գործոց տխրահռչակ նախարար՝ Թալէաթ, որ ի միջի այլոց ըսած է. «Այսօր հայերէն գիրերու հազար հինգ հարիւր ամեակի եւ հայ տպագրութեան չորս հարիւր ամեակի հանդէսները կատարելապէս տօնելու համար հաւաքուած էք հոս, յանուն կառավարութեան կը մասնակցիմ ձեր ուրախութեան»։ Հետագային, խմբագիրը եւ տպագրիչը այս տողերուն, շատ ուղիղ կերպով արտայայտուած է ըսելով՝ «Այդպէս էին Իթթիհատականները բթացնում հայ ժողովուրդի զգաստութիւնը՝ նրան կոտորելուց առաջ»։*

Ցարգելի հեղինակը կ՚ընէ հաստատումը լեզուի մշտագոյութեան, յարատեւութեան եւ յաւիտենական այժմէութեան, երբ կը գրէ. «Թագաւորութիւնները կ՚իյնան, ազատութիւնները կը ջնջուին, յաղթանակները յաճախ պարտութիւններու կը փոխուին, բայց լեզուն կը մնայ, ազգի մը ճակատագրին պէս անջնջելի»։

Լեզուի յաւերժագոյութիւնը բնական է որ պայմանաւորուած է հաւաքականութեան կամ ազգի զաւակներուն անդադար գործածութեամբ։ Լեզուն իբրեւ հաղորդամիջոց կը դադրի լինելութենէ, երբ կը լքուի զանգուածին կողմէ, կ՚արհամարհուի, կ՚անտեսուի ու վերջնականապէս կը մոռցուի ընդհանուրին կողմէ։ Կողմնակի պարագաներ, որ է՝ հատուկենտ լեզուն գործածողներ, ոչինչ կրնան փոխել լեզուի ճակատագրէն, եթէ ան անկումի ու կորուստի ճամբան բռնած կ՚ուղղուի դէպի վերջնական կործանում ու յաւիտենական հանգիստ։ Իւրաքանչիւրին ներդրումը մեծ նշանակութիւն ունի լեզուն յաւերժական ու շօշափելի իրականութիւն դարձնելու տեսակէտէն։

Ճառին մէջ Զօհրապ կ՚անդրադառնայ նաեւ կարեւոր երեւոյթի մը, որ իր կարծիքով կատարուած է «լայնախոհ ազատականութեամբ». այդ՝ փոխառութիւններն են դրացի ազգերէն, որ եկած են ճոխացնելու մեր գրականութիւնը։ Այդ բացառիկ պատիւը տուած է ան եկեղեցականներուն՝ որ գիտակից իրենց սուրբ կոչումին, նուիրուած են գրական-թարգմանական մեծ ու լուրջ աշխատանքին ու ստեղծագործած են հրաշալի գրական գոհարներ, որոնք ցայսօր կը պահեն իրենց թարմութիւնը, այժմէականութիւնը եւ գրական բարձր ճաշակը։

Կղերին իր յարգանքի տուրքը մատուցելէ ետք, Զօհրապ ամենայն իրատեսութեամբ ու լայնախոհութեամբ կը գրէ. «Եկեղեցականին պարտականութիւնը միայն աղօթել չէ. տեսէ՛ք Ղեւոնդները: Նախկին եկեղեցականները խաղաղութեան ատեն գրականութեամբ զբաղեր են եւ պատերազմի ատեն ալ ռազմադաշտ գացած: Այս մասին շատ անուններ կրնամ յիշել. բայց նախ կ՚ողջունեմ այն աճիւնները, որոնք Աշտիշատի եւ Օշականի մէջ կը հանգչէին»:

Արդարեւ, մեծ է եկեղեցական դասին կողմէ կատարուած այս սուրբ գործը, որ գիրենք ի վերջոյ դասած է սուրբերուն շարքը: Զօհրապ իր ճառին մէջ կը հարցնէ. «Ի՞նչ է սրբութիւնը», ու կը պատասխանէ շատ խելամտօրէն. «Միթէ եկեղեցիներու եւ վանքերու մէջ առանձնանալ, ծոմ պահել, ոչ ոքի չարութիւն չընել կը բաւէ՞ն սրբութեան համար: Ո՛չ: Սրբութիւնը ան է որ ուրիշներուն ցաւերը կ՚ամոքէ եւ իր անձը մոռնալով անոնց համար կ՚աշխատի: Այսօր քսաներորդ դարու սուրբեր են Մարքոնի, Էտիսըն, Փասթէօռ, ևն: Երբ մարդը իր հայրենակիցներու համար իր կեանքն ու դիրքը վտանգի կը դնէ, անիկա ալ ազգին սուրբն է: Երբ ուշադրութեամբ հետեւինք հայ պատմութեան, կը տեսնենք որ գիրի գիւտը հայուն գոյութեան ամենամեծ ազդակը եղած է»:

Զօհրապ «սրբութիւն» բառիմաստի ու հասկացողութեան ընդլայնում կը կատարէ, երբ կը նշէ թէ հայրենիքին պաշտպանն ալ սուրբ մըն է: Սուրբի սովորական առումը այն է, որ անձը անվեհեր, աներեր ու անկաշկանդ խտակրօնութեամբ, լիիրաւ համոզումով ու անբիծ հաւատքով, աստուածավախութիւնը ունենայ եկեղեցւոյ կանոններուն համաձայն առաքինի ու պատշաճ կեանք մը վարելու: Յայսմաւուրքը եւ սրբագրութիւնը (իմա՛ սուրբերու կենցաղը) լի են այնպիսի սուրբերով, որոնք ապրած են պարկեշտ ու աստուածահաճոյ կեանք՝ խուցի կամ ճգնարանի մէջ, բարձր լերան վրայ կամ խորքը ձորի՝ հեռու մարդաբնակ վայրերէ ու մարդկութենէ, դառնալով լեռնաբնակ, սիւնաբնակ ու անապատակեաց: Առ ի հետեւանս նման կենցաղակերպի, անոնմէ ոմանք չեն եռեւեփած, մտալլկուած ու անհանգստացած մարդկութիւնը յուզող հարցերով եւ իրենց կեանքը չեն սպառած այդ բազմաբարդ հարցերու լուծումները գտնելու երկունքով: Անոնց հիմնական մտասեւեռումը ու նպատակակէտը եղած է կրել իրենց անձնական խաչը սրբութեամբ, արժանապատուութեամբ ու անսրատ հաւատքով, եւ մեղքերու քաւութեամբ արժանանալ երանական տեսութեան: Ներկայ առումով, սուրբը այն անձն է, որ կը ճաշակէ դառնութեան մրուրներուն բաժակը, իր անձը կ՚անտեսէ ու կը կոչկոճէ, իր մտքի լոյսէն յարատեւ կը բաշխէ ուրիշներուն, եւ այլոց հոգիներուն վրայ կը ներազդէ իր գործունէութեամբ, կենցաղով ու բարքով: Ներկայ սուրբը կը պատկանի աշխարհին, որ կլանուած է անոր հոգերով, եւ հեռու է ցնորական երազներէ: Ան իր ներկայութիւնը զգալի կը դարձնէ, իր բովանդակ էութիւնը եւ գիտութիւնը տրամադրելի կը դարձնէ մարդկութեան, եւ միշտ պատրաստ է իր կեանքի գինով զոհուելու իր նմանին: Սուրբը ունի սուր միտք, երազներ անվերջ, աշխատելու եւ ստեղծագործելու անսահման եռանդ ու կորով: Ան հետամուտ է աշխարհը թարմացնելու եւ ջերմացնելու իր շունչով եւ այն դարձնելու տենչալի վայր: Անոր բարոյական վաստակը հարուստ է ու բազմազան: Ան չի ճանչնար խոնջութիւն ու յոգնութիւն, այլ միայն՝ ծառայութիւն: Խորթ են անոր թշնամութիւն ու գժտութիւն, բամբասանք ու չաղակրատանք: Ան վեհոգի է, անընդունակ է խռովելու եւ քէն պահելու, բարեզարդուած է պէսպէս առաքինութիւններով ու օժտուած արտակարգ մարդասիրական զգացմունքներով:

Վերոյիշեալ հատուածը անտարակոյս խտացումն է ու իսկական էութիւնը մեր կրօնին, հաւատքին ու համոզումին։ Սրբութեան նման սահմանում մը իր մէջ կը մարմնացնէ ոչ թէ աշխարհէ կտրուածութեան, անջատուածութեան գաղափարախօսութիւն, այլ ընդհակառակը, մարդս կը մղէ դէպի աշխարհաբեմ՝ մաքառելու յանուն մարդկային ընկերութեան արդարութեան, հաւասարութեան, խաղաղութեան, սերտ գործակցութեան, փոխադարձ հասկացողութեան ու յարգանքի, ինչպէս նաեւ յանուն մարդկութեան հոգեւոր ու բարոյական կեանքի բարելաւման ու բարեզարդման։ Եւ իրօք, վերոբերեալ նշանաւոր անձինք, ծանրագոյն պայմաններու մէջ արտակարգ արիութիւն, համբերութիւն ու վճռակամութիւն ցուցաբերելով նուաճեցին գիտութեան բարձունքները եւ մարդկութեան մատուցեցին անմոռանալի բարիքներ. այսպէս՝ Մարքոնի (1874-1937), *իտալացիականաւոր գիտնական ու մեծ բնագէտ, ճանչցուած է իր անթել հեռագրականութեան համար, որուն համար եւ արժանացած է Նոպէլեան մրցանակին։ Լուի Փասթէօռ* (1822-1895), *ֆրանսացի մանրէաբան եւ տարրաբան, գիւտը կատարեց զանազան պատուաստումներու։ Թամըս Էտիսըն* (1847-1931), *ամերիկացի գիտնական, կատարեց գիւտը հրաշէկ լամբի։ Այս երեք նշանաւոր անձինք իբրեւ օրինակ կը բերուին Ջօհրապին կողմէ ցոյց տալու համար անոնց կարեւոր ներդրումը կամ անսահման ծառայութիւնը համայն մարդկութեան։ Անոնց անսակարկ նուիրումը իրենց նախասիրած ճիւղին ու ասպարէզին արդիւնաւորուեցաւ, եւ այդ գիւտերուն շնորհիւ մարդկութիւնը իր վրայէն մէկանգամընդմիշտ թօթափեց խաւարը եւ ընդգրկեց գիտութեան, առողջապահութեան, լոյսի ու յոյսի ուղին։*

Միջնադարեան մենաստանային ու միայնակեցական, առանձնական ու ծոմապահական կեանքը, այս լուսաւոր դարաշրջանին, փոխակերպուած ու պայծառակերպուած կը տեսնէ գրագէտը։ Արդ, առաքինութիւնը, սրբութիւնը եւ սրբակենցաղութիւնը վանքերու ամրակուռ ու բարձրաբերձ պարիսպներէն դուրս թափանցած են դէպի իրական ու շօշափելի աշխարհ, ուր տիրական են չարը, պատերազմը, սովը, նախանձը, ագահութիւնը եւ այլ փորձութիւններ ու մոլութիւններ։ Այսպիսով, ճշմարիտ սուրբը այն անձն է որ դուրս կու գայ իր նեղ ու կարծր պատեանէն եւ ինքզինք կը տրամադրէ իր նմանին, եւ իր բովանդակ տաղանդն ու ջանքը, ժամանակն ու գիտութիւնը սիրայօժար կերպով կ'ընծայէ կարօտեալին, լքեալին, որբին ու որբեւայրիին, ինչպէս նաեւ՝ ազգին, եկեղեցիին, հայրենիքին ու մշակոյթին։ Անձնազոհական բացառիկ ու համբուրելի ոգի է հարկաւոր սրբութեան այս երեսը ընդգրկելու եւ ազգին վերելքին կամ ապահովութեան համար աշխատելու, տքնելու եւ զոհուելու համար։ Վերջին տարիներուն մղուած ամեհի կռիւներուն ընթացքին, հայ պատուական մարտիկներ, հայոց աշխարհի սահմանագլխին, զէնք ու նռնակ ի ձեռին, ինկան վասն հայրենեաց։ Անոնցմէ շատեր կենաց գարնանամուտը հազիւ թեւակոխած, նոր հայրացած, իրենց կեանքի ամենաբեղուն ու ամենամատղաշ տարիքին, փակեցին իրենց աչքերը ու հեռացան առյաւէտ իրենց չիրականացած երազներով, տենչերով, իղձերով՝ որբացնելով հայրենի օճախն ու հայրենիքը։ Այս սուրբ նահատակները արժանի են յիշատակութեան իրենց սուրբ գործին ու թանկագին կեանքի նուիրաբերութեան համար։

Հայ մշակոյթի երախտաւոր սպասաւորները եւս մէկական սուրբեր են, վասնզի իրենց միտքէն ճառագայթող ամէն մէկ շող ցաթեցուցին իրենց գրութեանց մէջ։ Անոնք իրենց գիտելիքներու անսահման պաշարը տրամադրեցին մեզի՝ մեր միտքերու լուսաւորութեան համար։ Եռամեծ գիտնական ու հայ մշակոյթի ռահվիրայ ու լուսաւորիչ Մեսրոպ Մաշտոց, իր առաջնագոյն ու մեծագոյն լուման ընծայաբերեց ոսկեղէն գիրերու գիւտով։ Այդ գիւտը լոկ երկնային տեսիլքի արդիւնք չէր որ խորհրդաւոր պահի մը երեւցաւ մեծ սուրբին ու ակումիտին, այլ երկունք էր, որ իրմէ պահանջեց տքնութիւն, անքնութիւն, մանրազնին սերտողութիւն ու մասնագիտութիւն։ Այս սուրբին հետեւեցաւ փաղանգ մը մտքի տիտաններու, որ դէմ յանդիման կանգնած բազմակոհակ ովկիանին, խիզախութեամբ ու կամքի բացառիկ տոկունութեամբ ու անվհատութեամբ կրցաւ յաղթահարել բիւրաւոր խոչընդոտներ։ Եկեղեցին ու ազգն հայոց անհուն երախտագիտութեամբ կը յիշատակեն այդ սուրբերը ամէն տարի Հոկտեմբեր ամսուն։ Այդ յիշատակումի տօնը, որ մեր եկեղեցական օրացոյցի համաձայն կոչուած է «Սրբոց Թարգմանչաց Տօն», համայն հայութեան համար ոչ միայն յարգանքի, խունկի ու աղօթքի օր է, այլ նաեւ հրաւէր ինքնագիտակցութեան պատրաստակամութեան ու ծառայասիրութեան։ Արդարեւ, միանգամայն գեղեցիկ ու սրտառուչ կը գտնենք Զօհրապի ճառին մէջ արտասանուած այն խօսքը, ըստ որում «գիրի գիւտը հայութեան գոյութեան ամենամեծ ազդակը եղած է»։ Արդ ուրեմն, առանց գիրերու գիւտին, բնական է որ պիտի չունենայինք մեր ինքնուրոյն ու ինքնատեղծ ծովածաւալ գրականութիւնը եւ աքանչելի մշակոյթը։ Տասնեւհինգ դարերու մրրկալի տողանցքէ ետք, այսօր հայութիւնը կայ, կը մնայ ու կը գոյատեւէ շնորհիւ իր հիմքին, որ հայոց գիրերն են։ Արեւմտեան ափերուն վրայ բազում են այն անձինք, որոնք կը պնդեն թէ «հոգի յոյժ առաւել է, քան հայ լեզու»։ Մեր պապենական լեզուն հետզհետէ կը զրկուի գործածութենէ, որովհետեւ շատեր սկսած են հաւատալ որ լոկ հոգիով պէտք է հայ ըլլալ եւ ոչ անպայման լեզուի գործածութեամբ։ Զօհրապ յատուկ կերպով կ'ընդգծէ կարեւորութիւնը հայ գիրերու գիւտին եւ մեր բովանդակ գոյութիւնը եւ ինքնապահպանումը անոր կը վերագրէ։ Ուրեմն, առանց հայ գիրի, գրականութեան, ինքնուրոյն ու ինքնատիպ մշակոյթի հայութիւն չի կրնար գոյութիւն ունենալ։ Հայոց մարգարտանման գիրերն են որ կը զօդեն հայութիւնը, կը մէկտեղեն ու անոր դիմագիծը հարազատ, անեղծ ու անխաթար կը պահեն։ Փոխեցէք հայոց պաշտամունքի լեզուն, եկեղեցին հայկական կը կորսնցնէ իր հմայքը, կրօնական բոյրը, լրջութիւնը եւ դիմագիծը։ Բնական է, առանց հայ լեզուի, որոշ տարր մը որոշ ժամանակ պիտի կարենայ հայկական ոգին պահելով հայ մնալ, բայց հայութեան այդ նորակերպ խմորումը եւ ձոյլը անհաղորդ պիտի մնայ իր հոգեւոր հարազատ ժառանգութեան ու արժէքին։

Զօհրապ իր ճառին մէջ կ'ընէ հետաքրքրական նկատողութիւն մեր անտարբերութեան ու անմիաբանութեան մասին։ Ան մեր ժողովուրդի ժառանգական տոհմիկ ու գերազնիւ նկարագրագիծերուն ակնարկելով, կը յայտնէ այն միտքը, որ հայը ասիացի արարատցիներէն սերած է «խաղաղ հոգին եւ ժայռի պէս տոկուն նկարագիրը», խայերէն կամ խաթերէն ժառանգած է «իրենց առեւտուրի հնարիմաց միտքը», իսկ արմեններէն՝ «իրենց մտքի նրբութիւնն ու ճաշակը»։ Այնուհետեւ, կը շարունակէ Զօհրապ, «այս երեք ցեղերու միացումին տեն յաջող շրջան մը չէ եղած, այս է պատճառը մեր անմիաբանութեան»։ Արդ, ի՞նչ պէտք է ընել ձերբազատուելու այս անբաղձալի վիճակէն։ Հեղինակը կը կատարէ հետեւեալ խոհեմ թելադրութիւնը. «Հայ տարրերը պէտք է միշտ գործակցին եւ ատոր համար լեզուն ամէնէն մեծ ազդակն է»։ Լեզուն է որ ազգը կը պահէ, կը շաղախէ, կը միացնէ, անոր յաւերժական երթը կ'ապահովէ, ինչպէս նաեւ կը պարգեւէ հայատրոփ զգացողութիւն, հայկական մտածողութիւն եւ հայատառ ստեղծագործութեան ոգի։ Լեզուի կատարած դերը մեր հաւաքական կեանքէն ներս պարզապէս անգնահատելի է։ Լեզուն ինք ժողովուրդն է։ Չկայ ժողովուրդ, չկայ ազգ առանց սեփական լեզուի։ Այո, պահենք ոգին, բայց չանտեսենք լեզուն, որ նոյն ինքն ոգին է։

1999

Հայ Ճարտարապետութեան Հսկան՝ Թորոս Թորամանեան

Հայ գիտական աշխարհը վերջերս հանդիսաւորապէս նշեց հայ ճարտարապետութեան երախտաւոր մշակ Թորոս Թորամանեանի ծննդեան 135 *եւ մահուան* 65 *ամեակները։*

Այս ներհուն ու անխոնջ գիտնականը վաղ տարիքէն խորին հետաքրքրութիւն ցուցաբերած է ճարտարապետութեան հանդէպ։ Ան հաւատարիմ մնաց իր կոչումին ցմահ՝ հայութեան ժառանգ ձգելով անկրկնելի գիւտեր ու չքեղութիւններ։

Նազիկ Թորամանեան շատ շնորհակալ աշխատանք կատարած է՝ կազմելով, ծանօթագրելով ու տպագրութեան յանձնելով Թ. Թորամանեանի կողմէ գրըւած, ինչպէս նաեւ յարգելի գիտնականին ուղղուած 215 *նամակները։ Այս նամակները առատ նիւթ կը մատուցեն մեզի խորապէս հասկնալու նշանաւոր ճարտարապետը՝ աշխատանքի նկատմամբ իր ցուցաբերած բացառիկ հոգատարութեամբ, արտակարգ բծախնդրութեամբ եւ աշխատելու յատուկ եղանակով։ Նամակները կը յայտնաբերեն նաեւ ներքին ծալքերը Թորամանեանի անձնական կեանքին։ Մեր այս գրութեամբ մտադիր ենք աւելի անդրադառնալ այս նամակներուն բովանդակութեան, քան թէ Թորամանեանի ստեղծած արուեստին ու անոր մատուցած բիւրաւոր ծառայութեանց՝ հայ ճարտարապետական բնագաւառէն ներս։*

Թորամանեան նամակագրութեան մէջ եղած է ժամանակակից նշանաւոր դէմքերու հետ, ինչպէս՝ Գարեգին Վրդ. Յովսէփեանի, Արշակ Չօպանեանի, Ատրպետի, Թորգոմ Եպիսկոպոս Գուշակեանի, Հայր Ներսէս Ակինեանի, Երուանդ Լալայեանի, Ալեքսանդր Թամանեանի, Աշխարհբէկ Քալանթարեանի, Արշաւիր Կարինեանի, Ստեփան Լիսիցեանի, ինչպէս նաեւ օտար գիտնականներու ու բանասէրներու՝ Նիկողայոս Մառի, Եօզէֆ Ստրժիկովսկիի (Josef Strzygowski), *Եուրկիս Պալտրուշայտիսի* (Jurgis Baltrusaitis), *եւայլն։*

Որբութեամբ հասակ առած ու անոր դառնութիւնը ճաշակած պատանին մանուկ տիովք յետամուտ եղած է իր նախասիրած նիւթին ու ճիւղին՝ ճարտարապետութեան։ Նիւթական անձուկ պայմանները երբեք չեն շեղած ուսումնատենչ աշակերտը իր ընդգծած ուղիէն ու չեն ընկրկած ու վհատած զայն բարոյապէս։

Փայլուն յաջողութիւններով աւարտելէ ետք Պոլսոյ Կայսերական Գեղարուեստից Վարժարանի ճարտարապետական բաժինը, Թորամանեան առժամապէս կ՚աշխատի Պոլսոյ մէջ, ապա՝ Ցեղասպանութեան նախորդ տարիներուն, կը փոխադրուի Պուլկարիա եւ կը կարգուի իբրեւ ուսուցիչ նկարչութեան ու գծագրութեան՝ հայ տարագիր որբերու համար բացուած հայկական դպրոցի մէջ։

Պուլկարիոյ մէջ Թորամանեան կը պատրաստէ նախագիծեր եւ կը կառուցէ երեւելի շէնքեր ու սիրուն տուներ։ Այդ շրջանի մամուլը մեծ գովասանքով անդրադարձած է Թորամանեանի հոյակապ շինութեանց ու կատարած հետեւեալ ներբողականը. «Ճարտարապետը՝ պ. Թորամանեան… ուշադրութեան ու համակրանքի առանցք մը կը դառնայ՝ քաղաքական բարեզարդութեան այդպիսի զարկ մը տուած ըլլալով… ես աչքովս տեսայ քիչ չատ բանէ հասկցող պուլկարներ, որք մատ կը խածնէին, տեսնելով երկու միաձոյլ աքանչելի սիւներ, որոնց վրայ է ամբողջ շէնքը»։

Թորամանեան ապա կ'անցնի Ռումանիա եւ այնտեղ բնակութիւն կը հաստատէ։ Գործի բերումով, եւ մանաւանդ մասնագիտանալու նպատակով, կը ճամբորդէ Փարիզ։ Համաշխարհային ճարտարապետական հիանալի կոթողներուն հետ ծանօթանալու նպատակադրումով կ'այցելէ Հռոմ, Յունաստան եւ Եգիպտոս։ Այս երկիրներու գլուխ-գործոցները տեսնելէ ու գնահատելէ ետք, Թորամանեան կ'ուղղուի Անի, ուր պիտի գտնէր «միջնադարեան Հայաստանի հռչակուած մայրաքաղաքի ճարտարապետութիւնը»։

Թորամանեան, որ երիտասարդ տարիքէն ձգտած էր կարդալ ու իմանալ հայ ճարտարապետութեան մասին ու չէր յաջողած նիւթերու եւ աղբիւրներու պակասի պատճառով, այժմ դէմ յանդիման կը կանգնէր աւերակուած ու բազմակոտորակուած Անիին, որ ակնդէտ կը սպասէր պեղող ձեռքերու եւ քննող միտքերու։ Ահա թէ ի՛նչ կը գրէ մեր պատուական գիտնականը այդ մասին. «Կ. Պոլսի գեղարուեստի ճեմարանի ուսանողութեանս շրջանէն սկսած մեծ հետաքրքրութեամբ կը թղթատէի հատորներ՝ տեսնելու եւ ուսումնասիրելու համար հին եւ նոր ճարտարապետական ոճերը։ Դժբախտաբար ոչ մէկ տեղ չի պատահեցաւ «հայկական ճարտարապետութիւն» խորագրի տակ բացուած բաժին մը՝ ոճերու պատմութեան եւ ուսումնասիրութեան շարքին մէջ, հետեւաբար հայ ոճի մը գոյութիւնը չէի երեւակայեր իսկ», իսկ այժմ որ կը գտնուի Անիի մէջ, չի կրնար զսպել իր հիացմունքը երբ կը խօսի իր տպաւորութեանց մասին. «Անակնկալ էր ինծի համար տեսնել այնքան գեղարուեստական գոհարներով լեցուն անկիւն մը, ուր իբր ովասիս, Արեւելքի հնադարեան խաւարի մէջ ծլած ու ծաղկած էր…»։

1904 *թուականէն սկսեալ Թորամանեան Անիի մէջ կը սկսի պեղել, քրքրել, փնտռել, չափագրել ու նկարագրել՝ բովանդակ կենաց օրերը կապելով այդ վայրին հետ։ Գիտնականը իր զգացումները կ'արտայայտէ հետեւեալ կերպ. «Իրարու յաջորդող զանազան զգացումներու՝ յուզումի, տխրութեան մէջ երկար տարուբերուելէ յետոյ, սիրով փարեցայ մեր պապերէն մեզի ժառանգութիւն մնացած այդ տխուր եւ սրբազան յիշատակարաններուն։ Ուխտեցի մնալ, աշխատիլ, տքնիլ, մէկ կողմէն աշխատութեանս արդիւնքը հայ ժողովուրդին ներկայացնելու անխառն ուրախութիւնը վայելել, միւս կողմից մեր ցեղի հանճարին չնաշխարհիկ բեկորները փլատակներու եւ գերեզմանական տխուր հողակոյտերու տակէն ազատելով՝ ցոյց տալ նաեւ ամբողջ գիտական աշխարհին»։ Արդարեւ, ի՜նչ ազնիւ ու պատուական զգացում։ Անիի պեղումները այսպիսով նախադուռն ու սկիզբը հանդիսացան յետագայ շատ աւելի ծաւալուն ճարտարապետական գործունէութեանց։*

Թորամանեանի գիտական հետազօտութիւնները զուրկ չէին նիւթական ու բարոյական դժուարութիւններէ։ Գրեթէ ամէն քայլափոխին, Թորամանեան կը հանդիպէր նիւթական անել կացութեան։ Ջանազան անձանց կողմէ տրամա-

դրուած գումարները կա՛մ չնչին էին եւ կա՛մ շատ հեռու չէին տանիլ։ Հետեւաբար, միշտապէս յուսահատ վիճակ մը կը տիրէր՝ մինչեւ ականաւոր գիտնական, հայագէտ ու հնագէտ Նիկողայոս Մառի երեւիլը։ Մառ տեսնելով Թորամանեանին կարողութիւնը եւ ըստ արժանւոյն գնահատելով անոր աշխատունակութիւնը եւ բծախնդրութիւնը այս մարզին մէջ, նիւթապէս կ՚օժանդակէ, եւ երկու գաղափարակիցները կը դառնան մտերիմ գործակիցներ ու լծակիցներ։

Թորամանեան իր բազում արժէքաւոր աշխատութիւններով հիմնադիրը ու նախակարապետը հանդիսացաւ հայ ճարտարապետութեան։ Ան մէկընդմիշտ ապացուցեց որ համաշխարհային ճարտարապետութեան պատմութեան մէջ հայը ունի իր ուրոյն ճարտարապետական միտքը եւ ներդրումը։ Շնորհիւ անոր անխոնջ աշխատանքներուն ու եզակի երկասիրութիւններուն, եւրոպական գիտական աշխարհը ընդունեց, որ գոյութիւն ունի հայ ճարտարապետութիւն, որ դարերու ընթացքին զարգանալով ու յարատեւ փոփոխութեան ենթարկուելով, ինքզինք կատարելագործած է ու արդ մարդկութեան կը ներկայանայ իբրեւ հրաշագեղ ու ինքնատիպ արուեստ։ Այստեղ կ՚արժէ մէջբերել ականաւոր պատմաբան Եօզէֆ Ստրժիկովսկիի գիրքին մէջ արտայայտուած մէկ խօսքը Թորամանեանի բռնած ճիշդ ուղիին մասին. «Պէտք չէ զարմանալ, եթէ այստեղ խօսուի շատ բաներու մասին, որ ցարդ յայտնի չէին։ Մենք պարտական ենք Թորամանեանին, որ իր երկարամեայ փորձով մեզի ճամբան ցոյց տուաւ դէպի յուշարձանները, որոնց վրայ մինչ այդ համարեա թէ ուշադրութիւն չէր դարձուած»։

Թորամանեանի գրչին կը պատկանին հետեւեալ աշխատութիւնները՝ «Զուարթնոցի Տաճարը», «Էջմիածնի Տաճարը», «Կաթիլ մը գեղարուեստի ծովէն», «Տեկորի Տաճարը», «Գաւիթ եւ ժամատուն հայոց հնագոյն եկեղեցիների մէջ», «Անի քաղա՞ք թէ Ամրոց», «Հայ ճարտարապետութեան շրջանները», «Նորագոյն կարծիքներ հայ ճարտարապետութեան մասին», եւն։

Թորամանեանի նամակները ընթերցելով կրնանք հետեւցնել որ գիտնականը իր բովանդակ գործունէութեան շրջանին ունեցած է երկու հիմնական դժուարութիւններ, զորս կրած է սրտի դառնութեամբ, մերթ արտասուքով ու ողբով եւ մերթ թախանձանքով ու պաղատանքով. անոնք են՝ նիւթական անապահովութիւն եւ արհամարհանք դէպի անձն ու աշխատանքը։

Նիւթական դժուարութիւնը շատ լուրջ եղած է գիտնականին համար։ Շատ յաճախ նեղ դրութեան մատնուած է նիւթականի չգոյութեան պատճառով։ Ապրելու, ընտանիք պահելու եւ աշխատելու խնդիրը, կամ աւելի ճիշդ՝ լուծը, Դամոկլեան սուրի նման կախուած մնացած է իր գլխավերեւ։ Թորամանեան իր աղերսալի նամակներուն մէջ դիմած է Մառի օժանդակութեան՝ բացատրելով իր անմխիթար ու նոյնիսկ անփառունակ վիճակը։ Իր դժբախտ դրութիւնը ըստ երեւոյթին մեծապէս վնասած է գիտնականին՝ բարոյապէս ու հոգեպէս։ Թորամանեանին նամակները պարզապէս լի են սրտաբեկ ժտանքներով, որոնք կու գան մատնանշելու ծայր աստիճանի լրջութիւնը կացութեան։ Մառին ուղղած գրութեանց մէջ, Թորամանեան տարբեր առիթներով կը գրէ. «Վերին աստիճանի նեղ դրութեան մատնուած եմ», «Ամէն տարուընէ աւելի անմխիթար է վիճակս այս տարի», «Շատ կը խնդրեմ, ...որ ազատիմ այս դժոխային տանջանքներէն, որ գլխ մաշեցնելէն յետոյ՝ տունս տեղս ալ քանդեց։ ...Ահագին կորուստներու մատնուած եմ...», «Անցեալ տարուան նման նորէն չի գլորուիմ յուսահատութեան անդունդը», «Ես ի՞նչ ապրիմ իմ բազմակողմանի ծախքերովս, թէ՞ տունս դրամ հասցնեմ», «Ցաւալին այն չէր, որ ես առօրեայ կանոնաւոր սնունդէս կը զրկուէի, այլ անմխիթար ցաւ եղաւ ինծ, որ իմ սիրելի աշխատութիւններէս ալ զրկուեցայ. բացի սենեակիս փոքրութենէն եւ լոյսի անհամեմատ պակասութենէն, ներս մտած օրէս սարսափելի գլխացաւով եւ ձախ ձեռքս ու ոտքս սաստիկ ռոմաթիզմով կը տանջուիմ օրուան քանչորս ժամը. խոնաւ եւ ցուրտ։ Ամէն տարի ես ինքս կ'առնէի վառելափայտ, այս տարի չի կարողացայ, հետեւաբար տանտիրոջս քմահաճոյքէն կախուած մնաց գլխս տաքցնելը։ Ոչ ոտքս կօշիկ մնացած է եւ ոչ վրաս շոր. մնացած եմ բոլորովին ամառուան բարակ շորերով եւ շարունակ կը դողամ։ Ներքեւին ճերմակեղէն ամենեւին չմնաց, սովոր էի բրդեայ Ֆլանելի, անոնք ալ տանտիրուհիիս ծիծաղին արժանանալու չափ պատառ պատառ եղած եւ կարկտաններով նախշուած են», «Կոպէկներէ իսկ զրկուած հայր սուրբի հոգածութեամբ միայն կ'ապրիմ»։ Այստեղ միջանկեալ հարկ է նշել, որ ակնարկուած վարդապետը Հայր Միքայէլ Տէր Մինասեանն է՝ վանահայրը Անիի, որ չափազանց հոգատարութիւն ցուցաբերած է Թորամանեանին՝ կարելիութեան սահմաններուն մէջ։ Մառը, Թորամանեանը, Ստրժիկովսկին եւ այլ գիտնականներ բարձր գնահատած են այս հիւրընկալ, ծառայասէր ու օրինակելի եկեղեցականին վարմունքը։ Թորամանեան խորին յարգանքով կը խօսի համեստագոյն պայմաններով ապրող այս վարդապետին մասին. « ...պարտական ենք Միքայէլ Վարդապետին, որնոր դէպի իմ անձս ունեցած անսահման համակրութեամբ տասը տարիէ ի վեր նիւթապէս ու բարոյապէս տրամադրուած է իմ գործիս յաջողութեան նպաստելու»։ Վերոբերեալ մէջբերումները պարզապէս կը մատնանշեն մեր յարգելի գիտնականին թշուառ վիճակը, անմարդկային ու դժոխային պայմանները, որոնց մէջ ապրած, տոկացած ու մանաւանդ աշխատած ու արտադրած է։ Ի պատասխան Թորամանեանի նամակներուն, Մառ իր նամակներէն մէկուն մէջ հետեւեալ ձեւով կը մխիթարէ իր սիրելի ու յարգելի գործակիցը. «...Տեսնում եմ Ձեր բարոյապէս չարչարուիլ (նիւթականին մասին, որ ըստ ինքեան ենթադրւում է չեմ խօսում) եւ հնար չկայ ցաւերդ բուժելու, որովհետեւ ամէն գաղափարական գործիչի բաժինք է դա, աշխարհի օրէնք այսպէս է, դրան փոխել՝ ոչ տնտեսական, ոչ հասարակական, ոչ քաղաքական յեղափոխութիւն չէ կարող, քանի որ աշխարհումս նիւթապաշտութիւն է տիրում, իսկ գաղափարական աշխատանք, գիտութիւն, արուեստ եւն, եւն, միայն համբերատարութեամբ են ընդունւում, միայն այն նպատակով եւ չափով, որ կշտացածների մարսողութիւնը դիւրացնեն, նրանց անգործ եւ պարապ լինելուց զարգացած հեշտասիրութեան գոհացում տան եւն»։ Թորամանեան իր բոլոր նամակներուն մէջ շատ յարգալից խօսքերով ու երախտագէտ սիրտով գոհունակութիւն յայտնած է Մառի ցուցաբերած ամէն տեսակի օժանդակութեանց։ Մառ իր հիացական ու քաջալերական խօսքերով մշտապէս սիրտ տուած ու զուարթացուցած է մեր մեծ վարպետը. «...բոլորք զմայլմամբ էին խօսում Ձեր աշխատութիւնների մասին եւ Գիտութեանց Ճեմարանի բարձր դահլիճում այսօր՝ համարձակ կարող եմ ասել՝ հայոց ճարտարապետութեան եւ նրա անխոնջ մշակ պ. Թորամանեանի տօնախմբութիւն էր»։

Զկայ աւելի ուժեղ ու չեշտակի հարուած ուղղուած ու արձակուած ռեւէ գիտնականի կամ մտաւորականի՝ քան ի հարկին ու ըստ արժանւոյն չգնահատուելու հարուածը։ Նիւթական վարձատրութիւնը ոչինչ է բարոյական գնահատութեան հետ համեմատած։ Թորամանեան, ի չարս այլ մեծաց, ըմպած է ցմրուր բաժակը դառնութեան։ Զրկանքներու կողքին, ան կրած է ահուելի զգացումը անգոսնուելու, արհամարհուելու։ Միտքի գաճաճներ, յոխորտ ու յանձնապաստան անձնաւորութիւններ, իրենց անարդար արարքներով ու բացասական վերաբերմունքով, մեծապէս վշտացուցած են փափուկ ու զգայուն սիրտը մեծ վարպետին։ Եւ իրօք, ի՛նչ դաժան է չգնահատուելու զգացումը, անտարբերութեամբ ու սառնասրտութեամբ մերժուելու զգացումը։ Թորամանեան իր նամակներուն մէջ յաճախ կը խօսի այս վերին աստիճանի անտարբերութեան ու դիտումնաւոր կերպով իրեն հասցուած վիրաւորանքներուն մասին։ Ահա թէ ինչ կը գրէ Մառին ուղղուած նամակներուն մէջ. «Մեր ազգայինք այպանելի անտարբերութեան մէջ են դէպի գործս», «Մինչեւ այսօր անտարբերութեան եւ արհամարհանքի սուր սլաքներով խոցեցին սիրտս», «Միայն պաղատանօք պիտի խնդրեմ, որ չարունակէք Ձեր բարոյական բարձր հովանաւորութիւնն ու պաշտպանութիւնը իմ ապաշնորհ ազգակցացս դէմ (ներեցէք, որ սրտիս ցաւէն կը գրեմ այս բառը), որով միայն պիտի փրկէք զիս՝ պատուոյս եւ բարոյական արժանաւորութեանցս սպառնացող վտանգներէն, եւ դա թող լինի մշտնջենական ամօթ այն հասարակութեան, որուն փոխանակ վարձատրութեան արժանանալու, խուլ արհամարհանքներուն արժանացայ», «Իմ միակ մխիթարութիւնս է տեսնել աշխատանքիս պաշտօնական գնահատութեան արժանանալը. այդ բարոյական գնահատութիւնը պիտի սրբէ իմ ճակատէս չատերուն անխղճաբար երեսիս նետած թուքն ու մուրը, պիտի փրկէ զիս կարգ մը թունաւոր լեզուներու անպատուաբեր հարուածներէն, եւ լիովին պիտի մոռցնէ հինգ տարուան մարտիրոսական չարչարանքներով լի տխուր ու դժբախտ օրերս, նոր ոյժ եւ քաջալերութիւն պիտի ներշնչէ ինձ՝ չարունակելու սկսածս մեծ գործը», «Ի՛նչ աստիճանի իր ներքին թոյնը դուրս տուաւ այդ մարդը, ուրկէց տարիներէ ի վեր կը սոսկայի»։ Այստեղ ակնարկութիւնը դժբախտաբար Մեսրոպ Վարդապետ Տէր-Մովսիսեանի մասին է, որ եղած է հայագէտ, մագիստրոս ու մշակութային գործիչ. վարած է պատասխանատու պաշտօններ, ինչպէս՝ Էջմիածնի մատենադարանապետութիւն, Գէորգեան Ճեմարանի տեսչութիւն, Են։ Թորամանեան սրտաբեկ ու թախծալից խօսքերով կ'արտայայտուի անոր մասին, վասնզի «Նա այնպիսի մոլորութեան մէջ ինկած է, որով կը կարծեմ թէ վերջնականապէս իր ձեռքով պիտի մաքրէ սեփական ձեռքովը արատաւորած պատիւս, որովհետեւ ինչ որ ինք գրեր է լիովին սխալ են»։ Թորամանեան կ'ակնարկէ Մեսրոպ Վարդապետի անբարեխիղճ մէկ կարեւոր գրութեան, որ տպուած է «Ազգագրական Հանդէս»-ի մէջ եւ ուր Զուարթնոց տաճարի յատակագիծի վերակազմութեան առաջնային հեղինակութիւնը եւ պատիւը կը խլէ Թորամանեանէն ու կ'ընծայէ ճարտարապետ Քրիստափոր Տէր-Սարգիսեանին։ Խորապէս վիրաւորուած ու վշտացած Թորամանեան, Մառին գրած նամակին մէջ կը գրէ. «Մեսրոպ Վարդապետ... չէ բարեհաճած զիս ճարտարապետ անուանելու եւ գրած է նկարիչ»։ Թորամանեան հատու լեզուով կը կշտամբէ իր հակառակորդը անոր գրելով. «Շփոթութիւններու եւ հակասութիւններու մէջ կը գլորուիք, երբ Ձեր մասնագիտութենէ դուրս ալ քննադատուԹեան մէջ կը մտնէք։ Արդար չէ՞ արդեօք այստեղ յիշել «կօշկակարն մինչեւ ցկօշիկ» առածը», ապա կ՚ընէ հետեւեալ գեղեցիկ հաստատումը. «Երբեք Թոյլ չեմ տար ինծի զիս ճարտարապետ անուանելու պատիւը բռնի պահանջել այն մարդոցմէն, որոնք ոչ կը ճանչնան զիս եւ ոչ ալ տեսած են մասնագիտուԹեանս վերաբերեալ օրինական փաստաԹղԹեր։ Բայց մի վկայեալ մագիստրոսի ալ երբեք չէի ներեր, որ այդքան ոտնակոխ ընէր պատուաւոր վկայականի մը արժանապատուուԹիւնը....»։ Նշել է պէտք, որ Մառ ոչ միայն քննադատած է Մեսրոպ Վարդապետին, այլեւ պախարակած ու խայտառակած է հրապարակաւ` զայն անուանելով բանագող։ Մեծագոյն վիրաւորանքը, սակայն, հասցուցած է ոմն «աղա», որ վարպետին ուղարկած է իր հին հագուստները։ Այդ մասին Թորամանեան մեծահոգուԹեամբ անդրադարձած է. «...ուրիշ ոչինչ չեմ ստացած, բացի աղայի հին շորերէն, որ վեհանձնաբար բարեհաճեր էր ղրկել` զիս ցնցոտիներէս ազատելու համար, եւ ես ալ այդ շորերը` Բասմաջեանի գործին յաջողուԹեան աղօԹելու համար Էջմիածնի մէջ բաժնեցի գաղԹական աղքատներու»։

Արշակ Չօպանեանին ուղղուած նամակին մէջ Թորամանեան շատ յուզիչ կերպով կը պատկերէ հայ մտաւորականին ճակատագիրը. «Այսպէս են վարձատրուեր միշտ հայ մտքի մշակները, երկար տարիներ տառապեր հանրային դաստիարակուԹեան համար, յետոյ ալ յուսահատ ասպարէզէն քշուեր»։ Մէկ այլ գրուԹեան մէջ, Թորամանեան կը գրէ. «Որչափ կ՚ուզեն Թող չարամիտ մարդիկ դաւեն ու հարուածեն զիս, գուցէ կը յաջողին զիս անօԹի եւ մերկ Թողուլ, սակայն երբեք չեն կարող անպատուել։ Ես որչափ ատեն որ համոզուած եմ, Թէ իմ աշխատուԹեանս պտուղը ամբողջ ազգի մը սեփականուԹիւնն է, կը հաւատամ, Թէ իմ տեղ ազգը վրէժխնդիր պիտի ըլլայ անոնց դէմ եւ անարգանաց սիւնին գամէ գիրենք»։ Ահա Թէ ինչպէս գնահատած են մեր պատուական գիտնականը մեր ազգի զաւակներէն ոմանք։

Հակառակ այս անպատուաբեր ու նսեմացուցիչ խօսերուն ու արարքներուն, Թորամանեան նշանախէց մ՚իսկ չէ խոտորած ու չեղած իր բռնած դիրքէն ու առաքելուԹենէն։ Իբրեւ ջերմ երկրպագու հին հայոց ճարտարապետուԹեան, ան գիտնականի վայել լրջուԹեամբ շարունակած է իր գործը ամենայն սիրով ու նուիրումով։ Յատկանշական է այս մասին գրուած նամակը ուղղեալ Հայր Գարեգին Յովսէփեանին. «Մարդուս աշխատանքը որչափ ալ ծանր լինի, նա մի տեսակ զուարճուԹիւն է, երբ իր սիրած գործն է»։

Թորամանեանին մեծ ցաւ պատճառած են կորուստը իր ամբողջ գրական արտադրուԹեանց, ինչպէս նաեւ` հազուագիւտ ու արժէքաւոր գիրքերուն, յուշագրուԹիւններուն, օրագրուԹիւններուն, զանազան փաստաԹուղԹերուն ու ինը անուն աշխատուԹիւններուն, որոնք պատրաստ էին հրատարակուԹեան։ Խորին վիշտով կը խօսի ան անոնց մասին. «Չափազանց շատ նեղուում եմ, գրեԹէ յուսահատուԹեան չափ` գրքերուս եւ ձեռագիրներուս կորսուելուն պատճառով». ուրիշ տեղ մը կրկին կը գրէ այդ մասին. «Սաստիկ նեղուում եմ գրքերուս կորած լինելուն պատճառով, մոլորուել եմ, Թէ ինչպէ՞ս պիտի կարողանամ յառաջ տանել գործս ուզած կերպովս»։ Այս մեծագոյն դժբախտուԹիւնը պատահած է 1918 Թուականին երբ Թուրքական արշաւանքի պատճառով հայեր իրենց կեանքը վտանգուած գտնելով կը փախչէին Ալեքսանդրապոլէն եւ բնակութիւն կը հաստատէին Ղարաքիլիսա (ապա Կիրովական, այժմ՝ Վանաձոր)։ Անոնց մէջ էին նաեւ Թորամանեան եւ իր ընտանիքը։ Թորամանեան կանխագգալով որ չկայ վերադարձ այլեւս, իր հետ ճանապարհ կը հանէ նաեւ իր գիտական աշխատութիւնները եւ թանկարժէք գիրքերը։ Ահա այդ սրտառուչ նկարագրութիւնը իր իսկ կողմէ. «Թէ իմ նիւթական միջոցներուս եւ թէ ուրիշ աննպաստ պայմաններու պատճառով, աշխատութիւններս միանգամընդմիշտ վտանգից ազատելու համար չի կարողանալով մինչեւ Տփղիս բերել, մեծ դժուարութեամբ կարողացայ մինչեւ Ղարաքիլիսա հասցնել՝ Ալեքսանտրապոլի որբանոցներու կառավարիչ պ. Յովսէփ Միրզոյեանցի միջոցաւ, որը բարեհաճեց որբերու փոխադրութեան յատկացուած վակոններից մէկուն մէջ տեղաւորել։ Որովհետեւ պ. Յովսէփ Միրզոյեանցը Ղարաքիլիսայից աւելի խորը տանելու հնարաւորութիւն չունէր, եսստիպուած էի դարձեալ անդադար միջոցներ որոնել աւելի հեռացնելու համար, սակայն բոլոր ջանքերս ապարդիւն անցան։ Յուսահատ ու ճարահատ, Թուրքերու Ղարաքիլիսա խուժելէն երկու ժամ առաջ, ռումբերու եւ գնդակներու տարափի տակ հազիւ կարողացայ ընտանեօքս փախչել, ամէն ինչ թողնելով դժբախտ ճակատագրին։ Գրեթէ ոտաբոբիկ եւ մերկ այս փախուստէս յետոյ ոչ միայն գիտական աշխատանքներս, այլեւ ամբողջ ընտանեկան կահ-կարասիքս ու առնուազն մի ամբողջ տարուան ճոխ պարենաւորման մթերքներս միանգամայն չքացան։ Այժմ քաղածս հաւաստի տեղեկութիւնները ապացուցանում են, որ ընտանեկան գոյքերից եւ պարենաւորման մթերքներից ոչինչ չէ մնացած, իսկ գրական ու գիտական աշխատութիւնից այլանդակուած ու անպէտքացած աննշան բեկորներ միայն մնացած են»։ Արդարեւ, մեծ ու անփոխարինելի կորուստ էր այս՝ հայ ճարտարապետութեան ու հայ մշակոյթին համար։

Թորամանեանին դերը չափազանց մեծ է հայ ճարտարապետութիւնը եւրոպական ազգերուն ներկայացնելու չնորհակալ աշխատանքին մէջ։ Անոր նամակները լի են այդ արուեստի ճիւղը օտար գիտական շրջանակներուն ծանօթացնելու ուղղութեամբ։ Լեւոն Լիսիցեանին գրած նամակին մէջ Թորամանեան կ՚ըսէ. «Հայ գեղարուեստը Եւրոպական գիտնականներու ուսումնասիրութեան նիւթ չինել՝ իմ սրտիս ամենամօտիկ բանն է»։ Բրուտոսին (իմա՝ Միքայէլ Բրուտեան) ուղղուած նամակին մէջ կը կարդանք. «Այսօր ես մեր ցեղի անցեալի պարծանքը եւ ներկային պատիւը եղող աշխատութիւնս դրեր եմ եւրոպական գիտական սեղանին վրայ եւ անոնք անհուն հիացմունքով յափշտակուած ուսումնասիրում են, այդ եղեր է միեւնոյն կովկասահայութեան, լաւ թէ վատ, որոշ մասին, ազնիւ գիտակցութեան եւ գնահատութեան շնորհիւ։ ...Հայ ճարտարապետութիւնը վերջնականապէս մտաւ եւրոպական գիտութեան մէջ պատուաւոր տեղ ունեցող ազգերու ճարտարապետական գիտութեանց շարքը եւ յուսալի է, որ հետզհետէ անոր աթոռը բարձրանայ իւր արժանաւոր տեղը»։

Թորամանեանի աշխատանքները դիւրին ու հեզասահ չէին երբեք Անիի մէջ։ Հողի ու մոխիրի տակ ընդմիշտ թաղուած ու նիրհած աւերակներ, կոթողներ, յուշարձաններ, մէկ առ մէկ յարութիւն առած են անոր քրտնաջան աշխատանքին շնորհիւ։ Թորամանեան իր նամակներուն մէջ լրջօրէն կը պահանջէ «կեանքի ապահովութիւն» բոլոր այն վայրերուն մէջ, որ կը ծրագրէ աշխատանք տանիլ։ Ահա թէ ինչ կ՚արձանագրէ ան. «Առանց նախապէս զինուորական *լուրջ ապահովութեան ոչ ոք չպիտի համարձակի գնալ, որովհետեւ ճանապարհներու վրայ թալան եւ կողոպուտ յաճախադէպ լինելէն զատ, Անիի հարեւան թուրքերը լուրջ վտանգ են այստեղ մնացողներուն։ Չեն քաշւում յայտարարելու, որ Անին իրենցն է եւ ոչ մի գնով չեն զիջելու ուրիշին»։ Մէկ այլ տեղ գիտնականը կը խօսի զանգուածային քանդումի մասին. «Թուրքեր ու քուրդեր ամբողջովին քանդեր են բոլոր շինութիւնները, ոչ տանիք մնացած է, ոչ առաստաղ եւ ոչ յատակ, փայտեղէն եւ ապակեղէն ամէն ինչ տարել են, այժմ էլ սկսել են քարերը քանդել, եւ հետաքրքրականը այն է, որ թուրքերը… մարդու չեն թողնում Անիի պարիսպներից ներս մտնելու. ասում են եղեր, որ այս ամէնը միմիայն մեզ է պատկանում»։ Մեզ վրդովեցնողը օտարին անտարբերութիւնը չէ դէպի մեր պատմական հնութիւնները, այլ կարգ մը հայերու սարսափելի կրաւորականութիւնը իրենց սրբարաններուն ու պատմական արժէք ներկայացնող յուշարձաններուն հանդէպ։ Թորամանեանի վկայութեամբ, «Էջմիածնից 7-8 վերստ հեռու, Սեֆիապատ գիւղի դաշտում եղել է մի մատուռ, գիւղացիք դիմել են գործկոմին եւ թոյլտուութիւն խնդրել, որ մատուռի սրբատաշ քարերը քանդեն եւ տանեն գիւղ՝ դպրոցի շինութեան համար»։*

Թորամանեանին ցաւ պատճառած է նաեւ բոլորովին պեղման անփորձ որոշ հայերու պեղումները՝ առանց թոյլտուութեան եւ առանց մասնագիտական խորհուրդի։ Թորամանեան կ'ըսէ. «Հայր Խաչիկ շատ անկարգ կերպով կատարեր է պեղումները եւ հողը ըստ հաճոյս ասդին եւ անդին լեցուցեր է այլեւ յետոյ թուրքերն ալ բաւականին աւերումներ գործեր են»։ Այսպիսի անպատասխանատու արարքներ բնականաբար պիտի գային վնասելու կառոյցներու հիմքերուն եւ մոյթերուն եւ կործանէին տաճարները եւ յուշարձանները։ Թորամանեան յատուկ խնամք տարած է ու հոգատարութիւն ցուցաբերած հնութեանց հանդէպ։ Անոնց անաղարտ պահպանութիւնը եղած է վարպետին հիմնական մտահոգութիւնը։ Ցաւ ի սիրտ խոստովանած է, որ երբեմն մարդիկ յարգանքով եւ բծախնդրութեամբ չեն մօտեցած շինութիւններուն։ Հայաստանի Հնութիւններու Պահպանութեան Յանձնախումբի անդամներուն ուղղուած նամակներուն մէջ կը խնդրէ որ հարկ եղած բոլոր միջոցները ձեռք առնեն՝ հսկողութեան ու պահպանութեան, որպէսզի անփոյթ ու տգէտ մարդիկ չփճացնեն հնութիւնները։

Մառին գրուած նամակին մէջ, Թորամանեան կ'ըսէ. «Այս վերջին ճանապարհորդութեանս մէջ չափազանց շատ բան տեսայ տգիտօրէն գիւղացու ձեռքով քանդած եւ ողբալի դրութեան հասած»։

Օտար ճարտարապետներ ու գիտնականներ շատ բարձր գնահատած են Թորամանեանին ներդրումը եւ վաստակը։ Գովասանական բազմաթիւ նամակներ ստացած է օտարներէն, ուր կը յայտնուին երախտագիտական գեղուն զգացումներ Թորամանեանին տարած վիթխարի ու բազմաբեղուն աշխատանքին համար։ Գերմանացի ճարտարապետ եւ խորհրդատու շինարար Պոտէ, Թորամանեանին ուղղուած 1924 թուակիր գրութեան մէջ կ'ըսէ. «Ձեր ջանքերուն եւ Ձեր մասնագիտութեանը, որպէս ճարտարապետ, այնպէս եւ գեղարուեստի պատմագրի շնորհապարտ են աշխարհի ճարտարապետները եւ մանաւանդ մենք՝ գերմանացի ճարտարապետներս։ Ձեր շնորհիւ է, որ Եոզէֆ Ստրժիկովսկին կրցաւ մեզի համար բարձրացնել Հայաստանի ճարտարապետութեան հսկայ գեղարուեստի բարձրութեան վարագոյրը՝ հրատարակելով մեզի համար իր երկհատոր գործը»։

Թորոս Թորամանեան մեր մշակոյթին մէջ պիտի յիշուի իբրեւ մեծ ճարտարապետ, բարեխիղճ գիտնական, ազնուասիրտ ու պատուական Հայորդի, որ իր բովանդակ կեանքը անսակարկօրէն ու անշահախնդրօրէն նուիրաբերեց գիտութեան։

Հայ ժողովուրդը իր խորին յարգանքը կը մատուցէ այս ներհուն ու անձնդիր վարպետին։

Յիշատակ Մեծաց օրհնութեամբ եղիցի։

2000

Գրիգոր Կիւլեան

(Ծննդեան 80-ամեակին առթիւ)

Սբ. Էջմիածնի Հոգեւոր Ճեմարանի դասախօսական կազմի պանծալի դէմքերէն էր Պր. Գրիգոր Կիւլեան։ Անոր սիրելի անունը յաւերժ անմոռանալի պիտի մնայ մեր միտքերուն ու սիրտերուն մէջ իբրեւ տիպար Հայ, բազմավաստակ ուսուցիչ, անբասիր էակ, ազնիւ հոգի, զգայուն սիրտ, բեղուն միտք ու կեանքի մարգարէ։

1912 Թուականին, 80 տարի առաջ, Ռուբինեան հարուստ աշխարհի Սիս քաղաքին մէջ կը ծնէր մանուկ մը՝ ունենալու դժուարին պատանեկութիւն, քալելու յորձանքն ի վեր, եւ ապա դառնալու մտաւորական մը՝ բախս ամբողջական արժանիքով։

Պր. Կիւլեանին վիճակուեցաւ կեանք մը ծանր աշխատանքի ու զոհաբերութեան։ Հօրը վաղահաս մահը ստիպեց պատանին Թողուլ Ֆրանսական դպրոցը եւ մուտք գործել կեանքի սեմէն ներս։

Երիտասարդ Գրիգոր իր «ճիտին պարտքը» կատարեց ամենայն խղճմտութեամբ ու հոգատարութեամբ։ Իր բազմանդամ ընտանիքի ապրուստը ճարելու համար հարկադրուեցաւ օրնիբուն աշխատիլ, գրեթէ անհանդուրժելի պայմաններու մէջ։ Երբեւիցէ չհեղգացաւ ու չթերացաւ իր պարտականութեանց մէջ։ Միայն իր բանաստեղծութեանց մէջ մերթ ընդ մերթ հեծեծանօք քրթմնջեց իր սեւ ճակատագիրը եւ բուռն կերպով ցանկաց մեկնիլ այս անցաւոր աշխարհէն։ Իր «Յոգնութիւն» բանաստեղծութիւնը լաւագոյնս մատնացոյց կ՚ընէ իր յոգնաբեկ մարմնի եւ վշտահար սրտի դժնդակ ու անտանելի վիճակը. «Ալ յոգնեցայ իմ կեանքիս անարգաւանդ աճումէն, ...Ալ յոգնած եմ, կեանքը գիս մեղքի մը չափ կը տանջէ... քալելու ուժ չունիմ ալ. որպէս շնորհ մը վերջին՝ կը պաղատիմ քեզի, Տէր, էութեանս խորունկէն, կանչէ ալ գիս քեզի մօտ, դադրեցուր խաղն, ալ հանդչիմ»։

Այս յուսակտուր ճիչերն ու պաղատանքները սակայն շուտով պիտի դադրէին ու չքանային, որովհետեւ երիտասարդ Գրիգոր Լիբանանէն հայրենադարձ ըլլալով (1946 Թ.) պիտի ընդգրկէր գրի ու գրականութեան ասպարէզը եւ պիտի դառնար անգերազանցելի ուսուցիչ մը իր մտքի պաշարով ու կեանքի նկատմամբ իր բացառիկ լաւատեսութեամբ։

Պր. Կիւլեան գրական ասպարէզն ընդգրկած է դեռեւս 1930-ական Թուականներուն։ Ան իր բանաստեղծութիւններով արժանի տեղ գրաւած է Արշակ Չօպանեանի «Անահիտ» ամսագրի բարձրորակ յօդուածներու շարքին։ Չօպանեան շատ բարձր գնահատած է այս լուռ, ինքնամփոփ ու զուսպ երիտասարդին գրութիւնները, զանոնք համարելով «խորապէս զգայուն, Թրթռուն, դաշնակաւոր հոգիի մը անձնադրոշմ երգը»։ Չօպանեանի խօսքերէն շոյուած ու քաջալերուած նորափետուր բանաստեղծը այնուհետեւ դարձած է «Անահիտ»-ի մնայուն աշխատակիցներէն մէկը։ Այս ամսագրի մէջ ան հանդէս եկած է բազմաթիւ արձակ ու չափածոյ բանաստեղծութիւններով։

«Մտածումներ» վերնագրի ներքեւ գրուածները ուղղակի հիացմունք պատճառած են Վահան Թէքէեանին, որ իր «Արեւ» օրաթերթին մէջ վերատպելով զանոնք, կ'ընէ հետեւեալ դատումներն ու գնահատումները. «Նոր եւ խոր, անձնական ու շատ լաւ տարազուած մտածումներ են..., ուղղութիւն չեն գծեր, բայց միտքը կը զմայլեցնեն եւ կ'աշխատցնեն այդ մտածումները, այդ պատճառով օգտակար են գեղեցիկ ըլլալէ ետք, ու մենք անխառն հաճոյքով կը յանձնարարենք անոնց ընթերցումը ամէնուն»։

Պր. Կիւլեանը բանաստեղծ է բառիս բուն առումով։ Անոր նկարագրին ու ողջ էութեան մաս կը կազմեն բանաստեղծութեան տարերքը։ Իր արտադրութեանց մէջ եղաւ խիստ չափաւոր, չըսելու համար՝ ժլատ։ Անոր ստեղծագործութիւնները ակնբախ են իրենց գեղարուեստական արժանիքներով։

Պր. Կիւլեանին «Կեանքի Մէջէն» հատորը, որ հրատարակուեցաւ Երեւան, 1969 *թուին, կը պարունակէ իր բանաստեղծութիւններն ու արձակ գրութիւնները։ «Բանաստեղծութիւններ» խորագրին տակ կը գտնենք երեք վերնագրեր՝ «Օրերուն Ստուերը», «Լոյսին Մէջ» եւ «Հայրենիքիս Հետ»։ Ասոնցմէ զատ ունի նաեւ «Մտածումներ» եւ «Դիմանկարներ»։ Շուրջ* 160 *էջերէ բաղկացած այս գիրքը կը հանդիսանայ անոր միակ գրական կոթողը, ուր արտայայտուած են խոհեր, յոյզեր, ապրումներ եւ զգացումներ։ Անոր գրական ճաշակը բարձր է, ոճը՝ կուռ, միտքերը՝ յստակ ու պայծառ, լեզուն՝ հարթ ու վճիտ, պատկերները՝ գունագեղ։ Գրուածքներէն շատեր իրենց բովանդակութեամբ փիլիսոփայական են։ Գերակշռող մաս կը կազմեն անոր խորհրդածական եւ ինքնահայեցողական բանաստեղծութիւնները։ Անոր երգը կեանքն է, տիեզերքը, բարձր եւ մաքուր սէրը, աշխատանքը, կարօտը, հայրենիքը, ևն։*

«Օրերուն Ստուերը» խորագրին ներքեւ ան մեզի կը ներկայանայ գերազանցապէս իբրեւ փայլուն ու երեւակայական թռիչքներ կատարող սլացիկ միտք։ Անոր միտքէն ու սիրտէն ժայթքող ամէն մէկ խօսք կշռուած է ու չափուած։ Մերթ ընդ մերթ բանաստեղծը դէմ յանդիման կանգնած է կեանքի կարծր իրականութեան եւ կը մտալլկուի ի դիմաց անոր բիւրաւոր գաղտնեաց.

«Կը բռնկիմ նման կայծի,
Երբ դիմացն եմ անհունի:
Ո՞վ է կանգներ վրանն այս կոր
Եւ զայն պճներ բիւր աստղերով,
Որոնք իրենց նշուլումով
Սարսուռ կու տան հոգւոյս մոլոր»:

Բնութեան գովերգումը կատարող բանաստեղծը գարուն կը բերէ իր տունին եւ կ'երգէ երգը ոսկի արեւին.

«Գարունն իմ տունն է.
Ծաղկած ծառերու բացատքէն լոյսի՝
Արեւն ոսկեծամ կը հասնի ինծի:
Հողը կեանք ունի,
Համ ու բոյր ունի...

Լեցուած խորհուրդով,
Հովերու սոյլով,
Ծաղկանց շշունչով՝
Արեւին կ'երթամ,
Ես կեանքին կ'երթամ,
– Գարունն իմ տունն է»:

«Բանուորները» բանաստեղծութեան մէջ հեղինակը կը նկարագրէ աշխատաւորներուն չարքաշ աշխատանքը, անոնց «փոշեթաթախ աչուըները» եւ «արեւէն այրած դէմքերը»։ Անոնց անարդար վարձատրութեան դէմ ըմբոստացող բանաստեղծը հրաբխային սաստկութեամբ կը ժայթքէ, ըսելով՝

«Եւ այս յամառ յոգնութեան ի՞նչ կը ստանան փոխարէն,
Աւելի քի՛չ, քան ինչ որ հարուստ մարդիկ զեղխօրէն՝
Իրենց սեմին յօրանջող շունին առջեւ կը նետեն.
Եւ նախատինք մ'որ կ'աճի անոնց անզօր ըլլալէն»:

Եւ ապա, անոնց ցաւակցելով կը մրմնջէ՝

«Եղերաբախտ բանուորնե՛ր, արիւնամած ձեր սրտին
Մէջ գալարուող ցաւին հետ կը նոյնանայ իմ հոգին
Ու ձեզի հետ ամէն օր, ձեզի նման կու լամ ես,
Աշխատանքի լուծին տակ նոյն ցաւը մեզ մկրտեց»:

«Լոյսի Մէջ» խորագրին տակ, Պր. Կիւլեան կը զետեղէ գրութիւններու շարք մը, որ կը թրթռայ կեանքով, լոյսով, ապրելու տենչով, լինելութեամբ, երգով, սիրով ու խինդով.

«Պարզ, լուսաւոր, համասփիւռ առաւօ՛տ: Անհա զիս դիւթեր ես նորէն, ու ես կ'ընթանամ քու պայծառ ճամբէն: Չեմ գիտեր, ո՞ւր կ'երթամ, բայց քանի կ'առաջանամ, լոյսդ ինձմէ առաջ կ'անցնի, ու ես կը քալեմ, միշտ կը քալեմ»:

Իր սիրոյն հետ մեղմիւ զրուցելով կը փափսայ. «Աւելի թանկագին, քան կեանքս, ի՞նչ կրնամ նուիրել քեզի, ո՛վ իմ գեղեցիկս, ո՛վ իմ կատարեալս»։

«Հայրենիքիս Հետ» խորագրին ներքոյ, բանաստեղծը գովքը կը հիւսէ մեր մայր հայրենիքին։ Հայրենիքը իրեն համար փրկութեան լաստ է, քաջալերութեան ազդակ ու ներշնչման աղբիւր.

«Որպէս յոյսի կարմիր փարոս, անունդ կեանք կու տայ ինծի», կը գրէ ան։

Հայրենասիրական իր սիրազեղ խօսքերուն մէջ, բանաստեղծը, ի շարս այլոց, կը պարտադրուի տուրք մատուցելու քաղաքական մեծ գործիչներուն եւ անոնց գաղափարախօսութենէն ծագած մտացածին արդիւնքներուն՝ անձի պաշտամունքի օրերու խիստ ու ծանր պայմաններէն մղուած։ Այս առիթով կը ստեղծուին «Լենինի արձանի առաջ», «Մոսկուա», «Սթալինկրատ», «Սովետական», «Խորհրդային Հայաստանին», եւ այլ բանաստեղծութիւնները։ Զարմա-

նահրաչ երեւոյթ է լոկ նկատել որ ազնիւ ու անկեղծ բանաստեղծը այստեղ եւս իր արտայայտութեանց մէջ չափազանց սեղմ է ու ծանրակշիռ։ Սին խօսքեր չի շռայլեր։ Առաջաւոր գաղափարներով տոգորուած հեղինակը ստրկամտութենէ ու կաշկանդուածութենէ չափազանց հեռու է։ Իրեն յատուկ վարպետութեամբ եւ նրբագեղութեամբ, խոհեմութեամբ եւ պայծառամտութեամբ է որ կը նկարագրէ նոր աշխարհը իր վարչակարգով եւ բազմաթիւ մարտահրաւէրներով։ Հեղինակը չի թաքցներ իր ուրախութիւնը որ վերջապէս ամուր կանգնած է իր մայր հողին վրայ, եւ այնուհետեւ, ազատ է թռիչք գործելու եւ ճախրելու երկինքն ի վեր. ահա այդ հատուածը՝

«Գիտե՞ս, երգ իմ, պարզած թեւերդ, վեր խոյացանք քանի անգամ.
Ծառագայթի ծարաւ հոգուս հետ արեւի մօտով անցար.
Բայց քանի որ մեր ոտքի տակն անհաստատ էր ու հող չկար,
Արեւատենչ խոյանքը մեր մնաց օդում՝ կայծակնահար:
Հիմա արդէն մերն է հողը. Հոկտեմբերն է մեզ տուել այն.
Բարձրանում է կեանքը հիմա որպէս փառքի նոր յուշարձան.
Մահից խլուած մի մատեան է դիւցազնական մեր ողջ ներկան,
Տես, նուաճած՝ քեզ եմ բերում արեւն արդէն ես իբր ընծայ»:

Բացի բանաստեղծութիւններէն, ուշադրութեան արժանի են նաեւ Պր. Կիւլեանին «Մտածումներ»-ը եւ «Դիմանկարներ»-ը։ «Մտածումներ»-ը, ընդամէնը պարզուած հինգ էջերու վրայ, կարճ բայց բովանդակալից խօսքեր են ու խորհրդածութիւններ՝ գրողի, արուեստի, բանաստեղծութեան, կեանքի եւ այլ երեւոյթներու մասին։ Փիլիսոփայական ոլորտներուն մէջ դեգերող ու մանրախուզող բանաստեղծը կը յանգի ճիշդ եզրակացութեան. եւ ասիկա՝ շնորհիւ երեւոյթները ճիշդ ընկալելու, տրամաբանելու եւ վերլուծելու իր բացառիկ կարողութեան. այսպէս՝

«Արտաքին շքեղանքը չէ, որ պիտի փրկէր բանաստեղծութիւն մը: Որովհետեւ արժէքաւոր է միայն այն բանաստեղծութիւնը, որ իր իմաստով իսկ հաւասարակշռուած եւ ամբողջ՝ լինելութեան մը լուսածաղկումը կը բնակեցնէ կեանքի պարզ, այլ վայելուչ ու մանաւանդ ճիշդ տարազի մը մէջ: Ու կան լինելութիւններ՝ որ արիւնի ճամբով, դարերէ կու գան, պատմութիւն ունին, խորհուրդ ունին»:

Կամ օրինակ՝

«Գիտնալը բաւական չէ. ըսելն է կարեւորը. որովհետեւ մարդ կրնայ ըսել միայն ու կ'ըսէ՝ ինչ որ իրապէս գիտէ, եւ ոչ՝ ինչ որ կը կարծէ գիտնալ: Կը կարծենք շատ բան գիտնալ, սակայն իրականին մէջ քիչ բան գիտենք: Ըսուած խօսքը՝ գործ է, մինչ «գիտեմ»-ի վարկածը՝ ինքնախաբէութիւն մը շատ յաճախ»:

Գիրքի աւարտին զետեղուած «Դիմանկարներ» վերնագրին տակ կը գտնենք

Հայ լեզուի, գրականութեան ու արուեստի տիտանները. ինչպէս՝ Մեսրոպ Մաշտոց, Կոմիտաս Վրդ., Պետրոս Դուրեան, Միսաք Մեծարենց, Սիամանթօ, Դանիէլ Վարուժան, Վահան Թէքէեան եւ Արշակ Չօպանեան։

Հեղինակը իւրաքանչիւրը կը ներկայացնէ իր հարազատագոյն ձեւին ու պարունակին մէջ։ Կը խօսի անոնց խաղցած մեծ դերին մասին՝ մեր մշակոյթէն ներս։ Բարձր արուեստով ստեղծուած այս գրութիւնները մէկական կոթողներ են իրենց տեսակին մէջ։ Անոնք սոսկ նկարագրութիւններ կամ վերապրումներ չեն հեղինակներու եւ անոնց գործունէութեան, այլ այնտեղ կայ գեղեցկահիւս միաձուլումը պատմութեան, արուեստի, բանաստեղծութեան, անձնական խորհրդածութեան եւ այլ բազմաթիւ հանքայորդ նիւթերու, որոնք կու գան մէկընդմիշտ վկայելու Պր. Կիւլեանին երեւակայելու կարողութիւնը, գիտելիքներու եւ հետաքրքրութիւններու բազմազանութիւնն ու խորութիւնը։ Խօսելով Մեսրոպի մասին, կը գրէ. «Եղաւ մի պահ, որ կանգ առաւ մեր պատմութեան սիրտը. թուխպը պատեց մեր աշխարհը. արեան անձրեւ տեղաց, բայց հիւսիսային հրդեհի բոցերից բռնկուեց ամպրոպածին Եղիշէ Չարենցը եւ մեր սիրտը «ողջակէզ» բերաւ «խելագարուած ամբոխների պար»-ին։ Մեր անթաղ մեռելների աչքերից վերջին լոյսերը հաւաքեց Մարտիրոս Սարեանը, վրձինը թաթախեց արեւի մէջ եւ մեր ապրելու կամքը առկախեց՝ արեւից վառուած, հովերից սրսփացող ծաղկած նշենու սպիտակ հրդեհի մէջ։ Շիրակացու մռռացուած թիկնոցը գցեց իր ուսերին Վիկտոր Համբարձումեանը, Վահագնի հետքերով անցաւ Յարդագողի ճանապարհը, խուզարկեց, եւ վերծանելով տիեզերքի գաղտնիքը՝ ներսից մեծացրեց մեր երկրի սահմանները»։

«Մեծ Հայը» վերնագրի տակ, ուր գովքը կը հիւսէ եղերաբախտ երաժիշտ՝ Կոմիտաս Վրդ.-ին, կը գրէ. «Կոմիտասի մշակմամբ մեր հոգեւոր երգերը նմանուեցին Կենդանութեան Գետի ափին ծաղկած, կենսատու հովից օրօրուող սպիտակ, մաքրամաքուր շուշանների։ Կոմիտասի հոգեւոր երգերի մէջ անդրադարձուեց մարդկային սիրով սանձահար՝ մեր հեթանոս ոգու քարէ ծաղիկը՝ եռայարկ, մեծղի, երկնասլաց, ապստամբ Զուարթնոցը, եւ աստուածային անանց երազին անձնատուր՝ մեր արուեստագէտ հոգու հարսնացեալ գեղեցկուհին՝ ինքնամփոփ, չնորհագեղ, աղօթասաց Հռիփսիմէն»։

Պետրոս Դուրեանին անդրադառնալով, կը գրէ հետեւեալը. «Քիչ է ասել մեծ է, հանճարեղ է այս պատանին, հնադարեան մեր ժողովուրդի բանաստեղծական հանճարի՝ անկրկնելիօրէն կուսական, ամենավառ, ամենաչքեղ բոցավառումը»։

Նոյնքան պերճութեամբ, վսեմութեամբ եւ հռետորական ուժգնութեամբ ու գեղեցկութեամբ կը խօսի նաեւ մնացեալներուն մասին։ Այս սեղմ օրինակները կենդանի վկաներն են ու առհաւատչեան՝ Կիւլեանին բարձր իմացականութեան ու ճաշակին։ Անոր գրիչը թաթխուած է կեանքի մելանին մէջ։ Անոր խօսքերը գիրք չեն բուրեր, այլ կը բխին կեանքի վճիտ ակունքէն։ Ան կու գայ կեանքէն ու իր հարուստ կենսափորձով ու անսահման մտապաշարով կեանքը մեզի կը ներկայացնէ իր բոլոր ծալքերով ու գեղեցկութիւններով։

Անոնք որոնք երջանիկ բախտաւորութիւնն ունեցած են գինք ունենալու իբրեւ դասախօս՝ Հայոց Պատմութեան, Յունա-Հռովմէական Գրականութեան եւ այլ նիւթերու, անո՛նք միայն գիտեն թէ ի՛նչ ուրախութիւն էր անոր աշակերտ *ըլլալ, գինք քարացած ունկնդրել ու ըմպել անոր խօսքերուն աւիշը։ Պր. Կիւլեանին դասապահերը մէկական դասախօսութեան պահեր էին։ Հոն էր որ կը ներշնչուէր, կ՚այլակերպուէր, կը վերանար, եւ դասաւանդած առարկային հոգի ու շունչ կը պարգեւէր։ Հոն էր որ յարութիւն կ՚առնէին մեր պատմութեան հերոսները, կ՚անիծուէին հայ ժողովուրդի դաւաճաններն ու չարագործները, կը ներբողուէին մեր քաջարի, խորախորհուրդ ու հեռատես առաջնորդներուն ծրագիրներն ու իրագործութիւնները։ Դասարանի նեղլիկ անցքին մէջ ճեմելով՝ Հոմերոսի, Սաֆոյի, Տանթէի, Շէյքսփիրի, Մոլիէրի եւ այլ բազմաթիւ մեծութիւններու գրական գործերուն վերլուծութիւնը կ՚ընէր՝ վառ, խօսուն ու տպաւորիչ գոյներով։ Պր. Կիւլեան համակ գիտութիւն էր ու արուեստ։ Մեր մտքին մէջ դեռեւս թարմ են անոր յաճախակիօրէն արտասանուող խօսքերը. «Տղա՛ք, ուսուցիչը ձեզի միայն ուղղութիւն կու տայ. դո՛ւք էք որ պիտի սորվիք»։ Ապա եւ՝ «Գիտելիք ձեռք բերելու լաւագոյն ձեւը ինքնուսուցումն է»։ Այս խօսքը կեանքի քուրայէն անցած էր։ Ինք ֆրանսերէն սորված էր ինքնաշխատութեամբ։ Եւ երեւակայե՛լ, որ աշխարհ մը օտար գրականութիւն կարդացեր էր ֆրանսերէնով։*

1969–*ին ընթացաւարտ եղած էի։ Ինք տեղեակ էր հետաքրքրութիւններուս եւ բռնած ուղղութեանցս։ Օր մը, տեսչարանին մէջ, հայրական խնամքով ու հոգատարութեամբ ըսաւ. «Գիտեմ որ բառերու հետ է գործդ. նայէ որ ստուգաբանութեամբ ու համեմատական լեզուաբանութեամբ զբաղած ատենդ, բառերը իրենց գեղարուեստական արժանիքէն չպարպե՛ս. բառերն ընկալէ նաեւ իրենց մտքի արտայայտած գեղեցկութեամբ եւ խորութեամբ»։*

Պր. Կիւլեան կեանքի մարգարէ էր։ Մեր ճեմարանական տարիներուն, երբ բազմիցս կը բողոքէինք իրեն՝ երկրի վարչակարգին, դրուածքին, անաստուած կառավարութեան, ինչպէս նաեւ եկեղեցական դասի նկատմամբ տիրող ընդհանուր քամահրալից վերաբերմունքին դէմ, իրեն յատուկ լաւատեսութեամբ եւ հեռատեսութեամբ կ՚ըսէր. «Տղա՛ք, աշխարհի պատմութիւնը ցոյց կու տայ որ ամէն ինչ յարափոփոխ է, ոչինչ մնայուն է ու մշտական, ա՛յս ալ կ՚անցնի, կը փոխուի, համբերե՛լ է պէտք»։ Այս խօսքերը իրական ըլլալէ շատ հեռու էին մեզի համար, բայց ո՛չ իրեն համար։ Ժամանակը փաստեց անոր խօսքերուն իրաւացիութիւնն ու ճշմարտացիութիւնը։

Պր. Կիւլեան առ յաւէտ բաժնուած է մեզմէ. բայց իրմէ ժառանգած ենք Հայու լաւագոյն յատկութիւնները՝ ազնուութիւն, բարութիւն, աշխատասիրութիւն, անկոտրում կամք, լաւատեսութիւն եւ շրջահայեցութիւն։

Յիշատակն օրհնութեամբ եղիցի։

1992

Կանոններու Ուսուցողական Բնոյթը

Բազմադարեան հնութիւն բուրող եւ իմաստութիւն պարունակող մեր կանոնները, որ մեծ խղճմտութեամբ եւ հոգատարութեամբ ի մի բերուած են «Կանոնագիրք Հայոց» երկու մեծածաւալ հատորներու մէջ, իրենց տեսակին մէջ եզակի են, վասնզի ուսուցողական բնոյթ ունին։

Կանոնները եկեղեցական բարձր (որ է՝ հեղինակաւոր) ժողովներու որոշումներ են։ Ինչպէս որ ամէն կազմակերպութիւն ունի իր կարգն ու կանոնը, Հայ Եկեղեցին եւս կարիքը զգացած է օրէնքներ, կանոններ, սահմանելու իր հաւատացելոց հօտին եւ զինուորեալ անդամոց համար։ Կանոնադիր Հայրերը կանոնները գրած են տեղական հասարակական պահանջքներէ դրդուած եւ յատկապէս ուսուցանելու կարիքէն մղուած։ Զայս կատարած են գոհացում տալու այն բոլոր հարցերուն, որոնց առջեւ հաւատացեալը կամ ինքը՝ կղերը, չեն ունեցած համապատասխան լուծում-առաջարկ կամ ճիշդ մօտեցում։

Հարեւանցիօրէն թերթատող մը, Կանոնագիրքը պիտի գտնէ կանոններու հաւաքածոյ մը՝ սահմանուած ժողովուրդին ծանրագոյնս պատժելու եւ չարչարանաց ենթարկելու՝ ի դիմաց անոնց գործած սխալներուն եւ մեղքերուն։

Կանոններուն նպատակը, անտարակոյս, այդ նեղ սահմանէն դուրս կ՚ելլէ եւ ընդարձակելով ինքզինք, կ՚ընդգրկէ աւելի լայն ու լուսաւոր հորիզոններ։ Կանոններուն առաջնակարգ նպատակն է ուսուցանել, կրթել, դաստիարակել, կրօնական ուսում ջամբել, հոգեւոր գիտակցութիւն մշակել, կոյր միտքերը լուսաւորել ու խաւար հոգիները պայծառացնել։ Գումարուած Ս. Ժողովներու մասնակցող եկեղեցական հայրեր մասնաւոր հոգատարութիւն ցուցաբերած են հոգիներու կրթութեան, ազնուացման ու բիւրեղացման։ Կանոններուն նպատակը, ուրեմն, ոչ միայն յանցաւորը դատել, ապաշխարութեան ուղարկել եւ «աւրէնքէ» (իմա՛ Սբ. Հաղորդութենէ) զրկել էր, այլեւ՝ ուղղել եւ ի կարգ Քրիստոնէութեան հրաւիրել զանոնք։

Եկեղեցւոյ Հայրերը զգուշացուցած են հաւատացեալը բազմապիսի խրատներով՝ միշտ քաղուած Սբ. Գիրքէն։ Այսպիսով, Աստուածաշունչը կորիզը հանդիսացած է բոլոր կանոնական ուսուցմանց։ Կանոնադիր Հայրերը զգալապէս հեռու են կամայականութենէ, անձնական կարծիքներ յայտնելէ եւ կենսական հարցերուն թիւր մեկնաբանութիւններ տալէ։ Ամէն բարդ հարց լուծուած է Սուրբ Գիրքի օժանդակութեամբ։ Զայս իբրեւ մեկնակէտ եւ սկզբունք ունենալով, Ս. Հայրերը, համեմատաբար նուազ ճիգով, կրցած են ճիշդ ու տրամաբանական լուծումներու յանգիլ եւ չինիչ թելադրութիւններ կատարել, յատկապէս՝ երբ հարցը վերաբերած է բարոյագիտութեան ու եկեղեցագիտութեան։

Աստուածաշունչի ընտրութիւնը իբրեւ հիմնաքար կամ խարիսխ՝ բոլոր սահմանեալ կանոններուն, պատահական չէր բնաւ։ Աստուածաշունչը կը խտացնէր հայ դաւանանքի եւ պաշտամունքի ծիսա-արարողական բոլոր հարցերն ու ծալքերը։ Նմանապէս, Սբ. Գիրքը անսպառ աղբիւր էր՝ Տիրոջը կամքը գիտնալու եւ ճանչնալու տեսակէտէն։ Սբ. Գիրքին պարգեւած իմաստութիւնը գերիվեր էր մնացեալ կրօնական այլ գիրքերէն։ Ի կեանս կոչուած բազմաթիւ մէջբերումները եկած են մէկընդմիշտ շեշտելու կարեւորութիւնը, ճշմարտացիութիւնը, հետեւաբար եւ՝ անկասկածելիութիւնը սուրբ գրութեանց։ Այլ գիրքեր կրնային խնդրոյ առարկայ դառնալ, բայց Ս. Գիրքն իր անհպելիութեամբ կը մնար միշտ եզակի ու անառարկելի։ Եկեղեցական կանոնադիր Հայրերը լայնօրէն օգտագործած են այս առիթը իրենց վճիռներուն անվիճելիութիւնը ապացուցելու համար։

Կանոնագիրքը դատաստանի կը նստի հայ ժողովուրդին հետ։ Այս իմաստով, այն արդէն դատաստանագիրք է, որ կարելի է գործածել նաեւ ատեաններու մէջ։ Կանոնագիրքը, սակայն, քաղաքական կամ քրէական յանցագործութեանց համար չէ գրուած, այլ կ՚արծարծէ այնպիսի հարցեր, որոնք անմիջական աղերս ունին եկեղեցական, կրօնական, Քրիստոնէական ու բարոյական կեանքի հետ։

Կանոնագիրքի առաջնակարգ նպատակներէն մէկն ալ հայ եկեղեցւոյ ազգային դիմագիծը պահպանելն է։ Ի դիմաց բոլոր օտարահաւատ գրոհներուն եւ թշնամեաց ոտնձգութիւններուն, կանոնները, դարերով, ծառայած են իբրեւ պատուար ու ամրակառոյց պարիսպ։ Հարեւան եւ ասպատակող ազգերուն դէմ կանոնները գործածուած են իբրեւ վահան՝ պաշտպանուելու անոնց ազդեցութենէն, եւ արիաբար գօտեմարտելու ու դիմագրաւելու սպառնացող արտաքին վտանգը։ Կանոնները, հետեւաբար, պատմական մեծ դեր խաղցած են մեր ժողովուրդը եւ եկեղեցին համաձուլելու եւ միահիւսելու, շաղկապելու եւ օղակաւորելու տեսակէտէն։

Միով բանիւ, Կանոնագիրքը յստակութեամբ կ՚արտացոլէ անցեալի հայ բարքերը, նիստուկացը, սովորութիւնները եւ աւանդութիւնները։ Ան՝ շտեմարանն է հայ հաւատքի ու մտքի, ուրկէ կ՚արտացոլուի մեր նախահարց աշխարհահայեացքը։

Կանոնագիրքը պատկանած է համահաւասարօրէն հայ ժողովուրդի բոլոր դասակարգերուն ու սեռերուն, որ է՝ ե՛ւ արուին, ե՛ւ էգին, ե՛ւ եկեղեցականին, ե՛ւ աշխարհականին, ե՛ւ ազատին, ե՛ւ շինականին։ Ս. Ժողովներով նուիրագործուած ու իրենց սրբազան կնիքը ստացած կանոնները պարտադիր էին ամէնքին։ Դատավճիռը արձակող եկեղեցականք նոյնիսկ ենթակայ էին այդ օրէնքներուն պարտադրած հրահանգներուն եւ հրամաններուն։ Նայած յանցանքին բնոյթին, տարողութեան ու կշիռին, երբեմն կղերականներ շատ աւելի ծանր պատժամիջոցներու կ՚ենթարկուէին քան թէ աշխարհականք։ Հետեւաբար, պատիժը անխուսափելի էր եւ պէտք է լիուլի գործադրուէր ի դիմաց իւրաքանչիւր կանոնազանցութեան։

Ահա այսպիսի խիստ միջոցառումներու դիմելով էր որ եկեղեցին կանոնապահութիւն կը սորվեցնէր ժողովուրդին։ Այս բարեկարգական ջանքերը անշուշտ որ պիտի պտղաւորուէին եւ ունենային իրենց դրական ու բարերար ազդեցութիւնը ժողովուրդին վրայ։

Այժմ, մենք համառօտիւ կ՚անդրադառնանք կանոններու գերազանցապէս ուսուցողական երեւոյթին վրայ։

Կանոնագրքի առաքելահաստատ կանոնները մեզի կարեւոր տեղեկութիւններ կը փոխանցեն եկեղեցւոյ կարգերուն եւ օրէնքներուն մասին։ Կանոնախումբերու աւարտին նշուած է թէ այս կանոնները առաքեալները ոչ թէ իրենց անձերուն համար միայն կարգեցին, այլեւ՝ իրենց յետնորդներուն, վասնզի քաջ գիտէին թէ «պատրաստեալ են գայլք զգենուլ զգեստ գառանց եւ առնել կոտորած ի մէջ հաւտից Քրիստոսի»։ Առաքեալները կարիք չունէին այս կանոններուն, որովհետեւ «ինքեանք իսկ էին աւրէնսդիրք»։ Սբ. Հոգիի զօրութեամբ ներշնչուած ու լիցքաւորուած առաքեալներուն «զի՞րդ մարթ էր թէ յայլմէ իմեքէ ղնիցի նոցա աւրէնք»։

Քրիստոսի աշակերտները իրենց ուսուցման դերին մէջ չթերացան երբեւէ։ Նախանձախնդիր ու բծախնդիր Քրիստոսի եկեղեցւոյ շինութեան ու կարգապահութեան, անոնք մեզի աւանդեցին՝

ա. Արեւելք Աղօթել։ Աղօթքն ու երկրպագութիւնը արեւելք ուղղուած պէտք է կատարել, որովհետեւ Փրկիչն ըսաւ, «ինչպէս որ փայլակը կ'ելլէ արեւելքէն եւ կ'երեւի մինչեւ արեւմուտք, մարդու Որդու գալուստը այնպէս պիտի ըլլայ» (*Մտթ. Իդ.* 27)*։ Այսպիսով, Քրիստոս՝ Աստուածորդին եւ արդարութեան արեգակը, արեւելքէն պիտի ծագի եւ փրկութիւն բերէ աշխարհին։*

բ. Պատարագ Մատուցանել։ Կիրակի օրը ըլլայ «տաւն եւ պաշտաւն եւ խորհուրդ տէրունական մարմնոյ եւ արեան Տեառն», իսկ պատարագի հացը «ի նմին աւուր ջերմ եփեալ ելցէ ի սբ. սեղանն», եւ արժանաւորք միայն հաղորդուին «մեծաւ երկիւղիւ»։ Շաբաթ օրը եւս պատուել Պատարագով, վասնզի «կարապետ է մեծի արքային գալստեանն»։ Այս սովորութիւնը ժամանակ մը անխափան կը գործադրուէր։ Սոյն աւանդութեան հնագոյն եւ լաւագոյն մնացորդները ծննդեան եւ Զատկի ճրագալոյցի պատարագներն են, որ կը նախորդեն Մեծ Տօներուն։

գ. Պահք։ Շաբթուայ մէջ Չորեքշաբթի եւ Ուրբաթ օրերը պահք բռնել։ Չորեքշաբթի օրը, որովհետեւ այդ օրն էր որ «Տէրը գուշակեց եւ յայտնեց իր չարչարանաց, մատնութեան, դատաստանի, խաչելութեան, մահուան եւ յարութեան խորհուրդը»։ Այս պատճառով, այդ օրը պահքի, սուգի, պաշտամունքի եւ «յաղաւթս ցնծութեան եւ ուրախութեան» օրը նշանակուեցաւ։ Յետագային էր, որ «վասն հիւանդութեան մարմնոյ», սոյն հրահանգը որոշ տեղեր զանց առնուեցաւ եւ խափանուեցաւ։ Պահքը չպահող եկեղեցականաց պատիժը խիստ էր՝ «լուծցի»։ Իսկ Ուրբաթ օրը սահմանուած էր ըլլալու պահքի, սուգի եւ տրտմութեան օր, որովհետեւ ինչ որ Տէրը գուշակած էր Չորեքշաբթի օրը, Ուրբաթ օրով կատարուեցաւ։ Պահքը պիտի տեւէր «մինչեւ ցիններորդ ժամն», որ այժմեան հասկացողութեամբ յետմիջօրէի ժամը 3.00-*ն է։*

դ. Ընթերցումներ։ Աւետարանի ընթերցումը կարեւորագոյնն է ընթերցումներուն։ «Կնիք պատուական ամենայն գրոց» համարուած է Աւետարանը, որուն ընթացքին հաւատացեալը պարտէր, առ ի յարգանս, յոտն կալ՝ «զի աւետիք փրկութեան են ամենայն մարդկան՝ բանիւ Կենարարին»։

ե. Նշխարք։ Անոնք որոնք այս աշխարհէն կը մեկնին իբրեւ «Վկայ հաւատարիմ վասն անուան Փրկչին», անոնց «ոսկերաց» նշխարները «ի պատիւ առեալ փառաւորեսցեն զՔրիստոս»։ Այստեղէն յառաջացած է Սրբոց Մասունքներու պահպանումն ու բացառիկ առիթներով գործածութիւնը։

գ. Նուիրապետութիւն։ Նուիրապետական կարգերու սահմանումը տեղի ունեցած է շատ վաղ։ Երէցներու, սարկաւագներու եւ այլոց պաշտօնները կարգաւորուած են համաձայն Հին Կտակարանի գիրքերու հրահանգներուն։ Ուշագրաւ է կիսասարկաւագներու պաշտօնը՝ «տեսչութիւն այրեաց եւ վշտացելոց»։

Կանոնագրքի յաջորդական կանոնախումբերէն մեծ թիւ մը նուիրուած է քահանայական պաշտօնի կարեւորութեան, բարձրութեան եւ վեհութեան։ Կանոնները կը հրահանգեն որ քահանայութեան չմերձենան ուսումնատեացները, յոյլերը, սէգերը, նախանձոտները, պատուասէրները, չարակամները, չոգմոգները (իմա՛ բամբասողները եւ կեղծաւորները), ևն։ Կանոնք Կղեմայ թոյլ կու տան «խեղ ակամբ եւ վիրաւորեալ անդամաւք» արժանի անձանց եպիսկոպոսացնել, որովհետեւ «ոչ խեղութիւն մարմնոյ չլինել զնա արժանի հրամայէ, այլ անձին պղծութիւն»։ Անձին հոգեմտաւոր կուրութիւնը եւ ապականած սիրտ ունենալու իրողութիւնը աւելի մեծ արգելք են քան թէ մարմնական թերութիւնը։

Ս. Ժողովները մեծ կարեւորութեամբ անդրադարձած են եկեղեցականներու կեանքին եւ գործունէութեան։ Ներսէսի եւ Ներշապհոյ կանոնները կը խրատեն եկեղեցականները ապաշխարութեան խորհուրդը վաճառքի չհանել, այլ՝ «Ձրի առեալ եւ ձրի տամք»։ Խոստովանահայրերուն կը զգուշացուի ծայր աստիճան գաղտնապահ մնալ, այլապէս՝ «Նզովիւք լուծցի եւ ամէն իրաւք ջնջեսցի ի քահանայական ժառանգութենէն»։ Եկեղեցականաց կը թելադրուի երկրաւոր հոգերով չմտատանջուիլ, այլ՝ «պարապել եկեղեցական պիտոյիցն», վասնզի «Ոչ ոք կարէ երկուց տէրանց ծառայել»։ Նմանապէս, անոնք որոնք «զաւրականութեանց պարապեալ եւ զերկոսեան առնել կամեցեալ» (իմա՛ թէ քահանայութիւն եւ թէ զինուորութիւն), այդպիսիներուն «լուծանել պարտ է, քանզի ՚Կայսերն՝ կայսեր, եւ Աստուծոյն՝ Աստուծոյ՚»։

Կանոնները խստիւ կը պատուիրեն եկեղեցականներուն, անաստուածներուն նման, հաւատք չընծայել ու չերթալ կախարդներուն, հարցուկներուն, քաղդեաներուն, վհուկներուն, աղթարքներուն (իմա՛ բախտ գուշակող մոգերուն), այլապէս՝ «խափանեսցի նա ի քահանայութենէ, եւ մի՛ խառնեսցի ի պաշտաւն եկեղեցւոյ»։

Եկեղեցականները յանցանքով դատապարտելը այնքան ալ հեշտ չէր։ «Զքահանայէ չարախաւսութիւն մի՛ ընդունիցիս, բայց եթէ երիւք վկայիւք»։ Կը պարզուի ուրեմն որ երկու կամ երեք վկաներ էին հարկաւոր երէց մը մեղադրանքի տակ դնելու համար, այլապէս կատարուածը կը համարուէր զրպարտութիւն։ Մէկ այլ տեղ, կը հրահանգուի «Զքահանայ մինչեւ ոչ սինհոդոսն կամ վարդապետաց լուծեալ իցէ, միայն լուր եւ բաղբաղայքն (իմա՛ կցկցուած՝ անհիմն մեղադրանք) ի նմա իցեն՝ մի՛ որոշեսցի, զի ոչ սակաւ դարանակալութիւնք են նախանձոտաց»։ Եթէ պատահեցաւ որ մէկը հաւաստեաւ գիտէ թէ քահանան մեղանչած է, «թող համարձակի եպիսկոպոսին միայն յայտնել», իսկ եթէ «ի հրապարակի ջայլի (այսինքն՝ բազմութեան) ճաղեսցէ ոգւոյն ոլորէ դատաստան, զի զԱստուծոյ քահանայ խնդրէ ճաղել»։

Ինչպէս կարելի է նկատել, եկեղեցւոյ կանոնները ինչքան որ խստապահանջ են եկեղեցականաց նկատմամբ, այնքան ալ, ի հարկին, պաշտպանողական են, որովհետեւ, ինչպէս պիտի տեսնենք ստորեւ, պատժամիջոցները չափազանց խիստ էին ու դաժան։

Կանոնագիրքը լի է աշխարհականներուն ուղղուած զգաստական կոչերով ու յորդորներով։ Ապաբարոններուն, անհաւատներուն, անհաւատարիմներուն, աղանդաւորներուն, ամբարիշտներուն եւ այլ բազմատեսակ չարիք նիւթողներուն ու մեքենայութիւններ սարքողներուն, ջանք կը թափուի մոլոր կեանքէ եւ շեղեալ բարքերէ հրաժարեցնելու եւ զանոնք ուղղելու, որպէսզի «դառնութեան արմատը, աճելով, մարդու նեղութիւն չտայ, եւ անով չվարակուին շատերը»։ Գեղեցիկ է «չարաղանդ մծղնէից» նուիրուած կանոնը, ուր ոչ միայն խստիւ կ'արգիլուի Մծղնէից հետ յարաբերիլ, այլեւ կը հրամայուի «հեռանալ ի նոցանէ, գարշել եւ ատել զնոսա. զի որդիք սատանայի են եւ լուցկիք յաւիտենական հրոյն»։ Մծղնէութիւնը, իբրեւ սեռական պղծութիւն, գարշելի ու զազրելի արարք էր։ Հակառակ հեղինակաւոր անձանց բազում ժտութեանց, Մծղնեայք կը շարունակէին պղծագործութիւնը։ «Լուցկիք յաւիտենական հրոյն» որակումը անկասկած կը մատնանշէ անոնց «արմատ չարեաց» ըլլալը։

Կանոնները իրենց ծանրակշիռ խօսքը ունին նաեւ բարոյական հարցերուն մասին։ Կին արձակելու մասին յիշատակուած կան խիստ պատուէրներ՝ համաձայն «տէրունեան աւրինին»։ «Ոչ մի ինչ պատճառք համարձակեն զնա հանել», ոչ ամլութիւնը, ոչ վատութիւնը, եւ ոչ ալ ծախողութիւնը (իմա՝ մսխում ընելու գէշ ունակութիւնը), այլ միայն՝ բոռոտութիւնը, դիւահարութիւնը, կախարդութիւնը կամ «հանապազ պոռնկութիւնը»։

Ծանր պատիժներ կարգուած են անբնական, անընդունելի ու անօրինակելի արարքներ գործողներուն համար. ատոնց շարքին են՝ անասնագէտները, արուագէտները, իգացողները, պոռնկացողները, անաստուածները, աղանդաւորները, մահաբեր դեղերով անգթաբար խողխողողները, կախարդները, աստղագուշակները, դիւակապուտները, ևն։

Ասոնցմէ իւրաքանչիւրին խրատուած է զղջալ, ապաշխարել, դարձի գալ, կցորդ եւ գործակից չըլլալ չարամիտներու. անօրէնութենէ աստուածգիտութեան գալ եւ կեանքերնին բնականոն ու աստուածահաճոյ դարձնել, այլապէս՝ «ի բաց մերժեսցեն ի պաշտամանէն», հեռու մնան խորհուրդներէն, զլացուի իրենց Սուրբ Հաղորդութիւնը, եւ բացառիկ պարագաներուն նաեւ՝ զրկուին վերջին թօշակէն։

Կանոնագրքի մէջ յիշատակուած պատժատեսակները բազում են։ Նախ պէտք է յիշել, սակայն, որ հին ատեն բացայայտ զատողութիւն կար ազատի եւ շինականի միջեւ։ Ազատ կը կոչուէր բարձր դասի պատկանող ազնուական մը. իսկ շինականը, պարզ գեղջուկն է կամ գիւղացին։ Ազատները «գան»-է (այսինքն՝ ծեծէ) զերծ կրնային մնալ, եւ իբրեւ պատիժ սովորաբար տուգանք մը կը վճարէին եւ ապաշխարութեան կ'ենթարկուէին։ Շինականը, ընդհակառակը, նախ մարմնական պատիժէ պէտք է անցնէր՝ «գան յոլով արբցէ», ապա տուգանուէր «տրաւք տնանկաց», ուղարկուէր ունկնդիր լինելու «հեծեծանաւք եւ հառաչանաւք» եւ ջերմեռանդութեամբ քաւելէ ետք իր մեղքը միայն ընդունուէր ի կարգս օրինաց։

Պատիժներէն խստագոյնը եղած է մահը։ «Մահ վախճանեսցի նմա տէրունական աւրէնքն», վճռած են Ս. Հայրերը՝ հետեւելով Հին Ուխտի օրինաց։ Տեղ տեղ, սակայն, «զայս դատաստան ներէ» ըսելով, առիթ տուած են յանցագործին ապաշաւելու եւ վերանորոգուելու հոգեւորապէս։ Այսպիսով, բազմաթիւ «մահ ճաշակեսցի, մեռցի, ևն» սարսափելի վճիռներ վերածուած են «արտաքոյ դրանն ընդ ձեռամբ կայցէ», «կալ յունկնդրութեանն», «չճաշակել զաւրէնսն», «կայցէ արտաքոյ դրաց եկեղեցւոյն», «միայն զձայն պաշտամանն եւ աղաւթից լուիցէ», «Գ ամս ապաշխարէ», «Մ դրամ վճարիցէ», եւ այլ համեմատաբար նուազ դաժան որոշումներու։

Այժմեան չափանիշներով դատելով եւ կենսապայմաններէն մեկնելով, չափազանց խորթ, տարօրինակ ու անողոք պատիժ եղած է չինականներուն գողենոց առաքումը։ Գողենոցը (կոչուած նաեւ Ուրկանոց) այն կղզիացած ու մեկուսացած վայրն էր ուր կ'ապրէին բորոտները։ Այս ուրկանոցին մէջ յանցագործները կը դատապարտուէին ամենախիստ աշխատանքներուն. օրինակ՝ երկանքով ալիւր աղալու, եւայլն։

Անցեալին կը պատկանի նաեւ աղուեսադրոշմումը։ Շահապիվանի ժողովի կանոնները բաւական խիստ կը վարուին մծղնէութեամբ զբաղողներուն հետ։ Եթէ եկեղեցական դասէ է անձը, պէտք է կարգալուծուի, աղուեսադրոշմ դրուի ճակատին եւ ճգնարան երթայ. իսկ եթէ աշխարհական է մեղաւորը, աղուեսախարանուելէ ետք ուղղակի «գողենոց տացեն յապաշխարութիւն»։ Ապաշխարութենէ ետք եթէ վերստին գործէ նոյն մեղքը, ապա «զջիղսն զերկոսեան կտրեսցեն եւ ի գողենոց տացեն»։ Դիւթողները եւ կախարդները՝ «զան արբցեն, խանձեսցին, մրեսցին, ոսկր արկցեն եւ յաւկանոց տացեն՝ Բ ամս աղասցեն գողեացն», իսկ եթէ յետ բազում ազդարարութեանց եւ պատիժներու յամառօրէն յարած մնան կախարդութեան, ապա, ըստ Գրոց հրամանի՝ «քարկոծ լինին»։

Ինչպէս կը նկատենք, կանոնները երբեմն խիստ են, երբեմն ալ մեղմ ու հանդուրժելի։ Խստագոյն կանոնները, ընդհանրապէս, անձը վարկաբեկող, յանցաւորը նսեմացնող, աստիճանազրկող, դատափետող եղանակ մ'ունին. եւ այս ամբողջը՝ յանուն մաքրակրօնութեան, հեզութեան, պարկեշտութեան, հայ հաւատքի, հայ ցեղային առանձնայատկութեանց պահպանման եւ հայ ընտանիքի սրբացման։

Կանոնագիրքը իր ուսուցողական բնոյթով անսահման նիւթ կը մատակարարէ կանոնագիտութեամբ (որ եւ՝ իրաւաբանութեամբ), հայագիտութեամբ, լեզուաբանութեամբ, բժշկագիտութեամբ, իմաստասիրութեամբ եւ եկեղեցագիտութեամբ զբաղողներուն։ Անապատական Ս. Հայրերու կեանքով զբաղողներ, օրինակի համար, խիստ ուշագրաւ պիտի գտնեն հայ քահանաներու սիւնական կամ սիւնակեաց ըլլալու պարագան։ Կանոնագրքի մէջ երկու տեղ միայն յիշուած են սիւնականները եւ խցարգելները։ Սիւնակեացը, ի միջի այլոց, ճգնաւորի հանգամանքով իր կեանքը կ'անցընէր բնակելով սիւնի վրայ։ Խցարգելը, խուցի մէջ արգելափակուած կեանքն է, որ ճգնաւորք միայն կը վարէին։ Խցարգելութիւնը, հետեւաբար, ճգնաւորութեան տեսակ մըն էր որ բաւական տարածուած էր Միջին Դարերուն։ Սիւնականներու թուին կ'արժէ յիշել Սիմէոն Սիւնակեաց ճգնաւորին անունը, որ տիւ եւ գիշեր սիւնաբնակութեամբ զբաղած է։ Մեր եկեղեցական օրացոյցին մէջ անոր անունը կը յիշատակուի ամէն տարի

Վարագայ Սբ. Խաչի Բարեկենդանի առաջին օրը՝ ի չարս Սրբոցն Մամասայ եւ Փիլիկտիմոնի։

Լեզուաբանութեամբ զբաղողներ պիտի նկատեն որ Կանոնագիրքը լի է լեզուաբանական տարրերով։ Օրինակ՝ կանոններուն լեզուն միշտ չէ որ դիւրամատչելի է ու հասկնալի։ Կարեւոր հարց է նաեւ յունական բառերու առկայութիւնը, ինչպէս օրինակ՝ Կաթարոս (մաքուր), Լագութիւն (թուլամորթութիւն, անառակութիւն), Պերեաուտ (վերակացու, տեսուչ), Մոնազոն (միայնակեաց, կրօնաւոր), եւայլն։ Լեզուական տեսակէտէ, կանոնները ազդուած են նաեւ Յունարէն լեզուի չարահիւսութենէն։

Կանոնագիրքը՝ դարերու ընդմէջէն ճառագայթող Հայ Ժողովուրդի պատմական ու պատուական կարեւոր յուշարձաններէն մէկն է։

1992

Հայ Տպագրութեան Ակնարկներ

1992 թուականը հանդիսաւորապէս կը նշէ 480-ամեակը Հայ գրքի տպագրութեան։

480 տարի առաջ, հայ մշակոյթի բնագաւառէն ներս տեղի ունեցաւ նշանակալի, աննախընթաց դէպք մը. լոյս տեսաւ Հայ առաջին գիրքը։

Ուղիղ ութսուն տարի առաջ, 1912 Յունուար 17-ին, Մաղաքիա Արք. Օրմանեան, խօսելով հայ տպագրութեան 400-ամեակի մասին, կը գրէ. «Հայ տպագրութեան չորրորդ դարադարձը բոլոր Հայերուն զգացումները կը յուզէ»։ Երախտագիտական խորագոյն զգացումներով պատուած կը զգանք այսօր եւս ի դիմաց այն երախտաշատ ու նուիրեալ սպասաւորին՝ Յակոբ Մեղապարտին, որ հիմը դրաւ հայկական տպագրութեան։

1436-ին, մի ոմն Գերմանացի տպագրիչ՝ Յովհաննէս Կիւթէնպէրկ, մտայղացումը ունեցաւ շարժական գիրեր գործածելու։ 1455 թուականին, Գերմանիոյ Մոգունտիա (Mainz) քաղաքին մէջ, Յ. Կիւթէնպէրկը կատարեց տպագրութեան գիւտը։ Իր գլուխ գործոց տպագրութիւնը եղաւ "Gütenberg Bible"-ը, որ իր տեսակին մէջ հրաշալի ու եզակի հրատարակութիւն մըն է։

Տպագրութեան գիւտէն շուրջ կէս դար ետք, 1512 թուականին, համեստաբար ինքզինքը մեղապարտ կոչող Յակոբ անուանեալ հայ մը կը ձեռնարկէ հայ առաջին գրքին տպագրութեան։ Փակագիծի մէջ պէտք է նշել որ «Մեղապարտ» մականունի որդեգրումը Յակոբին կողմէ արտասովոր երեւոյթ մը չի պարզեր երբեք, վասնզի գրչագիր մատեաններն ու յիշատակարանները լի են նման ածականներով։ «Մեղապարտ» բառը գրչագիրները գործածած են մեղսաթաթախ, ինչպէս նաեւ փոխաբերաբար՝ համեստ, նուաստ իմաստներով։

Յակոբ Մեղապարտ լոյս կ'ընծայէ Ուրբաթագիրք մը եւ ապա, յաջորդաբար՝ Պատարագատետր, Աղթարք, Պարզատումար եւ Տաղարան գիրքերը։

Անդրադառնալով հինգ գիրքերու բովանդակութեան, պէտք է ըսել որ Ուրբաթագիրքը զանազան աղօթքներէ, մաղթանքներէ, Աւետարաններէ, սրբոց գրութիւններէ, ինչպէս նաեւ հմայութիւններէ բաղկացած գիրք մըն է։ Իսկ Պատարագատետրը, որ այժմ կը կոչուի նաեւ Խորհրդատետր, պատարագի մասին ըլլալով, զուտ կրօնական է։ Հետաքրքրական է որ հինգ գիրքերէն միայն այս գիրքն է որ ունի հրատարակութեան թուականը, վայրը եւ տպագրողին անունը նշող յիշատակարան։ Այնտեղ կ'ըսուի հետեւեալը. «Գրեցաւ սբ. տառս ի ջկբ (1513), ի աստուածապահ քաղաքս ի Վէնէժ, որ է Վենետիկ՝ Ֆռանկստեան, ձեռամբ Մեղապարտ Յակոբին. ով որ կարդայք մեղաց թողութիւն խնդրեցէք Աստուծոյ»։ Աղթարքը ընդարձակածաւալ գիրք մըն է որ կը շօշափէ աստղագուշական եւ բժշկական հարցեր։ Այնտեղ լայն հատուածներ նուիրուած են նաեւ երազներու մեկնութեանց եւ զանազան հմայութեանց։ Պարզատումարը օրացոյց է՝ Երազացոյց եւ Մարմնախաղաց հատուածներով։ Տաղարանը հայ միջնադարեան տաղերգուներու (Յ. Թլկուրանցի, Ֆրիկ, Մկրտիչ Նաղաշ, ԼՆ) տաղերուն եւ բանաստեղծութեանց նուիրուած գիրք մըն է։ Տպարանին մէջ տեղ գտած են նաեւ Ներսէս Շնորհալիին հանելուկները (թիւով 137 հատ)։

Մեզի ցարդ յայտնի չէ թէ 1512-1513 թուականներուն լոյս տեսած գիրքերը ո՛ր տպարանին մէջ տպուած են։ Յայտնի է թէ գիրքերը տպագրուեցան Իտալիոյ Վենետիկ քաղաքը, որ այդ ժամանակ աշխարհի լուսաւոր կեդրոններէն մէկը կը համարուէր։

Առաջին գիրքերու տպագրութեան յաջորդեց կիսադարեայ (ճիշդ 52 տարի) լռութեան ու ամլութեան շրջան մը։ Առաջին փայլուն յառաջդիմութեան յաջորդեցին խաւարը եւ անարդիւն տարիները։

Յակոբ Մեղապարտի սկսած երախտաշատ գործը յետագային շարունակուեցաւ անձնդիր ու հայ մշակոյթի նախանձախնդիր անձերու կողմէ։ 1562 թուականին Աբգար Եւդոկացի (որ եւ՝ Թոխաթեցի) անունով հայ առեւտրական մը կը շարունակէ կիսաւարտ գործը Մեղապարտի։ Ան Հռոմ կը ղրկուի Միքայէլ Ա. Սեբաստացի կաթողիկոսին կողմէ «քաղաքական առաքելութեամբ» եւ իրեն կը յանձնարարուի զբաղիլ նաեւ հայերէն գիրքեր տպելու գործով։ 1564 թուին Աբգար կը մեկնի Վենետիկ եւ յետ բազում դժուարութիւններու (իմա՛ գրաքննական եւ արտօնութեան վերաբերեալ), կը տպէ Դաւիթ Մարգարէի Սաղմոսը։

Աբգար բնական էր որ այսպիսի ծանր ու անհանդուրժելի պայմաններուն մէջ չկարենար շարունակել իր արդիւնաւէտ գործունէութիւնը։ Ան, ճարահատ, իր պատրաստած հայ գիրերը եւ տպագրական այլ սարքերը կը փոխադրէ աւելի թոյլատու ու նպաստաւոր վայր մը՝ Կ. Պոլիս։ Այստեղ ան կը տպէ «Պատարագատետր», «Տոմար» եւ «Ժամագիրք» գիրքերը։ Այսպիսով, Աբգար հիմը կը դնէ հայկական տպարանին։ Այս երեք գիրքերէն ետք, հայ տպագրութիւնը վերստին ամլութեան կը դատապարտուի։ Լռութիւնը կը խզուի երբ Հռոմի պապական տպարանի մը մէջ լոյս կը տեսնէ Գրիգոր ԺԳ. Պապի հայերէն թարգմանեալ մէկ գրութիւնը՝ «Նոր Կամ Գրիգորեան Տոմարի» մասին։ Հայ ականաւոր պատմագրի՝ Լէոյի գնահատութեամբ, ԺԶ. դարը «երերուն, անհաստատ, պատահական եւ շատ աղքատ մի գործունէութիւն» կը վարէ տպագրութեան տեսակէտէ։

Տպագրութեան յաջորդ կեդրոնը կը հանդիսանայ Նոր Ջուղան։ Հայերուն կը վերապահուի տպագրական արուեստի ներմուծման բացառիկ պատիւը ի Պարսկաստան։ Հայեր, օգտուելով իրենց ընծայուած բարիքներէն ու դիւրութիւններէն, անմիջապէս Ամենափրկչեան վանքը, որ արդէն իսկ նշանաւոր էր իր դպրոցով (կոչուած նաեւ՝ Համալսարան), օժտեցին նաեւ տպարանով։ 1640 թուականին տպարանը լոյս ընծայեց «Հարանց Վարք» գիրքը։ Այստեղ, յարգանքով եւ երախտագիտութեամբ պէտք է յիշել Ամենափրկիչ վանքի իմաստուն ու հեռատես առաջնորդ Խաչատուր Վրդ. Կեսարացիին անունը։

Ան իր աննկուն կամքով ու անկոտրում հաւատքով գլխաւորեց ու յաջողութեամբ պսակեց գրքի տպագրութեան ջանքերը։ Լէոյի հաղորդած տեղեկութեանց համաձայն, «Խաչատուր Վրդ. ոչ ոքից չէր սովորել տպագրական արուեստը, այդպէս էին եւ նրան շրջապատողները։ Բայց նրանք կարողացան բնատուր խելքով ըմբռնել, թէ ինչ է պահանջւում, եւ փորագրեցին տառեր, շինեցին մամուլ, մինչեւ իսկ թուղթն էլ պատրաստեցին տեղն ու տեղը, շարեցին, տպագրեցին»։

Այս հերոսական աշխատանքը կատարուեցաւ հայրենիքէն հեռու, օտար երկնակամարի ներքոյ։ Աննեցուկ ու խաւարամուտ հայութեան օգնութիւն ու լուսաւորութիւն բերելու համար կը գործադրուէր ամէն փորձ ու ճիգ։ 1642 թուականին, նոյն տպարանը կը տպագրէ «Ժամագիրք» մը, որ ըստ ինքեան կը մատնանշէ հոգեւոր ծարաւը հաւատացելոց։

Հայկական տպագրութեան նուիրական ասպարէզին մէջ բացառիկ շնորհքով կը փայլի Յովհաննէս Վարդապետ Անկիւրացին, որուն անունը կը կապուի երկարատեւ շրջագայութեան, մեծամեծ խոչընդոտներու եւ տանջանքներու, վերջապէս եւ «Սաղմոս» գրքի տպագրութեան, ինչպէս նաեւ հայ նոր, աւելի գեղեցիկ գիրեր եւ «տպարանական զարդեր» բերելու հետ։

1647 թուականին, յետ դժբախտ մահու առաջնորդ՝ Խաչատուր Կեսարացիի, Յովհաննէս Վարդապետ կը հրատարակէ «Պարզատումար Ազարիայի» գիրքը եւ այլ գիրքեր։ Նոր Ջուղայի տպարանական գործունէութիւնը, այնուհետեւ, ցաւ ի սիրտ, կանգ կ'առնէ։

Լուսաւորութեան գործին յետամուտ հայը, քանի մը տարի անց, վերստին կը լծուի աշխատանքի։ Այս անգամ, Տ. Յակոբ Դ. Ջուղայեցի կաթողիկոսն է, որ Եւրոպա կը ղրկէ ղարաբաղցի դպիր Մատթէոս Ծարեցին։ Վերջինս ուղեւորուելով Հռոմ եւ այնտեղ յաջողութիւն չգտնելով, կ'ուղղուի Ամստերտամ։ 1658 թուին, Ծարեցին Ամստերտամի մէջ կը հիմնէ տպարան եւ կը ձեռնարկէ Ն. Շնորհալիի «Յիսուս Որդի» գրքի տպագրութեան։ Վաղաժամ մահը սակայն (1661 թ.) թոյլ չի տար որ ան գլուխ հանէ իր ձեռնարկած գործը։ Ծարեցիի մահէն ետք, հրապարակ կուգայ Ոսկան Վրդ. Երեւանցին, որ Ծարեցիի տպարանի աշխատակիցին՝ Աւետիսին եղբայրն էր եւ Սբ. Սարգիս վանքի վանահայրը։

Ոսկան Երեւանցին ծնած է 1614–ին, Սպահան, Ղլիջենց ընտանիքէն։ Ի բնէ ուշիմ, վառվռուն եւ ուսման ծարաւի պատանի էր ան։ Միջանկեալ կ'արժէ նշել որ պատմութենէն մեզի յայտնի է թէ ինչպէս Էջմիածին հիւրընկալուած լատին կրօնաւոր Փիրոմալլիէն Լատիներէն կը սորվէր Ոսկան, եւ անոր ալ Հայերէն կը սորվեցնէր։ Այս երկուքին անունը կապուած է զանազան թարգմանութեանց հետ։

1662 թուականին, Յակոբ Ջուղայեցի կաթողիկոսին կողմէ Ամստերտամ ղրկուած Ոսկան յանդուգն ծրագիրներ ունէր իրագործելիք։ Այդ ծրագիրներէն գլխաւորը եւ կարեւորագոյնը Հայերէն Աստուածաշունչի տպագրութիւնն էր, որ տեղի ունեցաւ 1668 թուականին։ Այնուհետեւ, Ամստերտամի մէջ Ոսկան լոյս ընծայեց 17 գիրք։ Այս գիրքերուն մեծ մասը եկեղեցական բնոյթի էին, ինչպէս՝ Ժամագիրք, Շարական, Նոր Կտակարան, Մաշտոց, Սաղմոս, ԼՆ։ Ի շարս կրօնական գիրքերու, Ոսկան տպագրեց նաեւ իր «Քերականութիւնը», Առաքել Վրդ. Դաւրիժեցիի «Պատմութիւնը», Անանիա Շիրակացիի «Աշխարհացոյցը» եւ «Աղուէսագիրքը»։

Ոսկանի կեանքը եւ գործունէութիւնը օտար աշխարհի մէջ ամենեւին հեզասահ չէր։ Ան յարատեւ գրաքննութեան ենթակայ էր։ Իբրեւ անբաղձալի տարր, ան շարունակ կը հալածուէր Կաթոլիկ եկեղեցւոյ ծառաներուն կողմէ։

Այդ շրջանի մեր իրականութեան ամէնէն ողբալի երեւոյթներէն մէկն ալ հայ գրաքննիչ ունենալն էր։ Պարզապէս ցաւալի է հաստատել, որ «Ոսկանի գործի չար հրեշտակը» եղած է ոմն Թադէոս Համազասպեան քահանայ մը։ Ոսկանի վկայութեամբ, այս տխրահռչակ քահանան «կառուցեց անօրէնութեան ամրոցներ եւ դղեակներ»՝ խափանելու համար տպարանի գործունէութիւնը եւ մէկընդմիշտ դադրեցնելու տպագրական աշխատանքը։ Ո՞վ կարող էր սակայն ընդհատել Ոսկանին գործը եւ փշրել անոր ազգօգուտ ծրագիրները։ Ոսկան, ինչպէս ամէն ազգի լուսաւորիչ, պարտ էր ցմրուր ըմպել բաժակը դառնութեան, արհամարհել յետսամիտ ու նենգ քահանային սադրանքներն ու դաւադրութիւնները եւ խոհեմութեամբ դիմանալ նեղութեանց ու անհարկի թշնամութեանց։ Հայաստանի լուսաւորութեան համար տքնող ու ոգի ի բռին պայքարող բարի ու խոհեմ վարդապետը սակայն կ՚ապրէր իր կեանքի մայրամուտը։ Ան իր աչքերը ընդմիշտ փակեց 1674 թուին՝ «վշտի ու դառնութեան մէջ»։ Հայ տպագրութեան պատմութիւնը ոսկի տառերով արձանագրած է այս անխոնջ ախոյեանին անունը։

Ոսկան Վարդապետի վախճանումէն ետք, Մատթէոս Յովհաննիսեան (Վանանդեցի) եւ Թովմաս Վրդ. Նուրիճանեան կը շարունակեն ընթանալ Ոսկանի հետքերով եւ 1695 *թուին կը հրատարակեն «Համատարած Աշխարհացոյց» անունով քարտէս մը, ապա եւ Մովսէս Խորենացիի «Հայոց Պատմութիւնը», «Դուռն Իմաստութեան» դասագիրքը, «Գանձ չափոյ կշռոյ թըւոյ եւ դրամից բոլոր աշխարհի» գիրքը, եւայլն։*

ԺԸ. դարուն հայ տպագրութիւնը կ՚աշխուժանայ Պոլսոյ եւ Վենետիկի մէջ։ Պոլսոյ մէջ կը տպագրուին Ն. Շնորհալիի հանելուկները, Ագաթանգեղոսի Պատմութիւնը, Պաղտասար Դպիրի Քերականութիւնը. իսկ Վենետիկի մէջ լոյս կը տեսնեն Հայկազեան Բառարանը, Միքայէլ Չամչեանի Հայոց Պատմութիւնը եւայլն։

1770*-ական թուականները յատկանշական են հայոց պատմութեան մէջ, վասնզի այդ տարիներուն էր որ հիմնուեցան երկու տպարաններ, մէկը Մատրասի մէջ, իսկ միւսը՝ Էջմիածնի։ Կարեւորութեամբ պէտք է ընդգծել Մատրասի ազատագրական խմբակի կողմէ տպուած երկու քաղաքական բնոյթի գիրքերուն նշանակութիւնը հայ կեանքէն ներս. անոնք են՝ «Նոր Տետրակը» եւ «Որոգայթ Փառացը»։*

«Նոր Տետրակ, որ կոչի յորդորակ» գիրքը, որ լոյս տեսաւ 1773 *թուականին, Հայաստանի ազատագրութեան հարցերը ընդգրկող եւ շօշափող գիրք մըն է։ Անոր իմաստուն հեղինակը՝ Մովսէս Պաղրամեանը, բնիկ Խամսայեցի (իմա՛ Ղարաբաղցի), յորդորներ կը կարդայ հայ ժողովուրդին եւ ինքնօգնութեան կը հրաւիրէ գինք։ Լէոյի գնահատութեամբ, այս գիրքին «նշանակութիւնը հայոց գրականութեան մէջ, չնայած իր համեստ գրական արժանաւորութիւններին, կարելի է անուանել չափազանց խոշոր»։*

Հայ ժողովուրդի պատմութեան մէջ, ասիկա բացառիկ գիրք կը նկատուի հայ ազատագրութեան միտքը սաղմնաւորելու, զարգացնելու եւ դարերու թմբիրէն արթնցնելու տեսակէտէն։ Հեղինակը յստակօրէն կը ճշդէ իր գիրքին նպատակը վերնագրին մէջ. «Շարադրեցեալ սակս սթափելոյ երիտասարդաց եւ մանկանց Հայկազանց ի վեհերոտեալ եւ ի հեղգացեալ թուլութենէ քնոյ ծուլութենէն»։ Իսկ «Որոգայթ Փառացը» հայոց ճակատագիրը մէկընդմիշտ կը կապէր հիւսիսը գտնուող Վրաց ժողովուրդին հետ։

Զգաստական կոչերը եւ բարի խորհուրդները ճիշդ ատենին կը հասնէին։ Քաջ Ղարաբաղցին, արդարեւ, կը գտնուէր ճիշդ ուղիի վրայ։ Նորօրեայ Մովսէսը ողջ զանգուած մը ինքնավստահութեան, ինքնագործունէութեան եւ ինքնիշխանութեան կը հրաւիրէր այնպիսի ատեն մը, երբ Հայ ազգը կը հեծէր ու կը հիւծէր ճնշող ու չահագործող ազգերու՝ Թուրքերու եւ Պարսիկներու լուծին ներքոյ։

Հայ տպագրութիւնը հետզհետէ աւելի կը պտղաւորուէր ու իր նպատակին կը ծառայէր, երբ «Նոր Տետրակի» եւ «Որոգայթ Փառացի» օրինակները կը հասնէին Էջմիածին եւ կը բաշխուէին մտաւորականներուն։ Այսպիսով, նոր խմորում կ՚առաջանար Հայոց Աշխարհի գերուած գաւակներուն մէջ եւ ալիք առ ալիք կը ծաւալէր մինչեւ հեռաւոր մութ անկիւնները երկրի։

Մեր նպատակէն դուրս է անշուշտ շարադրել հայ ազատագրութեան կամ տպագրութեան պատմութիւնը։ Մենք համառօտիւ ջանացինք ուրուագիծը ներկայացնել հայ տպագրութեան զարգացման փուլերուն եւ ընթացքին ու անոր ընձեռած բիւրաւոր բարիքներուն։

Հայկական տպագրութեան յանդուգն ու վիթխարի աշխատանքները մեծապէս նպաստեցին ուսուցման, դաստիարակութեան եւ լուսաւորութեան գործին։ Տարածուեցաւ գրագիտութիւնը. մտաց կուրութենէն մէկընդմիշտ ազատեցաւ հայութիւնը. յեղափոխական գաղափարախօսութեամբ եւ ոսոխի մագիլներէն ազատագրուելու տեսլեամբ տոգորուած ու ներշնչուած հայը ինքնագիտակցութեան ու ինքնարժեւորման ճանապարհով վերագտաւ իր բնական ազնուական ձիրքերը եւ յատկութիւնները։

Հայ ազգի տպագրիչներուն, Հայ ազատագրութեան ռահվիրաներուն եւ մարտիկներուն յիշատակը օրհնութեամբ եղիցի։

1992

Լեզուի Մը Հոգեվարքը

Մամուլին մէջ բազմիցս գրուած ու չեշտուած իրողութիւն է որ այս ափերուն վրայ Հայերէնը՝ հայոց հարազատ ու նախնեաց լեզուն, որ դարերու բազմայոլով տողանցքով հասած է մեզի իբրեւ մասունք, մեծ տեղատուութեան մէջ է։ Կը նահանջէ ան մեծ ու փութկոտ քայլերով, եւ մեր սրտին մէջ վիհեր կը բանայ։

Նորութիւն չէ որ Հայերէն լեզուով հաղորդակցողներուն թիւը հետզհետէ կը նօսրանայ, գրողները կը պակսին, իսկ կարդացողներն ալ զգալիօրէն կը նուազին։

Արեւմտեան այս հեռաւոր տարածքին վրայ, Հայերէնի գործնականութիւնը հարցականի տակ դնողներուն թիւը, սակայն, միշտ ալ բարձր եղած է։ Ինչո՞ւ տքնիլ՝ սորվելու լեզու մը, որ այժմէականութիւն չունի, գործնական ու շահաբեր չէ, կը պնդեն յառաջդիմական գաղափարներով տոգորուածներ ու ազատախոհներ։ Ինչո՞ւ ջանք վատնել եւ ժամանակ մսխել լեզուի մը վրայ, որ արդէն իսկ կ'ապրի իր հոգեվարքը։ Աւելին. ինչո՞ւ չօգտուիլ կեանքի ընձեռած ոսկի պատեհութենէն եւ չսորվիլ գործնական լեզուներ, ինչպէս՝ Սպաներէն, Ֆրանսերէն կամ Գերմաներէն, որպէսզի անոնց օգուտն ըլլայ չօշափելի ու նախանձելի։

Ահա ա՛յս իբրեւ հիմնակէտ ունենալով, անոնք հայոց լեզուն կը դասակարգեն ընկեցիկներու, անպէտքներու եւ անօգտակարներու շարքին։

Վերստին գրելու եւ յիշեցնելու հարկադրանքի տակ կը գտնուինք մենք։ Առանց լեզուի գոյութեան, ազգի մը գոյութիւնը պատրանք է լոկ ու խաբէութիւն։ Ազգեր կը յարատեւեն, կը ծաղկին ու կը բարգաւաճին միայն ու միայն ամուր կառչած մնալով իրենց ենթահողին՝ հայրենիքին եւ խօսակցական լեզուին։ Առանց այս երկուքին՝ չկայ ազգ մը, որ կարենայ իր ներկայութիւնը պարտադրել կամ զգալի դարձնել այս բազմացեղ ու բազմամշակոյթ երկրագունդին վրայ։ Լեզուն կորսնցուցած ազգեր կ'ուղղուին դէպի անդունդին խորը, ուրկէ չիք վերադարձ եւ փրկութիւն։

Մայրենի լեզուի անհետացումով կամ կորուստով, առյաւէտ մոռացութեան կը տրուին առհաւական բազում ժառանգութիւններ, ինչպէս օրինակ՝ մտածում, զգացում, հոգեբանութիւն, կենցաղ, սովորութիւն, աւանդութիւն, նոյնիսկ՝ հաւատք։

Բայց մի՞թէ վերոյիշեալ խօսքերը շատերուն համար յանկերգի մը վերածուած չեն արդէն, հետեւաբար եւ՝ իմաստազուրկ ու ժամանակավրէպ։

Որո՞նք են այն հիմնական ազդակները կամ դրդապատճառները, որոնք եկան կացնահարելու եւ անդամահատելու համայնական այն կարծիքը, ըստ որում, ուծացումէ պահպանողը եւ զմեզ ջերմացնողը մեր հարազատ լեզուն է։

Արդարեւ, պատասխանը բազմերես է ու բարդ։ Մենք հարցին մանրազնին վերլուծումը կատարելու փորձը չէ որ պիտի կատարենք այստեղ։ Պիտի բաւարարուինք հարցին մակերեսային հպումներով միայն։

Հարցին էութիւնը կամ կորիզը հետեւեալն է։ Ինչո՞ւ հետզհետէ կը պակսին հետաքրքրութիւն, խանդավառութիւն, ոգեւորութիւն, փափաք ու սէր՝ մայրենին սորվելու, իւրացնելու եւ գործածելու։ Ի՞նչ բանի հետեւանք է այս անհանդուրժելի անտարբերութիւնը հանդէպ լեզուի մը, որ օղակւորած ու զօդած է աշխարհասփիւռ բեկորները եւ հեռու կացուցած զմեզ ի սպառ կորուստէ։ Ինչո՞ւ այս աննպաստ կեցուածքը եւ հայոց լեզուին ի վերուստ ի վայր նայելու հոգեբանութիւնը, երբ հայոց լեզուն կը դասուի աշխարհի ամենահարուստ եւ ամենաճկուն լեզուներու շարքին։ Չէ՞ որ ոչ միայն հայորդիք սորված են հայոց լեզուն, այլեւ՝ օտարազգիք։ Այս օտար լեզուաբանները տարիներ տրամադրած են իրենց կեանքէն՝ ծանօթանալու մեր լեզուին, ուսումնասիրելու անոր նրբութիւնները եւ հիանալու անոր խորութեամբ ու գեղեցկութեամբ։

Ինչպէ՞ս կարելի է յետադարձ հայեացքով անդրադառնալ այն բախտորոշ ու ճակատագրական սահմանագիծին որ զմեզ անջատեց մայր օղակէն եւ հեռացուց մայր երակէն։ Կ'ըսենք այս այն հաստատ համոզումով, որ շատեր արդէն իսկ համակերպուած են վիճակին հետ եւ չեն ցանկար որոնումներ կատարել ախտանիշը գտնելու համար։ Շատերու համար շատ պարզ է. կենսապայմաններու փոփոխութիւնը մեծ դեր խաղցաւ այս զատման կամ առանձնացման գործին մէջ։ Այլք կը պնդեն որ հայ կրթական օճախի պակասը եկաւ շիջեցնելու այն հրաբորբոք ճրագը, որ երկար ատենէ մ'ի վեր անխափան կը վառէր ու կը լուսաւորէր հայ միտքն ու հոգին։ Իսկ ուրիշներ, պատճառաբանեցին որ հարկ չկար «երկրորդական» լեզուի մը, երբ անգլերէնը լիուլի կը բաւարարէր իրենց հաղորդակցական պէտքերը։

Վաղնջական հարց եղած է Ամերիկահայն օժտել հայկական դպրոցներով։ Տասնեակ տարիներու զանազան եւ անհարկի վիճարկութեանց ենթարկուելէ ետք այս կենսական հարցը, երբեք չիրագործուեցաւ. մասամբ որովհետեւ մեծ յոյսեր չդրուեցան Ամերիկահայերու վրայ՝ գոյատեւելու տեսակէտէ, եւ որոշ չափով ալ՝ «նիւթականի պակասով», որ երբեք չ'արդարանար անշուշտ։ Այսպիսով, Ամերիկահայը, բացի քանի մը շրջաններէ, չունեցաւ այն առիթը՝ ինչ տրուեցաւ Միջին Արեւելքի մէջ ծնած ու հասակ առած պատանիի մը։ Ի հակադրութիւն վերջինիս, Ամերիկահայը իր աչքն ու միտքը բացաւ օտար վարժարաններու մէջ, ուր տիւ եւ գիշեր, լսեց անգլերէն եւ թրծուեցաւ ամերիկեան շունչով ու մշակոյթով։

Ամէնքիս յայտնի են այն տարիները, երբ այս երկրին մէջ խէթ աչքով կը դիտուէին անգլերէնէ զատ ուրիշ լեզուով խօսող անհատներ, խումբեր եւ փոքրամասնութիւններ։ Այդ լուռ եւ անուղղակի հալածանքէն ոմանք սրտնեղած, գլացան իրենց զաւակներուն հայերէն սորվեցնել, եւ չքաջալերեցին հայերէնի գործածութիւնը նոյնիսկ տան մէջ։

Ամերիկա ծնող առաջին սերունդին հայերէնագիտութիւնը կը բացատրուի իրենց ծնողաց անգլերէն լեզուի անտեղեակութեամբ։ Հայ գաղթական ժողովուրդը, մազապուրծ առաջին համաշխարհային պատերազմի արհաւիրքէն, երբ կը ժամանէր Նոր օրերու «Աւետեաց Երկիրը», իր հետ կը բերէր նաեւ մայրենի լեզուն (գրական թէ գաւառական)։ Ան չունէր ընտրութիւն հայերէնի եւ անգլերէնի միջեւ. ստիպուա'ծ էր խօսիլ հայերէն։ Պարագան, սակայն, նոյնը չէր այստեղ ծնող առաջին սերունդի զաւակներուն։ Վերջիններս անհրաժեշտ չզգացին հայերէն խօսիլ իրենց զաւակներուն հետ, որովհետեւ յափշտակուած, կլանուած էին տեղական մշակոյթի զօրաւոր տարրերով: Ժամանակներն ալ անշուշտ մեծ դեր խաղցան ի վնաս հայոց լեզուին: Կեանքի արագ ընթացքը, ճարտարարուեստի զարգացումը եւ կեանքի բնական պահանջքները մէկ-տեղուած մեծ խոչընդոտ հանդիսացան հայերէնի շարունակութեան: Այսպիսով, հայերէնը դարձաւ աւագ կամ տարեց սերունդի լեզուն. իսկ նոր սերունդը ձերբազատուած զգաց ինքզինք հայերէն սորվելու քաղցր լուծէն ու ծանր բեռէն: Ասիկա պատճառ եղաւ որ խրամատ մը բացուի երկուքին միջեւ եւ հետզհետէ ընդլայնի: Այսօր հասած ենք անբաղձալի հանգրուանի մը, ուր մեր նորաբողբոջ սերունդի զաւակները բացարձակապէս անտեղեակ են հայ լեզուին եւ անհաղորդ անոր պերճութեան ու չքեղութեան: Կիրակնօրեայ դպրոցի դասընթացքները ինչքան ալ որ կանոնաւոր ըլլան ու արդիւնաւէտ, չեն կրնար փոխարինել իրական ու ճշմարիտ դպրոցը, որ տունն է (առօրեայ հայ դպրոցի չգոյութեան պատճառով): Այսօր, հինի եւ նորի ոսկեայ օղակը փշրուած է այլեւս: Առ ի հետեւանս այս անուշադրութեան ու անզգուշութեան, հայոց լեզուն այժմ հոգեվարքի մէջ է:

Ի՞նչ է պատկերը Մերձաւոր Արեւելեան երկիրներուն մէջ ապրող հայուն: Հայ ամենօրեայ վարժարանները, անտարակոյս, մեծ դեր կը խաղան հայ մանուկին հայեցի դաստիարակութիւն տալու գիծով: Կայ նաեւ շրջապատի համեմատաբար նուազ ազդեցութիւնը: Խառն ամուսնութեանց պարագան ալ չափազանց քիչ տոկոս մը կը ներկայացնէ: Այսպիսով, հայ մանուկը աւելի ապահով է եւ երբեք ենթակայ չէ օտարացման:

Այստեղ կարեւորութեամբ պէտք է անդրադառնալ հայ ուսուցչի անձնուիրութեան ու ծառայասիրութեան: Ի հնէ ատտի, հայ վարժապետը եղած է գիտակից, անձնազոհ, հայասէր, հայրենասէր ու աշխատասէր: Ինքն է որ ստանձնած է ծանր պատասխանատուութիւնը կրթելու ազգին զաւակները եւ անոնց մէջ ներարկելու հայկական ոգի եւ լուսաւորելու անոնց միտքը գիտութեամբ: Պարզապէս ցաւալի է արձանագրել, որ անցեալին, այս հեզ ու համեստ սպասաւորները հայագիտութեան եւ այլ բնագաւառներու, ապրած են կեանք մը խղճալի ու արգահատելի: Մեր ազգը երբեւէ գնահատել չէ գիտցած անոնց արժանիքը եւ թողլքած է զիրենք առ ճանապարհաւ՝ կոյր ճակատագրին ու սեւ բախտին: Շատ մը արժանաւոր մտքի մշակներ, հայ լեզուի ու մշակոյթի անձնուէր մտաւորականներ, ինչպէս արեւմտահայ մեծ գրագէտ Արփիար Արփիարեան կը գրէ՝ «մուրացկանութիւն» ըրած են իրենց գոյութիւնը քարշ տալու համար: Իր «Քանինե՛ր Տեսայ» վերնագրի տակ Արփիարեան մէկ առ մէկ կը նկարագրէ «սոված վարժապետները», որոնց մուրացկանութիւն ընելը կամ «մուրալու վիճակի մօտեցած ըլլալնին» ինք տեսած է: Այսպիսով, գրաբարի վարժապետը, որ գրաբար գրքի հեղինակ էր, կ'իյնար սովահար ու կը մեռնէր անծանօթ վայր մը: Ապա, Նշան աղան, որ Նարեկ կարդալ սորվեցուցած էր Արփիարին, դարձած էր քարակոփ: Անոր դիակը եւս կը մնար անծանօթ: Պատուելի Աւետիս Պէրպէրեան, «բազմավաստակ, սրտի տէր վարժապետը», իր անձնական գանձերը՝ գիրքերը, ծախելէ ետք, ճի՛շդ ժամանակին, կը յանձնուէր մահուան ժանիքներուն: Սրտաճմլիկ է նաեւ Մկրտիչ Պէշիկթաշլեանին մահը: Հայր Իգնատիոս Վարդապետ Կիւրեղեան, Աբբահայր Մխիթարեանց, այսպէ՛ս կը խրատէր երիտասարդ Արփիարեանին․ «Ձըլլայ թէ վարժապետութիւն ընես․ Պեշիկթաշլեանէն աւելի աղէկ վարժապետ պիտի չըլլաս․ անօթի մեռաւ»։ Իսկ Արփիար կ'աւելցնէ․ «Աղքատ մեռաւ ամենամեծ տաղանդ մը, եւ կ'ըսեմ թէ յարմար ատենին մեռաւ։ Եթէ քիչ մըն ալ ապրէր, յոգնութիւնն ու ծերութիւնը վրայ հասնելով օրուան հացին կարօտը պիտի քաշէր»։

Մեր անձնական կեանքի օրինակները եւս խռովեցուցիչ են ու հոգեցունց։ Մեր մանկութեան հայերէնի երեք ուսուցիչներն ալ ունեցան ցաւալի վախճան։ Անոնցմէ մին արժանացաւ դռնապանութեան պաշտօնին․ միւսը՝ նետուեցաւ որբանոց։ Այդ բարձր մտքի ու ազնիւ հոգիի տէր անխոնջ մշակները իրենց աչքերը փակեցին լքուած ու մոռցուած ամէնքէն ու մանաւանդ… ազգէն։ Երրորդը՝ անհետ կորսուեցաւ։

Հակառակ հայ ուսուցչի ապագայի անստուգութեան եւ նիւթական անբաւարար վարձատրութեան, դեռ մինչեւ այսօր կան անհատներ, որոնք կը քաջալերեն նորահաս սերունդի երիտասարդները՝ իրենց կեանքը նուիրելու հայագիտութեան եւ ուսուցչութեան։ Անոնք շողշողուն ապագայի սին յոյսերով կը ներշնչեն հայ երիտասարդը։ Ի՛նչ հեգնանք։ Այս անպատասխանատու արարքը եւ բարի կարծեցեալ խորհուրդը այնքան ալ բաղձալի չ'երեւար, երբ նկատի ունենանք փայլունօրէն շրջանաւարտ եղած համալսարականներուն անորոշ ապագան ու անձուկ վիճակը։ Ներկայիս, ոչ մէկ երաշխիք կայ որ հայերէնի ուսուցիչը պիտի կարենայ ապահովապէս իր օրապահիկը ճարել եւ վայելուչ կեանք բոլորել։ Դժբախտ իրողութիւնն այն է, որ հայ ազգը միշտ ալ չարաչար օգտագործած է իր անձնուրաց սպասաւորները, առանց անդրադառնալու որ առանց անոնց ուսուցանելու պատրաստակամութեան, Հայ Դպրոցը կը դադրի Հայ կոչուելէ եւ կը դառնայ սովորական վարժարան, ուր ամէն առարկայ կը դասաւանդուի օտար լեզուով։

Երկրորդ խաբուսիկ եւ ընդվզեցուցիչ երեւոյթը, որ նոյնքան անարդար է, այն է, որ երիտասարդներուն կը քաջալերուի հայերէն գրել եւ հայերէն գիրք հրատարակել։ Այսպէս կոչուած, հայերէն լեզուի ու գրականութեան ջատագովները, որոնք օրնիբուն կը չեփորեն հայերէնի այժմէականութիւնը եւ կը քարոզեն հայերէնով արտադրել, երբ կարգը կու գայ հրատարակութեան յանձնելու հայերէն արժէքաւոր գրուածքներ, առաջինը կ'ըլլան նահանջող ու ընկրկող, որովհետեւ հարցը այլեւս դարձած է շօշափելի, իրական, եւ նիւթականով միայն կարելի է գլուխ հանել։

Ճշգրիտ ըլլալու եւ չմեղանչելու համար, կ'արժէ տալ հետեւեալ դասական օրինակը։ Անուանի հայագէտ Նորայր Բիւզանդացիի եզակի գործերը (տասնեակ հատորներով) ցարդ կը մնան անտիպ, հետեւաբար եւ՝ ցիրուցան։ Բիւզանդացին ի գո՛ւր յուսաց որ ազգը իր պատկառելի «Գաղղ․-Գրբ․» բառագիրքը կը հրատարակէ։ Իր օտար կինը՝ Սելմա՛ն էր, որ սիրով յանձն առաւ նիւթական այդ մեծ զոհողութիւնը կատարել՝ հայութեան ու հայ մշակոյթի սիրոյն։ Անցեալ դարու այս օրինակները անցեալին միայն յատուկ չեն, այսօ՛ր եւս կը շարունակուին։

Ահա այսպիսի հակասութեան մէջ բռնուած է ներկայիս երիտասարդ սերունդը արտասահմանի մէջ, որ խորքին մէջ ոչ թէ խրախուսիչ չէ, այլ քանդիչ է ու յուսահատեցուցիչ։ Անբաղձալի ու աննպաստ պայմաններէն խորշած հայ երիտասարդը, յուսահատ, գլխահակ, կը հեռանայ հայութենէն եւ այլ վայրերու ու բնագաւառներու մէջ կ'որոնէ իր կեանքի ուղին։

Ինչպէ՞ս կարելի է բուժել այս համատարած ախտը եւ բարելաւել պայմանը հայ ուսուցիչին, եւ անոր միջոցաւ՝ երաշխաւորել մշտական, ապահով, հեզիկ ու բարոր ընթացքը հայ լեզուին։

Եթէ ազգովին կ'ըղձանք հայոց լեզուն իր մահաքունէն ու հոգեվարքէն հրաշքով ի կեանս վերակոչել ու ազատել, ապա գէթ մեր ունեցած արժանաւոր հայ ուսուցիչները գնահատենք ի հարկին եւ ըստ արժանւոյն։ Մէկընդմիշտ վերցնենք այս աղքատի եւ մուրացկանի հոգեբանութիւնը, վերջ տանք գիրենք չարաշահելու դիտաւորութեան եւ բարձր պահենք կոչումը ուսուցչութեան։ Ցաւը մասամբ դարմանուած կ'ըլլայ՝ եթէ հայ ուսուցիչը վարձատրուի մար-դավայելօրէն ու արժանավայելօրէն։ Իբրեւ արդիւնք գնահատման, ուսուցչական ասպարէզ պիտի սկսին ընդգրկել բարձրորակ ուսուցիչներ, որոնք պիտի գան բարձրացնելու մակարդակը Հայ Դպրոցին։

Արեւմուտքի մէջ հայերէնի հարցը բարդ է։ Բազում անգամներ կը լսենք որ նոր արիւն ու աւիւն կարելի է ներարկել հայ նօսրացած գաղութներուն միայն ու միայն եկուորներով։ Ինչքա՜ն անիմաստ ու անարդար է ակնկալել մե-ծամեծ գաղթեր Արեւելեան երկիրներէն՝ ժամանակաւորապէս աշխուժացնելու համար փոքրացած ու տարտղնած գաղութ մը։

Հայ լեզուի աշխատանքը պէտք է կատարուի տեղական մակարդակի վրայ։ Ծնողներ պարտին ուրել իրենց զաւակներր՝ անոնց հայերէն սորվեցնելով։ Նորահաս սերունդի երիտասարդներէն քանինե՜ր ափսոսած են որ հայերէնի անտեղեակութեան պատճառով չեն կրնար Հայաստան երթալ եւ իրենց համա-լսարանական ուսումը շարունակել, եւ կամ՝ չեն կրնար Պատարագը եւ քարոզը հասկնալ։

Հայոց լեզուն հոգեվարքի մէջ է։ Այս մասին առարկութիւն կամ հերքում չի կրնար ըլլալ։ Օգնութիւն ու փրկութիւն կ'աղաղակէ ու կը թախանձէ ան ամենուրեք։

Հրատապ օգնութիւնը պէտք է կատարուի հաւաքական ուժերով եւ ոչ թէ՝ անհատական։ Սակաւաթիւ են, սակայն, այն անձինք, որ իրօք կը հաւատան հայ լեզուի մշտագոյութեան, անոր արշալոյսին ու զարթօնքին։

Մեծ հայրենասէրը ի զուր չպատգամեց. «Ձե՛զ եմ ասում, ձե՛զ, հայոց նորահաս երիտասարդ-ք, ձեր անունին մեռնիմ, ձեր արեւին ղուրբան, տասը լեզու սովորեցէք, ձեր լեզուն, ձեր հաւատը ղայիմ բռնեցէք»։

1993

Հայ Գիրքը

«Եթէ մի հին մագաղաթ բացես,
Ա՜խ, քոնն է ամբողջ երկինքը կարծես»:
Կէօթէ

«Մեր բոլոր ձեռագրերից գրիչների լացի
ձայնն է լսւում. ուրախալի՝ ոչ մի խօսք»:
Աշոտ Գ. Աբրահամեան

Հայ գիրքը պատիւն է հայուն, լոյսը՝ աչքին ու սնունդը՝ մտքին։

Հայ գիրը դարերու ամէհի մաքառումներով մեզի հասած սուրբ մասունք է, սրբազան նշխար, որ հրաշքով ստեղծուեցաւ, սրբութեամբ պահուեցաւ ու հաւատքով աւանդուեցաւ՝ մեր նախահայրերուն արցունքով, քրտինքով ու արիւնով։ Մեր պապերէն մեզի ժառանգուած անկապտելի գանձ է հայ գիրը, որ ապահոված է մեր մշտական «երթը անաղարտ», մեր ինքնութիւնը հայադրոշմ եւ մեր լինելութիւնը հայատրոփ։

Հայը հաւատաց գիրի կենդանարար զօրութեան, հրաշագործութեան ու ազդուութեան։ Մեր բազմերախտ մատենագիրները, պատմիչները, գրչագիրները, ծաղկագիրները, դպիրները, գրագիրները, դարերով, «մի նշխարքով ու մի կում ջրով», բացառիկ տքնաջանութեամբ, խորին երկիւղածութեամբ եւ անսահման զոհաբերութեամբ, սպառեցին իրենց աչքի լոյսը, պարպեցին իրենց մտքի արգասիքը եւ հարուստ պաշարը մագաղաթի վրայ եւ մաշեցին իրենց ամբողջ կեանքը՝ վասն լուսաւորութեան ու պայծառութեան Հայոց Աշխարհի։

Մարդկային անբեկանելի օրէնք է որ մարդիկ չեն կրնար զատուիլ գիրքէն։ Գիրքերը կը կազմեն իրենց կեանքի էական տարրն ու անբաժանելի մասնիկը։

Մեր վաստակաւոր հոգեւոր ծնողները եւ հոգւոյ դաստիարակները ակնածանքով ու սրբութեամբ մօտեցած են գիրին, ձեռագրին ու գիրքին։ Հայ երախտաւոր գրիչը անդուլօրէն արտադրած, արտագրած, ծաղկագրած, մանրանկարած եւ ստոյգ կորուստէ փրկած է հոգեւոր գանձեր ու մշակութային անկրկնելի արժէքներ։

Այս մտքի ու գրչի մշտարթուն եւ ժրաջան մշակները, գիտութեան սպասարկուները եւ երկրպագուները բաղկացած զանազան տարիքէ ու սեռէ՝ միջին տարիքի անձերէ, ծերերէ ու նոյնիսկ պատանիներէ եւ գրչուհիներէ, ցուցաբերած են ծայր աստիճան համեստութիւն ու խոնարհութիւն։ Անդրանիկ Ծառուկեան պիտի ըսէր. «Ամէնէն վաւերական մեծութիւնները ամէնէն համեստ կերպարանքներու մէջ չե՞ն արդէն...»։ Ծաւալուն աշխատութեանց աւարտին շատեր իրենք գիրենք յիշած են իբրեւ «նուաստ, եղկելի, մեղաւոր, տկար, փանաք, անարուեստ, ևն»։ Այո, այս գրիչները «մեծագոյն խանդաղատանքով, ճրագի աղօտ, տժգոյն լոյսի տակ, ամիսներ, երբեմն տարիներ են աշխատել մի ձեռագրի վրայ, համբերութեամբ եւ խնամքով գրել եւ աւարտել իրենց *ձեռագիրը», կը գրէ վաստակաշատ գիտնական ու հայագէտ Աշոտ Գ. Աբրահամեան։*

Մեր մատենագրութեան մէջ յիշատակուած է գրիչ Յովհաննէս Մանկասարենցիի անունը, որ ՀԲ (72) *տարի «ամառն ու ձմեռն, գիշերն ու ցերեկ ի գրել եկաց», եւ այդ երկար ժամանակաշրջանին արտագրեց ու ծաղկագրեց բազում Յայսմաւուրքներ, տարեգիրքեր, շարակնոցներ, սաղմոսարաններ, մաշտոցներ, գանձատետրեր, ևն։ «Եւ զայս Յոհան գլուխս գրեաց ի ծերութեան ժամանակս, որ աչք չէր հայիլ եւ ձեռն կու դողայր՝ բազում չարչարանօք հազիւ կարաց աւարտել, եւ այլ չկարաց բռնել մինչեւ ի վախճան, որ հանգեաւ ի Քրիստոս ՁԶ* (86) *ամաց»։*

«Զվարդան աղքատս յիշեա ո՛ Տէր իմ եւ անմեղադիր լեր… այսօր բորբոսած հաց եմ կերել եւ ջրհորի կրաջուր խմել եւ գրել յԵրուսաղէմում բազում վշտով»։ Ուրիշ գրիչ մը կը գրէ. «Յամաք կորեկ հաց կերայ եւ գրեցի»։ Դառնիճն ու աղը աւելի լեղի ու ծանր եղած են քան աղքատութիւնը։

Պօղոս գրիչը գրած է երբ թշնամին եկած շրջապատած է իր ապրած վայրը եւ ինք կարօտ է «մի դգալ» կաթի ու մածունի։

Գրիչները կրած են անբերելի, անտանելի, աննկարագրելի զրկանքներ, ինչպէս՝ կարօտութիւն հացի, ջուրի, սնունդի, լոյսի ու այլ տարրական ու կենսական պայմաններու։ Վայրը, աշխատասենեակը՝ ցուրտ, խոնաւ, աննպաստ, իսկ «թուղթս անկոկ, գրիչ չկայ, աւուրքս ցուրտ ու պարզիկայ, չարտախս բարձր ու կրակ չկայ, դռներս չոր ու սպաս չկայ, ես յոյժ նեղած եւ ճար չկայ», կամ՝ «ձեռիկն կու մրսէր ի գրելն…» եւ կամ՝ թանաքը թանձր է եւ անիծեալ ճանճերը կը վխտան ամենուրեք ու կը նեղեն գրչագիրը։ Ոմանք ալ կը գանգատին թոնիրի ահռելի ծուխէն, երդիկէն կաթկթող ջուրէն, զանազան միջատներէ՝ ճանճ, լու, ինչպէս նաեւ՝ չաղակրատող մարդոցմէ, որոնք իրենց աւելորդ խօսակցութիւններով յարատեւ խանգարած են հեզիկ ու սահուն ընթացքը գրչութեան։ Ծանր եղած է հայուն խաչը։ Լեւ Տոլստոյ իրաւամբ կը գրէ. «Աստուած մարդուս խաչը կու տայ, բայց զայն կրելու զօրութիւն ալ կու տայ»։ Հայ գրիչը ուղղակի տառապած է ներքին վէրքէն ու կքած անոր ցաւէն։ Մուրացան ի՛նչ ճիշդ կը գրէ. «Ծածուկ վէրքն աւելի ցաւ ու տանջանք է պատճառում քան յայտնին»։ Բախտը պարզապէս հաշտ աչքով չնայեցաւ մեր վրայ։ Ճակատագրական վայրկեաններուն, գրիչները հառաչեցին եւ յուսակտուր արձակեցին Տիրոջ աղիողորմ աղերսանքը. «Անցո՛ զբաժակս զայս յինէն»։ Հակառակ այս ամբողջին, անոնք խիզախաբար ու անձնուիրաբար փարած են իրենց սիրելի գործին ու գլուխ հանած։ Հիները տեղին ըսած են. «Վախճան պսակէ զգործն», որ է՝ աւարտն է որ կը պսակէ գործը։ Աւարտը իրենց բերած է պսակ, պատիւ ու յարգանք։

Քաղաքական եւ տնտեսական պատճառներով հայեր կը գաղթէին հեռաւոր քաղաքներ ու վայրեր՝ իրենց կեանքի ուղին որոնելու, բախտը փորձելու եւ օրապահիկը ճարելու։ Օտարութեան մէջ իրենց աշխատանքին նուիրուած գրիչներ սրտառուչ խօսքերով ու սրտամորմոք պատկերներով նկարագրած են իրենց դժբախտ վիճակը։ Աղքատութեան ու խեղճութեան կողքին ծանր լուծ եղած է ղարիպութիւնը։ Մկրտիչ Լեհացի յուզումով ու դառնութեամբ կը գրէ. «Իմաստուն Խիկար ասէ՝ բարձր բեռ մի աղիւսս եւ ոչ էր ծանր, քան զաղքա-

տութիւն եւ զտնանկութիւն։ Եւ դարձեալ միւս եւս՝ բարձի արճիճ բեռ մի յուսս եւ ոչ տեսայ ծանր եւ դժար, քան զղարիպութիւն եւ զպանդխտութիւն»։

Պարզապէս ապշեցուցիչ երեւոյթ է, որ գրիչներ ի դիմաց այսքան սահմռկեցուցիչ ու պակուցիչ, սարսափազդու ու մահազդու պայմաններու, որոնք սովորաբար կու գան ջլատելու մարդկային առողջ կազմը, ջղաձգելու եւ քայքայելու անոր ողջ հոգեկան ու բարոյական կառոյցը, կրցած են պահել հաւասարակշռութիւնը կեանքի եւ պահպանել իրենց մտածելու եւ դատելու կարողութիւնը։ Հարկ է խոստովանիլ որ ոմանք ուղղակի չկարենալով հանդուրժել, տոկալ ու դիմանալ այս դժուարութեանց՝ լռութեան ու ամլութեան դատապարտուած են։ Այլ խօսքով, քաղաքական սուր պայքարները, խժդժութիւնները եւ ոսոխի անգութ, անմարդկային ու հրէշային արարքները այնքան ծանրակշիռ եղած են, որ հայ գրիչին ձեռքէն ինկած է գրիչը եւ առժամաբար չէ կրցած ստեղծագործել ան։ Ճիշդ ըսուած է, որ վրդոված, սրտնեղած ու «ապստամբած սիրտը չի հնազանդիր ուղեղի հրամանին»։ Սիրտը դադրած գրիչը օդին մէջ քարացած՝ անշարժացած է։

Զարմանահրաշ երեւոյթ է յոկ, որ հայ գրիչը ականատես ու ականջալուր ըլլալէ ետք այս բնական (ինչպէս՝ երկրաշարժ, համաճարակ, ևն) եւ մանաւանդ անբնական (սուր եւ սրածութիւն, սով, հալածանք, մահ, ևն) աղէտներուն եւ փորձանքներուն, աննկուն ու աննուաճ կամքով կրցած է շարունակել իր սուրբ գործը։ Ֆրանսացի մեծ արձակագիր Պալզաք, ամենայն իմաստութեամբ կը գրէ. «Անյաջողութիւնը միշտ թեւ կու տայ մեր յանդուգն յաւակնութիւններուն»։

Դարերու ընթացքին հայկական ձեռագիրները, ինչպէս նաեւ տպագիր գիրքերը թալանուած, հրդեհուած, ոչնչացուած են՝ Հայաստան ներխուժող ասպատակողներու կողմէ։ Այդ կողմէ, ԺԳ. դարու արժանահաւատ պատմիչ՝ Ստեփանոս Օրբելեան կը խօսի Տաթեւի վանքի 10,000 *ձեռագիրներու փճացման մասին՝ Սելճուքներու կողմէ։*

Աստանդական հայուն հետ միատեղ թափառած է նաեւ հայկական ձեռագիրը։ Դառնութեան բաժակը ցմրուր քամելու վերակոչուած հայը վեհանձնութեամբ ու վշտամբերութեամբ դիմակալած է արգելքները։ Հայ ազգի կենաց պայքարի եւ ղարիպութեան ակնարկելով, Ֆրանց Վերֆէլ կը գրէ. «Հայը դարձաւ թափառական մի գորգ՝ հիւսուած ճակատագրի արնաներկ թելերից... որը ոչ ոք չի կարող քանդել...», իսկ անոր կրած չարչարանքներուն մասին խօսելով, կ՚ըսէ. «Գրեթէ բոլոր հայերուն աչքերը խոշոր են, հազարամեայ տառապանքէն լայնցած»։ Պարզապէս հրաշքի համազօր երեւոյթ էր, որ առանց որոշակի կռուանի կամ յենակէտի, մոխիրներէն վեր բարձրացող ու յարութիւն առնող հայ ժողովուրդի զաւակները լծուած էին շնորհակալ աշխատանքի։

Պանդխտութեան մէջ հայը երեմիական ողբով եւ յոռետեսական դժգոհութիւնով, բացասական վերաբերմունքով ու թշնամական ոգիով չէ բոլորած իր կենաց օրերը։ Այս տագնապային դրութեան մէջ ու հոգեխռով օրերուն, գրիչը շարունակած է իր անխոնջ աշխատանքը։ «Գրի ու գրականութեան նկատմամբ անցեալում գոյութիւն ունեցող այս հաւատն է գուցէ խթանող պատճառներից մէկը հանդիսացել, որ հայ վաստակաւոր գրիչներն աշխատել են գիշեր ու ցերեկ, աշխատել խանդաղատանքով եւ գրել ու մեզ են թողել ձեռագրերի բազմահազար հատորներ»։ Հայութեան աքիլլէսեան գարշապարը՝

թոյլ ու խոցելի կողմը, եղած է անոր վեհանձնութիւնը, աշխատասիրութիւնը եւ խաղաղասիրութիւնը։ Թոյլ, անուժ, ստոր ու աննկարագիր մարդիկ փորձած են հայ ստեղծագործ մտքի թափը կասեցնել ու զարկերակը դադրեցնել։ Հայ մտքի սլաքը, սակայն, զսպանակուած տոկուն ու աննուաճ կամքով՝ սլացած է միշտ վեր, բարձր ու հեռուն։

Մեր արիւնալի պատմութեան մէջ յիշատակուած են բազմաթիւ դէպքեր, ուր հայ ձեռագիրը բռնագրաւուած է եւ գործածուած երբեմն իբրեւ ամանաթ, այլ դէպքերուն՝ իբրեւ գողօն, հետեւաբար եւ՝ շահի աղբիւր։ Ձեռագիրը գերութենէն ազատելու համար հայեր վճարած են մեծամեծ գումարներ եւ կամ տուած են իրենց ագարակէն արջառ՝ եզ, կով, ձի եւն։ «Ի ձեռն այլասեռից ի գերութիւն» ինկած ձեռագիրը ի գին ամէն զոհողութեան պէտք է փրկուէր։ Այս գերագոյն զոհաբերութիւնը հայեր կատարած են խորին գիտակցութեամբ ու խղճմտութեամբ։ Ձեռագիրներու յիշատակարանները լի են նմանատիպ վկայութիւններով։ Յակոբ գրիչը 1386 *թուին ձեռագրի անգնահատելիութեան մասին խօսելով, կ՚ըսէ. «…առ յիմարն (գրչագիրը) ոչինչ չարժէ, եւ առ իմաստունն՝ գինն աշխարհի»։*

Գրիչները իրենց յիշատակարաններուն մէջ կը թախանձեն ու կը պատուիրեն մեծագոյն հոգատարութեամբ վարուիլ ձեռագիրներուն հետ, որովհետեւ գրուած են աղի արցունքով, երկիւղածութեամբ, կեանքի գինով եւ կը պարփակեն ցեղին հոգին՝ փոխանցելով իմաստութիւն, պատմութիւն, աւանդութիւն եւ սրբութիւն։ Իբրեւ աւանդ, գիտութիւն եւ վայելք մեզի փոխանցուած ձեռագիրները այժմ կը պահպանուին ամենայն հոգածութեամբ Հայաստանի, Երուսաղէմի, Վենետիկի, Վիեննայի եւ այլ հայակեդրոն մատենադարաններուն մէջ։ Հազարաւոր ձեռագիրներ իրենց վերջնական ապահով հանգստակայանը գտած կ՚ուղեւորուին դէպի գալիք դարեր ու սերունդներ անհամար։ Տպագրութեան գիւտով, գրիչները դադրեցան եւ զանոնք փոխարինեց տպագրական մեքենան, որուն շնորհիւ տպուեցան մեծ քանակութեամբ, բարձր ճաշակով ու գերընտիր որակով անթիւ արժէքաւոր գիրքեր։

Հայ գիրքը դարձաւ մատչելի հանրութեան եւ սեփականութիւնը ամէն անհատի։ Հայ գիրքը իբրեւ լուսաւոր ճրագ՝ լուսաւորեց միտքեր, պայծառացուց հոգիներ, փոխակերպեց սիրտեր, ազնուացուց եւ բիւրեղացուց հայ մարդուն նկարագիրը եւ լիովին հարստացուց հայ ազգային մշակութային գանձարանը։

Սերունդներ անվերջ իրենց գուրգուրանքի առարկան դարձուցին հայ գիրքը, որուն արժէքը բարձր գնահատուեցաւ եւ որուն հանդէպ սէրը եւ պաշտամունքը հետզհետէ աւելցան հայուն կողմէ։ Զգաստ եւ խելօք մարդիկ մշտապէս հետամուտ եղան գիտութեան, իսկ խաւարասէրներ՝ անտեսեցին զայն ու փոխանակ լոյսով ողողուելու, գիտութեամբ իմաստաւորուելու, նախընտրեցին խաւարաբնակ մնալ՝ «զի էին գործք ուրեանց չարութեան»։

Հայ անհատին համար լոկ գիրքի տէր ըլլալը բաւական չէր. ան իր իմացական ծարաւին յագուրդ տալու համար անյագօրէն ընթերցած է։ Հետեւաբար, հայը ոչ միայն գրասէր է, այլեւ՝ ընթերցասէր։ ԺԳ. դարու հեղինակ Յովհաննէս Գառնեցի կը խրատէ հետեւեալը. «Մի՛ անցուսցես ի վերայ քո օր՝ որ եթէ չկարդասցես գիրք»։ Այս շինիչ խրատականը մեր ժողովուրդը լրջօրէն գործադրած է։ Եւ իրօք, գիրքերը կը նմանին մարդոց, որոնք լեցուն են բազմազան ու անսպառ գիտելիքներով։ Ամենայն Հայոց Հայրիկ՝ Խրիմեան Կաթողիկոս, իր «Պապիկ եւ Թոռնիկ» գիրքին մէջ կը պատգամէ իմաստութեան խորհուրդը. «Գիտե՞ս Թոռնիկ, ամէն գիրք մի–մի վարժապետ են, գիրն՝ կենդանի մնացեր. կան այնպիսի գիրքեր, որոնք անմահ են»։ Ուստի, հարկ է զանոնք բանալ եւ հաղորդակից դառնալ անոնց խորախորհուրդ եւ իւրօրինակ պատգամին, վասնզի իւրաքանչիւր գիրք առանձին աշխարհ մը կը ներկայացնէ եւ իւրօրինակ գիտելիք կը պարփակէ։ Այս իմաստով, չկայ անպէտք գիրք։ Ամէն գիրք որ կ'արհամարհուի, կ'անարգուի, կը նետուի, կ'այրուի եւ կը փճացուի, աններելի յանցանք է ու մանաւանդ՝ նախատինք մեր նախահարց։ Զայս ըսելէ ետք, ի՜նչ հեգնանք, տարիներ առաջ, քաղաքամայր Երեւանի մէջ շուրջ չորս միլիոն գիրքեր իրենց մահկանացուն կը կնքէին եւ ի սպառ կ'անհետանային հրապարակէն եւ կը թաղուէին առանց թմբուկի ու չեփորի, անշշուկ, առանց զանգուածային ընդվզումի, զանգատի կամ բողոքի։

Ներկայիս, հայ տուներէն ներս, ամէն տարի, հայ գիրքեր կը վտարուին, կ'որբանան, փողոց կը նետուին, եկեղեցիին կը յանձնուին, գրադարան, ակումբ ու ծխատուն կը տարուին, որովհետեւ ընթերցող չկայ, տան մէջ տեղ չկայ։ Հայ գիրքերը՝ տան անբաղձալի «անդամները», տակաւ կը բաժնուին իրենց տէրերէն, հարազատներէն, սրտակիցներէն, սիրելիներէն եւ կը դատապարտուին յաւիտենական կորստեան։ Հայ լքեալ գիրքեր՝ տխուր, տրտում, թողլքուած իրենց դժխեմ ճակատագրին, կը դառնան տժգոյն, տամուկ, փոշեթաթախ ու ժամանակի ընթացքին կը քայքայուին դառնալով ցեցի եւ ուտիճի կեր։

Իւրաքանչիւր հայ մարդու սեպուհ պարտքն է եւ առաջնահերթ ու անյետաձգելի պարտականութիւնը՝ պահել ու պահպանել հայ գիրքը իբրեւ գբիբական, որովհետեւ «գիրն ու գրականութիւնը մեր նախնեաց ջիղերուն կուռ հիւսուածով ոստայնուած է ու անոնց արիւնի շաղախովը կարծրացած»։

Ցաւօք, ներկայիս, արտասահմանի մէջ ոչ միայն հայ գի՛րքը կորսնցուցած է իր յարգանքը ժողովուրդին քով, այլեւ՝ հայ գրո՛ղը։ Վերջին հարիւր տարուայ պատմութենէն մեզի ծանօթ են բազմաթիւ յարգելի դէմքեր, վաստակաւոր գրողներ, փայլուն միտքեր, որոնք ոչ միայն ի հարկին չեն գնահատուած, այլեւ անտեսուած ու մոռցուած են, կարծէք իբրեւ խորթ զաւակները ազգին «անկան որպէս թէ գճանապարհայն» եւ աչքաթող եղան։ Այս անձնդիր մտքի մշակներէն ոմանք իրենց աչքերը փակած են յուսահատութեան, չքաւորութեան ու մինակութեան մէջ. այլք իրենց գոյութիւնը քարշ տուած են մոռացիկութեամբ։ Հայ ազգը ըստ արժանւոյն չէ գիտցած քաջալերել ու գնահատել հայ գրողը։ Վերջինս, միշտ խոնարհ, ինքնաբաւ ու ինքնագոհ, չէ բողոքած իրեն հանդէպ ցուցաբերուած այս անարդար ու ապաշնորհ վերաբերմունքին համար։

Ժամանա՛կն է որ հայ գիրքը եւ հայ գրողը դրուին պատուանդանի վրայ։

Ժամանա՛կն է որ հայ գրողին վերադարձուին իր արժանապատուութիւնը, վարկը եւ պատիւը։

Ժամանա՛կն է նաեւ որ մեր ժողովուրդը վերադառնայ իր հնամենի պաշտելի մէկ սովորութեան՝ ընթերցասիրութեան։ Մեր հայրենակիցները հայրենիքի մէջ իրենց փոքր ու նեղլիկ բնակարաններուն մէջ լայն տեղ յատկացուցած են հայ գիրքերով լեցուն գրադարաններու։ Մեր ժողովուրդը կը պատկանի աշխարհի այն սակաւ ազգերու շարքին, որ կը սիրեն կարդալ։ Մեր միջնադարեան գրողները կը պատմեն թէ իմաստունի եւ յիմարի միջեւ տարբերութիւնը այնքան է «որքան ի մէջ բժիշկին եւ հիւանդին»։

Տարիներ առաջ երբ այցելութեան գացած էի Հոգելոյս Գարեգին Ա․ Ամենայն Հայոց Կաթողիկոսին, ան զիս պատուեց՝ նուիրելով շուրջ քսան մեծ ու փոքր գիրքեր։ Մեկնումի առենս Վեհը ըսաւ․ «Հայ եկեղեցականին պարտականութիւնն է ընթերցե՛լ միշտ»։

Գարեգին Ա․ իր «Հայ Մարդը՝ հայ գիրքին դիմաց» հոյակապ գիրքին մէջ արտայայտած է հրաշալի միտքեր գիրքի մասին։ Ան հերետիկոսի կը հաւասարեցնէ այն անձերը, որոնք կը փակեն իրենց աչքերը հայ գիրքին դիմաց եւ բացարձակ կրաւորականութիւն կը ցուցաբերեն անոր հանդէպ։ Ահա թէ ի՛նչ կը գրէ իմաստուն հայրապետը հայոց․ «Ես իրաւունք կու տամ ինծի այսօր ըսելու որ ինծի համար հերետիկոսի պէս անձեր են անոնք, որոնք կը մերժեն հայ գիրք կարդալ երբ հայերէն գիտեն։ Հայ գիրքին հանդէպ կամաւոր անտարբերութիւնը հայութենէ հեռացումի ձեւ մըն է։ Որքան ալ զգացականօրէն հայութիւնը ներկայ ըլլայ անոնց մէջ, բան մը էական, կարծես ազգային տեսակէտէ բնութենական բան մը կը պակսի անոնց։ Աղբիւրէն խմուած ջուրին զովութեան, արեւէն շառաւիղած ճառագայթին ջերմութեան, ծառէն քաղուած թարմ պտուղին համին պէս բան մը կը պակսի անոր՝ որ իր աչքերը փակ կը պահէ հայ գիրին հանդէպ, երբ իր ներքին իմացողութիւնը իր սնունդը չ՚ըմպեր հայարմատ ծառին ու հայագիր մատեանին ակունքէն»։

Արդարեւ, հայ գիրը իր պատուական տեղը ունի հայ իրականութենէն ներս։ Հայ գիրն է որ մեզ կը զօդէ, կը շաղախէ, կ՚օղակաւորէ, կը միացնէ, կ՚ամրապնդէ ու կը զօրացնէ։ Հայկական ոգին փոխանցելու մէջ մեծ դեր կը կատարեն հայ գիրքերը։ Անոնցմով է որ կը ճանչնանք մեր ազգը եւ պատմութիւնը։ Անոնց կը պարտինք մեր ինքնութիւնը, յինելութիւնը եւ բազում առաքինութիւնները։ Հայ գիրքերով սնուողներ ու հաղորդուողներ իրենց մէջ կը մշակեն հայ մտածելաձեւ ու ապրելակերպ։ Մեր զգաստ, հանճարեղ ու շրջահայեաց նախնիներէն իմաստութեան փշրանքներ ցանուած են մատեաններուն մէջ։ Մեր բարոյական պարտքն է թէկուզ ամենայետին խեչերանքն ու ամենանուազ կարեւոր համարուած պատմական տեղեկութիւնը, եղելութիւնը, երեւան հանել, հուրէ ու ջուրէ անցած փորձառութենէն ուսանիլ եւ փոխանցել յաջորդ սերունդին։ Ի չգոյէ ի գոյ, այո՛, բացարձակ ոչինչէն գոյացնող ու արդիւնք յառաջ բերող ժողովուրդ մը արժանի է գովքի, ներբողի եւ հիացումի։

Հայոց մեծ բանաստեղծ Եղիշէ Չարենց շատ գեղեցիկ կերպով կը պատկերէ գիրքին կարեւորութիւնը իր մէկ բանաստեղծութեան մէջ՝

«Օ՜, գրքերի աշխարհը, տիեզերք է անեզր,
Արեւների նման բազմապիսի,
Եւ աստղերի նման, եւ շողերի...
Ծնուած զանազան դարերում եւ երկրներում,
Իւրաքանչիւրը բերում է մի առանձին պատիւ,
Իւրաքանչիւրը իր մէջ մի աշխարհ է կրում»։

2000

ԿՐՕՆԱԿԱՆ

Յայտնութեան Գիրքին Առանձնայատկութիւնները

Յայտնութեան գիրքը Նոր Կտակարանի ամէնէն բարդ, խրթին ու դժուարըմբռնելի գիրքն է։ Մեծ դժուարութեամբ կրցած է տեղ ապահովել միւս Գիրքերուն շարքին։ Անոր բովանդակութեան նշանակութեան մասին ճշգրիտ մեկնութիւն ոչ ոք կրցած է ցարդ տալ։ Այդ պատճառով, հրապարակը լեցուն է զանազան կարծիքներով եւ գիրար հակասող մեկնաբանութիւններով։

Յայտնութեան Գիրքը լի է խորհրդանշաններով. իբրեւ այդպիսին, պէտք չէ տառացիօրէն հասկնալ անոր բովանդակութիւնը, մասնաւորապէս՝ անոր հաղորդած թուականները աշխարհի կատարածի եւ Քրիստոսի Բ. գալստեան մասին։

Յայտնութեան Գիրքը պէտք է առնել իր պատմական ժամանակաշրջանին մէջ։ Ան շարադրուած է գրական նորատեսակ սեռով ու իւրայատուկ ոճով՝ անձուկ ու ճգնաժամային վիճակի մէջ գտնուող քրիստոնեաներուն ապագայի ապահովութիւն եւ ստուգութիւն ներշնչելու, ինչպէս նաեւ, չար ուժերու կործանումով՝ յաղթանակ արձանագրելու։

Գիրքին բովանդակութենէն կարելի է դիւրաւ գուշակել թէ ինչպիսի՜ բիրտ հալածանքներու եւ բռնադատումներու, կաշկանդումներու եւ կեղեքումներու ենթարկուած էր Քրիստոսի եկեղեցին Ա. դարուն՝ Հռովմէական իշխանութեանց կողմէ։

Գիրքը նորադարձ քրիստոնէից համար առատ խրատներ ու յորդորներ կը բաշխէ եւ գիրենք կը քաջալերէ, ի գին ամէն զոհողութեան՝ հաստատ ու անխախտ մնալու իրենց հաւատքի ապառաժին վրայ։ Անոնց կը խրատուի քրիստոնէական երկայնամտութեամբ ու խոհեմութեամբ ժուժել, տոկալ ու յաղթահարել։ Նմանապէս, նորադարձ անդամներուն կը թելադրուի, իրաւախոհութեան սկզբունքով, տեղի չտալ հեթանոսական կրօնքի յետամնաց ու փուճ գաղափարներուն։

Յայտնապէս, Գիրքը վախճանաբանական գաղափարներ կ՚արծարծէ։ Վերջնական ու գերագոյն վախճանը իւրաքանչիւր հաւատաւորի համար պիտի ըլլայ յաղթութիւն եւ փրկութիւն։

Գիրքը որոշապէս կը ներկայացնէ հակամարտութիւնը Քրիստոսի ընդ սատանայի։ Մարտն իր լրումին ու վախճանին կը հասնի Քրիստոսի փառաւոր յաղթանակով։ Հաւատացելոց եւս նման ճակատագիր մը կը սպասուի՝ եթէ չընկրկին ու չյուսահատին։ Այս է հիմնականին մէջ Գիրքին պատգամը։ Յոյսի, մխիթարութեան եւ փրկութեան կարեւորութիւնը հաւատացեալի կեանքէն ներս ընդգծուած է։

*Յայտնութեան Գիրքին հեղինակը անկասկած Յովհաննէս Աւետարանիչն է։ Հեղինակը իր անունը չորս անգամ յիշած է (Տե՛ս Յայտ. Ա.*1, 4, 9, *ԻԲ.*8)։ *Հեղինակը, իր քրիստոնէական հաւատքին համար, Դոմետիանոս (Յ.Տ.* 81–96) *կայսեր կողմէ աքսորուած է Եփեսոսէն յիսուն մղոն հարաւը գտնուող Պատմոսը՝ յունական խորտուբորտ ու ժայռոտ կղզին, որ Հռովմէացիներուն համար կը ծառայէր իբրեւ աքսորավայր։ Պարզ է, ուրեմն, որ Յովհաննէս այնտեղ ղրկուած էր քաւելու իր մեղքը՝ «վասն բանին Աստուծոյ եւ վասն վկայութեան Յիսուսի Քրիստոսի»* (*Յայտ. Ա.*9)։

Զարմանալի է որ Յովհաննէս երբեք ինքզինք չի կոչեր «առաքեալ»։ Կարգ մը եկեղեցական հայրեր կ'ընդունին որ այս Յովհաննէսը առաքեալն է, այլք կը մերժեն անոր առաքեալ ըլլալու հանգամանքը։

Յովհաննու Աւետարանի եւ Յովհաննու Յայտնութեան զոյգ գրութեանց միջեւ կան լեզուաբանական (իմա՝ ոճի, բառապաշարի) եւ աստուածաբանական նմանութիւններ, որ պարզապէս կը մատնանշեն հեղինակին նոյնութիւնը։ Յովհաննէսին յատուկ բառեր են օրինակ՝ Բանը, Գառ, Են։

Գրքին գրութեան հաւանական թուականը կը զետեղուի Յ.Տ. 81-*ի եւ* 97-*ի միջեւ։ Յովհաննէս իր Յայտնութեան Գիրքը գրած է Պատմոս կղզիին հարաւը գտնուող քարանձաւի մը մէջ։*

Յայտնութեան Գիրքը ունի եօթը պատգամներ, որոնք ամբողջութեամբ ուղղուած են Եփեսոսի, Զմիւռնիայի (Իզմիր), Պերգամոնի, Թիւատիրի, Սարդիկէի, Փիղադեղփիայի (Ֆիլատէլֆիա) եւ Լաւոդիկէի եօթը եկեղեցիներուն։ Նամակագրական ոճով շարադրուած այդ պատգամները կը միտին հաւատացելոց հոգեւոր կոչման ամբողջականութիւնը անեղծ ու անխաթար պահել։

Հոգելոյս Պատրիարք Շնորհք Արք. Գալուստեան, իր «Եօթը Պատգամներ Եօթը Եկեղեցիներու» գիրքին մէջ (*տպ.* 1977 *թ. Իսթանպուլ*), *հետաքրքրականօրէն կը նշէ թէ վերոյիշեալ քաղաքները եթէ քարտէսի վրայ «կապուին գիծով..., հաւկթաձեւ շրջանակի մը» պատկերը պիտի ուրուագծեն։ Այս շրջանակին կարեւորութիւնը համայն եկեղեցիներու ամբողջականութիւնը կը խորհրդանշէ։*

Արդ, կը սկսինք Եփեսոս կարեւորագոյն կեդրոնով։

Եփեսոս քաղաքը կը գտնուի Փոքր Ասիոյ արեւմուտքը։ Հռովմէական կայսրութեան շրջանին կը նկատուէր Ասիոյ մեծագոյն ոստանը։ Պօղոս առաքեալի վկայութեամբ, Եփեսոսը ասպարէզ էր ու կրկէս մարդկանց ընդ վայրենիս (*Հմմտ. Ա. Կորնթ. Դ.* 9, *Թ.* 24,25)։ *Յատկանշական են առաքեալին սոյն խօսքերը. «Եթէ վասն մարդոյ ի գազանամարտի լինեալ էի յԵփեսոս...»* (*Ա. Կորնթ. ԺԵ.*)։ *Աւանդութեան համաձայն, Եփեսոսի մէջ էր նաեւ որ իր մահկանացուն կնքեց Յովհաննէս առաքեալը։*

Եփեսոսի եկեղեցիին ուղղուած առաջին նամակին մէջ Յովհաննէս աստուածաբանը կը չէզոքէ ինքնագիտակցութեան ու ապաշխարանքի անհրաժեշտութիւնը։ Հեղինակը վերահաստ է այդ եկեղեցւոյ անդամներուն անձկութեանց, դժուարութեանց, մտահոգութեանց եւ անոնց սպառնացող չարութեանց։ Հետաքրքրական է «Նիկողայոսեաններու» պարագան, որոնց մասին դժբախտաբար կը պակսին կարեւոր տեղեկութիւններ։ Ներկայ տիրող կարծիքը այն է, որ անոնք աղանդաւորներ էին եւ կը փորձէին, գառան մորթով ծպտուած, որոմ ցանել բիւրեղ սիրտերուն մէջ։ Իր քաջալերական ու գօտեպնդիչ խօսքերով, Յովհաննէս կը սրտապնդէ Եփեսոսի նորահաստատ քրիստոնեայ համայնքի անդամները։ Եթէ փորձենք յարասել հեղինակին խօսքերը, պիտի ստանանք մօտաւորապէս հետեւեալ պատկերը. աշխարհի վրայ փորձութիւնները, դառնութիւններն ու վիշտերը մաս կը կազմեն մեր առօրեայ կեանքին։ Ասոնք մեզի վհատեցնելու չեն, վասնզի Քրիստոս եւս պայքարեցաւ եւ յաղթեց աշխարհի։

Բ. պատգամը ուղղուած է Զմիւռնիայի եկեղեցւոյ։ Զմիւռնիան կը գտնուի Եփեսոսէն շուրջ քառասուն մղոն հիւսիս։ Բ. դարուն, այս քաղաքի բնակչութիւնը, յանձին Յովհաննէսի աշակերտ՝ Պողիկարպոսի, աւելի ուժեղացաւ իր հաւատքին մէջ։ Վերջինս նահատակուեցաւ Յ.Տ. 155 թուականին։

Զմիւռնիոյ եկեղեցիին ուղղուած պատգամը կը շօշափէ այնպիսի հարցեր, ինչպիսիք են՝ «զնեղութիւն, զաղքատութիւն եւ զհայհոյութիւնն որ ասէին զինքեանս Հրեայս գո՛լ եւ չէին ինչ, այլ՝ ժողով Սատանայի» (Յայտ. Բ. 9)։

ա. «Նեղութիւն» բառի գործածութեամբ, հեղինակը կ'ակնարկէ այդ դարաշրջանի կայսերապաշտական ձգտումներուն։ Տեղացի քրիստոնեաներ լրջօրէն պէտք է դիմագրաւէին կայսեր պահանջած անհատական –անձնապաշտական տուրքի դժուարութիւնը։ Հաւատացեալք պէտք է ընծայէին կայսեր այն յարգանքն ու պաշտամունքը, որ լրիւ խոտոր կը համեմատէր նոր աճող քրիստոնէական կրօնքի սկզբունքներուն հետ։ Ասիկա մտահոգութիւն կ'առթէր եւ նեղութիւն կը պատճառէր քրիստոնեայ համայնքին, որուն համար գոյութիւն ունէր միայն մէկ կայսր՝ Քրիստոս, եւ որո՛ւն միայն պէտք է տրուէր պարտն ու պատշաճը։

բ. Բացայայտ իրողութիւն է որ Զմիւռնիոյ գաղութը կը տառապէր տնտեսական տագնապէ։ Աղքատութիւնը համատարած երեւոյթ կը թուի ըլլալ. այս եւս, իր կարգին, կրնայ կացնահարել հաւատքի նորատունկ ծառը եւ զայն ի սպառ ամլութեան դատապարտել։

գ. Հայհոյութեան հարցը անմիջականօրէն կ'աղերսուի Զմիւռնիոյ մէջ Հրեաներու գերակշռող մեծամասնութեան, ինչպէս նաեւ անոնց հակամարտութեան հետ՝ ընդ քրիստոնէից։ Կրօնական անվերջ կատաղի պայքար կը մղուէր մեծաթիւ Հրեաներու եւ փոքրաթիւ քրիստոնեաներու միջեւ։ Հայհոյութիւնը կը կայանայ այն հիմնական կէտին մէջ որ Հրեաները սերտօրէն կը գործակցէին կայսեր իշխանութեանց հետ ընդդէմ քրիստոնէից, եւ ապա իրենք զիրենք կը հռչակէին հարազատ որդիք ու ժառանգորդք Աստուծոյ։ Հրեաներու թշնամական ու նախատական այս ընթացքն ու կեցուածքը յիշոց մըն էր ճշմարտութեան դէմ եւ եպերելի կը համարուէր։ «Ժողով Սատանայի» ակնարկութիւնը բացայայտօրէն կը մատնանշէ Հրեաներու յանդուգն ու ապերասան գործունէութիւնը, որ քանդիչ էր ու կործանարար։

Յովհաննէս իր երրորդ պատգամը կ'ուղղէ Պերգամոնի եկեղեցիին։ Պերգամոն հին քաղաք մըն էր որ կը գտնուէր Փոքր Ասիոյ արեւմտեան կողմը։ Մշակութային կարեւոր կեդրոն եղած է։ Իբրեւ չարութեան բոյն, Յովհաննէս այնտեղ կը զետեղէ «Սատանայի աթոռը»։ Ոմանց կարծիքով, այս ակնարկութիւնը «Բաղաամի վարդապետութեան» կ'երթայ. այլք կը խորհին թէ անհատի (իմա՛ կայսեր) պաշտամունքն է որ կը շեշտուի։ Ի միջի այլոց, Բաղաամի վարդապետութիւնը այլոց գայթակղութեան մղելու եւ մեղքի առաջնորդելու ուսմունքն է։

Ապաշխարութեան ու դարձի կոչ կ'ուղղուի Պերգամոնի եկեղեցւոյ անդամներուն, այլապէս՝ «Կու գամ եւ կը պայքարիմ անոնց դէմ իմ բերնիս սուրով» (Յայտ. Բ. 17), կ'ըսէ Քրիստոս։ Յաղթողներուն կը վերապահուի «մանանայ» ուտելու մենաշնորհ, որ ոչ այլ ինչ է, եթէ ոչ՝ այլաբանական մէկ պատկերը կամ հաղորդութիւնը հոգեւոր վարձատրութեան։

Չորրորդ պատգամը Թիւատիրի եկեղեցւոյ կ'ուղղուի։ Թիւատիրը Փոքր Ասիոյ քաղաքներէն է։ Թիւատիրը մեզի ծանօթ է նաեւ Գործք Առաքելոց Գիրքէն, ուր Լիդիա աստուածավախ կինը, որ ծիրանավաճառ էր, դարձի եկաւ (Գծ. Առ. ԺԶ. 14)։

Թիւատիրը գերազանցապէս չաստուածներու եւ կայսերապաշտութեան քաղաքն էր, ուր պաշտամունքի առարկայ դարձած էին կայսրն ու յունական աստուածները։ Թուղթը կը նախատէ Թիւատիրի եկեղեցւոյ անդամները՝ մի ոմն Յեզաբել մարգարէուհիի ներկայութիւնը հանդուրժած ըլլալնուն համար։ Վերջինս կը գտնենք նաեւ Հին Կտակարանի Դ. Թագաւորաց Գիրքին մէջ «բոբեւ չար ու կռապաշտ թագուհի» (Տե՛ս Դ. Թագ. Թ.)։ Պոռնկութեան մօղ այս կինը կը ծառայէր իբրեւ չար օրինակ։ «Պոռնկութիւն» բառը այստեղ, ինչպէս ճիշդ կերպով դիտել կու տայ Շնորհք պատրիարք, «անպատճառ չի նշանակեր սեռային անբարոյ արարք,… այլ նաեւ՝ կրօնական անհաւատարմութիւն»։ Ուրեմն, Յեզաբելը գայթակղութեան մարմնացումն էր, որ կը քաջալերէր ուտել «զոհուածի միս» եւ «անհաւատարիմ» գտնուիլ Տիրոջ, ինչպէս նաեւ անսալ կայսեր եւ հարկ եղած պաշտամունքը տածել անո՛ր միայն։

Թուղթը կ'աւարտի «պահեցէք ինչ որ ունիք, մինչեւ որ ես գամ» պատգամով (Յայտ. Բ. 24), վասնզի անոնց միայն պիտի տրուի «իշխանութիւն ազգերուն վրայ»։

Հինգերորդ թուղթը գրուած է Սարդիկէի եկեղեցիին։ Սարդիկէն ալ Փոքր Ասիոյ քաղաքներէն է, որ ատեն մը փայլեցաւ իր առեւտրական կեդրոն ըլլալու հանգամանքով։

Պատգամը կը սկսի «կենդանի եղողի անուն ունիս, բայց մեռած ես» զօրաւոր ու ցնցիչ տողերով։ Այս խօսքերը կը մատնանշեն Սարդիկէի եկեղեցւոյ անդամներուն անգործունէութիւնն ու մեռելութիւնը հաւատքի գետնի վրայ։ Յայտնապէս, պարպուած էր գաղութը ուղնուծուծէ։ Յամքած էր հոգեւոր կեանքը, որովհետեւ հետաքրքրութեան ծիրին մէջ չէր ընդգրկուած Քրիստոս։ Ինչպէս միշտ, այս պարագային եւս, Քրիստոս չէր ուզած կորուստը այս համայնքի ժողովուրդին, այլ՝ փրկութիւնը։ Մահամերձ գաղութը հետեւաբար պէտք ունէր զգաստացուցիչ, զարթուցիչ ու խրախուսիչ խօսքերու։ Հրահանգները զօրս կը տրուին (օրինակ՝ արթո՛ւն եղիր, զօրացի՛ր), կու գան միանգամայն շեշտելու կարեւորութիւնը ապաշխարի եւ դարձի։

Վեցերորդ թուղթը գրուած է Փիլատելփիայի եկեղեցիին։ Փիլատելփիան, որ թարգմանի եղբայրական սէր կամ եղբայրասէր, Փոքր Ասիոյ Սարդիկէ քաղաքէն շուրջ 25 մղոն հարաւ կը գտնուի։ Իր յաճախակի երկրաշարժներով, քաղաքը բազմիցս փուլ եկած է, բայց՝ վերստին կառուցուած։

Փիլատելփիան, ուր գերազանցապէս կ'ապրէին Մակեդոնացիք, տունն էր եւ՝

Հրէից եւ՛ Քրիստոնէից։ Այս փոքրաթիւ գաղութը (իմա՛ քրիստոնէական տարրը), իր սակաւ զօրութեամբ կրցած էր «պահել կենդանի խօսքը եւ չուրանալ»։ «Ժողով Սատանայի» կը կոչէ Քրիստոս՝ Հրեաները, որոնք կտրականապէս կը մերժէին զինք իբրեւ Մեսիան։

«Ահա շուտով կու գամ. ամո՛ւր պահէ ինչ որ ունիս, որպէսզի ոչ ոք առնէ քու պսակդ», կ'ըսէ Քրիստոս։ Այս քաջալերական խօսքերով Քրիստոս սիրտ կու տայ Փիլատելփիայի համայնքին, որ ձեւով մը վհատած էր։

Վերջին թուղթը ուղղուած է Լաւոդիկէի եկեղեցիին։ Լաւոդիկէն Հռովմէական քաղաք էր։ Ներկայիս, անխնամ թողուած Լաւոդիկէն, հին ատեն եղած է նշանաւոր քաղաք. գէթ այդպէս մատնացոյց կ'ընեն հնագիտական պեղումներն ու յայտնաբերումները։

Շնորհք պատրիարք մեզի կը յիշեցնէ որ «Կանոնագիրք Հայոց» հատորներուն մէջ տեղ գտած «Կանոնք Լաւոդիկէի» կանոնախումբը, ընդամէնը 55 *կանոն, գրուած է այս քաղաքին մէջ։*

Թուղթը կը սկսի Քրիստոսի ներկայացումով եւ եկեղեցիին ուղղուած հետեւեալ խօսքերով. «ոչ ցուրտ ես եւ ոչ տաք…, բայց դուն գաղջ ես»։ Այս պատկերաւոր խօսքին իմաստը կ'ըմբռնուի հետեւեալ ձեւով. ճշմարիտ քրիստոնեան պէտք չէ հանդուրժէ գաղջութիւն կրօնքի եւ հաւատքի։ Հաւատացեալը չի կրնար երկու ուղիներ ընտրել եւ ըստ այնմ իր կեանքը վարել։ Այլ խօսքով, անհատներ պէտք է վճռակամօրէն որոշեն թէ ո՛ր ճամբան իրենց նպատակաւոր է ու յարմար։ Երկու Տէրանց ծառայելու փորձը ինքնին փորձանք է, եւ ո՛չ խոհեմութիւն։ Մարդիկ յստակ զատորոշում կատարելու են չարին ու բարիին, վատին ու լաւին, նեռին ու Քրիստոսի միջեւ։ Քրիստոնէական գաղջութիւնը անբաղձալի վիճակ կը ներկայացնէ եւ բարոյապէս սխալ է, հետեւաբար եւ՛ դատապարտելի։

Լաւոդիկեցիներուն կը խրատուի «կրակին մէջ փորձուած ոսկի» գնել։ Գնելու արարքն ինքնին զիջում ու անձնական զոհաբերութիւն կը թելադրէ, որովհետեւ գնման դիմաց վճարում կատարելու էին։ Ըստ Շնորհք պատրիարքի բացատրութեան, Լաւոդիկեցիք «նիւթական հարստութեան փոխարէն հոգեւոր հարստութիւն պէտք է գնէին»։

Նամակը կ'աւարտի հոգեւոր իշխանութեան տուչութեամբ. «Ան որ կը յաղթէ, ինծի հետ իմ աթոռս նստիլ պիտի տամ անոր» (*Յայտ. Գ.* 21)։

Յայտնութեան Գիրքը, ինչպէս ըսուեցաւ վերը, խորհրդանշաններու գիրքն է։ Խորհրդանշանները փոխ առնուած են Հին Կտակարանի մարգարէական Գիրքերէն, օրինակ՝ Եսայի, Երեմիա, եւն։ Կարգ մը խորհրդանշաններու իմաստները բացատրուած են տեղւոյն վրայ, օր. Յայտ. Ե. 6, 8. *ԺԳ.* 18. *ԺԷ.* 9–18։

Խորհրդանշական պատկերներու համաձայն, կին մը կը ներկայացնէ ժողովուրդ մը կամ քաղաք մը (*Յայտ. ԺԷ.* 1), *եղջիւրները՝ ուժ* (*Ե.* 6, *ԺԲ.* 3), *աչքը՝ գիտութիւն* (*Ա.* 14, *Բ.* 18, *Դ.* 6, *Ե.* 6) *եւայլն։ Գոյները եւս գործածուած են փոխաբերական իմաստով. այսպէս՝ «ճերմակ հանդերձ» արտայայտութիւնը նշանակ է պատիւի ու փառաբանութեան* (*Զ.* 11, *Է.* 9, *եւն*), *թագը՝ իշխանութեան ու թագաւորութեան. ծովը՝ անապահովութեան, վտանգի եւ մահուան. ճերմակը՝ յաղթանակի ուրախութեան. մանիշակագոյնը՝ գեղխութեան եւ թագաւորութեան. սեւը՝ մահուան, եւն։*

Յայտնութեան Գիրքին առանձնայատկութիւններէն մէկն ալ թուանշաններու յաճախակի կիրարկումն է։ Իւրաքանչիւր թիւ ունի իր ծածուկ իմաստը. այսպէս՝ Եօթը կը խորհրդանշէ կատարելութիւն, լրութիւն. Տասներկուքը՝ Իսրայէլի 12 ցեղերը. Չորսը՝ տեսանելի ու շօշափելի աշխարհի համայնատարածութիւնը։ «Հազար» թիւի գործածութիւնը սերտ աղերս ունի Քրիստոսի հազարամեայ թագաւորութեան հետ։ Անմեղներու փրկութեան պիտի նախորդէ երկինքի եւ նեռի ահեղ բախումը, որ սարսափելի արհաւիրքներ պիտի պատճառէ մարդկութեան։ Աշխարհի կատարածն ու ահեղ դատաստանը եւս նկարագրուած են, որոնցմէ ետք անմեղները պիտի ապրին երջանիկ ու անցաւ, իսկ մեղաւորք պիտի դատապարտուին յաւերժական կրակին։

Քրիստոնէական աղանդներուն մէջ առանձնայատուկ տեղ կը գրաւէ Յովհաննու Յայտնութեան մէջ արտայայտուած «Քրիստոսի հազարամեայ թագաւորութիւն» գաղափարը եւ «Արմակետոնը»։ Կարգ մը աղանդաւորական խմբակներ (օրինակ՝ Եհովայի Վկաները) կը չէշտադրեն աշխարհի վախճանին մօտիկութիւնը՝ հիմնուելով Յայտնութեան հայթայթած տեղեկութեանց վրայ։

Եօթը կնիքով կնքուած գիրքին (Յայտ. Ե–Ը) առեղծուածը եւս մեծ թիւրիմացութեանց ու անվերջ վիճաբանութեանց դուռ բացած է հանրութեան մօտ։ Նոյն է պարագան նաեւ 666 թուանշանին (Տե՛ս Յայտ. Ժգ. 18)։ Յարեւնման թիւեր ու ծածկալեզու հատուածներ չփոթութեան մատնած են մարդկութիւնը, իսկ շատերուն ալ՝ գայթակղեցուցած ու մոլորեցուցած։

22 գլուխներէ բաղկացած եւ 12000 բառերէ կազմուած Յայտնութեան Գիրքին, գիտական աշխարհի մէջ, տրուած են չորս տարբեր մօտեցումներ ու մեկնողական եղանակներ. անոնք են՝

ա. Հոգեւոր Մօտեցում։ Աստուածաշունչի մեկնիչներ՝ դեռեւս շատ վաղ ժամանակէն, յայտնած են այն կարծիքը որ այս գիրքին նպատակը հոգեւոր հիմնական սկզբունքներ հայթայթել եւ քրիստոնեան զգուշացնել է՝ գալիք պատուհասներէն ու փորձութիւններէն։ Գայթակղութիւններէն ու մեղքերէն յաղթական դուրս գալու պարագային, անձին կը խոստացուի փրկութիւն։ Այս տեսութեան յարողներ ապագայի նկատմամբ կատարուած գուշակութիւնները պարզապէս անիրական կը համարեն։

բ. Անցեալապաշտ Մօտեցում։ Այս անուան տակ կը հասկնանք այն մօտեցումը, ըստ որում հեղինակը կը նկարագրէ այն դէպքերն ու անցուդարձերը, որոնք տեղի կ՚ունենան Հռովմէական կայսրութեան մէջ։

գ. Պատմական Մօտեցում։ Պատմական տեսանկիւնէն դիտուած այս մօտեցումը, յատկապէս կնիքներու խորհուրդին մէջ, Յայտնութեան Գիրքը կը համարէ աշխարհի պատմական դէպքերը նկարագրող մատեան մը, որ անմիջականօրէն կը կապուի եկեղեցւոյ բարօրութեան, ծաղկման ու աճման հետ։

դ. Ապագայաբանական Մօտեցում։ Այս դրոյթին հետեւողները համոզուած են որ Գիրքը կանխագուշակութիւններու համագումար է։ Որեւէ ժխտում կամ անտեսում այս տեսութեան, պիտի նշանակէ եղծումը կամ սխալ ըմբռնումը

Յայտնութեան Գիրքին։ Ապագայաբանը կը հաւատայ ու կը պնդէ որ այս Գիրքը իր լրումին պիտի հասնի անպայման։

Հաւատացեալը նկատած պիտի ըլլայ արդէն, որ Յայտնութեան Գիրքը մեր Եկեղեցւոյ մէջ չի կարդացուիր. պատճառը այն է որ Ե. դարու Աստուածաշունչի Թարգմանութեան ժամանակ, Յայտնութեան Գիրքը դեռեւս չէր ընդունուած կանոնական գիրքերու շարքին։ Ժբ. դարուն, Ներսէս Լամբրոնացին էր որ զայն Թարգմանեց, որմէ ետք միայն մաս կազմեց Սուրբ Գիրքին։

Եօթը Եկեղեցիներու պատգամները յաւիտենական պատգամներ են ուղղուած Քրիստոսի աշխարհասփիւռ Եկեղեցիներու հաւատացեալներուն։ Այդ պատգամները դեռեւս մինչեւ այսօր իրենց մէջ կը պահեն Քրիստոսի կենդանի, Թարմ ու կենսունակ խօսքը։

Գիրքին մէջ երանի կը տրուի բոլոր անոնց որ կը կարդան զայն եւ ուշ կը դնեն Անոր խորունկ պատգամներուն։

1993

Փոխաբերութեան Կիրարկումը Աստուածաշունչի Մէջ

Բովանդակ Աստուածաշունչը լի է բոյսերու, կենդանիներու, ինչպէս նաեւ մարմնի մասերուն վերաբերող պատկերաւոր, փոխաբերական եւ այլաբանական արտայայտութիւն ունեցող բառերով։ Բուսական աշխարհին պատկանող բառերէն կ՚արժէ յիշել՝ մրտենի, սօսի, մայր (եղեւին), արմատ Յեսսեայ, թզենի, մանանեխ, մանանայ եւ որոմ բառերը։ Կենդանական աշխարհին կը վերաբերին աղաւնի, օձ, կարիճ, վիշապ, խղունջ, աղուէս, այծ, գառնուկ, գորտ, ինձ, մժղուկ, իժ, ճագար բառերը, եւայլն։ Մարդկանց մարմնի մասերուն վերաբերող բառերէն յիշենք՝ ականջ, ակռայ, այտ, աչք, գիրկ, գլուխ, դէմք, երիկամունք, թեւ, թլիփ, լեարդ, լեզու, ծունկ, հոգի, ձեռք, ճակատ, մազ, մարմին, մօրուք, շրթունք, ոսկոր, ոտք, ուս, սիրտ, վիզ, եւն։

Բոյսերու, տունկերու, թուփերու, պտղատու ծառերու եւ պտուղներու փոխաբերական գործածութիւնը ակներեւ է ամենուրեք։ Այսպէս, սօսին իբրեւ շատ բարձր ու վայելչագեղ ծառ գործածուած է ցոյց տալու մարդու պարթեւահասակ ու գեղակազմ ըլլալը. «բարձրացայ իբրեւ զսօս» (*Սիրաք ԻԴ*. 19)։ *Նոյն օրինակով եւ մրտենին, որ անուշաբոյր ու մշտադալար ծառ է, եւ որուն տերեւները պայծառ կանաչ են ու ծաղիկները ճերմակ, գործածուած է փոխան դժնիկի (փուշ)՝ Տիրոջ անուան փառքը հիւսելու համար* (*Տե՛ս Ես. ԾԵ*. 13)։ *Անձնաւորուած ծառի դասական օրինակ է թզենին, որ չնչաւորուելով կ՚ըսէ. «իմ քաղցրութիւնս ու պտուղս ձգեմ ու երթամ ծառերուն վրայ իշխա՞ն ըլլամ»* (*Դատ. Թ*. 10)։ *Թզենին խորհրդանշան էր նաեւ խաղաղութեան եւ առատութեան։ Ան ոչ միայն իր ախորժահամ, պատուական ու չափազանց սննդարար թուզին համար յարգի էր, այլեւ իր լայնատարած տերեւներուն համար։ Տօթակէզ օրերուն, մարդիկ կը հանգչէին ու կը կազդուրուէին անոր շուքին տակ։ Հետեւաբար, որթի ու թզենիի տակ կանչել անձ մը, կը նշանակէր ապահովութեան ու հանգստութեան հրաւիրել* (*Տե՛ս Միք. Դ*.4, *Զաք. Գ*. 10)։ *Նոյն իմաստով գործածուած կը գտնենք նաեւ մայր (եղեւին) ծառը, որ իր բարձրաբերձ ու լայնաձիգ ըլլալուն, ծառայած է իբրեւ հովանի եւ պարգեւած է հանգստութիւն եւ անդորրութիւն։ Թէեւ երանգային տարբերութեամբ, գործածուած է նաեւ հետեւեալ հատուածին մէջ՝ «Ջայն Տեառն փշրէ զմայրս»* (*Սղմ. ԻԸ*. 5)։ *Մանանեխի հատիկին առակի մէջ գործածուիլը նպատակ ունի պատկերաւոր համեմատութեան մէջ դնել մարդուս անբաւարար հաւատքը մանանեխի փոքր ու չնչին ծաւալին հետ* (*Տե՛ս Մտթ. ԺԷ*. 19)։ *Փոխան հացի, մանանայ տեղացած է երկինքէն ցօղին հետ միատեղ, կերակրելու անապատի մէջ գաղթական ժողովուրդը։ «Հրեշտակներու հաց» եւ «երկնից ցորեն» կոչուած է մանանան, ցոյց տալու համար որ ի վերուստ կը ղրկուէր իբրեւ մեծագոյն պարգեւ՝ տառապեալ ու սովահար ժողովուրդին* (*Տե՛ս Սղմ. ՀԸ*. 24,25)։ *Մանանան կը հաւաքուէր ու կը բաշխուէր. արգիլուած էր զայն պահել կամ* թաղել։ Պօղոս առաքեալ կը գրէ. «Ով որ շատ ժողվեց՝ չաւելցաւ, եւ ով որ քիչ՝ չպակսեցաւ» (Բ. Կորնթ. Ը. 13–15)։ Այս խօսքերով ան կը խրատէր «չթաղել երկրաւոր եւ կորստական բարիք, այլ տալ առատօրէն մեր եղբայրներուն ի կարօտութեան նոցա» (Բառարան Ս. Գրոց 1881 թ. Կ. Պոլիս)։ Նոր Կտակարանին մէջ, մանանան փոխաբերաբար կը ներկայացնէ Քրիստոս, որ իբրեւ «Ճշմարիտ Հացը» կ'իջնէ երկինքէն՝ պատարագուելու համայն մարդկութեան համար։ «Մանանայի պէս կ'իջնէ Քրիստոս ի վերուստ եկեղեցւոյ դաշտն, իբրեւ հանապազորդ եւ առատ պաշար, լնուլ զպէտս իւրաքանչիւր մարդոյ» (Բառ. Ս. Գրոց)։ Որոմը սատիկ վնասակար տունկ է, որ առակին մէջ գործածուած է ցորենին հետ եւ «Որդիք չարին» կը ներկայացնէ (Տե՛ս Մտթ. ԺԳ. 25–30)։

Կենդանիներու փոխաբերական իմաստով կամ պատկերաւոր նշանակութեամբ մեկնաբանումը եւս անհրաժեշտ է Սբ. Գրքի զանազան գիրքերը եւ համուածները լաւ հասկնալու համար։ Վերցնենք ճագարները, որ գիրուկ, յամրաքայլ եւ ագատ անասուն են եւ Սողոմոնի կողմէ «ազգ անհզօր» կը կոչուին, որովհետեւ չեն կրնար որջ շինել իրենց բնակութեան համար, «իմաստուն» կը կոչուին, քանզի կ'ապրին քարանձաւներու ծերպերուն ու անառիկ վայրերուն մէջ՝ հանգիստ ու ապահով (Տե՛ս Առակ. Լ. 26)։

Աղաւնին խորհրդանշան է բիւրեղութեան, անարատութեան եւ սուրհանդակ՝ խաղաղութեան։ Ան անմեղութեան եւ հաւատարմութեան խորհրդանիշ է (Տե՛ս Ովսէ է. 11)։ Նաեւ՝ միամտութեան մարմնացում է. «Օձերու պէս խորագէտ եղէք եւ աղաւնիներու պէս միամիտ» (Մտթ. Ժ. 16)։ Հաշտութեան դեր կատարեց ընդ մէջ մարդկան եւ Աստուծոյ՝ յետ ջրհեղեղի (Ծնն. Ը.)։ Նոր Կտակարանին մէջ աղաւնին խորհրդանիշ է Սբ. Հոգիին (Մտթ. Գ. 16)։

Աստուածաշունչի մէջ օձը պատկերուած է իբրեւ նենգամիտ, խաբեբայ, թունալից ու խորամանկ սողուն։ Ան իր մահացու թոյնով խորհրդանշան է դեւի, ապականութեան ու մահուան։ Սադուկեցիք եւ Փարիսեցիք Քրիստոսի կողմէ կոչուած են՝ «Ծնունդք իժից» (Մտթ. Գ. 7)։ Կարիճը նկարագրուած է իբրեւ «միջատաց մեծագոյնը եւ չարագոյնը», որովհետեւ իր բնութեամբ սոսկալի է, զզուելի ու ահռելի։ Ծայրայեղ վտանգի պահուն, ան կրնայ ինքզինք խայթել ու ինքնասպան ըլլալ։ Յայտնութեան գիրքին մէջ, անտիքրիստոսի գործակալները կարիճներու նմանցուած են իրենց թունաւոր խայթոցներով (Տե՛ս Յայտ. Թ. 3–10)։ Կարիճ բռնել ձեռքի մէջ կը նշանակէ չարասրտութեամբ ու վատոգութեամբ լեցուն մարդկանց հետ յարաբերիլ (հմմտ. Իմաստութիւն Սիրաքի)։ Վիշապը փոխաբերաբար կը ներկայացնէ սատանան (Յայտ. ԺԲ. 3, 9)։ Աղուէսը խորամանկութեան նշանակ է, գառնուկը՝ հեզութեան, գորտը՝ անմաքրութեան, ինձը՝ փոփոխութեան անկարողութեան, մրջիւնը՝ ժրաջանութեան եւ ճարտարութեան։ Հետաքրքրական է որ Սողոմոն կը գովէ մրջիւնը, վասնզի կ'աշխատի անդուլօրէն եւ առիթ չի փախցներ (Առակ. Լ. 24, 25)։ Խոնարհ դասակարգի պատկանող անասուններ շատ կողմերով աւելի իմաստուն են քան մեղաւոր մարդիկ։ Յոբ երկայնամիտ կ'ըսէ. «Անասուններուն հարցուր որպէսզի քեզի սորվեցնեն, ու երկնքի թռչուններուն՝ որպէսզի քեզի իմացնեն» (ԺԲ. 7, 8)։

Մարդկանց մարմնի մասերուն այլաբանական կիրարկումը եւս հետաքրքրական ու կարեւոր երեւոյթ է։

Այսպէս, ականջ բառիմաստի տարբեր կիրարկում կը գտնենք «Խրատ Տեառն բանայ զականջս իմ» նախադասութեան մէջ, որ պարզօրէն կը նշանակէ՝ «Աստուծոյ խօսքը կը բանայ միտքս», կը պայծառացնէ զայն, իմաստութեամբ կը լեցնէ։ Ականջը հերիւնով ծակել կը նշանակէր մշտական ծառայութեան մէջ պահել անձը։

Ակռայ բառի փոխաբերական գործածութիւն կը գտնենք Երեմիա մարգարէի գրութիւններուն մէջ. այսպէս՝ «Որ ուտիցէ զագոխն՝ նորին ատամունք առցեն». այս նախադասութեան միտք բանին այն է, որ զաւակները պիտի չարչարուին իրենց ծնողաց մեղքերուն համար (ԺԸ. 2)։ «Ակռայ կրճտել» նշանակ է յուսահատութեան, զայրոյթի, կատաղութեան (Մտթ. Ը.)։ Ամովս կը գրէ. «Արկի զձեօք ցաւ ատամանց» (Դ. 6), որ կը թարգմանուի՝ «Ձեր ակռաներուն մաքրութիւն տուի», այսինքն՝ ձեզի սովի մատնեցի։ Մովսիսական օրէնքի վրէժխնդրութեան դասական օրինակ է «ակն ընդ ական, ատամն ընդ ատաման» հին կտակարանեան պատուիրանը։ Հակահարուածի հիանալի նմոյշ է Սաղմոսաց գրքի «զատամունս մեղաւորաց փշրեսցես» խօսքը, ևն։

Աչք բառին համար ունինք՝ չար աչք կամ «աչքդ չա՞ր է» (Մտթ. Ի. 15), «լիառատ աչք (իմա՛ աչքը կուշտ) ունեցողը օրհնեալ ըլլայ» (Առակ. ԻԲ. 9), ամբարտաւան, ինքնահաւան, գոռոզ աչքեր (Առակ. Զ. 17), լիրբ աչքեր (Ես. Գ. 16), շնութեամբ լեցուն աչքեր (Բ. Պետ. Բ. 14), աչքերու ցանկութիւն (Ա. Յովհ. Բ. 16), ևն։

Գլուխ բառը գործածուած է իբրեւ պետ, գլխաւոր, առաջնորդ. այսպէս՝ «եկեղեցիին գլուխ դրաւ» (Եփես. Ա. 22), ապա նաեւ՝ «ճերմկած գլուխ», որ գործածուած է Առակաց գրքի մէջ՝ «մազի ճերմկութիւնը փառաց պսակ է» (ԺԶ. 31)։

Երես բառը գործածուած է ներկայութիւն իմաստով. այսպէս, «Աստուծոյ երեսէն պարտէզի ծառերուն մէջ թաքնուեցան» (Ծննդոց)։ Երես բառը գործածուած է նաեւ ցոյց տալու ա) ցասում՝ «անոր երեսէն փախաւ Հագար» (Ծննդոց ԺԶ. 6), բ) արդարութիւն՝ «Մովսէս Փարաւոնի երեսէն փախաւ» (Ելից Բ. 15), գ) խստութիւն՝ «զինք ատողները իր երեսէն թող փախչին» (Սղմ. ԿԸ.1), «մեզ ծածկեցէք անոր երեսէն» (Յայտ. Զ. 16)։

Երիկամունքը կը համարուէր նստակեդրոնը խորունկ զգացումներու, ներմղումներու, հակումներու, յուզմունքի եւ գորովի։ Աստուած կը քննէ մարդկանց երիկամունքը (Սղմ. ԻԵ. 2)՝ տեսնելու անոնց անկեղծութիւնը եւ մաքրասրտութիւնը։ Ան կը մնայ «հեռի ի յերիկամանց նոցա», որ լոկ շրթամբ կը ճանչնան զինք (Երեմ. ԺԲ. 27)։

Թլփի բառը գործածուած է Երկրորդումն Օրինացի մէջ՝ «Ձեր սրտին թլիփը (իմա՛ խստասրտութիւնը) թլփատեցէք», որ թարգմանի՝ օրէնքին ենթարկուեցէք (Ժ. 16)։

Լեզու բառի կիրարկումը յաճախակի է Սբ. Գրքի մէջ։ Գործածուած է մեծաբանելու, յոխորտալու, դատարկաբանութեամբ պարծենալու, նաեւ հատու, կծու, թունալից խօսք ըսելու համար. այսպէս՝ «Լեզուները թուրի պէս կը սրեն» (Սղմ. ԿԴ. 3). նաեւ՝ «մահ եւ կեանք ի ձեռս լեզուի են» (Առակ. ԺԸ. 21), որ է՝ մահը եւ կեանքը լեզուի ձեռքն են, «լուծան կապանք լեզուի նորա» (Մրկ. Է. 35), «լեզու արձակ փշրեսցէ զոսկերս» (Առակ. ԻԵ. 15)։ Լեզուն իբրեւ միջոց գովերգութեան ու փառաբանութեան՝ «մեր լեզուն ցնծութիւնով լեցուեցաւ» (*Սղմ. ՃԻԶ.* 2)։

Ծոց (գիրկ)։ «Միածին Որդին իր Հօրը ծոցն է», կը նշանակէ՝ Քրիստոս ամենամօտիկն է Աստուծոյ եւ հաղորդ՝ բոլոր գիտելեաց։ Մեր Տէրը իր գառնուկները իր «գիրկին մէջ պիտի կրէ» (*Ես. Խ.* 11)։

Ձեռք բառը գործածուած է զանազան իմաստներով. այսպէս, ձեռք լուալ՝ անմեղութեան նշան է. ձեռք երկարել՝ հաւատարմութեան ու օգնութեան. աջ ձեռքը խորհրդանշան է ոյժի, զօրութեան, գերիշխանութեան. ձեռք համբուրել՝ յարգանքի նշան է. ջուր թափել ձեռքին՝ ծառայել կը նշանակէ, եւն։

Շրթունք այլաբանականօրէն կը նշանակէ գովերգութիւն. օրինակ՝ «պտուղ շրթանց» (*Եբր. ԺԳ.* 15)*. «մեր շրթունքներուն (իմա՛ փառաւորութիւններուն) զոհերը (հոս՝ զուարակները) պիտի մատուցանենք»* (*Ովսեայ ԺԴ.* 2)*. «Շրթունք բանալ» կը նշանակէ ծաղրել, չհպատակիլ, անարգել* (*Տե՛ս Սղմ. ԻԲ.* 7)։

Ոսկոր բառը գործածուած է նշանակելու խանդաղատանք ու ընտանեկան կապ (*Ծնն. ԻԹ.* 14)։ *Եզեկիէլի գրքին մէջ գրուած «չոր ոսկորներ» արտայայտութիւնը անյոյս մահուան ու յուսալքուածութեան նշանակ է* (*Լէ.* 1–12)։

Ոտք բառի բանաստեղծական կամ պատկերաւոր խօսք է «ոտքս անոր քայլերուն վրայ հաստատուեցաւ» Յոբին մէկ արտայայտութիւնը (*ԻԳ.* 11)*. կայ նաեւ՝ «ամբարտաւանութեան ոտք»* (*Սղմ. ԼԶ.* 11)*. իսկ ոտք լուալ կամ համբուրել՝ խոնարհութեան նշան է, եւն։*

Աստուածաշունչի մէջ մարմնի ամէնէն շատ կրկնուած բառերէն մէկը «սիրտ» բառն է, որուն հարկ կը համարենք անդրադառնալ հանգամանօրէն։

Հին ազգերու մօտ սիրտը կը ներկայացնէր մարդը՝ ոչ միայն իր արտաքին կառոյցով, այլ մանաւանդ ներքին հոգեբանական բոլոր դրսեւորումներով ու իմացական կարողութիւններով։

Փոխաբերութիւններու, այլաբանութիւններու, ասացուածքներու եւ խորհրդաւոր պատկերներու առատութիւն կայ բովանդակ Աստուածաշունչի էջերուն մէջ, եւ այս հաւանաբար կը ծագի հին հրէական գրականութենէն, ուր սիրտը կը համարուէր նստակեդրոնը մտային գործունէութեան, իսկ երիկամունքը՝ զգացման։

Սիրտը իբրեւ զգայուն կեդրոն, պատկերուած է իբրեւ մարմնի կարեւորագոյն, ազնուագոյն ու պատուականագոյն անօթ, որ կ'ազդուի ոչ միայն կեանքի երեւոյթներէ եւ միաժամայն շրջապատող մարդկային փոխյարաբերութիւններէ, այլեւ՝ ուտելիքէ ու խմելիքէ։

Բնախօսական կամ կենսաբանական տեսանկիւնէն դիտուած, բնական է որ այս հաստատումը ճշմարիտ չըլլայ։ Նոյն այս հասկացութիւնը, սակայն, երբ վերցուի ու կիրարկուի մարդկանց առօրեայ կեանքի փորձառութեան մէջ, որ է ըսել՝ երբ սիրտը ներկայացնէ ներքին հոգեկան մարդը իր իմացական ու զգացական բոլոր երանգաւորումներով, դրսեւորումներով ու ճառագայթումներով (ինչպէս՝ ընկալելու եւ տրամաբանելու կարողութեամբ, ենթակայական աշխարհի առանձնայատկութիւններով՝ զգացմունքներով, զգայութիւններով, մտապատկերումով, եւն), ապա այդ ժամանակ, ըմբռնելի եւ ընդունելի կը դառնայ այս իրողութիւնը։

Սիրտը էութեամբ մարդն իսկ է իր ամբողջական հոգեւոր, բարոյական, հոգեբանական ու իմացական արժանիքներով ու ստորոգելիներով։ Սիրտն է որ մարդը կը բաժնէ անասուններէ եւ կը կառավարէ անոր բոլոր շարժումները։ Աստուածաշունչի մէջ «սիրտ» բառը գործածուած է մատնանշելու համար մարդոց նկարագիրը, անհատականութիւնը, միտքը, կամքը եւ կեանքը։

Հետաքրքրական է նշել, որ նախնական մարդուն քով նկատելի է որ լեա՛րդը հիմնական տեղ կը գրաւէր։ Տեղին է արձանագրել որ գրաւոր հին աղբիւրներուն վրայ հիմնուելով, հին Բաբելացիք լեա՛րդը կը համարէին իբրեւ նստակեդրոն։ Յետագային, մարդիկ երբ աւելի վերահասու եղան սրտի ամբողջական գործունէութեան ու մանաւանդ անոր մատուցած կենսական ծառայութեան, սի՛րտը սկսան դիտել իբրեւ կարեւորագոյն ու հրաշագործ անօթը մարմնի։

Սիրտը կը համարուի նաեւ կեդրոնը մտածումի, յիշողութեան, ընկալման, պատկերաւորման, զուարթութեան, տխրութեան, յուզմունքի, ցասումի, հանդարտութեան, քաջութեան, ոգեւորութեան, քաջալերութեան, տրամադրութեան, դիտաւորութեան, եւն։ Սիրտը նստակեդրոն է նաեւ կրօնական զգացմանց։ Մաքուր սիրտ, սրտի փոփոխութիւն, կը նշանակեն՝ հոգեւոր, նոր ու իմաստալից կեանք, նաեւ՝ խղճմտանքի զարթնում, կրօնական բարձրամակարդակ գիտակցութիւն. «բարձրացաւ սիրտ նորա ի ճանապարհ Տեառն» (Բ. Մնաց. Ժէ. 6), եւն։

Ուշագրաւ կէտ է որ Աստուածաշունչի մէջ ուղեղը չէ նկատուած իբրեւ նստակեդրոն գիտակցութեան, մտածումի եւ կամքի. այս ամբողջը սրտի՛ն վերագրուած են։ Սիրտը սիրոյ ակնաղբիւր է։ Սիրտը դուռ կը բանայ նաեւ զանազան ցանկութեանց։ Ան լոյսի ու յոյսի աղբիւր է. կը խոկայ, կ'ընկալէ, կը տրամաբանէ, կը ներթափանցէ, իմաստութիւն կը ճառագայթէ եւ կ'իշխէ։ Սիրտն է որ կը զատորոշէ բարին չարէն։ Սիրտը կեդրոնն է որոշումներու, նուիրական զգացմանց՝ հնազանդութեան, պարկեշտութեան, ողջախոհութեան, մաքրակրօնութեան, սրբակենցաղութեան, հանդուրժողութեան, ներողամտութեան, եւն։ Պատարագիչ եկեղեցականը սուրբ խորան բարձրանալէ առաջ, ձեռքերու լուացման պահուն, կ'ըսէ. «Փորձեա զերիկամունս իմ եւ զսիրտ իմ», այսինքն՝ քննէ երիկամունքներս եւ սիրտս, ապա միայն արժանացուր զիս՝ խեղճ ու մեղաւոր ծառայիս, բարձրանալ խորանդ եւ պատարագել։ Մարդիկ զԱստուած կ'ընդունին իրենց սրտի՛ն մէջ, վասնզի սրտի դարձով է որ Աստուած կը սկսի բնակիլ մարդու սիրտէն ներս։ Մարդկային փոխյարաբերութեան մէջ էական հարցը այն է թէ մարդիկ ինչպէ՞ս կը դրսեւորեն իրենց զգացումները, մտածումները, ապրումները եւ ներքին հոգեկան բարդ նրբազգացողութիւնները։ Մարդիկ կը ճանչցուին իրենց սիրտով, դիմագիծով ու մանաւանդ խօսքով։ Մարդկանց դէմքը կը փոխուի, բառերն ու արարքները եւս կը փոխուին երբ սիրտն է որ կ'իշխէ (հմմտ. Սիրաք. ԺԳ. 25)։ Միշտ չէ, սակայն, որ մարդկանց արտայայտած միտքերն ու գործած արարքները կը բացայայտեն անոր սիրտը, ներքին խորհուրդը, վասնզի մարդիկ ունին ճարտար արուեստը կեղծելու, խաբելու, սին ու պատրալից տպաւորութիւնը ձգելու, որովհետեւ սիրտը կրնայ լի ըլլալ նենգութեամբ, խաբէութեամբ ու խորամանկութեամբ։ Մարդս հակամէտ է միշտ ապէս ցուցաբերելու երկդիմութիւն, երկերեսութիւն։

Անտարակոյս, կարելի է խուսափիլ այս վտանգաւոր երկուութենէն եւ սրտի դարձով վերանորոգուիլ· «Աստուած սպառող (մաշող) կրակ է» (Բ· Օր· Դ· 24), Ան կը պահանջէ որ մարդիկ հպատակին իր բարձր կամքին։ Այսպիսով, «սիրտ» բառը հազուադէպօրէն գործածուած է իր լիիրաւ նշանակութեամբ, որ է՝ մկանային անօթ, որ արիւն կը բաշխէ մարմնին։

Սիրտ բառի փոխաբերական գործածութենէն ունինք բազմաթիւ դարձուածքներ, ինչպէս, բեկեալ սիրտ, խոնարհ սիրտ, կակուղ սիրտ, կարծր սիրտ, մաքուր սիրտ, ուրախ սիրտ, քաջ սիրտ, երկիւղալից սիրտ, հանդարտ սիրտ, անգութ սիրտ, սիրտը կախ, սիրտը լայն, սիրտը նեղ, սիրտը քար, ևն։

1998

Ապաշաւի Տիպարը՝ Մանասէ

Մանասէ թագաւոր՝ որդի Եզեկիայի, շատ վաղ հասակէն (տասներկու տարեկանէն) արքայական գահ բարձրացաւ, Ն.Ք. 698 թուականին։ Ան Երուսաղէմի թագաւորական աթոռին վրայ մնաց 55 տարի։

Մանասէ, հօրը՝ Եզեկիայի քանդած կուռքերը վերակառուցել տուաւ «կանգնեցի պատկեր» եւ վերահաստատեց կռապաշտութիւնը, եւ անոր առընթեր գուշակութիւններ, հմայութիւններ եւ զանազան դիւթութիւններ կ՚ընէր։ Ունէր նաեւ մեռելահարցուկներ (իմա՛ վհուկներ) եւ նշանագէտներ։ Ցաւս Տիրոջ, շատ վատ արարքներ գործեց եւ Անոր զայրոյթը շարժեց՝ «բարկացուցի զարտմտութիւն, եւ չար առաջի քո արարի»։ Մանասէն գայթակղեցուց նաեւ Յուդան եւ Երուսաղէմի ողջ բնակչութիւնը։ Հակառակ Տիրոջ սաստումներուն եւ սպառնալիքներուն, բնակչութիւնը մնաց անդրդուելի ու ապերասան։ Տիրոջ հրամանով, Ասորեստանի թագաւորը իր զօրագլուխներով կը յարձակի ու կը բռնէ Մանասէն կարթերով, կ՚ոտնակապէ ու Բաբելոն կը տանի։ Այնտեղ, կալանքի տակ, երբ անլուր չարչարանքներու կ՚ենթարկուէր, դառնապէս զղջաց իր գործած անխոհեմ ու անհեռատես արարքներուն վրայ,– «կորացեալ եմ ես ի բռնութենէ կապանաց երկաթից, եւ ոչ գոյ ինձ հանգիստ»,– ու դարձի եկաւ, «եւ արդ Տէր՝ խոնարհեցուցանեմ զծունր սրտի իմոյ եւ հայցեմ ի քաղցրութենէ քումմէ», որմէ ետքը Տէրը զինք վերստին կոչեց Երուսաղէմի գահին։

Մանասէ թագաւոր կը հեռացնէ օտար աստուածները իր երկրէն եւ անոնց փոխարէն կը կառուցէ Տիրոջ սեղանը եւ անոր վրայ «խաղաղութեան եւ շնորհակալութեան զոհեր կը մատուցէ» (Բ. Մնաց. ԼԳ. 16)։

Հետաքրքրական է նշել որ Մանասէի հայրը՝ Եզեկիա, եւս երախտամոռաց անձնաւորութիւն մըն էր ի դիմաց Աստուծոյ մատուցած բիւրաւոր բարիքներուն։ Ան մահամերձ էր ու կը տառապէր երբ հրաշքով բժշկուեցաւ։ Վաղ գիտակցելով սակայն իր բռնած անուղղայ ու անվայել ընթացքին, անմիջապէս խոնարհեցուց իր հպարտ հոգին եւ հեզութիւն ընդունեց։

Մանասէի որդին ալ՝ Ամոն, քսաներկու տարեկանին երբ թագաւոր օծուեցաւ, իր հօրը յանցանքները գործեց։ Անոր վախճանը եղաւ եղերական. անոր ծառաները զայն սպանեցին իր տան մէջ։

Մանասէ թագաւորէն մեզի հասած է ապաշխարողական ոճով գրուած սաղմոս մը, որ իր տեսակին մէջ գողտրիկ ու եզակի ներանձնական աղօթք է առ Աստուած։ Այս կարճառօտ ու սրտաբուխ աղօթքը անկեղծ արտայայտութիւնն է արքայի մեղաւոր սրտին ու մանաւանդ ժայթքումը՝ անոր տառապկոծ ու մեղսաթաթախ հոգիին։

Աղօթքը կը սկսի յիշատակումովը Աբրահամի, Իսահակի եւ Յակոբի, որոնք երբեք չմեղանչեցին Աստուծոյ դէմ, վասնզի արդար էին, իսկ ինք՝ մեղաւոր է ու տկար եւ իր մեղքերը «աւելի քան զաւազ ծովու են»։ Ան կը բացայայտէ Աստուծոյ ամենակալութիւնն ու ամենազօրութիւնը, ապա կ՚անդրադառնայ այն երեւոյթին թէ ինչպէս Աստուծոյ ցասումը ահարկու է եւ մեղաւորներուն սպառնալիքները՝ սաստիկ, եւ «անչափ եւ անքնին են ողորմութիւնք աւետեաց»։ Այնուհետեւ կը խոստովանի իր անարժանութիւնը դէպի երկինք հայելու՝ անօրէնութեանց բազմութեան պատճառով։ Խորապէս կը զգայ որ «պատկերներու կանգնումով» Տիրոջ զայրոյթը իր վրայ հրաւիրած էր։ Տիրոջմէ կը թախանձէ կորստեան չմատնել զինք, «մի՛ յիշեր զչարիսն իմ», իսկ ինք կը խոստանայ օրհնել Տէրը «զամենայն աւուրս կենաց իւրոց»։

Այս գեղեցիկ ու զղջալից աղօթքը զետեղուած է մեր Ժամագիրքին մէջ եւ կ՚ընթերցուի սովորաբար Մեծ Պահոց շրջանին։ Բողոքականներու կողմէ պարականոն գիրքերու շարքին դասուած է, իսկ Կաթոլիկ եկեղեցին դրած է երկրորդականներու շարքին։

Փակագիծի մէջ հարկ կը համարենք տալ հետեւեալ հակիրճ ծանօթութիւնը պարականոն կոչուած գիրքերու մասին։ Պարականոն կամ Անկանոն կը կոչուին Աստուածաշունչի ամբողջական կազմէն դուրս մնացած կրօնական բովանդակութեամբ բոլոր այն գիրքերը, որոնք չեն ընդունուած հրէական սուրբ գրութեանց մէջ. այլ խօսքով, եբրայական կանոնին մէջ չեն ընդգրկուած։ Յունարէն«apocryphos» բառը կը թարգմանուի՝ ծածկուած, քօղարկուած, թաքցուած։ Պարականոն բառը կը նշանակէ՝ կանոնէ դուրս։ Պարականոն գիրքերը տրամադրելի էին հասարակութեան առտնին ընթերցմանն ու լոկ անձնական հոգեշահութեան համար։ Անոնց շրջանառութիւնը ժողովուրդի լայն զանգուածին մէջ հազուադէպ երեւոյթ էր ու բնաւ չէր քաջալերուեր։ Այս գիրքերը ժողովուրդէն պահուած էին որովհետեւ անոնց պարունակութիւնը խորհրդաւոր բնոյթ ունէր եւ կը պատկանէր գաղտնուսոյց գիտութեանց շարքին։ Այլք կը խորհին թէ պարականոն գիրքերուն մատչելիութիւնը պէտք է փնտռել անոնց կեղծ, շինծու եւ մանաւանդ հերետիկոսային բնոյթին մէջ։ Զայս ըսելէ ետք, պէտք է անմիջապէս աւելցնել որ Մանասէի աղօթքը շատ տարբեր բնոյթով, ոճով ու բովանդակութեամբ գրութիւն է։ Աւելորդ չթուի յիշատակել այստեղ, որ պարականոն գիրքերուն նշանակութեան ու արժէքին մասին գոյութիւն ունին բազմազան կարծիքներ, որոնք կը տարբերին իրարմէ, համաձայն տեղի ու ժամանակի։ Սկզբնական շրջանին, օրինակի համար, որոշ գիրքեր նկատուած են բարձրարժէք ու բարձրորակ, օգտակար ու շահեկան։ Յետագային, անոնց ներկայութիւնը դարձած է հանդուրժելի. աւելի ուշ, անոնք անտեսուած են ու արտաքսուած են գրացանկէն։

Ժամանակին երբ յունարէնը տիրող լեզու կը համարուէր Միջերկրականի մէջ, Հին Կտակարանը, որ գրուած էր եբրայերէնով, անհասկնալի էր ժողովուրդի լայն զանգուածին։ Այս պատճառով, հարկ տեսնուեցաւ թարգմանել եբրայական բնագիրը յունարէնի. այսպիսով, յառաջ եկաւ Եօթանասնիցը։ Համաձայն աւանդական ու պատմական տուեալներուն, Եօթանասնից (Septuagint կամ LXXX), որ թարգմանի եօթանասուն, այդպէս է կոչուած՝ քանի որ բովանդակ թարգմանութիւնը կատարուած է եօթանասուներկու օրուայ մէջ, եօթանասուներկու պաղեստինցի գիտուն ռաբբիներու կողմէ, Քրիստոսէ առաջ Գ. դարուն, Աղեքսանդրիոյ մէջ՝ Եգիպտոսի թագաւոր Պտղոմէոս Բ. Փիլադելփոսի (285-246 Ն.Ք.) շրջանին։ Այսպիսով, Եօթանասնիցը կը համարուի Սբ. Գրքի հնագոյն եւ վաւերագոյն թարգմանութիւնը։ Այս Եօթանասնիցն էր որ յետագային հիմք հանդիսացաւ լատինական թարգմանութեան, որ մեր մօտ *ճանչցուած է Վուլկաթա անուան տակ։ Վուլկաթայի թարգմանութիւնը, որ կատարուած է Դ. դարուն Ս. Հերոնիմոսի կողմէ, Հռովմէական Կաթոլիկ եկեղեցւոյ ճանչցած պաշտօնական ու հեղինակաւոր թարգմանութիւնն է։*

Վերադառնալով Մանասէի աղօթքին, հարկ կը համարենք աւելցնել, որ Հին Կտակարանի մէջ աղօթասացութեան բազմաթիւ դէպքեր արձանագրուած են։ Պէտք է յստակ ու բացայայտ զատորոշում կատարել իմաստալից ու անիմաստ աղօթքի միջեւ։ Իմաստազուրկ, փուճ ու ապարդիւն է այն աղօթքը, որ լոկ շրթամբ կը մատուցուի եւ հոգիէն ու սիրտէն չի բխիր։ Այս պարագային ոչ մէկ ներգործութիւն կը կատարէ անձին վրայ, որ է ըսել՝ որեւէ արմատական փոփոխութիւն չ'ենթադրեր կամ չի կատարեր։ Հին Ուխտի մէջ արտասանուած աղօթքները իբրեւ ակնաղբիւր ունէին մեղաւորին ճենճերած սիրտը։ Առ Աստուած ուղղուած աղօթքի մրմունջները անկեղծ արտայայտութիւն ու դրսեւորում էին ապաշաւող անձի։ Աղօթքները սովորաբար կը փառաւորէին Անոր անունը, վասնզի կը համարուէր արարիչը երկնի եւ երկրի եւ Իր իշխանութիւնը կը տարածուէր բովանդակ արարածներուն վրայ։ Աստուած կ'ունկնդրէ ամէն աղերս, աղաչանք ու պաղատանք, վասնզի Ան գթած է, երկայնամիտ ու բազումողորմ։ Աղօթքներուն մէջ բացորոշ կերպով կ'ընդգունուի գերագահութիւնը Աստուծոյ եւ անոնց ընդմէջէն յայտնի կ'ըլլայ թէ ինչպէս հաւատացեալը ինքզինք կ'ենթարկէ հնազանդութեան եւ հաւատարմութեան։ Հին Կտակարանին մէջ շեշտուած իրողութիւն է մեղաւորին անարժանութիւնը՝ Աստուծոյ շնորհը գտնելու, ներումը ստանալու եւ վերստին արժանաւոր զաւակը կոչուելու։ Մանասէ Թագաւորի աղօթքը սրտառուչ կոչ մըն է ողորմութիւն, գթութիւն եւ քաւութիւն ստանալու՝ գիտակցաբար գործուած աւերիչ յանցագործութեան համար։ Աստուած կը սիրէ վերադարձը անառակին ու կորուսեալին։ Ան գրկաբաց կ'ակնկալէ վերադարձը անօրէնին ու ամբարիշտին։ Մանասէ Թագաւոր մեզի կը ներկայանայ իբրեւ տիպար ու օրինակելի ապաշխարող, որ Աստուծոյ առջեւ կը գտնէ ներում եւ բացառիկ շնորհ։

1998

Կնիք Խոստովանութեան

Հայ Եկեղեցւոյ իրաւունքի կամ օրէնսդրութեան մէջ կայ չափազանց կարեւոր կանոն մը, ըստ որում, խոստովանահօր կատարած ամէն խոստովանութիւն կը մնայ այլոց անբացայայտելի, անհպելի ու անբռնաբարելի։ Մեր եկեղեցւոյ լուսամիտ հայրերը մեծ զգուշութեամբ ու հպարտութեամբ մօտեցած են այս փափուկ հարցին։ Գրիգոր Լուսաւորչի կանոնախումբի ԻԲ· կանոնը կ՚անդրադառնայ քահանաներուն կատարուած ծածուկ խոստովանութեան բացայայտման, ինչպէս նաեւ խիստ պատիժին, «Եթէ ոք ի քահանայից զծածուկ խոստովանութիւն ուրուք յայտնեաց, անկցի յաշտիճանէն եւ ի կարգէ պաշտաւնէից մերժեսցի եւ մեղք չխոստովանողացն անկցի ի վերայ նորա»։ Այսպէս ուրեմն, եթէ քահանան մէկու յայտնէ իրեն կատարուած որեւէ խոստովանութիւն, կարգազուրկ կը հռչակուի, քահանայական պաշտօնէն կը հեռացուի եւ խոստովանանք չկատարողներու մեղքերն ալ իր վրայ կը դրուին։

Կնիք խոստովանութեան աստուածաբանական իմաստին ու նշանակութեան անդրադառնալէ առաջ, հարկ է յիշատակել որ խոստովանանքը մեր եկեղեցւոյ մէջ եղած է անձնական եւ հրապարակային։ Անձնական խոստովանութիւնը ենթական կատարած է քահանային անձամբ՝ անվախ, անվարան եւ առանց թաքցնելու։ Հրապարակային խոստովանանքը կատարուած է սովորաբար հաւաքաբար։ Դարերով գործածուած է մեզի փոխանցուած բնագիրը, որ կը բովանդակէ պարզագոյն մեղքերէն մինչեւ ծանրագոյնները։ Հարեւանցի ակնարկ մ՚իսկ բաւական է տեսնելու որ կարգ մը յիշատակուած մեղքեր իրօք որ սահմռկեցուցիչ են ու խոտորեցուցիչ։ Այդ մեղքերէն ոմանք շատ դիւրաւ կրնան ոչ միայն շիկնանք պատճառել հաւատացեալին, այլեւ վիրաւորել անոր կրօնական ու մարդկային զգացումները։ Որոշ մեղքերու արտառոց բնոյթը նկատի ունենալով, ներկայիս, ի ձեռին ունինք յապաւեալ խոստովանակարգ մը կամ խոստովանական բանաձեւ մը, որ աւելի զուսպ է իր մեղքերու ցանկագրումով եւ շատ աւելի նախընտրելի է ու կիրարկելի՝ քան թէ նախկինը։

Հետաքրքրական է գիտնալ թէ սուրբ գրական ի՞նչ հիմքի վրայ խարսխուած է մեղաց խոստովանութիւնը եւ գաղտնապահութիւնը։

Հին ու Նոր Կտակարանները ունին բազում դէպքեր կամ օրինակներ խոստովանութիւններու։ Խոստովանութեան անհրաժեշտութեան կ՚ակնարկեն Ղեւտացւոց (Ե·1) եւ Թուոց (Ե·6) գիրքերը։ Սաղմոսաց գրքի մէջ խոստովանութիւն կայ յիշատակուած Աստուծոյ աղօթքի միջոցաւ (ԼԱ·)։

Նոր Կտակարանին մէջ կը հանդիպինք մեղաց խոստովանութեան՝ իբրեւ կենսական անհրաժեշտութիւն յետ մկրտութեան· «Կը մկրտուէին ... ու կը խոստովանէին իրենց մեղքերը» (Մտթ· Գ·6)։ Սիմոն Պետրոս կ՚ընդունի կամ կը խոստովանի իր մեղաւորութիւնը· «Հեռու գնա ինձմէ, Տէր, վասնզի ես մեղաւոր մարդ մըն եմ»։ Կայ նաեւ մեղաւոր կնոջ զղջումը՝ արցունքով եւ Քրիստոսի ոտքերու լուացումով (Ղկ· Է·37)։ Զակքէոս քառապատիկ հատուցում կ՚ուզէ կատարել բոլոր անոնց, որոնք կեղեքած, հարստահարած կամ զրկած է (Ղկ·

*ԺԹ.*8)։ *Խոստովանութեան մէկ այլ տեսակ է՝ երբ Ղուկաս Աւետարանիչ կը գրէ. «Մենք իրաւացիօրէն արժանի հատուցումը կը ստանանք այն գործերուն համար, զորս ըրինք»* (*ԻԳ.*41)։ *Գործք Առաքելոցի մէջ կը կարդանք՝ «Հաւատացեալներէն շատեր կու գային եւ կը խոստովանէին ու կը պատմէին իրենց արարքները»՝ իբրեւ արդիւնք Պօղոսի Եփեսոսի մէջ քարոզչութեանց։ Կախարդութեամբ զբաղողներէն շատեր նոյնիսկ այրեցին իրենց կախարդական գիրքերը հրապարակաւ։ Յակոբոսի Թուղթը կ՚ակնարկէ հազուագիւտ խոստովանաձեւի մը. «Խոստովանեցէք ձեր մեղքերը իրարու եւ աղօթք ըրէք իրարու համար»* (*Ե.*16)։ *Յուդա Իսկարիովտացի եւս՝ մատնիչը մեր Տիրոջ, խղճահարուեցաւ, դառնապէս զղջաց իր մատնութեան համար եւ խոստովանեցաւ, ըսելով՝ «Մեղք գործեցի, որովհետեւ արդար արիւն մատնեցի»* (*Մտթ. ԻԷ.*4)։

Հայրաբանական գրութեանց մէջ այս նիւթին մասին ոչ մէկ ակնարկ կարելի է գտնել, բայց եւ այնպէս, անցեալին, անգիր օրէնքի նման կը յարգուէր մեղքերու խոստովանութեան գաղտնապահութիւնը։ Սկիզբէն ի վեր յարգուած է այն երեւոյթը, որ ապաշխարողը ունի իր անձնականութիւնը (privacy) *եւ թէ ան պէտք է մնայ անվիճելի ու մանաւանդ՝ անբռնաբարելի։ Եկեղեցւոյ սրբազան հայրերը վերահաստ եղած են այն կարեւոր իրողութեան, որ եթէ ապաշխարող անհատին մեղքերը հրապարակաւ բացայայտուին, զայն անուղղակիօրէն գրկած կ՚ըլլան Ապաշխարութեան ու Հաղորդութեան սուրբ խորհուրդներէն։*

Քահանան իր բարձր կոչումով, սուրբ կարգով ու վսեմ պաշտօնով կոչուած է դառնալու միջնորդ՝ մեղաւորի կամ ապաշխարողի եւ Աստուծոյ միջեւ։ Ապաշխարողը կը մօտենայ քահանային այն լիիրաւ ու կատարեալ վստահութեամբ, որ ան գաղտնապահ է ու վստահելի։ Քահանան, իր կարգին, ամէն զգուշաւոր միջոցներ ձեռք կ՚առնէ որ որեւէ ձեւով կամ որեւէ պարագայի տակ չբացայայտէ իրեն խոստովանուած մեղքը՝ գաղտնիքը։ Քահանան բարոյական հարկադրանքի ներքեւ կը գտնէ ինքզինք՝ ծածուկ խոստովանութիւնը ուրիշին չյայտնելու կամ հանրութեան սեփականութիւնը չդարձնելու։ Ընդհանուր եկեղեցւոյ պատմութենէն մեզի յայտնի են գրողներ ու բարոյագէտներ, որոնք ի յառաջագունէ դէմ եղած են քահանային խոստովանանք կատարելու արարքին։ Անոնց առարկութիւնը հիմնականին մէջ եղած է այն, որ մեղքը պէտք է խոստովանիլ միայն Աստուծոյ եւ ուրիշ ոչ ոքի։ Սուրբ Ապաշխարութեան հանդէպ ցուցաբերուած այս մօտեցումը կամ վերաբերումը որոշ ատեն տիրական բնոյթ կրելէ ետք վերստին քննարկուեցաւ ու փոխուեցաւ՝ քահանան դարձնելով միջնորդ Աստուծոյ եւ ապաշխարողի միջեւ։

Խոստովանութեան գաղտնապահութեան մասին կը խօսին մեր քոյր եկեղեցիները եւս։ Անոնց կանոնները եւս խիստ պատիժներ կը սահմանեն բոլոր այն կղերականներուն, որոնք գաղտնիք կը բացայայտեն զանազան պատճառներով։ Այդ օրէնքներէն մէկը գաղտնիք յայտնող քահանայ ոչ միայն իր պաշտօնէն կ՚արձակէ, այլեւ ձեռնակապերով մենաստան կը նետէ, որպէսզի իր կեանքի մնացած տարիները անցընէ ցաւի ու ապաշաւի մէջ։ Մէկ այլ կանոն կ՚արգիլէ եկեղեցականը Պատարագ մատուցելու եւ խոստովանահայրի դեր ստանձնելու։

Խոստովանութեան կնքուածութիւնը ոչ միայն եկեղեցական օրէնքով պաշտպանուած ու հաստատուած իրողութիւն է արդ, այլ է նաեւ բնութեան եւ աստուածային անխախտելի օրէնք։ Բնութեան օրէնք կ՚ըսենք, որովհետեւ մեղքին բացայայտումով եւ հանրութեան սեփականութեան վերածումով, մեղաւորը ոչ միայն նախատուած ու հրապարակաւ պախարակուած պիտի ըլլայ, այլեւ պիտի կորսնցնէ իր անձնականութիւնը։ Կայ նաեւ քահանային հանդէպ ցուցաբերուած գերագոյն վստահութիւնը, որ քահանան ինք պարտի արդարացնել՝ ցոյց տալով կատարեալ հասունութիւն եւ մանաւանդ խորին ակնածանք իր բարձրագոյն պաշտօնին ու հանգամանքին հանդէպ։ Աստուածային օրէնք կը կոչենք նաեւ, որովհետեւ Քրիստոս՝ հիմնադիրը ապաշխարութեան խորհուրդին, տուաւ մեղաւորին կատարեալ իրաւունք իր խոստովանութիւնը գաղտնի պահուելու։ Ս. Թովմաս Աքուինացի մեծ աստուածաբանին տեսակէտը այս մասին այն է, որ որեւէ խախտում այս օրէնքին, կը սրբապղծէ ու բարոյապէս կ՚եղծէ ապաշխարութեան խորհուրդը։ Աստուածաբաններու ջախջախիչ մեծամասնութիւնը համաձայն է որ քահանան պարզ անձի դեր չէ որ կը ստանձնէ, այլ հանդէս կու գայ իբրեւ Քրիստոսի ներկայացուցիչը։ Հետեւաբար, քահանան անհաղորդ է իրեն կատարուած խոստովանութեան մեղքի տեսակին, ծաւալին, կշիռին եւ քանակին։ Ան բացարձակապէս անտեղեակ է իբրեւ մարդ, հետեւաբար եւ հաշուետու չէ ոչ ոքի։

Պատմականօրէն խօսելով, մեղքի խոստովանանքի խիստ ծածկապահութիւնը շատ յաճախ պատճառ եղած է որ յանցագործը մնայ անպարտ ու անպատիժ։ Ոճրագործներ ու նշանաւոր աւազակներ չեն կալանաւորուած, որովհետեւ քահանան մնացած է հաւատարիմ իր եկեղեցական կոչումին ու չէ յայտնած իշխանութեանց։ Մեղքի խոստովանութեան բացայայտումը կամ բռնաբարումը բարոյապէս եւ օրինաւորապէս հանրութեան առջեւ կրնայ կատարել միայն յանցագործը՝ եթէ ունենայ խղճահարում եւ տեսնէ արդարութիւնը գործուած ըլլալու հոգեկան ներքին պահանջ։

Այստեղ բարոյական հարց կը ծագի թէ ինչպէ՞ս կրնայ քահանան լուռ մնալ ու անպատիժ թողուլ յանցագործ մը, որ գործած է ծանր մեղք մը եւ արժանի է բանտարկութեան կամ մահապատիժի։ Վերստին հարկ է յիշել որ քահանան քաղաքային կամ կառավարական իշխանութեանց պաշտօնեայ չէ եւ ոչ ալ դատաւոր, որպէսզի մէկ դատավճիռով պատիժ սահմանէ, այլ՝ Աստուծոյ խոնարհ ու հաւատարիմ սպասաւորը, եւ իբրեւ այդպիսին՝ հաշուետու չէ որեւէ իշխանութեան։

Վերեւը նշեցինք արդէն որ քահանային խոստովանուած որեւէ մեղք, յանցանք կամ անոր բացայայտուած գաղտնիք կը մնան ներփակեալ ու կնքուած իրենց պատեանին մէջ։ Հետեւաբար, բարոյապէս դատապարտելի է, երբ ճնշում կը բանեցուի քահանային վրայ իր գիտցածը հաղորդելու ատեանի առջեւ ի դիմաց դատաւորին, դատախազին կամ իշխանութեան պատկան մարմիններուն։ Ապաշխարութեան խորհուրդը, անտարակոյս, չ՚արդարացներ նման բացայայտում եւ չի ներեր ոտնակոխում ու բռնաբարում։

Գաղտնապահութեան մասին խօսելով, կ՚արժէ աւելցնել նաեւ որ բժիշկներ եւս պատուիրուած են գաղտնի պահելու իրենց հիւանդներուն մարմնային տկարութիւնները, ախտերը, ցաւերը եւն։ Այս գաղտնապահութիւնը կը պաշտպանէ ենթակային անձնականութիւնը, որ գերիվեր է ամէն կողմնակի ու մասնակի շահերէ, եւ կ՚աշխատի ի նպաստ հիւանդին։

Ինչքա՞ն յարմար էր ու պատշաճ նման նիւթի մը արծարծումը ներկայիս, երբ ընդունելի ու տիրական դարձած են հաւաքական խոստովանութիւնները։ Ոմանք չափազանց հանդիստ նոյնիսկ կը զգան որ առանձնացուած կամ զատուած չեն հաղորդուողներու խումբէն ու մաս կը կազմեն անոր։ Թէ ինչքա՛ն այժմէական ու գործնական է անձնական խոստովանութիւնը, հաւատացեալը ինք պիտի որոշէ։ Պահանջքի հարց է։ Չկայ միատեսակ ու միանուագ խոստովանանք։ Մինչ այդ, սակայն, հաւատացեալին պէտք է մէկընդմիշտ հաւաստել, որ քահանային կատարուած թէկուզ ամէնէն չնչին ու անկարեւոր համարուող խոստովանութիւն կը մնայ անլուծելի կնիքի ու անքակտելի կղպանքի տակ։ Այլ խօսքով, վստահութիւն պէտք է տածել քահանային հանդէպ եւ կատարելապէս ապահով զգալ որ քահանան իբրեւ խոստովանահայր հաւատարիմ է իր սրբազան կոչումին։

1999

Իմաստութեան Կայծեր

Հին Կտակարանի առանձնայատկութիւններէն մէկը անոր նիւթերու բազմազանութիւնն է։ Այս բովանդակալից գրքի մէջ է որ ի յայտ կու գան իմաստութեան վերաբերող գիրքերը։ Իմաստութիւն բառը այստեղ պէտք է վերցնել իր լայնագոյն ու խորագոյն պարունակին մէջ, որ է՝ գիտութիւն, խոհեմութիւն, զգաստութիւն, ներհայեցողութիւն, կշռադատութիւն եւ կուռօրէն տրամաբանելու կարողութիւն։ Այսպիսով, իմաստութիւն բառը իր ամենաընդարձակ առումին մէջ միատեսակ կամ միաձեւ ըմբռնում չի կրնար ընդունիլ։

Իմաստութեան ոլորտներուն մէջ շրջապտոյտ կատարելու համար հարկ է որ յետադարձ կատարենք դէպի նախաքրիստոնէական դարաշրջանը եւ այցելենք Միջագետքի, Իսրայէլի, Եգիպտոսի եւ այլ հին ժողովուրդներուն։ Այս ազգերուն մէջ իմաստութեան կայծեր կը թեւածէին ազատօրէն՝ բոցավառելով երեւակայութիւնը եւ լուսաւորելով միտքերը ու պայծառացնելով հոգիները մարդկանց։

Գրաւոր հաւաստի աղբիւրներ կը պակսին մեզի ենթադրելու որ անցեալին եղած ըլլան հաւաքական շարժումներ կամ խմբակցական միութիւններ, որոնց հիմնական ձգտումն ու նպատակակէտը եղած ըլլայ փոփոխութիւններ մտցնել հասարակական կեանքէն ներս՝ մարդիկն առաջնորդելու դէպի իմաստալից ու բարոյալից կեանք՝ լի արդիւնաբեր ու օգտաշատ գործունէութեամբ։

Զայս ըսելով չենք ցանկար բացառած ըլլալ կարգ մը անհատներու ջանքերը, որոնց գրաւոր աշխատանքները ցարդ կը մնան համաշխարհային գրականութեան մէջ իբրեւ վաւերական ու մնայուն արժէքներ։

Հին Կտակարանի իմաստութեան գիրքերու շարքին կը պատկանին Առակաց, Յոբի եւ Ժողովողի գիրքերը։ Բովանդակ Աստուածաշունչ մատեանը իմաստութեան անսպառ շտեմարան է։ Դարերով մարդկութիւնը անոր դիմած է ստանալու ուղղութիւն, իմաստութիւն, մխիթարութիւն, մտքի հասունութիւն եւ կեանքի փորձառութիւն։

Իմաստութեան գիրքի ներկայացուցիչներ կամ ջատագովներ իրենց ամբարած անսահման գիտելիքները կը ջանան գրաւոր հաղորդել մարդոց՝ մատնացոյց ընելու կեանքի իմաստը, նպատակը, եւ բարի, ուղիղ, արդար, խոհեմ, ճկուն ապրելու կերպը եւ արուեստը։ Անոնց հիմնական առաջադրութիւնն է՝ փոխելով ազնուացնել մարդկային նկարագիրը։ Առակներու, առածներու, ասացուածքներու, փոխաբերութիւններու, գողտրիկ պատմուածքներու ու պատկերներու յաջորդական ու անվերջ ներկայացումով, յարգելի հեղինակները իրենց բարձրագոյն ու անվիճելի հեղինակութեամբ ցոյց տուած են թէ իրենք ունին պատշաճ ու բաւարար գիտութիւն՝ խօսելու բարոյագիտական ու կենցաղագիտական հարցերու մասին, ինչպէս նաեւ ունին իմացական հզօր կարողութիւն՝ վճռական պատասխաններ տալու կեանքի բազմատեսակ, բազմածալ ու կնճռոտ երեւոյթներու մասին։

Տարակոյսէ վեր է անշուշտ որ հեղինակները, իրենց համոզիչ դրոյթներու վրայ, կրցած են անառարկելի ու անխոցելի մնալ։

Սկզբնապէս աշխարհը գեղեցիկ էր, մաքուր, կարգ ու կանոնով եւ իր հարազատ բնավիճակով։ Մարդիկ իրենք էին որ խախտեցին աստուածային օրէնքը եւ երկիրը դարձուցին երկնային անէծքի ու կրակի վայր։ Մարդկային այս զարտուղի ու անպատշաճ ընթացքը ապականեց ու ջնջեց բարոյական օրէնքները եւ հասկացութիւնները։ Մեղքի խորխորատին մէջ ընկլուզուած մարդկութիւնը ապրեցաւ ըստ կամս եւ քմահաճօրէն՝ առանց հաշուետուութեան գիտակցութեան ու պատասխանատուութեան զգացումի։ Այս կարեւոր երեւոյթը չէր կրնար վրիպիլ ուշադրութենէն Սողոմոնի նման իմաստուններու, որոնք առանց տատամսելու ձեռնարկած են հասարակութիւնը ի կարգ հրաւիրել եւ ի զգաստութիւն կոչել։

Իմաստութեան գիրքերուն յօրինուածութեան եղանակը բանաստեղծական բնոյթ կը կրէ։ Բանաստեղծականօրէն ներհիւսուած ու մատուցուած տողերը յաւերժական գեղեցկութիւններ են, որոնք իրենց մէջ կը խտացնեն կեանքը իր ներքին բոլոր ծալքերով, ոլորտներով, խութերով, բարդոյթներով, խոչընդոտներով, փշոտ հարցերով ու բազմապիսի երանգներով։ Այս խօսքերու առատութիւնը, բազմազանութիւնը եւ գունագեղութիւնը կը ծառայեն մարդկանց մտահորիզոնը ընդարձակելու, մտապաշարը հարստացնելու, ծաւալելու, անոր միտքը մշակելու, կրթելու եւ ծաղկեցնելու։ Իմաստութեան գիրքերը մարդկութեան կը պարգեւեն հարուստ կենսափորձ, վասնզի կ'ուսուցանեն հասարակութեան կամ ընկերային շրջանակներուն մէջ լաւագոյնս դրսեւորուիլ։ Անոնք կը սորվեցնեն պարագայի համեմատ խօսելու եւ լուռ մնալու արուեստը, առաքինի, երջանիկ, առողջ, երկար ու անփորձանք կեանք վարելու գաղտնիքը։ Իմաստութեան գիրքերը կեանքի կայծեր կ'արձակեն եւ համայն մարդկութիւնը կը կոչեն զգաստութեան, արթնամտութեան, լայնախոհութեան, շրջահայեցութեան եւ փորձառութեան։ Լաւ ու հաճելի փորձառութիւնները պէտք ունին հողի պատրաստութեան· անոնք դիպուածաբար տեղի չեն ունենար։ Այդպիսի փորձառութիւնները անձէն կ'ակնկալեն ի յառաջագունէ գիտութիւն եւ իմաստութիւն։

Անձէն կախում ունի թէ ան ինչպէ՞ս կ'ընկալէ իմաստութեան կայծերը իր կեանքէն ներս եւ կը կիրարկէ զանոնք յօգուտ իր անձին ու մանաւանդ ի շահ եւ ի բարօրութիւն իր նմանին ու շրջապատին։

Աշխարհի կարգաւորութեան ընդհանուր յօրինուածութիւնը մշտական սպառնալիքի ենթակայ է մարդկութեան, գիտութեան, ճարտարարուեստի ու այլ բնագաւառներու կողմէ։ Եթէ մէկ կողմէ գիտութեան ու զանազան արուեստներու աննախընթաց զարգացման նոր դարաշրջան մը սկսած է բոլորել մարդկութիւնը, ապա միւս կողմէ, անոր բարոյական կեանքը տիղմի մէջ խորասուզուած ցեխարձակումներով կ'ապականէ մարդկային նկարագիրը, կ'եղծէ մարդկային ազնուագոյն գիծերը, աստուածատուր պարգեւները եւ կը նուաստացնէ անոր արժէքը։ Հայոց մեծագոյն հանճարեղ արուեստագէտ կրօնաւոր բանաստեղծը՝ Նարեկացին, իր Աղօթամատեանին մէջ հրաշալի վարպետութեամբ կը նկարագրէ մարդկութեան բարոյալքուածութիւնը եւ հոգեկան ապականութիւնը, եւ առ ի հետեւանս այս ծանր անկումին, անոր տուայտումն ու զիղջը։ Ան կը գրէ· «Արդարեւ, մեծ է ցաւն ու վտանգը վարանումներու ու տագնապներու, երբ որ մարմինդ մեղքով լափուած է… բաղադրութիւնն ամբողջ զանգուածին շաղախուած է լոկ կիրքով մահաբեր… երբ որ բանական ըլլալով հանդերձ, դասուած ես կարգը անասուններու, ողջ գոյութեանդ շարամանուած է զազիր գարշութիւն, արտաքուստ առողջ, ներքնապէս, սակայն, վիրաւորուած ես, յուսահատած ես յաւիտենաբար ծանր յանցանքներուդ յիշատակներով»։ Հոս է որ օգնութեան կը փութան իմաստութիւն պարունակող ու բուրող առակները, որոնք կու գան վերականգնելու մարդը իր մեղսաթաթախ վիճակէն, մոլորութենէ ու շեղուածութենէ՝ ուղիղ արահետի վրայ զետեղելու, յուսահատութենէ փրկութեան առաջնորդելու, անստուգութենէ լուսաւորութեան առաջնորդելու։

Հին Կտակարանի առակները, առածները եւ պատկերաւոր այլ խօսքերը սեղմ են, համառօտ, կարճառօտ ու մատչելի։ Այս արտայայտչաձեւերը իրենց մէջ կը ցոլացնեն կենդանի, իրական պատկերներ։ Լեզուաոճային տեսակէտէ անոնք յստակ են, պայծառ, պարզ ու ջինջ, այն աստիճան, որ անցեալին, կարելի եղած է զանոնք անգիր գործածել ընթացիկ խօսակցութեան ու առօրեայ հաղորդակցութեան մէջ։

Կարեւորութեամբ հարկ է արձանագրել այն երեւոյթը, որ ոմանք իմաստութեան գիրքերուն մէջ անհարկիօրէն ու անարդարօրէն կը փնտռեն նոր դարաշրջանի մարդկութիւնը յուզող, մտալլկող ու չարչրկող, խռովայոյզ, բազմաբարդ ու լեռնակոյտ հարցերու լուծում։ Հանուր մարդկութեան ծանօթ իրողութիւն է, որ ներկայիս, աշխարհը կը տառապի անտեղի ու սարսափելի պատերազմներէ, ազգամիջեան սուր բախումներէ, ցեղակրօնային բարդ խնդիրներէ, խոր ատելութենէ, ինչպէս նաեւ բարոյագիտութեան վերաբերող անլոյծ հարցերէ, ևն։ Արդարութեան, մարդկային իրաւանց, խաղաղութեան, եղբայրասիրութեան ու ողջմտութեան նշանաբանները գամուած մնացած են ցուցատախտակներու վրայ եւ արձանագրուած մագաղաթներու վրայ եւ ի կեանս չեն վերակոչուած՝ յօգուտ մարդկային կեանքի բարելաւման ու բարեզարդման։

Արդ, մարդկային իմացական կարողութեան, բազկուժի օգտագործման եւ հոգեւոր ու բարոյական արժէքներու գործածութեան մէջ ի՞նչ ունին մատուցելիք իմաստութեան գիրքերը։ Ինչքանո՞վ կ'արդարանայ, զոր օրինակ, Ժողովող գրքի ներառումը Աստուածաշունչէն ներս, երբ լիուլի չի գոհացներ ներկայ մարդկութիւնը եւ չի ներշնչեր զայն յոյսով ու չի տոգորեր լաւատեսական գաղափարներով։ Եւ իրօք, Ժողովող գիրքը լի է ունայնութեան ու կեանքի հանդէպ յոռետեսական հայեացքներով։ Այս եւ նման կենսական հարցերով զբաղած են բազմաթիւ գիտուններ, աստուածաբաններ ու Աստուածաշունչի մասնագէտներ։ Որոգինէսի արժանաւոր աշակերտ՝ Գրիգոր Սքանչելագործ (մահացած 270 թուականին), անդրադառնալով այս մասին մեզի կը յիշեցնէ որ այս գրքին նպատակը մատնանշել է մարդոց ունայնութիւնը, անոնց հետապնդած ծրագիրներու եւ ձգտումներու վաղանցիկութիւնը, որպէսզի կարենայ գիրքը իր հզօր պատգամով մեզ երկնային, հոգեւոր ու մնայուն արժէքներու ուղղութեամբ առաջնորդել։

Քսանմէկերորդ դարի հարցերուն սպառիչ պատասխաններ տալու յաւակնութիւնը չունին իմաստութեան գիրքերը։ Թէկուզ հարեւանցի, լուծումներ չեն առաջադրեր անոնք։ Հետեւաբար, բացարձակապէս անարդարութիւն գործած կ'ըլլանք եթէ այդ տեսանկիւնէն դիտենք զանոնք եւ մեր ակնկալութեանց մէջ ըլլանք չափազանց խիստ ու պահանջկոտ։ Առակներուն մէջ պիտի գտնենք ջերմիկ հաղորդութիւն, հայրական հոգածութեամբ ու գուրգուրանքով արտասանուած կենսունակ խօսքեր, որոնք լուսատու ջահի ու անմար փարոսի նման պիտի գան ուղղութիւն տալու մեր կեանքին, մեր հաւատքը առկայծելու, խորացնելու, ամրացնելու եւ զմեզ հեռու պահելու մարդկային բարքի ապականութիւններէ, յոռի ունակութիւններէ ու սովորութիւններէ, մարդկային բնաւորութեան զզուելի կողմերէ եւ այլ բազմատեսակ մոլութիւններէ, արատներէ, անյագ կիրքերէ, գայթակղեցուցիչ արարքներէ, ծամածուռ ուղիներէ։

Սողոմոն իր առակներուն ուսուցումը սերունդէ-սերունդ հետեւողական դարձնելու նպատակադրումով կը յորդորէ զանոնք ոչ միայն ընդունիլ ու պահել, այլեւ տրամադիր ու յօժարակամ ըլլալ զանոնք փոխանցելու յաջորդական սերունդներուն, որպէսզի անոնք եւս հաղորդակից ըլլալով անոնց պարունակութեան, ապրին ազնիւ, վայելուչ ու բարեկեցիկ կեանք։

Առակաց գիրքին արժէքը եւ նշանակութիւնը Սողոմոնի մատուցած առակներուն բազմաքանակութեան մէջ չի կայանար, այլ՝ ծանրակշռութեան, լիարժէքութեան ու խորիմաստութեան։ Առակները մէկական գոհարներ են։ Անոնք կը մրցին իրարու հետ իրենց պատկերաւոր մտածողութեամբ, այլաբանութեամբ ու խորհրդաւորութեամբ։ Անոնց ինքնատիպութիւնը, գրաւչութիւնն ու գերազանցութիւնը խտացուած են պատգամին մէջ։ Միշտ չէ որ առակները իրենց ձեւով ու բովանդակութեամբ մատչելի են հասարակութեան ու դիւրամարս։ Ոմանք ունին հանելուկային կամ առեղծուածային բնոյթ։ Ընթական ինք պէտք է կարենայ քակել հանգոյցը եւ լուծելով հասկնալի դարձնել առակը։ Այսպիսի առակներ կը միտին աշխատցնել ու սրել ընթական միտքը եւ զարգացնել անոր մտածելու կարողութիւնը։

Իմաստութեան գիրքի հեղինակները գիտնականներ են, հմուտ դաստիարակներ ու խղճամիտ ուսուցիչներ։ Անոնց կրօնա-փիլիսոփայական հայեացքին համաձայն, մարդիկ տէրը չեն իրենց ճակատագրին, վասնզի անոնց կառավարիչը Տէրն է։ Մարդիկ կ՚որոշեն, կը ծրագրեն, բայց ի վիճակի չեն գործադրելու՝ եթէ Տիրոջ կամքով չէ. «Խորհուրդ մարդկան, կամքն Աստուծոյ»։ Ընթական բազում ջանքերով կ՚ուզէ ապահովել իր յաջողութիւնը եւ երջանկութիւնը այս աշխարհի վրայ, բայց եթէ Տիրոջ կամքով, օրհնութեամբ ու արտօնութեամբ չէ, յումպէտս են մարդկային ամէն ճիգ ու քրտինք։ Մարդս ստեղծուած է սահմանափակ գիտութեամբ ու կարողութեամբ։ Այլ խօսքով, անսահման չէ անոր գիտելիք ամբարելու կարողութիւնը կամ գիտելիքներու պաշարը։

Արդ, ինչպէ՞ս կարելի է տիրանալ իմաստութեան եւ դառնալ խոհեմ, իմաստուն, հասուն։ Սողոմոնի առակները դարերուն ընդմէջէն մեզի կը պատգամեն. «Սկիզբն իմաստութեան երկիւղ Տեառն»։ Ուրեմն, Տիրոջ հանդէպ ցուցաբերուած երկիւղին, ակնածանքին ու պաշտամունքին մէջ կը կայանայ ու կը խտանայ իմաստութիւնը։ Մարդիկ պարտին հետեւաբար ընդունիլ եւ զգալ ներկայութիւնը Տիրոջ իրենց կեանքէն ներս եւ իրենց կեանքը ձեւաւորել, կարգաւորել ու դրսեւորել համաձայն այդ պատուիրանին։ Տիրոջ առջեւ պէտք չէ երբեք սնքալ ու երեւալ իբրեւ իմաստուն, այլ միայն ըլլալ՝ «յուսացեալ ի Տէր յամենայն սրտէ»։ Աստուածազգեաց, առաքինազարդ ու պարկեշտաբարոյ մարդոց կողքին պիտի ըլլան նաեւ իմաստութիւնը եւ խրատը անդոհնող *ամբարիշտներ, որոնց մէջ բացակայ է Տէրը եւ ներկայ է Նեռը։ Առակները կը խրատեն հեռու մնալ այդպիսի անօրէն, նենգախոհ, անկրօն ու անխորհուրդ մարդոցմէ։*

Առակները կը խրատեն զաւակները ըլլալ հնազանդ, յարգալից, խորագէտ, վասնզի իմաստուն որդին կ՚ուրախացնէ հայրը, իսկ անմիտ որդին տրտմութիւն է մօրը։

Սողոմոն կը պատուիրէ. «Ողորմութիւնը եւ ճշմարտութիւնը քեզմէ թող չպակսին. զանոնք պարանոցիդ վրայ կապէ ու սրտիդ տախտակին վրայ գրէ» (*Առակք Գ.* 3)։ *Իմաստութիւնը արծաթէ, ոսկիէ եւ այլ բազմաթիւ գանձերէ ու գոհարեղէններէ աւելի թանկագին է. ան կը պարգեւէ հոգւոյ եւ մարմնոյ կատարեալ առողջութիւն, մտքի հանգստութիւն ու անդորրութիւն եւ կեանքի քաղցրութիւն։*

Ժողովող գիրքին համաձայն, մարդիկ ի վիճակի չեն տէրը ըլլալու իրենց ճակատագրին, վասնզի այդ տնօրինուած է Նախախնամութեան կողմէ։ Աստուծոյ կանխագծուած ծրագրի համաձայն պիտի ապրին մարդիկ, որովհետեւ իրենց հաստողութենէն ու կարողութենէն վեր է նշանախեց մ՚իսկ փոփոխութիւնը իրենց կեանքէն ներս։ Մարդս իր սահմանափակ գիտելիքներով դատապարտուած է չիմանալու կեանքի գաղտնիքները։ Ապագայի անստուգութիւնը պատճառ պէտք չէ ըլլայ որ անձը չկարենայ ապրիլ վայելուչ ու հաճելի կեանք. կրնայ եւ պէ՛տք է վայելէ կեանքը նամանաւանդ երբ երիտասարդ է. «Ուրախ եղիր, երիտասարդ, քու մանկութեանդ, եւ թող զուարճացնէ քեզ սիրտդ քու մանկութեանդ օրերուն» (*Ժող. ԺԱ.*)։

Արդ, այն ինչ նախասահմանուած է եւ անցած անգիր օրէնքի շարքին, անջնջելի է ու անշրջելի, եւ իբրեւ այդպիսին՝ հարկ է ընդունիլ եւ պահել. «Թիւրեալն՝ ոչ կարասցէ զարդարել, եւ պակասեալն՝ ոչ կարասցէ ի թիւ անկանել» (*Ժող. Ա.* 15)։ *Այս միանգամայն ցոյց կու տայ աշխարհի արտաքին երեւոյթները փոփոխութեան ենթարկելու անհնարինութիւնը եւ մարդուն անատակութիւնն ու անզօրութիւնը։ Հետեւաբար, մեզի կը մնայ ընդունիլ աշխարհը իր ամբողջական կազմով ու սարքով։ Մարդս իբրեւ տկար անօթ ու մահկանացու, երբեք պիտի չկարենայ ներթափանցել խորին ու խորհրդաւոր գաղտնեաց։ Մարդս պէտք է կեդրոնացնէ իր բովանդակ էութիւնը իրեն տրուած կարճ ժամանակուայ լիուլի օգտագործման ու վայելքի վրայ։ Հեռաւոր ու անծայրածիր հորիզոնի վրայ ուրուագծուող ապագայի նշանները եւ յաջորդ օրուայ վաղ արշալոյսին բերած արեւի գոյներուն հետ բարիքները վայելելու երազը կամ իղձը լոկ ցնորամտութիւն է, վասնզի աւելի լաւ է գործածել ներկան քան երազել վաղուայ անորոշութիւնը։ Մարդիկ, դժբախտաբար, կ՚ապրին վաղուայ սիրոյն ու հաշւոյն, երբ կարելիութիւնը եւ ժամանակն ու առողջութիւնը ունին ապրելու եւ բարիքները վայելելու այսօր. «Եկ կեր ուրախութեամբ զհաց քո, եւ արբ սրտիւ զուարճացնելով զգինի քո»* (*Ժող. Թ.* 7)։ *Կեանքը քաղցր է, հաճոյալի ու բերկրալի. կեանքի գաղտնիքը գայն ապրելու ու հաճոյանալու մէջ է։ Ինչքան ատեն որ բանական ու տրամաբանական բացատրութիւն կը պակսի մարդկային կեանքին, ամէն փորձ ու ջանք զայն բացատրելու յուսալքում են ու ապարդիւն։ Մարդս պէտք չունի շատ գիտութեան, վասնզի բազում գիտութիւնը մեր ցաւը կ՚աւելցնէ, կ՚եզրակացնէ Ժողովողի գիրքը։*

Առակաց գիրքը լեզուի գործածութեան ուղղութեամբ չատ չինիչ թելադրութիւններ կը կատարէ։ Լեզուն մեծ դեր կը կատարէ մարդուս կեանքին մէջ։ Ան է որ կ'որոշէ մարդուն արժէքը, մեծութիւնը, բարութիւնը, վեհութիւնը, խորութիւնը։ «Մահը եւ կեանքը լեզուին ձեռքն են եւ զայն սիրողները անոր պտուղը կ'ուտեն» (Առակք ԺԸ. 21)։ *Իւրաքանչիւր խորհուրդ եւ մտածում լեզուով կ'արտայայտուի։ Հետեւաբար, լեզուն է սկիզբը ամենայն չարեաց եւ բարեաց։ Թէպէտեւ լեզուն փոքր անդամ է, բայց կրնայ եւ՛ աւերներ գործել, եւ՛ հրաշքներ կատարել։ Լեզուն անկարելին կարելի կը դարձնէ։ Լեզուն ճկուն գործիք է կամ միջոց մեր միտքերը հաղորդելու եւ փոխանցելու մարդոց եւ մեր սիրտին պատկերը ու զգացումը ներկայացնելու։ Բերանն է որ կը պահէ կամ կը կործանէ անձը։*

Մեծն Սողոմոն կ'ըսէ. «Լեզու արձակ փշրէ զոսկերս», որ է՝ «անոյշ լեզուն ոսկորներ կը կոտրէ» (Առակք ԻԵ. 15)։ *Մեր ժողովուրդը կ'ըսէ. «Անոյշ լեզուն օձը ծակէն կը հանէ»։ Լեզուի անտեղի, անպատշաճ, անհարկի ու աղտեղի գործածութենէն կը յառաջանան նեղութիւն, տրտմութիւն, դժբախտութիւն, վիշտ, թախիծ, փորձանք. «Քեզմէ հեռացուր կամակոր լեզուն», վասնզի իր լեզուն զսպողը իր անձը կը պահէ, իսկ որ որ յանդուգն է իր շրթունքներու գործածութեան մէջ, իր անձը կը խռովէ* (Տե՛ս Առակք ԺԳ. 3)։ *Սողոմոն զմեզ կը զգուշացնէ գրպարտութիւն կատարելէ, բամբասանք ընելէ, սուր ու փուճ խօսակցութիւն վարելէ, լեզուն պատահաբար ու անզգուշաբար գործածելէ։ «Չարը իր շրթունքներուն յանցանքովը որոգայթը կ'իյնայ... Մարդը իր բերնին պտուղին բարիքներով կը լեցուի»* (Առակք ԺԲ. 13–14)։

Մարդոց քաջառողջութեան եւ յաջողութեան նախապայմաններէն են նաեւ՝ աշխատասիրութիւնը, ժրաջանութիւնը, տքնութիւնը, անդուլօրէն գործելու պատրաստակամութիւնը։ Աշխատանքը սուրբ է ու նուիրական. անկէ կը բխին բարութիւն, բարեգործութիւն, բերքի առատութիւն, արդիւնաւորութիւն եւ բերկրութիւն։ Ծուլութիւնը անկենդանութիւն է ու արմատ ամենայն չարեաց, հետեւաբար եւ՝ ձախողութեան, թշուառութեան ու անօթութեան կ'առաջնորդէ։ Եթէ փոքր ինչ ննջես, նստիս, նիրհես եւ ձեռքերդ լանջիդ վրայ հանգչեցնես, կը գրէ Սողոմոն, ահա այդ ժամանակ տնանկութիւնը վրադ կը հասնի եւ կարօտութիւն կը քաշես (հմմտ. Առակք Զ. 10)։ *Այստեղ օրինակը կը բերուի ժրաջան մրջիւնին, որ չունենալով հանդերձ մէկը իբրեւ հսկիչ, ամառը կը պատրաստէ իր ուտելիքը եւ հունձք կ'ամբարէ։ Նոյնն է նաեւ մեղուն, որ պարկեշտութեամբ կը գործէ օրնիբուն, եւ որուն վաստակը կը վայելեն ամէնքը հաւասարապէս* (Առակք Զ.)։

Առակները կը յորդորեն հեռու մնալ ցոփ, անառակ ու շուայտ կեանքէ, յղփացումէ, անյագ կիրքերէ ու վնասաբեր ցանկութիւններէ, որոնք կրնան մարդուն առողջութիւնը քայքայելով զինք վիհը գլորել։ Փորձութիւնը կրնայ յաճախել մարդը որեւէ ատեն եւ իր թոյնով հարուածել ու գգետնել։ «Որդեակ, կը գրէ Սողողոն իմաստուն, պիղծ կնոջ շրթունքներէն խորխախ մեղր կը կաթի, ու անոր քիմքը իւղէն կակուղ է, բայց անոր վախճանը օշինդրի պէս դառն ու երկսայրի սուրի պէս սրած է» (Առակք Ե. 3–4)։ *Աղիճը գրաւիչ է, անոր արտաքին տեսքը դիւթիչ, գգլխիչ, իսկ խօսքերը՝ հրապուրիչ, համոզիչ, սակայն անոր պատճառած վնասը կործանիչ է։ «Անբարոյ կնոջ պատճառով, մարդ մին–*

չեւ պատառ մը հացի կարօտ կ'ըլլայ. եւ շնացող առնակինը պատուական հոգին կ'որսայ» (Առակք Զ. 26)։

Ի հակադրութիւն խառնագնաց կնոջ, սքանչելի տողեր նուիրուած են խոհեմ, հաւատարիմ, պարկեշտ ու տքնաջան կնոջ. «Իմաստուն կիներ կը ծաղկեցնեն տունը, իսկ անզգամները իրենց ձեռքերով կը կործանեն» (Առակք ԺԴ 1)։ Աշխատասիրութիւնը, վեհանձնութիւնը, մեծոգութիւնը եւ համեստութիւնը անհատին նկարագրին հիմքը ու խարիսխը կը կազմեն։ Իմաստունի եւ յիմարի հակադրական պատկերներու առատութիւն կայ։ Իմաստութիւն ու ճարտար գիտութիւն փոխանցելէ աւելի, Առակաց գիրքը կը միտի արդակենցաղութիւն, արդութիւն, մաքրակրօնութիւն, ազնիւ ու պարկեշտ կենցաղավարութիւն սորվեցնել։ Իմաստուն է այն մարդը, որ կրնայ ուղիղ որոշումներ կայացնել իր կեանքին մէջ։ Չարին եւ բարիին գոյակցութիւնը եւ միատեղութիւնը անխուսափելի վիճակ է, եւ հետեւաբար՝ հիմնական պատճառ որ մարդիկ յստակ զատորոշում կատարեն եւ կարենան ճշգագոյնս կողմնորոշուիլ ի նպաստ իրենց հոգեշահութեան ու բարոյական կեանքի վերելքին։ Առակաց գիրքին վերջին գլուխը նուիրուած է այն կնոջ, որ ամուսնոյն գործակից է ու գիտակցութիւնը ունի իր անձնական պատասխանատուութեանց։ Իբրեւ բարեմիտ ու խղճամիտ կին, ան իր տրամադրութեան տակ ունի աղքատներուն եւ տնանկներուն օժանդակելու միջոցներ։ Անոր կեանքը լի է օգտակար գործունէութեամբ ու աշխատութեամբ։ Ան չի հանդուրժեր ծուլութիւն եւ ձրիակերութիւն. «Գօտի ածեալ հաստատութեամբ ընդ մէջ իւր՝ մխեաց զբազուկս իւր ի գործ» (Առակք ԼԱ. 17)։ Անոր ճրագը չի մարիր երբեք. ան տիւ եւ գիշեր կ'աշխատի եւ «զձեռս իւր ձգէ յօգուտ եւ զմատունս իւր անձանձրոյթ տայ իլոյ» (Առակք ԼԱ. 19)։ Հազուագիւտ ու պէսպէս առաքինութիւններով բարեզարդուած կինը գնահատութիւն կը գտնէ ընտանիքին կողմէ եւ յարգանքի կ'արժանանայ համայնքէն։ Ամուսինը կու տայ լաւագոյն ու գերագոյն գնահատականը, երբ կ'ըսէ. «Բազում դստերք ստացան զմեծութիւն, բազումք արարին զօրութիւն, բայց դու առաւել եղեր եւ անցուցեր զամենեքումբք» (Առակք ԼԱ. 29), եւ առ ի հոգեւոր վարձատրութիւն իմաստուն ու լայնախոհ կնոջ բարի արարքներուն, ան պիտի օրհնուի ու պատուուի։

Առակները կ'անդրադառնան նաեւ մարդկային յոռի բնաւորութեան ու նկարագրագիծերուն։ Յատուկ առակներ նուիրուած են ագահութեան, բարկութեան, կեղծաւորութեան, անգթութեան, բռնակալութեան, յիմարութեան, կրքոտութեան, անձնասիրութեան եւ այլ զանազան մոլութիւններու ու յոռի գիծերու։ Իցիւ թէ կարենայինք անդրադառնալ իւրաքանչիւրին եւ երեւան բերել առակներուն դիրքը եւ տուած ուղղութիւնը։ Այստեղ մենք կը բաւականանանք խօսելով միայն քանի մը կէտերու մասին։

Մարդուս ներքին հոգեկան գերհզօր ու արտաքին գեղեցկահիւս կառոյցը քանդող ու խորտակող ախտերէն ու յոռեգոյն բարքերէն մէկը զայրոյթն է կամ կատաղութիւնը։ Սաստիկ բարկութիւնը նշան է քիչ խելքի, եւ կամ՝ խենթութեան, պակասամտութեան, անհաւասարակշռութեան, անհամբերութեան ու տգիտութեան։ Սողոմոն իմաստուն բազմաթիւ առակներ գրած է ցասումի եւ խրատած չափազանց հեռու մնալ ջղային, բարկասիրտ, դիւրագրգիռ, զայրացկոտ մարդոցմէ. «Բարկասիրտ գործէ առանց խորհրդոյ. եւ այր իմաստուն՝

յոյժ համբերէ» (Առակք ԺԴ. 17)։ Բարկացողը ոչ թէ միայն ինքը իրեն կը վնասէ, այլեւ այդ մոլութեամբ կը վարակէ ուրիշներ. «Բարկացող մարդուն հետ ընկերութիւն մի՛ ըներ, եւ զայրացկոտի հետ մի՛ բնակիր, որ չըլլայ թէ անոր ճանապարհը սորվիս եւ անձդ կորսնցնես» (Առակք ԻԲ. 24–25)։ Ներկայ իրադրութեան մէջ, որ է ըսել՝ կեանքի խառնակ ու անորոշ պայմաններուն մէջ, երբ մարդկութիւնը կը վազէ անդադար իր գոյութիւնը պահպանելու համար, մարդիկ դարձած են աւելի ջղաձիգ, փոթորկոտ ու գրգռոտ։ Ինչպիսի՛ պատուհասներ ու չար փորձանքներ կը պատահին ամենուրեք անհամբերութեան ու բարկասրտութեան պատճառով։ Արկածներ, կռիւներ ու անտեղի մահեր տեղի կ'ունենան, որովհետեւ մարդիկ դարձած են չափազանց հեշտագրգիռ ու դիւրազգած, կորսնցուցած են իրենց պաղարիւնութիւնը եւ հանդարտաբարոյութիւնը։ Առակաց գիրքը մեզ կը գգուշացնէ. «Ցասումնալի մարդը կռիւ կը սարքէ, իսկ համբերատարը՝ վէճը կը դադրեցնէ» (Առակք ԺԵ. 18)։

Սողոմոն իմաստուն կը յիշատակէ եօթը կէտեր, որոնք Տէրը կ'ատէ. անոնք են՝ ամբարտաւան աչքեր, ստախօս լեզու, անմեղ արիւն թափող ձեռքեր, չար խորհուրդներ հնարող սիրտ, չարութիւն գործելու համար վազող ոտքեր, ստութիւն խօսող անիրաւ վկայ ու եղբայրներու մէջ թշնամութիւն կամ կռիւ ցանող մարդ։ Այս չար կեցուածքէն ու արարքներէն են որ կը բխին այլ չարիքներ եւ կու գան ապականելու մարդը։

Մեր գրութեան աւարտին կը փափաքինք ամփոփ կերպով անդրադառնալ Ժողովող գիրքին հանրայայտ երրորդ գլուխին, ուր կ'ակնարկուի ժամանակի կարեւորութեան, նշանակութեան ու կենսունակութեան։ Կեանքի մէջ ամէն շարժում ունի իր ժամանակը։ Ոչինչ կը ծնի ու կը մեռնի ժամանակէն առաջ։ Ժամանակի հասկացողութեան հետ գոյաւորուած, միաձուլուած ու ներխառնուած կը գտնենք կեանքի մէջ երեւցող բոլոր երեւոյթներն ու տեղի ունեցող փոփոխութիւնները։ Ժամանակն է, որ մեզ պիտի մղէ պատերազմի կամ խաղաղութեան, սիրոյ կամ ատելութեան, խօսքի կամ լռութեան, քանդումի կամ կառուցման։ Մարդիկ չեն կրնար ժամանակէն առաջ գործել, յուսալ կամ ակնկալել։ Ժամանակն է որ լրումին կը հասցնէ մարդոց երազներն ու փափաքները։ Ժամանակով պայմանաւորուած աշխարհը ցոյց կու տայ մեզի, որ ժամանակէն դուրս կարելի չէ մտածել ու գործել։ Մարդս ինք ալ ժամանակի ծնունդ է, հետեւաբար, ժամանակը պէտք է լաւագոյնս օգտագործէ ի խնդիր իր հոգեշահութեան, հոգւոյ բիւրեղացման ու պայծառակերպութեան։

Իմաստութեան գիրքերը իրենց իմաստասիրական վեհ գաղափարներով գրաւած ու յափշտակած են աշխարհի ժողովուրդներուն երեւակայութիւնը, սիրտը ու հոգին։ Անոնց պատուէրներուն գործադրութեամբ, աշխարհը անտարակոյս կը դառնայ աւելի հաճելի ու դիւրաւ չնչելի վայր։

2000

Հաւատաքննութիւն

«Նա եւ որ ընդ ճառագայթս արեգականն հայել կամիցի, պարտի զպղտորութիւն աչացն՝ զաղտն եւ զբիժն ի բաց պարզել, զի մի՛ մթարքն, որ զբբօքն շողայցեն, արգել հայելոյ ի յստակութիւն լուսոյն լիցին»:

Եզնիկ

Հինգերորդ դարի մեծ իմաստասէր եւ մատենագիր Եզնիկ Կողբացիին բովանդակալից խօսքերը շատ դիպուկ են՝ շեշտելու տեսակէտէն անհրաժեշտութիւնը եւ ընդգծելու կենսականութիւնը՝ առարկայական ըլլալու մեր դատողութեանց մէջ, եւ ոչ թէ՝ զգացական։ Մեր առարկայական ըլլալը կը կայանայ այն երեւոյթին մէջ որ ամէն հասկացութիւն, վիճակ եւ հարց կ՚ընկալենք իրենց հարազատ ու իրական պարունակին ու շրջագիծին մէջ՝ այնպէս ինչպէս գոյութիւն ունին։ Ճշմարտութիւնը չշպարելու, չեղծելու եւ չթաքցնելու համար, անհրաժեշտ է որ մարդիկ ձերբազատուին կարծիքներէ, նախապաշարումներէ, զգացական խոհերէ ու սին մտածումներէ, որպէսզի զգացական խաբուսիկ աշխարհէն հեռանալով, իրենց մտքի սլաքը կարենան ուղղել դէպի բանականութիւն, առողջ դատողութիւն ու ճիշդ եզրակացութիւն։ Այս կը նշանակէ որ մարդիկ պարտին կեանքի իւրաքանչիւր երեւոյթ եւ իրողութիւն տրամաբանութեան բովէն անցընել, իրենց համոզումները խարսխել տրամաբանական ճշմարտութիւններու ու շօշափելի ապացոյցներու վրայ, եւ կտրականապէս մերժել իրենց առաջարկուած մակերեսային, մասնակի, առարկելի ու հերքելի լուծումները։ Մեր դատողութիւնները ճիշդ են՝ երբ հիմնուած են ուղիղ տարրերու ու իրական համապատասխանութեանց վրայ։

Մարդ էակը, ի բնէ, հակուած է հաւատք ընծայելու գերբնական ուժերուն՝ առանց դոյզն իսկ տատամսումի ու կասկածանքի։ Աստուծոյ գերբնականութեան պատմութիւնն է բովանդակ Հին Կտակարանը։ Յաւերժական ճշմարտութիւններ պարունակող Աստուածաշունչը, այնքան ներշնչած ու հոգեկան բարձր տրամադրութիւն ստեղծած է ոմանց մօտ, որ անոնք, անգիտաբար եւ ի վնաս իրենց անձնական գոյութեան, շօշափելիօրէն հեռացած են գիտութենէն՝ բժշկութենէն եւ անոր ընձեռած բարիքներէն։

Բժշկագիտութիւնը, որ Քրիստոսէ առաջ եւ միջին դարերուն՝ կրօնական հաւատալիքներու ողողուածութեան եւ կարգ մը սնոտիապաշտական արարքներու պատճառով, որոշ մարդկանց կողմէ արհամարհուած ու անտեսուած գիտութիւն էր, վերջին հարիւր տարուայ ընթացքին արձանագրած է մեծամեծ յաջողութիւններ եւ կատարած ապշեցուցիչ ու անհաւատալի նուաճումներ։

Գիտութեան սահմանը չափազանց ընդարձակ է ու անծայրածիր, բայց մարդուն միտքը եւ կարողութիւնը՝ սահմանափակ։ Ներկայ գիտական հետախոյզ միտքը, որ չունի դադար եւ հանգիստ, կը քննէ անդուլօրէն, կը պրպտէ անձանձրոյթ. ան հետամուտ է բացարձակ ճշմարտութեան ու իրականութեան, ու կը ձգտի անհասանելիին եւ անկարելիին։ Բժշկագիտութիւնը այժմ, նորագոյն մեթոտներով սպառազինուած, կ'ընթանայ անկոխ ճանապարհներով եւ կը կատարէ զարմանահրաշ գիւտեր՝ միշտ օգտագործելով ճարտարարուեստի բոլոր հնարաւորութիւնները եւ օգտուելով բազմաթիւ գիտութիւններէն։

Բժշկական աշխարհը, սակայն, չի կրնար պարծենալ որ ունի պատճառն ու պատասխանը, լուծումն ու դարմանը ամէն ախտի։ Բժիշկներ իրենք իսկ համեստաբար կը խոստովանին որ իրենց ամբարած գիտելիքները եւ ձեռք ձգած արդիւնքները բժշկական բնագաւառէն ներս անբաւարար են։ Անոնք սակայն մեզ կը վստահեցնեն որ բժշկութիւնը տեղքայլի մէջ չէ եւ չի յետադիմեր, այլ՝ իր յարաճուն զարգացումով կ'ընթանայ յառաջ եւ մարդկութեան կը բերէ իր անգնահատելի նպաստը։

Արդ, չընդունիլ գիտութեան ձեռք բերած նուաճումները, չխանդավառուիլ անոր յաջողութիւններով եւ մանաւանդ չօգտուիլ անոր պարգեւած բարիքներէն, պարզապէս խաւարամտութիւն է ու բարոյական սնանկութիւն։

Մարդկութիւնը յուզող կարեւորագոյն հարցը ներկայիս, անտարակոյս, առողջութիւնն է։ Հիւանդութիւնը մարդկութիւնը նեղող, անհանգստացնող ու տառապեցնող երեւոյթ է։ Հինէն ի վեր, մարդիկ դիմած են ամէն տեսակի միջոցներու՝ կանխելու համար զանազան ախտեր եւ մահացու հիւանդութիւններ։ Հիւանդն իր ցաւերուն մէջ դիմած է եւ՛ արտաքին անտեսանելի ուժերու միջամտութեան, եւ՛ դեղամիջոցներուն։ Ի մէջ ներկայ դժնդակ ու անբաղձալի պայմաններուն, ուր աղքատութիւնը, գործազրկութիւնը, գործի ճնշումները, ընկերային պայմաններուն սահմանափակուածութիւնը, անառողջ ուտելիքներուն սպառումը, կենսոլորտային լուրջ, ահազանգող տագնապն ու սպառնալիքը եւ առօրեայ կեանքի մտմտուքներն ու հնհնուքները յարատեւ մեր շուրջն են եւ մեզ ուժաքամ կ'ընեն հոգեպէս եւ մարմնապէս, մարդիկ, չփոթահար եւ յուսահատ, կը փնտռեն յաստ՝ փրկութեան, կռուան՝ յենելու, եւ բարերար միջոց, որ զիրենք կարենայ ձերբազատել մտահոգութիւններէ, անձկութիւններէ, հիւանդութիւններէ, եւ հայթայթէ բուժում մարմնի եւ հոգիի։

Ահա ճիշդ հոս է որ կրօնքը օգնութեան կը հասնի եւ ձեռք կը կարկառէ մարդկութեան՝ առ ի բարելաւումն իրենց կեանքին ու առողջական վիճակին։

Ի շարս կրօնական բազմաթիւ հաւատալիքներուն, հաւատացեալը հաւատք կ'ընծայէ նաեւ հաւատաբուժութեան։ Իսկ ի՞նչ է հաւատաբուժութիւնը։

Հաւատաբուժութիւնը (Faith-Healing) *հաւատքով բուժելու արուեստն է ու… արհեստը։ Հաւատաբոյժը իր սեպուհ պարտքը կը համարէ անմիջապէս յիշեցնել հաւատացեալին, որ իր արուեստը կը պահանջէ խորունկ հաւատք եւ նիւթական առատ վարձատրութիւն։*

Հաւատաբուժութեան բազմաթիւ օրինակներ կը գտնենք Նոր Կտակարանին մէջ, ուր մեր Տէրը կը բժշկէ անդամալոյծը, կոյրը, խուլը, համրը, եւ նոյնիսկ յարութիւն կու տայ մեռելին։ Քրիստոսի օրինակին հետեւելով, առաքեալներ եւս ձեռք դնելով հիւանդին գլխուն վրայ աղօթեցին ու բժշկութիւն խնդրեցին Աստուծմէ։ Աւանդականօրէն հաստատուած այս կարգը հասած է մինչեւ մեր օրերը։ Դժբախտութիւնն այն է, որ ձրի պարգեւուած այս շնորհը, յետ Քրիստոսի, վերածուեցաւ շահի աղբիւրի եւ առեւտուրի։

Մեր հին մատենագրութեան էջերուն մէջ կը հանդիպինք Մահբեանքի բերդի կառուցման աւանդութեան, ուր հայ իշխանը իր որդին հրաշքով բուժելու համար՝ Թադէոս առաքեալին կ՚առաջարկէ ոսկեայ եւ արծաթեայ պատերով վանք կառուցել։ Առաքեալը, սակայն, ցանկութիւն կը յայտնէ վանքի փոխարէն ամրակուռ բերդ մը շինել։ Այսպիսի հրաշապատում դրուագներով լեցուն է հայոց պատմութիւնը։

Մարդիկ այսօր եւս կը դիմեն աղօթքին՝ իրենց պէսպէս ցաւերու փարատման ու հիւանդութեանց բուժման համար։

Մարդկութեան գերագոյն իղձն ու նպատակը եղած է բոլորել կեանք մը առողջ ու զուարթ։ Բազմակի հիւանդութիւններ, սակայն, թոյլ չեն տուած որ մարդը վարէ ախտազերծ, անդորր ու կենսուրախ կեանք։

Քանի մը տասնեակ տարիներէ ի վեր, Արեւմտեան աշխարհի մէջ բուսած են հաւատաբոյժներ, որ իրենք զիրենք կը կոչեն երկնառաք օծեալներ եւ կը պնդեն որ մշտական հաղորդակցութեան մէջ են Աստուծոյ հետ։ Հպարտութեամբ կը յայտարարեն որ ունին երկնային պարգեւ, ձիրք, ուժ եւ կարողութիւն՝ մարդկանց կատարեալ բուժում պարգեւելու։ Ստելու եւ խաբելու ընդունակ այս մեծ վարպետները օրնիբուն կը մատուցեն «բուժում»՝ ի դիմաց մեծամեծ ու անհաշիւ գումարներու։

Ըստ հաւատաբոյժին, հիւանդութիւնները հետեւանք են սատուածային օրինազանցութիւններուն, դիւական ու սատանայական միջամտութիւններուն, մարդկային չարամտութիւններուն, անուղղայ ու անպարկեշտ կեանքին, եւն։

Մարդկային ենթագիտակցութեան մէջ զետեղուած ու մեխուած գաղափար է, որ լոկ արտաքին ու անտեսանելի ուժերու միջամտութեամբ ու ներգործութեամբ մարդիկ կրնան վերագտնել իրենց երբեմնի առողջական նախանձելի վիճակը։ Դարերու ընթացքին տիրական հանգամանք ստացած է այն զօրաւոր համոզումը՝ թէ մարդիկ մեղաւոր են եւ իրենց մեղսաթաւալ վիճակն է որ զիրենք կ՚առաջնորդէ մարմնական ապականութեան, հիւանդութեան ու մահուան։

Հաւատաբոյժը, օգտուելով բարեպաշտին կարծրացած ու հնամաշ դարձած մտայնութենէն, կը դիմէ ամէն տեսակ հնարքի, ճարպիկութեան, ձեռնածութեան եւ խաբելու արուեստին, որպէսզի կարենայ իր որսը դիւթել, հրապուրել եւ ապշահար ձգել։

Հաւատաբոյժը կը վարէ կողոպտչական քաղաքականութիւն։ Շահագործելով բարեպաշտին բարի տրամադրութիւնը, անկեղծ նուիրումը, ազնիւ ձգտումն ու տենչը, ան ոչ միայն կը գրաւէ ազնիւ սիրտն ու բարի հոգին, այլեւ կը կորզէ ու կը պարպէ անոր քսակը։

Հաւատաբոյժը, հետեւաբար, կեղեքողն է ու շահագործողը՛ ունեւոր, ե՛ւ աշխատաւոր դասակարգին՝ անոնց մատուցելով ոչինչ։

Հաւատաբուժութիւնը արեւմտեան աշխարհին մէջ բազմամիլիոն տոլարի շահի աղբիւր է, ուրմէ կ՚օգտուին հաւատաբոյժն ու իրեն հլու հպատակները՝ գործակիցները։

Հաւատաբոյժը իր ազատ Արշակաւանին մէջ՝ հեռու պետական ամէն կաշկանդումէ ու մարդկային խղճահարութենէ, կը գործադրէ իր հնարագիտութիւնը՝ խլելով բիւրաւոր անմեղունակ հոգիներ, մոլորեցնելով զանոնք, խորտակելով ու մթագնելով անոնց յոյսի ու լոյսի ամէն շող։

Հաւատաբոյժը ոչ միայն բուժում չի պարգեւեր, այլեւ պատճառ կ՚ըլլայ մարդկանց սնանկացման, մեծագումար կորուստներու, բազմաթիւ ընտանիք-

ներու խռովութեան, գժտութեան, ջլատման, բաժանման եւ նոյնիսկ անձնապանական արարքներու։

Հաւատաբոյժներու ճարպիկ ձեռնածութիւնները տեղի կ'ունենան հաւաքական աղօթքներու ընթացքին՝ երբ հաւատացեալներու բազմութիւնը մէկտեղուած կ'ըլլայ մեծ մարզարահի, խաղավայրի եւ կամ տաղաւարի մէջ։ Վրաններու գործածութիւնը եւս ընդհանրացած է այս նպատակին համար։ Արուեստական բեմի մը պատրաստութիւնը անհրաժեշտ կը նկատուի անմիջապէս, որպէսզի վարագոյրի ետին պահուին հիւանդներուն անուաթոռները։ Նախօրօք պատրաստուած ծրագիրը լաւագոյնս գործադրելու իր ճիգին մէջ, հաւատաբոյժը կը ջանայ անգիր ընել իր յաճախորդ հիւանդներուն անուններն ու անոնց ցաւերուն եւ հիւանդութեանց տեսակները։ Ախտերու բազմազանութիւնը կարեւոր է՝ ցուցադրելու հաւատաբոյժին ամենակարողութիւնը։ Ախտերը կ'ընդգրկեն՝ ուռուցք, քաղցկեղ, երիկամունքի ցաւ, յօդացաւ, աղիքներու բորբոքում, շաքարախտ, արեան բարձր ճնշում, խլութիւն, կուրութիւն, եւն։ Քալելու, խօսելու, տեսնելու եւ լսելու ատակ ծերունիներ կ'ընտրուին դերերը խաղալու։ Իրական հիւանդները հեռու կը պահուին հաւատաբոյժէն։ Հրապարակի վրայ հաւատաբոյժը կը ցուցադրէ մէկ առ մէկ իր բոլոր շնորհները՝ ոգեւորութիւն եւ խանդավառութիւն յառաջացնելու ժողովուրդին մէջ։ Հոգեզմայլանք ապրող հաւատացեալը՝ յափշտակուած ու կլանուած տեղի ունեցող դերասանական արարքներէն, կը գտնուի իր գոհունակութեան զենիթին մէջ։ Մինչ այդ, բեմին վրայ, անուաթոռներ կը լքուին, անթացուպեր կը ջարդուին ու օդին մէջ կը նետուին. դողդոջուն ծերունիներու գաւազանները կ'առնուին ու կը փշրուին. կոյրեր կը սկսին տեսնել եւ խուլեր՝ լսել…։ Այլեւ, կը զգետնուին Սբ. Հոգիի այցին ուժգնութենէն ու ազդեցութենէն։ Հրապարակը լեցուն է անհարկի շարժումներով՝ վայնասուն գոչիւններով, ալէլուիաներով, ծափերով ու հիացական բացագանչութիւններով։ Հաւատաբոյժը յաջողած է խաղալ իր տպաւորիչ դերը։ Տպաւորած է միամիտ, մտացիր ու խելագար ամբոխը։ Հաւատացեալներ՝ թեւատարած եւ ակնակառոյց՝ կը հետեւին բոլոր հրաշագործութիւններուն եւ չեն ուզեր բանականութեամբ քննել, ճշդել եղելութեանց ու դատել բժշկութեանց վաւերականութիւնը, ճշմարտացիութիւնը։

Երկար ու յոգնեցուցիչ արարողութենէ ետք, «բուժուածներ» կը հեռանան գոհունակ սրտով, իսկ չբուժուածներ կը վերադառնան տխուր ու տրտում ու կը տառապին խղճի խայթէ, յանցաւորի ահռելի զգացումէ ու ամօթէ։ Այդպիսիները կը դառնան յուսակորոյս, կը կորսնցնեն իրենց հաւատքը, կեանքի լաւատեսութիւնը, կենսունակութիւնը, աշխատունակութիւնը եւ կեանքը շարունակելու եռանդը։

Շատեր, հաւատալով որ իրապէս բուժուած են, կը դադրեցնեն իրենց դեղերը՝ դուռ բանալով նորանոր բարդութեանց ու նոյնիսկ՝ մահուան։ Շատ մը «բուժուածներ», «բուժուելէ» քանի մը օր ետք կնքած են իրենց մահկանացուն։ Հաւատաբոյժը այդ եւս բնական համարելով բացագանչած է՝ «Գերագոյն բուժումը մահն է»։

Ակնյայտ է որ մտակուրութիւնը, հոգեկուրութիւնը իրենց գերադրական աստիճանին հասած են։ Մարդիկ չեն կրնար եւ չեն ուզեր տեսնել իրականութիւնը՝ ինչպէս որ կայ։ Այս տիպի հաւատացեալներ կ'ապրին կորուած ու մեկուսացած իրենց պատեանին մէջ։ Կ՚ապրին կեանք մը, որ տարօրինակ է մեզի համար ու անըմբռնելի։ Եթէ ուզենք զիրենք լիովին ըմբռնել, պէտք է որ իրենց նման ապրինք, զգանք ու մտածենք։ Ստոյգ աղբիւրներու համաձայն, կարգ մը յարանուանութիւններ (օրինակ՝ Մկրտչականներ, Աւետարանականներ, Վերստին ծնածներ, ևն) կ՚արգիլեն իրենց Բանաւոր Հօտին՝ հեռատեսիլ դիտել, լուրերը մտիկ ընել, չարժապատկերի երթալ, տարեդարձ տօնել, պարահանդէսի երթալ, ևն, որովհետեւ այս բոլորը կը նկատուին սատանայական արարքներ։ Փակ աշխարհի մէջ ապրող հաւատացեալը՝ անհաղորդ արտաքին աշխարհի իրականութիւններուն, կուրօրէն հաւատք կ՚ընծայէ ու կը հետեւի իրեն թելադրուածին։

Ինքնախաբէութիւնը հոգեբանական համընդհանուր վիճակ է, որով, առաւել կամ նուազ չափով, իւրաքանչիւր անհատ վարակուած է։ Կան ինքնախաբէական զգացումներ եւ արարքներ, որոնք մեծ վնաս չեն պատճառեր ենթակային, բայց հաւատաբուժութեամբ իրենք զիրենք խաբողներ կը կորսնցնեն ոչ միայն իրենց դրամը, այլեւ իրենց արժանապատուութիւնը եւ փարկը։

Մեր իրականութենէն յիշենք մեր պատմահօր՝ Մովսէս Խորենացիին պատմածը, որ ինքնախաբէութեան դասական օրինակ է։ Երբ Արա Գեղեցիկ կը մահանայ պատերազմի մէջ, Շամիրամ իր աստուածներուն կը հրամայէ անոր վէրքերը լիզելով կենդանացնել իր սիրածը։ Շամիրամ իր կախարդական դիւթանքով ու հաւատքով կը ջանայ կենդանացնել Արան։ Երբ Արան չի կենդանանար, Շամիրամ իր սիրականներէն մէկը զարդարելով լուր կը տարածէ. «Աստուածներն Արան լիզելով ու կենդանացնելով մեր փափաքն ու ցանկութիւնը կատարեցին, ուստի այսուհետեւ անոնք աւելի եւս արժանի են մեզմէ պաշտուելու եւ փառաւորուելու իբրեւ ուրախացողներ եւ կամակատարներ»։ Այսքանը բաւ չհամարելով, Շամիրամ արձան մըն ալ կը կանգնեցնէ աստուածներուն անունով եւ զոհերով կը պատուէ զանոնք։

Պատմութենէն գիտենք որ հիւանդներ բժիշկի դիմելէ կը խուսափէին. անոր փոխարէն կ՚երթային յուռութներուն։ Հետաքրքրական է որ Շամիրամ իր վրայ կը կրէր յուռութուլունքներ՝ հեռու մնալու չար աչքէ, ախտէ ու փորձանքէ։

Հաւատաբոյժը ինքզինք աստուածացնելու եւ անմահացնելու մարմաջէն կը տառապի։ Ուշագրաւ է հովիւ եւ հաւատաբոյժ՝ Ուիլիըմ Պրէնմընի պարագան, որ «հրաշքներ» կը գործէր։ Երբ կը ճախողէր իր բուժմանց մէջ, կը յանդիմանէր անհատները որ մեղսալից կեանք կ՚ապրէին, տկար էին ու թերահաւատ։ 1965 թուին, երբ արկածով մահացաւ մեր այս հրաշագործ հաւատաբոյժը, ժողովուրդը զինք չթաղեց, այլ չորս ամիս յոյսով սպասեց որ յարութիւն առնէ։ Այս նոյն հովիւը, 1947-ին, իր բուժման առաջին փորձը կատարեց Իլլինոյի մէջ՝ «բուժելով» խուլ եւ համր անձ մը։ Վերջինիս պատուիրուած էր որ չծխէ, վասնզի հովիւը ծխելը համարած էր անոր խլութեան ու համրութեան պատճառը։ Հովիւին պատուէրին բեկանումին պատճառով, անձը չէ կրցած վերջնականապէս բուժուիլ։

Հաւատաբոյժներ կը ստանան սրտակեղեք խնդրագրեր՝ աղօթքներու պաղատանքներով ու զանազան աղերսանքներով լեցուն։ Անզգայ ու անհաւատ հաւատաբոյժներ ոչ միայն չեն աղօթեր անոնց վրայ, այլեւ կը հրամայեն ծուէն-ծուէն ընել գրութիւնները եւ աղբամանը նետել։ Նամակներուն առընթեր առաքուած փոխգիրներ խկոյն կը գանձուին։ Զօշաքաղութեամբ ապրող հաւատաբոյժը կ'ապրի ի հաշիւ իր պարարտ որսին։ Ներկայիս ալ, խարդախ հաւատաբոյժներ եւ հեռուստաքարոզիչներ կը գործածեն իրենց տրամադրութեան ներքեւ գտնուող բոլոր զարտուղի ու անազնիւ միջոցները ի շահ եւ ի նպաստ իրենց անձին եւ ի վնաս կոյր ու միամիտ հաւատացեալին։

Կ'արժէ նշել որ հաւատաբոյժը գիտութիւնը կը համարէ «գործիք սատանայի»։ Ան չի քաջալերեր բժշկական միջամտութիւն, օգնութիւն (իմա՛ գործողութիւն, դեղորայք, ևն)։ Աւանդական վիշապին նման, հաւատաբոյժը խստօրէն կ'արգիլէ շահագործուող հաւատացեալը բժշկական քննութեան ենթարկուիլը։ Վիշապներն ալ մեր պատումներուն մէջ թոյլ չէին տար որ պարզ, ազնիւ ու աշխատասէր ժողովուրդը մօտենար կենարար ջուրին՝ ստանալու բարիքը կեանքին։

Ահա այս պատճառով է որ մահուան պարագաները բազմացած են։ Կարգ մը ծնողներ անխոհեմաբար դժկամութիւն կը ցուցաբերեն իրենց զաւակները բժշկական խնամքին ենթարկելու։ Անոնք անհիմնօրէն կը պնդեն որ մարդիկ ապրելու են լոկ հաւատքով, եւ հաւատքն է որ միայն կրնայ բժշկութիւն պարգեւել հոգւոյ եւ մարմնոյ։

Որոշ կրօնական խմբակցութիւններ (օրինակ՝ First Assembly Church, Faith Tabernacle Congregation, *ևն) կ'արգիլեն բժշկական ամէն տեսակի սպասարկում։ Առ ի հետեւանք այս անմիտ ու անիմաստ ազատամտութեան, բազմաթիւ անմեղ մանուկներ կը մահանան։*

Բնական վիճակ է որ մարդիկ չեն սիրեր յուսահատիլ, ընկճուիլ, պարտուիլ, այլ միայն՝ յուսալ, տենչալ՝ ձեռք ձգել անկարելին, անհասանելին։ Իր կարգին, հաւատաբոյժն ալ, հակառակ իր խղճի ձայնին, կը շարունակէ խթանին դէմ աքացել՝ արհամարհելով եւ ուրանալով ճշմարտութիւնը։

Ներկայիս, հաւատաբուժութեան կեդրոն կը համարուի Lourdes*-ը (Ֆրանսա)։ Միջազգային չափանիշով յարգանք վայելող այս սրբավայրը արդիւնք է Պէռնատէթ անունով աղջկայ մը ունեցած տեսիլքին՝ ուր անոր երեւցած կը թուի ըլլալ Աստուածամայրը* 1858 *թուականին։* 1876*-էն ի վեր ուխտավայր հռչակուած այս հաւատքի եւ բուժման կեդրոնը տարեկան կ'ընդունի շուրջ հինգ միլիոն հաւատացեալ։ Ցաւօք սրտի պէտք է նշել որ սոյն սրբատեղին այժմ դարձած է պատեհապաշտներու եւ ճարպիկ առեւտրականներու մրցասպարէզ։*

Տարօրինակն այն է որ Պէռնատէթը մահացաւ ցաւերու մէջ (թոքատապէ եւ շնչարգելութենէ) 1879*-ին, երբ դեռ* 35 *տարեկան էր։ Անոր հայրն ալ մահացաւ ցաւերէ տառապահար։*

Հայ Եկեղեցին ներկայիս կը հաւատայ որ կրօնքն ու գիտութիւնը ոչ թէ հակադիր ու իրարամերժ բնագաւառներ են, այլ՝ զիրար լրացնող ու ամբողջացնող։ Այս սկզբունքով է որ հայ եկեղեցին կը քաջալերէ ու բարոյապէս կը ստիպէ որ հիւանդը աղօթքին դիմելով հանդերձ ենթակայ ըլլայ նաեւ բժշկական հոգատարութեան ու խնամքին։

Մեր գրութեան աւարտին, կարեւորութեամբ կը մէջբերենք Lourdes *-ի մասին գրուած խօսքերը* Ellen Bernstein *-ի, խմբագիր* "Medical and Health Annual of the Encyclopaedia Britannica"*-ի, ուր կ'ըսէ· «Հրաշքներ կը պատահին, երբ ուխտաւորներ յայտնաբերեն իրենց ուժերը եւ սորվին արուեստը՝ ապրելու իրենց հիւանդութիւններով»։*

1996

ԲԱՐՈՅԱԿԱՆ

Հակադիր Հայեացքներ

Կեանքի երկու հակադիր, հակոտնեայ ու իրարամերժ հայեացքներ են յոռետեսութիւնն ու լաւատեսութիւնը։

Յոռետեսութիւնը կեանքին յուսահատ, ճարահատ, անզօր ու անօգնական աչքերով նայելու յոռի ունակութիւնն է կամ սովորութիւնը։

Յոռետեսին բովանդակ ներաշխարհը վարագուրուած է սեւ քօղով, վասնզի ան կը տառապի լոյսի չգոյութենէ ու յոյսի պակասէ։ Անոր առջեւ յաւերժօրէն փակուած են յուսոյ դռները, որովհետեւ չ'ուզեր եւ կամ չի կրնար տեսնել գալիք պայծառ օրերը։ Ան ծանր հոգեկան վիճակի մէջ է եւ հանրութեան կը ներկայանայ իբրեւ թմբրած զոհը իր ժանգոտած ու մտացածին գաղափարներուն։

Յոռետեսը կ'ապրի նեղ ու բորբոսնած, արգահատելի ու խղճալի աշխարհի մէջ։ Անոր աշխարհայեցողութեամբ, կեանքը ունայնութիւն է ու, հետեւաբար՝ իմաստազուրկ։ Ան մարդկային բնութիւնը կը համարէ արմատապէս չար ու հիմնապէս տկար, իսկ անոր զարգացման թափը ու բարելաւման կարելիութիւնը՝ անբաւարար կամ չնչին։ Այլ խօսքով, յոռետեսին համար մարդկութիւնը տեղքայլի մէջ է, որովհետեւ անոր քով կորսուած է ներմղիչ ոյժը, եւ հետեւաբար, ատակ չէ ճեղքելու թանձր խաւարը եւ դիմելու դէպի լուսաւորութիւն եւ ապագայի պայծառակերտութիւն։

Յոռետեսը աշխարհի մէջ ուրախանալու առիթ չի գտներ. միշտ անձկոտ է ու մտածկոտ։ Անոր մօտ ժխտական վերաբերմունքը դէպի աշխարհը, կեանքը, մարդկութիւնը եւ երեւոյթները տիրական է։ Ան մութ, տխուր ու մելամաղձոտ գոյներով կը պատկերէ կեանքը եւ իր բացասական դիրքով ու վանողական կեցուածքով կը խրտչեցնէ իր շուրջիինները եւ զանոնք յուսահատութեան կը մատնէ։

Յոռետեսը իր յոռետեսութեան հիմնական պատճառներ կը համարէ՝ մարդկութեան չարամտութիւնը, չարին հակամէտ ըլլալու ցանկութիւնը, աշխարհակործան պատերազմներու հետեւանքները եւ զանոնք չկրկնուած տեսնելու անհնարինութիւնը, Աստուծոյ կրաւորականութիւնը եւ մարդկութեան կայացուցած չար ու վնասաբեր որոշումներուն չմիջամտելու անբացատրելի դիրքաւորումը, բնութենական կարեւոր տարրերու ոչնչացումը, կենսոլորտային լուրջ հարցի գոյութիւնը, անարդարութեան եւ չարը անպատիժ ձգելու անբարոյ ու անպատասխանատու արարքը, ևն։

Յոռետեսութիւնը յատուկ չէ միայն անհատներու. այդ հայեացքէն կը տառապին նաեւ ազգեր, ժողովուրդներ։ Պատմութեան ընթացքին գտնուած են հաւաքականութիւններ ու փոքր ժողովուրդներ, որոնք կորսնցուցած են կեանքի հանդէպ ունեցած իրենց լաւատեսութիւնը, տկարացուցած են իրենց դիմադրական ոգին ու կուլ գացած այս բազմամարդ աշխարհի հասարակութեանց կողմէ։

Կրօնական գաղափարախօսութեանց մէջ եւս կարելի է հանդիպիլ այնպիսի գաղափարներու, որոնք կրնան յոռետես հայեացքներ արտայայտել։ Աշխարհի կատարածի անմիջական մերձաւորութիւնը չեչտող ու անոր արհաւրալից հետեւանքները ընդգծող երեւոյթը պարզապէս ահ ու սարսափ, անստուգութիւն ու չփոթութիւն ազդած է ամէնքին։ Առ ի հետեւանս այս երեւոյթին, ոմանք ապրած են երկիւղով, իսկ այլք՝ մեծ ակնկալութեամբ։ Որոշ մարդկանց համար այս պատճառ եղած է որ յոռետեսական աշխարհահայեացքով ապրին իրենց կեանքը եւ իրենց ապագան մշուշապատուի ու դառնայ անորոշ։

Յոռետեսը սովորաբար կը ցուցաբերէ դժգոհութեան եւ յուսահատութեան նշան, ինչպէս նաեւ ինքնահրաժարման ու սրտաբեկման վարքագիծ։ Անոր մտքին մէջ տիրական կը դառնայ այն գաղափարը որ ինք ձախող էակ է կեանքի մէջ, եւ՝ լքուած հասարակութենէ։ Յոռետեսը կ'ապրի իր անցեալով, կ'երազէ անցած տարիները եւ անձկութեամբ ու կարօտով կը յիշէ ամէն յուշ։ Անոր համար գոյութիւն չունի լուսաւոր, վառ ու փայլուն ապագայ, այլ կայ միշտ փառահեղ ու շողշողուն անցեալ։ Ան չ'ակնկալեր նորանոր դէպքեր ու իրադարձութիւններ իր կեանքէն ներս, այլ կը մտաբերէ փոշոտած, մոռցուած ու իր անձնական պատմութեան էջերուն մէջ թաղուած անկարեւոր պատահարներ ու անցուդարձեր եւ զանոնք կը ջանայ արժեւորել ու իմաստաւորել՝ իր գոյութիւնը քարշ տալու համար։ Ծիրդ լսուած խօսք է թէ՝ «Յուսահատութիւնը մահուան նախադուռն է» եւ «Յոյսը ապրելու կամեցողութիւնն է»։

Յոռետեսը նեղմիտ է եւ կը տառապի լայնախոհութեան պակասէ։ Անոր մտքի հորիզոնը սահմանափակ է։ Ան չունի երեւակայելու ու մտային թռիչքներ կատարելու կարողութիւն։ Անոր աշխարհը լեցուն է խռովքով ու արհամարհանքով։ Յոռետեսը կը քննադատէ, կը մրոտէ, կը ձաղկէ ամէն անձ ու կը նսեմացնէ ամէն գեղեցկութիւն, ամէն բարի խորհուրդ ու շինիչ գաղափար՝ գոհացնելու համար իր եսը, իր սին փառքը, իր զզուելի ժխտական բնաւորութիւնը։ Յոռետեսը չ'ընդունիր որ ինք սխալ է. ան միշտ ճիշդ է ու կատարեալ, ամենագէտ է ու ամենակարող։

Յոռետեսութեան հակադիր ուղղութեամբ կ'ընթանայ լաւատեսութիւնը, որ առողջ ու բնական վիճակ մը կը ներկայացնէ։

Լաւատեսութիւնը աշխարհին եւ կեանքին դրականապէս արձագանգելու առաքինութիւնն է։ Լաւատեսը խորապէս կը հաւատայ որ աշխարհը կը կառավարուի բարութեամբ, բարի ու առաքինի սկզբունքներով ու կարգուսարքով, եւ թէ բարի տարրերը գերակշռող են։ Հետեւաբար, մարդկութիւնը կրնայ յառաջդիմել անսահմանօրէն, եւ բարելաւելով իր եւ ուրիշներու կեանքը, աշխարհը դարձնել դրախտավայր։

Լաւատեսութիւնը հոգեւոր ներշնչման ակնաղբիւր է, յուսադրիչ ոյժ, ներքին մղում եւ յոյս, որոնցմով մարդկութիւնը կրնայ ոչ միայն նիւթական բարեկեցութիւն ստեղծել, այլեւ՝ հոգեկան բնականոն ու առողջ վիճակ, զուարթութիւն, բարձր տրամադրութիւն եւ աշխատելու անսպառ եռանդ ու կորով։

Հայաստանեայց Եկեղեցին մշտապէս չեշտած է հաւատքի, յոյսի եւ լաւատեսութեան կարեւորութիւնը քրիստոնեայ անհատի կեանքէն ներս։ Դարերու ամէնհի կոհակներուն ու անագորոյն հարուածներուն կուրծք դրած հայը, լաւատեսութեամբ ու հեռատեսութեամբ, քաջազնական ու անպարտելի ոգիով դիմակալած է ամէն տեսակի հալածանք, չարչարանք, բռնութիւն ու սրածութիւն։ Հայը կեանքին նայած է վառ յոյսով, ծաղկելու ու բարգաւաճելու *վճռակամութեամբ։ Հայ ժողովուրդը չէ գիտցած յուսահատիլ, ընկճուիլ, վհատիլ ու թեւաթափ ըլլալ։ Քաջ հաւատացած է Քրիստոսի այն կենարար խօսքին, թէ՝ «Այստեղ, այս աշխարհի մէջ նեղութիւն պիտի ունենաք, սակայն քաջալերուեցէ՛ք, որովհետեւ ես յաղթեցի աշխարհին» (Յովհ. Ժզ. 33)։*

Պա՞րտ է որ քրիստոնեան ըլլայ լաւատես։ Այո՛, կը պատասխանէ Մեծն Առաքեալը. «Աստուած ամէն բանի մէջ բարի բաներու համար գործակից կ'ըլլայ անոնց, որոնք կը սիրեն զայն» (Հռոմ. Ը. 28)։

Լաւատեսութիւնը կեանք կը շնորհէ ենթակային ու առողջութիւն կը պարգեւէ։ Մարդիկ կ'ապրին ու կը գործեն յոյսով։ Լաւատես մարդիկ կեանքի մէջ արձանագրած են մեծամեծ յաջողութիւններ։

Մարդիկ դուրս գալու են իրենց յոռետեսութեան վնասակար ծիրէն եւ ընդգրկելու են լաւատեսութեան եւ չրջահայեցութեան հորիզոնը։

1998

Լեւ Թոլսթոյի Բարոյական Վարդապետութիւնը

Համաշխարհային չափանիշով մեծ ու հանճարեղ ռուս գրող Լեւ Թոլսթոյ ծնած է 28 Օգոստոս 1828-ին, Եասնայա Փոլեանա, որ Մոսկուայէն շուրջ 130 մղոն հեռու քաղաք մըն էր։

Թոլսթոյ ազնուական ծագում ունէր։ Ան ապրած է ստրկատիրական շրջանի մէջ։ Անոր հայրն ու մայրը ապրած են ճոխութեան մէջ։ Թոլսթոյի հայրը ծնած է 1795-ին, կռուած 1812-ին Նափոլէոնի դէմ մղուած պատերազմին եւ մահացած 1887 թուին, երբ Լեւ դեռեւս 9 տարեկան մանուկ էր։ Լեւին մայրը եւս փաղաժամ մահացած է։ Լեւ Թոլսթոյ ծնած ու հասակ առած է շքեղ ապարանքին մէջ, որ բաղկացած էր 42 սենեակներէ եւ որուն մէջ կը ծառայէին երեսուն ստրուկներ։ Պալատը կահաւորուած էր արեւմտեան շքեղ կարասիներով, թանկագին իւղանկարներով, հնատիպ գիրքերով, դաշնակով եւ այլ բարձրարուեստ առարկաներով։

Թոլսթոյները մարդասիրական լաւագոյն եւ ազնուագոյն զգացմունքներով տոգորուած էին ստրուկներուն եւ ընչազուրկներուն հանդէպ։ Լեւ ականատես ըլլալով ծառաներուն հանդէպ տածուած իր ծնողաց բարեգթութեան եւ անսահման գուրգուրանքին, խորապէս ազդուած է։ Ան կը խոստովանի որ ունեցած է գերերջանիկ մանկութիւն՝ սիրով, հոգատարութեամբ ու խանդաղատանքով զեղուն։ Լեւին հօր զարմիկը՝ Թաթիանան (Թուանէթ Էրկօլսքի) մեծ դեր խաղցած է Լեւի դաստիարակչական կեանքէն ներս։ Թաթիանան էր որ մատակարարած է անոր նիւթական եւ հոգեւոր պէտքերը։ Ան եղած էր նաեւ կեանքի ուղեցոյցը՝ անոր մէջ մշակելով մարդկային ազնուագոյն գիծերը եւ անոր մէջ ներարկելով աւիւն դէպի աշխատանքը։ Բարի սերմնացանին նման, Թաթիանան Լեւի մատաղ ու կոյս սրտին մէջ ցանեց հունտեր բարութեան, բարեգործութեան, եւ մանաւանդ՝ ողորմածութեան ու գթութեան դէպի թշուառը, լքեալը, անօգնականը եւ անզօրը։ Վերջապէս, Թաթիանան էր նաեւ որ Լեւին առանձնապէս մատնացոյց ըրաւ կարեւորութիւնը եւ հիմնական նշանակութիւնը ներամփոփ, ներգրաւեալ ու կղզիացեալ հանդարտ կեանքին։

ԺԹ. դարու Ռուսիան գերազանցապէս կրօնական ու բարեպաշտական զգացմունքներով ժողովուրդ մ'ունէր։ Այս կրօնական մշակոյթի ալիքներուն եւ տարրերուն դիմաց անկարելի էր կրաւորական ու անտարբեր դիրք բռնել եւ անմասն մնալ եռեւեփ եկող կեանքէն։ Յաճախակի ուխտագնացութիւններ կը կազմակերպուէին դէպի սրբոց վանքերը։ Ուխտագնացները մեծ երկիւղածութեամբ եւ խորին ակնածանքով իրենց սրտաբուխ լուման կ'ընծայաբերէին իրենց նախասիրած վանքերուն եւ իրենց ջերմագին աղօթքները կը մատուցէին սրբապատկերներուն առջեւ։ Լեւին մայրը եւս իբրեւ բարեպաշտ ու աւանդապահ կին մասնակցած է այդ բոլորին։ Այդ կրօնական բիւրեղ ոգիէն մասնիկ մը Լեւին սրտին մէջ ճառագայթած է։ Լեւ զայն զգուշութեամբ խնամած է։ Այս ժամանակաշրջանի տիրող մտայնութիւնն այն էր, որ կրօնը կը պատկանէր գիւղացի անուս դասակարգին։ Լեւ, սակայն, մանուկ տիովք ստացած է կրօնա-

կան կրթութիւն եւ բաւական ծանօթ էր աստուածային օրինաց ու պատուիրանաց։ Լեւ իր «Խոստովանութիւն» գիրքին մէջ կը գրէ. «Երբ կը կորսնցնեմ հաւատքս Աստուծոյ գոյութեան հանդէպ, չեմ կրնար ապրիլ. ինքզինքս վաղուց պէտք է սպաննած ըլլայի՝ եթէ աղօտ յոյսն անգամ ունեցած չըլլայի զինք գտնելու»։

Լեւ Թոլսթօյ յաճախած է Կազանի համալսարանը, ապա եւ՝ մասնակցած Ղրիմի պատերազմին (1854) *իբրեւ կամաւոր։ Վաղ տարիներուն ապրած է սանձարձակ ու գեղխ կեանք։ Տարիներով անձնատուր եղած է բախտախաղութեան, կնամոլութեան ու այլ մոլութիւններու։ Թոլսթօյ մի ոմն Աքսինիա անուանեալ կնոջ հետ ապօրինի կենակցութենէ ունեցած է արու զաւակ մը՝ Թիմֆէյ անունով։*

Լեւ Թոլսթօյ 1862*-ին ամուսնացած է Սոնիային հետ եւ ունեցած է* 13 *զաւակ։ Կնոջ հետ ապրած է յուզումնախառն ու փոթորկալի կեանք։ Իր կեանքի վերջալոյսին հրաժեշտ տուած է սիրելի ու պատկառելի կնոջ եւ մէկընդմիշտ հեռացած տունէն։*

Շատ համառօտիւ նշենք որ Թոլսթօյի տունը թատերաբեմ հանդիսացած է բազում անհամաձայնութեանց ու վիճաբանութեանց, որոնց պատճառով Թոլսթօյ որոշած է վերջնականապէս լքել իր ընտանիքը եւ մեկուսանալ։

Հարցին էութիւնը այն էր որ Թոլսթօյ իր բովանդակ կեանքի ընթացքին ցուցաբերած էր տարօրինակութիւններ, եւ Սոնիան զոհն էր իր հանճարեղ ամուսնոյն արտաքոյ կարգի բնաւորութեան գիծերուն։

Սոնիան կը մեղադրուէր իր ամուսնոյն պահուած օրագրութիւններն ու յուշերը գաղտագողի կարդալու յանցանքով։ Կատաղի վիճաբանութեանց դուռ բացած էր նաեւ Եասնայա Փոլեանայի եւ Սամարայի անշարժ կալուածներու հարցը։ 1909*-ին, Թոլսթօյ, յետ խորհրդակցութեան իր երկարամեայ երիտասարդ սրտակից բարեկամ ու գաղափարակից Ջերթքովի հետ, կը գրէր որ հրատարակութեան ամէն իրաւունքէ պէտք է հրաժարի ընտանիքը եւ Եասնայա Փոլեանայի հողերը պէտք է տրուին նուէր գիւղացիներուն։ Սոնիան դէմ էր այս որոշումին, առարկելով որ այդ արարքով ընտանիքը սնանկութեան առաջնորդած կ'ըլլար։ Թոլսթօյ, ի ցոյց մարդկան, իր կեանքի մայրամուտին կ'ուզէր բաշխել իր ունեցուածքը եւ առատաձեռն երեւալ։ Թոլսթօյ իր կինը կը մեղադրէր նիւթապաշտ ըլլալու յանցանքով, իսկ Սոնիան կը մերկացնէր անոր կեղծ դիմակը, կեղծաւորութիւնն ու ցուցամոլութիւնը։ Յետ երկարատեւ անհարկի վէճերու եւ փոխադարձ վիրաւորական խօսքերու, Սոնիայի փափուկ առողջութիւնը կը քայքայուի եւ մտային ու հոգեկան խանգարումէ կը սկսի տառապիլ։ Կը դիմէ անձնասպանութեան՝ թունաւորումով, բայց հրաշքով կ'ազատի։ Յետ փրկութեան, իր ուրախութիւնն ու գոհունակութիւնը կը յայտնէ այս խօսքերով. «Պիտի ապրիմ, որպէսզի ամուսինս իր կուռքին՝ Ջերթքովին չյանձնուի»։ Սոնիայի օրագրութիւնները ցոյց կու տան որ Ջերթքով մեծագոյն դաւը նիւթեր է Թոլսթօյի հետ ամբողջ ընտանիքը ընչազրկելու եւ կտակազերծ ընելու գործին մէջ։ Սոնիան իր ամբողջ էութեամբ ատած է այդ մարդը, որ եկած է պառակտելու իր ընտանիքը եւ խրամատ բանալու անոր յարկէն ներս։*

1912*-ին, յետ մահու Թոլսթօյի, Սաշան՝ Թոլսթօյի զաւակը, գործադրեց իր հօր ցանկութիւնը, իսկ* 1917*-ին, գիւղացիները ոգի ի բռին պաշտպանեցին*

Թոլսթոյի ապարանքը ընդդէմ յեղափոխականներու գրոհումներուն։ Ձեռագիրներուն եւ օրագրութիւններուն պատկանելիութիւնը եւս մեծ հարց յարուցեց Թոլսթոյի մահէն ետք։ Ջերթքով՝ Թոլսթոյի հաւատարիմ աշակերտը եւ երկրպագուն, նշանակուած էր Թոլսթոյի կողմէ իբրեւ միակ իրաւատէրը։ Յետ տարիներու դատավարութեան, սակայն, այդ բոլորը ի վերջոյ շնորհուեցան միակ իրաւատիրոջ՝ Սոնիային։

Թոլսթոյ իր մահկանացուն կնքած է 1910 թուին Ռեազան–Ուրալեան երկաթագծի Աստապովօ եւ թաղուեր է Եասնայա Փոլեանա։ Հետաքրքրական է որ Լեւին հայրը՝ Նիկոլայ, յատնած էր իր տղոց՝ Լեւին, Տիմիտրիին եւ Սէրկէյին, որ ինք յայտնաբերած էր գաղտնիքը յաւերժական ուրախութեան, աղքատութեան եւ հիւանդութեան վերացման։ Այս գաղտնիքը գրած էր գաւազանի մը վրայ եւ թաղած Եասնայա Փոլեանայի Զաքազ կոչուող անտառի հեղեղատին մէջ։ Լեւ խնդրած էր որ զինք հոն թաղեն՝ ի յարգանս այդ գեղեցիկ ու յիշատակելի պատմութեան, որ հօրը կողմէ աւանդուած էր։

Թոլսթոյ ունեցած է պարզ, անշուք թաղում։ Վահան Տէրեան կը գրէ. «Թոլսթոյի թաղմանը չէր մասնակցում ամբողջ Ռուսաստանն իսկ, մինչդեռ պէտք է մասնակցէր ամբողջ աշխարհը»։

Լեւ Թոլսթոյ գրական ասպարէզ իջած է երիտասարդական տարիներէն։ Իր առաջին վիպակներն ու պատմուածքները հրատարակուած են 1850–ական թուականներուն։ Այս յաջողութենէն խրախուսուած, Թոլսթոյ այնուհետեւ գրիչը երբեք վար չդրաւ։ Հաւատարմութեամբ հետեւեցաւ Կէօթէի այն նշանաբանին, որ կ'ըսէ. «Մարդ ստեղծուած է ոչ թէ անոր համար, որ մտածողութեամբ զբաղի, այլ անոր համար, որ գործէ»։ Թոլսթոյ իր բովանդակ կեանքի ընթացքին աշխատեցաւ անդուլօրէն ու իր բեղմնաւոր գրիչէն արտադրուեցան գրական գլուխ գործոցներ, որոնցմէ յիշատակութեան արժանի են՝ «Պատերազմ եւ Խաղաղութիւն», «Աննա Կարենինա», «Յարութիւն», «Կենդանի Դիակ», «Կազակներ» եւայլն։

Մաքսիմ Կորքին բարձր գնահատելով Թոլսթոյի գեղարուեստական արժանիքները, ըսած է. «Թոլսթոյը խորապէս ազգային է, ան ապշեցուցիչ լրիւութեամբ կը մարմնաւորէ իր հոգիին մէջ ռուսական բարդ հոգեբանութեան բոլոր առանձնայատկութիւնները։ Թոլսթոյը ամբողջ աշխարհ մըն է»։ Անաթոլ Ֆրանս ըսած է. «Հելլադան տուած է Հոմերոս, Ռուսաստանը՝ Թոլսթոյ»։

Թոլսթոյ իր վէպերուն մէջ պատկերած է ռուս ժողովուրդի ծանր կեանքը, անտանելի պայմանները, ապա եւ մերկացուցած է ազնուական, շահագործող դասակարգի անօրէնութիւնը, անխղճութիւնը եւ ստորութիւնը։ Թոլսթոյ յանդգնօրէն ու մեծ ցասումով արտայայտուած է Ռուսաստանի Ցարական կառավարութեան զաւթող, ստրկացնող ու ստորնացնող քաղաքականութեան դէմ։ Ան ոգի ի բռին պաշտպանած է ռուս ժողովուրդի բարոյական բարձրութիւնը, անկապտելի իրաւունքը եւ ազգային ու մշակութային շահերը։

Թոլսթոյ աշխարհաքաղաքացի էր. ան իր նեղ պատեանէն դուրս գալով ընդգրկած է լայն հորիզոններ։ Ծվիչդ ըսուած է, որ «Լեւ Թոլսթոյ հեղինակութեան համար չկային ո՛չ դասակարգեր եւ ո՛չ աշխարհագրական դիրքեր։ Նա տարածուել էր համայն մարդկութեան մտքերի վրայ»։

Թոլսթոյ մեծ հետաքրքրութեամբ ընթերցած է օտար, մանաւանդ Կովկասի *ժողովուրդներուն գրական գոհար երկերը։ Այցելած է Կովկասի երկիրները։ Թիֆլիսը համարած է «սիրոյ երկիր, քաղաքակիրթ քաղաք»։ Այստեղ է որ սկսած է իր գրական առաջին փորձերը։ Իր «Կազակները», «Կովկասի Գերին», «Արշաւանք», «Անտառահատում», եւ այլ աշխատութեանց մէջ յստակօրէն ու հարազատօրէն արտացոլած է Կովկասի կեանքը։*

Թոլսթօյ կովկասեան ժողովուրդներուն ծանօթացած ատեն, մօտէն հետաքրքրուած է նաեւ հայ ժողովուրդի մշակոյթով եւ անոր կարկառուն ու եռանդուն ներկայացուցիչներով։ Դժբախտաբար, 1850-ական թուականներուն, հայ գրական գոհարներէն հատուկտոր թարգմանութիւններ միայն կային ռուսերէն լեզուով։ Թոլսթօյ հազիւ թէ ամբողջական պատկերացում ունենար Հայաստանի պատմութեան եւ անոր իրագործումներուն մասին։

Մեր իրականութենէն ներս, բազմաթիւ գրողներ ու մտաւորականներ շատ բարձր գնահատած են Թոլսթօյի մեծարժէք գործերը։ Հայ մամուլը առատօրէն ու հանգամանօրէն անդրադարձած է Թոլսթօյի գործերուն։ Ստեփան Զօրեան շատ արդար գնահատական կու տայ Թոլսթօյի մասին երբ կը գրէ. «Լեւ Թոլսթօյն իրօք մի արտակարգ հսկայ է եւ մնում է չգերազանցուած։ Վիպական արուեստին մէջ ոչ միայն ռուս գրողները, այլեւ, իմ խորին համոզումով, աշխարհի գրողներից եւ ոչ մէկը չի կարող հաւասարուել նրան՝ իր ընդգրկումով, իր խորութեամբ, իր ճշմարտաշունչ արուեստով»։

Համաշխարհային գեղարուեստական գրականութեան մէջ պարծանք հանդիսացող Թոլսթօյ, իբրեւ քարոզիչ, խորունկ մտածող եւ մարդկային հոգիի խորախորհանց միտք, տառապած է արտակարգ ու անվերջ հակասութիւններով։ Անոր հայեացքներն ու բովանդակ կեանքը լի են աղաղակող ու խլացնող հակասութիւններով։ Թոլսթօյի հիմնական տկարութիւնը եղած է չհետեւիլ իր քարոզածին։ Շէյքսփիր շատ գեղեցիկ ըսած է. «Լաւ քարոզիչը ան է որ կը հետեւի իր քարոզին»։ Թոլսթօյի տեսականի եւ գործնականի անհամաձայնութիւնը, խօսքի եւ գործի անհաշտութիւնը ակնբախ են։ Անոր անյարիր եւ երկդիմի կեանքը շատեր կը բացատրեն անոր անօրինակ ու արտասովոր բնաւորութեամբ. ուրիշներ այն կը վերագրեն անոր հանճարին։

Թոլսթօյի բարոյական վարդապետութեան խարիսխը կը հանդիսանան քրիստոնէական կրօնի ուսուցումները, սկզբունքներն ու առաքինութիւնները, ինչպէս՝ մարդասիրութիւն, հեզութիւն, աղքատութիւն, ժուժկալութիւն, երկայնամտութիւն, ներողամտութիւն, անկեղծութիւն եւայլն։ Խօսելով սիրոյ մասին, մշտապէս սեռային կիրքերու չափաւորութիւն քարոզեց, բայց ինք երբեք օրինակ չկրցաւ ըլլալ, որովհետեւ հեշտասէր էր։ Որսորդութենէ, ծխելէ ու ոգելից ըմպելիներէ հրաժարեցաւ, բայց ոչ երբեք սեռային անյագ կիրքերէ։ Սոնիան իր յուշագրութեանց մէջ կը գրէ. «Լաւ է իրեն գրել այդ մասին եւ խորհուրդ տալ այլոց ողջախոհ, անարատ ու զուսպ ըլլալ. հապա ի՞ր մասին...»։ Թոլսթօյին հետաքրքրած է մարմնական գեղեցկութիւնը։ Սոնիան կը հաստատէ այն ըսելով, «Զիս միայն երեկոները կը սիրէ, ոչ երբեք՝ օրուան ընթացքին»։ Իր կեանքի որոշ հանգրուանին, Թոլսթօյ նոյնիսկ դատապարտեց ամուսնական կենակցութիւնը օրինաւորապէս պսակուած զոյգերուն։ Թոլսթօյ իր հլու հպատակ աշակերտին՝ Չերթքովին, նախապէս խորհուրդ տուած էր ամուսնանալ եւ զաւակներու տէր ըլլալ։ Յետագային, «Կրօյցէր Սոնաթ»-ի ազդեցութեան տակ, փոխեց միտքը եւ թելադրեց որ ամուսնացողներ ապրին եղբօր եւ քրոջ պէս: Ամերիկեան "Shakers" կրօնական առաջնորդը Թոլսթոյին գրքոյկ մը ղրկած էր, ուր կ՚արգիլէր զոյգերու օրինաւոր մերձեցումը: Թոլսթոյ գոհ մնացած էր այդ մօտեցումէն. «հիանալի՜ է» բացագանչած էր, «պէտք է ամբողջական ողջախոհութիւն, ամուրիութիւն»: Հանրութիւնը ծաղր ու ծանակով ու խորին հեգնանքով կը հետեւէր այս ինքզինք հակասող ու կեղծաւորութեան բեռան տակ կքած քարոզիչին: Թոլսթոյի մօտ ընչաքաղցութիւնը մեղք էր, բայց ան մնաց միշտ ընչատէր ու ընչասէր, հողատէր ու դրամատէր: Կեանքի աւարտին ուզեց նուիրել իր կահկարասիքը, դաշնակն ու տան այլ առարկաները կարօտեալներուն, սակայն ընտանիքը արգիլեց: Մշտապէս քարոզեց, բայց իր քարոզածին չհետեւեցաւ: Մի գուցէ հաւատաց որ արժանիք մը կար իր քարոզածին մէջ, բայց իր հաւատացածը երբեք ի գործ չկրցաւ դնել:

1901–ին, երբ ծանրօրէն հիւանդացաւ, Թոլսթոյ՝ աղքատութիւն եւ չափաւորութիւն քարոզող ուսուցիչը, գիւղական հիւանդանոց կամ համեստ հանգստարան չգնաց բուժուելու, այլ գնաց Գասպրա (Ղրիմ)՝ Կոմսուհի Սոֆիա Պանինային շքեղակերտ ապարանքը եւ հոն փափկութեամբ ու մեծագոյն հոգատարութեամբ խնամուեցաւ մինչեւ խստաշունչ ձմրան վերջը: Կինն ու զաւակները խէթ աչքով նայեցան կատարուածին վրայ ու զինք կեղծաւոր անուանեցին, իսկ այլք՝ տկար արարած:

1901–ին էր նաեւ որ Թոլսթոյ՝ բարեգործ անուանեալ ու ճշմարիտ քրիստոնեայ հռչակեալ գրողը, բանադրուեցաւ Ռուս եկեղեցւոյ Սուրբ Սինոտին կողմէ ու արտաքսուեցաւ եկեղեցիէն իր անընդունելի կրօնական գաղափարներուն, տեսակէտներուն եւ աստուածաբանական հիմնական կէտերու իւրովի մեկնաբանութիւններուն համար: «Ճշմարտութիւնը գիս կը տանջէ եւ բանականութիւնը ինծի տրուած է անկէ փրկուելու համար», գրած է Թոլսթոյ: Ան իր աստուածորոնողութեան ճանապարհին, հանդէս եկած էր կրօնական այն տեսութեամբ, որ Աստուծոյ թագաւորութիւնը մարդկանց է եւ պէտք չէ որոնել այլ տեղ կամ սպասել որ այն պատահի: Այս եւ նման հասկացողութեանց աւանդական խախտումը ուղղակի զայրացուցած էր ռուս կղերը: Եկեղեցիին կողմէ եղած բանադրանքը զինք երբեք չէ նեղած: Կը հաւատար իր գրած խօսքին, որ «Աստուած մարդուս խաչը կու տայ, բայց զայն կրելու զօրութիւն ալ կու տայ»:

Թոլսթոյին չէին հետաքրքրեր յայտնութենական, մարգարէական կամ վախճանաբանական հարցեր: Գերբնական ուժերու եւ յետ մահու կեանքի, յարութեան ու անմահութեան հարցերով ալ չզբաղեցաւ: Անոր միակ մտասեւեռումը կրօնը մարդկայնացնել էր: Ան աշխատեցաւ կրօնը մատչելի դարձնել բոլոր դասակարգերուն հաւասարապէս եւ անոր մատուցած աստուածային պատուէրներն ու հրահանգները՝ գործադրելի: Թոլսթոյի համար անսակարկ ու անշահախնդիր, մաքրամաքուր ու անկեղծ սէրը առաջնահերթ գաղափար էր: Թոլսթոյի կարծիքով, մարդկային գիտակցութիւնը պէտք է բարձրանայ նոր մակարդակի եւ սիրոյ օրէնքը պէտք է տիրական դառնայ եւ ոչ՝ դիմադրութեան, բռնութեան, վայրագութեան: Այս տեղի կրնայ ունենալ երբ մարդ կը ձերբազատուի ամէն տեսակ կրօնական ու քաղաքական հայեցակէտերէ ու հոսանքներէ: Յայտնի է որ Թոլսթոյ տոգորուած, լիցքաւորուած ու գրահուած է Վոլթերական շունչով ու Նիցշէական գաղափարներով:

Թոլսթոյի կրօնական հայեացքները համայնավարներուն կողմէ համարուած են յետադիմական, եւ ըստ այդմ՝ քննադատուած։ Թոլսթոյի արտայայտած կրօնական բազմաթիւ միտքերէն յիշենք հետեւեալները. «Միայն հաւատքի մէջ է որ կը գտնենք իմաստն ու կարելիութիւնը կեանքի», «Հաւատքը կեանքի զօրութիւնն է», «Առանց հաւատքի կարելի չէ ապրիլ», «Այստեղ է Ան։ Առանց Անոր երբեք չենք կրնար ապրիլ։ ԶԱստուած ճանչնալ եւ ապրիլ նոյն բաներն են։ Աստուած կեանք է»։

Թոլսթոյի կրօնական դաւանանքը բնութագրող եւ հաւատամքը մատնանշող համոզումը եղած է չհակառակիլ չարին։ «Չարին չհակառակելու» իր տեսութիւնը եւ բարոյական վարդապետութիւնը Թոլսթոյ ջանացած է պաշտպանել ըստ կարելւոյն։ Հայ մտաւորականութիւնը, բարձր գնահատելով հանդերձ Թոլսթոյի գրական հարուստ ժառանգութիւնը, խստօրէն քննադատած է անոր բարոյական սխալ ուսմունքը։ Մեր աւագ մտաւորականներէն Ղազարոս Աղայեան, խօսելով «չարին չհակառակելու» սկզբունքին մասին, այն համարած է անխոհեմութիւն. «Չարին հակառակ չկենալը, անճարութեան, թուլութեան ու ստրկութեան հետեւանք է, այսինքն՝ չարին հակառակ չկենալը առաքինութիւն չէ, այլ անկարողի խոհեմութիւն՝ ժամանակ վաստակելու համար, ընդդիմանալու ոյժ հաւաքելու համար։ Չարին հակառակ չկենալը թոյլ է տալիս չարերին, որ բարիների հետ վարուեն իրենց ուզածի պէս...», գրած է Ղ. Աղայեան։ Հետեւաբար, կ'եզրակացնէ մեր իմաստուն ու պայծառատես մտաւորականը, «չարին հակառակ չկենալը, ուղիղ եւ բարոյական վարդապետութիւն չէ։ Դա դէմ է եւ՛ խելքի, եւ՛ բանականութեան»։

Ի չարս այլ գրողներու, «չարին չհակառակելու» տեսութեան դէմ գրած է նաեւ Ստեփան Շահումեան, որ կ'ըսէ. «Չարին բռնութեամբ չդիմադրելու համար Թոլսթոյն առաջարկում է չընդունել պետական իշխանութիւնը, զինուորագրութիւնը, դատական հաստատութիւնները, բանտերը», եւ ապա անարգանքի սիւնին կը գամէ անոր ուսմունքին «անհեթեթութիւնն ու վնասակարութիւնը»։

Չարին չհակառակելու դասական օրինակ է հետեւեալը։ Թոլսթոյ մարդասիրական ու ներողամտական զգացմունքներով լեցուած էր Ալեքսանդր Բ. Ցարը սպաննողներուն հանդէպ (1881 թ.)։ Ան խնդրագրով մը թախանձեց Ալեքսանդր Գ.-ին որ քրիստոնէական ոգիով խնայէ վեց ոճրագործներուն կեանքը։ Զուր է ըսել, որ յանցագործները նոյն տարին իսկ կախուեցան։

Փարիզի մէջ Թոլսթոյ ականատես եղած է հրապարակային մահապատիժի, որ գործադրուած է Կիյոթինով։ Թոլսթոյ իր զայրոյթն ու նողկանքը յայտնած է այդ անմարդկային գլխատման արարքին դէմ։ Ան ըսած է. «Մարդուն նպատակն է ձգտիլ բարոյական կատարելութեան»։

Օրինապահ ու կարգասէր Թոլսթոյ հովանաւորած է երկու աղանդներու մոլեռանդ հետեւորդներ, որոնք կը գործէին տեղական իշխանութեան դէմ. անոնք էին՝ Տուխապորները «Հոգեմարտիկները» եւ Մալաքանները «Կաթ Ըմպողները»։

«Հոգեմարտիկները» համայնավարական ու խաղաղասիրական ձգտումներով ու սկզբունքներով գօտեպնդուած աղանդաւորներ էին, որոնք Կովկաս աքսորուած էին 1840 թուին եւ հալածուած։ Անոնք կը մերժէին զինուորական ծառայութիւնը եւ պետական իշխանութեան գոյութիւնը։ 1893-ին, Հոգեմար-

տիկները մերժեցին գործածել ծխախոտ, միս եւ գինի։ Թոլսթոյի համար, այս աղանդին անդամները հերոսներ էին։ 1898-1902 թուականներուն, աղանդաւորները, Թոլսթոյի միջնորդութեամբ եւ Անգլիական կառավարութեան արտօնութեամբ, հաստատուեցան Գանատա եւ ի վերջոյ համակերպուեցան տեղւոյն կարգ ու կանոնին։ «Կաթ Ըմպողներու» աղանդը եւս, որ նոյնպիսի տրամադրութիւններ ունէր պետութեան հանդէպ, բազում հալածանքներէ ու չարչարանքներէ ետք, Թոլսթոյի բարոյական օգնութեամբ գաղթեց Գանատա։

Վերոբերեալ օրինակները մէկընդմիշտ ցոյց կու տան որ Թոլսթոյ կտրականապէս դէմ էր մահապատիժի, եւ նեցուկ ու օգնական՝ ռամիկին, ազատատենչին։

«Չարին չհակառակելու» փիլիսոփայութեան հակառակ աշխատութիւններ ունի մեր մեծ ու անմահ վիպասան Րաֆֆին։ Վերջինս, իր ընդարձակ ու խորունկ վէպերով կ՚արթնցնէ հայ ժողովուրդը իր դարաւոր թմբիրէն ու զայն կը հրաւիրէ արթնամտութեան, դիմադրութեան, քաջասրտութեան ու գոյութենական անվերջ մարտի։ Րաֆֆին այն միտքը կ՚արտայայտէ որ մարդիկ բնութեամբ բարի են, բայց հանգամանքներն են որ չար կ՚ընեն զանոնք։ Ան իր «Ջալալէդդին»-ին մէջ կը գրէ. «Սարհատը այն եզրակացութեան էր հասնում, թէ այն ժողովուրդը ինքն էր մեղաւոր, որ կեանքի պահանջները չէր հասկացել, եւ չէր մտածում թէ ինքը երկրի վրայ է բնակւում, մարդիկների հետ գործ ունի եւ ոչ թէ հրեշտակների…»։

«Չարին չհակառակելու» սքանչելի օրինակ է Րաֆֆիի «Ջալալէդդին»-ի քահանան։ Ալեզարդ քահանան օրհասական տագնապի մէջ էր, վասնզի Քիւրտերը կը պատրաստուէին «հրաշէկ արախչինը (գլխարկ) նրա գլխին դնել», երբ Հայ կտրիճներու ատրճանակները կ՚ազատեն զինք ստոյգ մահէ։ Երկչոտ ու արգահատելի քահանան, որ անակնկալի եկած էր այս հրաշալի պատահարէն եւ տեղեակ իսկ չէր թէ որոնք էին զինք ազատողները, մեղմ ձայնով կ՚ըսէ. «Ի սէր Աստուծոյ, մի՛ սպանէք, թողէ՛ք, ինչ որ կամենում են, թող անեն մեզ հետ. դրանց ձեռք մի՛ դպցնէք. կը կոտորեն Հայերին…»։

Րաֆֆին անէծքներու տարափ կը տեղացնէ իր վէպին մէջ բոլոր անոնց վրայ, որ «խլեցին մեզանից մեր սիրտը եւ նրա տեղը մի կտոր մեռած միս դրեցին… Եւ անիծեա՛լ թող լինին նրանք, որ սովորեցրին մեզ բարի լինել, հնազանդ լինել, համբերող լինել…»։

Խօսելով վանքերու բազմութեան եւ դպրոցներու սակաւութեան մասին, Րաֆֆին իր «Խենթը» վէպին մէջ կը գրէ. «Եթէ այդ երկրում գտնուած վանքերի եւ եկեղեցիների տասնից մէկ մասի փոխարէն օրինաւոր դպրոցներ լինէին, այժմ Հայաստանը փրկուած կը լինէր»։

Ի հակադրութիւն Թոլսթոյի քարոզած սնամէջ գաղափարաբանութեան, Հայոց Րաֆֆին ա՛յս ձեւով կ՚ըմբռնէ կեանքի երջանկութեան գաղտնիքը. «Երջանիկ է այն ժողովուրդը, որ ատել գիտէ… Նա որ ատել չգիտէ, զուրկ է մնում եւ սիրոյ զգացմունքից»։ Մինչ Թոլսթոյ կը քարոզէ աներկբայ սէր եւ կը ջատագովէ չարին չդիմադրելու անհիմն վարդապետութիւնը, Րաֆֆին կը հակաճառէ հետեւեալ տրամաբանութեամբ. «Անձնապաշտպանութեան օրէնքները պահանջում են պատասխանել թշնամուն նոյն զէնքով, ինչ զէնքով որ նա ճնշում է եւ մահացնում է մեզ»։

Մարդ ակամայ հարց կու տայ թէ ի՞նչ է հիմնական պատճառը որ Հայը դարերով իր պարանոցը երկարած է ոսոխի սուրին ու անագորոյն հարուածին, եւ հազուադէպօրէն միայն մաքառած է յանուն ճշմարտութեան, արդարութեան, ազատութեան եւ իր անձին փրկութեան։

Կարգ մը հոգեբաններ, քննելով այս երեւոյթը, յանգած են այն եզրակացութեան, որ Հայը եղած է շրջապատուած յելուզակ, ջարդարար ու պատերազմասէր ազգերով։ Հայուն խաղաղասէր ըլլալու յատկութիւնը պէտք է վերագրել իր հողագործութեան ու նստակեաց կեանքին՝ ի հակադրութիւն այլ ազգերու հովուական ու աստանդական կեանքին։

Երկրորդ եւ աւելի հիմնաւոր պատճառը Հայուն խաղաղասիրութեան, կը համարուի Քրիստոնէութեան մուտքը ի Հայաստան։ Քրիստոնէութիւնը մշակած, յղկած, ազնուացուցած ու բիւրեղացուցած է Հայու հոգին։ Այսպիսով, Հայը դասուած է քաղաքակիրթ ազգերու շարքին՝ շնորհիւ իր մշակոյթին եւ ազնիւ դրսեւորումներուն։ Այս արի ու վեհ կեցուածքէն մեծապէս տուժած է Հայը։

Հայ հոգեբան մը ճիշդ կը վերլուծէ այս իրավիճակը երբ կը գրէ․ «Մեր նախնիքները ճշմարտութիւնները միջավայրին համեմատ մեկնելու եւ յարմարցնելու հեռատեսութիւնը եւ խորատեսութիւնը ունեցած չեն»։ Այս կը նշանակէ որ Հայ ժողովուրդը, հակառակ իր բոլոր բարի տրամադրութիւններուն եւ ազնիւ ձգտումներուն, չէ կրցած խորաթափանցել այն պարզ ճշմարտութեան, որ Քրիստոնէական կրօնի սկզբունքները կիրարկած ատեն պէտք է նկատի ունենար ժամանակը, պարագան եւ միջավայրը։ Այս երեք կէտերէն մէկուն անտեսումով, ազգին գոյութիւնը կրնար վտանգուիլ։

Հայը դարերով ապրած է թշնամիին կողմէ ճնշուած, կեղեքուած ու կողոպտուած, բայց անոր նկարագիրը զարմանալիօրէն մնացած է բիւրեղ ու տոկուն։ Հայն իր վաստակը իր ճակատի քրտինքով ձեռք ձգած է։ Հեռու մնացած է աւազակութենէ, ապասերումէ, անբարոյական արարքներէ, ամուսնալուծումէ, ոճրագործութենէ եւայլն։ Հայուն արժանիքը եղած է չազդուիլ ու կուլ չերթալ բարոյազուրկ ազգերու կողմէ, այլ՝ պահել իր ցեղային յատկութիւններն ու ժառանգութիւնները իբրեւ սրբութիւն։

Հոգեբաններ կ՚անդրադառնան նաեւ այն երեւոյթին, որ Հայ ժողովուրդը Քրիստոնէական կրօնը կրնայ սխալ ըմբռնած ըլլալ։ Անոնցմէ մէկը յստակօրէն կը գրէ․ «Քրիստոնէական կրօնը հայ սիրտին մէջ այնքան խորունկ դրոշմ ձգեց որ Հայ ազգը տեսանելի եւ իրական կեանքը մոռնալով՝ ձգտեցաւ անիրական եւ անտեսանելի անդրաշխարհի մը։ Երբ ռազմասէր ժողովուրդներ պատերազմելով կ՚ընդարձակէին իրենց սահմանները, անդին Հայ թագաւորները իրենց գահերն ու թագերը ձգելով կը հեռանային վանքի մը անկիւնը ճգնելու եւ աղօթելու համար»։ Պատմական հիանալի ապացոյց է Տրդատին գահէն հրաժարումը եւ առանձնացումը ճգնարանի մէջ։

Արդարեւ, փաստուած երեւոյթ է որ Հայերը Տրդատի ժամանակ առիւծասիրտ էին ու ռազմասէր։ Քրիստոնէութեան մուտքով ի Հայոց Աշխարհ, ռազմասիրութիւնը տակաւ առ տակաւ նուազեցաւ եւ Հայ երիտասարդը, ի դիմաց թշնամիի ամեհի յարձակումին, փոխանակ կուրծք դնելու եւ պաշտպանուելու, նախընտրած է միւս երեսն ալ դարձնել, եւ կամ՝ փախչիլ դէպի հեռաւոր թաքստոցներ՝ մենաստաններ։ Այսպիսով, Հայը իր գոյութիւնը այլոց պար-

տաղրելու ուժականութիւնը կորսնցուց եւ ենթարկուողի դեր ստանձնեց՝ իր գոյութիւնը ձգելով օտարի կամքին ու ողորմութեան։

Կրօնքին հիմնական նպատակներէն մէկն է երաշխաւորել ազգի մը ոչ միայն ֆիզիքական գոյութիւնը, այլեւ անոր բազմացումը եւ հոգեւոր աճելիութիւնը։ Կրօնքը կու գայ ձերբազատելու մարդկութիւնը ստրկութեան ժանգոտած ու հնամաշ կապանքներէն եւ բարձրացնելու անոր բարոյական կեանքը՝ անոր շնորհելով արժանապատուութիւն։ Ներկայ աշխարհի հասարակական-քաղաքական կեանքի դրուածքը եւ կառոյցը մեզի բարոյապէս կը պարտադրեն որ ստանձնենք մենք զմեզ կառավարելու կենսական ու անյետաձգելի դերը եւ թոյլ չտանք որ ուրիշներ տնօրինեն մեր ճակատագիրը։ Տեղին է յիշատակել այն խօսքը, որ «Քրիստոսի անհուն սիրոյն հետ, Սինայի ահարկու եւ ռազմաշունչ Աստուածը» չէ քարոզուած Հայուն, որպէսզի ան կարենար պահել իր ռազմունակութիւնը եւ մանաւանդ՝ չարին հակառակելու եւ դիմադրելու կարողութիւնը։

Թոլսթոյի «չարին չհակառակելու» վարդապետութիւնը առողջ քննադատութեան չի դիմանար, որովհետեւ հիմնուած է սխալ, խախուտ ու անմարդկային սկզբունքի վրայ։

1997

ԼԵԶՈՒԱԲԱՆԱԿԱՆ

Ռուսերէնի Դերը Արեւելահայերէնի Զարգացման Մէջ Եւ Յարակից Հարցեր

Բազմադարեան հայոց լեզուն իր ծագման օրէն ի վեր, յարատեւ մշակման, հարստացման ու զարգացման ընթացքի մէջ եղած է։ Լեզուներու բարեչրջումը լեզուաբանութեան մէջ բնական պահանջ է։ Պատմական զանազան հանգամանքներու բերումով, հայ լեզուն շփման մէջ եղած է օտար տարբեր ցեղերու, ինչպէս նաեւ դրացի ազգերու հետ եւ ըստ այդմ ներառած այնպիսի հասկացութիւններ ու բառեր, որոնք մինչ այդ անծանօթ էին իրեն։ Ի թիւս բազմաթիւ լեզուներու, կարեւորութեամբ կը յիշատակենք ռուսերէնը, որ մեծ ազդեցութիւն գործած է արեւելահայերէնին վրայ։ Բայց նախքան այդ երեւոյթին անդրադառնալը, խօսինք ռուսերէնի մասին ընդհանրապէս, յայտնաբերենք անոր ճկունութիւնը, մատնանշենք անոր հարստութեան հիմնաղբիւրները, եւ կարեւորութեամբ ընդգծենք անոր տեղը համայն աշխարհի լեզուներու մեծ ընտանիքին մէջ։

Ռուսերէնը կը համարուի աշխարհի ճոխագոյն ու հարստագոյն լեզուներէն մէկը։ Ռուսերէնով ստեղծագործուած են ռուսական գրականութեան բոլոր մեծ կոթողները։ Բաւ է մեզ յիշատակել Պուշկինի, Թոլսթոյի, Մաքսիմ Կորքիի, Լոմոնոսովի, Լերմոնտովի, Տոսթոյեւսկիի եւ Կոկոլի անունները՝ ցոյց տալու համար անոնց գրիչէն արտադրուած վիթխարի գրականութեան արժէքը եւ նշանակութիւնը։

Ռուսերէնի գեղեցկութիւնը, գրաւչութիւնը, հնչեղութիւնը եւ արտայայտչականութիւնը լեզուն կը դարձնեն պերճ, ինքնուրոյն, եզակի, գերընտիր, չքնաղ։ Ռուսերէնը կատարելապէս մշակուած ու յղկուած լեզու է։ Ռուսերէն թարգմանուած են աշխարհի ամենակարեւոր գրական երկերը եւ գլուխ գործոցները։ Փոխադարձաբար, աշխարհի քաղաքակիրթ ազգեր իրենց լեզուներով թարգմանած են ռուս մեծ գրագէտներուն գոհար ստեղծագործութիւնները։

Ռուսերէնի բառապաշարը անսահմանօրէն հարուստ է։ Անոր բառային երանգաւորումները եւ իմաստային առումները պարզապէս ապշեցուցիչ են։

Ռուսագէտներու կամ ռուս բանասէրներու մէջ տիրական է այն կարծիքը, որ գրական ռուսերէնը կազմաւորուած է Ժ. դարէն առաջ՝ Քրիստոնէութիւնը Ռուսաստան մուտք գործելէ առաջ։ Ան մեծապէս օգտուած է հին սլաւոներէնէ՝ մասնաւորաբար բառապաշարի հարստացման, ինչպէս նաեւ իմաստասիրական, կրօնական ու այլ գիտական բնագաւառներու հասկացութիւններու փոխառութեանց տեսակէտէ։ Առանց հին սլաւոներէնի լեզուական իրողութիւններու օգտագործման, ռուսերէնը պիտի չհասնէր իր ներկայ բարձրութեան։ Այժմ, ընդունուած իրողութիւն է, որ ռուսերէնը լայնօրէն օգտուած է ուկրանացիներու եւ պելոռուսերու լեզուներէն։ Փոխ առնելով եւ իւրացնելով անոնց լեզուաարտայայտչական անթիւ միջոցներն ու ձեւերը, ռուսերէնը ինքզինք ընդարձակած ու տարածած է։ Իբրեւ օրինակ բերենք ռուս աշխարհահռչակ գրող կոկոլը, որ հրաշալի վարպետութեամբ ու բացառիկ ճկունութեամբ գործած է ուկրանացի ժողովուրդին սեփականութիւնը եղող բազմաթիւ ոճեր ու դարձուածքներ։

Գրական ռուսերէնի զարգացման ուղիին վրայ կարելի չէ չյիշել ռուսական բարբառներուն ազդեցութիւնը։ Այս բարբառները կամ գաւառական տարբեր խօսուածքները իրենց բառային, ոճային ու արտայայտչական բազմակի երեսներով մեծապէս նպաստած են ռուսերէնի կենսունակութեան ու պայծառութեան։ Ռուսերէն լեզուի վերջնական կերպաւորման ու ձեւաւորման մէջ մեծ դեր խաղցան անոնք՝ մշտապէս նոր աւիւն ու աւիշ ներարկելով։ Ռուսական գրականութեան անզուգական ներկայացուցիչ, քնարերգակ բանաստեղծ եւ մեծ արձակագիր Պուշկին, որուն մէջ մարմնաւորուած կը գտնենք ռուսական ազգային գրականութեան գերընտիր ու հազուագիւտ յատկութիւնները, յաճախ կը յիշեցնէ նոր սերունդին «չխուսափիլ բարբառներէն», այլ անոնց դիմել հնարաւոր չափով, որովհետեւ այդ բարբառները կը պարփակեն «ժողովրդական բառ ու բանը» եւ «ժողովուրդի խօսուածքէն աւելի շատ բան կարելի է սորվիլ, քան շատ ամսաթերթերէ»։ Այսպիսով, «Պուշկինը քանդեց ռուսաց գրական լեզուի ոճական բոլոր հին սահմանափակումները եւ ցոյց տուաւ գրաւոր լեզուն ստեղծագործելու համար բարբառներէն օգտուելու ողջ կարեւորութիւնը», կը գրէ Ս. Ղազարեան։

Այստեղ յիշենք որ Պուշկին ռուս գրականութեան թագն ու պսակն է. անոր ստեղծագործութիւնը աննման է ու աննուաճելի։ Ան խօսքի վարպետ է, անոր ոճը խիստ «ինքնատիպ է ու խորապէս ազգային»։ Այսպիսով, յանձինս Պուշկինի, Պելինսկիի, Չերնիշեւսկիի եւ այլ մեծ գրողներու, ռուսերէնը ունեցաւ աննախընթաց զարգացում ու հասաւ հրաշալի բարձունքներու։

Լեզուաբանական խիստ հետաքրքրական երեւոյթ է, որ հին սլաւոներէնը ռուսերէնով փոխարինուելէ ետք, ԺԷ. դարէն սկսեալ, ռուսերէնը իր կարգին սկսաւ սլաւոնական կարգ մը լեզուներու (ինչպէս՝ սերպերէն, պուլկարերէն, ևն) վերջնական ձեւաւորման, հունաւորման ու զարգացման մէջ կարեւոր դեր ստանձնել։ Ռուսական գրականութեան ազդեցութիւնը կը տարածուի նաեւ պուլկարական ու սերպական գրականութեան վրայ եւ իր անջնջելի կնիքը կը թողու անոնց վրայ։ Այս տեսանկիւնէն շատ յատկանշական են պուլկարերէնի փոխառութիւնները ռուսերէնէն։ Այդ անհամար բառեզրերը կ'ընդգրկեն գիտական ու հասարակական մարզերը։ Պուլկարացի ականաւոր գիտնական՝ Փրոֆ. Պ. Ցոնեւի «Ռուս-Պուլկար զուգահեռագիծեր» աշխատութեան մէջ, հեղինակը ամենայն ազնուութեամբ կը խոստովանի որ «պուլկարացիները հոգեկան ազատագրութեան համար պարտական են ռուսական գրականութեան այնպէս, ինչպէս քաղաքական ազատագրութեան համար՝ ռուսական պետութեան»։

Ռուսերէնի ազդեցութիւնը բացայայտ է նաեւ ուրիշ լեզուներու վրայ, ինչպէս օրինակ հնդեւրոպական լեզուաընտանիքին պատկանող սերպական ճիւղի լեզուներէն՝ չեխերէնը։ Ռուսական լեզուական իրակութիւնները, առանձնայատուկ գիծերը եւ երանգները իրենց վառ արտայայտութիւնը գտած են չեխերէնի մէջ։

Կարեւորութեամբ ընդգծենք այն իրողութիւնը, որ ոչ միայն սլաւական ցեղին պատկանող ժողովուրդները ազդուած են ռուսերէնէ եւ հետաքրքրուած *են զայն սորվելու, այլեւ արեւմուտքի քաղաքակիրթ ազգերը՝ եւրոպացիները, ամերիկացիները, եւն։*

ԺԶ. եւ ԺԷ. դարերու անգլիական եւ եւրոպական գրական յիշատակարաններուն մէջ կարելի է դիւրաւ հանդիպիլ ռուսերէն բառերու։ Այս դարաշրջաններուն եւ աւելի ուշ, թարգմանական հսկայ աշխատանք կատարուած է ռուսերէնէ անգլերէնի եւ եւրոպական այլ լեզուներու։ Ռուսաց լեզուի ուսուցումը դիւրացնելու նպատակով յօրինուած են նաեւ բառարաններ։ Այդ ուղղութեամբ, առաջնագոյն եւ կարեւորագոյն բառարանը կը համարուի Richard James-*ի* (1592-1638) (Dictionariolum Russico-Anglicum) *բառարանը։ Թարգմանական արուեստին մէջ յիշատակելի է անգլիացի գրագէտ Ա. Սմիվըրնի թարգմանութիւնը՝ Լերմոնտովի «Դեւ» աշխատութեան, որուն մասին ռուս գրականագէտ Տուրկենեւ հետեւեալ ձեւով արտայայտուած է. «Մեծ երեւոյթ է, մանաւանդ եթէ նկատի ունենանք գեղեցիկ սեղմութիւնը եւ Լերմոնտովեան ոտանաւորներու ուժեղութիւնը»։ Ռուսերէնի ուսուցումը դիւրացնելու եւ արագացնելու նպատակադրումով, թարգմանութիւններ կատարուած են նաեւ այլ բանաստեղծներէ, գրագէտներէ, գրողներէ, եւն։*

Խորհրդային կարգերու հաստատումէն ետք, ռուսերէն լեզուն հրապարակ եկաւ ինքնուրոյն բառապաշարով, որուն մէջ ընդգրկուած հասկացութիւնները, եզրերը, ամբողջութեամբ կ'արտացոլէին նոր կարգերը իրենց նորագոյն գաղափարախօսութեամբ, մտածելաձեւով, կարգավիճակով, կացութաձեւով, բարքով ու նիստուկացով։ Այդ բառերու կամ հասկացութիւններու շարքին կը պատկանին հետեւեալները՝ սովետ, պոլշեւիկ, կոլխոզ, մարքսիզմ, լենինիզմ, պարտիա, պլան, կինո, ֆապրիկա, տրակտոր եւ այլ հազարաւոր նման բառեր։

Խորհրդային Միութեան տասնեակ տարիներուն, ռուսերէնը իր անմիջական ազդեցութիւնը ներգործեց նաեւ վրացերէնի, ատրպէյճարերէնի, ղազախերէնի, տաճիկերէնի, կիրգիզերէնի, եւ ինչու չէ նաեւ՝ ֆրանսերէնի եւ հայերէնի վրայ։ Վրացերէնը անթիւ ու անհամար բառեր փոխ առած է ռուսերէնէն եւ զանոնք իւրացնելով հարստացուցած իր բառամթերքը։ Նոյնը եւ աւելին կարելի է ըսել ատրպէյճաներէնին մասին, որ իր հազարաւոր բառերու փոխառութեամբ ընդարձակած է իր բառապաշարը։ Ատրպէյճաներէնի պարագային ուշագրաւ է այն երեւոյթը, որ ան «իր բառակազմական եւ արտասանական հնարաւորութիւնները եւ զարգացման օրինաչափութիւնները» եւս հիմնած ու խարսխած է ռուսերէնի վրայ։ Այս կը նշանակէ որ ատրպէյճաներէնի այբուբենի մէջ գոյութիւն չունեցող գիրեր ու հնչիւններ եւս փոխ առնուած են ռուսերէնէն։ «Ռուսերէնի նմանողութեամբ կազմուած, իմաստափոխուած եւ ածանցուած բառերով եւ բառակապակցութիւններով» ալ ատրպէյճաներէնը օգտուած է՝ զարգացնելու իր փոխառութիւններուն շարքը։

Նման յատկանշական երեւոյթ գոյութիւն ունի նաեւ ղազախերէնի մէջ, ուր ռուսերէնը կրցած է ազդել այդ լեզուի «հնչիւնական համակարգի, ուղղագրութեան եւ լեզուական այլ իրողութիւններու» վրայ։

Այսպիսով, Խորհրդային նոր կարգերը իրենց մէջէն անմիջապէս վանեցին ու ընդմիշտ ջնջեցին հասարակական հին հասկացութիւնները (օրինակ՝ ծուխ, ծխատուն, ծխատէր քահանայ, թաղական, եւն) եւ ստեղծեցին նոր կարգերուն համապատասխանող բառեզրեր։ Այս ուղղութեամբ, դասակարգային, եկեղե-

ցական, կրօնական եւ կարգ մը այլ բնագաւառներու բառեր գործածութենէ զրկուեցան եւ յանձնուեցան մոռացութեան։ Խորհրդային Միութեան տարիներուն, զարկ տրուեցաւ գիտութեան, արուեստի եւ այլ բազմաթիւ մարզերու եւ մասնագիտութիւններու զարգացման ու յառաջդիմութեան։ Հարկաւոր էին բառեր՝ արտայայտելու համար այս բոլոր ճիւղերը։ Հասարակական կարգավիճակը եւս նոյն պահանջը ունէր։ Հայոց լեզուն եւս, ի շարս Խորհրդային Միութեան այլ լեզուներու, չէր կրնար անմասն մնալ եւ չազդուիլ այս արմատական փոփոխութիւններէն։ Հայոց լեզուի բառապաշարը գեղարուեստի բառերով, ինչպէս նաեւ բառակապակցութիւններով հարստացաւ։ Բառեր, որոնք նախապէս գոյութիւն չունէին մեր լեզուին մէջ, տակաւ առ տակաւ հող գտան, արմատացան ու գործածութեան շրջագիծէն ներս ընդգրկուեցան։ Այդ տիպի բառերու շարքին յիշենք՝ աշխօր (աշխատանքային օր), ընդյատակեայ, դասընթաց, ևն։

Ռուսերէնը ունի բառաստեղծութեան անսպառ միջոցներ, որոնց մէջ հիմնական դեր ստանձնած են նախածանցները եւ վերջածանցները։ Ինչպէս յայտնի է, հայերէնը անոնց համապատասխան լիարժէք տեղադրման կամ փոխարինման համար գործածած է իր նախածանցները, վերջածանցները եւ բառարմատները, ինչպէս՝ առաջ, տեղ, ետեւ, համար, արտ–, անդր–, –ուստ, –եղէն, –եայ, –իչ, –ական, –ող, –որդ, –ումն, –ուրդ, –ւէտ, –օրէն, ևն։ Ռուսերէնի նմանութեամբ հայերէնի մէջ սկսան գործածուիլ նաեւ հնչիւնատարրային, վանկային եւ հնչիւնա–վանկա–բառային յապաւումներ, ինչպէս՝ բուհ (բարձրագոյն ուսումնական հաստատութիւն), հայպետհրատ (Հայաստանի պետական հրատարակչութիւն), շրջկոմ, ևն։ Ռուսերէնի ազդեցութեամբ՝ բայափոխաութիւնները եւս ընդհանրացան հայոց լեզուին մէջ. այսպէս՝ էվակուացնել (evacuate), կոորդինացնել (coordinate), օկուպացնել (occupy), ակտիվացնել (activate) եւայլն։

Համայնավարութեան ռուս հիմնադիրները եւ պարագլուխները առաջադրեցին կարգ մը նոր հասկացութիւններ, ինչպիսիք են՝ գիտակից ջոկատ, միասնական պարտիական դիսցիպլինա, բանուոր դասակարգի առաջաւոր ջոկատ, ցենտրալիզմի հիմունք, ևն։

Ռուս առաջնորդներուն հետեւեցան եւ հայերը։ Ստեփան Շահումեան իր ճառերուն եւ գրութիւններուն մէջ սկսաւ գործածել դարձուածքներ, բառեր ու բառակապակցութիւններ, որոնք մինչ այդ խորթ էին հայ լեզուին. այսպէս՝ «կարմիր պրոլետարական դրօշակ պարզել», «քաղաքական ռեւոլիւցիոն կռիւ քարոզել», «դիպլոմաւոր ինտելիգենցիա», սպեցիֆիկ, զեմստվո, իմպուլս, տրագիզմ, լիբերալ, քաղաքական ձեւեր ու սիստեմներ, արդիւնագործական յարաբերութիւններ, աշխատավարձի նորմա, բանուոր դասակարգի պատմական միսիա, սոցիալական կեանք, բուրժուական պետութիւններ, ինդուստրիական պրոլետարիատ, ևն։ Ռուսերէնի նմանողութեամբ ստեղծուած են հետեւեալ արտայայտութիւնները՝ «Պէտք է քաջութիւն ունենալ ուղիղ նայելու իրականութեան երեսին», «մենք խօսում ենք ժողովրդական մասաների պառլամենտական իլլիուզաների մասին», ևն։

Ստեփան Շահումեան, Ս. Սպանդարեան, Յ. Յակոբեան եւ շատ ուրիշներ մեծ կարեւորութիւն կ՚ընծայէին ռուսերէնի յարաճուն զարգացման եւ կը *ջանային օգտուիլ անկէ՝ հարստացնելու հայ լեզուի բառամթերքը։ Ոչ միայն քաղաքական, այլեւ տնտեսական հասկացողութեան վերաբերող բառեր սկսան մուտք գործել հայերէնի մէջ. այսպէս՝ ապրանք, փոփոխական արժէք, յաւելեալ արժէք, սպառողական արժէք, եւն։ Քաղաքական մարզէն ներս Շահումեան համարձակօրէն գործածեց ռուսերէնի խողովակով փոխանցուած անթիւ բառեր. այսպէս՝ պատմական մատերիալիզմ, ատմինիստրացիա, յարձակողական նացիոնալիզմ, մետաֆիզիկ, քաղաքական սիտուացիա, պրովոկատոր, եւն։*

Այս հազարաւոր բառերէն ու բառակապակցութիւններէն հրապարակ եկաւ նոր ոճ մը, որ շատ յատուկ էր ու բնորոշ համայնավարութեան ղեկավարներուն։ Հրապարակը անտանելիօրէն խեղդուած էր այս նոր գաղափարախօսութեան վերաբերող բառերով, որ, իրենց կարծիքով, կու գային մայրենի լեզուն յղկելու եւ մշակելու։ Այս նորամշակ լեզուով հրապարակ կու գային թերթեր, հետազօտութիւններ, գրական երկեր։ Այս տպագրութիւնները իրենց ոճական առանձնայատկութիւններով նորարարութիւններ էին հայ լեզուի համար։ Արհամարհանքով կը նայուէր ծխական կեանքի, ծխական ու թեմական դպրոցի ու եկեղեցւոյ վրայ։ Այն ինչ որ սերտ աղերս ունէր ծուխի, եկեղեցիի եւ ծխական դպրոցի հետ, կը համարուէր յետամնաց, վաղանցուկ ու ժամանակավրէպ, իսկ ծխականները՝ «կղերի թեւի տակ», «հաշտ ու հեզ» ապրող ժողովուրդի զանգուածներ, որոնք ի գին ամէն զոհողութեան կը պայքարէին պահել հինը, ազնիւը, անաղարտը։ Նորելուկ վարդապետութեան ջատագովներ օրնիբուն կը վարկաբեկէին հայ կղերականը եւ նսեմացնելով անոր դերը հայ իրականութենէն ներս կը նկրտէին ձերբազատուիլ հայ կղերական մտաւորականութենէն եւ կը ձգտէին հայ լեզուն առաջնորդել «դէպի նոր ափեր»։ Կարգ մը գրողներ իրենց գրուածքներուն մէջ այն մտահոգութիւնը եւ մտավախութիւնը կը յայտնէին, որ հայ հասարակական կեանքէն ներս այս յանկարծական փոփոխութիւնը եւ յեղաշրջումը անակնկալի պիտի բերէ եւ յուսախաբ դարձնէ «հայ սեմինարիստական ինտելիգենցիան», բայց ըստ երեւոյթին, այդ եւս ոչ մէկ նշանակութիւն չունէր, որովհետեւ «արդէն խռոված է քնած մասսաների նիրհը դարաւոր» եւ այժմ ժամանակն է ընդգրկելու «լայն հորիզոններ»՝ «դուրս գալով ազգային սահմանափակուածութենէ»։ Այսպիսով, հայոց լեզուն եւ գրականութիւնը ենթարկուեցան հիմնական փոփոխութեան՝ իրենց վրայէն թօթափելով «տիրացուական» լուծը եւ վերջնականապէս ձերբազատուելով եկեղեցւոյ եւ ծուխի ճիրաններէն։ Հայ լեզուն լայնօրէն բացաւ իր գիրկը՝ իր մէջ հոսեցնելու ռուս եւ եւրոպական նոր մշակոյթի հիմնական տարրերը եւ մանաւանդ օտար փոխառութիւնները։

Վահան Տէրեան անդրադառնալով այս երեւոյթին, իր բողոքն ու ընդվզումը կը յայտնէ. «Ես միանգամայն հակառակ եմ այն տարօրինակ ձեւին, որ ընդունել են մեր Մխիթարեանները եւ նրանց հետեւելով պոլսահայերը։ Նրանք օտար բառերը թարգմանում են կամ տեղը մի նոր, ինչպէս են ասում, աւելի հայաշունչ բառ են թխում»։ Այսպիսով կը շարունակէ Վ. Տէրեան, «ստեղծում են անկենդան, շինծու, անհասկնալի բառեր ու դարձուածքներ, որոնք մեր լեզուն դժուարացնում են, դարձնում աւելի դժուար իւրացուող մի լեզու»։ Ուրեմն, արեւմտահայ գրական լեզուի զարգացման հիմնական խոչընդոտներէն ու թերութիւններէն մէկը կը համարուի օտար բառերու թարգմանութիւնը կամ հայացումը, որովհետեւ այդ լեզուն կը հասցնեն «անհասկնալիութեան աստիճանի»։

Վահան Տէրեան «հայոց լեզուի առաջընթացի գրաւականը տեսնում էր ոչ թէ ազգային կեղեւի մէջ ամփոփուելու, բարբառային բառերով լեզուն ծանրաբեռնելու եւ դրանով իսկ նոր գաղափարների հոսանքի դէմ խոչընդոտներ յարուցելու մէջ, այլ պարիսպների դէմ տարուող ուժեղ պայքարի եւ ռուսերէնի ազդեցութիւնը ընդունելու մէջ, որով հնարաւորութիւն կը տրուի հայերէնին մէջ միշտ կենսունակ մնալու եւ ներս առնելու իր մէջ նոր հասկացութիւնների հետ կապուած տերմինները եւ իւրացնելու»։ Տէրեան կը փափաքի որ հայերէնը չմեկուսանայ ու չճահճանայ, այլ շարունակէ մեծ թափով յառաջդիմել։ Այս մասին ան կը գրէ. «Ինչպէս անհատն է առանձնութեան մէջ քարանում ու մեռնում, այնպէս էլ ազգը։ Ազգերի զարգացումն ու առաջընթացը պայմանաւորուած է փոխադարձ յարաբերութիւններով, փոխադարձ ազդեցութեամբ»։ Տէրեան խօսելով իր ժամանակաշրջանի լեզուառճային առանձնայատկութիւններու մասին, կ'արձանագրէ հետեւեալը. «Ժամանակը իր ընդհանուր ոճը ունի եւ եթէ որեւէ անհատ փորձում է այդ ընդհանուր ոճի սահմաններից դուրս գալ, առանձնանալ, որեւէ յաջողութեան չի կարող հանդիպել եւ կը մոռացուի անխուսափելիօրէն, որովհետեւ «ինքնամփոփութիւնը եւ տգիտութիւնը չեն օգնի» նրան ոչ հասարակական կեանքում որեւէ դեր կատարելու եւ ոչ էլ իր լեզուն պահպանելու։ Մենք աշակերտներ ենք եւրոպայի (խմա՛ Ռուսաստանի) առջեւ եւ մեր ապագան կախուած է նրանից, թէ որքան լաւ աշակերտներ ենք լինելու մենք»։

Ընդունուած է ըսել, որ Տէրեան յարատեւ պայքարեցաւ հայ գրականութիւնը «նեղ ու անձուկ ազգային-կղերական բանտէն» ազատագրել եւ հարթելով անոր ուղին՝ զայն առաջնորդել «դէպի իսկական արուեստի անծայրածիր լայնութիւն»։

Այստեղ կարեւորութեամբ կ'ընդգծենք որ հայ գրական լեզուի զարգացման մէջ քաղաքական համայնավար գործիչները իրենց տեսակէտները բռնիօրէն ու կոպտօրէն պարտադրեցին գիտութեան բարի, ազնիւ ու անաչառ մշակներուն ու գիտնականներուն։ «Մարքսիզմի դիրքերէն» ելլելով այդ գործիչները կը ջանային լուսաբանել լեզուի ու գրականութեան հարցերը։ Աւելորդ է ըսել անշուշտ որ յետագային Մարքսիստական մօտեցումը լեզուի հարցերուն ամբողջովին հերքուեցաւ, որովհետեւ զուրկ էր գիտական հիմքերէ եւ կը տառապէր կամայականութենէ ու բռնազբօսիկութենէ։ Թէ քաղաքականութեամբ զբաղող գործիչները ի՞նչ գործ ու խօսք ունէին լեզուի մարզէն ներս, այդ ալ ուրիշ հարց է։ Այս ժամանակաշրջանի լեզուն եւ գրականութիւնը մեծապէս ազդուելով ռուս առաջաւոր մտաւորականութենէն, իրենց մէջ ներառեցին համայնավարութեան ուսմունքին հետ առնչուող բառեր. այսպէս՝ պոլշեւիզմ, տակտիկա, սիտուացիա, մարքսիստ. ապա եւ շարահիւսական նոր ձեւեր, օրինակ՝ «ինչու՞մն է կայանում», եւն։

Խորհրդային Միութեան տարիներուն հայոց լեզուի ուղղագրութիւնը եւս խնդրոյ առարկայ եղաւ, որովհետեւ գրաբարեան կամ աւանդական բնոյթ ունէր։ Ահա թէ ինչ կը գրէ մեծ լեզուաբան Ս. Ղ. Ղազարեան այս ուղղութեամբ. «Հայաստանում սովետական կարգեր հաստատուելու հէնց առաջին *տարիներին մեր պետութիւնը նկատի ունենալով ռուսաց լեզուի զարգացման փորձը, ձեռք առաւ մի շարք միջոցներ, որոնք դիւրացրին պետական լեզուի ուսուցումը, հասկանալի դարձրին այդ լեզուն աշխատաւորութեան լայն խաւերին եւ հիմնովին փոխեցին աշխատաւորութեան վերաբերմունքը մեր գրական լեզուի նկատմամբ։ Այդ միջոցառումներից առաջինը ուղղագրութեան հարցի կարգաւորումն էր»։ Լեզուն իր պարզագոյն վիճակին վերածելու եւ ըմբռնելու տեսակէտէն, դիւրագոյն ձեւին դարձնելու իրենց նկրտումներուն մէջ, Խորհրդային կառավարութեան անդամներ եւ որոշ անուանի հայագէտներ, դիմեցին հայ լեզուի ուղղագրութեան կարգաւորման։ 1922 թուականին «կարգաւորուեցաւ» հայոց լեզուն եւ վերջնականապէս գրաբարեան կամ Մաշտոցեան ուղղագրութիւնը վտարուեցաւ որովհետեւ չէր համապատասխաներ արտասանուած հնչիւններուն։ Բարեփոխութիւնը, որ խորքին մէջ հիմք ունէր «ռուսաց լեզուի զարգացման փորձ»-ը, իր հետ բերաւ խառնաշփոթութիւն եւ դարձաւ մեր ազգին համար աղէտալի։ Ուղղագրական բարեփոխութեան նախնական փորձին մէջ, որոշ գիրեր դադրեցան գոյութիւն ունենալէ, թէպէտեւ յետագային վերականգնուեցաւ անոնց օրինական անհրաժեշտութիւնը եւ գործածութիւնը։ Նոր սերունդը չկրցաւ ի հարկին օգտագործել գրաբարեան ուղղագրութեամբ գրուած ու հրատարակուած նախախորհրդային գրականութիւնը։ Ի վերայ այսր ամենայնի, մեծ խրամատ բացուեցաւ արեւելահայ ու արեւմտահայ հատուածներուն միջեւ։ Թէպէտեւ 1940 թուին ուղղագրական կանոնները ամբողջովին վերանայուեցան եւ որոշ փոփոխութիւններ առաջարկուեցան, այնուամենայնիւ լեզուն կրած էր իր ծանրագոյն հարուածը եւ մինչեւ այսօր կքած կը մնայ այդ ահաւոր բեռան տակ իր ամենատգեղ ու անճոռնի գրելաձեւով։ Հայ մեծ լեզուաբան ու ականաւոր հայագէտ՝ Հրաչեայ Աճառեան, իր լուրջ ու ծանրակշիռ խօսքը ըսած է հայ հին ուղղագրութեան վերադարձի ուղղութեամբ. «Դա մի խօժալ է, որին կարելի է ցանկալ, բայց ոչ երբեք հասնել»։ Այսօր հրապարակը լեցուն է արեւելահայերէնի ուղղագրափոխութեան յօդուածներով։ Բարի ու բուռն ցանկութիւն կայ վերադառնալու դէպի հինը, հարազատը, վաւերականը եւ աւանդականը։ Ժամանակը լոկ ցոյց պիտի տայ թէ ինչքանով գործնական կրնայ ըլլալ այդ։*

Ռուսերէն լեզուի ազդեցութեամբ տառադարձուած են նաեւ օտար բառերը՝ համաձայն հայերէնի հնչիւնական օրինաչափութիւններուն։

Ռուսական գրականութեան մէջ արտայայտուած յեղափոխական ու ապստամբական ոգին իր ամբողջ յոյզով, ուժգնութեամբ ու գունագեղութեամբ ներթափանցած կը գտնենք հայ գրական խոշոր դէմքերու ստեղծագործութեանց մէջ։ Եղիշէ Չարենց իր երկերուն մէջ գործածած է բառեր, պատկերներ, որոնք սերտօրէն կ՚առնչուին Խորհրդային Միութեան որդեգրած քաղական ուղիին, այսպէս՝ «կարմիր» բառը յաճախակիօրէն գործածած է Չարենց զանազան իմաստային երանգաւորումներով, ինչպէս՝ կարմիր գալիք, կարմիր օդաչու, կարմիր հատուցում, կարմրակէզ, կարմրավառ, կարմրածուփ, ևն։ Եղիշէ Չարենցի հետ, Խ. Միութեան միւս գրողները եւս, իրենց բանաստեղծութիւններուն եւ այլ սեռի գրութիւններուն մէջ արծարծեցին այնպիսի նիւթեր, որոնք կապ ունէին ապստամբութեան, աշխատաւորութեան, շինարարութեան, երկրի ծաղկման ու բարգաւաճման հետ։ Հասարակական կեանքէն ներս տեղի ունեցող բոլոր տեղաշարժերը եւ արմատական փոփոխութիւնները իրենց լայն արձագանգը եւ անդրադարձը կը գտնէին լեզուի մէջ։ Վ. Տէրեանէն ու Ե. Չարենցէն զատ, Հայ գեղարուեստական գրականութեան մէջ իրենց կարեւոր ներդրումը կատարեցին Մ. Արազին, Ստեփան Զօրեանը, Դերենիկ Դեմիրճեանը, Նայիրի Զարեանը եւ այլ բազմաթիւ գրողներ։ Այս գրագէտները իրենց բազմազան պատմուածքներուն մէջ սկսան գործածել խորհրդային կարգերուն համապատշաճող բառեր. անոնք երբեմն դիմեցին բառակազմութեան միջոցներուն ու հնարաւորութիւններուն. այսպէս՝ կոլեկտիվ, կինո, գիւղկոոպ. բայց նաեւ՝ գրանցման թերթ, ստուգում, ևն։

Խորհրդային տարիներուն, ռուսերէնի հզօր ազդեցութեամբ, հայերէնի մէջ տեղի ունեցաւ բառիմաստներու փոփոխութիւն։ Իմաստաբանութիւնը գիտութիւնն է բառերու հին իմաստներու եւ կը պարզաբանէ բառիմաստներու բնոյթը եւ տեսակները, ու կը զբաղի անոնց կրած պատմական փոփոխութեամբ եւ նոր իմաստներով։ Բառիմաստներու փոփոխութիւնը յատուկ է բոլոր լեզուներուն եւ կը համարուի բնական վիճակ։ Այս գործընթացը մեծաւ մասամբ տեղի կ'ունենայ լեզուի մէջ երբ տուեալ լեզուն անմիջական ազդեցութեան տակ է մէկ այլ լեզուի։ Հայերէնը ենթակայ ըլլալով ռուսերէնի ազդեցութեան, կրած է բառերու իմաստափոխութիւն։ Դասական օրինակ է «չքաւորութիւն» բառը, որ դասական հայերէնին մէջ նշանակած է աղքատութիւն, բայց ռուսերէնի ազդեցութեամբ, Խորհրդային Միութեան մէջ, դադրած է աղքատութիւն նշանակելէ եւ իմաստափոխուելով դարձած է «գիւղական բնակչութեան այն բազմաքանակ շերտը, որը գնում էր բանուոր դասակարգի ետեւից եւ մեր յենարանն էր գիւղում»։ Ռուսերէնի ազդեցութեամբ եւ նմանողութեամբ ստեղծուեցան նորանոր բառեր, ինչպիսիք են՝ մենաշխատ, մենատնտես, ևն։ Նոր առումներ նաեւ ձեռք բերուեցան բառիմաստներու նեղացման, ընդլայնման եւ շրջման գործընթացին մէջ։ Գեղեցիկ օրինակ է «խորասոյզ» բառը, որ նախապէս նշանակած է «խորը սուզուող», սակայն իմաստափոխութեան հետեւանքով, կիրարկուած է այն ականին համար, որ ջուրին մէջ սուզուելէ ետք պայթիւն արձակած է։

Ռուսերէնի ազդեցութեամբ հայերէնի մէջ կազմուած են նաեւ ածանցուած ու բաղադրեալ բառեր, ևն։ Ռուսերէնի նմանողութեամբ հայերէնի մէջ սկսան գործածուիլ նախդիրներ։ «Մօտ» կապը զգեցած է նոր իմաստ. այսպէս՝ մեզ մօտ, մեզ մօտ կայ, նա իր մօտ է (այսինքն՝ տանն է)։ «Մօտ» կապը ունեցած է նաեւ անորոշ մօտիկ թիւ իմաստը. օրինակ՝ ան մօտ քսան տարեկան է, ևն։

Ռուսերէնը իր ազդեցութիւնը գործած է հայերէն լեզուի վրայ նաեւ բառարանագրութեան միջոցով։ Ռուս-հայերէն բազմաթիւ բառարաններով, հայերէնը ճոխացած է նորանոր բառերով։ Այս բառարաններուն մէջ կարելի է գտնել բառարանագիրներուն կողմէ ինքնաստեղծ բառեր, որոնք գրաբարի մէջ գոյութիւն չունէին։ Այս տեսանկիւնէն դիտուած, բառարանագիրները մեծ ծառայութիւն մատուցած են հայ լեզուին։ Ռուսերէնի նմանութեամբ ստեղծուած բառերէն յիշենք՝ գնացք, փոստագնացք, կայծակնագնացք, պերճագնացք, հովոցագնացք. խոզանակ բառէն ստեղծուած են՝ գլխախոզանակ, ատամնախոզանակ, եղնգախոզանակ, յատակախոզանակ, կօշկախոզանակ, խոզանակագործ, խոզանակի արտադրութիւն, ևն։

Զայս արձանագրելէ ետք, պէտք է ցաւով խոստովանիլ որ որոշ բառարան կազմողներ փոխանակ ռուսերէն բառի հայերէն համարժէք թարգմանութիւնը տալու, պարզապէս տառադարձած են ռուսերէն բառը եւ հանրութեան ներկայացուցած որպէս հարազատ բառ։ Այս բառերու շարքին կը պատկանին հազարաւոր բառեր, որոնցմէ յիշենք՝ ալմանախ (օրացոյց), ագրեսիվ (յարձակողական), անարխիա (անիշխանութիւն), բալկոն (պատշգամբ), բիլեարդ (գնդամուղ), դոկումենտ (փաստաթուղթ), ինֆորմացիա (տեղեկութիւն), թէորիա (տեսութիւն), ցենզուրա (գրաքննութիւն), օբյեկտ (առարկայ), ևն։

Ամփոփելով մեր վերը ըսածները, կարեւորութեամբ կ'ընդգծենք այն երեւոյթը որ ռուսերէնը իր մեծ ու բարերար ազդեցութիւնը գործած է արեւելահայերէնին վրայ։ Կասկած չկայ, որ արեւելահայերէնը անսահմանօրէն օգտուած է ռուսերէնի ճոխութենէն ո ճկունութենէն։ Լեզուներու փոխազդեցութիւնը առողջ ու օգտակար վիճակ մը կը ներկայացնէ։ Անհրաժեշտ է որ լեզուները իրարմէ փոխ առնեն եւ ամբողջապէս լրացնեն իրենց պակասը։ Արեւելահայերէնը լայնօրէն, առատօրէն, անչափօրէն ու նոյնիսկ անտեղիօրէն օգտուած է ռուսերէնի ընձեռած հնարաւորութիւններէն։ Ի հակադրութիւն արեւելահայերէնին, արեւմտահայերէնը եղած է խիստ պահպանողական՝ իրմէ վանելով օտար տարրերը եւ մերժելով այն ինչ խոտոր կը համեմատի իր նկարագրին ու ընդհանուր պատկերին։ Արեւմտահայերէնը, բառերու հայակերտման սկզբունքով ու ճանապարհով, ջանացած է հարազատ մնալ իր ակունքին՝ լայնօրէն օգտագործելով հայերէնի ընձեռած բառակազմական բոլոր միջոցները։ Այս պատճառով, արեւմտահայերէնը մնացած է անեղծ, անաղարտ, յստակ, մատչելի ու հասկնալի՝ ժողովուրդի բոլոր խաւերուն անխտիր։ Աւելորդ չենք համարեր բերելու կարճ ցանկ մը պատահական բառերու, որ արեւմտահայերէնը արդ կը գործածէ ամենուրեք. խոհագիր (recipe), լաստակ (scaffold), օդապարիկ (balloon), համացանց (internet), միջոցք (media), շողանկարում (Xray), արտահոսք (influx), խորդակ (crane), թղթակալ (dossier), որմազդ (poster), ներմարմնաւորեալ (incorporative), կուտակիչ (battery), հեռարձակում (telethon), ելեքտրասնուցիչ (generator), կոչնագիր (citation), պտուտահողմ (tornado), նկարերիզ (video), հեռատիպ (fax), լուսակիճ (alabaster), ձեռնասայլ (wheelbarrow), ուտիճ (cockroach), իւղցան (gravy), ազդալոյս (traffic light), ևն։

2000

Հայերէնի Ծագման Հնդեւրոպական Տեսութիւնը եւ Հնդեւրոպական Նախալեզուի Վերակառուցման Փորձերը

(Աւգուստ Շլայխէրի Մահուան 130-ամեակին Առիթով)

Հայոց լեզուի յառաջացման հարցով զբաղած են բազմաթիւ հայ եւ օտար հայագէտներ ու լեզուաբաններ։ Հնդեւրոպաբաններ հայերէնի ծագման քննութիւնը եւ պատմութիւնը սկսած են հնդեւրոպական նախամայր լեզուէն։

Հայագիտութեան յայտնի են հայերէնի ծագման բազում մօտեցումներ ու տեսութիւններ, որոնցմէ կ՚արժէ յիշել գէթ հետեւեալները՝ հայերէնի ծագման աւանդական (Մ.Խորենացի) եւ աստուածաբանական (Աստուածաշունչ) տեսութիւն, հնդեւրոպական տեսութիւն, ասիական-կովկասեան տեսութիւն, հայասական տեսութիւն, եւ վերջապէս, ժամանակակից հայագիտական տեսութիւն։

Մեր ծրագիրէն դուրս է, անշուշտ, հանգամանօրէն խօսիլ իւրաքանչիւրին մասին։ Մենք հպանցիկ ակնարկ մը կը նետենք լոկ յայտնուած զանազան տեսութեանց վրայ եւ ապա կը շեշտենք հայերէնի ծագման հնդեւրոպական տեսութիւնը, որ անկիւնադարձային նշանակութիւն ունեցաւ։ Մինչեւ ԺԹ. դարու Ա. քառորդը, գիտական կարծիք կամ տեսակէտ գոյութիւն չունէր հրապարակի վրայ հայերէնի ծագման խնդիրներուն վերաբերեալ։ Մինչ այդ, տիրական էր այն կարծիքը, որ հայերէնը աստուածաշնչական, հետեւաբար եւ՝ աստուածատուր լեզու է։ Կարիք չկայ ըսելու, որ այս կարծիքը մէկընդմիշտ մերժուած է գիտնականներուն կողմէ, որովհետեւ բացարձակապէս զուրկ է գիտական ամէն հիմքէ։

1830*-ական թուականներուն լեզուաբանութիւնը վերջնականապէս թօթափեց ինքզինք հին, բացարձակապէս ոչ-գիտական եւ մանաւանդ աստուածաշնչական ու առասպելական շինծու տեսութիւններէ։ Պատմա-համեմատական մեթոտի ստեղծումով, լեզուաբանութիւնը գտաւ իր ճշգագոյն ուղին ու սկսաւ ընթանալ անխափանօրէն ու յաղթականօրէն։ Այս մեթոտին մեծագոյն նպաստը լեզուաբանութեան եղաւ այն, որ կարելիութիւն ընձեռեց ու լայն միջոցներ ստեղծեց լեզուներու ցեղակցութեան տեսութիւնը մշակելու եւ զարգացնելու։ Այս ուսմունքին վրայ հիմնուած, յառաջ տարուեցաւ այն դրոյթը, ըստ որում աշխարհի համայն լեզուները ճիւղաւորուած են անցեալին համեմատաբար նուազ թիւով մայր լեզուներէ։ Ներկայիս, լեզուները կարգաւորուած ու խմբաւորուած են զանազան լեզուաընտանիքներու մէջ։ Հնդեւրոպական լեզուաընտանիքը կը համարուի անոնց մէջ ամէնէն շատ ծանօթը եւ ուսումնասիրուածը։*

Գերմանացի հնդեւրոպաբան Պետերման իր աշխատութեան մէջ կը յիշատակէ հայերէնը իբրեւ հնդեւրոպական լեզու։ Հակառակ ձեռք բերած աննախընթաց յաջողութեան, անոր տեսութիւնը ունէր կարգ մը լուրջ թերութիւններ։ Պետերման հայերէնի եւ պարսկերէնի բառարմատներու նմանութեանց վրայ հիմնուելով ու անոնց ընդհանրութիւնը տեսնելով, ջանաց ապացուցել, որ հայերէնը հնդիրանական լեզուաճիւղին կը պատկանէր։ Պետերմանի այս տեսութիւնը տրամաբանական ու համոզիչ համարուելով ընդհանրացաւ եւ շուտով կարգ մը հայագէտներ պաշտպան կանգնեցան անոր տեսութեան՝ մինչեւ մեծ հնդեւրոպագէտ ու լեզուաբան Հայնրիխ Հիւպշմանի մուտքը լեզուաբանութենէն ներս 1880-ական թուականներուն։ Հիւպշման իր գիտական պատկառելի աշխատութիւններով ապացուցեց որ հայերէնը հնդեւրոպական ինքնուրոյն ճիւղ է եւ մէկանգամընդմիշտ հերքեց այն գաղափարը, որ հայերէնը պարսկերէնի բարբառ է։ Հիւպշմանի այս տեսակէտը անմիջապէս որդեգրեցին Անթուան Մէյէի եւ Հրաչեայ Աճառեանի նման մեծ լեզուաբաններ։

1890-ական թուականներուն, գիտնականներուն ուշադրութիւնը գրաւեց փռիւգերէնը։ Անոնք հայերէնը փռիւգերէնէ յառաջացած ըլլալու մասին ենթադրութիւններ սկսան կատարել, որովհետեւ փռիւգացիք հնդեւրոպական ցեղ ըլլալով, որոշ շփումներ ունեցած են արմէններուն հետ՝ ըստ յունական հաւաստի աղբիւրներու եւ վկայութիւններու։ Ցոյն պատմիչներ որոշ ակնարկութիւններ ըրած են հայերու եւ փռիւգացիներու ցեղակցութեան, միատեղ կեցութեան, գործակցութեան եւ սերտ հաղորդակցութեան ու յարաբերութեան մասին։ Լեզուաբաններէն ոմանք սկսան հայերէնի եւ փռիւգերէնի միջեւ լեզուական նմանութիւններ ու ընդհանրութիւններ որոնել, եւ նոյնանման շուրջ 15 արմատ գտնելով, յանգեցան այն եզրակացութեան, որ հայերէնը փռիւգերէնի մէկ ճիւղաւորումն է։ Այս կարծիքը կտրականապէս մերժեցին Հայր Յակովբոս Տաշեանի եւ Հր. Աճառեանի նման գիտնականներ։

Հայերէնի հնդեւրոպական ծագման տեսութիւնը չընդունող հայագէտներ յառաջ բերին նաեւ հայերէնը խէթերէնէ ծագած ըլլալու ենթադրութիւնը։ Նախապէս այս լեզուն դասուած էր ոչ-հնդեւրոպական լեզուներու շարքին, բայց 1910-ական թուականներուն, երբ յայտնաբերուեցան ու վերծանուեցան խեթական արձանագրութիւնները, այդ ժամանակ յստակ դարձաւ որ խեթերէնը եւս հնդեւրոպական լեզուաընտանիքին պատկանող լեզու է։ Հայ եւ խէթ ցեղանուններու վրայ խարսխուած այս տեսութիւնը ներկայիս կը համարուի տկար, չնչին եւ անբաւարար՝ որեւէ եզրակացութեան գալու։

Հայոց լեզուի ծագման նոր տեսութեամբ հանդէս եկաւ հնագէտ ու գիտնական Նիկողայոս Մառ, որ հայերէնը համարեց ասիական կամ կովկասեան։ Յաբեթական (Նոյի Յաբէթ որդիին անունով) եւ, յետագային, լեզուներու խաչաւորման տեսութիւնները մերժուեցան։ Իւրովի տեսակէտ ստեղծեց նաեւ Գր. Ղափանցեան, երբ յայտնաբերեց թէ հայերէնը յառաջացած է հնդեւրոպական եւ ասիական լեզուներու խառնուրդէն։ Ան ջանաց ասիական եւ հայասական լեզուատարրեր ցոյց տալ՝ ապացուցելու համար որ հայերէնը հայասերէնի արդիւնք է։ Այս բոլոր անհիմն ենթադրութիւնները ջրուեցան։ Կայ նաեւ արիմ ցեղը արմէններ համարելու ենթադրութիւնը։ Խէթական արձանագրութիւնները կը վկայեն որ արիմները կ'ապրէին Վանայ լիճին հարաւը։ Ասոնք էին, որ գալով պատմական Հայաստան, իրենց մէջ ձուլեցին ուրարտական ցեղերը եւ պարտադրելով իրենց լեզուն տեղացիներուն՝ կազմաւորեցին հայերէնը։

Հայ մեծանուն լեզուաբան Հր. Աճառեան, հայերէն լեզուի նախապատմութիւնը կը դնէ Ն.Ք. 3000 տարի առաջ եւ զայն անքակտելիօրէն կը կապէ *հնդեւրոպական նախալեզուի պատմութեան հետ։ Աճառեանի տեսութեան համաձայն, այդ թուականներուն հնդեւրոպական նախացեղը դարձած է բազմամարդ եւ ճիւղաւորուելով ցրուած ի սփիւռս աշխարհի՝ իր հետ տանելով հնդեւրոպական նախալեզուն։ Այս նախացեղէն բաժնուած ազգակից ցեղերը յետագային փոփոխութեան ենթարկած են մայր լեզուն՝ անկէ յառաջացնելով ցեղակից տարբեր լեզուներ։ Հայերէնը կը համարուի նախալեզուէն յառաջացած այդ լեզուներէն մէկը։*

Պատմա-համեմատական լեզուաբանութեան ծագումով եւ զարգացումով, լայն հնարաւորութիւններ ստեղծուեցան գբաղելու նախալեզուներու վերականգնման մեթոտներով։ Համեմատական լեզուաբանութիւնը չափազանց հետաքրքրական շրջան թեւակոխեց ԺԹ. դարու կէսին, երբ հնդեւրոպական նախալեզուի վերականգնման փորձեր կատարուեցան գերմանացի մեծ լեզուաբան ու բանասէր August Schleicher*-ի* (1821-1868) *կողմէ։ Վերջինիս գիտական աշխատանքները նպատակադրած էին ամբողջապէս վերակառուցել հնդեւրոպական նախալեզուն։*

Ընդհանուր լեզուաբանութենէն ծանօթ է մեզի որ լեզուի պատմական ուսումնասիրութեան մէջ գոյութիւն ունին զանազան մեթոտներ, որոնցմէ կ'արժէ յիշել արտաքին ու ներքին վերականգնման մեթոտները եւ հնէաբանական մեթոտը։

Պատմա-համեմատական լեզուաբանութիւնը, հիմնուած արտաքին վերականգնման մեթոտի վրայ, գերազանցապէս կը զբաղի լեզուի հնագոյն ձեւերը վերականգնելու աշխատանքով։

Արտաքին վերականգնման մեթոտը, որ ի յայտ եկաւ ԺԹ. դարուն, հիմնական նպատակ ունէր վերականգնել գրաւոր չաւանդուած բառերու եւ ձեւերու հնագոյն վիճակը։ Ցեղակից լեզուներու հետ համեմատական աշխատանք կատարելով, կարելիութիւն ստեղծուեցաւ վերականգնել լեզուներու հին վիճակը։ Այլ խօսքով, ենթադրութիւնը այն է, որ այս հին ձեւերէն յառաջացած պէտք է ըլլան ներկայ նորագոյն ձեւերը։ Ներքին վերականգնման մեթոտը եւս, որ իր կարգին անմիջական աղերս ունի արմատներու բացայայտման հետ, մեծ սատար հանդիսացած է լեզուի հնագոյն ձեւերու վերականգնումին։

Լեզուաբանական հնէաբանական մեթոտով լեզուաբաններ փորձած են տեղադրել ու ճշդել այն վաւերական վայրը, ուր ծնունդ առին, ապրեցան ու զարգացան հնդեւրոպացիները։ Այս մեթոտով որոշուեցան նաեւ թէ ի՛նչ լեզուով հաղորդակցեցան անոնք եւ թէ ի՛նչ կենդանիներու եւ բոյսերու ծանօթ էին, ապա եւ ինչպիսի՞ կենցաղային պայմաններ ունէին եւ ինչպէ՞ս էր անոնց նիստուկացը։ Այս մեթոտով ի յայտ բերուեցան նաեւ որ ի՛նչ մշակոյթի տէր էին անոնք ու ինչպիսի՞ կենսամակարդակի վրայ կանգնած։ Այս մեթոտով քննուեցան նոյնպէս անոնց հաւատալիքները եւ պատկերացումները։ Պէտք է ընդգծել այստեղ որ սոյն մեթոտը լեզուաբանութեան մեծապէս նպաստեց նաեւ բառերու կամ արմատներու ստուգաբանութեան։

Հայրենի անուանի լեզուաբան Գ. Բ. Ջահուկեան, իր «Պատմա-համեմատական լեզուաբանութեան զարգացման ժամանակակից շրջանը եւ հայագիտութիւնը» յօդուածին մէջ, մասնաւորելով խօսքը ԺԹ. դարուն երեւան եկած լեզուաբանական հնէաբանութեան մասին, կը կատարէ հետեւեալ դիտողու-

թիւնը. «Լեզուաբանական հնէաբանութիւնը փորձում է լեզուական տուեալների հիման վրայ գծել հնդեւրոպացիների մշակոյթի եւ քաղաքակրթութեան պատկերը, որոշել նրանց նախահայրենիքի տեղը եւ բնական պայմանները։ Չնայած իր ձեռք բերած կարեւոր արդիւնքներին՝ ԺԹ. դարի վերջերի եւ Ի. դարի սկիզբների լեզուաբանական հնէաբանութիւնը բնորոշում էր հապճեպ ընդհանրացումներով եւ հնդեւրոպացիների վիճակի որոշ իտէալականացմամբ»։

Տասնամեակներէ ի վեր, գիտական աշխարհը անդուլօրէն ու խորին հետաքրքրութեամբ կը պեղէ, կը պրպտէ, կը քրքրէ եւ հետամուտ է երեւան բերելու հնդեւրոպացիներու մշակոյթին վերաբերող ամէն պատառիկ ու մասունք։ Այս ուղղութեամբ, պէտք է արձանագրել, որ տարուող աշխատանքի եղանակը մեծապէս բարեփոխուած է։ Փրոֆ. Ջահուկեան նոյն յօդուածին մէջ կ՚աւելցնէ. «Հնդեւրոպացիների նախահայրենիքի, նրա բնական պայմանների, հասարակական կեանքի, քաղաքակրթութեան եւ մտաւոր զարգացման աստիճանի որոշման հարցերը ժամանակակից շրջանում շարունակում են մնալ ուշադրութեան կենտրոնում, սակայն փոխուել է մօտեցումը, կատարելագործուել մեթոտիկան, հարստացել են ընդգրկուող փաստերը»։ Այս բարեփոխեալ մօտեցումը կը պարփակէ խիստ կարեւոր փաստեր ու կենսական նշանակութիւն ունեցող տարրեր՝ հիմք-լեզուն որոշ դիւրութեամբ վերականգնելու ուղղութեամբ. անոնցմէ յիշենք գէթ՝ «Նոր լեզուների յայտնաբերումը, լեզուակառուցուածքի վերլուծութեան մեթոտների կատարելագործումը, հնդեւրոպական լեզուի զարգացման ժամանակագրական շերտերի եւ բարբառների տարբերակուածութեան նորագոյն քննութեան արդիւնքները», եւայլն։

Վերջապէս, Փրոֆ. Ջահուկեան անդրադառնալով հիմք-լեզուի վերակառուցման կարելիութեան, կ՚ընէ հետեւեալ հաստատումը. «Կատարելով ժամանակագրական շերտաւորում եւ փորձելով վերականգնել նախահնդեւրոպական վիճակը՝ սկզբնապէս լեզուաբանները քիչ էին հաշուի առնում վերականգնման հաւանականութիւնը՝ հնարաւոր է իրօք այդպիսի լեզու, թէ՞ ոչ։ Տարբեր լեզուների վերաբերեալ փաստերի կուտակումը եւ լեզուական տիպերի ընդհանուր ու մասնաւոր առանձնայատկութիւնների խորացուած քննութիւնը հիմք է տալիս որոշելու վերականգնուած լեզուակառուցուածքների տիպաբանական հաւանականութիւնը»։

Հնդեւրոպական լեզուներու պատմա-համեմատական ուսումնասիրութիւնը ծագում չառաւ Աւգուստ Շլայխէրով։ Rasmus Rask եւ Jacob Grimm կատարեցին ձայնային ընդհանրութիւններու եւ օրինաչափ համապատասխանութիւններու մանրազնին քննութիւնը քոյր կամ ցեղակից լեզուներու միջեւ։ Նախալեզուի ձայնաբանական ամբողջական համակարգի վերակառուցման անհրաժեշտութիւնը դեռեւս զգացուած էր 1837 թուին Theodor Benfey-ի կողմէ։ Շլայխէրի մեծութիւնը այդ աշխատանքը առաջին անգամ ձեռնարկելու մէջ կը կայանայ։ Շլայխէրի՝ նախալեզուի կամ հիմք-լեզուի վերականգնման մեթոտը մինչեւ 1870-ական թուականներուն վերջերը ի զօրու մնաց մինչեւ երիտքերականներուն երեւիլը։

1861 թուականին, Շլայխէր գերմաներէնով հրատարակեց իր պատկառելի մէկ հատորը՝ "Compendium of the Comparative Grammar of the Indo-European, Sanskrit, Greek and Latin Languages", որուն հիմնական նպատակն էր վերակառուցել ձայնաբանական բովանդակ յօրինուածութիւնը նախալեզուին (գերմ. Ursprache, Grundsprache): Շլայխէր կը հաւատար որ լեզուն ապրող գործարան կամ մարմին (ֆր. organisme) է, որ իր կարգին ունի զարգացման, հասունացման ու մահացման շրջաններ։ Անոր կարծիքով, բնական գիտութիւններու մեթոտով կարելի էր ուսումնասիրել նաեւ լեզուաբանական շարք մը երեւոյթներ։

Հնդեւրոպացիները ի սպառ ջնջուած են Ք.Ա. 2000 թուականին։ Անոնցմէ ոչինչ մնացած է գրաւոր։ Անոնց բնօրրանին մասին թերուդէմ տեսութիւններ գոյութիւն ունին։ Հնդեւրոպաբաններու եւ Աճառեանի կարծիքով, հնդեւրոպացիներու նախօրրանը կամ բուն հայրենիքը եղած է Ռուսաստանի հարաւարեւմտեան շրջանը. ուրիշներ աւելի յարմար կը տեսնեն նախաբնակավայրը զետեղել Լիթուանիոյ արեւելեան մասը։ Այլք կը պնդեն, որ անոնց սկզբնաւորումը պէտք է կապել արեւելեան Անատոլուի բարձրագաւառին հետ։ Կայ նաեւ այն կարծիքը, որ անոնց նախնական բնավայրը եղած է արեւելեան Եւրոպան։ Հնդեւրոպացիներու եւ հնդեւրոպերէնի հետ առնչուած բազմաթիւ մանրամասնութիւններ ներկայիս վիճաբանութեան դուռ բացած են եւ ամէն տեսակ կարծիքներ կը շրջին այդ ուղղութեամբ։

Յիրաւի, անառարկելի ճշմարտութիւն է, որ լեզուն անսպառ շտեմարան է ազգի մը մշակոյթին։ Լեզուն կը պարփակէ իր մէջ ոչ միայն հաղորդակցման ու արտայայտման անծայրածիր միջոցներ եւ հնարաւորութիւններ, այլեւ ժողովուրդի բոլոր հոգեւոր ու բարոյական արժէքները, գանձերը։ Լեզուն հայելիի նման կ՚արտացոլէ տուեալ ժողովուրդին մտածելու եղանակը, բարքերը, ինչպէս նաեւ սովորութիւնները եւ աւանդութիւնները։ Հնդեւրոպացիներու բառամթերքին վերականգնումով, յայտնի դարձաւ որ անոնք զբաղած են ոստայնանկութեամբ, կաւագործութեամբ, խաշնարածութեամբ եւ շատ մօտէն ծանօթ էին ագարակի մէջ գործածուող գործիքներուն՝ խոփ, արօր, մաճ, սայլ, արտադրութիւններուն եւ արմտիքներուն՝ քթան, վուշ, հացահատիկ, ցորեն, գարի, վերջապէս եւ ընտանի կենդանիներուն՝ ոչխար, այծ, ձի, խոզ, ցուլ, արծիւ, ճնճղուկ, ինչպէս նաեւ՝ գայլ, կուղբ, եւայլն։ Հնդեւրոպացիներուն համար ընտանիքը առաջնակարգ տեղ կը գրաւէր։ Ընտանիքը սերտ անդամներէ բաղկացած խմբակ էր կամ միութիւն։ Նահապետական բարքերով ու օրէնքներով ապրող ընտանիքի մէջ իւրաքանչիւրին դիրքը որոշ էր։ Կարգ մը գիտնականներ այն կարծիքին են, որ հնդեւրոպացիները ունեցած են խաւային կամ դասակարգային կառոյց, որ է ըսել՝ ունեցած են արհեստաւորներ, հողագործներ, մարտիկներ, երէցներ, ևն։ Այլք կը խորհին թէ անոնց հասարակարգը շատ աւելի նախնական ու պարզ վիճակ մը կը ներկայացնէր։

Հնդեւրոպական նախալեզուի վերակառուցման երեւոյթը վարկածային կամ ենթադրական է, որովհետեւ գրաւոր ոչ մէկ յիշատակութիւն գոյութիւն ունի։ Բնական է որ վերականգնման փորձերը պէտք է հիմնուած ըլլային գիտական, ճշգրիտ եւ ընդունելի օրէնքներու վրայ։ Լեզուաբաններ միաբերան կը համաձայնին, որ իբրեւ ելակէտ անհրաժեշտ է ընդունիլ հնչիւնաբանութիւնը իր բոլոր օրէնքներով հանդերձ եւ չկատարել շեղումներ, զարտուղումներ կամ բացառութիւններ ընդհանրութեանց մէջ։ Հնդեւրոպական նախալեզուի վերականգնումին համար կիրարկուած է ցեղակից լեզուներու հետ բաղդատական աշխատանքի մեթոտը։ Այսպէս, օրինակ, համեմատուած են ազգակից լեզուներու՝ սանսկրիտի, լատիներէնի, հին յունարէնի, հին հայերէնի արմատները եւ ճշդուած թէ որո՞նք են անոնց նմանութիւնները եւ փոխյարաբերութիւնները։ Սանսկրիտ «asmi», լատիներէն «sum», հին յունարէն «eime», հին հայերէն «եմ» գրաւոր աւանդուած ձեւերը կ'ենթադրուին որ ունենան մէկ մայր լեզու, որմէ բխած ըլլան այս տարբերակները։ Լեզուաբաններ, նկատի ունենալով վերոյիշեալ լեզուներու մէջ գոյութիւն ունեցող ձեւերու նմանութիւնները, վերակառուցողական մեթոտներու հիման վրայ, կազմած են *es– նախատիպը եւ կը կարծուի թէ յաւելեալ լծորդութիւնով պիտի յարմարի զանազան դէմքերուն։ Նոյն մեթոտով եւ կը ստանանք *bhrater (brother, frère), եղբայր· Սանսկրիտ bharami, լատ· fero, հայ· կը բերեմ, եւայլն։ Աշխարհահռչակ լեզուաբան ու ականաւոր հայագէտ Անթուան Մէյէ իր «Esquisse d'une grammaire comparée du l'arménien classique» գիրքին մէջ շատ շնորհակալ աշխատանք կատարած է հայերէնի համեմատութեան հնչիւնական օրէնքները գտնելով եւ թուելով։ Անդրադառնալով Հնդեւրոպական համապատասխանութիւններուն, Մէյէն գտած է որ հնդեւրոպական bh տուած է «բ», dh «դ», a, a «ա», p «հ», t «թ, յ, ւ», ևն։

Աւգուստ Շլայխէր հիմնուելով պատմա-համեմատական լեզուաբանութեան ընձեռած լայն միջոցներուն վրայ, ջանացած է հնդեւրոպական հիմք-լեզուն վերականգնել։ Աւելի քան մէկ դար առաջ կատարած նախափորձերը գիտութեան մէջ ընդունուած են զգուշութեամբ եւ մանաւանդ՝ վերապահութեամբ։ Վերականգնողական համեմատական լեզուաբանութիւնը սկիզբ առաւ Շլայխէրով։ Նախալեզուի ինքնատիպ նկարագրութիւնը հետզհետէ ի յայտ եկաւ երբ Շլայխէրի հետեւորդները հսկայական աշխատանք կատարեցին այդ մարզէն ներս։ Այստեղ առ ի հետաքրքրութիւն կը ցուցադրենք նմոյշ մը Շլայխէրի հնդեւրոպական նախալեզուն վերականգնելու փորձէն· Owis nu ekwomos ewewkwet: ‘Kêr aghnutoi moi ekwôns agontm nerm widntei’, որ թարգմանի՝ «Ոչխարը ըսաւ ձիերուն· Իմ սիրտս կը ցաւի, տեսնելով որ մարդ մը ձի կը հեծնէ»։

Գիտութիւնը լի է յոյսով ու ակնկալութեամբ, որ բարեբախտ օր մը երեւան պիտի ելլեն հին արձանագրութիւններ եւ պիտի վկայեն հնդեւրոպական նախալեզուի գոյութեան մասին։ Ապագային կը մնայ, հետեւաբար, վերջնականապէս ստուգել եւ իմանալ թէ ինչքանո՞վ ճիշդ ընթացած են համեմատական քերականութիւնը եւ նամանաւանդ հնդեւրոպական մայր լեզուն վերականգնելու ջանքերը եւ աշխատանքները։ Ի միջի այլոց, բոլոր վերականգնուած բառերը սովորաբար կը նշանակուին աստղանիշով՝ ցոյց տալու համար անոր գրաւոր վկայուած չըլլալը։

Աւգուստ Շլայխէր ունեցաւ շատ կարճ կեանք· ապրեցաւ միայն 47 տարի։ Այդ չափազանց կարճ ժամանակաշրջանին, ան ունեցաւ բեղմնաւոր գործունէութիւն։ Անոր պանծալի ու սիրելի անունը միշտ պիտի յիշուի իբրեւ գիտնական, լեզուաբան, համեմատաբան եւ նախալեզուն վերականգնող առաջին անձնաւորութիւնը։

2000

Հրաչեայ Աճառեան Եւ Լեզուաբանական Հարցեր

Գիտական աշխարհն ի Հայաստան եւ ի սփիւռս աշխարհի մեծ հանդիսութեամբ կը տօնախմբէ նշանաւոր գիտնական ու լեզուաբան Հրաչեայ Աճառեանի ծննդեան 120-ամեակը։

Խոշոր լեզուաբանին գիտական լայնածաւալ գործունէութիւնը կարելի չէ ամփոփել այս խիստ սահմանափակ տողերուն մէջ. սակայն փորձենք ցոյց տալ զայն իբրեւ մեղուաջան գիտնական, ինչպէս նաեւ անշեղ սկզբունքով ու խորունկ համոզումով անհատականութիւն։

Հայրենիքի մեր գիտնականներն ու մտաւորականութիւնը կատարած են արդար գնահատումը Աճառեանի վաստակին ու ներդրումին, որ կ'ընդգրկէ հարիւրաւոր մեծ ու փոքր աշխատութիւններ ու յօդուածներ։ Աճառեանի աշխատածիրն ընդգրկած է հայ բարբառագիտութիւնը, հայերէնի պատմութիւնը, պատմահամեմատական քերականութիւնը, բառարանագրութիւնը, ստուգաբանութիւնը, տեսական լեզուաբանութիւնը եւայլն։ Մեծ երախտաւորին գրչին կը պատկանի «Արմատական բառարան»ը, որ իր տեսակին մէջ եզակի աշխատութիւն մըն է, եօթ հատորանի պատկառելի գլուխ գործոց մը, որուն մասին Ֆրանսացի ականաւոր գիտնական ու հնդեւրոպագէտ Անթուան Մէյէ ըսած է. «Ոչ մէկ երկիր, ոչ մէկ ժամանակ, ոչ մէկ լեզու նման կատարեալ աշխատութիւն արտադրած է»։

Աճառեանի ապրած ժամանակաշրջանը եղած է քաղաքական անհանդարտ, անորոշ, երկիւղալի ու վերիվայրումներով լի շրջան մը։ Հակառակ անոր որ ան հեռու էր քաղաքականութենէ ու քաղաքական հոսանքներէ, անհատի պաշտամունքի ահուելի տարիներուն կրած է զրկանքներ ու դասուած կասկածելիներու շարքին։

Գիտութեան այս հեզ ու նուիրեալ մշակը յաճախ չէ հասկցուած ու չէ գնահատուած իր շուրջիններէն։ Աճառեանի «Կեանքիս Յուշերից» եւ Գառնիկ Ստեփանեանի «Աճառեանի Հետ» յուշագրութենէն կը պարզուի թէ Աճառեանի նկարագրին մասնայատուկ գիծերէն եղած են աշխատունակութիւնը, անկոտրում կամքը եւ անշեղ սկզբունքայնութիւնը։

Աշխատասիրութիւնը Աճառեանի նշանաբանը եղած է։ Մէկ աչքով (տառապած է կիսակուրութենէ) ան ընթերցած է մեր ամբողջ մատենագրութիւնը եւ քաղած բառեր մեր կոյս ու անծայրածիր գրականութենէն։ Ինչպիսի՜ հոգեկան արիութիւն, անձնուիրութիւն եւ անսահման սէր կը պահանջուի այդպիսի ուղեւորութեան մը համար հին ու նոր գրութեանց ընդմէջէն։ Աճառեան եւս Պալզաքի նման կրնար բացագանչել. «Իմ հաճոյքներս եղած են միշտ իմացական վայելքներ»։

Աճառեան հեռու մնացած է ժամավաճառութենէ եւ անտեղի հաւաքոյթներէ ու խօսակցութիւններէ։ Աշխատած է անդադրում, անձանձրոյթ, ժամացոյցի ճշգրտութեամբ, առանց վհատելու, ընկրկելու, գանգատելու կամ դժգոհելու: Զէ գրաղած առօրեայ մանրուքներով: Ինքզինք վեր դասած է սին ու պատիր հանդիսութիւններէ: Իր կեանքը դասաւորած ու ըստ պատշաճի ապրած է անսալով Կէօթէի ճշմարիտ խօսքին. «Գիտունը չի կրնար չսորվիլ. ան միշտ ուսանող է»: Կտրականապէս մերժած է հանգիստ կեանք ու արձակուրդ, վերջինը նկատելով ժամանակի վատնում:

Աճառեան եղած է անշեղ սկզբունքի տէր գիտնական: Մեծ հաւատք ըն-ծայած է իր ուսուցչապետերու (Հիւպշմանի եւ Մէյէի) ընդգծած ուղղութեանց ու անոնց դասախօսած նիւթերու վաւերականութեան ու գիտականութեան: Իր կենսափորձով ու համոզումով ձեռք բերած լեզուաբանական դրոյթները չէ գիջած այլ ուղղութեանց՝ գիտուններու եւ մանաւանդ քաղաքական առաջ-նորդներու հաճոյ երեւալու համար, որովհետեւ քաջ գիտէր թէ ճշմարտութիւնը իր կողմն է:

Անձի պաշտամունքի «երանելի եւ երջանիկ» օրերուն, երբ ամենուրեք շեփորահարումը եւ գովերգումը կը կատարուէր Մեծին (Ստալինի) եւ վրացի հնագէտ ու արեւելագէտ Նիկողայոս Մառի (1864–1934) լեզուաբանական նորե-լուկ տեսութեանց, որոնց կը յարէր ամէն նորափետուր գիտնական, Աճառեան կը հակադրուէր Մառի եւ հնդեւրոպաբանութիւնը պաշտպանելու յանցանքով կը վտարուէր Երեւանի Պետական Համալսարանէն (թէեւ տարի մը ետք, 1939-ի վերջերուն, պիտի վերականգնուէր իր դասախօսի հանգամանքը):

Սկովտիացի հօր եւ վրացի մօր զաւակ Մառ ծնած էր Քութայիս, Վրաստան: Իբրեւ հայագէտ զբաղած էր ան Վարդան Այգեկցիի առակներով ու անդրա-դարձած հայոց լեզուի ծագման ակունքներուն: Մեծապէս նպաստած է հայ մշակոյթին՝ պեղելով հին ամրոցները Արագածի լանջերուն, Դուինը, Գառնիի հեթանոսական տաճարը, Անիի աւերակները, Վանի ուրարտական արձանա-գրութիւնները, են:

Մառ, հնագիտութեան կողքին, զբաղած է նաեւ լեզուաբանութեամբ: Ան յառաջ քշած է իր յաբեթական տեսութիւնը իբրեւ «Լեզուի Նոր Ուսմունք», որ 1920–էն 1940–ականներու վերջերը պիտի գերիշխէր խորհրդային լեզուաբա-նութեան վրայ: Որոշ գիտնականներ, տեղական անհանդուրժելի պայմաններու եւ խիստ կենսապայմաններու թելադրանքով բռնադատուած էին որդեգրել Մառի ուսմունքը, որով եւ գիտական մտածողութիւնը սահմանափակած էր իր վերլուծական կարելիութիւնները՝ անզօր դառնալով նկատելու նախամառեան լեզուաբանութեան նուաճումները:

Մառ հեռանալով հնդեւրոպաբանութենէն եւ կտրականապէս մերժելով ընդունիլ լեզուներու ցեղակցութեան տեսութիւնը, յառաջ տարաւ այն կարծիքը՝ թէ լեզուներու միջեւ գոյութիւն ունեցող ընդհանրութիւնները հետեւանք են համայն լեզուներու միատեսակ ու միանուագ յառաջացման, նոյնանման տար-րերու բաղկացման եւ ոչ անպայման անոնց ցեղակցութեան: Հոս է որ ան հան-դէս բերաւ լեզուներու իր քառատարր տեսութիւնը՝ Սալ (Սարմատցի), Պեր (Իպեր), Իոն (իոնիացի) եւ Ռօշ (էտրուսկ): Բացարձակապէս գիտական արժէք չունեցող այս անհեթեթութիւնը, որ խորքին մէջ կը ներկայացնէր ճիչերէ յառաջացած հնչիւնակապակցութիւններ, եւ որոնց հիման վրայ իբրեւ թէ գոյացած էր լեզուներու բառագանձը, ունեցաւ իր անմիջական հետեւորդները:

Յաբեթականութեան հիմնադիր Մառ հայոց լեզուի մէջ յաբեթական տարրի ներկայութիւն նշմարելով, հայերէնը համարեց վրացերէնին մօտ լեզու։

Յաբեթական լեզուաբանութիւնը իր դասակարգայնութեամբ, ըստ որուն իւրաքանչիւր դասակարգ ունէր իր լեզուն (այսպիսով, գրաբարը կը ներկայացուէր իբրեւ պալատական խաւի եւ հայ հոգեւորականութեան առանձնաշնորհեալ լեզու, իսկ բարբառները՝ ռամկաց լեզու), ապա նաեւ լեզուի զարգացման պայթիւնային տեսութեամբ, ըստ որու լեզուական փոփոխութիւններ տեղի կ'ունենան յանկարծական ոստումներով՝ փոխանակ աստիճանական փոփոխութեանց, վերջնականապէս ջախջախուեցան եւ մերժուեցան 1950 թուականի լեզուաբանական ընդարձակ բանավէճի ժամանակ։ Նիցչէն գեղեցիկ կերպով ըսած է. «Ինչ որ փուլ պիտի գայ, պէտք է քանդել»։ Մառի անհիմն տեսութիւնը արդէն իսկ փուլ պիտի գար ու քանդուէր, որովհետեւ քննադատութեան չէր դիմանար։

Աճառեան ի սկզբանէ անսասան ու աներեր մնաց իր տեսութեանց վրայ։ Իր աքիլլէսեան գարշապարը համալսարանին հանդէպ իր ունեցած սէրն էր։ Փոքրոգիներ նշտրակի մահացու հարուածը տուած էին ազնիւ գիտնականին խոցելի կողմին՝ գինք գրկելով ուսուցանելու քաղցր պարտականութենէն ու վսեմ հաճոյքէն։ Պալզաք կ'ըսէ. «Լիլիփութեան հոգիներու տէր մարդոց ամենատղորմելի սովորութիւններէն մէկն այն է, որ կը կարծեն թէ դիմացինն ալ իրենց նման մանր հոգի ունի»։ Աճառեան ցուցաբերեց վեհանձնութիւն, արիութիւն ու աննահանջ կեցուածք. լուռ տառապեցաւ, բայց ընթացք չտուաւ կողմնակի ճնշումներու։

Մեր համալսարանական տարիներուն յաճախ կ'այցելէինք Աճառեանի կնոջ՝ Տիկին Սոֆիկի։ Ան մեզի կը նկարագրէր Աճառեանի հոգեկան տուայտանքը. «Պէտք էիք տեսնել Հրաչեային այդ օրերին։ Ամէն օր ինձ ասում էր, Սոֆիկ, արի գնանք համալսարան. ես չեմ կարող առանց դրան ապրել։ Նա թեւս էր մտնում, ինքն էլ գաւազանով, աչքերն էլ սաստիկ տկարացել էին արդէն, նրան տանում էի համալսարան։ Նա դպչում էր համալսարանի պատերին ու համբուրում. ապա վերադառնում էինք տուն։ Այս արարողութիւնը կրկնւում էր ամէն օր։ Պարզապէս անտանելի վիճակ էր։ Սիրտս ուղղակի մղկտում էր որ նա այդպէս տառապում էր։ Նրան ասում էին հրաժարուիր հնդեւրոպական լեզուաբանութիւնից եւ կը վերականգնուի քո ուսուցանելու հանգամանքը համալսարանում։ Իսկ ինքը մերժում էր, որովհետեւ գիտէր թէ Մառի տեսակէտը անհիմն էր, իսկ հնդեւրոպաբանութիւնը՝ հիմնաւոր»։

Այլ առիթով, Տկն. Սոֆիկ մեզի պատմեց Աճառեանի ձեռագիրներուն փրկութիւնը. «Նուազ նեղութիւն չքաշեցինք նաեւ Արմատական բառարանի ձեռագրերը պահելով եւ ազատելով քննիչներից։ Օրերը լաւ չէին. քննիչները վխտում էին. գալիս էին ու գնում. իսկ մենք Հրաչեայի ձեռագրերը արտակարգ պայմանների տակ փոխադրում էինք մէկ թաքստոցից միւսը։ Ուղղակի հրաշքի համազօր երեւոյթ է որ մեզ յաջողուեց ազատել նրա բոլոր ձեռագրերը այդ դժնդակ տարիներին»։

Կարեւորութեամբ հարկ է նշել թէ անձի պաշտամունքի տարիներուն գրուած Աճառեանի գիտական աշխատութիւնները զերծ են քծնանքէ, խնկարկումներէ ու անտեղի փառաբանութիւններէ։ Աճառեանի գործերը հարեւան-

ցիօրէն ընթերցողներ կրնան խորհիլ որ ան տուրք տուած է տեղական իշխանութեանց, ինչպէս ամէն ոք կ՚ընէր այդ օրերուն։ Օրինակ, ըստ Աճառեանի, հնդեւրոպական ազգի (իմա՛ նախացեղի) օրրանը կամ նախահայրենիքը եղած է Ռուսաստանը։ Հեղինակը կ՚ըսէ թէ Ռուսաստանը կրնայ պարծենալ որ հնդեւրոպացիներ ապրած ու գործած են այժմեան ռուսական հողի վրայ։ Գիտութիւնը ներկայիս եւս հիմք-լեզուի կամ հնդեւրոպական նախալեզուի հաւանական նախահայրենիքը կը համարէ Սեւ Ծովի հիւսիսային շրջանները եւ Տանիւպի կեդրոնական ու արեւելեան մասերը։

Խօսելով ռուսերէնի ազդեցութեան մասին հայերէնի վրայ, ան ճիշդ կերպով կը հաստատէ ռուսերէնի ճոխութիւնը եւ ճկունութիւնը։ Յստակօրէն կը մատնանշէ թէ հայերէնը լայնօրէն օգտուած է ռուսերէնէն եւ հարստացուցած իր բառապաշարը։

Աճառեանի համար ԺԹ. դարուն յանձինս Բոպպի, Ռասկի, Շլայխէրի, Միւլլէրի, Պրուքմանի, Հիւպշմանի, Մէյէի եւ այլոց ձեւաւորուած հնդեւրոպական լեզուաբանութիւնը ճշգրտագոյն ուղին էր, որովհետեւ հիմնուած էր պատմական փաստերու վրայ եւ ոչ թէ բարի ցանկութեան ու տրամադրութեան, ինչպէս որ Մառ կը ջանար ցոյց տալ, երբ կը յանդգնէր հայերէնը վրացերէնէն չանջատել։

Լեզուաբանական բանավէճերու փոթորիկը վաղուց դադրած է եւ լեզուաբանութիւնը հսկայական յառաջդիմութիւն արձանագրած է Հիւպշմանի եւ անոր քաջարի ու հաւատարիմ հետեւորդ Աճառեանի ընդգծած ուղիով։

Կեանքի վերջալոյսին, բախտը հաշտ աչքով նայեցաւ Աճառեանի։ Ան այս աշխարհէն մեկնեցաւ գոհունակ սրտով, հանգիստ խղճով ու ամէն ցանկացածը իրագործուած տեսնելով։

Գառնիկ Ստեփանեանի նկարագրութեամբ, Աճառեան իր կեանքի վերջին օրը կ՚ըսէ իր կնոջ. «Սոֆիկ, ես երջանիկ եմ, փառք Աստուծոյ, կինս առողջ է, աղջիկս առողջ, այսօր էլ կարողացայ համալսարան գնալ եւ դասերս յաջող անցան, հիմնական գործերս վերջացրել եմ, ապրել եմ 77 տարի. կախարդական երկու թուանշան՝ կողք կողքի. վայելել եմ ամէն ինչ, տեսել այն օրերը, որ երազում էի։ Հիմա ինձ համար ամէն ինչ վերջացել է»։

Աճառեան գիտութեան առջեւ մնաց անսակարկ, անշահախնդիր, ուղղամիտ ու պարկեշտ։

Անոր գիտական ստեղծագործութիւնները կը մնան մէկական վիթխարի կոթող։ Սերունդներ անվերջ պիտի դաստիարակուին անոր կեանքի հիանալի օրինակով եւ լուսաբանուին անոր թողած ժառանգութեամբ։

Աճառեանէն կը ժառանգենք երկու անփոխարինելի յատկութիւն՝ աշխատասիրութիւն եւ սկզբունքայնութիւն։

Օրհնեալ ըլլայ յիշատակը մեծ երախտաւորաց։

1996

Բառակերտութեան Արուեստը

Հայոց լեզուի բառապաշարը, որ ամփոփուած է մեր տպագիր բառարաններուն մէջ, մշտական փոփոխութեան մէջ է եւ կարիք ունի վերանայման, վերանորոգութեան ու վերակերտութեան։

Հայոց լեզուի պատմութենէն մեզի յայտնի է թէ հայերէնի բառագանձը, հազարամեակներու ընթացքին, մեծամեծ փոփոխութիւններ կրելով, ինքզինք յղկած, մշակած ու հարստացուցած է՝ կիրարկելով բառաշինութեան բոլոր հնարաւոր միջոցները։ Այս իմաստով, մեծ թիւով բառեր մաշելով եւ հիննալով, գործածութենէ դուրս մղուած են, այլ բառեր, իմաստափոխուելով՝ կորսնցուցած են իրենց թարմութիւնը, այժմէականութիւնն ու ազդուութիւնը։ Իմաստափոխութեան պարագային բառերն զգեցած են նոր երանգ ու իմաստ, եւ՝ կրկին մտած գործածութեան մէջ։

Հայերէնը իբրեւ հնդեւրոպական լեզուաընտանիքին պատկանող լեզու, իր հիմք լեզուէն ստացած բառային սահմանափակ ատաղձին վրայ հիմնուած, դարերու ընթացքին ստեղծած է բառակազմութեան ինքնուրոյն ձեւեր եւ զանոնք յաջողապէս մշակելով եւ կիրարկելով, ձեռք ձգած է շատ հարուստ բառապաշար։

Հայոց լեզուի բառապաշարի հարստացման հիմնական աղբիւրներ կը նկատուին՝

ա. Արմատ կամ արմատական բառեր
բ. Ստացուածքային բառեր
գ. Գաւառական բառեր
դ. Բառակազմական հնարաւորութիւններ
ե. Բառայապաւումներ
զ. Բառապատճենումներ
է. Մ՝իջազգային բառափոխառութիւններ
ը. Բայափոխութիւններ եւ
թ. Բառարանային բառեր

Ա. Արմատ կամ Արմատական Բառեր: *Բառի անբաժանելի ու քարացած մասը, որ կրնայ, ինչպէս Աճառեան կ'ըսէ՝ «դումարուիլ ու բազմապատկուիլ», բայց չի կրնար «հանուիլ ու բաժանուիլ»։ Հայոց լեզուն ունի հնդեւրոպական ծագում ունեցող* 927 *արմատ։ Հայոց լեզուի բառային հիմնական բառապաշարի կորիզը հանդիսացող արմատները, ինչպէս կարելի է տեսնել, թիւով խիստ սահմանափակ են։*

Այս սահմանափակուածութիւնը անպատեհութիւն չի ներկայացներ, այլ ընդհակառակը, կ'երաշխաւորէ արմատներուն երկարակեցութիւնը, ինչպէս նաեւ հնարաւորութիւն կ'ընծայէ նորանոր ու անթիւ բառերու ստեղծման։ Առ ի հետաքրքրութիւն, նշենք նաեւ որ հայերէնը ունի 153 *բնաձայն եւ* 3680 *անծանօթ արմատ։ Տեղին է յիշատակել, որ մեր լեզուի պատմութեան մէջ եղած է ժամա-*

նակ, երբ մեր լեզուն զբաղած է արմատակազմութեամբ։ Արմատաստեղծման, ինչպէս նաեւ ածանցաստեղծման վաղագոյն շրջանը անցած է, եւ ներկայիս, արմատական ու ածանցական բուներ կամ արմատներ չեն ստեղծուիր ու ստեղծելու կարիք ալ չի զգացուիր։ Լեզուները, փոխանակ արմատական բառերու յօրինումին դիմելու, կը դիմեն լեզուական նոր իրակութեան՝ բառակերտութեան։

Բ. Ստացուածքային Բառեր: *Հայերէն ինքնատիպ ու ինքնուրոյն բառեր, որոնք ո՛չ փոխառութիւն են եւ ո՛չ ալ հնդեւրոպական։ Այս երեք հազարէ աւելի արմատներու գոյութիւնը արդիւնք է վաղագոյն շրջանի լեզուներու խաչաւորման, որուն ընթացքին պարտուող որոշ լեզուներ իրենց հետքը ձգած են հայերէնի վրայ։*

Գ. Գաւառական Բառեր: *Այս բառերը ծնունդ են գաւառներու տարբեր խօսուածքներու։ Հայոց լեզուի շուրջ քառասուն բարբառներն ու ենթաբարբառները հազարաւոր բառեր հայթայթած են ճոխացնելով մեր բառամթերքը։ Այսպիսով, ընթացիկ գործածութեան մէջ մտան՝* թանապուր, նախրապան, արտառոց *եւ նման հազարաւոր բառեր։ Փակագիծի մէջ նշենք, որ գաւառական բառերու համադրումով զբաղած են Սահակ Վրդ. Ամատունի, որ իր «Հայոց Բառ ու Բան» բառարանին մէջ գետեղած է շուրջ* 15,000 *բառ, եւ Հրաչեայ Աճառեան, որ իր «Հայերէն Գաւառական Բառարան»ին մէջ հաւաքած է* 30,000 *բառ։*

Դ. Բառակազմական Հնարաւորութիւններ: *Հայոց լեզուի բառակազմութեան միջոցները պարզապէս ապշեցուցիչ են ու անսպառ։ Ներկայիս, նոր բառեր կազմելու համար կը գործածուին արմատներն ու ձեւոյթները։ Բաղադրութեան կամ բառաբարդութեան ճանապարհով մեր լեզուն ընդունակ է ստեղծելու բաղադրեալ կամ բարդ հազարաւոր բառեր։ Բառակազմական նախածանցները, միջածանցները եւ վերջածանցները մեծ հնարաւորութիւն կ՚ընձեռեն լեզուին՝ բառակերտութեամբ զբաղելու։ Լեզուական այս հնարաւորութիւնը առաջքն առած է օտար բառերու անտեղի ներթափանցումին մեր լեզուէն ներս։*

Ե. Բառայապաւումներ: *Բառակազմութեան այս նոր տեսակը հնարաւոր դարձուց բառեր կազմել՝ բառերու սկզբնագիրերը իրար զօդելով. օրինակի համար, բարձրագոյն ուսումնական հաստատութիւնը դարձաւ* Բուհ, *իսկ Հայաստանի պետական հրատարակչութիւնը՝* Հայպետհրատ, *ևն։*

Զ. Բառապատճենումներ: *Բառապատճենումը օտար բառի բառացի ու ճշգրիտ թարգմանութիւնն է։ Ասիկա մեր լեզուին մէջ ընդհանուր երեւոյթ է։ Մեր նախնիք եւս դիմած են այս միջոցին՝ պատճենելով լատինական, ասորական, եբրայական, յունական, եւ այլ լեզուներու բառեր։ Այս տեսակէտէն, պէտք է ընդունիլ, որ ռուսերէնը շատ մեծ դեր խաղցած է արեւելահայերէնի բառապաշարի հարստացման ուղղութեամբ։ Բառապատճենումով ստացած ենք՝*

ինքնաթիռ (ռուս. սամալիոթ), ինքնաեռ (սամավար), հիւրանոց (կասթինիցա), օրինաչափութիւն (զաքոնոմէ՛րնըսթ) եւ այլ բազմաթիւ բառեր։ Արեւմտահայը, նոյն օրինակով, անգլերէնէ թարգմանելով ստացած է հետեւեալ բառերը՝ գորտաձուկ (toadfish), արքայարծիւ (king eagle), գորգացեց (carpet bug), ունկնախղունջ (ear snail), ազատուղի (freeway), ևն։

Է. Միջազգային Բառափոխառութիւններ։ Հայոց լեզուն չորս հազարէ աւելի բառ կամ արմատ փոխ առած է դրացի զանազան լեզուներէ՝ կա՛մ իբրեւ արդիւնք փոխազդեցութեան, եւ կա՛մ խիստ անհրաժեշտութեան։ Փոխատու լեզուներու շարքին կը պատկանին՝ պարսկերէնը, արաբերէնը, յունարէնը, ասորերէնը, եբրայերէնը, թուրքերէնը, լատիներէնը, վրացերէնը եւ այլ լեզուներ։ Հ. Հիւպշման, Ա. Մէյէ, իրենց աշխատութեանց մէջ, ինչպէս նաեւ հայ մեծանուն լեզուաբան՝ Հր. Աճառեան, իր «Հայոց լեզուի պատմութիւն»ի (Ա. եւ Բ. հատոր) եւ Արմատական Բառարանին մէջ նշած են բոլոր այս փոխառութիւնները՝ տալով անոնց ծագումն ու իմաստը։

Ը. Բայափոխութիւններ։ Այս խումբին կը պատկանին բոլոր այն փոխառեալ բառերը, որոնց բայացումը հնարաւոր է հայոց լեզուի կանոններու համաձայն. օրինակ՝ նորմաւորել, օկուպացնել, ևն։

Թ. Բառարանային Բառեր։ Հայերէնի բառագանձը հարստացնելու ու ճոխացնելու տեսակէտէն մեծ է նաեւ բառարանագիրներու դերը։ Բառարանները կու գան ոչ միայն խմբաւորելու, այլեւ կանոնաւորելու, ուղղելու, ձեւաւորելու եւ հարստացնելու հայ լեզուի բառերը։ Հայոց լեզուն ունի ներկայիս բազմապիսի բառարաններ՝ արմատական, բացատրական, ուղղագրական-ուղղախօսական, ռազմական, բժշկական, գաւառական, լեզուաբանական, ծիսական, իրաւաբանական, շինարարական, դարձուածաբանական, կենսագրական, գրականագիտական, ևն, որոնք կը պարփակեն հազարաւոր մասնագիտական բառեր ու եզրեր։ Եզրաբանական բառարանները կ՚ընդգրկեն գիտութեան, արուեստի, ճարտարարուեստի ու այլ բազմաթիւ բնագաւառներու մասնագիտական եզրեր։

Հայ բառարանագիրներ մշտապէս դէմ յանդիման գտնուած են օտար բառերու, որոնց համարժէք հայերէն բառերը յաճախ պակսած են։ Ի դիմաց այս լուրջ կարիքին, անոնք դիմած են բառակերտութեան ու ստեղծած իրենց անձնական՝ գործնական կամ անգործնական բառերը։ Մեծ հայագէտ ու բառարանագիր Նորայր Բիւզանդացի, իր Գաղղիերէն-Գրաբար մեծածաւալ բառարանին մէջ (հրտ. 1884) զետեղած է «գնորահնար բառս կամ գնորաբանութիւնս», որոնք կամ ինքնաստեղծ են եւ կամ նորաստեղծ՝ ժամանակակից հեղինակներու կողմէ։ Ահա փունջ մը այդ բառերէն՝ ազդադրող (afficheur), ափաւոր (appaumé), ընակղմուխ (տարրագիտական բառ. inuline), սրճաղաց (moulin à café), պիտեւան (արկղիկ, տուփ կարեւոր պիտոյից վասն ճանապարհի, nécessaire), հիւանդանաւ (նաւ հիւանդաց. vaisseau-hôpital), քարփեզենայ (բուսաբանական բառ. sauve-vie, rue de muraille), ևն։

1892 թուին, Մեսրոպ Նուպարեան հրատարակեց իր Ֆրանսերէն-Հայերէն աշխարհիկ բառարանը, որուն յառաջաբանին մէջ հեղինակը բացայայտօրէն կ՚ընդունի, թէ իր ապրած շրջանին, մեր լեզուն «գրական եւ գիտական ըստ ամենայնի մշակեալ Ֆրանսերէնի մը կը ճակատէր դէմ առ դէմ, ճակատում՝ զոր հնարին ընելու համար հարկ կը լինէր դիմել միահամուռ ամէն կարելի աղբիւրներու, քրքրել պրպտել չէ թէ միայն հին եւ նորագոյն դարերու հայերէնն ... այլ նաեւ անձանձիր ժողովել նորակազմ անթիւ բառեր՝ որոնց մէկ մասն արհեստային եւ գիտական»։ Հեղինակը նախընտրած է յարատեւ «կարճ ու կոկիկ» բառերն ու հոմանիշները, քան թէ՝ «գրաբառի ինչ ինչ երկար եւ խժալուր բառերը»։ Խօսելով նոր բառերու կազմութեան մասին, Մ. Նուպարեան կ՚արտայայտէ այն մտածումը, որ պէտք խրախուսուէր «որ իր նորաբանութիւնք՝ եթէ յաջող՝ պիտի ծառայեն հայ լեզուի ճոխութեան, պիտի դիւրացնեն թարգմանիչներու գործը, իսկ անյաջողք թերեւս դուռ պիտի բանան լաւագոյններու կերտման»։ Յառաջաբանէն կ՚իմանանք նաեւ որ Օտեան էֆէնտի բսած ըլլայ, որ նորակերտ բառերուն «եթէ կէսը՝ քառորդն անգամ» ընդունուին հասարակութեան կողմէ, այդքանն ալ կը բաւէ որ մեծ ծառայութիւն մատուցած ըլլայ Մ. Նուպարեան իր ժողովուրդին ու մշակոյթին։

Յառաջաբանի Բ. հատուածին մէջ, Մ. Նուպարեան կը ջանայ համոզիչ ձեւով բացատրել, որ «ի» մասնիկը իգականի յատկանիշներ բացայայտելու կարողութիւն ունի։ Նոր բառեր կերտելու իր ճիգին մէջ, ան «առիւծ» բառի վրայ կ՚աւելցնէ «ի» մասնիկը եւ կը ստանայ «առիւծի» բառը, իբրեւ «էգ առիւծ»։ Այսպիսով, «գայլ» բառին իգականը կ՚ըլլայ «գայլի», «արծիւը՝ արծուի», եւն։ Զայս առաջարկելէ ետք, «լեզուի օրէնքի դէմ մեղանչած չենք կրնար համարուիլ ...» գրելով, թերեւս կ՚ուզէ ցոյց տալ որ իր ըրածը կրնայ հանրութեան կողմէ ընդունուիլ ու տարածուիլ։

Ժամանակը ցոյց տուաւ անգործնականութիւնը այդ հակաքերականական թելադրութեան։

Մ. Նուպարեանի բառարանին մէջ խաչանիշ կրող բառերը, որ հեղինակը ինք կազմած է, կ՚անցնին հինգ հազարը։ Տանք քանի մը նմոյշ այդ բառերէն՝ տարազարդ, խստագիծ (անզարդ, անժպիտ, austére), ստրկել (նուաճել, ծառայեցնել. asservir), դրոշմաւորել (յատկանիշել, նշանագրել, caractériser), յուրան (ապակեայ շիշ ջուրի, carafe), հնդկտաւ (հնդիկ պաստառ, indienne), մեքենորդ (machiniste), ոտնուռ (ձիու, եզի. javart), գերաստիճանութիւն (doctorat), եւն։

1896 թուականին, Եղիա Տէմիրճիպաշեան իր Ֆրանսերէն-Հայերէն բառարանի «Առ Ընթերցողս» վերնագրի տակ կը գրէ հետեւեալը. «Զորեքտասնամեայ խղճամիտ աշխատութեամբ յօրինուած Նորայրեան ու Նուպարեան զոյգ բառարանք պատրաստ գանձարաններ եղան ինձ համար։ Այդ հոյակապ բառարաններուն վրայ իմոյս աւաւելութիւնն նոր շինած բառերս կը կազմեն»։ Հանրութեան օգտակար ըլլալու իր մարմաջին մէջ, ուրեմն, Եղիան ձեռնարկած է ոչ միայն բառարանագրութեան, այլեւ՝ բառակերտութեան։ Ան կը յայտնէ թէ «մատենագրած պահուն» ստեղծած բառերը սովորաբար յաջող են, իսկ բառագիրքը յօրինած ատեն կազմած բառերը՝ անյաջող։ Եղիան իր բառարանը գործածողներուն կը թելադրէ «զգուշեաւ ընտրանօք» գործածել այնտեղ գտնուած բառերը, «զորս բնազդով՝ ականջով շինած եմ ... ինձ թոյլ չտալով յար գիտական համբերատար բառակազմութիւն»։ Եղիան իր Ֆրանսերէն-Հայերէն գրպանի բառարանի յառաջաբանին մէջ կ՚ըսէ թէ ինք կազմած է հազար բառ։ Հ. Ս. Մըսըրլեան (1930 թ.) իր «երկու խօսք»ին մէջ կ՚ըսէ թէ Եղիա Տէմիրճիպաշեանին նորակերտ բառերը «քառասուն տարիներէ ի վեր մեր գրականութիւնը չկրցաւ իւրացնել» եւ «ժամանակը չնուիրագործեց զանոնք»։

Փրոֆ. Յ. Յ. Չագմագճեան իր Անգլերէն–Հայերէն ընդարձակածաւալ բառարանի Յառաջաբանին մէջ կը գրէ. «կան հազարաւոր բառեր, գիտական, գրական, ևն, որոնք նոր են Անգլիահայ բառարանի մը համար, եւ որոնցմէ շատերուն համար հայերէն բառ մը կերտել անհրաժեշտ էր»։ Յարգելի բառարանագիրը կազմած է բազմաթիւ բառեր, սակայն, ինչպէս ինք կ՚ըսէ, «անպատճառ հայերէն բառեր գտնելու մարմաջին համամիտ չենք. կան բառեր որ չեն թարգմանուիր. կան ալ որ եթէ թարգմանուին իսկ անշնորհ եւ անճաշակ դուրս կու գան. այդպիսիներու պարագաներու մէջ ուղղակի Եւրոպական բառը որդեգրել աւելի նպատակայարմար է։ Մենք չենք կրնար չինական պարիսպ մը քաշել մեր լեզուին շուրջ, եւ եթէ քաշենք ալ յառաջդիմութեան սահմանը կը փակենք»։ Պր. Չագմագճեանի ինքնաստեղծ բառերը նշանակուած են վերջադիր աստղանիշով։ Անոր նորակերտ բառերէն յիշենք հետեւեալները՝ երկարժէնիշ (double standard), կժաձուկ (jugfish), ծայրատերեւ (jugulum), ասրաձուկ (mallotus), ծամելոտն (malipes), նախակենդան (protozoic), վերափոխարկել (permute), ևն։

Ոչ միայն բառարանագիրներ, այլեւ գրողներ, հասարակական գործիչներ ու մանաւանդ թարգմանիչներ, զբաղած են բառակերտութեան արուեստով։ Այսպէս, Է. դարուն, Թէոդորոս Քռթենաւոր կերտած է իր ոճին մասնայատուկ բազմաբարդ բառեր, ինչպէս հրալուսաճաճանչաղեղնութիւն, լեռնագագաթնակատարահերձ, ևն։ Մեր գրականութեան մէջ նշանաւոր է տասներորդ դարու հեղինակ ու իշխան Գրիգոր Մագիստրոս՝ իր խրթնաբանութեամբ ու խիտ բարդ բառերու ու ոճերու գործածութեամբ։ Նորակերտ բառերով հրապարակ եկած է մի ոմն Վարդան Յունանեան, 1671 թուին։ Հայագէտ Մատաթիա Գարագաշեան կազմած է «մանրադէտ» ու «հեռադէտ» բառերը։ Մեր դարաշրջանէն վերցնենք Նահապետ Ռուսինեան, որ կազմած է իր անձնական բառերը՝ բառկապ (իբրեւ շաղկապ), բառցոյց (իբրեւ բառարան)։ Թովմաս Թէրզեան հնարեց «սառնոյշ» բառը իբրեւ «պաղպաղակ», ևն, որոնցմէ ոչ մէկն ալ հող չգտնելով ի սպառ չքացած են։

Հայաստանի խորհրդային տարիներուն, հայութիւնը թեւակոխեց նոր ու աննախընթաց շրջան, որուն ընթացքին փոխուեցան հասարակարգը, կենսամակարդակն ու մշակոյթը։ Նոր կենսապայմաններն իրենց հետ բերին նոր հասկացութիւններ ու բառեր։ Այս շրջանին, ջնջուեցան ու հրապարակէն ընդմիշտ անհետացան նախախորհրդային շրջանին պատկանող բառեր, ինչպիսիք էին՝ հոգաբարձու, ծխատէր քահանայ, ծուխ, գութան, ևն, եւ անոնց փոխարէն հրապարակ եկան հետեւեալ բառերը՝ կոլխոզ, սովխոզ, սովետ, ռեսպուբլիկա, պիոներ, աշխօր, զօրասիւն, վագքուղի եւ այլ նման հազարաւոր բառեր։

Խորհրդային շրջանին, արեւելահայերէնը եթէ մէկ կողմէն քաղաքական, տնտեսական ու մշակութային նորագոյն պայմաններէն ու իրավիճակէն ելլելով սկսաւ նոր բառերով հարստացնել հայոց լեզուի գանձարանը, ապա միւս կողմէն, չարաշահելով իրեն տրուած այս բարեպատեհութիւնը, սկսաւ ռուսերէնի խողովակով ողողել հայերէնը օտար բառերով։ Ուղղակի բառապաշարի տեղաշարժ էր կարծէք տեղի ունեցածը։ Այս երեւոյթը արդարացնողներուն հիմնական պատճառաբանութիւնը այն էր, որ բառապաշարի տեղաշարժը արդիւնք էր հին հասկացութիւններու, բառերու, ոճերու եւ դարձուածքներու աստիճանական մահացման ու նորերու բացայայտման։ Այս արտասովոր երեւոյթին ցաւալի ու վնասաբեր կողմը այն եղաւ, որ մեր լեզուն անարդարօրէն ու մանաւանդ անտեղիօրէն ծանրաբեռնուեցաւ օտարամուտ ու անախորժ բառերով, ինչպիսիք էին՝ կոնֆերանս, մայոր, տրադիցիա, ֆիլոլոգիա, օկրուգ, օկուլեար, կոնդենսացում, կոմպրեսոր, ևն։ Հայերէնն անոնց համարժէք ունէր՝ համագումար, հրամանատար, աւանդութիւն, բանասիրութիւն, շրջան, ակնապակի, խտացում, ճնշակ։ Կարիք կա՞յ նշելու որ ռուսերէնի ազդեցութիւնը արեւելահայերէնի վրայ այնքան զօրաւոր էր, զգալի ու ակներեւ, որ որոշապէս փոխեց նաեւ արեւելահային լեզուամտածողութիւնը։ Կարգ մը ռուսական ոճեր ու դարձուածքներ ներկայիս կը գործածուին իբրեւ հարազատ ձեւեր. այսպէս՝ «ամուսնանալ մէկի վրայ», «նամակ գրել մէկի վրայ», «ծնուել գրագէտի ընտանիքում», «մեզ մօտ չկան վատ բարքեր», ևն։

Արեւմտահայ տաղանդաւոր բանաստեղծներէն Միսաք Մեծարենց, անդրադառնալով օտարամոլութեան, իրաւամբ կը գրէ. «Օգտուինք Եւրոպական լեզուներու նորանոր ու թարմ արտայայտութիւններէն, բայց չմոռնանք գրաբարին յուռթի շտեմարաններէն օգտուիլ մանաւանդ։ Ինչո՞ւ մեր հացը գետին ձգենք ու մուրացիկ, ուրիշին ետեւէն վազենք ...»։

Ինչպիսի՞ մօտեցում ցուցաբերեց Արեւմտահայը այս խիստ կարեւոր, բարդ ու հրատապ հարցին։ Արեւմտահայը եղաւ զգոյշ, խոհեմ, հեռատես. մնաց բծախնդիր եւ աւանդապահ։ Ջանաց հայ ընտանի լեզուն գործածել ի դիմաց օտար բառերու։ Հայացուց եւ հայակնիք դրոշմ տուաւ խորթ բառին։ Հեռու մնաց օտարաբանութենէ՝ ուծանալու մտավախութենէ եւ լեզուն խաթարելու, եղծելու մտահոգութենէն մղուած։ Կար նաեւ անչափ փոխառութեանց հարցը։ Այստեղ, ի մասնաւորի պէտք է յիշել «պոլսահայ բարբառի փոխառութեանց չափազանցութիւնը», որուն հետեւանքով «հայերէն բառերը խեղդուած էին թուրքական բառերի հեղեղի մէջ»։ Այս երեւոյթը պատճառ եղաւ որ մտաւորական խաւը վերջնականապէս սթափի իր խոր թմբիրէն եւ զգուշաւոր միջոցներու դիմէ՝ կանխելու համար լեզուի անդարձ կորուստը։ Հր. Աճառեան իր «Հայոց լեզուի պատմութիւն» գրքի երկրորդ հատորին մէջ, ուր կը խօսի աշխարհաբարի կամ նոր հայերէնի յառաջացման ու զարգացման մասին, կ՚անդրադառնայ այն կարեւոր երեւոյթին, որ Պոլսոյ մէջ, ԺԹ. դարու կէսերուն եւ վերջերուն, ընդհանուր շարժում կար օտար բառերը հայացնելու։ Թուրքերէն բառերը կը հայացուէին, իսկ չգտնուելու պարագային՝ նորերը կը կերտուէին։ Հայոց լեզուի բարենորոգիչները հետեւողական մեծ աշխատանք կատարեցին լեզուն մաքրագտելու օտար տարրերէն եւ այն օժտելու նոր ու հարազատ բառերով։ Այս «օտարամերժ ոգին» արեւմտահայը գործադրեց նաեւ «Եւրոպական բառերի հանդէպ»։ Չհանդուրժեց ո՛չ մէկ օտար բառ։ Օտար բառերու անհանդուրժելիութիւնն իբրեւ հիմնակէտ ունենալով, արեւմտահայը այժմ այս ափերու վրայ կը գործածէ՝ որմազդ (poster), արտահոսք (influx), բազմահամադրական (polysynthetic), ներմարմնաւորեալ (incorporative), լսողատեսողական (audio-visual), *ազդալոյս* (traffic light), *սրճիտ* (caffeine), *խւղցան կամ եղցան* (gravy), *կուտակիչ* (battery), *հեռարձակում* (telethon), *հեռատիպ* (fax), *ելեքտրասնուցիչ* (generator), *նաւագնացութիւն* (cruise), *ծրագրալուծում* (deprogramming), *կենսոլորտ* (environment), *եւն*։

Բառակերտութեամբ կը զբաղի քիչ թէ շատ ամէն գրագէտ։

Բառաչինութիւնը արուեստ է. կը պահանջէ բազմատեղեակութիւն հին ու նոր արմատներու եւ ածանցներու, բարձր ճաշակ, ներքին զգացողութիւն ու նրբաճանաչում։ Այս օտար ափերու վրայ, ներկայ կենսապայմաններէն ելլելով, կարիքը կը զգանք նոր բառերու, որպէսզի կարենանք ճշգրտօրէն եւ հարազատօրէն արտայայտուիլ։ Կ'օգտուինք հայոց լեզուի բառագանձը հարստացնելու համար սահմանուած ու ընձեռուած բոլոր հնարաւոր միջոցներէն (բառակազմութեան օրէնքներ, բարդացում՝ իսկական բարդութիւն, անիսկական բարդութիւն, ածանցում, յապաւում) եւ կը ստեղծենք մեր գիտութեան ու ճաշակին համաձայն բառեր։ Զայս ըսելէ ետք, պէտք է հրապարակաւ խոստովանինք, որ ամէն ոք չունի բացառիկ շնորհն ու նուրբ ճաշակը՝ մնայուն, ճկուն ու գեղեցիկ բառեր կերտելու։ Գեղեցիկ ու գործնական բառեր են ներկայիս՝ կրթաշրջան, դրամարշաւ, ընտրապայքար, հայեցակարգ, մայրուղի, եւն։ Ասոնց առընթեր հրապարակը լեցուն է բազում այլ բառերով, որոնք հեռու են գործնական ըլլալէ. օրինակ փոշակուլ (գորգի մեքենայ), չոգեգուլթան (թրաքթոր), եւն։ Բառակազմութեան մէջ նկատի պէտք է ունենանք հետեւեալ կենսական կէտերը, եթէ կը փափաքինք որ նորակերտ բառը մնայ մշտական գործածութեան մէջ եւ մաս կազմէ մեր լեզուի բառամթերքին.–

Ա. Կազմել կարճ, կոկիկ, դիպուկ, դիւրահունչ, ախորժալուր, հանրամատչելի ու գործնական բառեր։ Բաւական յաջող բառեր են՝ սահիկ (slide), *սրճիտ* (caffeine), *ճչակ* (horn), *հեռատիպ* (fax), *եւն*։

Բ. Խուսափիլ օտար արմատներ գործածելէ եւ դիմել գրաբարի կամ աշխարհաբարի արմատ բառերուն՝ կազմելու նորանոր բառեր. այսպէս, փոխանակ «նորմաւորել» բայը գործածելու, առնել «կանոնաւորել» բայը, եւն։

Գ. Հեռու մնալ բառարանային, անգործածելի դարձած, բորբոսնած ու արուեստական բառային կաղապարներէ։ Վերցնել միայն կենսունակութիւն ունեցող ու կեանք բուրող արմատները. օրինակ, բառարաններուն մէջ կը գտնենք «տուրմ, կոլահատ» բառերը իբրեւ «չոքոլայ», կամ «ցքի» իբրեւ «անուշահոտ»։ Ո՞վ կը յանդգնի այսօր այս բառերը գործածել մանաւանդ իրենց ածանցեալ ու բարդացեալ ձեւերուն մէջ (օր. տրմային, տրմատուն, տրմահամ, ցքահոտ)։ Պէտք է մէկընդմիշտ հրաժարիլ անգործնական բառերէ եւ հետամուտ ըլլալ նորերու կազմութեան։ Լեզուները բարեշրջման մէջ են անդադար։ Կը մերժեն խորթն ու անսովորը եւ կ'ընդունին պարզը, գեղեցիկը ու հնչեղը։

Աճառեան կ'ըսէ. «Ընդհանրապէս մեր մէջ բացասական կարծիք է տիրում նորակերտ բառերի հանդէպ, որոնք անարգական ձեւով էլ կոչում ենք "թխած բառ"։ Այս բանը սխալ է ընդհանրապէս նորակերտ բառերի մեծ մասի համար»։ Այս անցեալի անիմաստ ու վնասակար վերաբերմունքը դէպի բառակերտութիւնը հիմնական փոփոխութեան ու վերանայման կը կարօտի եթէ չենք ուզեր լճացնել ու անշարժացնել հայոց լեզուն։

Ներկայիս, մեր հոգեւոր գրականութեան մէջ, բառակերտութեան ճիւղին մէջ, իր մեծ նպաստը կը բերէ Գարեգին Ա. Կաթողիկոս, որ իր բարձրաճաշակ, նրբագեղ ու գեղեցկահիւս բառերով կը զարդարէ իր գրութիւնները։ Մի քանի տարի առաջ, անձնական հանդիպումի մը ընթացքին, երբ նիւթը բառակերտութեան արուեստի վրայ էր, Վեհափառին ուշադրութեան յանձնեցի իր գիրքերուն մէջ գործածուած ինքնաստեղծ բառերու պարագան։ Վեհափառը յայտնեց որ ինք յատուկ ջանք չի թափեր նոր բառեր կերտելու, այլ իր մօտ այդ երեւոյթը ինքնաբուխ է, որ է ըսել՝ բառերը կը կազմուին առանց դժուարութեան ու գերագոյն ճիգի։ Յիշատակենք Վեհափառին բառերէն հետեւեալները. հայաղեկ, հայուղի, հայագնաց, հոգեմտաւոր, հոգեձուլարան, հոգեմշակութիւն, վերաբիւրեղացում, վերհաղորդութիւն, ինքնանուիրում, ինքնըմբռնում, ինքնակերտում, ինքնավատնում, ինքնստուերացում, ինքնիրագործում, սովորութենականանալ, լուսաւորչակնիք, Աստուածաճառագայթ, Յիսուսազգեստ, երկնագիծ, աւետարանագիծ, ևն։

Բնական է, կարելի չէ գուշակել թէ ո՞ր բառերը հող գտնելով պիտի ընդհանրանան. ժամանա՛կը ցոյց պիտի տայ անոնց մնայուն կամ կարճատեւ ըլլալը։ Իւրաքանչիւր բառի արմատացումն ու տարածումը անտարակոյս կախուած է ժողովուրդի գործածութենէն։ Ժողովուրդը ինք կը տնօրինէ բառերու ճակատագիրը։ Մինչ այդ, սակայն, բառակերտութեան արուեստը կը շարունակուի գոհացում տալու գիտութեան, արուեստի եւ այլ բազմաթիւ բնագաւառներու ստեղծած պահանջքներուն։

Այստեղ, մեր գրութեան աւարտին, յարմար կը համարենք յիշատակել որ հայոց լեզուն ներկայիս խիստ կարիք կը զգայ «Նորակերտ Բառերու Բառարան»ի, ուր զետեղուած ըլլան ոչ միայն նորակազմ բառերը, անոնց իմաստն ու համապատասխան օտար բառերը, այլեւ նշուի անոնց հեղինակը, տեղն ու ժամանակը։ Աճառեան իր «Արմատական Բառարան»ի մէջ հաւաքած է չորս հազարէ աւելի նորակերտ բառեր։ «Այս թիւը շատ ու շատ մեծանալու կարիք ունի», կը գրէ յարգելի գիտնականը։

1997

Ստուգաբանական Փորձեր Եւ Ստուգաբանելու Արուեստը

(Նուիրուած Հայնրիխ Հիւպշմանի Ծննդեան 150-ամեակին)

Հայ լեզուաբանութեան պատմութիւնը մեծագոյն պատիւով, հպարտութեամբ ինչպէս նաեւ խորագոյն ակնածանքով կը յիշատակէ գերմանացի պատուական գիտնական, հնդեւրոպաբան, լեզուաբան, հայագէտ եւ իրանագէտ՝ Հայնրիխ Հիւպշմանին անմեռ ու պանծալի անունը եւ բարձր կը գնահատէ անոր բազմաբեղուն վաստակը եւ զայն կը դասէ ի շարս մեծաց եւ երախտաւորաց։

Հիւպշման իր վիթխարի ծառայութիւններով մեծապէս նպաստած է հայ լեզուաբանութեան զարգացման ընդհանրապէս, ու հայագիտութեան՝ մասնաւորապէս։ Ստորեւ, հանգամանօրէն պիտի անդրադառնանք այս ներհուն գիտնականին՝ մատնացոյց ընելով անոր պատուական տեղը մեր լեզուաբանութենէն ներս։

Ստուգաբանական արուեստի մասին խօսելու համար, նախ հարկ է որ անդրադառնանք ստուգաբանութեան ընդհանրապէս, ճշդենք անոր տեղն ու դերը լեզուաբանութեան մէջ, հակիրճ ու հպանցիկ կերպով խօսինք հայ լեզուաբանութեան նախնական վիճակին ու փուլին մասին եւ ապա բացատրենք թէ պատմահամեմատական լեզուաբանութիւնը յետագային ինչպիսի՛ միջոցներ հայթայթեց ու դիւրութիւններ ընձեռեց լեզուաբանին, քերականին ու ստուգաբանին՝ բառերու ուսումնասիրութեան, արմատներու քննարկութեան, լեզուներու ցեղակցութեան, փոխյարաբերութեան ու զարգացման ուղղութեամբ։

Լեզուաբանութեան մէջ գիտական առանձնայատուկ բնագաւառ է ստուգաբանութիւնը, որ կը զբաղի բառարմատներու ծագումով, փոխառութեամբ, անոնց նախնական վիճակով ու նշանակութեամբ, ինչպէս նաեւ անոնց յետագայ զարգացման փուլերով եւ աստիճաններով։

Ստուգաբանին առաջնակարգ պարտականութիւնն է թօթափել բառը իր բոլոր բաղադրամասերէն (ածանց, քերականական ձեւորդ), պարզել անոր նախնական վիճակը, ընդունիլ սուկ արմատը եւ որոշել թէ ի՛նչ ծագում ունի ան։ Փոխառութեան պարագային, ճշդել թէ ո՛ր լեզուէն մուտք գործած է, ե՛րբ եւ ինչպէ՛ս. իսկ բնիկ հայ բառի պարագային՝ վերակառուցողական մեթոտով ի յայտ բերել կամ վերագտնել նախկին ենթադրեալ ձեւը եւ մատնացոյց ընել պատմականօրէն կրած հնչիւնական փոփոխութիւնները, լայնօրէն օգտուելով պատմահամեմատական լեզուաբանութեան մատուցած հնարաւորութիւններէն։

Ստուգաբանին առաջնահերթ ու անյետաձգելի պարտականութիւնն է սպառագինուիլ բազմակողմանի գիտելիքներով։ Այս առիթով, անոր կենսականօրէն անհրաժեշտ են՝ բազմաթիւ լեզուներու քաջատեղեակութիւն, լեզուաբանական սուր հոտառութիւն, հնչիւնական օրէնքներու իւրացում, լեզուներու պատմականօրէն կրած հնչիւնական ու իմաստաբանական փոփոխութիւններու բազմա-

տեղեակութիւն, ինչպէս նաեւ խիստ զգուշաւորութիւն՝ բառերու պատահական նմանութիւններէն չխաբուելու եւ անոնցմէ սխալ եզրայանգումներ չկատարելու։

Անշուշտ մեր նպատակէն դուրս է այստեղ շարադրել ստուգաբանութեան պատմութիւնը, որ ինքնին չափազանց հետաքրքրական է, եւ որ մասամբ մեծանուն լեզուաբան Հրաչեայ Աճառեան կատարած է իր «Արմատական Բառարան»-ին մէջ։ Կ՚արժէ այս չափազանց սեղմ տողերուն մէջ, սակայն, անդրադառնալ ստուգաբանական նախնական փորձերուն եւ աշխատանքներուն, երբ դեռ գոյութիւն չունէր պատմահամեմատական մեթոտը։ Պատմահամեմատական գիտական մեթոտը «կոչուած է իրականութիւնը ճանաչել մէկէ աւելի պատմական համակարգերուն վերաբերող փաստերու նմանութիւններու եւ տարբերութիւններու ուսումնասիրութեամբ», իսկ պատմահամեմատական լեզուաբանութիւնը «կ՚ուսումնասիրէ լեզուներու ցեղակցութեան փոխյարաբերութիւնները եւ պատմական փոփոխութիւնները»։

Անցեալին, ստուգաբանութիւնը մէկ անբաժանելի մասը կազմած է քերականութեան։ Բազմաթիւ բառերու ստուգաբանութեանց կարելի է հանդիպիլ քերականութեան մեկնութեան մէջ։ Ստուգաբանական մասնագիտական ու բարդ գործով զբաղած են հայ քերականագէտներ, մատենագէտներ, գրողներ, բառարանագիրներ, յետագային եւ՝ օտար հայագէտներ ու լեզուաբաններ։ Մեզի հրամցուած անթիւ ու անհամար ստուգաբանութիւններ, դժբախտաբար, արժէքազուրկ են, որովհետեւ չեն խարսխուած գիտական հիմքերու վրայ։ Այսպիսիք սովոր են լեզուաբանութեան մէջ կոչել «կեղծ գիտական ստուգաբանութիւններ»։ Այս տիպի ստուգաբանութիւններ մեծաւ մասամբ կատարուած են ըստ կամս, առանց դոյզն գիտակցութեան, որ հնչիւնական օրէնքներու եւ լեզուներու ցեղակցութեան հաշուառումը կարեւոր ազդակ է ճիշդ եզրայանգումներու համար։ Ժողովրդական դասական ստուգաբանութիւն է «եկեղեցի» բառը, որ ստուգաբանուած է՝ եկ եւ եղիցի, կամ «եկուր, որ ուզածդ ըլլայ», «սպանախ» ստուգաբանուած է՝ սպա՛ն նախ, ևն։

Մեր բովանդակ ծովածաւալ մատենագրութեան մէջ բազում է թիւը այն անձերուն, որոնք փոքր ի շատէ զբաղած են ստուգաբանութեամբ, բառերու ծագումով, մեկնութեամբ եւ փոխառութեամբ ու դարերու ընթացքին կրած ձեւական ու քերականական փոփոխութիւններով։ Մեր մատենագրութեան դասական շրջանին, մեր բանիմաց մատենագիրները ջանացած են բառերու արմատները պարզելով ստուգաբանել զանոնք։ Յայտնի է որ ստուգաբանութիւններու վաղագոյն փորձերը եղած են նախնական, մակերեսային ու անհիմն, վասնզի ստուգաբանողներուն լեզուագիտական ըմբռնումներն ու կարողութիւնները խիստ սահմանափակ էին։ Ոսկեդարեան շրջանի իմաստասէր մատենագիր Եզնիկ Կողբացի ունի կարգ մը ստուգաբանութիւններ իր «Ընդդէմ Հերձուածոց»-ին մէջ, որոնցմէ կ՚արժէ յիշել «հիւղ» բառը. «Զոր հիւղն կոչեն, որ թարգմանի նիւթ»։ Մեր պատմահայր Մովսէս Խորենացին ստուգաբանած է բաւական անուններ իր «Հայոց Պատմութիւն» մատեանին մէջ. այսպէս՝ Մարմէտ, որ է՝ «Մարը եկաւ»։ Ահա եւ ամբողջական բնագիրը՝ «Միաբան գոչմամբ հրամայեաց աղաղակել զօրացն՝ «Մար ամատ»՝ որ թարգմանի Մար եկն, յիշեցուցանելով զթշնամանսն Մար զնա կոչելով. Յայս ի սոյն ձայն անուանեցաւ դաստակերտն Մարմէտ»։ Դիպուկ է Խորենացիին «Գնունի» անուան ստուգաբանութիւնը՝ «գինի ունի»։ Մեր քաղցրագրուցիկ պատմիչ Եղիշէն ունի «սրովբէ» բառին մեկնութիւնը՝ «սերովբէքն, որ թարգմանին կիզիչք կամ ջեռուցիչք»։ Յովհան Մանդակունի նշանաւոր է իր մէկ բառի ստուգաբանութեամբ՝ Մարանաթայ, որ է՝ Մարան «Տէր» եւ աթա «եկն», եւ կը նշանակէ՝ «Տէր մեր գայ»։ Դաւիթ Անյաղթ իր «Մեկնութիւն Քերականին» մէջ ունի «սափոր» բառը, որ ստուգաբանած է «սա եւ փոր» բառերէն։ Անանիա Շիրակացին «Զատիկ» բառը կը հանէ «զատել» բայէն. այսպէս՝ «Անուանի զատիկ Տեառն, այսինքն զատուցեալ յամենայն հեթանոսականաց եւ հրէականաց տօնից»։ Ստեփանոս Սիւնեցի բնաձայն կը համարէ հետեւեալ բառերը՝ «Ի ձայնէ, որպէս կուռաք, ագռաւ, կռունկ, հողմ, սիք եւ որք այսպիսիք»։ Յովհաննէս Իմաստասէր ունի «եկեղեցի» բառին մեկնութիւնը եւ զայն կը համարէ փոխառութիւն «եկեղեցի յԵբրայեցւոցն առ մեզ ժողով թարգմանի»։ Համամ Արեւելցի իր «Մեկնութիւն Քերականին» աշխատութեան մէջ ստուգաբանած է «կանուխ» բառը՝ կան նախդիրէն, խոնարհ բառը՝ խոն նախդիրէն։ Առաքել Սիւնեցի «աղջիկ» բառը հանած է «չիք» բառէն, ևն։

Հայրենի մեծ լեզուաբան Էդ. Աղայեան, որուն «Հայ Լեզուաբանութեան Պատմութիւն»էն քաղեցինք վերոբերեալ օրինակները, յարեւնման ստուգաբանութիւններ նկատի ունենալով, գրած է. «Ուսումնասիրելով հին մատենագրութիւնից մեր քաղած բոլոր ստուգաբանութիւնները, յանգում ենք հետեւեալ ընդհանուր եզրակացութեան. բոլոր այդ ստուգաբանութիւնների մեծագոյն մասը մտացածին, սխալ եւ անսկզբունք է։ Նրանք իբրեւ ստուգաբանութիւններ, գիտական արժէք չեն ներկայացնում, նրանք հիմնուած չեն որեւէ գիտական սկզբունքի, որեւէ լեզուաբանական ուսումնասիրութեան վրայ. իւրաքանչիւր հեղինակ իր հասկացածին համեմատ, յաճախ տուեալ բառի մի ուրիշի հետ ունեցած պատահական նմանութիւններից ելնելով՝ ստուգաբանել է այն»։

Ի չարս այս անճիշդ ու կեղծ ստուգաբանութիւններուն, պարտ ենք յիշատակել որ եղած են նաեւ ճիշդ ու ընդունելի ստուգաբանութիւններ, որոնք ցաւօք սրտի, թիւով եղած են սաստիկ սակաւ. օրինակի համար, Ներսէս Լամբրոնացին ճիշդ կողմնորոշում ցուցաբերած է «ճնճղուկ» բառին վերաբերեալ՝ զայն համարելով բնաձայն բառ. այսպէս՝ «ճնճղուկն ստուգաբանի ի ձայնէն. արդ որպէս նորա ճճուելն ճնճղուկն միշտ ի ճռուողել կայ, յորմէ եւ զանունն ստացաւ»։ Գրիգոր Տաթեւացի եւս իր «Գիրք Հարցմանց»-ի մէջ բնաձայն կը համարէ վերոյիշեալ բառը։

Ստուգաբանական աշխատանքին խոշընդոտ հանդիսացած եզակի բառարան է Երեմիա Մեղրեցիին «Բառգիրք Հայոց»ը (տպուած Յալիկօռնայ, 1698 թուին)։ Բազում անգամներ քննադատուած սոյն աշխատութիւնը լի է վրիպակներով ու գրչագրական սխալներով։ Այս է պատճառը որ յետագայ բառարանագիրներ (օրինակ՝ Նոր Հայկազեան Բառարանի, Հայ.-Իտալ. բառարանի հեղինակներ) զանց առած են այս բառգիրքը։ Հր. Աճառեան իր Արմատականին մէջ խորհուրդ կու տայ «շատ զգուշութեամբ վերաբերուիլ սոյն բառգիրքի հետ եւ նրա յիշած ձեւերը իբր ճշմարտութիւն չընդունիլ»։

Սքրոտէր (որ եւ՝ Շրոտէր) (1680-1756) ունի հետեւեալ ստուգաբանութիւնները՝ աստուած – ազդու ած, հրեշտակ – իբր հուր կիզելի, ևն։

Հայր Ղուկաս Ինճիճեան (1758-1833) անձնանունները կը ստուգաբանէ պարզագոյն ձեւով. այսպէս՝ Զարմայր – զարմանալի այր, Տիգրան – Տէգ երան, Գեղամ – Գեղ ամենայն։ Տեղանուններէն՝ Նախիջեւան – Նախ Իջեւան, Ակոռի – արկ ուռի։ Կենդանիներու եւ թռչուններու անուններէն յիշենք՝ ուղտ – ոխոտ. «որոյ ոխ առաւելեալ է քան զամենայն կենդանիս». աղուէս – «որ աղու կամ քաղցր ձեւանայ». սողուն «ի ձայնէս սը, զոր հանեն ի սողալն». աղաւնի «աղու ունի», ևն։

Պարզ ակնարկ մը նետելով միջնադարի լեզուաբանութեան վրայ, կարելի է նշմարել որ ան ոչ միայն չունէր փոքր ի շատէ գիտական լուրջ ուսումնասիրութիւն կամ աշխատութիւն, այլ հիմնականին մէջ չունէր ընդհանուր ուղղութիւն, լեզուաբանական գիտական հասկացողութիւն ու մօտեցում, բառարմատները ճշգրտօրէն ստուգաբանելու ձեւ ու եղանակ։ Գեղեցիկ կը նկարագրէ է. Աղայեան ստուգաբանական այս նախնական փորձերն ու քայլերը երբ կը գրէ. «Դրանք մանկական թոթովանքներ են, երբեմն տղայամիտ մեկնաբանութիւններ, որոնք այժմ աւելի շատ իբր զուարճալի սրամտութիւններ կարելի է դիտել»։ Յարեւնման մեկնաբանութիւններ կու գան առատ նիւթ հայթայթելու հայ ստուգաբանութեան պատմութեան։

Հայ լեզուաբանութեան պատմութեան մէջ նշանակալի երեւոյթ է հրատարակումը աբբահայր Մխիթար Սեբաստացիի «Բառգիրք Հայկազեան Լեզուի» մեծածաւալ աշխատութեան (Երկհատոր, տպուած Վենետիկ, 1749 եւ 1769 թուականներուն)։ Այստեղ հեղինակը յստակ պատկերացում ունի լեզուներու փոխազդեցութեան մասին։ Բառարանին երկրորդ հատորը մասամբ կ'անդրադառնայ թուրքերէն լեզուէ փոխառեալ բառերու։ Մ. Սեբաստացի իր բառարանին մէջ հրատարակած է բազմաթիւ ստուգաբանութիւններ, որոնք անճիշդ են։ Բառարանին յառաջաբանէն կ'երեւի թէ բառերը ստուգաբանելու արուեստը այնքան ալ բարդ չէ. ահա թէ ինչ կը գրէ ան. «Հազիւ գտանի բառ, զոր ոչ կարասցէ քաջ լեզուագէտն ստուգաբանել ի բարբառս մեր» եւ իբրեւ նմոյշ մեզի կը հրամցնէ ստուգաբանուած բառերու փունջ մը. այսպէս՝ «կրօնն ստուգաբանի կրումն... կրակն՝ կերակ... մարդն՝ մարտ... ծիածանն՝ ծիր, այսինքն՝ գշրջանակ ածօղ, այս է տարածօղ, ևն»։ Այսպիսի կեղծ, սուտ ու փուճ ստուգաբանութեանց առընթեր կան նաեւ օտար լեզուներու հետ կապուած ճիշդ համեմատութիւններ եւ ուղիղ ստուգաբանութիւններ որոնք է. Աղայեանի հաստատումով կը հանդիսանան «Մխիթարի Բառարանի իւրայատուկ արժանիքը»։ Այդ բառերէն յիշենք՝ սինագովգայ «հրէական ժողովարան», սորեկ (որ եւ սորէկ, սովրէք, զորեկ) «ընտիր, ազնիւ, պատուական», սոփեստէս «իմաստակ, գիտնական», դիմոս «դրամ, ինչք», դիալէկդիական «տրամաբանական, վիճաբանական», դիալօղոս «տրամախօսական», ևն։

Ստուգաբանութեան պատմութիւնը յատուկ կարեւորութեամբ կը յիշատակէ Գէորգ Տէր Յովհաննէսեանին անունը, որ ընդհանուրին կողմէ ճանչցուած է իբրեւ՝ Գէորգ Դպիր (1737-1812)։ Ան իր ստուարածաւալ պարսկերէն բառարանին վերջին մասին կցած է բառացանկ մը, ուր կը կատարէ «զուգադրութիւնը նոյնանիշ եւ նմանաձայն բառերու, որոնք նման են պարսիկներուն եւ հայերուն մօտ»։ Համեմատական քերականութեան սկզբունքով հեղինակը հայերէն բառերը կը համեմատէ պարսկերէն, եբրայերէն եւ յունարէն լեզուներու հետ։ Մեծահռչակ լեզուաբան Հրաչեայ Աճառեան, իր Արմատական Բառարանին մէջ, անդրադառնալով Գէորգ Դպիրի հայերէն բառերու ստուգաբանութեան մատուցած կարեւոր ծառայութեան, կը գրէ. «Հայ լեզուաբանութեան ամենահին երախայրիքներից է»։ Հակառակ որոշ բառական համեմատութիւններու անճշդութեանց, Գէորգ Դպիր, ընդհանուր առմամբ, շնորհիւ իր լեզուաբանական բացառիկ կարողութեան, յաջողած է ստուգաբանական դժուար արուեստին մէջ մատուցել այնպիսի հրաշալի նմոյշներ, որոնք զարմանք պատճառած են յետագայ սերունդի լեզուաբաններուն։ Եթէ նկատի ունենանք ժամանակաշրջանը որուն մէջ ապրած ու գործած է Գէորգ Դպիր, երբ չկար ենթահող ու պատմահամեմատական լեզուաբանութիւնը դեռեւս գոյութիւն չունէր, հեղինակին կատարածը կրկնակի արժէք կը ստանայ ու մեր հիացումին ու գնահատանքին կ՚արժանանայ։ Է. Աղայեան խօսելով Գէորգ Դպիրի գրական գործունէութեան, մանաւանդ լեզուաբանութենէն ներս անոր բերած մեծ նպաստին մասին, կը գրէ. «Մխիթարի բառարանից յետոյ առաջին լուրջ ստուգաբանական փորձն է...։ Այս մեզ լիովին իրաւունք է տալիս Գէորգ Դպիրին իսկական լեզուաբան համարելու»։ Գէորգ Դպիրի ստուգաբանական բառերէն յիշելի են՝ ազատ «ազնուական անկախ, ինքնիշխան», դուխտ «դուստր», կանոն, մոնոզոն, խորտիկ, եւն։

Ի հակադրութիւն Գէորգ Դպիրի, Ֆրանսայի եւ ապա Վրաստանի մէջ մի ոմն Շահան Ջրպետեան (1772–1834) հրապարակ եկած է իր քմահաճոյքին համեմատ կատարուած ստուգաբանութիւններով, որոնք կու գան մատնանշելու անոր անկարողութիւնը, ապիկարութիւնը եւ մանաւանդ տգիտութիւնը։ Այսպէս, ան «ար» արմատէն կը հանէ հայր, մայր, զարմ, թարմ, չար, եւն բառերը։ Գիտականութենէ ու արուեստէ բացարձակապէս զուրկ այս մտքի ճամարտակութիւնները «նրան տասնիններորդ դարից տեղափոխում են, կարելի է ասել, եօթ-ութերորդ դարերը, երբ հայ մատենագիրներն ըստ կամս ստուգաբանում էին հայերէն բառերն իրենց պատահական նմանութիւնների վրայ հիմնուելով», կը գրէ Է. Աղայեան։

Ստուգաբանական կարեւոր արուեստը պանծալի կերպով երեւան եկաւ «Նոր Հայկազեան Բառարան»-ին մէջ, յանձինս երեք փայլուն, նուիրուած ու տքնաջան վարդապետներու՝ Հայր Գաբրիէլ Աւետիքեանի (1750–1827), Հայր Խաչատուր Սիւրմէլեանի (1751–1827) եւ Հայր Մկրտիչ Աւգերեանի (1762–1854), որոնք իրենց կիսադարեայ անխոնջ ու մեղուաջան աշխատասիրութեամբ գլուխ հանեցին իրենց ստուարածաւալ բառարանը, որ իրաւամբ կարելի է համարել նախափորձ ստուգաբանական բառարանի։ Երից Վարդապետաց Բառարանը իբրեւ ուղեգիծ ունէր աբբահօր՝ Մխիթար Սեբաստացիին եւ Գէորգ Դպիրին բառարաններուն որդեգրած գիտական մօտեցումը։

Նոր Հայկազեան Բառարանը ունի բազմակի նշանակութիւն։ Ան ոչ միայն բացատրական բնոյթ ունի, այլեւ՝ ստուգաբանական։ Երից վարդապետաց լեզուահոտաութիւնը զգալի է՝ շնորհիւ իրենց բազմալեզուատեղեակութեան։ Բառարանին մէջ ուղիղ ստուգաբանուած են բազմաթիւ բառեր։ Բառերու համեմատութիւնները կատարուած են ճշգագոյն ձեւով՝ ցեղակից լեզուներու հետ։ Բառարանին մէջ կան եւ կեղծ ստուգաբանութիւններ, բայց «եղած ճիշդ *ստուգաբանութիւններն այնքան շատ են, որ այդ սխալները, անկախ իրենց քանակից, ներելի էին ժամանակուայ համար», կը գրէ Է. Աղայեան։ Ճիշդ ստուգաբանութիւններէն յիշենք՝ փուռուայ «կայծոռիկ» (յունարէն), տետրասկեղ «չորս ոտքով յենարան» (յուն.), ռատինէճ «ստճիի խէժ» (արբ.), տաղ «խարան» (պրս.), սիբիղղա «գուշակ կամ մարգարէուհի» (յուն.), սիգէլ «հրաման, կնիք» (լտ.), սիղիգն «բարակ ալիւրով շինուած հաց» (յուն.), սինդոն «բարակ կտաւ, բեհեզ, պաստառակալ» (յուն.), սինօռ «սահման, պայման, որոշումն» (յուն.), ևն։*

Անցեալ դարի սկիզբը, մեր գրականութեան լուսաւորութեան ջահակիրը՝ Խաչատուր Աբովեան, իր գրութիւններուն մէջ ջանացած է ցոյց տալ ցեղակցութիւնը հայերէնի, ֆրանսերէնի, գերմաներէնի եւ ռուսերէնի։ Աբովեանի կատարած համեմատութիւնները ընդհանրապէս ճիշդ են, թէպէտեւ կան նաեւ որոշ սխալներ։ Աբովեանի ժամանակաշրջանին կատարուած այս ընդհանրութիւնները մեծ նուաճում էին եւ ըստ այդմ ալ ներկայիս բարձր կը գնահատուին անոր համեմատական ուսումնասիրութեանց արդիւնքները։

Հայերէնի համեմատական բնագաւառին մէջ իրենց մեծ ներդրումը բերած են վաստակաւոր լեզուաբաններ՝ Պետերման, Վինտիշման, Ռիգարտ Կոչէ, Ֆրանց Բոպպ, Ֆրիտրիխ Միւլլէր, Փոլ տը Լակարտ ևն։ Անոնց լեզուաբանական հայեացքը մէկդի դնելով, պէտք է նշել որ ստուգաբանական ասպարէզին մէջ անոնք պատմահամեմատական մեթոտի վրայ հիմնուած կատարեցին ճիշդ ընդհանրութիւններ ու ստուգաբանեցին մեծ թիւով բառեր։ Այստեղ յիշատակութեան արժանի կը գտնենք Փոլ տը Լակարտի մէկ կարեւոր աշխատութիւնը՝ «Armenische Studien» (*տպուած* Göttingen, 1877 *թուին*) *ուր ոչ միայն ի մի հաւաքուած են հայոց լեզուի ուսումնասիրութեանց արդիւնքները, այլեւ է նաեւ «Հայերէն լեզուի առաջին ստուգաբանական բառարանը»։ Իր բոլոր տկար կողմերով ու թերութիւններով հանդերձ, ինչպէս նաեւ իր խիստ սահմանափակ ծաւալով, բառարանը ունի իր մեծ արժէքը ստուգաբանութեան մարզէն ներս։*

Ստուգաբանական արուեստը իր լաւագոյն դրսեւորումը գտաւ յանձին հնդեւրոպաբանութեան կարկառուն ներկայացուցիչ Հայնրիխ Հիւպշմանի (1848–1908)։ *Ան էր որ հայ լեզուաբանութիւնը, հայ լեզուի գիտական ուսումնասիրութիւնը դրաւ ճիշդ ուղիի վրայ։ Հր. Աճառեան իր «Արմատական Բառարան»-ի յառաջաբանին մէջ կ'ըսէ. «Այսօր գիտութեան մէջ ընդունուած է միայն Հիւպշմանի դպրոցը։ Ով Հիւպշմանի դպրոցի աշակերտ չէ, նա գիտութեան զաւակ չէ»։ Աճառեան Հիւպշմանի* «Armenischen Grammatik»-*ի* (*տպուած* Leipzig, 1895–1897) *մասին խօսելով, իրաւամբ զայն կը համարէ «Հայ լեզուաբանութեան հիմնաքարը»։ Այս կոթողային աշխատութեան մէջ Հիւպշման բառերը ուսումնասիրելու իր ճշգրտագոյն ու ամենավաւերական եղանակով ուղեցոյց հանդիսացաւ ստուգաբաններուն։ Հիւպշման իր այս գիրքին մէջ գիտութեան մատուցած է հարիւրաւոր ստուգաբանութիւններ հին եւ միջին պարսկերէնէ, արաբերէնէ, ասորերէնէ, յունարէնէ, հին ֆրանսերէնէ։ Ան ճշդած է հարիւրաւոր բառերու հնդեւրոպական ծագումը։ Աճառեան իր Արմատականին մէջ ներառած է այս բոլոր ստուգաբանութիւնները իբրեւ «անհերքելի ճշմարտութիւններ»։ Հիւպշմանէն բոլոր ստուգաբաններուն կը մնայ անգիր պատուէր մը՝ բառերու ստուգաբանութեանց մէջ ըլլալ չափազանց զգոյշ ու խստապահանջ։*

Մեր նպատակէն ու ծրագիրէն դուրս է անչուշտ ներկայացնել Հիւպշմանը իր գիտութեան մատուցած անսահման ծառայութեամբ, եւ ըստ այնմ գնահատել զինք իր ամբողջական արժանիքներով, վասնզի այդ կատարելու համար հատորներ են հարկաւոր։ Միայն մեծ կարեւորութեամբ նշենք Հիւպշմանի մասին, որ ինք եղաւ առաջինը մէկանգամընդմիշտ ժխտելու հայերէնի՝ հնդիրանական ճիւղին պատկանելու ենթադրութիւնը։ Հիւպշման իր մանրագնին ուսումնասիրութիւններով, որոնք գերազանցապէս խարսխուած էին հնչիւնական օրէնքներու վրայ, հիմնաւորեց եւ փաստեց այն դրոյթը որ հայերէնը ոչ թէ իրանական խումբին պատկանող լեզու է, այլ հնդեւրոպական լեզուախումբին մէջ ինքնուրոյն ճիւղ է։

Ստուգաբանութեամբ զբաղած է նաեւ Սերովբէ Տէրվիշեան (1846-1892), որուն մասին Աճառեան գրած է. «Տէրվիշեան ունի մասնաւոր արժանիք մը, որ մինչեւ այսօր անտեսուած է գիտուններուն կողմէ։ Տէրվիշեան տուած է խումբ մը հայերէն բառերու ճիշդ ստուգաբանութիւնը, որ իրաւունք ունի գիտութեան սեփականութիւնը դառնալու։ Եւրոպացի գիտունները կարող չըլլալով օգտուիլ հայերէն գրքերէ, տեսած չէին նաեւ Տէրվիշեանի ստուգաբանութիւնները… եւ կը պատահի շատ անգամ որ նոր միայն կ'առաջարկեն այնպիսի ստուգաբանութիւններ, որ տարիներ առաջ Տէրվիշեան արդէն առաջարկած էր»։

Երիտքերականներու ներկայացուցիչներէն յիշատակելի է Պուկկէ լեզուաբանը, որ իր գերմաներէնով գրուած «Նպաստ՝ Հայերէն լեզուի ստուգաբանական բացատրութիւններու» (տպուած 1889 թուին) գիրքին մէջ հանդէս եկած է հայերէն բազմաթիւ բառերու ստուգաբանութիւններով։ Այստեղ պէտք չէ մտահան ընել այն երեւոյթը որ Պուկկէ իր ստուգաբանութիւնները կը հիմնէր իր իսկ կողմէ հաստատուած հնչիւնական օրէնքներու վրայ որոնց մեծ մասը անընդունելի է։ Անոր փոքրաթիւ ուղիղ ստուգաբանութիւնները, սակայն, կարեւոր ներդրում են հայ լեզուաբանութենէն ներս։

Մխիթարեան միաբանութեան ակնառու գիտնական ու հայագէտ Հայր Ղեւոնդ Ալիշան (1820-1901) իր «Հայբուսակ կամ Հայկական Բուսաբանութիւն» (տպուած Վենետիկ, 1895 թուին) ծաղկազարդ բառարանին մէջ տուած է ոչ միայն դասակարգումը, բացատրութիւնը եւ նկարագրութիւնը բազմաթիւ ու բազմատեսակ բոյսերու, տունկերու, ծաղիկներու, այլեւ՝ ստուգաբանութիւնը։ Սոյն աշխատութիւնը ատենին խստօրէն քննադատուեցաւ ականաւոր հայագէտ Նորայր Բիւզանդացիի կողմէ՝ իր «Քննադատութիւն Հայբուսակ»-ին մէջ։ Ն. Բիւզանդացի իրաւացիօրէն կը գրէր. «Ահաւասիկ հայկական բուսաբանութիւն, զոր լաւ եւս ասել խառնաբնդորութիւն, ուր անդամագիտութեան, բժշկութեան, դեղագործութեան, կենդանաբանութեան, հանաբանութեան եւ խոհակերութեան բառեր՝ որպէս բուսոց անուանք կը ներկայացուին՝ հանդերձ իւրեանց կարծեցեալ հոմանիշներովն եւ այլ եւ այլ բարբառս»։ Անտարակոյս, Հայր Ղեւոնդ Ալիշան ո՛չ մասնագէտ բուսաբան էր, ոչ լեզուաբան, ոչ բառարանագիր եւ ոչ ալ ստուգաբան, այնուամենայնիւ, կարգ մը բառեր ճիշդ ստուգաբանուած են։ Ուղիղ ստուգաբանութիւններուն շարքին կը պատկանին՝ ակար կամ ակարան, պարկուկ, ջնիբայ, պալատուր, կնբիլ, քաշմ կամ քաշիմ, քապապա, գուլխապահ, ապրանճ, սատէճ, աքլիլէմէլիք, սատա կամ սատախինիս, սեկուտ, եւն։

Քսաներորդ դարու ֆրանսացի աշխարհահռչակ լեզուաբան Անթուան Մէյէի (1866–1936) մուտքը հայ եւ ընդհանուր լեզուաբանութենէն ներս բացառիկ երեւոյթ է, վասնզի շնորհիւ իր բազմակողմանի զարգացման, գիտնականի վայել լրջութեան, մեղուաջան աշխատասիրութեան ու բծախնդրութեան, ան իր ծանրագոյն լուման ընծայաբերեց հայ մշակոյթի գանձարանին։

Ա. Մէյէ գրաղած է հայ լեզուի բոլոր բնագաւառներով անխտիր։ Այստեղ մեզի հետաքրքրողը ստուգաբանութիւնն է։ Իբրեւ ներհուն գիտնական ու ատակ լեզուաբան, ան ստուգաբանած է հայ անթիւ բառեր։ Հր. Աճառեան «իր միջոցով ճշդած է բազմաթիւ ստուգաբանութիւններ, ստացել իր հաւանութիւնը կամ մերժումը»։

Մէյէի ստուգաբանութեանց մէկ մասը ամփոփուած է «Հայագիտական Ուսումնասիրութիւններ» պատկառելի հատորին մէջ (տպուած Երեւան, 1978 թուին, ֆրանսերէնէ թարգմանութեամբ Մ. Մինասեանի)։ Հայրենի մեծ լեզուաբան Գ. Բ. Ջահուկեան վերոյիշեալ գրքի առաջամասի մէջ կը գրէ. «Հայոց լեզուի ստուգաբանութեան եւ համեմատական քերականութեան հարցերը Մէյէի ուշադրութեան կենտրոնում են եղել նրա ողջ կեանքի ընթացքում։ Նա առաջարկել է եւ ճշդել բազմաթիւ ստուգաբանութիւններ, դրել եւ լուծել հայերէնի համեմատական հնչիւնաբանութեան, ձեւաբանութեան եւ շարահիւսութեան շատ հարցեր»։

Ա. Մէյէ եղած է խոնարհ ու օրինակելի անձնաւորութիւն։ Հայ գրագէտներ, հայագէտներ, լեզուաբաններ, յարատեւ իր կարծիքը հարցուցած են այս կամ այն հարցին շուրջ։ Մէյէն շնորհակալութիւն յայտնած է անոնց՝ իրեն հանդէպ տածած բարձրագոյն վստահութեան համար եւ իրեն յատուկ պարտաճանաչութեամբ ու ազնուութեամբ յայտնած իր անձնական տեսակէտը։

Թող ներուի մեզի այստեղ փոքր ինչ շեղում կատարել մեր հիմնական նիւթէն եւ անդրադառնալ լեզուաբանական կարեւոր հարցի մը, որուն մասին Մէյէ հետաքրքրական կարծիք տուած է։ Դեռ անցեալ դարէն սկսեալ, բազում փորձեր կատարուած են զանազան լեզուաբաններու կողմէ հիմք-լեզուն վերականգնելու։ Աւգուստ Շլայխէրին (1821–1868) կը պատկանի առաջին փորձը պատմահամեմատական մեթոտով վերակառուցելու նախալեզուն։ Ընդհանուր լեզուաբանութենէն մեզի յայտնի է թէ զուիցերիացի խոշոր լեզուաբան Ֆերտինանտ տը Սօսիւր (1857–1913) հասարագիտական դպրոցի հիմնադիր, ի շարս լեզուաբանական այլ հարցերու, ինք եւս ձեռնամուխ եղաւ նոյնանման աշխատանքի եւ տուաւ «Նախալեզուի հնչիւթային համակարգի վերականգնման սկզբունքներ»։

Մէյէի համար հնդեւրոպական նախալեզուն ամբողջապէս վերակառուցելու փորձը անիմաստ էր ու աննպատակայարմար։ Ան մէկընդմիշտ դէմ էր հիմք-լեզուի վերականգնումին, որովհետեւ «միակ իրականը համապատասխանութիւններն են վկայուած լեզուներու միջեւ։ Համապատասխանութիւնները միայն կը կազմեն գիտութեան առարկան։ Համեմատութիւններու միջոցով հնարաւոր չէ վերականգնել անհետացած լեզուն»։ Եւ իրօք, ի՞նչ հարկ կար նախալեզուի վերականգնումի ծանր ու հոգեմաշ աշխատանքին ձեռնարկելու՝ պատմահամեմատական վերլուծութիւններու ճանապարհով, երբ նախ եւ առաջ հնարաւոր իսկ չէր եւ կը տառապէր անգործնականութենէ։ Քաջ տեղեակ ենք, որ գրաւոր ոչ մէկ աղբիւր (Թէկուզ եւ չնչին պատառիկ) չէ աւանդուած մեզի հիմք-լեզուէն։ Զայն վերակառուցելու անգործնականութիւնը կը դիտուի այն տեսանկիւնէն, որ ան որեւէ առանձնակի օգտակարութիւն պիտի չունենայ եւ կարեւորութիւն պիտի չներկայացնէ մարդկային նախալեզուին առնչուող խնդիրները մեկնաբանելու, պարզաբանելու եւ լուսաբանելու գծով։ Զայն մէջ բերինք պարզապէս ընդգծելու այն ճշմարիտ իրողութիւնը, որ հնդեւրոպական բառերու բացայայտումը ինքնին բաւարար է ապացուցելու համար գոյութիւնը հնդեւրոպական նախալեզուին։ Այստեղ երկրորդական, նոյնիսկ աւելորդ կը դառնան այդ նախալեզուով հատուածներ գրելու բոլոր փորձերը, ինչ որ Ֆ. տը Սօսիւր կը ծրագրէր ու ոգի ի բռին կը ջանար իրագործել։

Ստուգաբանութեանց մէջ իր մեծ նպաստը բերած է չուէտ լեզուաբան Էվալտ Լիտէ, որ իր ճիշդ ստուգաբանութիւններով ճոխացուցած, հաստացուցած է այդ բնագաւառը։ Այլ ստուգաբաններէն յիշելի են Շէֆթէլովից, Բաղրուպանի (Բաղրուպանեան՝ հունգարահայ)։ Բաղրուպանի մեծաւ մասամբ ոչ-գիտական ու սխալ ստուգաբանութիւններ կատարած է։ Այսպիսի հեղինակ է նաեւ Յովհաննէս քհնյ. Հիւնքեարպէյէնտեան (1818-1895), որ կազմած է ստուգաբանական բառարան, որ արժանանալով Իզմիրլեան մրցանակին՝ տպագրուած է Պոլիս, 1894 Թուին։ Գիտութեան մէջ խստօրէն քննադատուած ու դատափետուած սոյն բառարանը լեցուն է անիմաստ ու անհեթեթ ստուգաբանութիւններով։ Հեղինակը զուրկ է լեզուաբանական պատրաստութենէ եւ ստուգաբանութիւններ կատարելու շնորհքէն ու արուեստէն։ Ան բառերը կը ստուգաբանէ ըստ կամս՝ առանց դիմելու որեւէ օրէնքի ու կանոնի։ Գիտութեան հետ ոչ մէկ ձեւով չառնչուող այս բառարանը համարուած է սաստիկ վնասակար ու վտանգաւոր։ Հիւնքեարպէյէնտեանի ստուգաբանութիւնները չափազանց մանկական են ու ծիծաղելի. օրինակի համար, կարիճ բառը կը հանէ կարճ բառէն, խաչն՝ իշխան բառէն, տիեզերք՝ տգրուկ բառէն, Թուրծ (որմէ՝ Թրծել)՝ Թմրիլ բառէն, Սպառնալ՝ սպառել բառէն, վեց՝ վէգ բառէն, ևն։ Այստեղ մեզի ապշանք ու զարմանք պատճառողը Մատաթիա Գարագաշեանի նման լուսամիտ մտաւորականի ու վաստակաւոր գրագէտի մը Հիւնքեարպէյէնտեանի անմիտ տեսութեան հետեւորդ ըլլալն է։ Ինչպէ՞ս կարելի է հաշտեցնել եւ համատեղելի դարձնել Մ. Գարագաշեանի նման փայլուն ուսուցչապետի մը, հայագէտի մը, բազմավաստակ հեղինակի մը գիտական հայեցակէտը Հիւնքեարպէյէնտեանի սնանկութեան մէջ լողացող չինծու, արուեստական դրոյթներուն հետ։ Աղայեան խօսելով Հիւնքեարպէյէնտեանի բառարանին մասին, շատ կարեւոր հարց մը կ'արծարծէ. «Ստուգաբանութիւնները բացարձակապէս հակագիտական են ուստի եւ, դրանց ցուցադրումն այն կողմնակի նշանակութիւնն ունի, որ դրանց միջոցով մի անգամ եւս ցոյց է տրւում, Թէ ինչից պէտք է խուսափել լեզուի ուսումնասիրութեան գործում, Թէ ինչպէս չպէ՛տք է ստուգաբանել բառերը»։

Հիւնքեարպէյէնտեանի նման անօրէն ու անիշխան ստուգաբան եղած է նաեւ Կիլիկեան Հայերէնի մասնագէտ՝ Եօզէֆ Քարսթ, որ իր բառային խայտաբղէտ համեմատութիւններով ինքզինք չփոթած է եւ ուրիշներ եւս մոլորութեան առաջնորդած։ Քարսթի ուղիղ ստուգաբանութիւնները Թիւով փոքր են. անոնցմէ յիշելի են՝ ջանուն «լատինական եկեղեցու կրօնաւորական *մի աստիճան, կանոնիկոս» (ֆր.), սամսար կամ սենսալ «Ռուբինեանց ժամանակ ստորին մի պաշտօնեայ, որ խանութներէն հարկ կը հաւաքէր» (արբ.)։ Ստուգաբանական արուեստը կը պահանջէ լրջախոհութիւն, զգուշաւորութիւն եւ ոչ թէ՛ միամտութիւն ու մտակուրութիւն։*

Մեծ բնագրագէտ ու բառարանագիր Նորայր Բիւզանդացի եւս գիտութեան մատուցած է հրաշալի ստուգաբանութիւններ իր Գաղղիերէն-Գրաբար ստուարածաւալ բառարանին մէջ (տպուած Կոստանդնուպոլիս, 1881 *թուին)։ Աւելորդ չենք համարեր նշել որ այդ բառերը ամբողջութեամբ ներմուծուած են Աճառեանի Արմատականին մէջ եւ գրուած՝ «Ուղիղ մեկնեց Նորայր»։ Այդ բառերէն յիշենք՝ Փնտուկ «պանդոկ, իջեւան» (արբ.), սրօս «ձիու վրայ կարծր այտոյց» (ֆրնս.), աստախոտոս «ծիրանի ծաղիկներով նուշահոտ մի բոյս է» (արբ.), ասպուր «մի տեսակ հրագոյն կարմիր ներկատու ծաղիկ է» (արբ.), սէքին «հեզ, հանդարտ, անդորր» (արբ.), սիսամբար կամ սուսամբար «ուտելի անուշահոտ մի բոյս» (պրս.), սփիւռոն «մի տեսակ պարարտ եւ մշտադալար խոտաբոյս» (լտ.), եւն։*

Ստուգաբանութեան պատմութիւնը պարծանքով ու խորին երախտագիտութեամբ կը յիշէ ականաւոր հայագէտ ու լեզուաբան Հրաչեայ Աճառեանին անունը, որ իր քառասնամեայ տքնաջան աշխատանքով յաջողութեամբ պսակեց իր գլուխ գործոցը՝ Արմատական Բառարանը (տպուած Երեւան, ապակետիպ, 1926-1935), *իրաւամբ դարագլուխ կազմող հսկայ կոթող մը, ուր ի մի հաւաքուած են շուրջ* 11,000 *արմատ եւ ստուգաբանուած՝ անոնց գրեթէ կէսը։ Ֆրանսացի մեծ հայագէտ Անթուան Մէյէ այս բառարանին մասին խօսելով ըսած է. «Ոչ մէկ լեզուի համար չկայ այսքան ճոխ, այսքան կատարեալ ստուգաբանական բառարան»։ Աճառեան ստուգաբանութեանց մօտեցած է մեծ զգուշաւորութեամբ ու գիտութեան խիստ պահանջներուն համապատասխան հնչիւնական օրէնքներու լիակատար գործադրութեամբ։ Ան ստուգաբանած է աւելի քան* 1600 *արմատ։ Այս ստուգաբանութեանց մեծ մասը արժանացած է իր ուսուցչապետին՝ Մէյէին հաւանութեան։ Այստեղ կ՚արժէ մէջբերել Աճառեանի կատարած «աղմուկ» բառին համեմատութիւնը յունարէն «փոլէմոս» (պատերազմ) բառին հետ։ Մէյէ ի տես այս հրաշալի համեմատութեան, Աճառեանին ուղղած իր նամակին մէջ գրած է.* «Il faut vous applaudir pour cette belle étymologie»։ *Արդարեւ մեծ է վաստակը Աճառեանին՝ ստուգաբանական բնագաւառէն ներս։ Իբրեւ չափազանց գիտակից, բեղմնաւոր ու լուրջ գիտնական, Աճառեան անշեղօրէն ընթացած է գինք նախորդող եռամեծ ուսուցիչներուն եւ ռահվիրաներուն գծած ուղիէն։ Անոր բառարանը կը մնայ անգերազանցելի եւ մշտական բարեկամ՝ հայերէն լեզուով զբաղող աշակերտին, հայագէտին, գիտնականին, լեզուաբանին։*

Ստուգաբանութեամբ զբաղած են նաեւ մերօրեայ լեզուաբաններէն՝ Ն. Մառ, Գր. Ղափանցեան, Է. Աղայեան, Գ. Ջահուկեան եւ ուրիշներ։ Է. Աղայեան իր «Բառաքննական եւ ստուգաբանական հետազօտութիւններ» (տպուած Երեւան, 1974) *աշխատութեան յառաջաբանին մէջ անդրադարձած է ստուգաբանէն պահանջուող իմաստաբանական գիտելիքներու իւրացման, կիրարկման ու հաշուառման։ Ահա թէ ի՛նչ կը գրէ գիտնականը. «Պատմական իմաստաբանութեամբ զբաղողը պէտք է հաշուի առնի ինչպէս ներլեզուական այնպէս էլ արտալեզուական, յաճախ էլ բոլորովին պատահական բազմապիսի հանգամանքներ եւ այդ ամէնի օգնութեամբ ձգտի լուսաբանելու իմաստի զանազան անցումների պատմական ընթացքը։ Եւ քանի որ գիտական ստուգաբանութեան հիմքն է կազմում պատմական իմաստաբանութիւնը, ապա պարզ է, որ ստուգաբանը իւրաքանչիւր ստուգաբանութեան դէպքում պէտք է ելնի պատմական իմաստաբանութեան տուեալներից»։ Մէկ այլ տեղ, հեղինակը կը շեշտէ կարեւորութիւնը հնչիւնական օրէնքներու կիրարկման, այսպէս. «Առանց հնչիւնական օրէնքների բացայայտման եւ դրանց գործադրութեան, գիտական ստուգաբանութիւն չի կարող լինել»։ Ան մեզ կը զգուշացնէ որ բառերու պատահական նմանութիւններու վրայ համեմատութիւններ չկատարենք եւ եզրայանգումներ չընենք։ Ահա այդ հատուածը. «Հնչիւնական օրէնքների ճշգրիտ գործադրութիւնը միայն կարող է գիտական արժէք տալ ստուգաբանութեանը, ուր որ հաշուի չեն առնւում հնչիւնական օրէնքները, ուր որ համեմատութիւնները հիմնւում են պատահական նմանութիւնների վրայ, ստուգաբանութիւնը դադարում է գիտական ճշմարտութիւն լինելուց»։ Այսքան իմաստալից ու բովանդակալից յառաջաբանէ ետք, հեղինակը ստուգաբանած է 101 բառեր, որոնց մեծ մասը հնդեւրոպական նախալեզուէն յառաջացած կը համարէ։ Աղայեան սրբագրած, ուղղած է նաեւ կեղծ կամ չինծու կարգ մը բառեր։ Ընդհանուր առմամբ, պէտք է ըսել որ ան ստուգաբանական արուեստի գործադրութեան մէջ հետեւած է Հիւպշմանին, Մէյէին եւ Աճառեանին։ Արդ, թէ ինչքանո՞վ ճիշդ են կամ սոյգ իր կատարած ստուգաբանութիւնները, ապագան է որ պիտի որոշէ։*

Գ. Ջահուկեանի «Հայերէնը եւ Հնդեւրոպական Հին Լեզուները» (տպուած Երեւան, 1970 թուին) աշխատասիրութիւնը քննութեան կ'առնէ հայերէնը իլիրերէնի, հին մակեդոներէնի, թրակերէնի ու դակա-միզիերէնի, պելասկերէնի, փռիւգերէնի եւ խեթա-լուվական լեզուներուն հետ։ Այս գիրքին մէջ կատարուած են բառային անհամար համեմատութիւններ վերոյիշեալ լեզուներուն հետ եւ որոշ ստուգաբանութիւններ, որոնց մասին հեղինակը գիրքի լուսանցքագրութեանց մէջ նշած է՝ «Հայ բառի նոր ստուգաբանութիւնը մերն է» կամ «հեղինակինն է»։

Տարակոյս չկայ որ համեմատական աշխատանքը օգտակար է եւ մեծապէս կը նպաստէ զուգադիպումներու բացայատման եւ ինչու չէ նաեւ՝ որոշ բառերու ստուգաբանութեանց։ Մարդ ակամայ հարց կու տայ, սակայն, թէ ինչո՞ւ լեզուաբանութեան մեր դասական ներկայացուցիչները (իմա՛ Հիւպշման, Մէյէ, Աճառեան) նուազ կարեւորութիւն տուած են Պալքանեան թերակղզիի ու Փոքր Ասիայի հնագոյն լեզուներուն։ Այս հարցին մասամբ հեղինակը ինք պատասխանած է. «Նշանաւոր շատ հայագէտներ... ժխտում են փռիւգերէնի հետ հայերէնի մերձաւոր ցեղակցութեան հնարաւորութիւնը, թէեւ մատնանշում են հնչիւնական եւ քերականական որոշ կարգի մերձաւոր զուգադիպումներ»։

Ապագայ մանրազնին քննութիւններ ու հնագոյն արձանագրութիւններ երեւան պիտի բերեն այս բոլոր կատարուած լեզուական համեմատութիւններուն կամ զուգադիպումներուն ճշգրտութիւնը, իրաւացիութիւնը եւ կամ բացարձակ անհամապատասխանութիւնը։ Մինչ այդ, սակայն, կատարուած ամէն փորձ ստուգաբանութեան մարզէն ներս, սատար պիտի հանդիսանայ որ մենք աւելի համապարփակօրէն կարենանք ընդգրկել այս խիստ կարեւոր բնագաւառը։

Ստուգաբանական աշխատանքը ներկայիս կը շարունակուի այլուր։ Ստուգաբաններ միշտ ի մտի ունենալու են որ ստուգաբանութիւնը, իբրեւ գիտական բնագաւառ, կը պահանջէ բառերու եւ սահմանուած օրէնքներու գիտական եւ ոչ թէ պատահական կամ մակերեսային մօտեցում․ ան կը պահանջէ նաեւ լրջութիւն եւ մանաւանդ՝ զգուշաւորութիւն։ Ստուգաբանութիւնը արուեստ է։ Գերմանացի մեծ լեզուաբան մը բառերու ստուգաբանութեան համար ըսած է․ «Մի՛ փնտռեր, գտի՛ր»։

1999

ԵՐԱԺՇՏԱԿԱՆ

Խորէնեան Պատարագ

(Երաժշտական Վերլուծութիւն)

Հայ իրականութեան մէջ հազուադէպ երեւոյթ է ամբողջական Պատարագի մը երաժշտական ստեղծագործութիւնն ու հրապարակումը։ Հայ ժողովուրդի հոգիին ու սրտին մէջ ծրարուած ու արմատացած եւ բովանդակ աշխարհի ծայրամասերը տարածուած Մակար Եկմալեանի ու Կոմիտաս Վարդապետի Պատարագներու հրատարակութիւններէն շուրջ կէս դար ետք, Հայ հաւատացեալին կը հրամցուի Նոր Պատարագ մը, որ կը կոչուի «Խորէնեան»։

Այս Նոր Պատարագը արդէն ինը տարեկան է։ Անոր խմորատիպ հրատարակութիւնը կատարուած է Ս. Էջմիածին, 1985 թուականին։ Անոր շնորհալի հեղինակն է Խորէն Մեխանաճեանը։ Ան վաստակաւոր խմբավար է։ Համերգներ տուած է աշխարհի բազմաթիւ քաղաքներու մէջ։ Շրջագայութեանց առընթեր դասաւանդութիւններ կատարած է, եւ եղած է նաեւ մնայուն խմբավարը Սբ. Էջմիածնի Մայր Տաճարի Երգչախումբին, շուրջ երեսունհինգ տարի։

Խորէնեան Պատարագը, 20 Հոկտեմբեր 1984-ին, արժանացած է Ամենայն Հայոց Հայրապետի բարձր գնահատութեան ու մասնաւոր Կոնդակին, ուր կ'ըսուի. «Այսօր, Մենք մի բարի լուր ունենք բերելու բոլորիդ, որ մեր եկեղեցին հարստացաւ պատարագի նոր յօրինուած մի երգեցողութեամբ»։

Վեհափառին կոնդակով Խորէնեան Պատարագը ընդունուեցաւ իբրեւ պաշտօնական պատարագ մը եկեղեցիներէն ներս եւ սկսաւ տարածուիլ աշխարհի ամէն ծագերը։

Խորէնեան Պատարագին հանգամանօրէն անդրադառնալէ առաջ, անհրաժեշտ կը նկատենք նկարագրել Խորհրդային վարչակարգի պայմանները, որոնց մէջ ծնունդ առաւ ու զարգացաւ սոյն ստեղծագործութիւնը։

Համայնավարութիւնը իր աղիտաբեր ծնունդէն մինչեւ իր արժանի վախճանը շատ ծանր կշռեց հայութեան վրայ։ Զանգուածային սուր ու անդուլ հալածանքներու շարան մը շղթայազերծուեցաւ կրօնքի դէմ։ Առ ի հետեւանս այս աննպաստ ու վտանգաւոր դիրքաւորումին, դժոխաբարոյ ու աննկարագիր մարդիկ անտեղի աքսորներ կազմակերպեցին ու հազարաւոր անմեղունակ կեանքեր հնձեցին։

Հայոց սուրբ կրօնքը կատաղիօրէն հալածուեցաւ եւ իր բանիմաց ու ներհուն սպասաւորները՝ կրօնաւորները, իրենց աչքերը փակեցին մութ գնտաններու եւ կամ սառնամանիքներու մէջ։ Այս անիրաւ հալածանքէն ոչ ոք զերծ մնաց. ո՛չ բարի ու շինարար հաւատացեալը, ո՛չ խոնարհ ու ծառայասէր քահանան եւ ոչ ալ ազգին նուիրուած հայրապետը։ Ամէնքն ալ նոյն եաթաղանին ու ճակատագրին արժանացան։ Ծանր ու արհաւրալից օրեր ապրեցաւ Մայր Հայաստանը։ Իր ծոցին մէջ հասակ առած կրօնական ամէն մէկ հաստատութիւն ենթարկուեցաւ կործանման։ Այսպիսով, խելայեղօրէն ու անխնայօրէն քանդուեցան սուրբ տաճարներ, սրբապղծուեցան վանքեր, եկեղեցիք դարձան սեփականութիւնը պետութեան։ Պետութիւնը զանոնք վերածեց թատրոնի, հաճոյավայրի, եւ ինչու չէ նաեւ՝ պահեստարանի, յարդանոցի ու… ախոռի։

Սրբագործուած խաչեր վար առնուեցան ու անոնց տեղը գրաւեց Մուրճն ու Մանգաղը։ Ծաղրուեցաւ հաւատքը եւ կրկին անարգուեցաւ Խաչեցեալը։ Հրապարակը անասելիօրէն խեղդուած էր ապականութեան մէջ։ Համայնավարական գաղափարածաւալումը օրըստօրէ կը սեղմէր ու կը նեղցնէր խղճի ազատութեան, կրօնքի, պաշտամունքի եւ ազատ մամուլի կարկինը։ Կ'ոտնակոխուէին մարդկային դարաւոր իրաւունքները։ Հայութեան համար փակուած էին «դռներն յուսոյ» եւ փրկութեան։ Կրօնական գրականութիւնը ամլացած էր եւ զայն փոխարինած էր համայնավարութեան անհեթեթ ու թունաւոր վարդապետութիւնը։ Մարդիկ բռնադատուած էին մտածելու, գործելու եւ ընթանալու մէկ ուղղութեամբ միայն, այն է՝ կոմունիստական ուղիով։ Համայնավարական գաղափարախօսութիւնը ներթափանցած էր իւրաքանչիւր բնագաւառէ ներս։ Լեզուաբանութեան մէջ, օրինակ, կը տիրէր Մարքսի եւ Ստալինի միակողմանի ու սխալ տեսութիւնը։ Երաժշտական մարզէն ներս եւս մտքի անկաշկանդ թռիչքներ ու ազատ սլացքներ, ինչպէս նաեւ «խորթ» գաղափարներու եւ «խրոխտ» նիւթերու ներկայացումը թոյլատրելի չէին։ Յեղափոխական շունչով ստեղծագործուած կտորները կը փճացուէին, իսկ երգահանները՝ կը հալածուէին։ Գրականութեան մէջ եւս նոյն ահն ու սարսափը, նոյն սպառնալիքն ու տգեղ երեւոյթները կը տիրէին։ Իւրաքանչիւր տեսութիւն հիմնուած էր Մարքսի եւ Էնկէլսի փիլիսոփայութեան վրայ։ Անոնց գաղափարներն ու դրոյթները ելակէտ պէտք է ծառայէին բացատրելու աշխարհի երեւոյթները եւ պարզաբանելու հասարակական, տնտեսական, քաղաքական, գիտական եւ այլ բնագաւառներու հարցերը։ Անձի պաշտամունքի այդ օրերուն, գրաքննութիւնը հասած էր իր գագաթնակէտին։

Համայնավարութիւնը աստուածպաշտութիւնը ի սպառ վերացուց հրապարակէն եւ անոր փոխարէն հիմնեց անաստուածութիւնը. կաշկանդեց նաեւ մարդկային հանճարեղ միտքը, սահմանափակեց երեւակայելու կարողութիւնը եւ կասեցուց ստեղծագործելու թափը։ Այդ չարաբաստիկ օրերուն, հոգեւոր, բարոյական ու իմացական արժէքները իրենց կուսակցական կնիքը կրեցին։

Բովանդակ գիտութիւնները յագեցուած էին անաստուածական ուսմունքներով։ Գիտական անաստուածութիւնը իբրեւ յատուկ առարկայ պարտադիր եղաւ բարձրագոյն ուսումնական հաստատութիւններուն մէջ։ Փոխան Քրիստոսի, Լենինով մկրտուեցան եւ օծուեցան հայորդիք։ Խելացնոր արշաւը կրօնքի դէմ իր հետ յորձանքն ի վայր թաւալգլոր կ'ընէր ազնիւ գիւղացին ու պարկեշտ քաղաքացին։

Հաւատացեալին խստիւ արգիլուեցաւ եկեղեցական պաշտամանց մասնակցիլ։ Կրօնական գիրքերու թիւը հետզհետէ նուազեցաւ, իսկ անոնց շրջանառումը ամբողջովին դադրեցաւ։ Այսպիսով, բարեպաշտին տեսողութենէն չքացան Աստուածաշունչն ու Նարեկը, Ժամագիրքն ու Մաշտոցը։ Ընդմիշտ մոռացութեան տրուեցան սուրբ տօները։ Համայնավարները անջատեցին հայը իր դարաւոր սրբութիւններէն ու անոր մէջէն ջանացին արմատախլել կրօնական ամէն զգացում։ Հայը փորձեցին պարպել իր ուղնուծուծէն եւ դարձնել ծիծաղելի խամաճիկ իրենց բիրտ ձեռքերուն մէջ։

Մտային բժշկական հիւանդանոցներ զետեղուեցան առողջ բանականութեամբ եւ քրիստոնէական առաքինութիւններով բարեզարդուած գիտակից անհատներ, պարզապէս այն պատճառով, որ իրենց նորաբողբոջ զաւակներուն կու տային կրօնական դաստիարակութիւն եւ զանոնք կ'աճեցնէին Տիրոջ շունչով։

Այսպիսի հիւանդագին ու անհանդուրժելի պայմաններու մէջ հնարաւոր չէր մտածել կրօնական գրականութիւն կամ եկեղեցական երաժշտութիւն ստեղծելու մասին։ Նուիրեալ սիրտեր ու բարեպաշտ հոգիներ լոկ թաքնօրէ՛ն պարտէին ստեղծագործել՝ ի դէմս այս անբնական ու հակամարդկային վարչաձեւին։

Հայ տան հոգեւոր ճրագը հանգեցնել նկրտող համայնավարութիւնը, սակայն, չկրցաւ հայ բարեպաշտին՝ հոգեւոր կայծով սնանող այդ առողջ բջիջին, հոգիէն կապտել առհաւական մաքուր բնազդներն ու թանկագին զգացումները։ Հայը միշտ ակաղձուն ու շողշողուն պահեց իր խղճի ու գիտակցութեան կանթեղը, որպէսզի ըստ տեղի եւ ժամանակի կարենայ հրաբխային սաստկութեամբ ժայթքեցնել իր մէջ թաքնուած ու ճնշուած հոգեւոր պահանջքն ու պապակը։

Այսքան չարիք, հալածանք եւ անբնական պայմաններ, բնականօրէն, իրենց ժխտական անդրադարձը պիտի ունենային հասարակութեան վրայ։ Մեր վեց տարուայ ուսանողութեան շրջանին եւս (1965–1971) *ի Հոգեւոր Ճեմարան Սբ. Էջմիածնի եւ ի Պետական Համալսարան Երեւանի, մենք եւս մեր հոգիին վրայ զգացինք հակակրօնական ու հակակղերական շարժմանց բերած ճնշումը։ Ականատեսի այս տխուր վկայութիւնը կու գայ հիմնականին մէջ շեշտելու այդ օրերու տիրող կացութեան լարուածութիւնը, լրջութիւնը եւ անհանդուրժելիութիւնը։*

Այս դժնդակ ու անբաղձալի տարիներուն էր որ Պր. Խորէնը լծուած էր սուրբ ու նուիրական աշխատանքի մը՝ Պատարագի յօրինման։ Պատարագ գրելը յանդգնութիւն կը պահանջէր։ Ան, ի գին ամէն զոհողութեան, վճռած էր գլուխ հանել անկարելին։ Ապաւինելով Նախախնամութեան պարգեւած ուժին ու պաշտպանութեան, ան արհամարհած էր խոչընդոտներն ու սպառնալիքները։ Ժամն էր ցուցաբերելու հոգեկան արիութիւն եւ պատասխանատուութեան զգացում։

1. Պատարագին Պատմականը:

Պատարագին յօրինումը ունի իր հետաքրքրական պատմութիւնը, որ կ'արժէ ամփոփ գիծերու մէջ ներկայացնել։

«1980 *թուականի Սեպտեմբերի վերջին Կիրակին էր, կը պատմէ հեղինակը, երբ յետ պատարագի, Վեհափառը գիս կանչեց եւ դիտողութիւն ըրաւ որ «Միայն Սուրբ» երգին Մի-ն շատ կ'երկարէ մեներգողը։ Բառը լոկ «միայն» է։ Դիտողութիւնը արդար էր ու տեղին։ «Միայն»-ը արագ պէտք է ըսուի։ Եկմալեանի «Միայն Սուրբ»-ի առաջին ձայնանիշը որ մէկ քառորդ է, մտածեցի ութերորդականի կամ մէկ տասնվեցերորդականի վերածել։ Այս մանր փոփոխութեան գործընթացին մէջ որոշեցի «Միայն Սուրբ»-ը վերստին յօրինել։ Պարզուեցաւ որ նոյն լադատոնայնական զգացումներուն մէջ է ստեղծագործութիւնը՝ առանց երկարելու անշուշտ։* 3–4 *Կիրակի իմ յօրինածս երգուեցաւ։ Վեհափառը հաւնեցաւ այս նորաստեղծ եղանակս եւ Վեհին դիտողութեան հարցը փակուեցաւ։*

«Քանի մը Կիրակի ետք, սակայն, Վեհափառը կրկին կանչեց զիս ու պատկերաւոր մտածողութեամբ յայտնեց որ իմ «Միայն Սուրբ» յօրինումս կը մնայ անապատի մէջ մինակ իբրեւ գեղաբոյր ծաղիկ. «Ջէ՞ք խորհիր, ըսաւ Վեհափառը, որ այս անուշաբոյր ծաղիկը որբ ու անտէր չձգէք եւ յաջորդ եղանակին անցնիք»։ Այս խօսքերուն վրայ, որոշեցի եղանակ մըն ալ գրել Երրորդութեան նուիրուած երգին, որ է՝ «Ամէն։ Հայր Սուրբ, Որդիդ Սուրբ, Հոգիդ Սուրբ»։ Վեհափառը խրախուսուած այս երկրորդ յաջողութեան վրայ, թելադրեց «Տէր Ողորմեա» մըն ալ յօրինել եւ անքակտելի երրորդութիւն մը կազմել։

«Մ. Եկմալեանէն ու Կոմիտաս Վարդապետէն ետք նոր «Տէր Ողորմեա» մը գրելու մասին մտածելը գէթ ինծի համար անհեթեթութիւն էր ու սնապարծութիւն։ Ի վերուստ եկած հայրապետական հրամանը սակայն բարձր էր եւ պէտք էր անյապաղ գործադրել։

«1980 *թուի Նոյեմբերի* 10-*ի եւ* 20-*ի միջեւ էր։ Ցրտաշունչ ու տերեւաթափ եղանակ էր։ Բարձրացայ մեր տան հանդիպակաց Ծիծեռնակաբերդը եւ անմար կրակին առջեւ փորձեցի ջերմացնել ցուրտ հոգիս։ Այս ի՛նչ ողբերգութիւն է, Աստուած, բացագանչեցի, արդեօք իրա՞ւ է որ Հայոց ճակատագիրը «դամբանի մրուրով է գծուած»։ Շուրջս դիտեցի, համակ մեռելութիւն էր։ Քամին անխնայօրէն կը փչէր ու կը մերկացնէր ծառերն իրենց տերեւներէն։ Ցանկարծ, Հայոց նահատակները մէկիկ-մէկիկ մարմնաւորուեցան ու տողանցեցին աչքիս առջեւէն, եւ ես պատկերացուցի անվերջ շարքը գաղթականաց որ կ՚առաջնորդուէին սպանդանոց։ Կոկորդս հետզհետէ կը սեղմուէր. իսկ աչքերէս առատ կայլակներ կը հոսէին ի դիմաց բիւրաւոր նահատակաց անլուր չարչարանաց ու եղեռնին։ Այդ վայրկեանին, մեր եկեղեցւոյ շարականներէն Գկ. ձայնը, որ ողբի, արտասուքի ու սուգի հնչիւնակարգ է, ուղեղս կը չարչրկէր։ Այդ մտորումներուն եւ ոգորումներուն մէջ երեւակայութիւնս բոցավառեցաւ եւ երկունքէն ի լոյս աշխարհ եկաւ «Տէր Ողորմեա»-ն։*

«Յաջորդ օրն իսկ, նորածին երգը ծրարած ծոցիս մէջ, ուղղուեցայ Լուսինէ Զաքարեանին տունը։ Լուսինէին մեղոյշ աչքերը փայլատակեցին երբ ան առաջին անգամ ըլլալով երգեց զայն։

«Կիրակի օրը, երբ Վեհափառը լսեց զայն, ոչ միայն իր գմայլանքը յայտնեց, այլեւ զայն կոչեց chef-d'oeuvre, *որ թարգմանի՝ գլուխ գործոց։ Վեհը գտաւ զայն հարազատ մեր մթնոլորտին՝ խորունկ ու կրօնաբոյր։ Ահա այսպիսով կազմուեցաւ երգերուն երրեակը։*

«1981 *թուին, ի ներկայութեան բարձրաստիճան եկեղեցական դասին, կրկին կանչուեցայ վեհարան։ Աշխատանքս գնահատելէ ետք, Վեհափառը յայտնեց թէ այս ոճով, եւ եղանակներու այս յարաբերութեամբ ու փոխանակութեամբ, կը փափաքի որ Նոր Պատարագ գրեմ։ Իմ այն խօսքին, թէ՝ արդէն երկու կատարեալ պատարագներ կան եւ կ՚երգուին ալ, Վեհը պատասխանեց. «Լատիններն ալ հարիւրաւոր պատարագներ ունին. Ռուսերն ու ուրիշ ազգեր ալ բազմաթիւ պատարագներ ունին։ Ասիկա հարստութիւն է ու մշակոյթ»։ Իմ կրկնակի առաջարկիս որ ինչու ե՛ս պիտի գրեմ, եւ թէ մենք երաժիշտներ ունինք որոնք տակ են այդ գործին, Վեհը հետեւեալը պատասխանեց. «Դուն Հալէպ ծնած ես, ճաշակած ես պանդուխտ հոգիին տառապանքը, կարօտը. ապա, ուսանած ես*

Սբ. Էջմիածնի ճեմարանին մէջ, աղօթած ու երգած ես այս կամարներուն ներքոյ։ Լաւ գիտես մեր զոյգ պատարագները, յաճախած ես երաժշտանոց եւ ստացած հարկ եղած ուսումը. կարգուած ես իբրեւ մայեստրօ Հայաստանի Պետական Ակադեմիկ Երգչախումբին։ Բոլոր նախադրեալները գիս կը համոզեն ու կը մղեն որ դուն միայն կրնաս ընել այս գործը։ Աճապարանքի կարիք չկայ. երկու-երեք տարի թող առնէ գործը. միայն թէ մեր շարականներուն ոճով գրէ՝ խորունկ, զմայլիչ, պարզ եւ գեղեցիկ»։ Այստեղ, Վեհափառը «Պահպանիչ» մըն ալ ըսաւ գլխուս վրայ, որպէսզի օրհնուի աշխատանքը եւ յաջողութեամբ պսակուի։ Այս ծանր պատասխանատուութեան տակ աչքերս թրջուեցան։ Վեհարանը ձգեցի պարտքի ծանր զգացումը հոգիիս վրայ։ Բարոյական պարտաւորութիւնը գերադրական աստիճանին հասած էր։

«Այնուհետեւ, եկաւ պահը նիւթական աշխարհէն ու կեանքի տաղտուկէն կտրուելու, եւ առանձնանալով՝ մտամփոփուելու Հայ Եկեղեցւոյ սրբազնասուրբ Խորհուրդին վրայ։ Անհրաժեշտութիւնը զգացի նուիրումի ու աղօթքի։

«Պահ մը, երբ ինծի առաջադրուած էր նոր պատարագ գրել, հաճելի անակնկալ գաղափարով մը պատուեցայ։ Կը մտածէի ինչպէ՞ս սկսիլ. արդեօ՞ք վերամշակել Եկմալեանի ու Կոմիտաս Վրդ.-ի գրած մայր եղանակները նոր ձեւով, որ անշուշտ չէի կրնար անոնցմէ լաւը ընել ու գերազանցել զիրենք։ Քաջ համոզուած ըլլալով որ անոնց կարելի չէր դպչիլ, որոշեցի նորը գրել ու մշակել։ Եթէ նորը պիտի մշակուէր, ապա տարբեր տեսակի ստեղծագործութիւններէն ո՞ր ժամանակաշրջանին եւ ոճին պէտք է դիմուէր, որպէսզի աւելի հայկական ըլլար։ Որոշեցի դիմել հնագոյն աղբիւրին, որ անարատ է ու կոյս։ Այս միտքն ու համոզումը հիմնուած էին այն պատճառաբանութեան վրայ որ ինչքան հինին երթայի, այնքան հարազատին գացած կ՚ըլլայի։

«Ե. դարը մեր գրականութեան մէջ, յիրաւի, կոչուած է Ոսկեդար։ Այս շրջանին էր որ սկիզբ առաւ Հայ գիրն ու գրականութիւնը։ Հետեւաբար, լաւագոյնը Մեսրոպ Մաշտոցեան մեղեդիներէն օգտուիլ էր։ Նախընտրեցի ԱԿ., ԲՁ., ԳՁ., ԳԿ., ԴՁ. եւ ԴԿ. սկսուածքները կամ հնչիւնաշարերը օգտագործել, որոնք ականջիս աւելի հարազատ եւ հայկական կը հնչէին։

«Եկմալեանի Պատարագի մեղեդիները հիմնականին մէջ գուսանական արուեստի մեղեդիական գիծերը յիշեցնող եղանակներ են։ Ուստի, որոշեցի զուգադրել հինն ու նորը եւ ստեղծել ինքնուրոյն ոճով գործ մը։

«1982-ի վերջերը աւարտեցաւ Պատարագի յօրինումը։ Իր ամբողջական վիճակին մէջ ներկայացուցի Վեհափառին եւ Անոր հաւանութիւնն առնելով բաժին առ բաժին երգել տուի մեր երգչախումբին՝ տեսնելու թէ ինչպէ՞ս կը հնչէր։

«Ինչպէս միշտ, այս անգամ եւս, հասարակութեան պահպանողական թեւը քրթմնջեց ու դժգոհեցաւ, առարկելով թէ՝ կարիք չկար նորին, երբ կար հինը։

«1984-ին, Վեհափառը կազմեց երաժշտական յանձնախումբ մը, բաղկացած հայրենի երաժշտագէտներէ՝ քննարկելու Պատարագս. այդ անդամներն էին՝ Ռոպէրթ Աթայեան, Մարգարիտ Բրուտեան, Մանուկ Մանուկեան եւ Վահագն Ստամպօլցեան։ Անոնք եկան նաեւ ունկնդրելու Պատարագը Մայր Տաճարին մէջ։ Յետ մանրազնին քննութեան, յանձնախումբը թելադրեց որ «Եղիցի անուն Տեառն օրհնեալ»-ը ըլլայ քիչ մը աւելի երկար։ Բոլորին կարծիքն այն էր, որ *մեր ազգի հոգեւոր կեանքին մէջ սոյն Պատարագը, իր ամբողջութեան մէջ, բացառիկ երեւոյթ է, իսկ երաժշտական արուեստին մէջ՝ նորութիւն։*

«1984-ի աւարտին, կաթողիկոսական կոնդակով Վեհափառը թոյլատրեց Անոր երգեցողութիւնը մեր եկեղեցիներէն ներս։ Կոնդակէն ետք, ձայներիզը պատրաստուեցաւ եւ ամենուրեք տարածուեցաւ։ Պէտք է շեշտեմ որ ձայներիզի վրայ կատարուածը իր վերջնական փուլին մէջ, որ է ըսել՝ կատարելագործուած վիճակին մէջ չէ։ Երգերը կատարուած են շատ դանդաղ, որովհետեւ անփորձութիւն կար։ Անփորձութենէն ու անստուգութենէն կը յառաջանայ դանդաղութիւն։ Երաժշտական թելադրական նշանները կամ ցուցմունքները նոյնիսկ, որոշ տեղեր, չեն յարգուած»։

Դժբախտութիւն է լռել արձանագրել այստեղ որ Խորհրդային վարչաձեւի պայմաններուն տակ, գիտական շրջանակը, հասկնալի պատճառներով, չարձագանգեց սոյն Պատարագի արժանեաց մասին։ Ոչ ոք յանդգնեցաւ հրապարակաւ քննարկել զայն եւ կարծիք յայտնել։ Հայրենիքին գլացումը գուցէ պատճառ հանդիսացաւ որ սփիւռքը եւս չանդրադառնայ անոր։ Այս թերացումը, սակայն, որեւէ ձեւով չ'արդարանար արտասահմանի մէջ, ուր չեն պակսիր մասնագէտ երաժիշտներ ու քննադատներ։

Այստեղ փակագիծի մէջ պէտք է յիշել բժիշկ Թորոս Թորանեանի մէկ արժէքաւոր գրութիւնը՝ լոյս տեսած այս առթիւ՝ Պէյրութի «Շիրակ» գրականութեան եւ արուեստներու ամսագրի Մարտ-Ապրիլ 1992 թիւին մէջ, ուր յարգելի բժիշկը, ներկայացնելէ ետք Պր. Խորէնը իբրեւ խմբավար, յօրինող եւ դասախօս, կ'անդրադառնայ նաեւ Խորէնեան Պատարագին։

2. Երաժշտական Քննական Վերլուծութիւն:

Հեղինակը ստեղծագործութիւնը շարադրածատեն ջանք թափած է երաժշտական թեմաները մօտ պահել հին հայ աղբիւրին եւ դարձնել զանոնք զուտ հայկական։ Ըստ այդմ, ան նկատի ունեցած է՝

ա. Շեշտադրութեան հարցը։ Այս արդէն լեզուի կմախքն է։ Որեւէ շեշտադրութիւն պէտք է ճիշդ եղանակաւորուի։ Այստեղ հեղինակը թոյլ չէ տուած երգիչներուն ու խմբավարներուն անպատշաճ տեղեր անհարկի ու անիմաստ շեշտադրութիւններ կատարել։ Խորէնեան Պատարագի մէջ պարզապէս առիթ չէ տրուած որ որեւէ երգիչ եղծէ, խաթարէ շեշտադրութիւնը եւ իմաստափոխէ երաժշտական պատկերը ու բնագրային միտքը։ Հայկական շեշտը բառավերջին վանկի վրայ է միշտ։ Երգերուն՝ բառերուն շեշտերը նկատի առնուած են այս տեսանկիւնէն։ Ասիկա, անտարակոյս, առաջնային հարց եղած է երաժիշտին մօտ։ Զայս ընելով, հեղինակը բովանդակ ստեղծագործութիւնը հրամայողաբար հայ պահած է ու կնքած։ Ասիկա ինքնին մեծ նուաճում է։

Շեշտադրութեան բազմաթիւ նմոյշներէն կ'արժէ մէջբերել «Բարեխօսութեամբ» Թափօրի շարականը, ուր իմաստալից կերպով շեշտուած են «Բարեխօսութեա՛մբ», «Կուսի՛», «Ընկա՛լ», «Պայծառացուցե՛ր», «Զնոյի՛», «ԶԱբրահամո՛ւ», եւ այլ բառերու եւ անուններու վերջին վանկերուն ձայնաւորները՝ միշտ հարազատ մնալով հայ շեշտադրական կանոններուն։

Նոյնն է պարագան նաեւ Պատարագի ընթացքին յաճախակիօրէն արտա-

սանուող «Եւ ընդ Հոգւոյդ քում»-ի, «Առաջի քո Տէր»-ի, «Ամէն»-ի, որոնց շեշտակիրումը եւս տեղի կ'ունենայ «Հոգւո՛յդ», «առաջի՛», «ամէ՛ն» բառերու վերջին։

Շեշտադրութիւնը չափազանց կարեւոր է երաժշտութեան մէջ բառիմաստի եւ բովանդակ նախադասութեան մտքի ճիշդ ընկալման ու բացայայտման տեսակէտէ։

բ. Բանաստեղծական Տարրերու Առկայութիւնը։ Հայոց Պատարագի գրաբար բնագիրը լի է բանաստեղծական հատուածներով ու պատկերներով։ Ոճաբանական տեսանկիւնէն դիտած, կարելի է հեշտութեամբ նկատել որ այնտեղ կան պատմողական նախադասութիւններ, ինչպէս նաեւ՝ խնդրական, աղերսական բառեր ու դարձուածքներ, ինչպէս օրինակ՝ յիշեա՛, ողորմեա՛, եւն։

Երաժշտական եղանակները պէտք է իրենց ճկուն խաղերուն մէջ արտայայտեն նաեւ այս միտքերը. օրինակի համար, եթէ պատմողական ոճով է նախադասութիւնը, պէտք չէ ամենեւին կիրք ու յոյզ դնել մէջը։ Եթէ խնդրական է, ապա պէտք է խնդրողական, աղերսական ոճ գործածել եւայլն։ Խօսինք օրինակներով. «Որ հանապազ կերակրես զմեզ»-ը պարզ նախադասութիւն է որ մօտ է պատմողականին։ «Առաքեա ի մեզ»-ը ունի աղերսական բնոյթ։ Իսկ «փառք քեզ Տէր» կամ «փառք ի բարձունս» ձեւերը զուտ փառատրական կամ գոհաբանական են։

Իբրեւ օրինակ մեր վերը ըսածին, կ'արժէ վերցնել «Լցաք»-ի մէջ երգուող «փառք» բառը, որ Խորէնեան Պատարագի մէջ արտայայտուած է լոկ մէկ ձայնանիշով (երկու քառորդ չափով)՝ ի հակադրութիւն Եկմալեանի մօտ գործածուած չորս ձայնանիշերուն (իւրաքանչիւրը մէկ քառորդ տեւողութեամբ)։ Նոյնը կարելի է ըսել նաեւ «քո զօրհնութիւն»-ին, «ընկալ»-ին, «ողորմեա»-ներուն, «օրհնեցէք»-ներուն եւ բովանդակ «յիշեա»-ներուն, ուր շեշտադրութիւնները կատարուած են տեղին ու պատշաճօրէն։

գ. Տրոհումները։ Ուսումնասիրելով Եւրոպական երաժշտութիւնը, մենք կը սորվինք որ գծիկին յաջորդող հնչիւնը պէտք է կատարուի շեշտադրութեամբ։ Հայկական երաժշտութեան պարագային, այս հանգամանքը կը դարձնէ բռնազբօսիկ ու կաշկանդուած։

Խորէնեան Պատարագը չունի արուեստական իմաստով տրոհումներ։ Տրոհումները կը պատահին յաճախ բառերու տրամաբանական շեշտերէն մղուած։ Հեղինակը ընտրած է երաժշտական միտքերը ազատօրէն (ad libitum) *արտայայտելու ձեւը։*

Կանոնաւորապէս տրոհուած են «Քրիստոս ի մէջ»-ի երաժշտական թեմաները կամ ռիթմական պատկերները։ Այս հատուածին մէջ օգտագործուած է դասական բազմաձայն երաժշտաձեւ մը՝ ֆուկա (fugue) *եւ կարիք ունէր տրոհման, որ կու գայ մայր եղանակի ռիթմական զգացականի ներքին հրամայականէն։*

դ. Հնչիւնակարգային կամ Լադային Շեղումները։ Լադը (հնչիւնակարգը), ռուսերէն բառ է, որ կայուն եւ անկայուն հնչիւններու փոխյարաբերութեան սիստեմն է։ Տարբեր հնչիւնակարգերու, սկսուածքներու կամ հնչիւնաշարերու (օրինակ՝ ԱՁ., ԱԿ., ԲՁ., ԲԿ., ԼՆ) փոփոխութիւնները այս պատարագին մէջ եկած են թարմացնելու երաժշտական մթնոլորտը եւ անոր տալու գուարթ երանգաւորում. օրինակ, «Բարեխօսութեամբ» թափօրի երգի մէջ կը գտնենք վարպետ ու նրբագեղ հիւսքը ԱԿ., ԲՁ., ԴԿ. եւ ԴՁ. հնչիւնակարգերու։ Այդ երգի աւարտին, «սուրբ վարդապետաց»-էն սկսեալ, երգը կը դառնայ ԳՁ.։ Այս տարբեր ձայներու փոխանակումը զանազան լադերու գործածութեամբ հարստացուցած ու ճոխացուցած է երգին հնչականութիւնը։

Հետաքրքրական է նաեւ «Բարեխօսութեամբ»-ի վերջաւորութեան գտնուող «Այսօր ժողովեալք դասք Քահանայից...»-ը, որ գրուած է տարբեր հնչիւնակարգի մէջ իբրեւ ուրախութեան ու գոհաբանութեան երգ։ Այստեղ, ռիթմը եւս քիչ մը աշխոյժ է (un poco vivo): Շարժականութիւնն ու ոգեւորութիւնը զգալի են այս մասին մէջ։

«Բարեխօսութեամբ» երգին վերջին «բարեխօսութեամբ վերին քո զօրացդ» բաժինը մեզի կը յիշեցնէ Կոմիտաս կաթողիկոսի (Է. Դար) «Անձինք Նուիրեալք» գեղահիւս շարականը, որ յօրինուած է ԳՁ. դարձուածքի մէջ։ Ինչ խօսք որ բովանդակ երգին երաժշտական գագաթը կը կազմէ «Ջաթու Հայկազնեայս-ը»։

Այսպիսով, հնչիւնակարգային շեղումները միտած են հետապնդել մէկ նպատակ, այն է՝ ստեղծագործութեան բերել նոր շունչ, աւիւն ու կենդանութիւն։ Շեղումները միօրինակութենէ ու միատեսակ հնչանակութենէ դուրս կը բերեն ողջ երաժշտական կտորը։

ե. Քառալարի կիրարկութիւնը։ Քառալարը, որ Եւրոպական երաժշտութեան մէջ ծանօթ է «թեթրաքորտ» (Tetrachord) անունով, «չորս յաջորդական աստիճաններու շարքը» կը ներկայացնէ։

Կոմիտաս Վարդապետ, խօսելով քառալարի կարեւորութեան մասին, կը շեշտէ հետեւեալը. «Ամէն հայ երգ, եկեղեցական կամ ժողովրդական, այս քառալարերու սկզբունքով գրուած է. ինչ որ այդ սկզբունքով գրուած չէ, հայկական չէ»։ Թորգոմ Պատրիարք Մանուկեան իր «Կոմիտասի Հանճարը» գիրքին մէջ շատ իմաստուն կերպով կ'աւելցնէ. «Այսօր անշուշտ մեր երաժիշտները այդ պէտք է գիտնան, եթէ կ'ուզեն հայկական երգ երգել» (էջ 6)։

Քառալարերու կիրակութիւնը նշանակալի դեր խաղցած է այս Պատարագին մէջ։ Քառալարերու սքանչելի գործածութիւն կը գտնենք «Քրիստոս ի մէջ մեր յայտնեցաւ» լայնաշունչ երգին մէջ։ Երգը կը սկսի քառալարային (կվարտային) յենակէտներով՝ մի-լա (չորս ձայն) «Քրիստոս ի մէջ»՝ բամբ, լա-րէ «բարձեալ զձայն»՝ սոսկ, րէ-սօլ «արդ պաշտօնեայք»՝ ալթօ, սօլ-տօ «արդ պաշտօնեայք»՝ բամբ, տօ-ֆա «արդ պաշտօնեայք»՝ գլի, եւ ապա վերստին մի-լա «միասնական»՝ ալթօ։

«Քրիստոս ի մէջ մեր յայտնեցաւ» երգը ակնբախ է իր յայտնութեամբ, աշխուժութեամբ, ուրախութեամբ, աւետիս փոխանցելու հրճուանքով, եւ մանաւանդ՝ պոռթկալու պատրաստ ձայներով։ Քառալարերու յաճախակի գործածութիւնը, որոնց վագքի ձեւ մը տրուած է, ունկնդրողը կը տպաւորեն խառնուրդի, աղմուկի եւ իրարանցումի իմաստալից պատկերով մը։ Այս խորհրդաւոր պահին, երբ բարեպաշտներ զիրար ողջունելու, գրկելու եւ սիրոյ համբոյր տալու մէջ են, երաժշտութիւնն ալ՝ նոյն տրամադրութեամբ, ջերմիկ հաղորդականութեամբ ու սրտագրաւ մթնոլորտով, կու գայ օժանդակելու եւ կատարելութեան հասցնելու վսեմ նպատակը երգին:

Քառալարերու վարպետ գործածութեանց կը հանդիպինք նաեւ «Բարեխօսութեամբ» Թափօրի երգին մէջ՝ նոյն կառոյցով:

3. Առանձնայատուկ Կէտեր:

ա. «Մարմին Տէրունական»: Խորէնեան Պատարագի «Մարմին Տէրունական» երգի կառուցուածքը խիստ ուշագրաւ է: Այստեղ մենք արդէն կը գտնենք հին եւ նոր եղանակներու միաձուլում: Հեղինակին բացատրութեան համաձայն, այս երգը շարադրուած ատեն, նկատի առնուած է Ագաթանգեղոս պատմիչին հաղորդած այն տեղեկութիւնը, ըստ որում, Էջմիածին տաճարի մայր խորանը կառուցուած է հեթանոսական կրակարանի վրայ: Այս մտապատկերը իբրեւ հիմք ընդունելով, հեղինակը «Մարմին Տէրունական»-ի ընդհանրացած եղանակը զետեղած է վարը՝ Թենորի բաժնին մէջ, իսկ անոր վրայ քառաձայն կազմած է մնացեալ նոր ձայները՝ գրուած ԳՁ. դարձուածքի ձայնակարգով: Ցատկանշական մասը այն է, որ հին եղանակին զուգակցած է նորը, որ տրուած է սօբրանոներուն: Այս երգով, անգամ մը եւս կը փաստուի որ հինին առկայութիւնը կ'օգնէ որ նոր գրուածքը գրկաբաց ընդունուի եւ դիւրաւ մարսուի: Այլ խօսքով, հինին օգտագործումը կը հեշտացնէ նորին մուծումը:

բ. «Ովսաննա»: «Սուրբ, Սուրբ» երգի վերջաւորութեան, Ովսաննա (Օրհնութեան բացագանչում) բառը կրկնուած է ուղիղ ութ անգամ: Հարեւանցի ակնարկ մը բաւական է՝ դիտել տալու «Ովսաննա»-ներու բազմութիւնը: Հեղինակը, սակայն, դիտումնաւոր կերպով կը ստեղծէ տարափ մը «Ովսաննա»-ներու, վասնզի Քրիստոս ընդունուեցաւ ոչ թէ մէկ Ովսաննայով, այլ բովանդակ ամբոխի մը շարունակական եւ բիւրաւոր «Ովսաննա»-ներով: Այս շատ տրամաբանական ու համոզիչ բացատրութենէն ետք, ինչքան հաճելի է ունկնդրել գունագեղ ձայներու փոխանակումն ու յաջորդութիւնը այս բաժնին մէջ:

գ. Սուրբ Երրորդութիւն: «Ամէն. Հայր Սուրբ, Որդիդ Սուրբ, Հոգիդ Սուրբ» եղանակը, անցեալին, ըստ աւանդութեան եւ համաձայն Հայ Եկեղեցւոյ աստուածաբանութեան, եղած է միշտ միակերպ ու միաձեւ: Այս եղանակի միօրինակութիւնը կը բացատրուի յատկապէս այն երեւոյթով, որ Սուրբ Երրորդութիւնը համագոյակից է եւ, հետեւաբար, հաւասար: Հայ Եկեղեցւոյ յատուկ այս դաւանանքը ներթափանցած կը գտնենք նաեւ հայ երգարուեստի մեծ վարպետներուն՝ Մակար Եկմալեանի եւ Կոմիտաս Վարդապետի Պատարագներուն մէջ:

Խորէնեան Պատարագի մէջ կը գտնենք հիմնական շեղում կամ խախտում այսպէս կոչուած աւանդական եւ ընդունուած կարգէն: Այս զարտուղութիւնը ունի իր առանձնակի մօտեցումն ու մեկնութիւնը: Յօրինելով իրարմէ ամբողջովին տարբեր երեք եղանակներ, հեղինակը ի մտի ունի Երրորդութեան տարբեր պաշտօնները եւ դերը: Հայրը մեզի կը ներկայանայ իբրեւ արարիչ երկնի եւ երկրի: Որդիին գործունէութիւնը կամ առաքելութիւնը կը տարբերի Հօրմէն:

Սուրբ Հոգին եւս իր մխիթարիչի եւ շնորհաբաշխի դերով կը զանազանուի միւս երկուքէն։ «Երեք անձինք եւ մի բնութիւն» գաղափարը հարազատօրէն պահպանուելով, մէկ ամբողջական եղանակ ստեղծուած է։

Այս եղանակը, որ գրուած է Գ-Զ. ձայնին մէջ, ունի երկու տոնիկա. իբրեւ աւարտուող հնչիւններ ունին րէ եւ լա մաժորները։ Եւրոպական երաժշտութեան մէջ այս կտորը կը պատկանի հարմոնիկ րէ մաժորին եւ րէ մինորին։

դ. Նորաստեղծ Եղանակներու Անհրաժեշտութիւն։ Ի տարբերութիւն Եկմալեանի ու Կոմիտաս Վարդապետի Պատարագներուն, ուր նորահնար եղանակներու ստեղծումը անհրաժշտութիւն մը չէր, որովհետեւ արդէն իսկ ժողովուրդը իրենց կը հայթայթէր այդ ատաղձը, Խորէնեան Պատարագը չէ հիմնուած ու կաղապարուած պատրաստի եղանակներու վրայ։ Եթէ նախկին երաժիշտները պարզապէս գրի առին գոյութիւն ունեցող երգերը եւ մշակելով քառաձայնի վերածեցին զանոնք, ապա ներկայ հեղինակին առաջնակարգ պարտականութիւնը եղած է դիմել ինքնուրոյն ստեղծագործութեան։ Անոր երաժշտական տարերքը եւ ակունքը եղած են հայոց վաղ ու միջնադարեան երգերը, ինչպէս նաեւ Եկմալեանի ու Կոմիտասի ընձեռած երաժշտական պաշարը։

Խորէնեան Պատարագը ողջունելի աշխատանք է ու նուաճում։ Պատարագը ամբողջութեամբ բազմաձայն է եւ յագեցուած է քնարականութեամբ։ Հոգեւոր երանգով ու թրթիռով ստեղծագործուած սոյն Պատարագը իր տեսակին մէջ բացառիկ է։ Անոր բովանդակութիւնը ճոխ է ու հարուստ։ Իր նկարագրով յուզախառն է, տխուր ու մելամաղձոտ։ Առանձնապէս սրտաճմլիկ է ու սրտակեղեք «Տէր Ողորմեա»-ն, որ ինքնին եզակի կտոր ըլլալով կը դպչի իւրաքանչիւր հայու սրտին եւ կը յուզէ ու կը փոթորկէ անոր ներաշխարհը։

Հայ Եկեղեցւոյ երաժշտութեան պատմութիւնը երախտագիտութեամբ պիտի յիշէ այս պատուական խմբավար-երաժիշտին անունը։ Խորէնեան Պատարագը միանալով անմահանուն երաժիշտներու՝ Եկմալեանի ու Կոմիտասի Պատարագներուն, պիտի կազմէ անքակտելի երրորդութիւն։

Այստեղ կ'արժէ յիշել որ ցարդ երաժիշտին լաւագոյն գնահատականը տուած է իր իսկ բծախնդիր ու մասնագէտ ուսուցիչը՝ Ռոպէրթ Աթայեանը, երբ ի տես այս կոթողային աշխատանքին բացագանչած է. «էս ինչ հանճարեղ բան ես արել, Խորէն ջան», եւ համբուրելով ճակատէն, զինք ջերմագինս շնորհաւորած է։

Մենք եւս մեր յամեցած, բայց խորազգած շնորհաւորութիւնները կը յայտնենք Պր. Խորէնին՝ մեր Ճեմարանի վաղեմի ու յարգելի ուսուցիչին իր այս բացառիկ իրագործման համար։

Այս առիթով, կը մաղթենք որ Խորէնեան Պատարագը ամբողջապէս վերահրատարակուի՝ գեղատիպ ու յաւելեալ տպաքանակով՝ իրեն արժանի հրատարակութեամբ։

Վարձքդ կատար, սիրելի ուսուցիչ։

1993

Ալեքսանտր Սպենտիարեան

(1871 - 1928)

Այս տարի հայ երաժշտական աշխարհը ի Հայաստան եւ ի սփիւռս աշխարհի կը տօնախմբէ ծննդեան 125-ամեակը տաղանդաւոր երաժիշտ եւ խմբավար Ալեքսանտր Սպենտիարեանի։

Ալեքսանտր Սպենտիարեան ծնած է Նոյեմբեր 1, 1871 թուին Տաւրոս Նահանգի Կախովկա բնակավայրը։ Կախովկան ներկայիս կը գտնուի Խէրսոնի մարզին մէջ (Ուքրանիա)։ Սպենտիարեանը բազում տարիներ ապրած ու ստեղծագործած է Ղրիմ։

Ղրիմը մեծածաւալ թերակղզի է, որ կը գտնուի Սեւ Ծովի հիւսիսային ափը։ Ք.Ա. առաջին հազարամեակին եղած է հին կիմերներու, տաւրերու եւ սկիւթներու երկիրը։ Ատենին հոն հիմնուած են հին յունական գաղութներ՝ Թէոդոսիա, Խէրսոնէս, եւայլն։

Ժա. դարէն, ի շարս այլ ժողովուրդներու, կը յիշուին նաեւ Հայերը։ Անոնց կապերը ետ կ'երթան մինչեւ Տիգրան Բ. Մեծը եւ Միհրդատ Եւպատորը։ 1330-ական թուականներէն սկսեալ Հայերը վերջնական կայք հաստատած են Ղրիմ։ Յետագային, Հայերուն թիւը բարձրացած է՝ գաղթի պատճառով։

Հայերը տեղաբաշխուած էին թերակղզիին Թէոդոսիա, Սուրխաթ (Հին Խրիմ), Եւպատորիա, Ղարասուպազար (այժմ՝ Պելոկորսք), եւ այլ քաղաքներու, ինչպէս նաեւ զուտ հայկական գիւղերու մէջ։

Այդ տարիներուն, Հայերուն հիմնական զբաղմունքը առեւտուրն էր։ Իրենց առաջատար դերը տնտեսական գետնի վրայ ակնբախ էր։ Առեւտրական գործունէութիւնը կը վարէին Թէոդոսիա, Սուտակ, Սուրխաթ եւ Ղարասուպազար վաճառաշահ քաղաքներուն մէջ։ Ղրիմահայերը առեւտրական մեծ կապեր հաստատած էին Եւրոպական եւ ասիական երկիրներուն հետ։ Արհեստները եւս մեծ տեղ գրաւած էին Ղրիմի մէջ։ Հայերուն դրացի ազգերը եղած են Թաթարները եւ յոյները։ Թաթարները եղած են անասնապահներ, իսկ Հայերն ու յոյները՝ արհեստաւորներ։

Արհեստագործութեան մէջ յիշատակութեան արժանի կը գտնենք ոսկերչութիւնը, որմնադրութիւնը, կաշեգործութիւնը, ջուլհակութիւնը, կօշկակարութիւնը, հիւսնութիւնը, ևն։ Որոշ Հայեր զբաղած են նաեւ այգեգործութեամբ, անասնապահութեամբ եւ գինեգործութեամբ։ Հայ ունեւոր դասակարգը զբաղած է հողի առուծախով, վաշխառութեամբ, ևն։ Վերջիններս կրած են զանազան տիտղոսներ, ինչպէս՝ իշխան, խոճայ, էմիր, պէյ։

1318 թուականին հայ կաթոլիկները Կաֆայի (Թէոդոսիա) մէջ ստեղծեցին եպիսկոպոսութիւն, իսկ 1333 թուականին՝ հայ Տոմինիքեան միաբանութիւն։ Այս շրջանի պատմութիւնը կը յիշէ բռնի հաւատափոխութեան փորձեր կաթոլիկներուն կողմէ, որոնց ընթացքին առնուած են շատ միջոցներ։ Հայ աշխատաւոր դասակարգը, սակայն, զօրաւոր դիմադրութիւն ցուցաբերած է ընդդէմ կաթոլիկութեան՝ հաւատարիմ մնալով իր նախահարց հաւատքին։

Նոր Նախիջեւանէն, Թուրքիայէն ու այլ բազմաթիւ վայրերէ Ղրիմ փոխադրուած հայերու առաջնակարգ պարտականութիւններէն եղած է հոգալ իրենց հոգեւոր ու իմացական կարիքները։ Ղրիմը դարձուցած են իրենց հոգեւոր գաղթօճախը։

Ղրիմը եղած է մշակոյթի կեդրոն, ուր ապրած ու ստեղծագործած են բազմաթիւ երեւելի հայեր։ Անոնց մէջ եղած են գործիչներ, գրողներ, մտաւորականներ, եկեղեցականներ, երաժիշտներ, նկարիչներ, եւն։ Յականէ յանուանէ յիշատակութեան արժանի կը գտնենք աշխարհահռչակ ծովանկարիչ Յովհաննէս Այվազովսքին (1817–1900), *որ նկարած է շուրջ* 6000 *պատկեր։ Անոր կիսանդրին ցարդ կանգնած կը մնայ Թէոդոսիա։ Անոր դամբարանը կը գտնուի Թէոդոսիայի Սբ. Սարգիս եկեղեցւոյ բակը։ Տապանաքարը կը կրէ հետեւեալ մակագրութիւնը՝ «Մահկանացու ծնեալ անմահ գիւրն յիշատակ եթող»։ Երաժիշտներէն յիշատակելի են Քրիստափոր Կարա-Մուրզան* (1853–1902), *Անդրէաս Քաղցածեանը* (1809–1856), *ջութակահար Յովհաննէս Նալպանտեանը* (1871–1942), *բանաստեղծ եւ մանկավարժ Գէորգ Դոդոխեանը* (1830–1908), *հայագէտ Հայր Քերովբէ Վրդ. Քուշնարեանը* (1841–1891)։

Հաւատքի կեդրոններ եղած են Սբ. Խաչ վանքը (Սուրխաթ, 1358 *թ.), Սբ. Սարգիս (Թէոդոսիա, ժբ.–ժգ. դդ.), Սբ. Յովհաննէս Մկրտիչ (Թէոդոսիա,* 1348 *թ.), Հրեշտակապետաց (Թէոդոսիա,* 1408*թ.), Սբ. Գէորգ (Թէոդոսիա, ժե. դար), եւն։*

Հայկական դպրոցներն ի Սուրխաթ, Թէոդոսիա, Ղարասուպազար եւ այլուր դաստիարակած են բազմահազար հայորդիներ։ 1905*–ին, Տաւրիկայի նահանգն ունեցած է* 9 *հայկական դպրոցներ։ Վարժարանները դասաւանդած են աստուածաբանութիւն, իմաստասիրութիւն, գրչագրութիւն, օտար լեզուներ, եւն։ Ղրիմէն մեզի հասած են* 300 *ձեռագիրներ։*

Առանձնապէս նշանաւոր եղած է Խալիպեան վարժարանը, որ կառուցուած է Յարութիւն Խալիպեանի (1790–1871) *առատ նուիրատուութիւններով։ Ան եղած է մեծահարուստ ու նշանաւոր առեւտրական։ Վարած է Նոր Նախիջեւանի քաղաքագլուխի պաշտօնը։ Եղած է ազգասէր, մշակութասէր ու եկեղեցասէր անձնաւորութիւն։ Խալիպեան եռայարկ վարժարանը հիմնուած է* 1858*–ին Թէոդոսիա քաղաքը։ Այս վարժարանին վերատեսուչը եղած է եօթ տարի շարունակ* (1858–1865)՝ *Հայր Գաբրիէլ Այվազովսքին* (1812–1880)։ *Վարժարանը շատ ցաւալի պայմաններու տակ փակուած է* 1871 *թուականին։*

Ահա այսպիսի բարենպաստ, մշակոյթով հարուստ ու բարգաւաճ երկրի մէջ էր որ հասակ կ'առնէր ու կը զարգանար Ալեքսանտր Սպենտիարեանը։

Ա. Սպենտիարեանը որդին էր Աֆանասի Սպենտիարովի եւ Նաթալիա Սելինովայի։ Զոյգին ամուսնութիւնը կնքուած էր Ղրիմի Թէոդոսիա քաղաքը։ Նորապսակ ամոլը կը բնակէր Կախովկա։ Նաթալիա շնորհալի ու երաժշտական տաղանդով օժտուած կին էր։ Ալեքսանտր իր մօրմէն ժառանգած էր սէր ու նուիրում դէպի երաժշտութիւնը։ Մայրն իր մանկան համար կը նուագէր թաթարական եղանակներ։ Այդ երգերն ու պարեղանակները կը դրոշմուէին մանուկին յիշողութեան մէջ։ Դեռեւս չորս տարեկանէն Ալեքսանտր սկսաւ նուագել։ Կախովկացիք կը զարմանային ի դիմաց այս հրաշագործ մանուկին, որ ոչ միայն դաշնակ կը նուագէր, այլեւ ճշգրիտ կշռոյթով կը թմբկահարէր։

Փոքրիկ Ալեքսանտրին փափուկ սիրտը ճնշուեցաւ, երբ այդքան վաղ հասակէն դժբախտութիւնն ունեցաւ ականատեսն ըլլալու իր ծնողաց ամուսնալուծման։ Բաժանումէն անմիջապէս ետք, Նաթալիան փոխադրուեցաւ Սիմֆերապոլ։ Հոս է որ ծովանկարիչ Յովհաննէս Այվազովսքին կը հանդիպի փոքրիկ տղուն եւ անոր մօրը կը պատուիրէ տղան քանդակագործութեան տալ։

Ալեքսանտրին մանկութիւնը կ'անցնի հրաշալի բնութեամբ օժտուած լեռնաշխարհի մէջ, ուր կենդանի էին հնամեայ սովորութիւնները եւ նահապետական բարքերը։ Ան շուտով ականատես պիտի ըլլար Ղարասուպազարի Բարեկենդանի տօնախմբութեանց, երբ հրապարակը լեցուն կ'ըլլար խայտաբղէտ գոյներով պճնուած ծաղրածուներով, խեղկատակներով, դիմակաւորներով, ըմբիշներով, նուագածուներով (տաւղահարներ, քնարահարներ), Ղայթարմա (թաթարական պար) պարողներով, եւն։ Ղարասուպազարի այս տեսարանները աքանչելի տպաւորութիւն պիտի ձգէին պատանիին հոգւոյն վրայ։ Ան կը վերադառնար իր բնակավայրը՝ Սիմֆերապոլ, բորբոքած երեւակայութեամբ։ Նման այցելութիւններ շրջակայ քաղաքները կենսական ու նշանակալի դեր պիտի խաղային իր յետագայ ստեղծագործական ճաշակի զարգացման ու դրսեւորման վրայ։

Ալեքսանտր Սպենտիարեան շատ փոքր տարիքէ ցուցաբերած է բացառիկ ընդունակութիւն եւ ուշիմութիւն։ Ինքնամփոփ, լռակեաց, խպնոտ, բայց եւ համակրելի ու յառաջադէմ այս պատանին ուշադրութիւնը գրաւած էր իր շրջապատին։ Դեռեւս անչափահաս ու անհաղորդ երաժշտական օրէնքներուն եւ պահանջքներուն, Ալեքսանտր արդէն ձեռնամուխ եղած էր մալոռուսական երգեր վերադաշնակելու դժուար գործին՝ քառաձայն երգչախումբի համար։

Ալեքսանտրի երաժշտութեան առաջին լուրջ ուսուցիչը եղաւ Վիքթոր Տոպրոլովսքին, իսկ ջութակի՝ Վոբան։ Շնորհիւ իր անսահման նուիրուածութեան, իր առաջին սիրոյ հրայրքէն մղուած ան գրեց իր առաջին ռոմանսը՝ «Հմայուած եմ քո գեղեցկութեամբ»։

1890 թուականին, 19 տարեկանին ընդունուեցաւ Մոսկուայի համալսարանի բնագիտական բաժինը։ 1892-ին լրջօրէն սկսաւ զբաղիլ երաժշտական տեսութեամբ Ն.Ս. Կլենովսկիին մօտ։ Իր երաժշտական մտահորիզոնը ընդարձակելու եւ Եւրոպական երգարուեստի բարձր ճաշակին հաղորդակից դառնալու մտադրութեամբ, իր հօրը հետ մեկնեցաւ Վիեննա՝ երաժշտական հնչիւններու կեդրոնը, եւ ականջալուր եղաւ Վիեննայի նուագախումբերու բարձր մակարդակի կատարմանց։ Յետագային, իր յուշերուն մէջ կը գրէ. «Ես ապշած դուրս եկայ թատրոնից, որպէս գերագոյն երջանկութիւն երազելով իմ ստեղծագործութիւնը երբեւիցէ լսել այդպիսի հիանալի նուագախումբի կատարմամբ։ Անտարակոյս, հէնց այդ պահից իմ մէջ ծնուեց յատուկ մի սէր նուագախմբի նկատմամբ եւ ամրապնդուեց նոյնպիսի սէր՝ երաժշտութեան մէջ էկզոտիկ կոլորիտի նկատմամբ»։

Խանդավառուած ու խրախուսուած օտար երկնակամարներու տակ գործող այս հիանալի արուեստագէտներուն յաջողութիւններով, վերադարձաւ Սիմֆերապոլ եւ հետեւեցաւ աշխարհահռչակ երաժիշտ՝ Ռիմսկի-Կորսակովի դաշնաւորման դասընթացքներուն։ Ա. Սպենտիարեան հիացումով արտայայտուած է Ռիմսկի-Կորսակովի «Շեհերազատ»-ի մասին։

Ա. Սպենտիարեանի երիտասարդական զգացմունքային տարիներու գրչին արդիւնք են Վարվառա Ապոլովնա Էբեռլէին հանդիպման ու անոր հանդէպ համակրանք ցուցաբերելու առիթով գրուած ռոմանսները։ Այդ շարքին կը պատկանին՝ «Վաղուց չկան հարցեր», «Ես դեռ չեմ սիրում», «Կը սլանանք», «Փոքրիկս մի՛ լար»։ Այս բոլորը նուիրուած էին «Նրան՝ ով ներշնչանք պարգեւեց ինձ...», կը գրէր Սպենտիարեան։ Մելամաղձոտ կտորներէն յիշենք «Օրօրոցային»-ը՝ ջութակի համար։ 1894-ին գրեց իր նշանաւոր «Այ Վարդ» ռոմանսը՝ խօսք Ալեքսանդր Ծատուրեանի։

Ա. Սպենտիարեան թէ՛ Մոսկուայի եւ թէ՛ Ղրիմի տարիներուն, չատ մօտէն հետաքրքրուած է հայ կեանքով, հայ հին երգերով ու պարեղանակներով։ Ղրիմի մէջ ձայնագրած ու մշակած երգերն ու պարերը յետագային մտան իր «Ղրիմեան էսքիզներ»-ուն մէջ։ Ուշադրութեամբ ու հիացումով հետեւած է հանճարեղ երգահան Կոմիտաս Վարդապետի մշակած երգերուն, աքանչացած անոնց հայադրոշմ նկարագրով ու բարձր արուեստով։ Ունկնդրելէ ետք «Ծիրանի Ծառ»-ի, «Լօ լօ»-ի, «Առաւօտեան բարի լոյս»-ի եւ «Լուսնակն անոյշ»-ի նման չքնաղ երգեր, Սպենտիարեան մնացած է ապշահար ու բացագանչած՝ «Սա ինձ համար մի նոր աշխարհ է»։

Երաժիշտին կեանքին մէջ երեք դէպքեր հիմնապէս ցնցեցին զինք ու խռովեցին անոր զգայուն սիրտը։ Առաջինը, իր եղբօրը՝ Լէոնիտին յանկարծական մահն էր։ Լէոնիտը արհեստով երկրաբան էր եւ գացած էր Փեթերսպուրկ՝ մասնակցելու Միջազգային Երկրաբանական 7-րդ Համաժողովին, 1897 *թուականին, երբ ջերմով բռնուելէ ետք, երիտասարդ հասակին* (28 *տարեկանին) վախճանած էր։ Անոր յիշատակը յաւերժացնելու համար, ընտանիքը անոր գիտական աշխատութիւնները, գրադարանի գիրքերը եւ այլ առարկաները նուիրեց Դորպատի համալսարանին, եւ մեծ գումար մըն ալ տուաւ Միջազգային Երկրաբանական Համաժողովի Մրցանակներու Հիմնադրամին։ Ա. Սպենտիարեան սաստիկ յուզուած ու վշտացած այս անսպասելի ողբերգութենէն, կ'որոշէ առանձին չթողուլ եղբօր այրիացած կինը՝ Վարվառա Լէօնիտովնան։* 1901 *թուի Փետրուարի* 27*-ին, Օտեսայի Գերմանական Լուտերական եկեղեցիին մէջ կնութեան կ'առնէ իր եղբօրը կինը։ Հայ եկեղեցին մերժած էր զոյգն ամուսնացնել՝ զայն համարելով խախտում աւանդական օրինաց ու կանոնաց։*

Երկրորդ սարսռալի դէպքը իր եղբօրորդիին՝ Լէոսիայի անժամանակ մահն էր։ 16 *գարուններ դեռեւս չբոլորած Լէոսիան իր աչքերը փակեց տառապելով կարկամախտէ։ Այս երկու վաղաժամ մահերը պատճառ հանդիսացան որ երաժիշտը գրէ իր տխուր օրօրոցային երգը՝ «Նա քնած էր իր օրօրոցում»՝ նուիրուած իր եղբօրորդիին, եւ ռոմանս՝ «Եղբօրս յիշատակին»։*

Երրորդ եւ մեծագոյն արհաւրալից դէպքը զանգուածային տեղահանումը, աքսորն ու կոտորածն էր Արեւմտահայ ժողովուրդին։ Ցեղասպանական արարքները ծանրօրէն ճնշած էին երաժիշտին սիրտը։ Հայ ժողովուրդին դէմ գործադրուած վայրագութիւնները, խժդժութիւնները, բարբարոսութիւններն ու կեղեքումները ան կը համարէր ուղղուած ու սլաքուած համայն քաղաքակիրթ ազգերուն դէմ։ 1915*-ին գրուած «Հայաստանին» (խօսք Յ. Յովհաննէսեանի) երգը, «Կտրիճ զինուորները» քայլերգը նուագախումբի համար գրուած են* յուզականութեամբ, սիրով եւ կարօտով դէպի հայրենիքն ու Անոր արի պաշտպանները։

Ա. Սպենտիարեան 1901 թուին տեղափոխուած է Եալթա՝ Ղրիմի հարաւը։ Եալթան եղած է Ռուսաստանի գրական ուժերու հաւաքատեղին, կեդրոնը։ Գասպրա էր Լեւ Տոլստոյը։ Եալթա էին ռուս գրողներ Չեխովը, Կուպրին, Մաքսիմ Կորքին եւ ուրիշներ։ Թիֆլիսի «վերնատան» հաւաքոյթներուն նման, ուր մտաւորականներ կու գային ճառելու, միտքերու փոխանակում կատարելու, գրական գործեր վերլուծելու, ևն, Եալթայի մէջ եւս հաստատուած էր «Սպենտիարեան Երեկոներ»-ը, որ կը համախմբէր երաժշտութեան ու արուեստի երկրպագուները եւ մշակութային հասարակութիւնը, եւ անոնց կը մատուցէր հրաշալի ու անմոռանալի երեկոներ։

Ալեքսանտր Սպենտիարեանի հռչակն այնքան տարածուած էր այդ օրերուն, որ գինք կոչած են «Արեւելեան Կլինքա»։ Յովհաննէս Այվազովսքին գինք անուանած է «Երիտասարդ Մոցարթ», իսկ Կնեսինը Սպենտիարեանի տաղանդին անդրադառնալով ըսած է. «Ան իսկական տաղանդ է»։

Ա. Սպենտիարեանի երաժշտական ստեղծագործութիւնները կ՚ընդգրկեն երգային երկեր՝ դաշնամուրի կամ նուագախումբի նուագակցութեամբ, երգչախմբային կտորներ, գործիքային երկեր՝ դաշնամուրի, ջութակի եւ դաշնամուրի, թաւջութակի եւ դաշնամուրի համար, ապա եւ՝ քառեակներ, նուագախմբային երկեր՝ «Ղրիմեան էսքիզներ», «Երեք Արմաւենի», «Սուգի Բրէլիւտ», նուիրուած Ն. Ռ. Կորսակովի յիշատակին, «Կտրիճ Ջինուորները»՝ Ղազախեան երգերու թեմայով, «Երեւանեան էթիւտներ», ապա եւ՝ «Ալմաստ» օբերան։

Ուշագրաւ է որ «Ղրիմեան էսքիզներ»-ը նուիրուած են Յովհաննէս Այվազովսքիին անմեռ յիշատակին։ Ղրիմեան երգերու հնչիւններով յագեցած ստեղծագործութիւն է այս։ Ղրիմեան թովիչ բնութեամբ յափշտակուած, կլանուած ու ներշնչուած երաժիշտը խորապէս զգացուած է այդ եղանակներով։

«Երեք Արմաւենի» սիմֆոնիկ պատկերը իր գեղեցկութեամբ ու խորութեամբ արժանացած է բարձր գնահատութեանց եւ Կլինքայի անուան մրցանակին՝ 500 ռուպլի։ Հիացած «Երեք Արմաւենի»-ի արեւելեան գունագեղութեան հարազատ արտայայտութեամբ, երբ կը հարցնէին թէ ինչպէ՞ս հասած է այդ բարձրութեան, երաժիշտը հպարտօրէն պատասխանած է. «Ես Հայ եմ»։ Ա. Սպենտիարեանէն մեզի կը մնայ նաեւ մեծարժէք ու ծաւալուն «Ալմաստ» օբերան։ Նախապէս, երաժիշտը ծրագրած էր գրել «Շամիրամ» օբերան, բայց յետագային հրաժարած է այդ միտքէն եւ կեդրոնացած Յովհաննէս Թումանեանի «Փարւանա»-յին վրայ։ Թումանեան, սակայն, առաջարկած է «Թմկաբերդի Առումը» պատմական վիպերգը։ Յ. Թումանեան առաջարկած է զայն անուանել «Գոհար», բայց օբերան անուանուեցաւ «Ալմաստ»։ Աշխատութիւնը գրուած է 1918-1923 թուականներուն։ 1923 թուականի Օգոստոս 23-ին առաջին անգամ ըլլալով, Եալթայի մէջ կատարուած է «Ալմաստ» օբերայի առաջին սուիտը՝ երաժիշտին ղեկավարութեամբ։

Յովհաննէս Թումանեանի «Թմկաբերդի Առումը» վիպերգը պատմութիւնն է Նատիր Շահի եւ քաջ Թաթուլի ամեհի կռիւին, որուն մէջ արգահատելիօրէն դաւադիրի դեր ստանձնած է Թաթուլին կինը, որ անձնատուր ըլլալով իր անզուսպ կիրքերուն, յանձնուած է Նատիր Շահին։ Վերջինս, Թմկայ Տիրուհին, *իբրեւ մատնիչ, կը յանձնէ դահիճին։ Թաթուլին կնոջ ճակատագիրը կ՚ըլլայ մահ. այսպէս՝*

«Տարան անտակ էն ժեռ քարից,
Որ կանգնած է մինչեւ էսօր,
Էն ահաւոր քարի ծերից
Գլորեցին դէպի ձոր:

Գայլ ու աղուէս եկան հանդից
Ագահ սիրտը լափեցին,
Ցին ու ագռաւ իջան ամպից,
Սեւ աչքերը հանեցին»: (**Յ. Թումանեան**)

Ահա այս հոգեցունց դրուագն է որ հանդիսացած է «Ալմաստ» հայրենասիրական օբերային նիւթը։ Օբերային մէջ առանձնայատուկ տեղ կը գրաւեն իրենց փայլքով ու պերճութեամբ՝ զօրապետներուն ռազմադաշտ մեկնումի քայլերգը, աղջիկներու պարը, տղամարդկանց պարը, Ալմաստին պարը, հարբած զինուորներուն պարը, եւայլն։

Կ՚արժէ նշել որ երաժիշտը օբերա գրելու մտայղացումը ունեցած է Ռիմսկի-Կորսակովի թելադրութենէն մղուած։

Եատրեպցեւի վկայութեամբ, Ռիմսկի-Կորսակովը երեկոյ մը խորհուրդ տուած Ա. Սպենտիարեանին օբերա գրել, եւ՝ «անպատճառ արեւելեան»։ Ռ. Կորսակով ըսած է. «Դուք Ձեր ծնունդով անգամ արեւելեան մարդ էք, արեւելքը, ինչպէս ասում են, Ձեր արեան մէջ է, եւ դուք այդ պատճառով կարող էք երաժշտութեան բնագաւառում տալ ինչ-որ ճշմարիտ, անգնահատելի մի բան. դա արդէն ես չեմ, իմ արեւելքը որոշ չափով գլխային է ու մտահայեցողական»։

1924 *թուին երաժիշտը ընտանեօք փոխադրուած է Հայաստան։ Անոր* 25-*ամեայ յոբելեանի տօնակատարութիւնը նշուած է բացառիկ շուքով* 1926-*ին։* 1928 *թուականի Ապրիլ* 23-*ին երաժիշտը տուած է իր վերջին համերգը. իսկ Մայիս* 7-*ին՝ կնքած իր մահկանացուն։*

Ալեքսանդր Սպենտիարեանի վաստակը մեծ է հայ երաժշտութեան մէջ։ Ան ունի ստեղծագործական ինքնուրոյն ու բացառիկ ոճ։ Ծրագրային երաժշտութեան տարրերը առկայ են անոր երաժշտութեան մէջ։ Սպենտիարեանի ոճային առանձնայատկութեանց մէջ պէտք է յիշատակել՝ հայկականութիւնը, պատկերաւորութիւնը, պարզութիւնը, վեհութիւնը եւ մեղեդիական հարուստ ու գունագեղ արտայայտչականութիւնը։ Անոր երաժշտութիւնը յագեցած է բանաստեղծականութեամբ։ Անոր ստեղծագործութիւնները հայադրոշմ են, հայակնիք։ Անոր գործերը մէկական անգնահատելի կոթողներ են որ պիտի շարունակեն հմայել ու զմայլեցնել մեր ժողովուրդի զաւակները։ Ան, անտարակոյս, հայ երաժշտութեան վարպետներէն է։

Այս սեղմ տողերուն մէջ աւելորդ չենք համարեր համառօտիւ անդրադառնալ նաեւ Սպենտիարեանի մարդկային յատկութեանց ու բարեմասնութեանց։ Ա. Սպենտիարեան ոչ միայն մեծ երաժիշտ էր, այլեւ՝ մարդասէր, մարդասիրական ազնուագոյն ու անկեղծագոյն զգացմունքներով օժտուած բարի քաղաքացի։ Օգնութեան, կարեկցութեան եւ անհուն սիրոյ մղումներով տրամադրուած երաժիշտը «անյետաձգելի գործերու» անվերջ ցանկ մ'ունէր միշտ, որ ըստ իր դստեր՝ Մարինա Սպենտիարովայի, կ'ըլլար սովորաբար՝ «Օգնել բազմանդամ ընտանիքին կով գնելու հարցում, տեսակցել հիւանդ աշակերտուհու հետ, հոգ տանել ծեր թաթարուհուն», ևն։

Ա. Սպենտիարեան Եալթայի Հայկական Բարեգործական Ընկերութեան նախագահն էր։ Հայերուն օգնելու այս ընկերութիւնը հիմնուած էր 1905 *թուականին։ Ժամանակակիցները կը վկայեն որ Սպենտիարեան եղած է առատաձեռն, բարեգութ, խղճոտ, այր վեհանձն ու լի առաքինութեամբ։ Կամաւորապէս վճարած է Եալթայի եւ այլ շրջակայ քաղաքներու չունեւոր աշակերտներու դպրոցական վարձքը։ Նիւթապէս օժանդակած է երաժշտական ձիրք ունեցող աշակերտներուն եւ բարոյապէս քաջալերած զիրենք՝ շարունակելու իրենց բարձրագոյն ուսումը։*

Ա. Սպենտիարեան մեծապէս սիրուած ու գնահատուած է հայ ժողովուրդին կողմէ։ Անոր կեանքը չեղաւ հեզասահ։ Ան յաղթահարած է բազմաթիւ դժուարութիւններ՝ շնորհիւ իր աննկուն կամքին ու անզիջող դիրքին։ Մարտիրոս Սարեան ճիշդ էր երբ կը գրէր. «Հոգեկան ի՜նչ ուժի տէր պիտի լինել, որպէսզի ցուրտ սենեակում, ճիթաճրագի տակ, սովամահութեանց դէմ յանդիման խրախճանքի երաժշտութիւն յօրինել»։ Երաժիշտը հերոսաբար արհամարհած է կեանքի անցողիկ արգելքները եւ անտեսած իրեն ուղղուած բոլոր նետերն ու քննադատութիւնները։ Ան ապրած ու ստեղծագործած է յանուն հայ արուեստի, հայ երաժշտութեան, հայ մշակոյթի զարգացման ու բարգաւաճման։

Հայաստանի կառավարութիւնը արժանավայելօրէն հրատարակած է անուանի ու պատուական երաժիշտին 11 *պատկառելի հատորները։ Անոր անունով կը կոչուի Երեւանի Օբերայի եւ Պալէի ակադեմական թատրոնը* (1933 *թ.)։ Ա. Սպենտիարեանի անունով կայ նաեւ երաժշտական դպրոց։*

Խունկ ու աղօթք Անոր պանծալի ու անմոռանալի յիշատակին։

1996

ՊԱՏՄԱՀԱՄԱՌԱԿԱԿԱՆ

Պատմական Դասեր Եւ Առհաւական Ժառանգագիծեր

(Աշխարհասփիւռ Հայ Նախատակաց Յիշատակին)

«Խեղճ ազգ ենք մենք նրանով ամէնից առաջ, որ միշտ ուշ ենք տեսնում մեր թշնամուն»:
Շիրվանզադէ

Հայ մեծ վիպասան Շիրվանզադէ, իր իններորդ հատորին մէջ, «Ներքին Տեսութիւն» վերնագրի ներքոյ, տխուր պարտականութիւնը ստանձնած է պատմութեան յանձնելու 1905 թուականի Փետրուարի 6-էն 9 տեղի ունեցած անասելի վայրագութեամբ ու աննկարագրելի թշնամութեամբ հայոց եղեռնը Պաքուի մէջ։ Շատ պարզ միջադէպէ յառաջացած այս անիմաստ ու աննպատակ ջարդը հայութեան, պարզապէս նախերգանքն էր այն մեծ ու ահաւոր ցեղասպանութեան, որ մէկ տասնամեակ ետք պիտի գար բնաջնջելու ողջ արեւմտահայութիւնը։

Պարզ վիրաւորանքով ու բանավէճով սկսած բախումը հայի ու թուրքի միջեւ անմիջապէս բռնկելով վերածուած է արիւնահեղութեան, որ խլած է հայ բազմաթիւ անմեղ կեանքեր՝ ահի, դողի ու սուգի մատնելով ամբողջ քաղաքը։

Միջադէպը պատահական բնոյթ չունի ամենեւին։ Շիրվանզադէ յստակօրէն կը տեղեկացնէ, որ «ով նոյեմբեր եւ դեկտեմբեր ամիսներին եղել է Պաքվում, կարող էր զգալ, որ արեան հոտ է բուրում»։ Այս կը նշանակէ, որ եղած են խելօք, զգաստ, հեռատես ու շրջահայեաց մարդիկ, որ կանխազուշակեր են փորձանքը եւ խստիւ զգուշացուցած տեղւոյն հայ մտաւորականութիւնը։ Բայց, ըստ երեւոյթին, «միայն Պաքուի կոյր, ինքնահաւան, իր կօշիկի ծայրից դէնը ոչինչ չտեսնող եւ իւր սեփական շահերից դէնը ոչինչ չճանաչող հայ ինտելիգենցիան չէր զգում այդ հոտը»։ Իբրեւ արդիւնք այդ անխոհեմութեան, կարճատեսութեան ու խաբուսիկ լաւատեսութեան, կը պատահի անսպասելին, աննկարագրելին, դիւայինը, ամեհին ու սարսափելին։ Հեղ մը եւս կը հոսի անմեղ արիւնը հայուն։ Խեղճ, անոք-անօգնական մայրեր կը կորսնցնեն իրենց զաւակները, տեղի կ'ունենան հրապարակային բռնի ու ամօթալի մերկացումներ աղջիկներու, մանկամարդ կիներու, գազանային ու հրէշային բռնաբարումներ կոյսերու, անծին մանուկներու սրախողխողում, անդամահատում, ողջակիզում եւ այլ անպատում խժդժութիւններ ու անողոքութիւններ, որոնք կու գան քաներորդ դարը իր ամօթալի ու անպատուաբեր բարձունքին հասցնելու։

Մարդ ակամայ կը հարցնէ թէ ո՞ւր են տեղական իշխանութիւնները՝ ոստիկանութիւնը, զօրքը, օրէնքը, կարգը, կանոնը, դատարանը։ Ամէնքը լուռ են, բացակայ ու անգոյ։ Բացայայտ ճշմարտութիւն է որ անօրէնութիւնները կը կատարուին կառավարութեան տնօրինումով, մեղսակցութեամբ ու... օրհնութեամբ։

Ահի ու սարսափի, խոշտանգումի ու զանգուածային սպանութեան այս թէժ պահին, ի յայտ կու գան երկու դիմադրողական ուժեր, անձնուրաց հերոսներ, որ կը փորձեն չնահատակուիլ ի զուր, այլ զէնն ի ձեռին զոհուիլ՝ պաշտպանելով խեղճն ու տկարը, անկարն ու լքեալը՝ բարձր պահելով հայուն պատիւը եւ անոր վսեմ անունը։ Այդ երկու առիւծասիրտ ու անվեհեր հայերը Ալ. Աղամեան եւ անոր տասներեքամեայ որդին էին, որ «անվախ որսորդ եւ անվրէպ հրացանաձիգ» էին։ Հայր եւ որդի կը բանան պատուհանին փեղկը եւ զայրոյթով կը լեցուին, երբ կը տեսնեն որ «Թուրքերի մի ահագին խումբ դիմացի տնից դուրս է ձգել մի հայ կնոջ դիակը եւ մի գեղեցիկ հայ օրիորդի (Ասլանեան) առեւանգած տանում են»։ Արիւնը վայրկենապէս կը խուժէ Աղամեանին գլուխը, որ կը հրամայէ հրացանները իսկոյն բերել եւ հակադարձ հարուած հասցնել թշնամիին եւ վրիժառութեան ոգիով արդարութիւն պահանջել։ Տեղի կ՚ունենայ սոսկալի կոտորած. արիւնարբու թշնամիներէն տասնեակներ դիտապաստ կ՚ըլլան։ Թշնամին չկարենալով դիմանալ ընդդիմամարտին առնականօրէն, վայրագացած կը դիմէ ամենատմարդի միջոցին։ Քարիւղի տակառ մը գլորելով շէնքին առջեւ, զայն ամբողջութեամբ կը հրկիզէ։ Ամեհի բոցերուն զոհ կ՚երթան ծծկեր մանուկներ, պատանիներ, չափահասներ ու ծերեր։ Շէնքի կործանումէն ետք, հայ ընտանիքներու «սեւացած ոսկորները ամուր գրկուած են գտել աւերակների մէջ։ Գերեզմանին յանձնուել են մոխիր եւ սեւ ոսկորներ», կը գրէ Շիրվանզադէ։ Այն հարցին թէ ինչո՞ւ պատահեցան այս զազրելի ու աններելի արարքները, Թուրքերը ոգիտաբար ու լկտիաբար պատասխանած են. «Այդ մի ղազա էր (փորձանք), երկնային պատիժ, որ եկաւ անցաւ մեր գլխով»։

Բովանդակ սարսռալից նկարագրութեանց մէջ ուշագրաւ է պարագայ մը, որ յիշատակութեան արժանի է, որովհետեւ մատնանիշ կ՚ընէ հայուն անբիծ նկարագիրը, վեհանձնութիւնը եւ հոգեկան արիութիւնը։ Ոմն Թուրք հրապարակախօս՝ Պր. Աղաեւ, օրաթերթին մէջ հրատարակած է հայ կնոջ մը հոգիին վեհութիւնը եւ ազնուութիւնը արտայայտող յօդուած մը։ Հայ պատուական կինը իր զաւակներուն դժբախտ կորուստէն ետք, գերեզմանատունը, թաղման արարողութեան ընթացքին, ձեռքը դրած է դագաղին վրայ եւ ըսած. «Հայեր, կ՚երդուեցնեմ ձեզի այս երեխաներուն անմեղ հոսած արիւնով, կ՚երդուեցնեմ անոնց թշուառ մօր ջախջախուած սրտով, ներեցէք մուսուլմաններուն այն, ինչ որ անոնք ըրին, մի զգաք թշնամութիւն անոնց դէմ, այլ սիրեցէք անոնց եղբայրական սիրով այնպէս, ինչպէս սիրած էք միմեանց առաջ»։ Մարմին փշաքաղող ու սարսուռ պատճառող այս քրիստոնէավայել խօսքերը մեծապէս տպաւորած կը թուին ըլլալ Պր. Աղաեւը, որուն աչքերէն արտասուքի կայլակներ հոսած են, եւ եթէ այդ խօսքերը արտասանուած պահուն ինք այնտեղ գտնուէր, սքանչացած ու վերացած, հայ կնոջ առջեւ պիտի ծնրադրէր եւ աղօթէր...։ Պր. Աղաեւ այնուհետեւ գովքը կը հիւսէ հայ եղերաբախտ, բայց եւ գերընտիր յատկութիւններով ու մարդասիրական բարձրագոյն զգացմունքներով օժտուած կնոջ։ Ան կը գրէ. «Այո, դուն մեծ ես, ազնիւ հայուհի։ Դուն կը զարդարես այն ցեղը, որուն կը պատկանիս։ Դուն կ՚ազնուացնես եւ կը բարձրացնես մինչեւ անհասանելի բարձրութիւն այն ազգը, որուն զաւակն ես...։ Երբ այս սրտաշարժ տեսարանի լուրը հայ կնոջ մարդասիրական վարմունքի մասին տարածուեցաւ մուսուլմաններուն մէջ, քանի մը անձերու նախաձեռնութեամբ որոշուեցաւ որ մուսուլման հոգեւորականութիւնը մեծ հայ կնոջ զաւակներուն համար հոգեհանգիստ կատարէ եւ անոնց գերեզմանին վրայ պսակ դրուի»։

***Զ**զարմանանք այսպիսի բարձրագոյն ու գերագոյն գաղափարներով տոգորուած անբախտ մօր դրսեւորումներուն վրայ։ Դարերու խորհրդաւոր հնութիւն ու պատմութիւն ունի հայ կնոջ նման վարուելակերպն ու գործելաձեւը։ **Ա**յստեղ թող ներուի մեզ փոքր շեղումով յետդարձ կատարել մինչեւ Ե. դար։ Հայ կանանց տիպար ու օրինակելի վարքի ու բարքի եւ ընդհանրապէս կերպարի մասին, բանաստեղծական գունագեղ պատկերներով ու անզուգական համեմատութիւններով, սքանչելի նկարագրական ունի մեր մեծ մատենագիր, քաղցրագրուցիկ ու աննման պատմիչ՝ Եղիշէ Վարդապետ, որ կը խօսի հայ առաքինի ու փափկասուն կանանց վարքագիծերուն մասին։ Փափուկ ու հեզասահ կեանքին ընտելացած այս կանայք, որ «սնուած էին երէներու ամիճներով», եւ վայելած կեանքը ցմրուր՝ իր բոլոր հեշտութիւններով ու հաճոյքներով, այժմ, յօժարութեամբ յանձն կ'առնեն ամէն տեսակի զրկանք ու նեղութիւն, առանց դժգոհութեան, սրտաբեկութեան կամ բարոյական նկունութեան, վասնզի իրենց սիրելի ամուսինները ճակատամարտի ընթացքին կա՛մ ինկած էին ու իրենց աչքերը փակած առյաւէտ եւ կա՛մ գերուած էին ու արգելափակուած։ **Մ**եր բովանդակ ծովածաւալ մատենագրութեան մէջ հազուագիւտ գեղեցկութեամբ հիւսուած այս տողերը թագն ու պսակը կը կազմեն մեր հինգերորդ դարու անմահ գրականութեան։ **Ա**յնտեղ հայ կինը բնորոշուած ու ներկայացուած է իբրեւ հաւատարիմ, բարեպաշտ, ժուժկալ, համբերատար, հանդուրժող, քաջ, գիջող, անտրտունջ, մաքրակենցաղ, առաքինի, խոնարհ, պարկեշտ եւ ներողամիտ։ Եղիշէ պատմիչ այս կանայք կը նմանցնէ «անարիւն ճպուռներու, որոնք իրենց երգի քաղցրութեամբ կ'ապրին առանց կերակրուելու եւ կենդանի են միայն օդ ծծելով՝ անմարմիններուն (իմա՛ հրեշտակներուն) նմանելով»։*

***Ա**յս մէջբերումը կատարեցինք պարզապէս ցոյց տալու համար, որ հայ կինը ի սկզբանէ օժտուած է բարոյական բացառիկ կորովով ու եզակի արժանաւորութիւններով։ Բիւրեղ ու ընտիր ժառանգագիծերը, որոնք ի յայտ կու գան այսօր մեր կանանց մէջ, առհաւական բնոյթ ունին։ **Ա**րեամբ սերուած այս սակաւագիւտ առանձնայատկութիւնները թանկագին են, վասնզի կը պարփակեն ու կ'արտացոլեն համամարդկային գեղեցիկ զգացումներ եւ իրենց տեսակին մէջ եզակի են ու օրինակելի։*

***Ա**րդ, յետ ջարդերուն, երկուստեք խաղաղութեան ու եղբայրութեան սրտագին կոչեր կը կատարուին ու ճառեր կ'արտասանուին՝ վերահաստատելու երկրի երբեմնի բնական ընթացքը եւ վերագտնելու բարօր ու անդորր կեանքը։ Սէրն ու համերաշխութիւնը ի կեանս վերակոչելու յոյսով, հայերն ու թուրքերը ձեռք կը սեղմեն, կը գիրկընդխառնուին, կը համբուրուին եւ կ'ուխտեն միատեղ ապրիլ ու գործել համերաշխ մթնոլորտի մէջ։*

***Ա**րդարամիտ, խաղաղասէր ու լաւատես մարդիկ իրենց յոյսը վառ պահելով, կը սպասեն արշալոյսի ծագման՝ յանցագործներու դատաստանին եւ արդարութեան վերջնական յաղթանակին։ Շիրվանզադէ իր գրութեան մէջ ամենայն սրտբացութեամբ ու անկեղծութեամբ կ'արտայայտուի այդ մօտալուտ բարոյական յաղթութեան մասին։ **Ա**ն կ'ըսէ. «Մենք՝ հայերս, ուրիշ բան չենք ուզում, բացի անաչառ դատից։ Մենք դարերից ժառանգած քրիստոնէական* համբերութեամբ եւ հեզութեամբ կը սպասենք արդար դատաստանի։ Եւ այդ դատաստանը կը լինի մեր ջախջախուած սրտերի միակ սպեղանին...։ Սպասենք, ուրեմն...»։

Արդարութեան կանչին ու ղօղանջին սրբավայել համբերութեամբ սպասող հայութիւնը, յոյսը ծրարած իր հոգւոյն մէջ, ի զո՜ւր սպասեց ու ակնկալեց իրերու դրութեան փոփոխութիւն, հասարակական ուղիղ դրսեւորում իրեն հանդէպ, ինչպէս նաեւ յետամնաց մտայնութեան ու բորբոսնած հոգեբանութեան վերջնական վերացում, արդարութեան չեփորահարում ու ճշմարտութեան պանծալի յաղթանակ։ Շատ չանցած, ոտխը գործադրեց իր քստմնելի ու ահարկու ծրագիր՝ հայաբնաջնջութեան։ Ոտխին արեան հանդէպ ծարաւին անյագելիութիւնը ծանօթ է աշխարհին, բայց հայոց արիւնը կշռուած է ու խիստ սահմանափակ։ Կարծր իրականութիւնը ցոյց տուած է հայութեան, որ բառերով, բաժակաճառերով, լործնաշուրթն խոստումներով ու յուղայական համբոյրներով կարելի չէ առաջնորդուիլ։ Անոնք որոնք սնամէջ արտայայտութիւններով կը կլանուին ու կը նկրտին զանգուածներն ալ այդ ուղղութեամբ տանիլ «գործում են յանցանք իրանց ազգի պահպանութեան դէմ։ Նրանք օդ են կտրատում իրանց սուր լեզուով, երեւակայելով, թէ թշնամիներ են բրդում։ Հայի դրութիւնը անապահով է ոչ միայն Անդրկովկասում, այլեւ Պարսկաստանում, իսկ Տաճկաստանում այն դրութիւն չէ, այլ գեհեն», կը գրէ Շիրվանզադէ։ Այս իմաստուն ու մարգարէական խօսքերը իրականացան ի դիմաց Օսմանեան Կայսրութեան կանխամտածուած սեւ ծրագրին՝ հիմնովին ու մէկընդմիշտ արմատախիլ ու բնաջինջ ընելու արեւմտահայութիւնը։ Անգամ մը եւս չարաչար խաբուեցաւ անպաշտպան հայ ազգը եւ կոտորուեցաւ։ Այդ անմարդկային ցեղասպանութեան զոհերն ենք մենք, որ այժմ տարածուած ենք ի սփիւռս աշխարհի։ Մեր ժամանակներու Սումկայիթեան արիւնալի դէպքերը իսկ եւ իսկ կրկնօրինակումն էին վերոյիշեալ երկու ջարդերուն։ Կրկին ու կրկին հայութիւնը ապաւինած իր մաքուր ու ազնիւ բնազդին եւ ժառանգագիծերուն, իր թանկագին կեանքը յակամայս դրաւ ոտխի պատարագասեղանին եւ զոհուեցաւ անասնական կատաղութեամբ։ Վերստին հրապարակը լեցուեցաւ կրկէսի յատուկ խէնէշային արարքներով. կոյսեր լլկուեցան ու ողջակիզուեցան, կողոպտուեցան հայերու բնակարաններ, բռնագրաւուեցան ինչքեր ու գլացուեցան մարդկային տարրական իրաւունքներ։ Պատմութիւնը ինքզինք կրկնեց։ Շիրվանզադէ որոշ յանդիմանական շեշտով կը գրէ. «Խեղճ ազգ ենք մենք նրանով ամէնից առաջ, որ միշտ ուշ ենք տեսնում մեր թշնամուն»։ Բարի ու միամիտ այծեամի նման դարանակալուած ենք ու սովալլուկ գազանին որսը դարձած։ Պր. Աղաեւի նման շատեր պիտի շարունակեն դրուատել հայ անոխակալ ու ներողամիտ կնոջ բարեմասնութիւնները, որովհետեւ հայեցի, հայավայել ու հայաշունչ դաստիարակութեան մէջ չկայ չարութիւն, վատութիւն, վրիժառութիւն, այլ կայ միայն բարութիւն, վեհութիւն։ Բայց ժամն հասեր ու անցեր է հայոց համար ուշ դնելու հայոց անզուգական վիպասան Րաֆֆիի մարգարտանման խօսքերուն, որ կը հրահրեն ու մղեն հայ ժողովուրդը ինքնապաշտպանութեան։ Ան կոչ կ'ընէ համայն հայութեան կրաւորականութենէ հրաժարիլ եւ դառնալ զգայուն, բծախնդիր, պատուախնդիր՝ պաշտպանելու ազգը, եկեղեցին, ընտանիքը, եւ ինչու չէ նաեւ գոյքերը եւ կալուածները ի սպառ կործանումէ ու բռնագրաւումէ։ Ռուս *մեծ գրող՝ Սալտիկով-Շչետրին, իր մէկ գրութեան մէջ կ'արտայայտէ այն կարեւոր միտքը, ըստ որում, մարդ եթէ կ'ուզէ ապրիլ, պէտք է միշտ զգաստ ըլլայ։ Եւ իրօք, գոյութիւն պահպանելու, աճելու եւ ծաղկելու համար, հարկաւոր են խորատեսութիւն, դիմադրելու պողպատեայ կամք, կուռ տրամաբանութիւն, անզիջող քաղաքականութիւն եւ չրջահայեցութիւն։*

Լատինական հոյակապ առած մը կ'ըսէ. «Փորձը լաւագոյն ուսուցիչն է»։ Մարդիկ փորձերով կը սայթաքին ու իրենց սխալներէն կը սորվին։ Ազգերու կապն ու յարաբերութիւնը եւս հիմնուած են փորձի վրայ։ Փորձի քուրայէն յաջողապէս անցնելէ ետք է որ կ'ամրապնդուին կապերը տարբեր ժողովուրդներու միջեւ։ Հայ ազգը փորձած է (եւ քանի՛ցս) ու դեռեւս կը փորձէ հնոցէն անցընել իր յարաբերութեան կապը՝ տեսնելու եւ արժեւորելու զինք հիւրընկալող ժողովուրդներուն ջերմութիւնը եւ անկեղծութիւնը։ Քննադատաբար չէ որ կ'արձանագրուին այս մտածումները եւ ոչ ալ քինախնդրութեամբ լեցուած կ'արտայայտուին այս միտքերը։ Մեր հիմնական մտահոգութիւնը մեր ժողովուրդի ապահովութիւնն է ու անոր յարատեւ աճելութիւնը։ Ոչ ոք բարոյական իրաւունք ունի կասեցնելու թափը մեր աճման ու զարգացման, թռիչքին ու վերելքին։ Դարերու գոյութենական ամէնհի մաքառումներէ ետք, այսօր մեր սրբազան պարտականութիւնն է մեր միտքը պահել առողջ, մշտարթուն եւ մեր հաւաքական ու բարոյական ուժերը մէկտեղուած ու զսպանակուած, եւ յարատեւ պատրաստ՝ չխաբուելու ու չտարուելու շողշողուն ու պատրալից խօսքերէ, որոնք առժամաբար կրնան շոյել մեր լսելիքը եւ փայփայել մեր ինքնասիրութիւնը, բայց խորքին մէջ կու գան՝ վտանգել մեր հայրենիքը, սպառնալ մեր գոյութեան, կործանել մեր նորածիլ կեանքը եւ խորտակել մեր դարաւոր լաւագոյն իղձերն ու երազները։ Այն ազգերը, որ միշտ պատրաստ են դիմագրաւելու ոսոխը եւ կուրծք դնելու անոր ըիրտ ու մահացու հարուածին, նոյնիսկ գործով, մասամբ կանխած են պատերազմ ու բախում։ Հայ ժողովուրդը դարերով զոհեր տուած է, որովհետեւ չէ ունեցած քաղաքական վարչամեքենայ, դիւանագիտական ճկունութիւն, երեւոյթները քաղաքականապէս քննարկելու եւ վերլուծելու հզօր միտք, ոսոխը մօտէն ու չուտով ճանչնալու կարողութիւն։ Մեր երկայնամտութեան, բարեմտութեան ու անյիշաչարութեան մէջ անտարակոյս մեծ դեր խաղցած է մեր սուրբ կրօնը։ Քրիստոնէութիւնը մեծապէս ներգործած է մեր հոգիին վրայ եւ զմեզ կերպարանափոխած է ու պայծառակերպած։ Մեր ժողովուրդը այլ ազգերուն հետ վարուած է ամենայն յարգանքով, քաղաքակրթութեամբ ու փափկանկատութեամբ։ Հայուն ներողամտութեան ու հանդուրժողութեան զգացումները իբրեւ տկարութիւն ու թուլութիւն դիտուած են մեր դրացի ժողովուրդներուն կողմէ եւ թիւր կերպով մեկնաբանուած։ Արդ, ժամանակն է որ հայութիւնը զարթնի իր քնաթմբիրէն եւ ճանչնայ իր ճշմարիտ բարեկամները եւ չարակամները։

Խունկ ու աղօթք հայ բիւրաւոր նահատակներուն անմեռ յիշատակին ու յարգանք անոնց անքար ու անշիրիմ գերեզմաններուն։

2000

Լուռ Վկաներ

Քրիստոնէական հասկացողութեամբ, վկան՝ Յիսուսի անուան համար նահատակուած անձն է, որ իր բովանդակ կեանքի ընթացքին վկայած է իր հաւատարմութիւնը Փրկչին եւ անոր աւետարանին։

Հայ եկեղեցւոյ պատմութիւնը լի է վկաներու անուններով։ Մեզի յայտնի վկաներէն գէթ յիշենք՝ Զաքարիա կաթողիկոս Աղթամարցին, Յարութիւն Մաղարացին, Յովհաննէս Մալաթիացին, Թուխման Տիգրանակերտցին, Սահակ Կարնեցին, Վառվառէն եւ Սայաթ-Նովան։ Հայոց վկաներու թիւը անքանակ է ու անսահման։ Այս ուղղութեամբ, Յակոբ Մանանդեանն ու Հրաչեայ Աճառեանը չնորհակալ աշխատանք կատարած են նորագոյն վկաները ի մի բերելով իրենց «Հայոց Նոր Վկաները» երկհատոր երկասիրութեան մէջ՝ տպուած ի Վաղարշապատ, 1902 *թուին։ Զոյգ հատորները կ'ընդգրկեն* 1155-*էն* 1843 *թուականներու վկաները։ Այժմ համառօտիւ անդրադառնանք վերոյիշեալ վկաներու կեանքին եւ այլազան հանգամանքներուն, որ զիրենք առաջնորդեցին դէպի վաղաժամ ու անգութ մահ։*

ա.– Զաքարիա կաթողիկոս Աղթամարցի։ Աթոռ բաձրանալէ ետք 1378-*ին, իր «վիճակին զարգացման եւ աթոռին պայծառութեան» հետամուտ եղաւ։ Յայսմաւուրքն ու Հայոց Նոր Վկաները (ՀՆՎ) լայն տեղեկութիւն կու տան Զաքարիա կաթողիկոսին անբասիր վարքին ու բարքին, ջերմեռանդ ու կորովի գործունէութեան մասին։ Զոյգ աղբիւրները կը հաղորդեն որ Ծափէր անունով Ոստանի դատաւորին սադրանքին զոհ կը դառնայ կաթողիկոսը։ Կը բռնադատեն զինք ուրանալ իր հաւատքը եւ կրօնափոխ ըլլալ։ Կաթողիկոսը աներեր ու անսասան կը մնայ իր որոշման վրայ։ Զինք կ'ապտակեն, կ'անպատուեն, «վիզէն պարան անցընելով փողոցները կը քաշկռտեն, մէկ կողմէն ալ կը քարկոծեն ու կը հարուածեն, մինչեւ որ փողոցին մէջտեղ հոգին կ'աւանդէ» (Օրմ. Ազգպատմ.)՝ «օրհնութիւն ի բերանն, ի բարի խոստովանողութեամբ» (ՀՆՎ)։ Ըստ Յայսմաւուրքի ընձեռած տեղեկութեանց, կաթողիկոսը կը թաղուի Յունիս* 26, 1393 *թուին՝ Ախթամարի մէջ։*

բ.– Յարութիւն Մաղարացի։ 1775 *թուին, երբ նորափթիթ երիտասարդ էր Յարութիւն, դեռեւս իր քսան գարունները չբոլորած, իր հաւատքին համար կը գլխատուի ու կը նահատակուի։*

գ.– Յովհաննէս Մալաթիացի։ Այս համեստ ու պատուական արհեստաւորը «գլխահարկի համար կը բանտարկուի», ապա կը բռնադատուի ուրանալ իր նախնեաց հաւատքը։ Մերժումին վրայ, կը սկսի անլուր տանջանաց շարքը՝ «գանակոծութիւն, կոճղ, ձաղանք»։ Այս բոլորը անօգուտ ու յումպէտս կը թուին ըլլալ։ Կ'արձակուի մահավճիռը եւ կը կախուի։ Կը թաղուի Քառասուն Մանկունք եկեղեցիին մէջ, 1775 *թուին։*

դ.– Թուխման Տիգրանակերտցի։ 1784–ին, «*Տիարպէքիրի Սբ. Կիրակոս եկեղեցւոյ դրան առաջ*» պատահած է քստմնելի արարք մը։ «*Մանուկ ոմն անուն Թուխման*» ի դուռ ժամուն առաջնորդուած է ու գլխատուած վասնզի կը դաւանէր Քրիստոսը իբրեւ իր Փրկիչը։

ե.– Սահակ Կարնեցի։ Սահակը (որ եւ Մըրր մականուանեալ), 21 տարեկան մատաղ հասակին, որբացած հօրմէ եւ լքուած անբարոյ կեանքին անձնատուր մօրմէ, դիտողութեան կ'արժանացնէ իր մոլորեալ մօր ընթացքը։ Մայրը, որ ցռփութեան մէջ մխած կը թուէր ըլլալ Սահակի եւ փոքր եղբայրներուն ժառանգ ինկած բաժինը, սաստիկ կը վշտանայ եւ դատ կը բանայ իր որդւոյն դէմ։ Սահակ դատարան կը հրաւիրուի եւ «իբրեւ գթութեան նշան փաշային որդւոյն ձեռքով ուրացութեան կը հրաւիրուի, զոր բացարձակ կը մերժէ Սահակ» (Օրմ. Ազգպատմ.)։ Այնուհետեւ, մայրը կրկին կը բողոքէ Փաշային, «թէ է՞ր չես հաներ զդա ի կենաց», որ թարգմանի՝ ինչո՞ւ անոր կեանքը չես խլեր։ Ապա կը տարուի Կանայճամբայ թաղը եւ «հանդէպ բացխանին» (իմա՛ հրապարակաւ) մօրը վճարած պարանին գինով զաւակը կախաղան կը բարձրացուի։ Զաւակը հոգին աւանդած ատեն, մայրը «գնացեալ յաղբիւրէն ձեռով ջուր խմեալ, վա՜չ, գի զովացաւ սիրտ իմ սառցեալ» (ՀՆՎ)։ Այս գայթակղութիւնն ու անարդար դատավճիռը խորապէս յուզած է բոլորին, նոյնիսկ տաճկաց սիրտերը։ Առաջնորդը թաղման ներկայ գտնուած է։ Թուականն է 1778։

զ.– Վառվառէ։ Վառվառէն Դըվնիկ գիւղէն էր՝ Զուրիկեան Համբարի դուստրը։ 11 տարեկանին նշանուած էր եւ 1810 թուին՝ 14 տարեկանին, պիտի ամուսնանար, երբ դրացի այլազգը գեղեցիկ կոյսին անձման տեսքէն գերուած՝ կ'ուզէ զինք ձեռք ձգել։ Կոյսը անյողդողդ կը մնայ իր որոշման վրայ եւ իր սիրոյ խոստումը չի փոխեր։ Կ'առաջարկեն ուրանալ իր հաւատքը եւ դաւանափոխ ըլլալ։ Մերժման վրայ, կ'ենթարկուի չարչարանքներու, ինչպէս՝ «ձաղկանք, սառոյցի եւ հրացեալ երկաթի տանջանքներ»։ Մարմնական այս սոսկալի պատիժները անյաջող կ'անցնին, վասնզի քաջ կոյսը անդրդուելի կը մնայ։ Ի վերջոյ, եկեղեցւոյ դուռը կը կախուի։

է.– Սայաթ–Նովա։ Բոլորիս քաջ ծանօթ այս աշուղը՝ Յարութիւն, բնիկ Տփխիսեցի, որ տարիներով երգեց ու նուագեց արքայական պալատին մէջ, վերջիվերջոյ կրօնական սքեմ հագաւ ու իր կեանքը ընդմիշտ կապեց եկեղեցական կեանքի հետ։ Պատմութենէն մեզի յայտնի է թէ, երբ Աղա Մահմէտ Վրաստան կը յարձակի, Սայաթ–Նովան Հաղբատի վանքին մէջ կ'աղօթէր։ Զինք դուրս կը կանչեն որ ուրանայ իր հաւատքը։ «Եկեղեցուց դուրս չեմ գալ, Յիսուսին չեմ ուրանալ» կ'ըսէ եւ Պարսից մահաբեր հարուածներուն տակ կը նահատակուի 1795 թուականին։

Հայ ժողովուրդը իր պատմութեան ամէն հանգրուանի տուած է նահատակներ հաւատքի, նուիրումի, որոնց սուրբ արեամբ ոռոգուած ու սրբագործուած է հայոց սուրբ հողը։ Քրիստոնէութիւնը հայոց պետական կրօն հռչակուելու պանծալի ու պատուաբեր թուականէն մինչեւ Հայաստանի խորհրդայնացման թուականը, հայ ժողովուրդը տուած է փաղանգ մը վկաներու, որոնք ցարդ կը յիշուին մեր պատմութեան մատեաններուն եւ եկեղեցական պաշտամանց մէջ։

Բաւական է թերթել մեր եկեղեցւոյ օրացոյցը, տեսնելու հայ եւ օտար բիւրաւոր վկաներու անունները։ Կարեւորագոյններէն կ՚արժէ յիշատակել հազար երեսուն վկաները, որ ինկան կրօնական առաջին պատերազմին, 451 թուին։

Ապրիլ 24-ի օրով յիշատակուող մեր բիւրաւոր նահատակներուն մէջ մեծ թիւ մը կը կազմեն վկաները, որ հաւատափոխ չեղան եւ իրենց թանկագին կեանքը նուիրաբերեցին Քրիստոսի պատարագասեղանին։

1920 թուականը եղաւ անկիւնադարձային տարի մը ողջ հայութեան համար, վասնզի այդ տարին էր որ արհնալի էջ մը բացուեցաւ արդէն իսկ չարչարուած ու խոնջած հայոց կեանքէն ներս։ Հայոց վկայաբանութիւնը անհարկի հարստացաւ բռնութեանց, խժդժութեանց ու սպանութեանց պատճառով։ Խորհրդային կարգերը մեծապէս ազդեցին մեր ժողովուրդին նկարագրին վրայ։ Համայնավարութիւնը ջլատեց մեր միասնականութիւնը, փշրեց մեր միատեղ ապրելու, աշխատելու եւ աղօթելու վճռակամութիւնը. ապա եւ, ամբաստանեց անմեղ ու ժրաջան զաւակներն հայոց՝ մատնութեան, դաւաճանութեան, կառավարութեան դէմ աշխատած ըլլալու, ինչպէս նաեւ հաւատացեալ ըլլալու քրէական յանցանքով եւ ուղարկեց հեռաւոր սահմանամերձները՝ իրենց գոյութիւնը քաշքշելու ամենադժուարին ու անմարդկային պայմաններու մէջ եւ անդ իրենց հոգին աւանդելու։

Անհերքելի իրողութիւն է, որ խորհրդային անաստուածեան վարչաձեւին հասցուցած վնասուց եւ կորստեանց չափը անծայրածիր է։ Բացի մարդկային մեծաթիւ կորուստէ, հայ ժողովուրդը տուժեց նաեւ մշակութային գետնի վրայ։ Եթէ մէկ կողմէ խորհրդային օրէնքը պահեց ու պահպանեց պատմական հնագոյն յուշարձանները, ապա միւս կողմէ անխնայօրէն հարուածեց ու տապալեց հայ մշակոյթի անկրկնելի կոթողները. իսկ կանգուն մնացած այլ մատուռներն ու տաճարները վերածեց ախոռի ու մթերանոցի։ Երեւանի մէջ քանդուեցան հոյակապ եկեղեցիներ եւ անոնց տեղ կառուցուեցան չարժապատկերի շէնքեր ու թատրոններ։ Կրօնապատկան հողեր, կալուածներ եւ ինչքեր բռնագրաւուեցան բռնատէր ու անօրէն իշխանութեանց կողմէ։

Խորհրդային Միութեան իշխանութիւնները մեր մշակոյթը ողողեցին իրենց վարդապետութեամբ։ Անոնք պարտադրեցին փոփոխութիւնը հայոց աւանդական (իմա՛ Մեսրոպեան) ուղղագրութեան եւ այդպիսով խրամատ մը ստեղծեցին արեւելահայ եւ արեւմտահայ զանգուածին միջեւ։ Այս տարիներու բովանդակ գիտութիւնները՝ փիլիսոփայութիւն, լեզուաբանութիւն, գրականութիւն, երաժշտութիւն, եւն, իրենց մտածողութեան հիմնակէտը, ելակէտը եւ նպատակակէտը համարեցին չեփորահարումն ու մշտական գովերգումը վարչաձեւին։ Ամէն բնագաւառի մէջ փառքը պէտք է հիւսուէր Մեծին եւ փառատրութիւն ըլլար անոր անուան։ Հրապարակը անտանելիօրէն ապականած էր. իսկ ժողովուրդը դարձած էր խեղդամահ։ Ծնչելու, ազատօրէն մտածելու եւ ստեղծագործելու, յօրինելու եւ երգելու, բանահիւսելու եւ աղօթելու, անձնական ներաշխարհով զգալու եւ վայելելու բոլոր հնարաւորութիւնները մամլակի ուժգնութեամբ սեղմուած էին ու խորտակուած։ Մարդը զրկուած էր իր մարդկային տարրական իրաւունքէն եւ ազնիւ առաքելութենէն։

Խորհրդային Միութեան զանազան երկիրներուն մէջ այս նուաճող ու զաւթիչ քաղաքականութիւնը ահռելի ալիք բարձրացուց ընդվզումի եւ բողոքի: Այն եկեղեցական իշխանութիւնները որ իրենց գլուխը կը ցցէին եւ կը պահանջէին հաշուեյարդարի նստիլ կառավարութեան հետ, իսկոյն կը մաքրուէին հրապարակէն ու կ'ոչնչացուէին: Այս դառն ճակատագրին արժանացած են անհամար եկեղեցականներ եւ աշխարհականներ: Հոգելոյս Խորէն Մուրատբէկեան Ամենայն Հայոց Կաթողիկոսին սարսռալի դէպքը դեռ թարմ է միտքերու մէջ: Կաթողիկոսը ընդդիմացած էր տեղական իշխանութեանց՝ կտրականապէս մերժելով յանձնել էջմիածնապատկան գոյքեր եւ եկեղեցական իրեր՝ փոխան պետական այն ծանր ու անհարկի հարկին որ դրուած էր էջմիածնի վրայ: 10 *Ապրիլ,* 1938 *թուականը բովանդակ հայութեան համար սուգի օր հռչակուեցաւ, երբ Ամենայն Հայոց Վեհափառը անբարոյ ու պիղծ մարդոց ձեռքով խեղդամահ եղաւ: Մեր ուսանողութեան օրերուն, մարդիկ որոշ երկիւղով ու զարշանքով մատնացոյց կ'ընէին էջմիածին քաղաքին մէջ պետութեան հովանաւորութիւնը վայելող եւ ազատօրէն շնչող ու շրջող ոճրագործ կինը, որ ենթարկուելով պետութեան կոչին, կամաւորապէս խեղդած էր պարթեւահասակ Կաթողիկոսը՝ օգնութեամբը եւ մեղսակցութեամբը երկու այրերու:*

1938–1945 *թուականներուն, Լուսաւորչի գահը մնաց թափուր, իսկ ժողովուրդը՝ սուգի մէջ անմխիթար: Փակուեցաւ Հոգեւոր Ճեմարանը եւ միաբանութիւնը աքսորուեցաւ հեռաւոր հիւսիսը՝ ապաշաւելու իր կղեր ըլլալու եւ Քրիստոսը դաւանելու մեղքը: Շատեր իրենց աչքերը փակեցին ցուրտ զնտաններու մէջ. իսկ այն սակաւք որ վերադարձան, կորսնցուցած էին իրենց առողջութիւնն ու հոգեկան հաւասարակշռութիւնը: Պատմութիւնը այս լուռ վկաները յականէ յանուանէ չի յիշեր: Վկայաբանական գրականութիւնը վաղուց դադրած կը թուի ըլլալ մեր մէջ:*

Այս վեց մութ, անորոշ ու սարսափազդու տարիներուն, իմաստուն ու համբերատար կաթողիկոսական տեղապահը՝ Գէորգ Չէօրէքճեան սրբազանը, կրնկակոխ հալածուեցաւ պետական գաղտնի սպասարկութեանց կողմէ: Մեր մեծ բանաստեղծ Աւետիք Իսահակեանը լաւագոյնս նկարագրած է Աստուծոյ այս համեստ ու խոնարհ ծառային ոդիսականը: Պատմութիւնը ուղղակի հրաշքի համազօր երեւոյթ կը նկատէ Չէօրէքճեան սրբազանին փրկութիւնը: Դառնութեան բաժակը ցմրուր քամած այս նուիրեալ սպասաւորը պիտի դառնար մեծ Հովուապետը Հայ Եկեղեցւոյ:

Խորհրդային Միութեան դրացի այլ երկիրներ եւս ճգնաժամային պահեր ապրեցան: Մեր հիւսիսի հարեւան՝ Վրաց եկեղեցին եւս ենթարկուեցաւ մեծ ճնշումներու եւ աղէտներու: 1922*–ին, երբ Վրաց Ամպրոս կաթողիկոսը բողոքի ալիք բարձրացուց խորհրդային հալածարշաւին դէմ՝ Ժընեւի համագումարին, արդիւնքը եղաւ իր ձերբակալութիւնն ու բանտարկութիւնը: Ութ տաժանակիր տարիներ անցուց բանտին մէջ: Նոյն ճակատագրին կ'արժանանային այլ քրիստոնեայ երկիրներ, որոնք լոկ խորհրդային արբանեակներ էին:*

Խորհրդային Միութեան մէջ կրօնական ազատութեան կաշկանդումները փոքր ինչ թուլցան 1943*–ին եւ ստեղծուեցաւ նպաստաւոր ժամանակ, երբ Ստալինը, որ գիտէր ի յառաջագունէ եկեղեցւոյ խաղցած բարերար դերը, համոզուեցաւ որ եկեղեցին իրօք պատերազմին ստեղծած անձուկ պայմաններուն մէջ* *մեծ դեր կրնար խաղալ՝ պատերազմը շահելու տեսակէտէն։* 1939–1943 *թուականներուն, եկեղեցիները յարաբերաբար բարւոք վիճակ մը ստացան։ Ցարգուեցան այն բոլոր սահմանափակ խոստումներն ու գիջումները որ Ստալինը կատարած էր։ Հայ Եկեղեցին ալ, իր կարգին, մեծամեծ նուիրատուութիւններով (յիշել՝ Սասունցի Դաւիթ չարասիւնը) ու զոհողութիւններով մասնակցեցաւ Բ. Համաշխարհային պատերազմին։ Անտարակոյս, խորհրդային կառավարութեան այս մեղմ ու հանդուրժող քաղաքականութիւնը հետեւանք էր շահի եւ այլ հաշիւներու։*

1959–1964 *թուականներուն, հազարաւոր եկեղեցիք փակուեցան խորհրդային երկիրներէն ներս։ Հակառակ հաւատացելոց հանդէպ առնուած բոլոր խիստ ու բռնի միջոցներուն, հաւատացեալներու մեծ խումբ մը շարունակեց հաւատարմօրէն ու կանոնաւորապէս եկեղեցի յաճախել։ Ի գին մարդկային ու նիւթական մեծամեծ զոհողութեանց վերապրեցաւ Հայոց Եկեղեցին։*

Ֆրանց Վէրֆէլը որքա՜ն ճիշդ կը պատկերացնէ կործանման աղիտաբեր հետեւանքը եւ ոգեղէն արժէքներու փլուզումն ու խորտակումը, երբ կը գրէ. «Կործանումը որքա՜ն աւելի կ՚ազդէ մարդոց ուժերուն վրայ քան սպանութիւնը՝ մարմիններու վրայ»։

Հայաստանը բարոյական մահուան ձորին մէջ խրեցաւ անաստուածեան վարչակարգով։ Հայաստանի բարոյական անկումը եւ մարդոց խորունկ յուսահատութիւնն ու բարոյալքութիւնը անտարակոյս արդիւնք էին անկրօն պետութեան գոյութեան ու սնափառ գործունէութեան։ Մարդոց սիրտերէն ներս տիրած էր քաոսային դրութիւն, վասնզի հոգեւոր կեանքի եւ կոչի հասկացողութիւնը անհետացած էր ու փանուած։ Աստուծոյ երկիւղի եւ սիրոյ գաղափարի հեռացումով, մարդիկ կորսնցուցած կը թուէին ըլլալ իրենց ազնուագոյն բնազդները, առաքինութիւնները, բարոյական ու կրօնական արժէքները, եւ ակամայ ու անգիտակցաբար անձնատուր եղած էին հակաքրիստոնէական կենցաղին։ Մարդկային կեանքի, ընտանիքի կառոյցը փուլ էր եկած։ Մարդու բաժանումը Աստուծմէ ի վերջոյ տեղի տուած էր սանձարձակ ապրելակերպի եւ ինքնահաճոյ գործունէութեան։ Մեղքն ու մահը տիրական էին այս տարիներուն։ Այն գեղեցիկ յատկութիւնները եւ հոգեկան անկապտելի հարստութիւնները որ փոխանցուած էին հայոց իրենց նախնեաց կողմէ, բռնադատուած էին չէզոքանալու եւ յօդս ցնդելու։ Այսպիսով, երկհազարամեայ հաւատքը հայոց բռնի կը մոխրացուէր ու մոռացութեան կը տրուէր։

Երկաթէ վանդակին մէջ շղթայուած ու արգելափակուած հայ ժողովուրդը ի Հայաստան զրկուած մնաց այլ քաղաքակիրթ ու մշակութասէր ազգերու հետ շփում ունենալու եւ յարաբերութիւն մշակելու հնարաւորութենէն։ Յաճախ երբ հարց կու տայինք մեր այժմ հանգուցեալ ուսուցիչ Պրն. Գրիգոր Կիւլեանին մեր ժողովուրդի նկարագրի անմշակութեան ու բրտութեան մասին, շատ տրամաբանականօրէն կը պատասխանէր. «Ի՞նչ կարելի է ակնկալել ժողովուրդէ մը որ նետուած է Կովկասի մէջ եւ զրկուած արեւմտեան աշխարհի երկիրներու հետ հաղորդակցութեան տարրական ու անհրաժեշտ պայմաններէ»։ Արդարեւ, երկաթէ վարագոյրը բաժնած էր Հայոց Աշխարհը լուսաւորութիւն տեսած երկիրներէ։ Իր ճակատագրին թողլքուած հայը երկար պայքար մը ունէր մղելու...։

Ժողովուրդ մը, որուն հոգեւոր մայրը, սնուցիչը եւ պաշտպանը եղած էր Հայոց Եկեղեցին, կու գար յանկարծ ու բացորոշ կերպով զրկուելու անոր հայթայթած կենսաւիչէն, եւ մատուցած գուրգուրանքէն ու խանդաղատանքէն։ Համայնավար կառավարութիւնը հայերը կը հրաւիրէր յաւիտենական հրաժեշտ տալու կրօնքին, ժխտելու անցեալը եւ հետեւելու նոր ուղղութեան, որ է՝ կառուցել Կոմունիզմ եւ բոլոր երկիրները հրաւիրել որ միանան աշխատաւորներուն։ Հրամանն անողոք էր ու վճիռը մահու չափ դժուար ու անտանելի։ Հինաւուրց հաւատքով, առաքինութեամբ եւ հաւատարմութեամբ օժտուած ազգ մը կը բռնադատուէր լքել իր կրօնական հարազատ զգացմունքները եւ հայրենասիրական նուիրականագոյն ապրումները։

Անգիր օրէնքի շարքին դասուած է այն խօսքը, որ պէտք է յարգել մարդու խիղճի ու խօսքի ազատութիւնը։ Հակառակ Խորհրդային Միութեան՝ եկեղեցւոյ դէմ բռնած աննպաստ դիրքին ու «անկցի կրօնը եւ կեցցէ համայնավարութիւնը» կարգախօսին, եղան բազմաթիւ տարրեր, որոնք հաւաքական թէ անհատական ջանքերով մնացին ուխտեալ մարտիկները հաւատքի՝ իրենց աւանդապահութեամբ եւ եկեղեցական նախանձելի օրինապահութեամբ։ Անոնցմէ շատեր լռեցուեցան եւ մատնուեցան ի ձեռս անօրինաց։ Անոնց պատիժը եղաւ խիստ ու անբերելի։ Շատեր դարձան լուռ վկաներն ու անանուն զոհերը իրենց հաւատամքին ու Քրիստոսի Աւետարանին։ Անձի պաշտամունքի տարիներուն, հայ գրականութեան թագն ու պսակը հանդիսացող լուսաշող ու պայծառ դէմքեր կալանաւորուեցան իբրեւ կասկածելիներ եւ յանցապարտներ եւ իրենց կեանքի գինով վճարեցին իրենց անպարտ նաքարակիտը։

Արեւելահային բաժին ինկած այս դաժան ու դժուարըմբռնելի ճակատագրէն մաս մըն ալ դժբախտաբար ճաշակեց արեւմտահայը, երբ դէպի «Աւետեաց Երկիր» վերադառնալու մարմաջէն, ինչպէս նաեւ վերջանականապէս ու ապահովապէս տեղաւորուելու բուռն իղձէն տառապելով իր աչքերը ուղղեց վիրաւոր հայրենիքին եւ անկէ օգնութիւն հայցեց։ Հայրենիքը, որ խորքին մէջ նախաձեռնողն էր այս զանգուածային ներգաղթին, յուսադրեց արեւմտահայը նոր ապագայով, բարեկեցիկ վիճակով, ինչքի եւ ստացուածքի ապահովութեամբ ու երջանկութեամբ։ Իրերու դրութիւնը եւ տեղական աճուոր պայմանները գուշակել չկրցող երեկուայ յոգնաբեկ ու տարագիր հայը ունէր միայն մէկ նպատակակէտ ու մտասեւեռում՝ ներգաղթի ճանապարհով օժանդակել կարեւէր հայրենիքին։ Ի խնդիր հայրենիքի վերաշինութեան ու ծաղկման, գաղթն սկսաւ 1921-*ին եւ հայեր, ի ծագս երկրի, լսելով այս մասին՝ գացին։ Քարաւանները փոխադրեցին հայեր Սուրիայէն, Լիբանանէն, Իրանէն, Թուրքիայէն, Եգիպտոսէն, ապա եւ Յունաստանէն, Պուլկարիայէն, Ֆրանսայէն եւ նոյնիսկ Ամերիկայի Միացեալ Նահանգներէն։ Կարճ ընդմիջումներով այս գաղթը շարունակուեցաւ մինչեւ* 1948 *թիւը։*

Հայրենական մեծ պատերազմի աւարտին, երկրին տնտեսութիւնը քայքայւած էր եւ ժողովուրդը կը գտնուէր նիւթական աննկարագրելի դժուարութեանց առջեւ։ Խորհրդային քաղաքական ներքին հաշիւները կը պահանջէին որ երկրին բնակչութեան թիւն աւելնար... ի վնաս արեւմտահայուն։ Օրուան կարգախօսն էր՝ հայրենադարձութիւն։ Արեւմտահայեր հայրենի երկիր կը վերադառնային կարօտով, արցունքով եւ տեսիլքով։ Աւա՜ղ, սակայն, շուտով իրենց հաւատքի տոկունութիւնը պիտի անցնէր ընդ մէջ հուրի եւ իրենց կեանքին գինով պիտի շարունակէին պահել իրենց պապենական հաւատքը, մինչ յոյսերը բախուելով ապառաժին, պիտի փշրուէին յախճապակիի նման։ Այս անակնկալ դիմաւորումէն ետք, իրենց հրամցուած դառնութեան մատռուակը պարտէին քամել ցմրուր։ Չկար վերադարձ հայրենիքէն եւ ոչ ալ մօգական գաւազան՝ որպէսզի մէկ հարուածով ամէն ինչ չէննար։ Ժամանակները խառն էին ու վտանգաւոր։ Վստահութիւն չկար բացարձակ իմաստով։ Բացորոշ էր որ կառավարութիւնը իր սնոտի ու խաբուսիկ խոստումներով միամտացուցած ու թմրեցուցած էր ժողովուրդին ուղեղը, իսկ պողպատեայ ձեռքով ալ փշրած էր անոնց կողմէ պահանջուած արդարութիւնը, ազատութիւնն ու բարօր կեանքը։

Հայրենաբաղձութեամբ տառապող տարագիր հայութիւնը, որ մայր հայրենիք կը վերադառնար ազնուագոյն տրամադրութիւններով եւ ցանկութիւններով, կը դատապարտուէր դառնալու վկայ՝ իր համոզումին ու հաւատքին։ Ու երեւակայէ՛, որ աքսորուեցան անոնցմէ բիւրաւոր մարդիկ, առանց դոյզն յանցանքի, առանց օրինաւոր դատավարութեան ու դատավճիռի՝ գրկելու անծանօթ ու ցուրտ հողեր եւ չքանալու ամբողջովին։

Առ յաւէտ անհետացած այս լուռ վկաները, որոնք ընդմիշտ գրկուեցան արեւն ըմպելու եւ լոյսը վայելելու բարիքէն ու շնորհէն, կ՚աղաղակեն մեր հոգիներէն ներս եւ իրենց սրտակտուր ու աղեխարշ ճիչերով կը յիշեցնեն մեզի որ ի զուր չկորչեցան մահուան ձորին մէջ։

Խորհրդային Միութեան դսրովելի վարմունքը կը դատապարտուի այժմ։ Հայ Եկեղեցին այսօր չի դատեր յանցագործները եւ պարագլուխները ամենայն չարեաց եւ փորձանաց՝ հուրով եւ սուրով, բայց միայն՝ խիղճով ու գրիչով։ Կը հարցաքննէ անոնց խիղճերը եւ դատապարտութեան սիւնին կը գամէ անոնց վնասաբեր խորհուրդներն ու կործանարար արարքները։

1991-*ին, հայը ապստամբութեան դրօշը բարձրացուց եւ վերագտաւ իր նախնի ազատութիւնը։ Այժմ այլեւս անժխտելի ճշմարտութիւն է որ հայ ժողովուրդը իր հունին մէջ է ու կ՚ընթանայ ուղիղ ճանապարհով։*

Մեր հոգիներուն մէջ կանգուն խաչքար մը կայ, որուն վրայ, արեան կարմիր ներկովը մեր վկաներուն, գրուած է. «Աստ հանգչին Լուռ Վկաներ Հայ Ազգի»։

Թող հանգչին անդ ի խաղաղութեան։ Լոյս մշտնջենական անոնց բազմաչարչար հոգիներուն։

1995

«Կատարեա՛լ Մարդ Ըլլալու Արուեստը»

(Նուիրուած Երուանդ Օտեանի Անմահ Յիշատակին)

Երուանդ Օտեանի երգիծական վիպակներուն մէջ կարեւորութեամբ կը յիշուին «Վաճառականի մը նամակները կամ կատարեալ մարդ ըլլալու արուեստը» գրութիւնները որ ժամանակագրական կարգով մէկտեղուած նամակներ են՝ ուղղուած Գօզմա Էֆէնտի Տամիանոսեանէն առ որդի իւր՝ Միհրան։ 1906–էն 1913 երկարող ժամանակաշրջանին գրուած այս նամակները չափազանց հետաքրքրական պատկեր մը կը պարզեն այդ տարիներու քաղաքական եռեւեփի մասին։ Ապտուլ Համիտի միահեծան իշխանութիւնը ընդգրկող այս շրջանը եղած է անորոշ, տագնապալի, փոթորկալի ու անձկալի։ Քաղաքական ներքին իրավիճակը լարուած էր յարատեւ ու խիստ անհանգստութիւն կը պատճառէր ամէնքին։ Քաղաքական արագածաւալ իրերու այս խառնաշփոթ ու անկիւնադարձային շրջանին, երբ երկիրը կը գտնուէր անկայունութեան մէջ եւ պահ մը կը թուէր թէ անոր անկումն ու փլուզումը մօտալուտ են ու անխուսափելի, ի շարս այլ ազգերու, հայեր եւս մտահոգութիւն կը ցուցաբերէին եւ ակնդէտ կը սպասէին ճարի ու ելքի։ Սահմանադրութեան, բարենորոգութեան, ազատագրական շարժումներու, խռովութիւններու, ապստամբութիւններու եւ հայկական անլուր կոտորածներու այս տխուր դէպքերը իրենց անմիջական անդրադարձը ունեցած են հայութեան վրայ։ Յեղափոխական զանգուածը հակազդած է անվեհերօրէն եւ ուժգնօրէն, առանց վարանումի ու կասկածի։ Այլք չեն հակադրած. այլ, մեղմ քաղաքականութիւն վարելով ջանացած են համակերպիլ՝ հաշտարար եզրեր գտնելով։ Վերջիններս որդեգրած են դիւանագիտական խորամանկ սկզբունք՝ իրենց անձնական շահերը գերադասելով ազգային ու քաղաքական շահերուն։ Մինչ յեղափոխական ոգիով տիւ եւ գիշեր աշխատող ազգասէր ու անձնազոհ հայեր հետեւողականօրէն կը նկրտէին բարենորոգումներ յառաջ բերել եւ բարելաւել կեանքը, անդին, Գօզմա Էֆէնտիի նման հայութենէ ուծացած ու մարդկային արժանապատուութենէ ամբողջովին պարպուած վաճառականներ ու անձնաւորութիւններ, ոգի ի բռին կ՚աշխատէին իրենց հանգիստը ապահովել՝ իրենց քսակը լեցնելով։ Վերջիններս իրենց գերագոյն զուարթութիւնը եւ հոգեկան անհուն գոհունակութիւնը կը գտնէին իրենց գործի յաջողութեան մէջ միայն։

Գօզմայի կերպարը շատ դիպուկ է, որովհետեւ ան դժնդակ պարագաներու եւ հանգամանքներու ոչ թէ զոհն է, այլ՝ համակերպողը, յարմարողը, գոյն փոխողը, համախոհութիւն ու գգաստութիւն ցուցաբերողը։ Նկարագրային մշտական փոփոխութիւն ու անտանելի յեղյեղուկութիւն հրապարակ բերող Գօզմա իր նամակներուն ընդմէջէն ցայտուն կը դարձնէ իր բարոյականութեան փճացածութիւնը, ապականութիւնը, հոգիի անչափ խեղճութիւնը եւ մանաւանդ կեղծաւորութիւնն ու պնակալիզութիւնը։ Գօզմա Ժընեւի ուսումնական բարձրագոյն կրթարան ուղեւորած զաւկին ուղղած իր նամակներուն մէջ կը խրատէ ըլլալ... կատարեա՛լ մարդ։

Գոզմա արհեստով վաճառական է եւ իր նիւթական վիճակը բարելաւած է ամուր կանգնելով իր անզիջող սկզբունքներուն վրայ։ Այդ սկզբունքային հիմնական կէտերը խոտոր կը համեմատին բարոյագիտական դրոյթներուն. այլ խօսքով, անոր բարոյական տեսակէտներն ու հայեցակէտները անարժէք են, փուճ ու ստապատիր, վասնզի կը ժխտեն այլոց կենաց բարօրութիւնը եւ կը չեշտեն միայն իր հեշտ կեանքը եւ վայելքը։ Երուանդ Օտեան հրաշալիօրէն կը բնութագրէ Գոզմայի ամբողջ էութիւնը ըսելով՝ «Երբեք հայ վաճառականը իր հոգեկան մերկութիւնը չէր պարզած այսքան կատարեալ կերպով։ Հայ պուրժուան էր, որ ինքզինք կը ցուցադրէր անպատկառ ինքնահաւանութեամբ, իր գաղափարներովը հպարտ եւ համոզումներովը խանդավառուած»։

Իր որդին «կատարեա՛լ մարդ» դարձնելու իղձով ու տենչով յափշտակուած ու գերուած, Գոզմա հայրական բարձրագոյն գահէն պատուէրներ կը ղրկէ ու յորդորներ կը բաշխէ իր զաւկին նախեւառաջ դառնալու ծայր աստիճան անձնասէր եւ հոգ տանելու միմիայն իր անձին, եսին, մարմնին՝ փորին։ Ահա թէ ինչ կը գրէ ան այս կապակցութեամբ. «Ինքզինք չսիրողը ուրիշներն ալ չի սիրեր. առաջ անձդ՝ ետքը ուրիշները»։ Ա՛յս իբրեւ հիմնակէտ ունենալով, Գոզմա բացորոշ կերպով կ՚ընդգծէ կարեւորութիւնը կուշտ փորի, վասնզի «մարդուս առաջին եւ մեծագոյն խոհալը իր փորը կշտացնելն է, յետոյ իր ընտանիքին ու զաւակներուն փորը կշտացնելը։ Փորը անօթի մարդը ոչ իրեն, ո՛չ իրեններուն եւ ո՛չ ալ իր հայրենիքին օգտակար կրնայ ըլլալ։ Ամէն մարդու համար իր բուն հայրենիքը փորն է։ Երբ իր փորը փառաւոր մը կշտացուց՝ հայրենիքը երջանիկ է։ Եւ փորը կշտացնելու համար երկու միջոց չկայ՝ այլ մէկ, այն է՝ դրամը։ Այն որ ճշմարտապէս իր հայրենիքը կը սիրէ, պէտք է դրամը սիրէ»։

Դրամասիրութեան ովկիանին մէջ խեղդամահ եղող Գոզմա, կը յանդիմանէ իր զաւակը շռայլութեամբ աւարտող նամակավերջի խօսքերուն համար, ուր կ՚ըսուի. «Բիւր համբոյրներ քեզի, մայրիկիս ու քոյրերուս»։ Գոզմա հարկ չի տեսներ «բիւր» բառին. ան չափազանցութիւն կը համարէ այդ եւ կը թելադրէ իր որդւոյն գրել լոկ՝ «Ամէնքդ սիրով կը համբուրեմ»։ Այսպիսով, դրամի նման, զգացումը՝ սէրը, կարօտը, խանդաղատանքը, եւ անկեղծ արտայայտութիւնը եւս պէտք է զսպուէին ու չափազանց խնայողութեամբ գործածուէին եւ հեռու մնային շռայլութենէ ու մսխումէ։ Գոզմա՝ վաճառականի իր բարձր հեղինակութեամբ, կը գրէ. «Զափաւորութիւն ամէն բանի մէջ, սիրելի Միհրանիկս, ատով կարելի է միայն կատարեալ մարդ ըլլալ»։ Ուրեմն, խնայողութեամբ պարգեւուած համբոյրները իրենց անմիջական անդրադարձը պիտի ունենան Միհրանին նկարագրին վրայ։ Երիտասարդ Միհրանին հոգեկան կազմաւորման շրջանին կատարուած այս նկատողութիւնները, թելադրութիւնները եւ սրբագրութիւնները, նոյնիսկ՝ կշտամբանքները, կը միտին գալ յարեւնման դարձնել հօրը կերպարին, որ չարաչար կը տագնապի դրամասիրութեան աղտէն ու հանգստասիրութեան ախտէն։ Միտքը դէպի ուսում, գիտութիւն, լուսաւորութիւն ու յառաջդիմութիւն բացող Միհրան, անընդմէջ հակահարուածներ կը հասցնէ ժլնեւէն հօրը գլխուն։ Այս անվերջ հակամարտութիւնը հակոտնեայ գաղափարներու, անհաշտ ըմբռնումներու ու անհանդուրժելի կեցուածքներու, երկուստեք կը ստեղծէ լարուած մթնոլորտ, ուր կը չքանան անկեղծ յարաբերութիւնը, սրտակցութիւնը եւ վստահութիւնը։ Միհրան անվերջ պայքար կը մղէ իր հօրը արտայայտած միտքերուն դէմ եւ յանդուգն ու յախուռն ընդդիմութիւն կը ցուցաբերէ ու կ'ըսէ. «Ես խոհալի, գաղափարական մարդ ըլլալ կ'ուզեմ. ինծի համար դրամը կամ հարստութիւնը միջոց մըն է եւ ոչ թէ նպատակ մը»։ Այս խօսքերը հօրը կողմէ կ'որակուին իբրեւ անճոռնի, անճահ, անպատեհ ու խակ։ Գոզմա իր գայրացկոտ չեչտով կը թելադրէ Միհրանին կա՛մ անսալ իր խօսքերուն եւ կա՛մ թողուլ վարժարանը եւ վերադառնալ իր հսկողութեան ներքեւ՝ գործի մէջ ճանչնալու եւ ըմբռնելու կեանքի իսկութիւնը։

Գոզմա կը զգուշացնէ իր զաւակը յեղափոխական շունչով տոգորուած ու ոգիով թրծուած հայերու հետ յարաբերի, վասնզի «ազատութիւն, անկախութիւն, յեղափոխութիւն, ասոնց ամէնքն ալ դրամն է։ Դրամը չսիրողը ազատութիւնը չկրնար սիրել»։ Ան կը ջանայ իր որդւոյն միտքէն մէկընդմիշտ չքացնել վերացական գաղափարները, որ լոկ երազական են ու անրջական, եւ դառնալ՝ լրջախոհ, գործնական ու իմաստուն։ Օսմանեան սահմանադրութեան վերահաստատման, գրաքննութեան վերացման եւ կատարեալ ազատութեան կառչած հայ քաջամարտիկները կ'այպանուին ու կը մեղադրուին Գոզմայի կողմէ իբրեւ անհեռատես ու անշրջահայեաց մարդիկ։ Պատեհապաշտ ու նիւթապաշտ Գոզմային ուշադրութեան, հետաքրքրութեան ու շահագրգռութեան ծիրէն դուրս են ժողովուրդին կրած զրկանքները, հոգեկան տառապանքները, բողոքները եւ անվերջ պայքարները։ Անոր հետաքրքրութեան աշխարհը չափազանց փոքր է, վասնզի կ'ընդգրկէ միմիայն իր անձը։

Բացի Միհրանէն, Գոզմա ունի նաեւ Մելինէ անունով աղջիկ մը, որ պատրաստ է նշանուելու Թուչնակերեան Մարտիկ էֆէնտիին հետ։ Գոզմայի բարեկամական շրջանակը կը տեղեկացնէ, որ Մարտիկ էֆէնտի «ապօրէն յարաբերութիւններ ունեցած է կոյս աղջկան մը հետ, որմէ զաւակ մըն ալ ունեցեր է»։ Այս գայթակղութիւնը բնաւ նշանակութիւն չունի Գոզմայի համար, որ գայն կը վերագրէ անոր «երիտասարդական թեթեւութեան»։ Անոր միտքը լլկող ու սիրտը մաշեցնող մտածումը այն է, որ այժմ «Մարտիկ էֆէնտի ստիպուած է թէ՛ աղջկան եւ թէ՛ անոր զաւկին ամսական մը յատկացնել։ Հոս է ահա, որ խնդիրը կը կնճռոտի եւ ապա տաղտուկներու դուռ կը բանայ»։ Մարտիկ էֆէնտի բանտի արժանի գործ ալ տեսած է՝ իր մթերանոցը ապահովագրելէ ետք կրակի տալով։ Բացի անկէ, ան լաւ յարաբերութեան մէջ չէ իր հօրը հետ. անոր հետ թշնամանելէ ետք, «անոր վրայ դանակ քաշած է», եւ անկէ ի վեր երկուքը իրար հետ չեն խօսած։ Գոզմա կը փափաքի ներթափանցել խորը այս գժտութեան։ Արդեօք այս թշնամութեան պատճառով Մարտիկ էֆէնտի պիտի զրկուի՞ իր հօրը ժառանգէն։ Այնուհետեւ, Գոզմա կը ցանկայ գիտնալ թէ իր փեսացուն ինչքա՞ն հարստութեան տէր մարդ է. «Եթէ, իրաւ, Մարտիկ էֆէնտիի հայրը վճռած է իր որդին ժառանգութենէ զրկել, խնդիրը կը դժուարանայ», կը գրէ Գոզմա իր մէկ բարեկամին՝ Փիլիպպոսին, եւ անկէ ստոյգ լուրեր կ'ակնկալէ։ Փիլիպպոս իր պատասխան նամակին մէջ հանգամանօրէն կ'անդրադառնայ Մարտիկի նկարագրագիծերուն եւ իր կողմէ կ'աւելցնէ կարգ մը աննպաստ ծանօթութիւններ, ինչպէս՝ խաղամոլութիւն, գինեմոլութիւն եւ ցասկոտ բնաւորութիւն։ Գոզմայի համար, սակայն, այս թերութիւնները ոչ մէկ նշանակութիւն ունին, որովհետեւ «երբ մարդ դրամ ունի, այդ պզտիկ թերութիւնները աչքի չեն զարներ։ Ո՞ւր գտնելու է կատարելապէս առաքինի մարդը։

Ասոնք անանկ թերութիւններ են, որոնք քանի տարիները անցնին՝ կը պակսին, կը մեղմանան, մինչդեռ դրամը առաքինութիւն մըն է, որ տարիներու ընթացքին հետզհետէ կ'աճի, բաղադրեալ տոկոսի դրութեամբ»։

Գօզմա ի գին ամէն զոհողութեան կը պարտկէ յանցանքները, կը մեղմացնէ տկարութիւնները եւ յարուցած գայթակղութիւնները իր փեսացուին, որովհետեւ «երբ որեւէ մոլութիւն կամ ամօթալի արարք ծածուկ պահուի, կարելի է զայն չեղեալ համարել։ Պատռտած զգեստի մը վրայէն երբ նոր բալթօ մը հագնինք եւ կոճկուինք, ոչ ոք կրնայ կասկածիլ, թէ մեր ներքին լաթերը հին են», կը գրէ Գօզմա իր զաւակին։

Սահմանադրութեան յաղթանակով, Գօզմա իր վերաբերմունքը եւ դիրքը կը փոխէ յանկարծ. «Ես արդէն միշտ կ'ըսէի, որ այդ մարդիկը անձնուիրաբար կ'աշխատին», կը գրէ ան, «Ես արդէն սկիզբէն համակիր եղած եմ յեղափոխական շարժումին… կատարեալ մարդը ոեւէ յեղափոխական կուսակցութեան մը պէտք է պատկանի, ես միշտ այս համոզումը ունեցած եմ»։ Ինչպէս կը տեսնուի, Գօզմա բաւական ճարպիկ է գոյն փոխելու մէջ։ Ան այս ուղղութեամբ, պատկերաւոր մտածողութեամբ կ'արտայայտէ ինքզինք՝ «Համոզումներն ու կարծիքները հագուստի կը նմանին եւ եղանակին հետ պէտք է որ փոխուին։ Ձմեռ ժամանակ մարդ ճերմակ հագուստներով փողոց չ'ելլար, ոչ ալ օգոստոս ամսուն ֆանելա կամ բալթօ կը հագնի։ Օդին փոփոխութեան համեմատ հագուստ կը փոխէ։ Իմաստութիւնը այսպէս կը պահանջէ»։

Գօզմա Միհրանին կը տեղեկացնէ որ Մարտիկ Էֆէնտի վերջերս գինովցեր է ու ծանրօրէն ծեծեր Մելինէն. բայց այդ եւս հարց չէ ամենեւին, որովհետեւ «դրամը շատ բան կը ծածկէ… բարեբախտաբար խնդիրը չիմացուեցաւ եւ գործը անոյշ տեղը կապեցինք… եթէ իմացուէր՝ ա'լ լրագիրներուն մէջ պիտի անցնէինք ու ամէնուն բերնին ծամոց պիտի ըլլայինք։ Ասանկ բաները երբ որ չիմացուին, կարեւորութիւն չունին ու կը մոռցուին կ'երթան»։

Ի դէպ, ապաբարոյականացած ու մտացածին գաղափարներով նախապաշարուած Գօզմա ունի իւրայատուկ աշխարհահայեացք, որ ոչ միայն ընդունելի չէ հասարակութեան կողմէ, այլեւ՝ խիստ նշաւակելի է, պախարակելի ու ամօթալի։ Յանցագործութեան ակնարկելով, Գօզմա կ'ըսէ. «Ամէն յիմարութիւն կարելի է գործել աշխարհիս վրայ՝ պայմանով որ անոնց հետքերը չթողունք»։ Այլ խօսքով, կարելի է ու բարոյապէս արտօնելի՝ գործել ամենազազրելի ոճիրը կամ արարքը՝ պայմանաւ որ մարդ չիմանայ այդ մասին։ Ստոյգ է, որ Գօզմա կորսնցուցած է խիղճ ու խղճահարութիւն, գութ ու կարեկցանք, պայծառօրէն մտածելու եւ կուռօրէն տրամաբանելու ու դատելու կարողութիւն։ Անոր փիլիսոփայութիւնը ոչ թէ մեղքը կամ յանցանքը չգործելու գիտակցութիւն ունենալն է, այլ սխալը՝ թաղելու, չէզոքացնելու եւ մոռնալու, ինչ որ անպարկեշտ մարդոց վայել է։ Գօզմա իր բարոյական վարկը եւ համբաւը բարձր ու անեղծ պահելու համար պատրաստ է ի գործ դնել ամէն խաբեբայական միջոց ու հնար։

Գօզմա իր կեղծ դիմակին օգնութեամբ իր փեսան կատարեալ մարդու պատուանդանին կը բարձրացնէ. «Մինչեւ հիմա իբրեւ կատարեալ մարդ երեւցած ես ինծի եւ ասկէ ետքն ալ անշուշտ կատարեալ պիտի մնաս»։ Իսկ ինչ կը վերաբերի Մարտիկ Էֆէնտիին՝ Մելինէին հետ հաշտ ու խաղաղ կեանք ապ–

ըելուն, Գօզմա ամենայն կեղծաւորութեամբ կը խրատէ՝ «Խնդիրը այն է, որ երեսանց իրարու հետ սիրով ու համերաշխ ցոյց տաք, մնացածը կարեւորութիւն չունի»։

Միհրան Ժընեւէն կը հետեւէր իր քրոջը ապրած տառապալի ու դժոխալի կեանքին եւ իր ընդվզումն ու արդար գանգատը կը ներկայացնէր հօրը։ Գօզմա էֆէնտի, փոխանակ ուշադրութեամբ մտիկ ընելու եւ կարեկցելու զաւկին, անոր «այդպիսի դատաստան մը պարզապէս կեանքի անգիտակցութիւն» կ'որակէ ու արժանի չի գտներ «գործնական ու կատարեալ մարդու մը»։ Գօզմա այնքան առաջ կ'երթայ իր մտքի անտեղի մարզանքներուն ու ճամարտակութիւններուն մէջ, որ կը սկսի ստեղծել փիլիսոփայական նորագոյն մօտեցումներ՝ ամուսնական սիրոյ ու կեանքի։ Ան հետեւեալ ձեւով կը խտացնէ իր մտածումները եւ զգացումները այս մասին. «Ամէն խնդրի վրայ վաճառականի աչքով նայէ եւ այն ատեն քու դատաստաններդ ճիշտ պիտի ընես։ Օդային սկզբունքներով կարելի չէ իբրեւ կատարեալ մարդ ապրիլ։ Ամուսնական կեանքի մէջ սէրը ամէնէն կործանարար բանն է, որովհետեւ մեզ կրնայ շատ սխալ ու վնասակար ճամբաներու առաջնորդել… Գալով Մելինէին դժբախտ ըլլալու խնդրին, ասիկա լոկ երեւակայական է»։ Գօզմայի համար ամուսնութիւնը չի միտիր անպայման ներկայացնել միութիւն մարդու եւ կնոջ, այլ՝ «ինչպէս աֆիոնի, բամպակի կամ խահուէի վաճառականութիւնը, ամուսնութիւնն ալ գործ մըն է, որ կրնայ երբեմն մեծապէս շահաւոր ըլլալ եւ երբեմն ալ վնասներ պատճառել։ Բայց խելացի ու կատարեալ մարդը, երբ ամէն բան կշռելով, ամէն հաւանականութիւն աչքի առաջ ունենալով գործ կը տեսնէ՝ յաջողութեան մասին ապահովութիւն կրնայ ունենալ»։

Փոխադարձ սիրոյ, յարգանքի, զոհաբերութեան ու հաւատարմութեան առաքինութիւններր զանց առնող, ժխտող ու անտեսող Գօզմա ոչ մէկ երջանկութիւն եւ անհրաժեշտութիւն կը գտնէ ամուսնական ուխտի պահպանման ու աստուածային պատուիրանապահութեան մէջ։ Նման յանձառում լոկ «անփորձ երիտասարդները կ'ունենան», կը գրէ Գօզմա։ «Ամուսնութեան մէջ, սիրելի Միհրանիկ, իրական երջանկութիւնը նիւթական ապահովութիւնն է։ Այս ըսածներս թերեւս հիմա ուղիղ չգտնես, բայց օր մը պիտի համոզուիս անոնց ճշմարտութեան, երբ կատարեալ մարդ ըլլաս… Մաքուր ու անկեղծ սէրը պախալն ու մսավաճառը կ'առնե՞ն ու փոխարէն ուտելիք կու տա՞ն։ Շատ կը կասկածիմ որ չէ»։

Գօզմա չի վարանիր բարոյականութեան դասեր տալ իր հեռաւոր զաւկին, բայց կը գլանայ վերահասու դարձնել անոր՝ կեանքի գեղեցիկ ու ճշմարիտ երեւոյթներուն։ Անոր բարոյականութեան օրէնքները հիմնուած են դրամի ու շահի վրայ։ Անոր համար, դրամը ապրելու ե՛ւ միջոց է, ե՛ւ նպատակ։ Դրամն է աշխարհի տէրն ու տիրականը, որուն առջեւ կը հալին ու կը չքանան դժուարութիւնները։ Մարտիկ էֆէնտի կրնա՛յ շարունակել իր սանձարձակ, գայթակղալից ու անբարոյ կեանքը, այնքան ատեն որ չէ ցամքած իր հարստութիւնը։ Գօզմա առանց խպնելու եւ դոյզն չափով պատկառանք ցոյց տալու, համարձակօրէն կ'արտայայտէ ինքզինք, ըսելով. «Մարտիկ էֆէնտի կարգ մը արարքներ գործեց, որոնք կրցանք պարտկել մեր դրամին ուժովը եւ մաքուր պահել մեր պատիւն ու համբաւը։ Բայց ենթադրենք որ այդ դրամը պակսէր մեզի, ի՞նչ պիտի ըլլար վիճակը, ամբողջ խաղքութիւնը մէջտեղ պիտի ելլէր եւ մենք պատիւնիս ու համբաւնիս վրայ տալով՝ չպիտի համարձակէինք մարդու երես նայիլ։ Ահա թէ ինչո՛ւ դրամ չունեցողը պէտք է անպատճառ բարոյական ունենայ։ Բարոյականը իր դրամագլուխն է։ ... Մարտիկ Էֆէնտի իբրեւ փեսայ կ'ընդունիմ, կը յարգեմ ու կը պատուեմ, որովհետեւ դիրք ունի, հարստութիւն ունի։ Ահա քեզի բարոյականութեան դաս մը, սիրելի զաւակս, որմէ ամբողջ կեանքիդ մէջ կրնաս օգտուիլ»։

Միհրան իր նամակներուն մէջ ըստ երեւոյթին կ'արծարծէ Ժընեւի մէջ հանդիպած զուիցերիացի Օրիորդ Ժանէթին հետ մտերմիկ կապի մասին, որովհետեւ Գոզմա իր զաւակէն տեղեկութիւններ կը պահանջէ հարսնցուին մասին, ինչպէս՝ «Աղջկան հնչուն ու պատրաստի օժիտը ի՞նչ է։ Ազգականներ ունի՞։ Հարո՞ւստ են, թէ աղքատ»։ Այնուհետեւ, Գոզմա կը յայտնէ թէ իր կինը համաձայն չէ որ Միհրան օտարազգիի մը հետ ամուսնութիւն կնքէ։ Այս հարցով Գոզմա կը գրէ. «Բախտը ինչ ձեւով ալ մեզի ներկայանայ, պէտք չէ ձեռքէ փախցնել։ Կատարեալ վաճառական մը ամէն դիպուած, ամէն առիթ պէտք է շահագործել գիտնայ»։ Գալով եկեղեցւոյ, հաւատքի ու դաւանանքի, հաւատարմութեան ու պատկանելութեան, հայրը կը գրէ որդւոյն. «Անկարելի է որ դուն հեռանաս քու եկեղեցիէդ։ Տարբեր բան, եթէ բացառիկ պատճառներ ըլլան ասոր համար։ Այսինքն՝ եթէ աղջիկը մեծ հարստութեան մը տէր ըլլայ եւ պահանջէ որ անպատճառ իր դաւանութիւնը ընդունիս»։ Իբրեւ վերջին «բարի ու օգտակար» խորհուրդ, Գոզմա կ'աւելցնէ որ Միհրան չունենայ դիւրախաբ միտք ու թակարդուի, այլ ըլլայ շրջահայեաց եւ ինքզինք շատ դիւրամատոյց ցոյց չի տայ։ Ահա եւ այդ հատուածը. «Աղջիկը պէտք է քեզի սիրահարի եւ ոչ թէ դու անոր։ Սիրահար մը հաշիւով չկրնար գործել եւ յաճախ քիթէն կը բռնուի. այս ճշմարտութիւնը միշտ աչքի առջեւ ունեցիր։ Ինքզինքդ ծանր ծախէ, ահա իմ հայրական խրատս»։

Բացայայտ իրողութիւն է որ Միհրան բացարձակապէս դժգոհ է հօրը տուած խրատներէն ու ներքնապէս կը տագնապի ու կը տառապի։ Ան իր հօրը նամակներուն մէջ կը փնտռէ զգացում, հոգի, կենդանութիւն, մարդասիրութիւն, խղճահարութիւն, բայց ի զուր, որովհետեւ Գոզմա կատարեալ անզգայ է, անշնորհք, դրամամոլ ու անձնամոլ։

Միհրանին գանգատներուն վրայ, Գոզմա կը գրէ. «Կ'առարկես, թէ նամակներուս մէջ բնաւ զգացում չեմ դներ, թէ ամէն խնդրի վրայ վաճառականի աչքով կը նայիմ, թէ չեմ ուզեր ընդունիլ որ դրամէն ու կրկնատոմարէն դուրս ալ բաներ կրնան գոյութիւն ունենալ....։ Առանց դրամի, զգացումը մարդուս թշուառութիւնը կը կրկնապատկէ։ Զգացումն այն ատեն վայելք մը կ'ըլլայ, երբ առատ դրամ ըլլայ մարդուս գրպանը»։

Այս նամակներու աւարտին, Գոզմա իրեն վայել մեծամտութեամբ, յոխորտութեամբ ու լկտիութեամբ կրնայ բացագանչել՝ «Զոր ինչ գրեցի՛ գրեցի»։

Գոզմա մարմնացումն է շահագործող դասակարգին։ Ան ագահ է, անձնակեդրոն, նիւթապաշտ, մոլթապաշտ, դիմակաւոր, կեղծաւոր, անսիրտ ու անխիղճ։ Անժխտելի ճշմարտութիւն է, որ կատարելութիւն քարոզող Գոզմա կատարելութենէ ու ճշմարտութենէ փարսախներով հեռու է, իսկ արտայայտած գաղափարները ու կատարած թելադրութիւնները ոչ թէ բարոյական կատարելութեան կ'առաջնորդեն, այլ ընդհակառակը, մարդը կը նսեմացնեն, կը նուաստացնեն, կ'արժէքազրկեն։ Անոր կեանքի նպատակակէտը եւ կիզակէտը դրամն է։ Անոր «դաւանութիւն հաւատոյ»ն (Profession de Foi) նիւթն է, որ կրնայ քակել ամէն հանգոյց, լուծել դժուարալոյծ խնդիրներ, հրաշքներ գործել եւ հարթել ճանապարհ յաջողութեան, ուրախութեան ու առողջութեան։ Գոզմա չունի առաքինութեանց ու սրբութեանց հասկացողութիւն։ Ան իւրացուցած կը թուի ըլլալ լատինական առածը, որ կ'ըսէ· "Ubi bene, ibi patria", որ թարգմանի՝ ուրտեղ բարիք՝ այնտեղ հայրենիք։

Գոզմա իր ամբարտաւանութեամբ կը համարձակի առատօրէն խրատներ ղրկել իր որդիին ու կաշկանդել անոր միտքը՝ առանց գիտակցելու որ որդին ունի իր ուրոյն մտածելակերպը, հոգեբանութիւնը, աշխարհահայեացքը, ինչպէս նաեւ իր անձնական նախասիրութիւնները եւ ընտրութիւնները, որոնք պէտք է յարգուին խստագոյնս։ Գոզմա առանց շիկնանքի ու այլեւայլի, կոպտօրէն կը միջամտէ տղուն կեանքին՝ ընդգծելով կարեւորութիւնը վաճառականութեան եւ ակնկալելով Միհրանէն, որ ա՛ն եւս ընդգրկէ նոյն շահաբեր ասպարէզը։ Գոզմա ի զուր ըղձաց որ Միհրան ժառանգէ իր յատկութիւնները եւ հետաքրքրութիւնները։ Ժընեւէն վերադարձին, երբ Գոզմա իր յաւիտենական նինջին մէջ կը հանգստանար իր պատկառելի ու կատարեալ կազմով, Միհրան կազմալուծեց իր հօրը վաճառակեդրոնը եւ մոռացութեան քամիին յանձնեց անոր տուած «շինիչ ու բարերար» թելադրութիւնները։

Ներկայ մարդկութիւնը դժբախտութիւնն ունի իր ծոցին մէջ ունենալու Գոզմայի նման անթիւ «կատարեա՛լ մարդիկ» կամ մտքի գաճաճներ, որոնք տզրուկի նման կառչած ժողովուրդին՝ անոր արիւնը կը ծծեն անողոքաբար։ Տխրահռչակ Գոզմաներ այժմ ամենուրեք են եւ կը պատկանին ամէն ժամանակի։ Առողջ գիտակցութիւններին կորսնցուցած Գոզմաներ հրապարակներուն չեփորահարումը կը կատարեն նիւթապաշտութեան եւ կեանքը կը տեսնեն ու կը դատեն լոկ դրամի նեղ անկիւնէն։ Գոզմայի հոգեկան վէրքը խորունկ է ու անբուժելի։ Ոչինչ կրնայ ցնցել անոր ողջ էութիւնը ու հիմնայատակ կործանել զինք որքան դրամի չգոյութիւնը կամ սակաւութիւնը։ Անոր անյագ ու մոլեգին ցանկութիւնը՝ ունենալու եւ առաւել եւս ունենալու մէջ է։ Անոր լիակատար երջանկութեան գաղտնիքը դժբախտաբար նիւթին մէջ ամփոփուած է։ Մարդկութիւնը քամահրող, անոր փշոտ հարցերուն վրայ քմծիծաղ, հեգնանք ու անտարբերութիւն ցուցաբերող Գոզմա ամբողջովին կորսնցուցած իր զգայնութիւնը, ուղղուեցաւ դէպի անդնդախոր վիհ, ուրկէ չիք վերադարձ։ Ան չգտաւ բարուոքում իր հոգեկան խանգարուածութեան ու դարմանում՝ իր արգահատելի վիճակին։ Հայկական առածը ամենայն իմաստութեամբ կ'ըսէ· «Սապատաւորին լոկ գերեզմանը կ'ուղղէ»։

Մեծ երգիծաբան Երուանդ Օտեան Գոզմայի նամակներուն ընթերցումը կը յանձնարարէ «մասնաւորաբար այն պուրժուայի ձագերուն, որոնք վճռաբար միտքերնին դրած են «կատարեալ մարդ» ըլլալ։

2000

«Պակների Բողոքը»

Արեւելահայ յայտնի գրող Մուրացանի «Պսակների Բողոքը» գաւեշտագրութիւն մըն է, որ լոյս տեսած է առաջին անգամ «Լումայ» հանդէսին մէջ, 1899 թուականին։

Բովանդակութիւնը համառօտիւ հետեւեալն է.

Մայր եկեղեցւոյ լուսարարը օր մը սրբազանէն արտօնութիւն կը խնդրէ որ եկեղեցիին մէջ կախուած յուղարկաւորութեան ծաղկեպսակները վար առնէ եւ փչրտելով դուրս չպրտէ։ Սրբազանը, ափիբերան մնացած այս արտասովոր առաջարկին դիմաց, լուսարարին ձեռքը կու տայ նամակ մը եւ զինք կը ճամբէ բժիշկ Մալուխեանին։

Բժիշկը, ուշադիր կարդալէ ետք սրբազանին նամակը, կ'անցնի բժշկական քննութեան։ Լուսարարին ամբողջական քննութիւնը կատարելէ ետք, կ'անդրադառնայ որ կարծեցեալ հիւանդ լուսարարը առողջ է թէ՛ մտքով եւ թէ՛ մարմնով։ Բժիշկը այնուհետեւ, ճարահատ, քննութենէն կ'անցնի խօսակցութեան։ Լուսարարը կը պատմէ թէ ինչպէս սարկաւագութեան աստիճանն ստացած էր որպէսզի քահանայանար. սակայն, քանի որ սրբազանին բարեխօսող չէր եղած իր մասին, մնացած էր սարկաւագ։ Կը պատմէ թէ ինչպէս յուսահատած չէր տակաւին, եւ կը յուսար, որ օր մը սրբազանը իր արժանիքը գիտնալով պիտի ձեռնադրէր։

Լուսարարը այնուհետեւ կը պատմէ թէ ինչպիսի երկիւղածութեամբ ու բարեպաշտութեամբ կը սիրէր եկեղեցին, հոգ կը տանէր ամէն ձեւով եւ շատ յաճախ անձնատուր կ'ըլլար հոգեւոր ընթերցումներու։

Այս առիթով, լուսարարը բժիշկին կը յայտնէ նաեւ թէ ինչքան կը սիրէր եկեղեցական հանդէսները, թափօրները եւ մանաւանդ շքեղ յուղարկաւորութիւնները։ Վերջիններս առիթով բերուած պսակները ան կը գտնէր դիւթիչ ու գգլխիչ՝ իրենց երփներանգին ու ժապաւէններու ոսկեգոյն մակագրութիւններուն համար։ Լուսարարին համար այդ պսակները «ընդհատուած կեանքի օղակներ էին, որոնք իրարից անբաժան, անկարող էին այլեւս միանալ, ... դրանք ամփոփում էին իրանց մէջ հանգուցեալի կորուստը ողբացող սիրելիների արտասուքը, փոխակերպելով նրանց վարդի ու յասմիկի, յակինթի կամ շուշան ծաղկի»։

Հանգուցեալի տէրերուն կողմէ եկեղեցւոյ յանձնուած այդ պսակները կը կախուէին եկեղեցւոյ վերնատունէն «իբրեւ յիշատակ թանկագին հանգուցեալի»։

Լուսարարի հոգատարութեան յանձնուած պսակները կը մնային թարմ, մաքուր ու բուրումնաւէտ, որովհետեւ անոնց մէջ «կը մարմնանային ու կը միաւորուէին երկու յարգելի եւ կարի թանկագին կատարելութիւններ, մին՝ առաքինութեան կամ հանճարի արժանիքը, միւսն՝ այդ արժանեաց կորուստի համար զգացուած վիշտը»։

Բարի լուսարարն ապա կը պատմէ որ օր մը, անսպասելիօրէն, կը լսէ պսակի մը ձայնը. «Մեզ բոլորիս դուրս շպրտիր այստեղից. գի արժանի չենք մենք այս սրբարանում կախուելու… մենք ոչ այլ ինչ ենք, եթէ ոչ կեղծիք եւ ստութիւն, մեր գոյութիւնը՝ հերքումն է ճշմարտութեան»։ Լուսարարը կը նկարագրէ պսակներու վրայ զետեղուած ժապաւէններու ոսկեգիր մակագրութիւնները, որոնք բնաւ չէին համապատասխաներ հանգուցեալի կեանքին, վարքին ու բարքին. ինչպէս օրինակ՝ «իւր արժանաւոր որդի» մակագրութիւնը բոլորովին սուտ էր, վասնզի հանգուցեալը ժողովուրդին անարժան եւ անպիտան մէկ զաւակն էր։ Ոչինչով օգնած էր ազգին. ո՛չ լեզուն խօսած էր եւ ո՛չ ալ կրօնը պահած։ Ապրած էր անձնակեդրոն ու շռայլ կեանք մը, առանց ուեւէ մէկուն օգտակար ըլլալու։ Ապրած էր իր շահին ու հաճոյքին համար։ «Նա ապրեց առանց հայրենիք ճանաչելու, առանց իւր ժողովուրդի ցաւերն իմանալու, առանց նրա վշտին գէթ հեռուից կարեկցելու, կամ մատի ծայրով նրա բեռը շարժելու»։ Այժմ, սակայն, ժողովուրդի զաւակները զինք կը կոչէին «արժանաւոր որդի» եւ անուշաբոյր ծաղիկներով կը զարդարէին դագաղը։ Ի՛նչ հեգնանք ու անպատուութիւն։

Ապա, լուսարարին ականջին կը հասնի ձայնը մէկ այլ պսակի, որուն ժապաւէնին վրայ գրուած էր. «Առաքինի Բարերարին՝ երախտագէտ հասարակութիւնը»։ «Օհ, թէ իմանայիր, թէ ո՞վ էր այն մարդը, որին տուել են ոչ միայն բարերար այլեւ առաքինի անուն»։ Այդ մարդը զրկուած մարդկային ամենատարրական զգացումէն, ապրեցաւ կեանք մը խղճալի ու գձուձ. աչքերը փակեց եւ ականջները ամուր խցեց ի տես իր ազգայիններուն ու մարդկանց թշուառութեան ու կարօտին։ Արցունքոտեց բազում աչքեր ու իր շուայտութեամբ անբախտացուց խեղճ էակներ՝ քանդելով ու խորտակելով անոնց ապագան։ Իսկ այժմ, անամօթաբար, լկտիաբար ու անարժանաբար կ'արժանանար հասարակութեան երախտագիտութեանն ու սիրոյն։

Եւ այսպէս, մէկ առ մէկ, պսակները կը խօսէին լուսարարին ու կը յայտնէին իրենց անարժանութիւնը եկեղեցիէն ներս մնալու։ Կ'աղաղակէին այդ պսակները եւ կ'աղաչէին լուսարարին որ զիրենք անմիջապէս դուրս նետէր, որպէսզի չպղծէին այլեւս սուրբ տաճարը։

Բժիշկը, որ ուշի ուշով մտիկ կ'ընէր այս խելօք լուսարարին պատմածները, ի վերջոյ համոզուեցաւ որ այս մարդը խելագար չէր, այլ՝ պատուական, ազնիւ, պարկեշտ ու մաքրասիրտ անձնաւորութիւն մը։ Ան պատասխանեց սրբազանին նամակին թէ լուսարարը խելագար չէ, այլ «Նրա հետ խօսել են այն ոգիները, որոնք խօսում էին մի օր Սոկրատի, Մահմէտի, Լոյոլայի, Լուտերի, Կէօթէի եւ այլոց հետ։ Զանազանութիւնն այն է, որ յիշեալները հռչակաւոր մարդիկ դարձան, իսկ սա, ամենաշատը, պիտի դառնայ հայ քահանայ։ Այնուամենայնիւ, վատ չի լինի, եթէ լսէք նրան եւ մեռելների պսակները հանել տաք եկեղեցուց։ Իրաւ որ հաճելի չէ տեսնել եկեղեցում ստութիւն եւ կեղծիք վարագուրող իրեր»։

Սրբազանը երբ կարդաց նամակը, անմիջապէս հրամայեց՝ լուսարարը արտաքսել եկեղեցիէն, իսկ բժիշկին եկեղեցի մուտքը արգիլել, երկուքն ալ իբրեւ ցաւագարներ եւ խելացնորութեան հաւանական վարակիչներ ժողովուրդին եւ եկեղեցական դասին։

* * *

Շուրջ հարիւրամեայ այս գաւեշտագրութիւնը վաղուց դադրած է գաւեշտական համարուելէ, վասնզի իր մէջ կը պարունակէ այնպիսի իրական տարրեր, որոնք ամբողջովին կը համապատասխանեն մեր ժամանակակից կեանքի ցաւալի երեւոյթներուն։

Առաջին հայեացքէն տարօրինակ ու ծիծաղաշարժ թուացող այս վերնագիրը կու գայ յիշեցնելու մեզի մարդկութիւնն իր բոլոր տկարութիւններով ու պատճառած ապականութիւններով։

Արդարեւ, զարհուրելի ու պժգալի թատերգութիւն մըն է կատարուածը մարդկութեան կողմէ աշխարհաբեմին վրայ։ Եւ մենք՝ ականատեսներս, մասնակիցներս ու մեղսակիցներս, կամայ թէ ակամայ, կ՚ընդունինք ներկայացուած գաւեշտաբանութիւնը իբրեւ քաղաքակիրթ մարդու կողմէ սահմանուած ու օրինաւորուած բարձր կարգ։ Ի լուր եւ ի տես այս ամէնքին, մեր խղճմտանքի աղաչաւոր ճիչերը ներկայիս խեղդուած կը թուին ըլլալ աշխարհի կիրքերուն, թոհուբոհին ու արագընթաց ու վայրէջ կեանքի հոլովոյթին մէջ։ Կը կատարենք արարքներ, հակառակ մեր կամքին, մարդկանց քմահաճոյքին համար՝ գոհացնելով լոկ անոնց ես-ը, շոյելու անոնց փուճ ինքնասիրութիւնը, փայփայելու եւ բարձր պահելու անոնց «պատուական» անունը։ Մեր կուսական ու մաքրամաքուր զգացմունքները եւ առաքինութիւնները ոտնակոխելու աստիճան դարձած ենք հաճոյակատար ու կամակատար։ Հանգստասէր ու պատուասէր, սնապարծ ու ամբարհաւաճ մարդիկ կը շարունակեն պահանջել կեցցէներ, խլացուցիչ ծափահարութիւններ ու նոյնիսկ յետմահու շռայլ, փաղփուն ոճով ու պերճ բովանդակութեամբ արտասանուող դամբանականներ։ Եւ մենք, երկու հակադիր ուժերու մէջ բռնուած էակներս, հարկադրանքի ու ճնշումի տակ, պատուանդանին կը զետեղենք մտքի գաճաճներ, մարդկութեան տզրուկներ եւ կեղծիքի քօղով պարուրուած համեստ համբակներ։

Ու կը մտածեմ..., թէ ինչքա՜ն դիւրացած են դամբանականները, որոնք կը խօսուին հեշտութեամբ, եւ որոնց մէջ շռայլօրէն կը գործածուին այնպիսի պատկառելի ու նուիրական բառեր, ինչպիսիք են՝ եկեղեցասէր, հաւատացեալ, աստուածավախ, հաւատարիմ անդամ, ծառայասէր, ազգասէր, առատաձեռն, բարերար, բարեգործ, առաքինի, հարազատ ու արժանաւոր զաւակ ազգին, եւ այլ բազմաթիւ ու բազմատեսակ ածականներ։ Արժանաւորին ու անարժանին կը տրուի նոյն պատիւը, կը վերագրուին նոյն բարեմասնութիւնները եւ առաքինութիւնները։ Անոնց դագաղը զարդարող պսակներուն մէկ մասը սովորութիւն է մինչեւ այսօր եկեղեցի պահել։ Այդ պսակները այսօր եւս ունին իրենց փոխանցելիք պատգամը մեզի։ Քանի՜ ականջ տրամադիր է մտիկ ընելու անոնց բողոքը։

Պարզ ու խոնարհ լուսարարը, իր անբիծ հոգիէն ներս անձնական դատաստան տեսնելէ ետք պսակներուն հետ, կ՚ընդվզի ու կը պոռթկայ ահաւոր սաստկութեամբ այս անարդար աշխարհի կարգ ու կանոնի, քօղարկուած կեղծիքի ու կեղծաւոր մարդոց դէմ։ Ծաղկեպսակներու՝ եկեղեցիէն դուրս շպրտումով մարած պիտի նկատէր իր սիրտէն ներս կատաղօրէն կատարուող եռեւեփը։ Արդարութիւնը սակայն սահեցաւ գահավէժ զառիթափէն ի վար եւ անպատկառօրէն յաղթանակեցին անարդարութիւնը, կեղծիքը, բարոյական պղծութիւնն ու անկումը։

Ֆրանսացի մեծ վիպասան Պալզաքը ինչքան ճիշդ կը բնութագրէ մաքուր հոգիներուն ճակատագիրը եւ կարճակեցութիւնը, երբ կը գրէ. «Մաքուր հոգիները երկար չեն կրնար ապրիլ այս աշխարհի մէջ։ Եւ իսկապէս, մեծ զգացումներն ինչպէ՞ս կրնան հաշտուիլ ցած, չնչին եւ մակերեսային հասարակութեան հետ»։

Պսակներու բողոքը անկեղծ է ու կարեւոր։ Հարկ է մերթ ընդ մերթ ուշ դնել անոնց ազնիւ ձայնին ու... բողոքին։

1996

Ինքնաճանաչութեան Անյետաձգելիութիւնը

Ինքնաճանաչումը մարդկային՝ անհատական, հաւաքական ու ազգային պահանջք է։ Ամենուրեք ընդհանուր ձգտում կայ ճանչնալու մարդը, բացայայտելու անոր նկարագրային գիծերը եւ խառնուածքը։ Մարդիկ ոչ միայն կը սերտեն, կ'ուսումնասիրեն իրենց ցեղը իր բոլոր առանձնայատկութիւններով, բարքերով, նիստուկացով ու սովորութիւններով, այլեւ կը ջանան ըմբռնել այլ ազգերու ինքնատիպ, ինքնուրոյն հոգեբանութիւնը եւ այլազան յատկանիշները։ Մեր ինքնաճանաչման ու ինքնարժեւորման աշխատանքին կը սատարեն ո՛չ միայն հոգեբաններն ու մարդաբանները, այլեւ՝ գրողները (ոչ անպայման վիպասան կամ բանաստեղծ)։

Գրողները կ'արտայայտեն մարդուն հոգեկան ներքին աշխարհը. վառ ու հարազատ գոյներով մեզի կը ներկայացնեն մեր ինքնութիւնը, իսկութիւնը, ձգտումները, տենչերը, իղձերը, երազները, անձկութիւնները, տագնապները, ևն։ Մեր գրողները մեզ հաղորդակից կը դարձնեն մեր անցեալի ոգեղէն արժէքներուն եւ կոչ կ'ուղղեն մեզի՝ զանոնք պահելու եւ պահպանելու իբրեւ կենաց աղբիւր ու անսպառ ներշնչարան։

Հինէն ի վեր մեծ եղած է դերը հայ գրողին, պատմագրին, մատենագրին, բանաստեղծին։ Անոնք իրենց գրիչով ոչ միայն արձանագրած են հայ ժողովուրդի պատմութեան սխրալի դէպքերն ու անցքերը, պատմական նուաճումներն ու արիւնալի պատերազմները, այլեւ իրենց պատկերաւոր մտածումներով, իմաստալից խօսքերով, հայրական խրատներով ու բազմապիսի առոյթներով վստահութեան ու քաջալերութեան յոյս ներշնչած են հայուն, գիտութեան անսպառ լոյս պարգեւած են անոր ու մեր հրաշալի պատմութիւնը հիւսելով, կերտած են մեր ինքնութիւնը, մշակած մեր լինելութիւնը, ազնուացուցած մեր հոգին, բիւրեղացուցած ու պայծառացուցած մեր մտածողութիւնն ու նուրբ զգացողութիւնը։ Հայ ժողովուրդը մեծ գովեստով ու երախտիքով կը յիշէ իր անցեալի մեծութիւնները եւ կը խոնարհի անոնց զոհաբերուող ու սրբանուէր ոգիին առջեւ։

Հայ գրողը, սակայն, չէ ունեցած հեզասահ՝ անձկութիւններէ ու կեանքի մտահոգութիւններէ զերծ ու ապահով կեանք։ Իր ժողովուրդի տառապանքներուն հետ միատեղ տագնապելով հանդերձ, ան անհանգստացած է նաեւ իր առօրեայ ապրուստը հոգալու եւ իր ֆիզիքական գոյութիւնը պահպանելու տեսակէտէն։

Ի յառաջագունէ, նախախնամութեան կողմէ սահմանուած վերին կարգ մը ըլլար կարծէք, որ հայ գրագէտը, գրողը, մտաւորականը, մանաւանդ ուսուցիչը, բոլորն ալ դատապարտուած մնան նուազագոյն գնահատանքին ու նիւթական վարձատրութեան, եւ երբեմն ալ՝ դիմեն ողորմութիւն խնդրելու անվայել ու անհարկի արարքին՝ իրենց գոյութիւնը քարշ տալու համար։ Այս մտքի մշակներն ու մշակոյթին նուիրուած սպասաւորները, որ երբեմն կը կոչուին նաեւ «սրբազան խենթեր», ներկայիս սաստիկ նուազած են ու հետզհետէ կը պակսի անոնց թիւը։ Եթէ ոչ խենթութիւն, ապա անշահ ու աննպատակ պարապմունք կը համարուի հայերէն գրելն ու կարդալը, խօսիլն ու արտայայտուիլը։ Հայերէ-նագիտութեամբ զբաղիլը ժամավաճառութիւն կը համարուի. իսկ հայ մշակոյթով հետաքրքրուիլը՝ ժամանակավրէպ ու անհրապոյր։ Երկիւղն ի սիրտ, ճնշուած հոգիով ու սրտաբեկ կը խորհինք այս դառն իրականութեան վրայ, որովհետեւ իրօք որ կը նօսրանան անձնդիր անհատները, որ առենին իրենց ոսկեայ գրիչով կը ծաղկեցնէին հայ գրական անդաստանը։ Հայոց երկնա-կամարէն եթէ մէկ առ մէկ չքանան գրողները, որո՞նք պիտի հրաւիրեն զմեզ ինքնաճանաչողութեան, հոգեկան արիութեան, հոգեւոր ուժերու վերակազմա-ւորման, լիցքաւորման ու կենսաւորման։

Հարկադրանքի տակ ենք վերստին հարց տալու թէ ինչո՞ւ տեղի կ'ունենայ այս թաւալգլոր անկումը։ Արդեօք նոր իրավիճա՞կ մըն է այս մեր իրականու-թենէն ներս, թէ ձանձրալի ու տաղտկալի կրկնութիւնը հեռաւոր անցեալի։ Պատասխանը բարդութիւններէ տառապելով հանդերձ ունի նաեւ տարօրինակ պարզութիւն մը։ Այս կացութիւնը պիտի շարունակէ տիրական մնալ այնքան ատեն որ չենք կրնար, աւելի ճիշդ՝ չենք կամենար գնահատութեան զգացումը մշակել մեր մէջ։ Անցեալին, գնահատանքի պակասը մեր գրողներուն եւ այլ նուիրեալ սպասաւորներուն հանդէպ՝ գիրենք մատնած է ծայրայեղ թշուա-ռութեան, յուսալքման եւ բարոյազրկման։

Մեր իրականութենէն ներս, իրօք, ո՞ր գրագէտը, գրողը, ուսուցիչը կրնայ պարծենալ որ ըստ արժանւոյն գնահատուած ու լիաբուռն վարձատրուած է։ Անցեալ դարի վարժապետներուն, գրողներուն եւ բանաստեղծներուն կեանքը յայտնի է՝ արեւելահայ եւ արեւմտահայ հատուածներուն մէջ հաւասարապէս։ Բոլորը լիայոյս էին որ ազգը պիտի հովանաւորէր զիրենք, քաջալերէր ու զօրավիգ կանգնէր իրենց ամէն մէկ գրական ձեռնարկին, նուաճումին եւ մտաւոր արգասիքին հրատարակութեանը։ Բայց ափսո՜ս, ազգը զիրենք լքած է առ ճանապարհաւ՝ անտեսելով անոնց սրբազան ու նուիրական կոչումը։ Աւելին. ազգը փշրանքներով կերակրած է զանոնք, մոռնալով որ անոնք ունին արժա-նապատուութիւն, հպարտութիւն եւ գրագէտի խորունկ ու փափուկ զգացողու-թիւն։ Այս ազնիւ հոգիները բազմիցս խաբուած են չարաչար, հալածուած ան-դադար, վիրաւորուած, այպանուած, քննադատուած ու արհամարհուած։ Իւրա-քանչիւր գրագէտ իր օրապահիկը ճարելու համար, ստիպուած դիմած է կողմ-նակի եկամտաբեր գործերու, եւ կամ, վատթարագոյն պարագային՝ ողոր-մութեան։ Չկայ աւելի նուաստացուցիչ զգացում ուեւէ գրողի համար, քան՝ յանձնել իր թանկագին կեանքի գոյութիւնը ուրիշներու ողորմութեան, գթա-սրտութեան եւ բարեսիրտներու լումային։ Մեծութիւններուն սահմանուած սեւ ճակատագի՞ր է այս, թէ՝ սոսկ անտարբերութիւն հայ զանգուածին կողմէ։ Հայ կեանքէն օրինակները պարզապէս շատ են ու մանաւանդ՝ տգեղ։ Գամառ-Քաթիպան բոլորեց բովանդակ կեանք մը թշուառութեան մէջ։ Այդ սիրուած բանաստեղծը կրեց իր գրագէտ ըլլալու անբերելի խաչը անտրտունջ ու առանց դոյզն իսկ դժգոհութեան։ Մեր մեծ վիպասան Րաֆֆիին «Փունջ»երը տպարանի մէջ մնալէ ետք «կշեռքով ծախեցին մանրուք փաթաթելու համար», կը գրէ Ղազարոս Աղայեանը։ Նշանաւոր խմբագիր Գրիգոր Արծրունին «իր հօրիցն էր ողորմութիւն ստանում, բայց հօր մահից եւ քարվանսարան ձեռքից գնալուց յետոյ, նա չքաշուեց ազգից ողորմութիւն ուզելուց»: Պերճ Պռոշեանցի «Հացի խնդիր» վէպը ի զուր չէ կրեր այդ վերնագիրը։ «Պռոշեանցը հացի սով շատ է տեսել, սրա համար էլ իր կուշտ ժամանակ էլ հացի վրայ անկուշտ աչքով էր նայում»: Կանխահաս ծերութեան մէջ տառապող գրականագէտ Աղեքսանդր Երիցեանը, որ չէ դիմած ոեւէ մէկուն օգնութեան, ողորմութեան ու կարեկցանքին, կրցած է ապրիլ միայն ու միայն իր բարեկամներուն նիւթական օժանդակութեամբ։

Գրողին նիւթական անբաւարար վարձատրութիւնը կամ գործազրկութիւնը, ինչպէս նաեւ անոր դէմ չղթայազերծուած հակակրութիւնն ու հալածանքը իրեն երբեմն խորհիլ տուած են «գիւրովի երթալ»ու (իմա՛ անձնասպան ըլլալու) մասին։ Մեր մեծավաստակ մանկավարժ ու գրող Ղազարոս Աղայեանի կեանքը այնքան ողբալի էր ու անտանելի, որ «Մշակ» յայտարարութեամբ մը հանդէս եկած է անոր խեղճութեան մասին։ «Դրութիւնս շատ էր անտանելի, կը գրէ Ղ. Աղայեանը, յուսահատութիւնից ուզում էի գիւրովին երթալ: Այդ յուսահատութեան մէջ ձգեցին ինձ բոլոր խաւարամիտները խօսքը մէկ արած: Այս մի ահագին եղերգութիւն է, եթէ գրի առնուի»: Բարեբախտաբար, ազնիւ հոգիներ իրենց հոգատար ձեռքը երկարեցին եւ մարդասիրական օգնութեամբ փրկեցին մտաւորականը ի սպառ կորուստէ։ Ղ. Աղայեանը հրապարակաւ իր երախտիքը յայտնած է այդ բարերարներուն։

Կենդանի գրողներուն մասին արտայայտուելով, Ղ. Աղայեանը կը գրէ. «Ամէնքն էլ ողորմութիւնով են ապրում: Եթէ կայ բացառութիւն, դրանով չի հերքւում ընդհանուրի թշուառ դրութիւնը»:

Ղ. Աղայեան սրտբացօրէն կը խոստովանի իր ժամանակի (1860-ական թուականներ) խաւարամտութիւնը. «Չկար գնահատութիւն շնորհքի, տաղանդի, եւ հանճարի տէր մարդը համարւում է խելագար, կամ առնուազն հերետիկոս»:

Ղ. Աղայեանը իր «Տարրական ճշմարտութիւններ» գրութեան մէջ կ՚արծարծէ հին, բայց շատ լուրջ, հիմնական ու կենսական հարցեր, որոնք անմիջական աղերս ունին գրողներուն եւ անոնց նիւթական գնահատութեան հետ։ «Չունենք գրականութեամբ ապրող դասակարգ», կը գրէ ան, եւ անոնք որոնք հայ գրականութեամբ եւ մտաւորական աշխատանքով կը զբաղին, անհրաժեշտութիւն կը զգան այլեւայլ գործեր ընելու՝ իրենց ապրուստը հոգալու համար։ Այս վիճակը մեծ անպատեհութիւն կը ներկայացնէ, որովհետեւ համալսարան մուտք գործող ուսանողը ինքզինք երբեք պիտի չտրամադրէ գրականութեան նուիրուելու, «եւ ինչո՞ւ այդպէս չմտածէ, քանի որ հէնց գրականութիւնից նա չի կարող ապրուստի յոյս ունենալ»: Ուրեմն, մեր ներկայ պայմաններէն ելլելով, հայերէն գրող կամ մտաւորական կամ գիտնական պիտի չունենանք, «որովհետեւ մեր ներկայ մտաւոր անդաստանը կարող չէ սնուցանել իր մէջ մի այնպիսի մարդու իր գրաւոր աշխատանքով»: Արդարեւ, ոչինչ փոխուած է Ղ. Աղայեանի ապրած ժամանակաշրջանէն ցայսօր։ Իսկ ի՞նչ է լուծումը այս կնճռոտ հարցին։ Յարգելի հեղինակը կը շարունակէ ըսելով. «Եթէ այդ մարդը ապահովութիւն ունենայ ազգի կողմից, կարող է մեր մէջ ապրել, մեզ ուսումնասիրել եւ մեզ ինքնաճանաչութեան բերել»:

Այո, ինքնաճանաչո՛ւմ։ Այնքան պարզ կը հնչէ այս բարդ բառը թէ՛ իր կազմով եւ թէ՛ իր բովանդակութեամբ։ Դեռ անցեալ դարի օտար հայագէտները *մեր աչքին առջեւն են։ Անոնք մեծ ոգեւորութեամբ ու սիրով փարեցան հայ լեզուի, պատմութեան ու գրականութեան ուսումնասիրութեան եւ յառաջ տարին հայագիտական իրենց պրպտումները օտար երկինքի տակ։ Օտարները, այսօր եւս, հետաքրքրուած են մեզմով, մեր լեզուով ու պատմութեամբ, մեր մշակութային կոթողներով, անձանձրոյթ կ՚ուսումնասիրեն մեզ եւ կ՚ուզեն մօտէն ճանչնալ այս հին ժողովուրդը։ Մենք զմեզ խորապէս քննելու, արմատապէս ճանչնալու տրամադի՞ր ենք։ Որո՞նք են հայ ցեղին յատուկ հոգեբանական գիծերը, բարոյական ժառանգութիւնները, հոգեւոր արժէքները, տիրական յատկանիշները՝ բնաւորութեան, կարողութեան, անհատականութեան, իմացականութեան, եւն։ Որո՞նք են այն էական հարցերը որ մեզ ազգովին պէտք է տագնապեցնեն, յուզեն եւ հաւաքական գործի մղեն։ Որո՞նք են այն մասնայատուկ մտածելաձեւերն ու հայակնիք նկարագրագիծերը, որոնք կոտորակուած հայերս կրնան համատեղել, համաձուլել, եւ վերջապէս առաջնորդել դէպի ազգային ու եկեղեցական մէկ նպատակակէտ, մէկ տեսիլք, մէկ ապագայ ու ճակատագիր։ Ո՞վ պիտի անդրադառնայ այս ճշմարիտ իրականութեանց, եթե ոչ՝ հայ գրողը։ Ո՞վ պիտի ներկայացնէ մեզի նաեւ մեր առաւելութիւններն ու յաջողութիւնները, ապա եւ մեր թերութիւններն ու տկարութիւնները, սխալները, սայթաքումները եւ անյաջողութիւնները, եթէ ոչ՝ գրողը։ Ո՞վ յարութիւն պիտի տայ մեր բիւրաւոր հոգեւոր թաղեալ ու մոռացեալ գանձերուն, գրական անփոխարինելի մասունքներուն եւ իմաստութեան կայծերուն, որ փակուած կը մնան առյաւէտ ձեռագիրներուն մէջ, եթէ ոչ՝ գրողը։ Ո՞վ երեւան պիտի հանէ զանոնք ու մատուցէ հանրութեան ու մատչելի դարձնէ անոնցմէ ճառագայթած լոյսի մանիկը հասարակութեան բոլոր խաւերուն անխտիր, որպէսզի վերջիններս հաղորդուին, լուսաւորուին եւ սնին իրենց նախահայրերուն ժառանգութեամբ, եթէ ոչ՝ գրողը։*

Արդարեւ, մեր ակնկալութիւնը շատ է հայ գրողէն։ Եթէ իրօք շատ բան կը սպասենք հայ գրողէն, ապա մինչեւ ե՞րբ հայ գրողը, մտաւորականը, դաստիարակը կոյր բախտին ապաւինած եւ իրենց յոյսը պատահականութեան վրայ դրած պիտի ապրին ու ստեղծագործեն։

Հայ ազգին սեպուհ ու նուիրական պարտքն է գրողին անելանելի կամ անբարեյոյս ու աննպաստ վիճակը բարեշրջել ու դարձնել հաճելի, տանելի։ Հարկ է հրաժարիլ այն կանխակալ կարծիքէն թէ հայ մտքի մշակը պէտք է մնայ չքաւոր եւ կամ բաւարարուի իրեն տրուած քիչով, որովհետեւ կատարածը ազգային ծառայութիւն է։ Սթափինք մեր երկարամեայ թմբիրէն եւ մենք զմեզ առաջնորդենք ուղղամտութեամբ, լայնախոհութեամբ եւ վերին աստիճանի խղճմտութեամբ ու բարձր գիտակցութեամբ։ Արժանը ամէն ժամանակներուն մէջ պէտք է հատուցել։

Հայ գրողը վէմն է ու ողնասիւնը մեր հաւաքական ենթակառոյցին։ Զըլլայ թէ վէմն անարգողն ու արհամարհողը, թերագնահատողն ու արժէքազրկողը ըլլանք, վասնզի «Վէմն զոր անարգեցին շինողքն՝ նա եղեւ գլուխ անկեան»։

1996

Ընդհատուած Պատմութիւն

Հայ ժողովուրդի պատմութեան ամենամռայլ էջը անտարակոյս իր ընդհատուած պատմութեան շրջանն է։ Հայ ժողովուրդը իր դարաւոր գոյութեան ընթացքին, ոչ մէկ ժամանակ դէմ յանդիման գտնուած է ճակատագրական գոյութենամարտին, որքան ան գտնուեցաւ առաջին համաշխարհային պատերազմի մահասարսուռ օրերուն։ Ցեղասպանութեան տարին հայոց պատմութիւնը կանգ առաւ, «սառեցաւ»։ Արդարեւ, շատ քիչ ազգեր դժբախտութիւնն ունեցած են ականատես դառնալու իրենց պատմութեան ընդհատումին։ Մեր դարաւոր ոսոխը մեզի շնորհեց այդ անարգ «պատիւը» զմեզ դասելով այդ հազուագիւտ ազգերու շարքին։ Եւ իրօք, մինչ այդ, հայոց պատմութիւնն այդքան խորունկ կերպով ու մահացուօրէն չէր խոցուած եւ ոչ ալ այդքան արիւնալի էջերով լեցուած ու անարգուած։ Ողջ ազգ մը բնաջնջելու սեւ ծրագիրը կու գար մէկընդմիշտ դադրեցնելու զարկերակը հայութեան եւ զայն յանձնելու պատմութեան հովին։

Շփոթութեան, անստուգութեան եւ անապահովութեան ցրտաշունչ մրրիկներ անխնայօրէն կը հարուածէին հայը եւ անոր ճակատագիրը։ Բռնութեամբ տեղահանուած ու իր պապենական սուրբ հողերու վրայէն արմատախլուած բովանդակ ժողովուրդ մը խողխողուեցաւ, ինկաւ, բայց զարմանահրաշօրէն չհանգաւ առյաւէտ, այլ՝ ապրեցաւ։ Աշխարհացրիւ հայերս ներկայիս, ընդմիջուած, ընդհատուած, սառած, տխուր, մռայլ ու արիւնոտ պատմութեան զաւակներն ենք, վկաները, շառաւիղը, շարունակութիւնը։

Վերապրողներ՝ մայրամուտի մարմրած տխրագոյն ցոլքերուն նման, ջանացին ըմբռնել ու մեկնել հրէշային ու ահաւոր ոճիրը։ Ոմանք չկրցան խորաչափել տարողութիւնը, ահագնութիւնն ու ծանրութիւնը այդ քստմնելի արարքին։ Այլք, կորսնցուցած իրենց ներքին հաւասարակշռութիւնը, լռութեամբ ինքնամփոփուած ու ներանձնականացած, ապրեցան կիսախելագար կեանք՝ զուրկ բանականութենէ, յիշողութենէ, զգացողութենէ, երազանքէ ու ապագայի տեսիլքէ։

Այսպիսով, ստեղծուեցաւ խրամատ հին եւ նոր սերունդներուն միջեւ։ Նորահաս սերունդի զաւակներ զարթնեցան՝ խորապէս զգալու բացակայութիւնը հին սերունդին՝ իրենց ծնողաց եւ նախնեաց։ Լքուածութեան երկիւղն ու ինքնորոշութեան անստուգութիւնը տակաւին կը տուայտեն մեզ հոգեւին ու կը սպառեն մեր ամբողջական նուիրական ուժերը։ Սրտաբեկումէ ու կոտտումէ աւելի, իր անորոշ ճակատագրին յանձնուած հայը, անդադար պիտի չարչրկէ ինքզինք ի խնդիր ինքնաճանաչման ու ինքնայայտնութեան։ Մինչ այդ, ժամանակը երբեք պիտի չկարողանայ սպիացել մեր վէրքերը ու ամոքել մեր կարեվէր սիրտերը։ Սովորական բայց եւ խիստ կենսական հարցումներ մշտապէս պիտի ընկերակցին անոր, եւ ան իր մթագնած ինքնութիւնը յստակացնելու, պայծառացնելու եւ բիւրեղացնելու համար, մեկուսի պիտի հարցնէ՝ «Ո՞վ եմ ես, ուրկէ՞ կու գամ եւ ո՞ւր կ'երթամ։ Որո՞նք են նախնիքս։ Ի՞նչ հոգեբանութեամբ, մտայնութեամբ, անհատականութեամբ, բնաւորութեամբ, աշխարհահայեացքով, նկարագիրով ու խառնուածքով մարդիկ էին անոնք։ Ինչպիսի՜ կարողութիւններով օժտուած ու բարեմասնութիւններով զարդարուած անհատներ էին։ Ինչպիսի՜ յատկութիւններ, նրբազգացողական առանձնայատկութիւններ, հակումներ, զբաղումներ, կողմնորոշումներ եւ կեանքի հետաքրքրութիւններ ունէին անոնք, ևն»։ Մեր ինքնորոնման, ինքնորոշման ու ինքնաճանաչման քառուղիին վրայ կանգնած, մտորումներու բաւիղի մէջ ընկլուզուած, մոլորած ու շփոթած, յարատեւ կը հարցապնդենք մենք զմեզ ու կը մնանք անպատասխան։

Անպատասխան մնացած յարենման բիւրաւոր հարցումներ կ՚ազդեն մեր ներքին հոգեկան աշխարհի ու առօրեայ կեանքին վրայ եւ կը ճնշեն մեր սիրտերը ահաւոր ծանրութեամբ։ Մեր անցեալի հետ խզուած կապը, քանդուած օղակը, պատճառ կ՚ըլլայ, որ ինքնաճանաչողութեան տեսանկիւնէն դիտուած, մենք ապրինք անկատար կեանք։

Բախտաւորներ, որոնք պատիւը կը վայելեն ու բերկրութիւնը կը զգան ծնած ըլլալու իրենց նախահայրերու սրբազան հողին վրայ, դառն արցունքով, կարօտով ու հայրենաբաղձութեամբ կը վերյիշեն անցեալի իրենց տաքուկ օճախը, պարզունակ ու անմեղունակ կեանքը։ Անդրանիկ Ծառուկեան կ՚ըսէ. «Սերունդ մը պէտք է անցնի դեռ, անցնին քանի մը սերունդներ, որպէսզի անոնց հետքը եւ յիշատակը ի սպառ չքանայ»։ Ուրիշներ, որոնք ոչ բարեբախտութիւնն ունեցած են ծնած ըլլալու իրենց պատմական հողին վրայ եւ ոչ իսկ բարեպատեհութիւնն ունեցած են. դէմ տեսած ըլլալու իրենց նախահայրերու ծննդավայրը ու աշխատավայրը, իրենց հոգիներու թաքուն ու թափանցիկ աչքերով կ՚երեւակայեն տեսնել չքեղութիւնն ու գեղեցկութիւնը վայրերուն, սքանչելի բնութիւնը, խաղաղ կեանքը։ Ա. Ծառուկեան շատ ճիշդօրէն կը գրէ. «Արեւմտահայութիւնը ... դեռ չէ կրցած վերջնապէս հաշտուիլ իր նախկին վայրերուն կորուստին հետ եւ հետեւաբար չունի նաեւ հոգեկան այն հզօր թափը որ զաւակը կը մղէ դէպի իր հարազատ հայրենիքը»։ Արդիւնքը այն է, որ Արեւմտահայը այսօր դարձած է բազմաքաղաքացի։

Մեր աշխարհաքաղաքացիութիւնը այսօր կը մատնանշէ ի սփիւռս աշխարհի մեր ցրուած ու բազմակտորակուած ըլլալու տխուր բայց ճշմարիտ իրողութիւնը։ Կ՚ապրինք բզկտուած, ծուատուած, բաժնուած։ Բաժնուած ենք աշխարհագրականօրէն, քաղաքականօրէն, եկեղեցականօրէն։ Անդամահատած են մեզ գաղափարական զանազան հոսանքներ՝ մեզ դարձնելով արբանեակներ իրենց համոզումներուն ու պաշտամունքներուն։ Կը միակցինք ու կը զօրակցինք երբ հարկն է, այսինքն երբ խնդրոյ առարկան մեր սուրբ հայրենիքն է կամ ազատագրուած Արցախը։ Անոնց անվտանգութիւնը եւ բարգաւաճումը բարեբախտաբար կ՚անդրանցնին մեր անձնական շահերը, հաշիւները, յոյզերը եւ կիրքերը։ Պատի՜ւ հայ ժողովուրդին որ ինքնակամօրէն ու վեհանձնօրէն, ինչպէս նաեւ իրեն յատուկ ու գիտակից յանձնառումով ու նուիրումով գիտէ ձեռք կարկառել մայրենի երկրին։ Հայրենասիրական այս գեղեցիկ ու գնահատելի կեցուածքը վստահօրէն սուրբ ժառանգ է ու պատուիրան կտակուած մեզի մեր նախահայրերուն կողմէ։

Արեւմտահայը այսօր կ՚ապրի օտար երկնակամարի տակ՝ հեռու իր հարազատ հայրենիքէն, առհաւական սովորոյթներէ ու տոհմիկ աւանդութիւններէ։

Մարմնովին կը գտնուի ան օտար հողերու վրայ, «բայց իր սիրտը Տէօրթ-Եօլի նարինջենիներուն եւ Ատանայի բամպակի արտերուն մէջ կը յածի», պիտի ըսէր Ծառուկեան։ Մշտապէս, զուգահեռականով մը համեմատութեան նժարին կը դնէ նորը հինին հետ եւ կը նկատէ որ հինը զարմանալիօրէն աւելի ծանր կը կշռէ քան նորը, որովհետեւ աւելի քաղցր է, թանկագին, պարզ, սրտամօտիկ, տոհմիկ, հայկական ու անզուգական։

Արտասահմանի մէջ, ներկայիս, հաւաքական ու անհատական ցանկութիւն ու մղում կայ յետադարձ կատարելու եւ մանրազնին քննութեան ենթարկելու մեր նախահայրերու անցեալի կեանքը, գործը, խոհքն ու խօսքը։ Ընդհանուր ձգտում ու պահանջ կայ դառնալու անյիշատակացեալ ու միանգամայն անապատացեալ շրջանները հայութեան՝ ուսումնասիրելու ամենայետին ու աննշան քարն ու արձանագրութիւնը՝ բացայայտելու հին, փոշոտ ու փշոտ պատմութեան նոր ծալքեր, վերլուծելու անյայտ կամ աննշմար մնացած պատմական դրուագներ, նուաճումներ, սխրագործութիւններ։ Ամենուրեք, հետեւողական կերպով աշխատանք կը տարուի հայոց ընդհատուած պատմութիւնը վերակազմելու, կամրջելու, միաւորելու, օղակաւորելու եւ անքակտելիօրէն կապելու եւ միաձուլելու նոր սերունդի արժանաւոր զաւակներուն կեանքին։

Հայ ժողովուրդի ընդհատուած պատմութեան նորահաս սերունդի զաւակները լիիրաւ ու արդար ակնկալութեամբ կը սեւեռեն իրենց հայեացքը դէպի իրենց մայր սնուցիչը՝ Հայրենիքը, որ ազատ է ու անկախ եւ օրըստօրէ կ՚աճի, կը հզօրանայ, ու վերելք կ՚արձանագրէ շնորհիւ իր աշխատունակ ժողովուրդի ուժեղ բազուկներուն եւ տաղանդաւոր ու ստեղծագործ մտքին։ Արեւմտահայը յաճախ հարց կու տայ թէ ինչո՞ւ դեռեւս ինք, աշխարհի բոլոր ծագերուն, կը մնայ որբուկ ու մինակուկ, ու մանաւանդ զրկուած Հայաստանի հպատակութենէ, երբ այս օրերուն, Հայաստանի կառավարութիւնը կրնայ հպատակութիւն շնորհել բոլոր աշխարհացրիւ հայերուն։ Արդարեւ լաւ պահանջ է եւ երեւութապէս դատելով կարելի է ըսել նաեւ որ դիւրին առաջարկ է։ Հոգեբանական գետնի վրայ եւս այս իր բարերար դերը կրնայ կատարել։ Գէթ պահ մը կը զգանք որ մենք եւս մեծ ու մէկ հօտին կը պատկանինք եւ մեր ընդմիջուած պատմութիւնը կը շարունակուի ու կը հասնի մինչեւ մեր օրերը։ Հայաստանի նախագահը սակայն կը փափաքի որ մենք այս հարցին մէջ ցուցաբերենք «մեծահոգութիւն» եւ հասկնանք հարցին ամբողջական էութիւնն ու դժուար կողմը։ Յարգելի նախագահը կ՚ըսէ. «Ես կարծում եմ, սփիւռքը պիտի այնքան մեծահոգութիւն ունենայ, որ հասկանայ, թէ մենք ինչու ենք մերժել երկքաղաքացիութիւնը։ Եթէ մենք յայտարարած լինէինք երկքաղաքացիութիւն, այսօր մենք բանակ չէինք ունենայ»։

Արեւմտահային ընդհատուած ու սառած պատմութեան փառահեղ շարունակութիւնը կարելի է տեսնել մայր հողի վրայ ուռճացող, զարգացող ու առողջօրէն հասակ առնող սերունդին մէջ։ Մեր հրաշագործ կարողութիւնը, երեւակայելու բնածին յատկութիւնը, աշխատանքով զուարճանալու ու հպարտանալու բարի սովորութիւնը անկասկածելիօրէն ժառանգած ենք մեր նախնիներէն, որոնց կը պարտինք եւ մեր այլ բազմաթիւ առաքինութիւններն ու մեզ կատարելութեան առաջնորդող ներքին ձգտումներն ու մղումները։

Արտասահմանի հայն այսօր կ՚ընդդիմակայէ նորանոր ու դժնդակ իրակա-

նութիւններ՝ անցնելով խաւարապատ փապուղիներով ու դարձդարձիկ ճանապարհներով։ Բոլոր ակներեւ խութերով ու խոչերով հանդերձ, ան կը նայի հեռուն, ապշեցուցիչ լաւատեսութեամբ՝ ընդգրկելու նոր հորիզոններ ու դիմաւորելու վարդաշող արշալոյսներ։ Ան իր ապագայի անորոշութեան այս անվերջ գուպարին մէջ մինակ չէ։ Իր լոյսի ու յոյսի աղբիւրը Հայրենիքն է, ուրկէ կը ստանայ իր աւիւնը եւ աւիշը, իր ապրելու եւ գոյատեւելու վճռակամութիւնը։ Հայրենիքն իր կարգին տասնեակ տարիներէ ի վեր կ՚աղաղակէ մեր սրտերէն ներս պատգամելով մեզի համախմբուիլ մէկ դրօշի տակ ու միանալ։ Հայաստանի յարգելի նախագահը իր վերջերս տեղի ունեցած մամուլի ասուլիսի ընթացքին ըսած է. «Սփիւռքը չունի միասնական ներկայացուցչական մարմին։ Պարզապէս սփիւռքը դեռեւս չի կարողացել դուրս գալ այդ աւանդական ազգային կառոյցների մտապատկերից եւ մտածել վերսփիւռքեան կամ համասփիւռքեան միասնական կառոյցի մասին»։

Մեր ընդհատուած պատմութիւնը կարծէք մեզի թոյլ չի տար որ նախ եւ առաջ թօթափենք գաղթականի հոգեբանութիւնը մեր վրայէն, ձերբազատուինք մէկընդմիշտ պանդուխտի ստորակայութեան բարդոյթէն ու անոր աղէտալի հետեւանքներէն։ Ուծացումի վախը տամոկլեան սուրի նման կախուած տեսած ենք մեր գլխավերեւը, եւ այդ պատճառով միշտ ջանացած ենք ապրիլ խմբովին եւ մանաւանդ պատկանելիութիւն ու հպատակութիւն ցուցաբերելով այս կամ այն խումբին կամ շարժումին։ Եթէ կը փափաքինք մեր անցեալի պատմութեան շարունակողներն ու կերտիչները ըլլալ, հարկ է որ սփիւռքի մէջ հայ պետական բարձրամակարդակ մտածողութիւն զարգացնենք՝ կազմելով մարմին մը, որ իր հակակշիռին տակ կարենայ առնել բոլոր կազմակերպութիւնները եւ անոնց բովանդակ գործունէութիւնը։ Զայս ընելու համար սակայն, Պր. Լեւոն Տէր Պետրոսեան իմաստուն կերպով կը պատգամէ. «Նախ եւ առաջ սփիւռքը թող միանայ ինքը իրեն»։ Ակնարկութիւնը բացորոշ կերպով ուղղուած է բոլոր կազմակերպութիւններուն անխտիր։ Մեր նախնիք ապրեցան միասնակամ, միասիրտ, գործեցին միախորհուրդ եւ առճակատեցին թշնամին միատեղ՝ քրիստոնէական անդերազանցելի ոգիով։ Կ՚ակնկալուի որ այս բախտորոշ օրերուն հայեր թեւ ու թիկունք կանգնին իրարու եւ պատրաստակամութիւն ցուցաբերեն համագործակցելու ի ծաղկումն եւ ի բարգաւաճումն իրենց ինքնութեան, ազգին ու հայրենիքին։

Այսօր, մեր պատմական Հայաստանէն քիչ մը ամէն տեղ, ծաղիկի նման, տարած ենք ու տեղաւորած։ Մեր ներկայութիւնը պարտադրած ենք ու նամանաւանդ զգալի դարձուցած տեղացիին՝ մեր բարի ու օգտակար մտածումներով ու գործերով, վարք ու բարքով, կարգապահութեամբ ու օրինակելի հնազանդութեամբ։

Կ՚աշխատինք ու կը ստեղծագործենք եւ կը փայլինք մեր հանճարով։ Ընդհատուած պատմութիւնն Հայոց հասած միացած արդի ժամանակներու իրականութեան, հետեւաբար, կը շարունակուի անվերջօրէն ու յաղթականօրէն։

1997

Ազգասիրութիւն Եւ Սկզբունքայնութիւն

Ամէնքս ալ հաւասարապէս վերնագրի այս երկու հզօր ու նուիրական բառերը յաճախակիօրէն կը լսենք ու մանաւանդ կը գործածենք՝ նայած պարագայի, ժամանակի եւ հանգամանքի։ «Ազգասիրութիւն» բառը բազմիցս յորջորջուած, հետեւաբար եւ բազմաչարչար ու մաշած բառ դարձած է ներկայիս։ Ազգասիրութեան մասին գիտէ ճառել ու կը ճառէ գրեթէ ամէն անհատ եւ կը յայտնէ իր ուրոյն մտածումը եւ կարծիքը այդ մասին։ Ազգասիրութիւնը, որ ազգը, հայրենիքը, եկեղեցին, մշակոյթը սիրելու, անոնց հանդէպ հոգատարութիւն եւ նախանձախնդրութիւն ցուցաբերելու հետ կապուած նուիրական զգացմունք է, դարձած է ոմանց համար աժան բառ, գրեթէ իմաստազուրկ եւ դատարկուած իր հիմնական բովանդակութենէն։ Այս ուժաքամ բառը հազուադէպօրէն կը ծառայէ իր վեհ նպատակին, որ է՝ հասնիլ հայրենիքի եւ ժողովուրդի բազմազան կարիքներուն։ Հակառակ այն երեւոյթին, որ ազգասիրութիւն բառը իր գերագոյն ու ազնուագոյն խորութեամբ ու հասկացողութեամբ չ'ընկալուիր մեծամասնութեան կողմէ, բայց եւ այնպէս, իր ախորժալուր ու դուրեկան ըլլալուն, կը շոյէ մեր լսելիքը եւ նոյնիսկ հոգեկան որոշ բաւարարութիւն կը պատճառէ ամէնքիս։ Ազգասիրութիւն բառի գործածութենէն ու հնչողութենէն կ'ախորժին մանաւանդ հանգստասէրներն ու անտարբերները, ուծացածներն ու սիրամարգի փետուրներով պճնուածները։ Անոնց համար այս բառին արտայայտած գաղափարի իրականացումը հեռաւոր երազ մըն է, որ մշուշապատուած է անորոշութեան ու անիրականանալիութեան մէջ, ոչ թէ որովհետեւ գործնական գետնի վրայ անհնար է ու անհասանելի, այլ որովհետեւ ազգասիրութիւնը կը պահանջէ զոհաբերութեան գիտակցութիւն, յանձնառում, առատաձեռնութեան պատրաստակամութիւն, ժողովուրդի բազմապիսի կարիքներու յանձանձման նուիրաբերում եւ անոր լուծը թեթեւցնելու վեհանձնութիւն ու բարձրոգութիւն։

Սկզբունքայնութիւնը կեանքի անհրաժեշտութիւն է։ Կեանքի զանազան երեւոյթներուն մէջ յստակ ու բացորոշ զատորոշում կատարելու համար, մարդիկ կ'որդեգրեն որոշ սկզբունքներ եւ հաստատ կը մնան անոնց վրայ։ Մարդիկ իրենց գործելակերպին մէջ եւս կ'որդեգրեն սկզբունքներ եւ ըստ այդմ կ'առաջնորդուին։ Սկզբունքի տէր մարդիկ իրենց մտածելաձեւով ու ապրելակերպով մեզի կը բացայայտեն իրենց վարքագիծը։ Մեծաւ մասամբ, սկզբունքի տէր անհատներ կ'ըլլան ուղիղ, պարկեշտ, առաքինի, բարեգործ, ազգասէր, որովհետեւ անոնց «ղեկավար գաղափարը» եւ նպատակակէտը հանրութեան օգտակար ըլլալ է, անոր առողջ դաստիարակութեան, կեցութեան ու աճելիութեան սատարել է։ Սկզբունքով մարդիկ կ'ըլլան մշակուած, հետեւաբար եւ անոնց հետ աշխատակցութիւնը կ'ըլլայ հաճելի, օգտակար ու արդիւնաբեր։

Սկզբունքայնութեան քօղի տակ պարտկած կը գտնենք սակայն նաեւ «կեղծ սկզբունքայնութիւնը», որ կը ծառայէ լոկ եսին, քմահաճոյքին, հանդիստին ու բարօրութեան։ Այս պարագային, սկզբունքայնութիւնը կը կորսնցնէ իր ազնուական գիծը եւ յատկութիւնը ու կը դառնայ քօղարկման անպարկեշտ ու անազնիւ միջոց։ Այլ խօսքով, մարդիկ յաճախ իրենց հասարակական յարաբերութեանց ընթացքին յանկարծ սքանչելի մտայղացումը կ՚ունենան, ըստ կամս եւ ըստ պարագայի, դառնալու սկզբունքի տէր։ Այս «սկզբունք» բառը անոնց համար անմիջապէս կը դառնայ վահան ընդդէմ բարոյական յարձակումներու, պահանջքներու, կարիքներու, ևն։ Սկզբունքի տէր անձեր պատուար չեն ստեղծեր իրենց եւ հայրենիքի ծովածաւալ կարիքներուն միջեւ։ Անոնք կ՚օժանդակեն անսակարկօրէն ու անշահախնդրօրէն գերագոյն նպատակ ունենալով հայրենի երկրի վերելքը եւ հոգեւոր աճը։ Անդին, անսկզբունք մարդը, սկզբունքայնութեան անհրաժեշտութեան կը դիմէ եւ ինքզինք սկզբունքի տէր կը հռչակէ եւ այլ կողմնակի անպատուաբեր ու անարգ միջոցներու կը դիմէ, երբ կը զգայ թէ իր քսակին դուռը կը բախուի՝ օգնութեան թախանձանքով։ Սկզբունքն իբրեւ հրաշալի պատրուակ գործածելով, ան կը կորսնցնէ իր բարոյական պարտաճանաչութեան բարձր զգացումը եւ խոյս կու տայ իր պարտաւորութիւններէն առանց խղճի խայթի ու խպնանքի։

Մեր գրականութեան մեծանուն գրող Շիրվանզադէ, իր «Սկզբունքի Մարդը» կարճ բայց բովանդակալից պատմութեան մէջ, շատ գեղեցիկ կերպով կը հիւսէ պատմութիւնը Պարոն Պաղտասարին, որ ընչեղ է եւ կը վայելէ բոլոր բարիքները ազգին եւ հայրենիքին։ Արտասահմանէն բերուած կահկարասիք կը զարդարեն անոր չքեղ բնակարանը։ Անոր չտեմարանը լեցուն է բազմապիսի ճոխութիւններով։ Ան չունի անձկութիւն, նեղութիւն, տրտմութիւն։ Ան իր անուան փառաբանութեան համար ուղարկած է քսանեւհինգ ռուպլի «Հայուհեաց ընկերութեանը», եւ դեռեւս պատիւը չունեցած սոնքալու իր ողորմելի բարեգործութեամբ, ահա հոգեւոր հայրն է որ լոյսն կը ներկայանայ եւ կը խնդրէ որ իր քեռորդիին համար կրթաթոշակ հայթայթէ, որովհետեւ խոստմնալից երիտասարդ է եւ կրնայ դառնալ ազգին օգտակար անդամ։ Տէր Հօր խօսքերուն լաւ ուշ դնելէ եւ պահ մը այլայլելէ ետք, Պր. Պաղտասար կը ժողվէ իր ըսելիքը եւ կը գտնէ հնարքը օձիքը ազատելու՝ «Ես սկզբունքով ուսանողներին չեմ օգնում», կը յայտնէ ան։ Պատճառը այն է, որ երախտամոռաց են։ Պր. Պաղտասար անդրդուելի է, հաստատ ու անսասան իր համոզումին վրայ եւ ոչինչ կրնայ փոխել անոր միտքը եւ կեցուածքը։ Վերջապէս, ան ուրախ է ու գոհ, որ հոգեւոր հայրը ճամբեց ձեռնունայն ու իր քսակը պահեց փակ ու ապահով։

Շաբաթ մը ետք, Պր. Պաղտասարին կը ներկայանայ խմբագիր մը եւ նիւթական օգնութիւն կը խնդրէ թերթին համար, որ փակուելու վտանգի տակ էր։ Պր. Պաղտասար իրեն յատուկ քմծիծաղով կը պատասխանէ՝ «Ներեցէք, ես վճռել եմ սկզբունքով հայ լրագիրներին չօգնել»։ Պատճառը այն է, որ անոնք «միմեանց միսն են ուտում»։ Արդ, պէտք է որ անոնք դադրեցնեն իրենց անտեղի ու ամօթալի վէճերը լրագիրներուն մէջ եւ մէկընդմիշտ հաշտուին իրարու հետ։ Բայց քանի որ այդ անկարելի է, անկարելի պիտի ըլլայ նաեւ Պր. Պաղտասարէն կոպէկ մը կորզել...։

Նորէն շաբաթ մը ետք, Պր. Պաղտասար կը դիմաւորէ ուրիշ հիւր մը, այս անգամ թատրոնի կողմէ։ Հիւրը ազգասէր բարերարին մօտ բարեկամն էր։ Ան կը խօսի թատրոնի կարեւորութեան մասին, կը շոյէ անոր ինքնասիրութիւնը՝

յայտնելով որ ինք արդէն գիտէ թատրոնի նշանակութեան ու բարերար դերին մասին, եւ ապա փոքր օժանդակութիւն կը հայցէ թատրոնը կարգի դնելու համար։ Պատրաստաբան Պր. Պաղտասար առանց խպնելու կը պատասխանէ. «Ոչ, բարեկամս, խնդրիր ում համար եւ ինչի համար ուզում ես, բայց մի՛ ստիպիր ինձ սկզբունքիս դէմ բան անել։ Ես բարերարութիւնն անում եմ գիտակցաբար...»։ Մերժումին պատճառը այն է, որ դերասանները անկիրթ են ու կոպիտ, իսկ դերասանուհիները աղախիններու նման կը հագուին։

Այնուհետեւ, Պր. Պաղտասարին քով կու գան Էջմիածնի վանքի վերանորոգութեան համար։ Կ՚առարկէ թէ իր սկզբունքին դէմ է օժանդակել հնութիւններու նորոգման։

Կը խնդրեն իրմէ գիւղական դպրոցին համար, կը մերժէ։ Կը խրատէ որ նախ «պէտք է կրթել աղքատ քաղաքացի երեխաներին, ապա գիւղ գնալ»։

Կը մերժէ օժանդակել նաեւ գրականութեան զարգացման ուղղութեամբ տարուող աշխատանքին։ Ան իրեն յատուկ փիլիսոփայութեամբ կ՚ըսէ. «Բոլոր ազգերի գրականութիւնները պահւում են առանց կողմնակի նպաստների, թող հայ գրականութիւնն էլ ինքն իր աշխատանքով ապրի»։

Կու գան կը խնդրեն «հիւանդանոցի, որբանոցի, քահանայական գանձարանի, աշակերտական ճաշերի, ևն» համար, բայց ի զո՛ւր, որովհետեւ Պր. Պաղտասար սկզբունքի տէր մարդ է եւ չի կրնար շեղիլ անկէ։ Այդուամենայնիւ, Պր. Պաղտասար գիտակից ու խղճամիտ ազգասէր է եւ մտահոգ իր ժողովուրդի ճակատագիրով ու մանաւանդ հոգեւոր զարթօնքով ու վերելքով։ Ան որեւէ ատեն պատրաստ է օգնելու, ինչքան ատեն որ անոր սկզբունքին հակառակ չէ իրմէ խնդրուածը։

Մեր իրականութենէն ներս այսօր դժբախտաբար չեն պակսիր Պր. Պաղտասարի նման ազգասէր ու առատաձեռն մարդիկ, որոնք բախտի մէկ դիպուածով, եւ կամ նոյնիսկ արդար վաստակով հարստացած, կը շրջին ամենուրեք գոյնզգոյն ու փաղփուն փետուրներով՝ գերագնահատելով իրենց նիւթական եւ իմացական կարողութիւնը եւ հանրութեան կողմէ ծաղրի նշաւակ դառնալով։ Այս հոպոպաւոր համբակները եւ բարոյապէս սնանկացած ու հիւծուած ոչնչութիւնները կ՚ոգորին ի խնդիր իրենց սին փառքին ու մշտատեւ հանդէսին։ Անոնք հանրութենէն կ՚ակնկալեն խնկարկում ու թմբկահարում՝ գոհացնելու իրենց պաշտելի եսը։

Այսպիսիները նկատի ունենալով Կէօթէն բացագանչած է. «Մարդն իմ աչքին երկայնոտն ճպուռ է լոկ՝ չնչին այնքան»։ Քսակնին լեցուն, բայց միտքերնին լերկ ու հոգինին գձուձ Պր. Պաղտասարներ, քիչ մը ամէն տեղ, ծուարած, իրենց ապարանքներուն շուրջ պարիսպ քաշած, իրենց մտքի նեղ լուսամուտէն կը դիտեն հայոց աշխարհը, բարի խորհուրդներ կու տան, չինիչ թելադրութիւններ կը կատարեն, հրամաններ կ՚արձակեն, բայց յօժար չեն թէկուզ ճկոյթ մատով թեթեւցնել վիշտը հայուն, որովհետեւ իրենց գեղեցի՛կ սկզբունքին դէմ է...։

Արդ, մարդ կ՚ուզէ հարցնել թէ ինչպէ՞ս կը յանդգնին Պր. Պաղտասարներ ապերախտ անուանել մեր բազմահազար ուսանողները, որոնք կ՚օգտուին բարերարներէ եւ կրթաթոշակներէ ու ընթացաւարտ ըլլալէ ետք, շատեր երախտագէտ սրտով նեցուկ կը կանգնին իրենց ազգին ու հայրենիքին։

Ինչ կը վերաբերի խմբագիրներուն եւ հայ լրագրութեան, այդ ե՞րբ եւ ո՞ւր տեսնուած է որ «իրար մխ չուտեն», զիրար չանուանարկեն ու չնսեմացնեն, որպէսզի իրենց գաղափարախօսութիւնը յառաջ տանին եւ իրենց կեցութեան անվտանգութիւնը եւ աճելութիւնը ապահովեն։ Ի սկզբանէ այսպէս եղած է եւ մօտիկ ապագային ալ որեւէ արմատական փոփոխութիւն չ՛ակնկալուիր։

Գալով թատրոնին, որ մշակոյթի բարձրագոյն եւ լաւագոյն արտայայտութիւններէն ու դրսեւորումներէն է, իր պատմութեան բովանդակ ընթացքին, ե՞րբ իր ծոցին մէջ պահած է «անկիրթ ու կոպիտ» դերասաններ, երբ անոնք իրենց դերերը կատարած են բարձրագոյն կոչումով ու ինքնագիտակցութեամբ։

Պր. Պաղտասարներ դէմ են մեր պատմական վանքերու եւ հոյակապ յուշարձաններու նորոգութեան, բայց օրնիբուն օտարներուն առջեւ կը պարծենան իրենց անցեալի մշակութային կոթողներով ու նուաճումներով։ Պր. Պաղտասարի նմաններ չեն գիտեր ըստ արժանւոյն գնահատել մեր անցեալի պատմութիւնը եւ կը շտապեն մոռացութեան գիրկը յանձնել մեր անցեալը՝ ստեղծելով խրամատ իրենց եւ պատմութեան միջեւ։

Յարգելի Պր. Պաղտասարներ հարկ է որ գիտակցին նաեւ ուսման անհրաժեշտութեան՝ թէ՛ քաղաքի եւ թէ՛ գիւղի մէջ։ Պէտք չէ մտահան ընեն որ մեր մշակոյթի մեծագոյն ներկայացուցիչները ծնած ու հասակ առած են գիւղերու մէջ։

Կարելի չէ արհամարհել եւ նուազ կարեւոր համարել Հայաստանի ծայրամասերը, հեռաւոր ու խուլ անկիւնները։ Աղամանդի թանկագին բեկորները ցրուած են ամենուրեք, հետեւաբար անոնք եւս կը փայլին արեգակի ճառագայթի տակ։

Պր. Պաղտասարներ անտեղի ու անհարկի կը համարեն հայ գրականութեան սատար հանդիսանալ։ Եթէ հայ մշակոյթի պատմութիւնը բաւարար փաստեր չէ արձանագրած կողմնակի նպաստներու, թող բարեհաճին օտար ժողովուրդներուն նայիլ եւ տեսնել թէ անոնց գրականութիւնը ինչպէ՞ս պահպանուած է եւ որո՞նց կողմէ։ Ոչ միայն պետութիւններ հովանաւորած են, պաշտպանած ու քաջալերած գրողներ ու հրատարակած անոնց գործերը, այլեւ՝ անհատներ, մեկենասներ, գրասէրներ, եւն։ Տեղին է յիշել, որ կարգ մը օտարներ, իրենց մեծագումար նուիրատուութիւններով հրատարակած են հայերէն գրուած բարձրարժէք աշխատութիւններ։ Անոնց անունները հայ ժողովուրդը խորին յարգանքով եւ երախտագիտութեամբ կը յիշէ։

Պր. Պաղտասարի արգահատելի հոգեբանութեամբ ապրողներ հեռու պիտի մնան նաեւ հիւանդանոցներէ ու հիւանդներէ, որբանոցներէ ու որբուկներէ, քահանայական գանձարաններէ ու քահանայութեան թեկնածուներէ, աշակերտական ճաշերէ ու կարօտեալ աշակերտներէ, հայրենի երկրէ ու հայութենէ։ Միով բանիւ, Պր. Պաղտասարներ, կծկուած, ամփոփուած ու ներքաշուած իրենց սկզբունքային կարծր պատեանին մէջ, թզենիի տերեւով ծածկած իրենց ողջ հոգեկան ու բարոյական մերկութիւնը, մերկացած մարդկային արժանապատուութենէ ու առաքինութենէ, կուշտ ստամոքսով, լիահագագ ու լկտի խնդուքով պիտի դիմաւորեն նորանոր հիւրեր եւ հեգնանքով ճամբայ դնեն։ Անոնք պիտի շարունակեն կեղծ սկզբունքի պատրուակով մերժել՝ օգնութեան ձեռք կարկառել, որովհետեւ կորսնցուցած են մարդկային խիղճ ու գութ։ Անոնց

Համար գոյութիւն չունին բարոյական, մարդկային ու աստուածային օրէնքներ։ Միակ տիրապետող օրէնքը անճնապաշտութիւնն է։

Մերժուած ըլլալու զգացումը արդարեւ դաժան է ու անտանելի։ Ֆրանց Վէրֆէլ լաւագոյնս կը նկարագրէ անոնց ներքին ապրումը, երբ կը գրէ. «Ոչինչ քեզ այնքան կրնայ ջլատել, որքան սեփական փորձի վրայ խարսխուած իրականութեան զգացումը»։

1997

Սրբազան Խենթեր

«Սրբազան Խենթեր» հասկացողութիւնը արտասահմանի մէջ երեւան եկաւ՝ երբ հայութիւնը կորուեցաւ ու զրկուեցաւ իր ենթահողէն ու մայր սնուցիչէն, տարտղնուեցաւ ի սփիւռս աշխարհի, եւ տասնեակ տարիներու ընթացքին, որոշ երկիրներու մէջ (մանաւանդ՝ արեւմտեան) սկսաւ կորսնցնել իր երբեմնի հետաքրքրութիւնը՝ հայութեան, հայրենիքի, հայ լեզուի, հաւատքի ու մշակոյթի հանդէպ: Ահա ճիշդ այդատեն էր որ հրապարակ եկան կարգ մը գիտակից, խղճամիտ ու հաւատարիմ հայեր, որոնք խիստ մտահոգ այս ահազանգիչ ու կորուսաբեր իրավիճակով, տիւ եւ գիշեր, բանիւ եւ գործով, սկսան չեփորահարել հայ մշտական արժէքներն ու գեղեցկութիւնները եւ կանխատեսել մօտալուտ վտանգը ուծացումի, կործանումի ու ի սպառ կորուստի: Սրբազան խենթեր՝ թրծուած հայ շունչով եւ դաստիարակուած անտեղիտալի ոգիով, առաջինը եղան պարզելու չնահանջելու դրօշը: Ի գին իրենց հանգստեան ու թանկագին արեան, անոնք հոգեւոր պատերազմ մղեցին ընդդէմ օտարութեան, յուսալքութեան եւ ինչու չէ, նաեւ՝ ընդդէմ գործնականութեան: Զայս ըսելով՝ կ'ուզենք չեշտած ըլլալ որ սրբազան խենթերը գաղափարապաշտ ու մանաւանդ անգործնական մարդիկ էին, որոնց մտասեւեռումը կտորակուած հայութեան ամբողջականութիւնը եւ հայ մշակութային արժէքներու անհպելիութիւնը ապահովել էր: Այս բարի ու տեսլապաշտ խումբ մը մարդիկ խելացնոր արշաւ մղեցին իրենց վսեմ, ազնուական ու հայրենանուէր գաղափարները տարածելու համար: Իրական աշխարհի գործնական, իրապաշտ ու հանդստասէր մարդիկ դիտեցին թատերական այս զուարճալիքը քամահրանքով ու հեգնանքով եւ հոմերական կուշտ ծիծաղ մը արձակեցին: Հակառակ ամբողջ ծաղրուծանակին, արհամարհանքին, նշաւակին, յուսահատեցուցիչ ու յուսալքիչ խօսքերուն ու խիստ քննադատութեան, սրբազան խենթերը զսպանակուած, զրահուած ու զօտեպնդուած իրենց հաւատքով, վճռակամութեամբ եւ անընկճելիութեամբ, ընտրած էին նեղ, փուշերով ու խութերով լի դժուարագոյն ուղին եւ ուխտած էին այդ վճռորոշ օրերուն լսելի դարձնել իրենց անմար ձայնը եւ զգալի դարձնել իրենց մագնիսական ներկայութիւնը յանուն հայութեան յաւերժագոյութեան: Ահա այսպիսի մտապատկերով, ձգտումով, ազնուագոյն իղձով ու տենչով տոգորուած էին անոնք: Վերջիններս յափշտակուած ու կլանուած էին այն հիմնական ու առանցքային գաղափարով, որ մեր լինելութիւնը եւ մշտագոյութիւնը ապահովելու համար հարկ է դիմել ամէն միջոցի: Ոմանք հայ գրական, այլք՝ կրթական, դաստիարակչական, եկեղեցական, արուեստի եւ մշակոյթի այլ մարզերէ ներս կը ցուցաբերէին խորին հետաքրքրութիւն, գերագոյն ճիգ, նուիրում եւ զոհաբերութիւն: Հայապահպանման առաքելութիւնը այսօր եւս կը շարունակուի: Սրբազան խենթեր կը շարունակեն հայերէն խօսիլ, քարոզել, գրել, կարդալ, սորվեցնել, հայերէն երգել ու աղօթել, արտադրել ու ստեղծագործել: Այլ խօսքով, անոնք կը զբաղին հայակերտումով, հայ մշակոյթով, հայ արուեստով՝ պարով, երաժշտութեամբ, հայ թերթ ու գիրք հրատարակելով, հայ ապագայ սերունդ *պատրաստելով։ Անոնց հետաքրքրութեան ու գուրգուրանքի միակ առարկան հայութիւնն է։ Անոնց մտահոգութեան ծիրը կ՚ընդգրկէ լոկ հայութիւնը՝ իր վէրքերով ու ցաւերով, յաջողութիւններով եւ իրագործումներով։*

Էր ժամանակ, երբ մեր ազգային, եկեղեցական ու մշակութային կեանքէն ներս կը տիրէր ընդհանուր եռուզեռ, ոգեւորութիւն, որովհետեւ հայեր սնած ու դաստիարակուած իրենց ցեղային ինքնութեամբ ու գերընտիր յատկութիւններով, սուրբ սիրով ու խորին գիտակցութեամբ ու պարտաճանաչութեամբ փարած էին ազգապահպանման ու արժէքապահպանման նուիրական ու շնորհակալ աշխատանքին։ Անոնց նախանձախնդիր ոգին յոյժ գովելի էր ու օրինակելի, վասնզի առհաւական բնոյթ ունէր։ Մեր նախահայրերէն ժառանգած էին բծախնդրութիւն՝ ազգային ու եկեղեցական արժէքներու եւ ըմբռնումներու հանդէպ։ Այս համբուրելի հոգին շարունակուեցաւ մինչեւ մեր ծնողները, յորմէհետէ սկսաւ զգալիօրէն նուազիլ եւ գրեթէ անհետանալ։

Արեւմտեան այս հեռաւոր ափերուն վրայ, տեղական պայմաններէ ելլելով, եւ մանաւանդ ընիկ կամ տեղացի ժողովուրդին մշակոյթը գերագնահատելով եւ մենք զմեզ ստորակայութեան բարդոյթէն տառապեցնելով, կամաւորապէս փուլ բերած ու խորտակած ենք մեր ճշմարիտ ու հարազատ ինքնութեան պատնէշներն ու պարիսպները, եւ հովին տուած մեր ճակատագիրը՝ կ՚ուղղուինք դէպի բացարձակ անորոշութիւն ու միգուցէ նոյնիսկ՝ անդարձ կորուստ։ Մեր տեղատուութիւնը հետզհետէ կը դառնայ աներկբայ, անվիճելի ու ստոյգ։ Այս կատաղիօրէն ծաւալող վայրընթացը, ցաւօք սրտի, դարձած է համընդհանուր երեւոյթ։ Մեր անտարբեր աչքերուն առջեւ, մէկ առ մէկ կ՚իյնան մեր հաւատքի միջնաբերդի քաջարի թիկնապահները, հաւատարիմ ու ուխտեալ մարտիկները, որոնք դարերով, արթուն մտօք, աղի արցունքով ու պատուական արիւնով պաշտպանած էին իրենց անառիկ ամրոցը, կրթութեան օճախը, եւ բարձր պահած էին իրենց ազգային հաւատամքը, դրօշը, նկարագիրը, աւանդական պատկանելութիւնը։ Նահանջը, որ կը կատարուէր, տեղի կ՚ունենար գիտակցութեամբ եւ անգիտակցութեամբ։ Ոմանք յօժարութեամբ ու անտարբերութեամբ կ՚անջատուէին մայր երակէն, այլք՝ անբարենպաստ պայմաններու բերումով։ Երկու պարագաներուն ալ, անոնք հայոց ծոցէն փրցուած, տեղահանուած, արմատախլուած հարազատ զաւակներ էին, որոնք այսպէս թէ այնպէս կ՚երթային գրկելու ցուրտ ու մութ իրականութիւնը օտարութեան։ Այս դառն ու դժխեմ, ողբալի ու ցաւալի իրականութեան իրագեկ ու մշտարթուն սակաւաթիւ անհատներ, որոնք չփափաքեցան կուլ երթալ զօրաւոր յորձանքին, ջանացին պատուար բարձրացնել ու թումբերով կասեցնել ամէնի հոսանքը օտարացման՝ ամուր կառչելով իրենց հիմքին, համոզմունքին, սկզբունքին ու գաղափարին։ Այս սակաւաթիւք, ըլլան անոնք աշխարհական թէ եկեղեցական, առաջնորդուելով իրենց առողջ բնազդով, ազգային լուսաւոր գաղափարով, վառ պահեցին իրենց հոգիներու նուիրական կանթեղը եւ անշեղօրէն ու անխախտօրէն ուղղեցին իրենց հայեացքը դէպի շողշողուն հորիզոնը հայութեան։

Քաջարի սպասարկուներու թիւը հետզհետէ կը նուազի այսօր սակայն, որովհետեւ գոյութենամարտը, որ կը մղուի ամէն ճակատի վրայ, ունի լուրջ խոչընդոտներ ու մարտահրաւէրներ։ Ոչինչ կրնայ կասեցնել, սակայն, այս փոքրաթիւ խումբին պայքարը։ Անոնք մշտական ոգորումի մէջ են, վասնզի տեսիլքի մարդիկ են, ունին ջինջ ու սուրբ երազներ, որոնք պիտի իրականանան. կը ձգտին անկարելիին, որ կարելի պիտի դառնայ իրենց անվհատ կամքին ու կորովին շնորհիւ. չեն ուզեր ընկրկիլ, որովհետեւ վայել չէ անոնց քաջազնական ոգիին. չեն կրնար ընդունիլ պարտութիւն, վասնզի իրենց մայր սնուցիչը եւ ներշնչողը հայրենիքն է. կը ձգտին կատարելութեան, քանզի տեսլականով տոգորուած են. չեն քննադատեր, լռելեայն կ'աշխատին. փառասիրութենէ չեն տառապիր, անոնց նշանաբանն է՝ ծառայութիւն եւ համեստութիւն։ Միով բանիւ, անոնք անգործնական մարդիկ են այս գործնական աշխարհին մէջ։ Այլ խօսքով, անոնք սրբազան խենթեր են, որոնք կորսնցուցած հանդիստ եւ հաճոյք, անձնատուր եղած իրենց վեհ գաղափարին, իրենց երջանկութեան ու հոգեկան բաւարարութեան ակունքները կը փնտռեն իրենց սուրբ գաղափարներու գործադրութեան մէջ։ Այս սրբազան խենթերը ուժգին սեղմած ու խցանած իրենց ականջները արտաքին աշխարհի խլացուցիչ ու մահասփիւռ ղօղանջներուն, եւ աչքերնին պինդ փակած ի դիմաց աներկբայ գահավիժման, ամենայն նուիրուածութեամբ ու պաղարիւնութեամբ կը շարունակեն իրենց ազգային առաքելութիւնը։ Քաջ տեղեակ են որ կը նաւարկեն հոսանքն ի վեր. կը գիտակցին որ իրենց բազուկները հետզհետէ կը թուլնան ու իրենց թիերը կը յամրանան, բայց անոնք անընդունակ են կրելու վերջնական ամօթալի պարտութիւն, որովհետեւ այդ դէմ է իրենց ազգային արժանապատուութեան ու մանաւանդ՝ խոտոր կը համեմատի իրենց սուրբ նշանաբանին։ Այս կամաւոր զինուորագրութեան արձանագրուած հերոսները, այո, սրբազան խենթերը, աւա՜ղ, նշանակալիօրէն նուազած են։ Անոնք արտասահմանի հայութեան չտապալող կաղնիներն են, չընկճուող, չյաղթուող հոգիները, որոնց ազգային գիտակցութիւնը չէ մարած, պապենական կրօնական հաւատքը չէ չքացած, յոյսը չէ խամրած, լոյսը չէ հանգած։ Այս անգործնական կոչուած մարդիկ ունին բարձրագոյն ու վեհագոյն կոչումը ընդարմացած ուղեղները սթափեցնելու եւ մամռակալած ու բորբոսնած սրտերն ու հոգիները վերակենդանացնելու եւ վերաշխուժացնելու։ Սրբազան խենթերը «անձնականը ընդհանուրին զոհելու քաջութիւնն ունին», պիտի ըսէր Մուրացան։ Անոնք գաղթաշխարհի մէջ ստեղծած են իրենց «Հոգեկան հայրենիք»-ը եւ իրական հայրենիքի կարօտով կը տոչորին ու կը տուայտին, իրենց հոգիներուն աչքերով կ'երազեն ու կը տեսնեն հայրենիքը իրենց առօրեայ գործունէութեան մէջ։ Այս սրբազան խենթերը, քիչ մը ամէն տեղ եւ ամէն մարզի մէջ, սունկի նման գլուխ ցցած, իրենց ներկայութիւնը զգալի դարձնելով, համայն հայութեան յոյս կը բերեն, լոյս կը սփռեն։ Անոնց պայքարը ճակատագրական է, վասնզի այդ կռուին մէջ է որ պիտի վճռուի հայութեան գոյութեան իրաւունքը սփիւռքի մէջ։ Սրբազան խենթերը կեանքի ամեհի կոհակներու եւ սաստիկ հողմերուն կուրծք տուած, վճռած են վիզ չծռել, ծունկի չգալ, չվհատիլ. ուխտած են երկչոտ չըլլալ, յուսաբեկ չդառնալ...։

Հայ ազգը այս բախտորոշ օրերուն պէտք ունի նման սրբազան խենթերու, ինքնամոռաց նուիրեալներու, ինքնամատոյց անհատներու, անգործնական ու ցնորամիտ մարդերու, որպէսզի յառաջ տանին բեկեալ նաւը ընդմէջ ալեկոծ ծովուն եւ զայն հասցնեն անքոյթ նաւահանգիստը փրկութեան։

Ողջո՜յն Սրբազան Խենթերուն...։

1998

Հայոց Լեզուն Եւ Մեծ Մայրիկը

Հայոց լեզուին եւ մեծ մայրիկին միջեւ հոգեւոր անքակտելի կապ մը կայ, որովհետեւ մեծ մայրիկը ոչ միայն հայասէր է, կրօնասէր ու աւանդապահ, այլեւ անոր առօրեայ խօսակցութիւնը հայերէն է եւ իր մտածումն ու գործը հայկականութեամբ կը թրթռան։

Մեր իրականութեան մէջ, մեծ մայրիկին դերը մեծ է՝ հայոց լեզուն սորվեցնելու եւ տարածելու տեսակէտէն։ Ան ոչ միայն սորված է հայ լեզուն ու տիրապետած անոր, այլեւ տրամադիր է ու յօժարակամ զայն փոխանցելու նոր սերունդին։ Մեծ մայրիկը գիտէ թէ առանց հայ լեզուի պահպանութեան՝ չկայ հայութիւն, չկան հայ կեանք եւ հայ իրականութիւն։ Ան զգոյշ է, ջանադիր, խղճամիտ եւ մանաւանդ հետամուտ՝ որ նորաբողբոջ մանուկը սորվի եւ իւրացնէ մայր լեզուն եւ զայն պահէ իբրեւ բիբական։

Անկեղծօրէն խոստովանինք որ հայ լեզուի հորիզոնը բաւական մռայլ է ու անհրապոյր։ Հայ լեզուն մահուան դուռը կը թակէ եւ մեզ կը յուսալքէ, մեզ կը դարձնէ մելամաղձոտ ու կասկածոտ։ Առանց լաւատեսութիւնը կորսնցնելու, հարկ է որ ըլլանք իրատես՝ երեւոյթները ուղիղ քննելու եւ դատելու համար։ Եզրայանգումը պէտք է խարսխուած ըլլայ ստոյգ տուեալներու վրայ եւ ոչ՝ ենթադրութիւններու։

Այս օտար ափերուն վրայ, երբ մեր լեզուն օրըստօրէ տեղի կու տայ տեղական լեզուին՝ առանց թմբուկի ու չեփորի, ոմանց նոյնիսկ ներքին հոգեկան տարօրինակ ու անըմբռնելի հաճոյք մըն ալ պատճառելով, մեծ մայրիկը, ոգի ի բռին, պատուար կը բարձրացնէ այդ բոլոր ամեհի ու կործանարար հոսանքներուն առջեւ, որպէսզի կուլ չերթայ մեզի կտակուած սուրբ նշխարի նման հայոց բազմաչարչար լեզուն։ Ան ամբողջական հետաքրքրութեամբ ու յափշտակութեամբ կ՚ընթեռնու հայերէն փոշեծածկ գիրքեր, մոռացութեան մատնուած ու լքուած աննման մատեաններ, եւ անոնց մէջէն կ՚արտահանէ հայ ժողովուրդի ազգային հերոսները, հայ մտքի տիտանները, հնամաշ աղօթքները, երկեղեցւոյ նահատակ սուրբերը, գրական անփոխարինելի դէմքերը եւ պատմական սխրալի դէպքերը՝ զանոնք իբրեւ հոգեւոր ժառանգ կտակելու նորագոյն սերունդին։ Մեծ մայրիկը լռութեան դատապարտուած մատեանները ի կեանս վերակոչելով՝ անոնց կենդանի ու շունդալից պատգամները մշտածաւալ արձագանգի նման կը հնչեցնէ իւրաքանչիւր պատանիի միտքէն ու սիրտէն ներս։ Վերջինս, որ տեղական անբարեյոյս եւ անբարենպաստ պայմաններու բերումով զրկուած է հայրենի դաստիարակութիւն ստանալու առիթէն, մեծ մայրիկին հաղորդած շունչով կը ջերմացնէ եւ կը հայացնէ իր ցուրտ հոգին, եւ կը մղուի հետզհետէ հայերէն խօսելու, հայկական հարցերով զբաղելու, Հայաստան այցելելու, հայ աննման ու անմար ոգիով մկրտուելու, կնքուելու եւ դառնալու իսկական ու հարազատ զաւակը հայութեան։

Մեր հովուական անհամար այցելութիւններու ընթացքին նկատած ենք որ հայ բոյնը երկիցս օրհնուած է մեծ մայրիկի ներկայութեամբ եւ անոր ազգօ-

գուտ գործունէութեամբ։ Աննկատ չ'անցնիր այն երեւոյթը՝ որ մեծ մայրիկը հայերէն խօսած է ոչ միայն իր զաւակին հետ, այլեւ՝ իր թոռնիկին։ Այսպիսով, մեծ մայրիկին եւ թոռնիկին միջեւ եւս հաստատուած է անմիջական կապ մը, ոսկեայ օղակ մը, որ ամուր է ու անխախտ։

Պատահած է երբեմն որ մեծ մայրիկը իր սուրբ առաքելութեան ճանապարհին, տարիներու քրտնաթոր աշխատանքէն խոնջած ու մաշած, առյաւէտ փակէ իր աչքերը, հեռանայ այս անցաւոր աշխարհէն եւ ընդգրկէ յաւիտենականութիւնը՝ կիսատ կամ անկատար ձգելով իր նուիրական գործը։ Մեծ մայրիկին անդարձ մեկնումով՝ դադրած են Հայոց լեզուի հնչիւնները տան մէջ, խորթացած են ու կոշտացած հայ բառերը ընտանիքի անդամներու ականջին։ Հայոց լեզուն տակաւ կորսնցուցած է իր հմայքը, գրաւչութիւնն ու գեղեցկութիւնը։ Տարիներ ետք, երբ հարց տրուած է անոնց թէ ի՞նչ պատահականութեամբ հայերէն սորված են այս օտար ափերուն վրայ, անոնք անվարան պատասխանած են. «Մեծ մայրիկին կը պարտինք. մեզի հետ հայերէն կը խօսէր. ա՛ն է որ մեզի աղօթել սորվեցուց ու մեզ եկեղեցի տարաւ։ Հիմա որ ան մեկնած է, տան մէջ հայերէն խօսող չկայ. հայ թերթ ու գիրք կարդացող չկայ»։ Հէք մեծ մայրիկը կարծէք Հայոց լեզուն ծրարած հետը տարած ըլլար գերեզման։ Ի՞նչ պէտք ունէր մեծ մայրիկը իր կենդանութեան յարատեւ կրկնելու. «Հայերէ՛ն, հայերէ՛ն խօսեցէք», երբ իր մահէն ետք կանգ պիտի առնէր հայ զարկերակը։ Մի՞թէ անհաղորդ էր ան ու կատարելապէս անտեղեակ տեղական պահանջներուն, արագընթաց կեանքին, հայ թաւալգլոր կեանքի անիւին։ Ո՛չ, ամենեւին։ Մեծ մայրիկը լա՛ւ կը ճանչնար սփիւռքի ծանր պայմանները, ճնշումները, հայ լեզուի դէմ եղած սպառնալիքները. սակայն ան խորապէս ըմբռնած էր նաեւ այն ճշմարիտ իրականութիւնը՝ որ լեզուն է հիմնաքարը ազգին ու անոր մշտական գոյատեւութեան։ Առանց լեզուի՝ փուլ կու գայ ազգը, կը տուժէ մշակոյթը, կը խաթարուի հարազատ ինքնութիւնը ժողովուրդին։

Թանկագին ու անփոխարինելի, գիտակից ու արթնամիտ մեծ մայրիկները աստղի նման կը չքանան Հայոց պայծառ երկնակամարէն։ Օրըստօրէ անոնց թիւը զգալիօրէն կը նուազի։ Քաջ ու նուիրեալ մեծ մայրիկներու նուազումով՝ վիհեր կը բացուին մեր սիրտերէն ներս եւ ձմրան տերեւի նման կը սրսփան մեր հոգիները կատաղի քամիներէն։ Խլացուցիչ լռութիւնն ու պակուցիչ կրաւորականութիւնը մեզ յուսահատութեան կը մղեն։ Հրապարակի վրայ տարուող լարուած աշխատանքները անբաւարար են ու չնչին։ Պարտութիւնը աներկբայ է, վանքի ամրակուռ պարիսպները փուլ եկած են, պատնէշները՝ քանդուած ու խորտակուած, հայութիւնը՝ բաժնուած ու կտորակուած, հայ մտքի ձուլարաններն ու օճախները՝ կղպանքներով փակուած ու լքուած, իսկ այն սակաւաթիւները, որոնք օրն ի բուն կը գործեն հաւատարմօրէն, անխափանօրէն, անսայթաքօրէն, եւ ովկիանոսի մոլեգնած կոհակներուն ընդմէջէն կը նաւարկեն անվեհերութեամբ ու պայծառագոյն լաւատեսութեամբ, արժանի են մեր անկեղծ երախտիքին ու հիացումին։

Մեծ մայրիկները ներկայիս կ'ապրին իրենց կեանքի մայրամուտը։ Թէպէտեւ անոնք կը մեկնին անդարձ, բայց անոնց հոգիները անընդունակ են չիջելու։ Մենք՝ դժբախտ ականատեսներս, ամէն օր կը վկայենք մեծ մայրիկներու մեկնումը. անոնց մեկնումով՝ Հայոց լեզուն եւս հրաժեշտ կու տայ ու կը մեկնի։ Մէկ առ մէկ մեզմէ խլուած մեծ մայրիկները մեզ կը թողուն մինակուկ ու անմխիթար։ Ամէն հայ իր մեծ մայրիկին թող նայի պատկառանքով, անոր հետ վարուի ակնածանքով, անկէ քաղէ հիւթեր կեանքի, լոյսի ու շողի, ժառանգէ յոյսի մասնիկ, հաւատքի կաթիլ, հայ լեզուի հանդէպ պաշտամունք ու անսահման սէր։ Մեծ մայրիկներու ներաշխարհը թափանցել է պէտք. անոնց հոգիները անհունօրէն քնքոյշ են, ազնիւ, հայատրոփ, հայաեռ։ Անոնց հոգիներէն բխած ու միտքերէն ժայթքած փշրանքները անգին են ու վառ։

Հայոց լեզուն իր յաղթական երթն ու մշտագոյութիւնը ապահովելու համար խիստ կարիքը ունի անձնդիր եւ զոհաբերութեան ոգիով առլցուն մեծ մայրիկներու, որպէսզի մարմրող կրակին նոր շունչ տան, կենդանութիւն պարգեւեն եւ հայ լեզուն փրկեն ստոյգ կորուստէ։

Բի՛ւր յարգանք մեկնած մեծ մայրիկներու անմեռ յիշատակին։

1998

Մարդաճանաչութեան Արուեստը Եւ Խղճագիտական Հարցեր

«Զի մարդ ոչ գոյ արդար ի վերայ երկրի՝ որ գործէ զբարիս, եւ ոչ մեղանչիցէ»
Ժողովող, Է. 21

Մարդաճանաչութեան արուեստը խիստ բարդ է, որովհետեւ չափազանց բարդ կառոյց ունի մարդը՝ ո՛չ միայն բնախօսական տեսանկիւնէն դիտուած, այլեւ՝ հոգեբանական: Հին յոյն իմաստասէրը իր երկու խորիմաստ ու ծանրակշիռ բառերով այսօ՛ր եւս կը դպչի մեր սրտին ու կը խռովէ մեր հոգին, երբ կ՚ըսէ. «Ծանի՛ր զքեզ», որ թարգմանի՝ «ինքզինքդ ճանչցիր»:

Մարդկային հոգեկան կեանքը խիստ բարդ է, մանուածապատ ու հանգուցուած, իսկ հոգեկան երեւոյթները անհասկնալի են ու շատ յաճախ՝ անմատչելի ու անբացատրելի: Մարդու ներաշխարհը անհորիզոն է եւ ունի ովկիանոսային խորութիւն: Անոր հոգին մերթ կը փայլի արեգակնային յստակութեամբ ու գեղեցկութեամբ, եւ մերթ կը մթագնի, կը խաւարի անբացայայտ մռայլութեամբ: Մարդս կազմողը հոգեկան գիտակցական ու ենթագիտակցական երեւոյթներն են ու ապրումները, ինչպէս՝ խռովք, յոյզ, տրտմութիւն, ցասում, խնդութիւն եւն, որոնք արագափոխ են ու յարափոփոխ: Մարդիկ, հետեւաբար, իրենց փոխյարաբերութեան մէջ անփոփոխ ու կայուն չեն: Այստեղ հարկաւոր է ընդգծել մարդուն արտաքին ազդեցութիւնները, որոնք են՝ ապրած ժամանակաշրջանը, բնաշրջանը, կեանքի պայմանները, եւն:

Արտաքին աշխարհը մեզի կը ներկայանայ իր խիստ բարդ ու բազմատեսակ երեններով, երեւոյթներով, ծալքերով, կերպերով ու կողմերով, եւ մարդոցմէ կ՚ակնկալէ նաւարկել բազմակոհակ ովկիանոսին մէջ քաջակորով բազուկներով ու աննահանջ ոգիով:

Մարդիկ կը տարբերին իրարմէ իրենց նկարագիրով ու խառնուածքով: Ժառանգական գիծը կամ տարրը բնական է որ մեծ տեղ ունի խառնուածքին մէջ. այս ըսել է, որ կը սերենք շատ մը խառնուածքային խմորումներ մեր նախահայրերէն: Նկարագիրը ո՛չ միայն ստացական բնոյթ ունի, այլեւ կերտելի է ու դաստիարակելի: Մարդկանց ներքին աշխարհը խորաթափանցելու համար պարտ ենք ուշադիր կերպով քննութեան ենթարկել անոնց ոչ միայն խառնուածքը, բնատուր խղճերը, կարողութիւնները, տրամադրութիւնները եւ մտածելու ու գործելու եղանակը, այլեւ՝ անոնց նկարագիրը: Մարդկանց նկարագիրը կամ բնաւորութիւնը սերտ աղերս ունի հասարակական միջավայրի, ուսման, դաստիարակութեան եւ կենսափորձի հետ: Մինչ խառնուածքը կարելի չէ փոխել, նկարագիրը՝ կարելի է: Մարդոց նկարագիրը կը բացայայտուի իրենց շարժ ու ձեւով, նիստ ու կացով, վարք ու բարքով, խօսքով, արտայայտութեամբ, վերաբերմունքով, մտածելաձեւով ու գործելու եղանակով:

Մարդաճանաչութեան մեր պրպտումներուն մէջ, մեր հայեացքը անշեղօրէն պէտք է ուղղուի դէպի նկարագիրը, վասնզի ա՛յդ է հիմնականին մէջ որ կը բնութագրէ մարդը, անհատականութիւնը, եւ կը բացայայտէ անոր յատկանիշները։

Բարոյական բարձունքներ նուաճած անձնաւորութիւններ բարձր նկարագրի տէր եղած են միշտ։ Անոնց բարոյական բարձրութիւնը եղած է ուղիղ ու պարկեշտ մտածողութեան, արդար դատողութեան, անվհատելի ու աննուաճելի կամքի բացայայտման, ինչպէս նաեւ ազնիւ ու օգտակար գաղափարներու ոգեշնչման մէջ։

Նկարագիրը կը բացայայտուի սկզբունքներու յարելու մէջ, որոնք կրնան ըլլալ շիտակ կամ սխալ, օգտակար կամ վնասակար։ Զօրաւոր ու առողջ նկարագիրով անձն է որ ի վերջոյ պիտի որոշէ թէ ո՞րն է ընդհանուրի համար օգտաւէտ։ Գեղեցիկ եւ ուժեղ նկարագիրով անհատներ կրնան մեծ ազդեցութիւն գործել իրենց շրջանակի, ինչպէս նաեւ դարաշրջանի մտածողութեան ու փիլիսոփայութեան վրայ։

Նկարագրի կերտման ճանապարհին կամքի դերը մեծ է ու առանցքային։ Կամքը հոգեւոր ձիրք է ու կարողութիւն՝ հոգւոյ։ Կամքը, թէպէտեւ անուղղակիօրէն, բայց մեծապէս կ՚ազդուի անհատի ընդհանուր տրամադրութենէն ու բնաւորութենէն։ Բնավայրը կրնայ օգտակար ըլլալ անձի նկարագրին ձեւաւորման։ Անշուշտ որ անհատական ջանքն ալ մեծ տեղ ունի նկարագրի կազմաւորման մէջ։ Ամբողջապէս անձէն կախում ունի թէ ինչպէ՞ս կը դիմակալէ ու կը դիմագրաւէ բարոյական անբաղձալի ու դժնդակ պարագաներ։ Կամքի մէջ կը տեսնենք ընտրութեան ազատութիւն, այսինքն՝ անհատը ունի բացարձակ ազատութիւն երեւոյթները կշռադատելու եւ իր սեփական եզրայանգումը կատարելու։ Որոշում կայացնելու այս գործընթացին մէջ, յատուկ կարեւորութեամբ հարկ է ընդգծել անձին իմացականութիւնը, մտաւորականութիւնը, երեւոյթները ճշգօրէն ընկալելու եւ զանոնք մանրազնին քննարկման ենթարկելու կարողութիւնը եւ բարձր ունակութիւնը։ Եթէ անձին կողմէ կատարուած ընտրութիւնները անյաջող են, վատ ու անճարակ, այդ անձը կը պիտակուի իբրեւ աննկարագիր կամ նկարագրազուրկ անձ։ Այլ խօսքով, կամքն է որ պիտի որոշէ թէ մենք ո՞ր ուղին պիտի որդեգրենք։

Մարդիկ չարունակ պիտի գտնուին երկընտրանքի առջեւ, որ ինքնին տառապալի ու հոգեմաշ վիճակ է։ Այստեղ է որ բարոյական աստուածաբանութիւնը հրապարակ կու գայ եւ մեզի օգնութեան կը փութայ։ Այս բնագաւառը մեզի կը թելադրէ լիցքաւորուիլ Աստուծոյ շնորհքով, զօտեպնդուիլ Անոր պարգեւած իմաստութեամբ՝ կենարար խօսքով, ինչպէս նաեւ՝ գործածել մեր ներծին, բնական, բնատուր հոգեկան ուժը եւ բանականութիւնը։ Կամքի կազմաւորման ու հզօրացման ճանապարհին մարդիկ կեդրոնացնելու են իրենց ամբողջական ջանքը առաքինութեանց վրայ։

Ընդունուած է բարոյական աստուածաբանութեան մէջ մատնանիշ ընել գլխաւոր չորս առաքինութիւններ՝ արդարութիւն, խոհեմութիւն, ժուժկալութիւն եւ արիութիւն։ Ասոնք կու գան զօրացնելու մեր կամքը, անհատականութիւնը, նկարագիրը։ Իբրեւ օրինակ վերցնենք խոհեմութիւնը, քանզի կ՚օժանդակէ մարդս կատարելու ճիշդ ընտրութիւն։ Խոհեմութիւնը, շրջահայեցութիւնը, զգօնութիւնը, մեզի թոյլ կու տան որ գործելէ առաջ մտածենք եւ հաւասարակշռենք իրերն ու երեւոյթները։

Հին Կտակարանի համաձայն, մարդը ստեղծուած է Աստուծոյ պատկերին համաձայն։ Այս ճշմարտութիւնը իբրեւ հիմք կը վերցնէ այն իրողութիւնը, որ Արարիչը տիեզերքի եւ ամենայն արարածոց, հոգին է իմացականութեան ու մարմնացումը սիրոյ։ Հետաքրքրական է Ս. Օգոստինոս հայրապետի արտայայտած այն միտքը, ըստ որում, բովանդակ տիեզերքի մէջ լոկ մարդն է որ օժտուած է բանականութեամբ, եւ իբրեւ այդպիսին, անոր իմացականութեան (ճանաչողութեան, տրամաբանութեան, դատողութեան) եւ սիրոյ (զգացման) կարողականութիւնները հոգեւոր են։ Հակառակ մարդու Աստուծոյ պատկերը իր ներսիդին կրելու երեւոյթին, ան պիտի մնայ միշտ տկար, թերի, մեղաւոր ու ենթակայ Աստուծոյ շնորհքին ու ներումին։ Աստուածաբաններ մատնացոյց կ՚ընեն Քրիստոս իբրեւ կատարեալ պատկերը երկնաւոր Հօր։ Այս երեւոյթը կը խթանէ ժողովուրդը մղուելու յառաջ «մինչեւ հասցուք ամենեքեան ի մի միաբանութիւն հաւատոց եւ գիտութեան Որդւոյն Աստուծոյ, յայր կատարեալ ի չափ հասակի կատարմանն Քրիստոսի» (Եփես. Դ. 13)։ Հակառակ դէպի հոգեւոր աճելութիւն եւ հասունութիւն առաջնորդող երկարաձիգ ճանապարհին, մարդիկ անխուսափելիօրէն պիտի ապրին կեանքի բազում ելեւէջներ ու դէմ յանդիման պիտի գտնուին անվերջ խոչընդոտներու ու փորձութիւններու։

Կեանքի այս վերիվայրումները մարդկանց պէտք չէ վհատութիւն պատճառեն եւ ուժաքամ ընեն անոնց հոգեւոր կարողութիւնները, բարի խորհուրդները եւ առաքինի տրամադրութիւնները ու փոխեն, խաթարեն անոր առողջ ու անեղծ նկարագիրը։ Կեանքը ելեւէջներու անվերջ շղթայ մըն է, որ կու գայ փորձութեան ենթարկելու մեր կամքն ու նկարագիրը։ Ոչ ոք զերծ է հիմնական չեղումէ, կորստաբեր հոսանքէ ու անխուսափելի սայթաքումէ։ Ամէնքս ալ ունինք դիւրախաբ միտք, իսկ ոմանք նաեւ՝ յեղյեղուկ բնաւորութիւն ու անհաստատ նկարագիր։ Մեծն առաքեալը շատ պերճօրէն կը խրատէ. «Այսուհետեւ որ համարիցի հաստատուն կալ՝ զգոյշ լիցի, գուցէ անկանիցի» (Ա. Կորնթ. Ժ. 12)։

Հայ ականաւոր իմաստասէր՝ Դաւիթ Անյաղթ, կ՚ըսէ թէ Պղատոն սահմանած է «փիլիսոփայութիւնը որպէս աստուածանմանութիւն, ըստ մարդկային կարողութեան»։ Դաւիթ Անյաղթ իր «Փիլիսոփայութեան Սահմանումները» գրքին մէջ կը գրէ. «Այն յատկանիշները, որոնք յատուկ են նաեւ Աստուծոյ կերպարին, յատուկ են նաեւ կատարեալ իմաստասէրին»։ Իսկ որո՞նք են այդ յատկանիշները։ Ան կ՚ըսէ. «Աստուծոյ կերպարին յատուկ են հետեւեալ երեք յատկանիշները՝ բարութիւնը, իմաստութիւնը եւ հզօրութիւնը… կատարեալ փիլիսոփան նոյնպէս կը բնութագրուի այս երեք յատկանիշներով… բարութեամբ… կատարեալ փիլիսոփան հոգ կը տանի անկատար հոգիներու մասին եւ իմացման միջոցով, անկատար եւ տգէտ հոգին կը հասցնէ կատարեալ գիտութեան… կատարեալ փիլիսոփան կը ձգտի ամէն ինչ իմանալ… կատարեալ փիլիսոփան կը կամենայ ինչքան կրնայ ընել»։ Իսկ այն հարցին թէ մարդ կրնա՞յ իւրացնել ամէն ինչ իր կեանքի շատ կարճ տեւողութեամբ, Պղատոն կը պատասխանէ. «Երջանիկ է ան, որ իմաստութեան եւ խոհեմութեան կը հասնի գէթ ծեր տարիքին»։

Դաւիթ Անյաղթի իմաստասիրութեան համաձայն, նմանիլ Աստուծոյ կը նշանակէ՝ «խոհեմութեամբ տոգորուած դառնալ բարեպաշտ եւ արդար»։ Հայ մեծ իմաստասէրը յստակօրէն ու բացորոշ կերպով խոհեմութիւնը կը համարէ իբրեւ հիմնաքար ամէն բարեաց. «Խոհեմութիւնը բանականութեան նպատակն է, եւ դառնալ բարեպաշտ եւ արդար, որովհետեւ բարեպաշտութիւնը եւ արդարութիւնը բարոյական առաքինութիւններ են, իսկ գործնական մասի նպատակը այն առաքինութիւններն են, որոնք կը զարդարեն մեր բարքերը»։

Նախախնամութեան ու մարդկութեան միջեւ ծառացող հիմնական արգելքը եւ պատնէշը մեղքն է, որ ինքնին աղաւաղումն է ու եղծումը մեր իրական ու իսկական պատկերին։ Շէյքսփիր իր մէկ խօսքին մէջ շատ իմաստուն կերպով դիտել կու տայ, որ Աստուած մարդկանց տուած է մէկ երես (իմա՛ պատկեր, նկարագիր) մարդիկ սակայն իրենց համար ստեղծած են ուրիշ երես մը եւս։ Համլետ իր յուսահատութեան ու յուսալքութեան մէջ լիաթոք ու բարձրաղաղակ կը գոչէ. «Մարդ չէ այն, ինչ կ'երեւի»։ Կեանքի իմաստութեամբ յագեցած ու կենդանի հուրով փորձուած այս խօսքերը բուռն կոչեր են ուղղուած համայն մարդկութեան՝ դիմակազերծելու մարդը, մատնացոյց ընելու անոր քողարկուած հոգին, կեղծիքով լեցուն սիրտը, պատրալից արտաքին տեսքը եւ վերադարձնելու զայն իր նախկին՝ հարազատ ու մաքրամաքուր պատկերին։ Մեր Տէրը՝ Քրիստոս, հրաշալի կերպով կը ձաղկէ կեղծաւոր դպիրներն ու փարիսեցիները՝ զանոնք կոչելով յիմարներ, կոյր առաջնորդներ, օձեր եւ իժերու ծնունդներ (Տե՛ս Մատթ. Իգ.)։ Երբ հարցը մարդկանց նկարագրի փճացածութիւնն ու ստորութիւնն է, կեղծաւորութիւնն ու ստորաքարշութիւնը, մեր Տէրը կը գործածէ խիստ ու հատու լեզու։ Այս խօսքերով Յիսուս դիմակազերծ կ'ընէ զանոնք ու դատապարտութեան սիւնին կը գամէ անոնց ողջ էութիւնը, մտածումը, ուսմունքը եւ վարուելակերպը։ Քրիստոս մատնացոյց կ'ընէ գաղափարական հակադիր հասկացութիւնները՝ րաբբիներու ուսուցած վարդապետութիւնը եւ ճշմարտութեան կամ իրական կեանքի հակասութիւնը։

Կեղծաւորութիւնը, որ յատուկ է մարդուն, առաքինութեան բացակայութիւնն է։ Դիմակաւոր մարդիկ դոյզն գնահատումն իսկ չունին առաքինութեան։ Անոնք կը բաւարարուին իրենց անբաւարար, աղքատիկ, ողորմելի ու արգահատելի «առաքինի» կողմերով եւ ի ցոյց մարդկան կը պճնազարդուին երփնագեղ փետուրներով։ Միով բանիւ, կեղծաւորութիւնը առաքինութեան հանդէպ անտարբերութեան, անարգանքի ու նոյնիսկ արհամարհանքի նշան է։

Կեղծաւորութիւնը առաքինութեանց եղծումն է։ Փակագիծի մէջ կարեւորութեամբ պէտք է նշել, որ կրօնական բարոյագիտութեան կամ կենցաղագիտութեան մէջ գոյութիւն ունի խղճագիտութիւն։ Իմաստասիրութեամբ զբաղող բարոյագէտներ, խղճագիտութիւնը կը համարեն «կենցաղագիտութեան նպատակակէտը»։ Խղճագիտութիւնը ուսմունքն է կամ արուեստը որոշում կայացնելու ճիշդ ու սխալի միջեւ՝ երբ որոշապէս կը բացակային կանոնի ուժ ստացած ու ընդհանուրի կողմէ ընդունուած ու յարգուած օրէնքներ։ Ուղիղ, արդար ու պարկեշտ անձը, իբրեւ հիմնակէտ ունենալով իր կենսափորձը, ընդհանուրին շահը եւ ապահովութիւնը, տուեալ խիստ ու ծանր պայմաններու եւ մանաւանդ անսովոր պարագաներու տակ կը գործէ ըստ կամս, եւ նոյնիսկ կ'ընթանայ հակառակ՝ ընդհանուրի կողմէ ուղեգծուած ծրագիրին ու որդե-

գրուած ուղղութեան։ Այս բռնադատուած կամ պարտադրուած վիճակը կ’ենթադրէ պարագայական մօտեցում եւ լուծում։ Խղճագիտական կամ պարագայական բարոյագիտութեան հարցերու մէջ մարդիկ պէտք է պատրաստ ըլլան դէմ յանդիման գտնուելու բարոյական երկու անհամատեղելի զգացումներու, պահանջքներու եւ վճիռներու առջեւ։ Դասական օրինակ է, երբ անհատ մը սուտ կը խօսի, կը կեղծէ կամ կը հերքէ ճշմարտութիւնը, եւ այդ անարգ արարքը կ’արդարանայ, վասնզի հետեւանքը բարի է· կամ հեղինակաւոր եւ պատասխանատու անձի մը սխալ մէկ հրամանը չի յարգուիր, պատճառ կայ եւ այդ պատճառը յարգելի է, որովհետեւ տրամաբանականօրէն պատճառաբանուած է։ Քրիստոս եւս բեկանեց շաբաթը՝ առաջնակարգութիւն տալով իր աշակերտներուն, որ ցորենի հասկեր փրցնեն, վասնզի «շաբաթ վասն մարդոյ եղեւ, եւ ոչ թէ եթէ մարդ վասն շաբաթու» (*Մրկ. Բ.* 23)։ *Այս օրինաց բեկանումը նկարագրի խախտում կամ խաթարում չի նշանակեր, որովհետեւ արարքը կատարուելով անհրաժեշտութենէ մղուած, կ’ապահովէ ամէնքին բարելաւումը եւ բարուոքումը։*

Խղճագիտութիւնը ըլլալով բացառիկ պարագայի եւ խղճի գիտութիւն, դժբախտաբար, կրնայ տառապիլ թուլութենէ՝ երբ չարաչար կը շահագործուի ու կը շահատակուի։ Այլ խօսքով, մարդիկ անտեղիօրէն եւ առանց բարոյական հարկադրանքի կրնան օգտուիլ խղճագիտութեան ընձեռած հնարաւորութենէն ու բարիքներէն եւ ոտնակոխ ընել բարոյագիտական ճշմարիտ ու անյեղլի սկզբունքները։

Հայ միջնադարեան գրողները, որ կը պատկանէին մեր ժողովուրդի հարուստ կենսափորձի վրայ խարսխուած սքանչելի ասոյթներ, դրուագներ, պատմութիւններ, խրատներ, եւ այլ բազմասեռ գրութիւններ, կ’անդրադառնան մարդկային նկարագրի մասնայատուկ գիծերուն։ Դեռեւս 1291 *թուին գրուած ձեռագիր ժողովածուի մը մէջ՝ «Մեկնութիւնք, խրատք հասարակաց, աղօթք, եւն», հեղինակը կը գրէ· «Դուք ի մարդոյ կերպարանքը նայիք», եւ կը դատէք զինք իր արտաքինով եւ չէք նայիր անոր ներսիդին, չէք քններ անոր բնաւորութիւնը, նկարագիրը, հոգեբանութիւնը։ Այս, միանգամայն ցոյց կու տայ, որ մարդիկ կան որ արտաքինին, հագուստին եւ մարմնին կը նային եւ անձը կը դատեն իր արտաքին տեսքով, շքեղ փայլքով՝ ամբողջովին անտեսելով ներքին մարդը, հոգին՝ իր բազմաբարդ յօրինուածութեամբ ու շինութեամբ եւ անյատակ խորութեամբ։*

Շատ դիպուկ է մեր հինաւուրց գրողներէն քաղուած հետեւեալ օրինակը, ուր ցոյց կը տրուի հոգեպէս սնանկացած ու բարոյապէս ստրկացած յոյժ ժլատ մեծատան խնդրանքը քարակոփին՝ իր մարմարէ արձանը քանդակելու։ Յետ շինութեան գեղեցիկ արձանին, ընչեղ մարդը կը հարցնէ իր բարեկամին, թէ «Արդեօք իցէ՞ր բարուոք կերտեալ եւ յարմարեալ քարակոփին ըստ նմանութեան ինքեան»։ Անկեղծ բարեկամը կը պատասխանէ· «Յոյժ բարուոք եւ կատարեալ ունի զնմանութիւն քո՝ ըստ հոգւոյ եւ ըստ մարմնոյ»։

Մեր գրութիւնը փակելէ առաջ, կը հարկադրուինք նորէն շեշտել, որ մարդաճանաչութիւնը բարդ է ու դժուար, որովհետեւ մարդիկ ի բնէ հմտութիւնն ու ճարտարութիւնը ունին թաքցնելու իրենց իսկութիւնը եւ հոգեւոր ինքնութիւնը· անոնք մեծ վարպետութեամբ ատակ են պարտկելու իրենց ներաշխարհը եւ երեւան գալու իբրեւ դիմածածկ կերպարներ։ Երկարամեայ սրտակից, մտերմիկ բարեկամութենէ ու ժրաջան գործակցութենէ ետք լսուած է, որ մէկը շշնջէ. «Դեռ չեմ հասկնար ես այս մարդը»։

Նկարագրի կերտումը խուրաքանչիւրէն կը պահանջէ նախ ինքնաճանաչում, ապա եւ՝ երկարատեւ ու մշտական աշխատանք։

1998

Կրկնակի Մեռեալներ

«Օտարացէք, ճեռացէք, որչափ կամիք,
Միշտ էք դուք մեր դաւալիք»:

Մեր նահատակ, բազմավաստակ ու փայլուն գրագէտ Գրիգոր Զօհրապ, իր «Կենդանի Մեռեալներ» կարճ գրուածքին մէջ կը յայտնէ որ Հիւնքեարպէյէնտեան Տէր Հայրը կը գուժէ մահը Փարիզի ականաւոր բժիշկ Տոքթոր Պէհրանի։ Այսպէս կը գրէ Տէր Հայրը Փարիզէն, ուր եւ մասնակցած էր բժիշկին յուղարկաւորութեան. «Սրբազան Հայր, այսօր մեռաւ հոս Տոքթոր Պէհրան որ շատոնց արդէն մեռած էր մեր ազգին համար»։

Ազգին համար արդէն մեռած Տոքթոր Պէհրանին մահը մեր գրագէտին կը յիշեցնէ ֆրանսական ոստանին մէջ իր մահկանացուն կնքած հայ միլիոնատէրի մը մահը։ Այս հարուստը կրթուած էր Պոլիս եւ տեղեն մը ուսուցչութիւն ալ ըրած։ Ապա, լքելով կրթական ասպարէզը, զբաղած էր առեւտուրով, հարստացած ու բնականաբար… մեկուսացած։ Միջակութենէն դէպի նիւթական փայլուն յաջողութիւն ընթացող այս մարդուն կեանքը մէկընդմիշտ փոխուած էր։ Հարստութիւնը գինք յղփացուցած էր այն աստիճան, որ ան վառ գործունէութենէ պժգալի մեռելութիւն ու տաղտկալի անշարժութիւն առաջնորդուած էր։ Կորսնցուցած էր խիղճ ու ազնիւ գիտակցութիւն, գութ ու կարեկցանք, անտեսած էր բարոյական ամէն սկզբունք, հասկացողութիւն ու պարտականութիւն, կծկուած էր իր ցուրտ պատեանին մէջ, դարձած էր ինքնամփոփ, եսակեդրոն, մորթասէր ու անձնասէր։ «Փարիզի մէջ մեռնող այս կենցաղասէր ու օտարամոլ հայ հարուստն ալ մին էր այն էապէս ողորմելի արարածներէն, որոնք հարստութեան երեսը տեսած օրերնուն՝ իրենց անցեալը ուրանալով կը պարծին», կը գրէր Զօհրապ։ Ազգէն եւ հայրենիքէն հեռացած, հայութենէն ուծացած եւ ուղնուծուծէն պարպուած այս անունով հայը, մասնաւոր առելավառութեամբ կը խօսէր իր ազգին դէմ։ Կարծես կը զղջար ու կ՚ափսոսար որ հայ ծնած էր, եւ իր հայ ծնելուն ոխը կ՚առնէր իր ազգութեան դէմ չարախօսելով եւ զայն անուանարկելով։ Թէ ազգն ի՞նչ յանցանք գործած էր, յայտնի չէ։ Զօհրապ կը նկարագրէ դեռ աւելին. «Եւ այս է այն մարդը, որուն համար ըսուեցաւ թէ մեր ազգը պէտք էր ստանձնել անոր մօտ՝ մուրացիկ ազգականի մը դերը, որ հոգեվարին սնարին քով, վերջին վայրկեանին կու գայ անոր յիշեցնել զիրենք միացնող մերձաւորութիւնը։ Ո՛չ. հասարակութեան մը վայելուչ դեր մը չէ այս ճիտը ծուռ մուրացկանի դերը. ո՛չ, պէտք չէ որ գիջանի ան ողորմութիւն խնդրելու երբեք. ազգ մը իր անհատներուն պահանջումներ կրնայ ներկայացնել եւ ոչ խնդիրքներ»։

Արդարեւ, «կենդանի մեռեալներ» այսօ՛ր եւս գոյութիւն ունին եւ անոնք կը գտնուին քիչ մը ամենուրեք։ Այսպիսիք, իրենց բացարձակ անտարբերութեամբ, սառնասրտութեամբ, հոգւոյ փտութեամբ ու նեխածութեամբ, ուրացած են իրենց ինքնութիւնը ու մէկընդմիշտ երես դարձուցած։ Անուղղակի պայ-

քարի մէջ են անոնք թէ՛ իրենց անձին եւ թէ՛ ազգին հետ։ Անոնց գերագոյն նպատակն ու իղձը անհպելի, անհասանելի ու անմատչելի մնալ է։ Հոգեբաններ եւս վերլուծելով անոնց հոգեվիճակը, համոզուած են որ այս կացութաձեւը ենթական ի՛նք կ՚ընտրէ ու հետզհետէ կը մշակէ իր մէջ, որպէսզի իր վանողական դիրքով ու վերաբերմունքով հեռու պահէ բոլոր դրամաշորթները, մուրացկանները, պնակալէզները, եւ ինչու չէ նաեւ՝ աղքատը, լքեալը, որբը, ազգը եւ եկեղեցին։

Գրիգոր Զօհրապին այս գրութիւնը մեզի կը յիշեցնէ շատ տարիներ առաջ հանգուցեալ հայ մը, որ անձնատուր իր ունեցուածքին ու կալուածին, ապրեցաւ կեանք մը խեղճ ու գձուձ։ Արդարեւ, կենդանի մեռեալ մըն էր ան՝ զաղութի կեանքին հանդէպ ցուցաբերած իր կրաւորականութեամբ, ազգին ու եկեղեցիին հանդէպ իր ողորմելի ատելութեամբ ու արհամարհանքով, եւ միայն ու միայն իր հանդէպ սնուցած ազդու ու պատկառելի անձնաւորութիւն մը ըլլալու մեծամտութեամբ ու ամբարհաւաճութեամբ։ Թաղումը, ըստ սովորականին, կատարուեցաւ առօք փառօք։ Շռայլուեցան խօսքեր, տեղի ու անտեղի։ Գովքը հիւսուեցաւ անոր չունեցած առաքինութիւններուն եւ առաւելութիւններուն։ Այս մշտական կենդանի մեռեալը «որ շատոնց արդէն մեռած էր մեր ազգին համար», արժանացաւ ներբողի ու դրուատիքի, փառաբանութեան ու գովաբանութեան։ Ինչպիսի՜ ապականած բարքեր ընդգրկած կ՚ուղղուինք դէպի բարոյական սնանկացման խորխորատ։ Ծաղկեպսակներու տարափ էր չորս դին։ Ժապաւէններէն իւրաքանչիւրը կը յիշեցնէր թէ ո՛վ էր հանգուցեալը։ Կեդծիքն իր գագաթնակէտին հասցուցած էին հանգուցեալին հարազատներն ու բարեկամները։ Այնքան ճնշիչ էր մթնոլորտը, որ խեղդամահ կ՚ընէր ամէն ուղղամիտ ու արդարամիտ մարդ։ Զինք խորապէս ճանչցողներուն մօտ, սակայն, ճշմարտութիւնը կ՚աղաղակէր ու կը հրապարակէր ամէն մէկ թաքուն ծալքը անոր կեանքին։ Ճշմարտութիւնը կը նմանի մշտաշող ճառագայթի, որ չի կրնար թաղուիլ։ Եւ իրօք, ճրագը կարելի՞ է գրուանին տակ թաքցնել։ Մարդկանց կեանքը հայելիի նման կ՚արտացոլէ։

Հայութեան սիրտէն դուրս ապրած, մեռած ու թաղուած շատ հայեր կան, որոնց անունները մերթ ընդ մերթ կը հասնին սուրբ խորան՝ յիշուելու պատարագասեղանին եւ ողորմութիւն խնդրուելու ամենողորմ ու գթառատ Աստուծմէ, որ Տէրը թողութիւն ու քաւութիւն պարգեւէ անոնց գործած բոլոր մեղքերուն համար եւ անոնց հոգիները դասէ «ընդ սուրբս՝ յաջակողման դասուն»։ Անոնց յիշատակը յարգելու եւ յաւերժացնելու իրենց վերջին ու գերագոյն ճիգին մէջ, հանգուցեալին հարազատները եւ պարագաները բարոյական պարտականութիւն մը լիուլի կատարած ըլլալու գոհունակութիւնը կը փափաքին վայելել՝ առանց դոյզն չափով իսկ անդրադառնալու որ հանգուցեալը իր ազատ կամքին ու քարացած սրտին անսալով ընտրած էր բացարձակ իմաստով անհաւատ մնալ, ազգային գետնի վրայ՝ անգործունեայ, հասարակական գործունէութեան մէջ՝ անարդիւնաւէտ։ Ան իր սիրտէն վանած էր կրօնական ու հայրենասիրական նուիրական զգացմունքները։ Այժմ, յետ մահու, սակայն, բարեխօսները կը ցանկային անոր հոգին փրկել՝ հակառակ անոր կամքին...։

Եւ կը հարցնենք այսօր. ի՞նչ փոխուած է Զօհրապի օրերէն, ի՞նչ բան յեղաշրջուած ու փոխակերպուած է աշխարհի վրայ յօգուտ մարդկութեան բարոյական զարգացման ու վերելքին։ Ներկայ մարդկութիւնը այդ շրջանի մարդոց մտայնութենէն ու վերաբերմունքէն ինչո՞վ կը տարբերի։ Կը տարակուսինք դրականապէս պատասխանել, վասնզի նշանախեց մ'իսկ չէ փոխուած։ Կենդանի մեռեալներ իրենք զիրենք անջատած հայ կեանքի իրականութենէն, տագնապէն ու եռեւեփէն, իրագործումէն եւ ուրախութենէն, ծայր աստիճան գոհունակ իրենց ապրած կեանքէն, իրենց ձեռքերով հիւսուած կեղծ դափնիներով պսակադրուած, կ'ապրին կեանք մը մեղկ ու արգահատելի՝ շատ հեռու իրենց ազգային պատկանելութենէն, առհաւական սովորութիւններէն ու սրբազան աւանդութիւններէն, եւ կը սպասեն որ կեանքի վերջալոյսին իրենց դուռը թակուի, մէկը ստանձնէ մուրացիկի դերը եւ յիշեցնէ անոնց վերջին պարտաւորութիւնը՝ հանդէպ ազգին ու եկեղեցիին։

Գրիգոր Զօհրապ, այս սքանչելի, պայծառամիտ ու անզուգական գրագէտը, հրաշալի կերպով կու տայ դասը մեր խղճմտութեան, պարտաւորութեան ու պատասխանատուութեան։ Ազգը ոչ միայն յարգելի հաւաքականութիւն է ու սրբազան ամբողջականութիւն, այլեւ՝ նուիրական հեղինակութիւն։ Ազգը եւ եկեղեցին չեն կրնար եւ պէտք չէ որ մուրացիկի դեր ստանձնեն եւ հետապնդեն ու համոզեն իրենց զաւակները եւ «խնդիրքներ» ներկայացնեն։ Ընդհակառակը, «ազգ մը իր անհատներուն պահանջումներ կրնայ ներկայացնել»։ Այլ խօսքով, ազգը բարոյական իրաւունքը ունի պահանջելու, եւ ոչ թէ՝ թախանձելու, հաճոյախօսելու, շողոմելու եւ մուրալու։

Այսօր, որոշ կենդանի մեռեալներ, որոնք կորսնցուցած կը թուին ըլլալ իրենց ազգային արժանապատուութիւնը, պարկեշտութիւնը, եւ անտեսած կը թուին ըլլալ պարզագոյն ազնուութիւնը, անփափկանկատութիւնը եւ անխոհեմութիւնը կ'ունենան կառչելու իրենց ողջ ունեցուածքը օտար հաստատութեանց կամ անձանց՝ առանց խղճահարութեան, տատամսումի կամ անյլադալմումի՝ թէ իրենց ազգը ծովածաւալ կարիքներու մէջ է, եւ թէ այժմ եւ միշտ է ժամանակը անո՛ր օգնութեան ձեռք կարկառելու։ Ծառը գեղեցիկ է ու առողջ ոչ միայն իր բունով, այլեւ՝ իր ճիւղերով։ Ծառէն կտրուած ու անջատուած ամէն մէկ ճիւղ կը գօսանայ եւ կը դատապարտուի մահուան՝ անկենդանութեան։ Իւրաքանչիւր հայ անհատ սրտի անկեղծ պարտք մը ունի իր ցեղին, հաւատքին ու մշակոյթին։ Ասիկա քաղցր ու սրբազան պարտքն է մեր լինելութեան, գոյատեւման, բարգաւաճման, բարեզարդման ու յաւերժացման։ Այդ պարտքը մեզի կը ներկայանայ զանազան ձեւերով. ոմանք կոչուած են երկրի պաշտպանութիւնը ստանձնելու, այլք՝ նիւթական մեծամեծ զոհողութիւններ կատարելու, իսկ ուրիշներ՝ մշակոյթին սպասաւորելու ու անոր գանձարանը հարստացնելու, ևն։ Ամէն ոք իւրովսանն հարկ է որ լիուլի, ամենայն հոգածութեամբ ու բծախնդրութեամբ կատարէ իրեն առաջադրուած կամ վիճակուած պարտականութիւնները, ազգին պահանջները եւ չսպասէ որ ազգն իրեն ներկայանայ «խնդիրքներով»։ Երանի՜ այն ազգին, որուն զաւակները հասած են գիտակցութեան այդ մակարդակին, վասնզի այդ ազգը կարիք պիտի չզգայ այլեւս լապտերն ի ձեռին, ցերեկով, մարդ փնտռելու, խնդիրք ներկայացնելու եւ… օգնութիւն մուրալու։

1999

Հոգենորոգութեան Կենսականութիւնը

Մարդկութեան շնորհուած մեծագոյն պարգեւը անտարակոյս կեանքն է։ Մարդոց հասկացողութիւնը եւ ըմբռնումը կեանքի մասին մեծապէս կը տարբերի իրարմէ։ Որոշ մարդոց համար կեանքը իրերու, դէպքերու, երեւոյթներու շարունակութիւն մըն է լոկ, եւ իրենք՝ զոհը այդ թաւալգլոր ընթացքին ու յորձանուտին, որովհետեւ չունին նպատակակէտ ու կամք անոր վրայ իշխելու եւ զայն դարձնելու արդիւնաւոր։ Այս մարդիկ, շեղած իրենց ճշմարիտ ուղիէն, կը դեգերին աննպատակ, կը զբաղին ամենաչնչին ու ճղճիմ հարցերով, եւ կը մսխեն իրենց կենաց օրերը։ Այսպիսիներու համար կեանքը պատահականութեանց կամ պատահարներու գումար մըն է եւ ոչինչ կայ մնայուն ու յիշատակելի։

Ասոնց զուգահեռ կայ նաեւ հասարակութեան վերնախաւը՝ իմացականութեամբ օժտուած դասակարգը, որուն համար կեանքը ազնիւ ու վսեմ գաղափարներու, արի գործերու եւ բարի յիշատակներու գումար մըն է, որ վաղանցուկ ու գնայուն չէ, այլ՝ մնայուն։

Հայոց մեծ բանաստեղծ Յովհաննէս Թումանեանի հրապարակագրութեան շարքին կը գտնենք «Դառնացած Ժողովուրդ» վերնագրով գրութիւն մը, ուր կը խօսուի ախտաւոր կիրքերով վարակուած մարդոց մասին, որ յաչաղանքով ու խէթ աչքով կը նային իրենց ազգակիցներու վերելքին ու փայլուն յաջողութեանց, եւ օրնիբուն կը նկրտին զանոնք տղմաթաթախ ընել ու գլորել խորխորատը։

Մեծ բանաստեղծը կ՚անդրադառնայ մեր հոգիներուն մէջ խորունկ արմատ նետած չարակամութեան ու ախտակրութեան։ Կ՚ըսէ թէ ինչպէս մարդիկ «ախտի գոյութիւնը ընդունելով հանդերձ, իրենց առողջ են համարում ու միշտ ուրիշներին են հռչակում հիւանդ: Ամէն մինը ինքը չար չի, կեղծաւոր չի, հայհոյող չի, ստախօս չի, թայֆայական (*իմա՝ իր անձնական շահերուն աշխատող*) չի, էդ ամէնը իրենից դուրս ուրիշներն են»։ Բանաստեղծը մեզ կը զգուշացնէ ըսելով. «Բայց, ի հարկէ, սրանց չպէտք է հաւատալ... Ճշմարիտը էն է, որ մեր ամբողջութիւնը տառապում է մի ծանր ու խոր բարոյական հիւանդութեամբ»։

Հետաքրքրական հերթականութեամբ, այնուհետեւ, բերուած են գիւղացին, վաճառականը, հոգեւորականը, քաղաքացին, մամուլը, ազգային ու հասարակական գործիչը եւ ուսուցիչը։

Գիւղացին նախանձով ու կատաղութեամբ կը մոլեգնի, երբ կը տեսնէ իր դրացիին առատ բերքը։ Վաճառականը «քունը կորցնում է» ի տես իր մրցակիցին կամ արհեստակիցին յաջողութեան։ Հոգեւորականը՝ «ինչքան վարձ ու պատիւ կ՚ուզէք տուէք – միշտ դժգոհ է, բողոքում է, գանգատւում է անարդարութիւնից, եւ գիտէ՞ք էդ անարդարութիւնը որն է, որ իր ընկերն էլ է նոյնը ստանում կամ նա էլ է կարողանում ապրել»։

Քաղաքացին ու գիւղացին անդադրում վէճի ու հակամարտութեան մէջ են։ Իրենց բովանդակ կեանքը կ՚անցընեն զիրար անուանարկելով եւ ոչնչացնելով։

Մամուլը՝ խօսնակը եւ Թարգմանը բոլոր խմբաւորումներու զգացմանց ու մտածմանց, իր մէջ կը պարփակէ մարդկային լաւագոյն ու ազնուագոյն գանձերը, որոնք են՝ «հայհոյանք, զրպարտութիւն, ափաշկարայ (*խմա՛ առանց Թաքցնելու*) սուտ, չարախօսութիւն, կեղծաւորութիւն»: *Գրական աշխարհի մէջ տարօրինակն այն է, որ գրողն* «ինչքան էլ լաւ գրուածք հրատարակի, միշտ պէտք է զարկել, ծաղրել կամ լռել, մի խօսքով ամէն կերպ աշխատել սպաննել, միայն նրա համար, որ մեզ հետ չի, մեր թայֆիցը չի»:

Ազգային, հասարակական, գրական գործիչներուն վիճակը եւս շատ չի տարբերիր վերոյիշեալ կացութենէն, որ ըսել է՝ «մէկը միւսին հոչակն ու յաջողութիւնը տանել չի կարողանում»:

Ուսուցիչները՝ կրթեալ ու նուիրեալ դաստիարակները մատղաշ ու նորափետուր սերունդին, իրենք եւս տենդագին աշխատանքի մը լծուած են՝ «իրար ոտի տակ փորելով..., զիրար անուանարկելով, հալածելով ասպարէզից ու սպաննելով բարոյապէս... ոչ մի մեղմութիւն, ներողամտութիւն... ոչ մի սահման չարութեանը»:

Հեղինակը ապա հարց կու տայ Թէ «*ինչո՞ւ է էսպէս*»: *Պատասխանը կը գտնէ մեր պատմութեան մէջ: Ան մեզի կը յիշեցնէ որ բարբարոս ազգերը դարերով կաշկանդած, տիրած եւ* «*ոտնատակ*» *ըրած են հայը*: «Իսկ ամէն կենդանի գոյութիւն, որ ոտնատակ է ընկնում, եթէ չի մեռնում, այլանդակւում է, դառնանում ու փչանում: Էսպէս է բնութեան օրէնքը», *կ'եզրակացնէ Թումանեանը*:

Դառնութիւնը վարակիչ հիւանդութեան նման կը ցցուի ամենուրեք եւ իր սովալի աւերը կը գործէ: Այդ միջավայրին մէջ ծնող ու սնող փայլուն խմացականութեամբ անհատներ անպայման վարակուած կ'ըլլան այդ ախտով, եւ այդ պատճառով «նրանք էլ կը լինեն դառն ու դաժան»:

Արդ, ի՞նչ է բուժումը այս հոգեկան ապականութեան ու հեղձուցիչ մթնոլորտին: Բանաստեղծն իր գրութեան աւարտին կ'ընէ հետեւեալ չինիչ թելադրութիւնները.

«Մեր ներքին մարդը շատ է փչացած, եւ դրա դէմ կռուելու համար, առողջանալու առաջին պայմանը էն է, որ մենք ե՛ւ մեր սրտերում, ե՛ւ աշխարհի առաջ անկեղծ խոստովանենք ու ճանաչենք մեր դժբախտութիւնը: Ապա թէ էդ փրկարար գիտակցութեանը կը հետեւեն ինքնակատարելագործութեան բարձր ցանկութիւնն ու ազնիւ գործը. ուրիշ ճանապարհ չկայ. ներսից է լինելու հաստատ փրկութիւնը, որովհետեւ ներսից ենք փչացած»:

Մարդ մերթ ակամայ հարց կու տայ Թէ ի՞նչ բանի վրայ հիմնուած են մարդկային բարոյականութեան սկզբունքները: Եթէ լոկ տեսութեանց վրայ որոշ տեսաբաններու, որ կը քարոզեն եւ կ'ուսուցանեն անձնական շահի գերադասում, սին պատուասիրութիւն, իշխելասիրութիւն, քննադատութիւն, կեղծիք, նախանձ, օգուտ քաղելու ներքին ձգտում ի վնաս մէկ այլ էակի են, ապա պէտք է ընդունինք որ այդ վարդապետութիւնը կամ տեսութիւնը հիմնուած է մարդոց իրաւանց ու տարրական արժանապատուութեանց անտեսման ու մերժման վրայ եւ կը միտի չահագործել բարի ու պարկեշտ մարդուն ազնուութիւնը, ինչ որ խոտոր կը համեմատի քրիստոնէական ոգիին եւ մեր տոհմիկ դարաւոր արժէքներուն:

Յարութիւն Աւագ Քհյ. Ալամդարեանց, նշանաւոր գիտնական վարդապետ եւ տեսուչ Ներսիսեան վարժարանի ի Թիֆլիս, 1827-*ին, հայ կամաւորական* խումբերը մարտի մղելու ատեն արտասանած է նշանաւոր ճառ մը, ուր ի միջի այլոց ըսած է. «Մենք ստուերներ ենք մեր նախահայրերուն. անոնց առաքինութեանց եւ քաջութեանց ժառանգորդները չենք, այլ՝ անոնց ուրուականները»։ Պատերազմի մեկնող մարտիկները այս հզօր պատգամը, այս անգին աւանդը պահած են իբրեւ աչքի բիբ եւ ինքնազերազանցմամբ ջանացած են նմանիլ իրենց նախահայրերուն։

Անցողակիօրէն, բայց կարեւորութեամբ, յիշատակենք որ մեր նախահայրերը իրենց գոյութեան չափ պահպանեցին աստուածային ու մարդկային պատուիրանները եւ չոտնակոխեցին մարդոց բարոյական իրաւունքները։

Ներկայիս, «առաքինութեանց եւ քաջութեանց» պատգամը դարձած է ժամանակավրէպ։ Ֆրանսացի մեծ փիլիսոփայ Պալզաքը ճիշդ էր երբ կ՚ըսէր. «Աշխարհիկ հասարակութիւնը ցեխի ովկիանոս մըն է, որուն մէջ ոտք դնողը մինչեւ կոկորդը կը խրի»։ Պատկառանքի, ամօթի բարձումը մեր հասարակութենէն ներս մեզ հաւասարեցուցած է գետնին։

Հակառակ լուսաւորութեան դարի ընձեռած բազմատեսակ բարիքներուն եւ ճարտարարուեստի ու այլ գիտութեանց զարգացման ու բարգաւաճման, մարդկութիւնը դեռ կը խարխափի մթութեան մէջ եւ կ՚ապրի յետամնաց ու բորբոսնած հոգեբանութեամբ։ Մարդիկ դարձած են փոքրոգի, անձնակեդրոն ու հանգստասէր։ Այսպիսի մարդիկ չունին կեանքի մտասեւեռում եւ նպատակ. կեանքն իրենց համար դարձած է աննպատակ, անիմաստ ու անհրապոյր։ Իրենց գերագոյն հաճոյքը եւ հոգեկան գոհունակութիւնը կը փնտռեն մէկ այլ անհատի կամ պաշտօնակցի անկման, ձախողութեան ու անբախտութեան մէջ։ Սա պարզապէս նկարագրի ստորութիւն եւ հոգիի խեղճութիւն է։ Ցիրաւի, Թումանեանը մեզի կը յիշեցնէ որ «ներսից ենք փչացած», հետեւաբար եւ աշխատանքը «ներսից է լինելու հաստատ փրկութեան»։

Յովհ. Թումանեանին գրութիւնը դասական օրինակ է մեր ազգային ախտերէն՝ նախանձի, քննադատութեան եւ յաւակնոտութեան։

Նախանձը, քրիստոնէական հասկացողութեամբ, մեղք է։ Հոգեբանական տեսանկիւնէ դիտուած եւ քննուած, ան կը համարուի թանկագին առանձնայատկութիւն մը։ Նախանձը կը ծնի ու հասակ կ՚առնէ մարդուն հետ։ Ան բնազդ մըն է, որ արմատացած է մարդուն մէջ եւ կարելի չէ արմատախիլել. բայց հնարաւոր է զայն փոխակերպել եւ վերածել բարեաց աղբիւրի՝ «դարձնելով բարի նախանձ եւ ազնիւ մրցակցութիւն»։ Հետեւաբար, պէտք չէ ամչնալ որ հայն ալ, ի շարս այլ ժողովուրդներու, նախանձոտ է։ Հայ հոգեբան Յ.Պ. Պօղոսեան մեզի կը յիշեցնէ. «Բայց պէտք է ամչնալ երբ նախանձը, այս կոյր բնազդը վերածուած չէ զարգացած, ազնուացած բարի նախանձի եւ նախանձախնդրութեան ոգիին»։

Նախանձի պարագային, ենթական իր անձը՝ եսը, կ՚ուզէ գոհացնել, փայփայել, շոյել՝ դիմացինը գործածելով, կործանելով, փճացնելով։ Բարի նախանձի պարագային, նորէն անձը իր եսը յառաջ կը տանի՝ առանց սակայն դիմացինը խորտակելու եւ կամ վնասելու։

Նախանձը կարիճի թոյնին նման մահացու է։ Նախանձի արդիւնքը՝ սուր, խայթող եւ նսեմացնող լեզու գործածել է։ Մարդիկ կը քննադատեն, կը դատապարտեն ու կը գրպարտեն՝ երբ լեցուած են նախանձով։

Ընդունինք, որ այժմ, այս արեւմտեան ափերուն վրայ, կ'ապրինք բազմամշակութային բաւական բարդ հասարակութեան մը մէջ։ Իբրեւ փոքրամասնութիւն, կ'ազդուինք տեղացի ժողովուրդին հոգեբանութենէն, պայմաններէն, եւ երբեմն ալ կուլ կ'երթանք անոնց բարքերուն ու նիստուկացին։ Անկախ մեր կամքէն, մենք մեր միջավայրին անմիջական ազդեցութեան տակ ենք։

Քննադատութիւնը ուղիղ է ու արդարանալի, երբ կը զարգացնէ ժողովուրդին նախաձեռնութիւնը եւ զինք կը մղէ վերընթաց շարժում կատարելու, զարգանալու եւ յառաջդիմելու։

Ժխտական քննադատութիւնը քանդիչ է, կործանարար ու վնասակար, երբ կը կատարուի անհարկիօրէն ու անճշդօրէն՝ լոկ վիրաւորելու եւ վարկաբեկելու դիտումով։ Տեղի ու անտեղի բիւրաւոր քննադատութիւնները մեզ դարձուցած են ուժասպառ, դիւրագրգիռ, կասկածամիտ ու նենգամիտ։ Բաւական է որ մարդոց տկար մէկ կողմը յայտնաբերենք, անմիջապէս այդ թոյլ, խոցելի կողմը կը դարձնենք մեր նշանակէտը, այլ խօսքով՝ մեր քննադատութեան առարկան։

Դժբախտութիւն է լոկ հաստատել որ մեր ժխտական քննադատութեան կ'արժանացնենք նաեւ մարդոց ազնիւ ձգտումները, իրագործումները, յաջողութիւնները։ Քննադատութեամբ զբաղող անձինք չունին բաւարար գնահատանքի ոգի։ Ասիկա լուրջ թերութիւն մըն է, աւելի ճիշդ՝ ախտ մը։ Մուշեղ Արք. Սերոբեան իր «Բանախօսութիւններ»ուն մէջ կը գրէ. «Մեր ազգային հոգեբանութեան ամէնէն տկար կողմը հիացումի, գնահատումի, արդար դատողութեան պակասն է մեր մէջ»: *Հայեր, ըստ արժանւոյն, չեն գնահատեր իրենց մեծութիւնները, այլ՝ քննադատութեամբ կը կոչկոճեն ու հոգեպէս կը սպաննեն։ Ինչպէս անցեալին, նոյնպէս եւ ներկայիս, հայը դեռ չէ սորված ի հարկին գնահատել իր միտքի մշակները, մտաւորականները, արուեստագէտները, ուսուցիչները, հասարակական գործիչները, եւն։ Օրինակները ցայտուն են։ Մեծութեան արժանիքները գնահատելով ցոյց տուած կ'ըլլանք մեր երախտագիտութիւնն ու վեհանձնութիւնը։ Մոռցած կը թուինք ըլլալ «հարկս հարկաւորաց, պատիւս արժանաւորաց» գեղեցիկ մէկ խօսքը։*

Ցաւակնոտութիւնը համեստութեան ու խոնարհութեան բացակայութիւնն է։ Հոգեկան հիւանդագին վիճակ կը տիրէ մեր շուրջը։ Մարդիկ ուղղակի կը տառապին մեծութեան մոլուցքով։ Սովորական երեւոյթ է ներկայիս մարդոց՝ իրենք իրենց բարձր յատկանիշներ վերագրելու անհանդուրժելի եւ ողորմելի սովորութիւնը։ Այս միջակութեանց՝ դափնիներու վրայ հանգստանալու եւ մունետիկներէն բարձրաղաղակ գոչեր արձակելու սովորութիւնը զիրենք կ'առաջնորդէ մարդոց ի վերուստ նայելու, արհամարհելու, քննադատելու եւ անարգելու յոռի բարքին։ Իրենց այս անազնիւ ու եպերելի արարքը, սակայն, կը ջանան թզենիի տերեւով ծածկել։ Նման քօղարկում մը լոկ ինքնախաբէութիւն է։ Մարդիկ գնահատելու ստուգանիշը իրենց արժանիքն է։ Ճշմարտութենէն, իրականութենէն դիտաւորեալ կերպով խուսափելու եւ անտեսելու մղում մը, ձգտում մը կայ մեր մէջ, որ կը կոչուի ջայլամի քաղաքականութիւն։ Այս սընանկ ու փուճ քաղաքականութենէն կ'օգտուին անարժանները։ Տուժողը կ'ըլլայ արժանին, ազնիւը, համեստը եւ պարկեշտը։ Ի՜նչ ահռելի անարդարութիւն։

Այս ամբողջէն յայտնի է որ բարոյական կանոններու գիտակցական խախտում կայ այստեղ։ Այս դիտաւորեալ ու կամաւոր խախտումը կամ զանցառու-

մը արդիւնք է նկարագրի անմշակութեան, խոպանութեան, ամբարտաւանութեան, անբաւարար ուսման ու կրօնական դաստիարակութեան բացակայութեան։ Կրօնական հաւատքն ու ջերմեռանդութիւնը պարզապէս անհամատեղելի են մարդոց յոռի բարքերուն եւ գէշ ունակութիւններուն հետ։ Ինչքան գիտութիւնը յառաջանայ, բարոյագիտութիւնը մեծամեծ նուաճումներ կատարէ եւ վերելք արձանագրէ, այնքան մարդկութիւնը բարոյապէս աւելի պիտի մխրճի տիղմի մէջ, ուրկէ անտարակոյս չի՛ք փրկութիւն։

Ռուս գրող Սալտիկով Շչետրինը կ՚արտայայտէ հետեւեալ սքանչելի ու իմաստալից միտքը. «Խաւարը, որում մէջ կը խարխափինք, պատմական դառն պատահականութեան հետեւանք է, բայց որովհետեւ այժմ, շնորհիւ նորագոյն հետազօտութիւններու, կարելի է այդ պատահականութիւնը քննել մանրամասնօրէն, ուստի խաւարը յառաջ բերող պատճառները կարելի չէ անբառնալի համարել»։

Եւ իրօք, կարելի է փարատել մէգը, վանել խաւարը եւ հեռացնել չարը։ Անդուլ ու անձանձրոյթ աշխատանք է հարկաւոր ինքնակատարելագործման ճանապարհին։

Մարդկութեան մէջ կայ դասակարգ մը որ ամբողջութեամբ ինքզինք նուիրած է հին յունական փիլիսոփայութեան արտայայտած մէկ գաղափարին՝ հոգեկան հանգստութեան եւ անվրդովութեան (յն. աթարաքսիա)։ Սկեպտիկները կը պնդէին որ այս վիճակին լաւագոյն արտայայտութիւնը կը գտնուի քննադատելէ, դատողութենէ հեռու մնալու մէջ։ Այս գաղափարախօսութիւնը կը ցուցաբերէր անտարբերութիւն դէպի մարդոց ուրախութիւնը, յաջողութիւնը եւ հոգեկան ապրումները։

Հայուն վայել չէ կրաւորականութիւն ու անտարբերութիւն, այլ միայն՝ դրական ներգործութիւն եւ մասնակցութիւն։ Եթէ հայն իրօք ունի լեռնական ժողովուրդի հոգեբանութիւն, որուն հիմնական գիծերը եւ յատկանշական տարրերն են քաջութիւն, ազատատենչութիւն, անկախութիւն, աշխատասիրութիւն, վեհանձնութիւն եւ կորովամտութիւն, ապա վեր պէտք է մնայ մանրուքներէ, տաղտուկ հաշիւներէ եւ հեռու մնայ նախանձէ, քննադատութենէ եւ յաւակնոտութենէ, ու ինքզինք հանդերձէ, բարեզարդէ, դրսեւորէ իրեն վայել առաքինութիւններով, եւ իր համեստ ներդրումը կատարէ համաշխարհային մշակոյթի գանձարանին։

Փաստուած իրողութիւն է որ մարդկային բնաւորութիւնը անյեղլի չէ։ Փոփոխութիւնը կարելի է, որովհետեւ կեանքի մէջ ոչինչ կայ անփոփոխելի։ Մարդիկ եւս ենթակայ են այս բնական օրինաչափութեան։ Գարեգին Ա. Կաթողիկոս շատ գեղեցիկ կերպով կ՚ըսէ. «Կեանքը փոփոխութեանց շղթայ մըն է, այլապէս կեանք չէ»։

Եթէ մարդկային բնաւորութիւնը կարելի չըլլար փոխել, ապա յումպէտս վատնուած պիտի ըլլային եկեղեցական, պետական, կրթական եւ այլ նման հաստատութիւններու բիւրաւոր աշխատանքներն ու մեծագումար յատկացումները։

Կրօնքն ու բարոյագիտութիւնը մեծ դեր ունին կատարելիք մեր հոգենորոգութեան կենսական գործին մէջ։

1996

Ծրագրալուծում

Աղանդներու անդրադառնալու ժամանակ, հարկ է ուսումնասիրութեան նիւթ դարձնել նաեւ աղանդաւորը աղանդին ու աղանդապետին ժանիքներէն եւ թունաւոր մագիլներէն ձերբազատելու գործնական եղանակներն ու միջոցները։

Աղանդին զոհ դարձած դիւրախաբ ուղեղը ընդարմացած վիճակի մէջ ըլլալով, չի կրնար աշխատիլ արդիւնաւէտօրէն, դատել յստակօրէն ու տրամաբանականօրէն. ընդհակառակը, ան ենթակայ է ճնշման ու ծանրաբեռնուած՝ սին քարոզչութեանց հայթայթած աւելորդ ու ծանր տեղեկութիւններով։ Հետեւաբար, չ'ակնկալուիր անձէն ինքզինք ազատագրել այդ արգելափակուած վիճակէն. ուստի պէտք ունի ան արտաքին միջամտութեան, որպէսզի ազդու միջոցներով, ի հարկին՝ բռնի ուժով, ինչպէս նաեւ խօսքով ու համոզիչ այլ ձեւերով կարենայ իր օձիքը ազատել՝ մէկընդմիշտ թօթափելով մտացածին, շինծու ու երեւակայական գիտելիքները։

Աղանդի մէջ ներփակուած ու բանտարկուած աղանդաւորը դուրս բերելու համար իր մտքի նեղ ծիրէն, կիրարկուած են կարգ մը հետաքրքրական ու խիստ օգտաշատ մեթոտներ, որոնցմէ է Ծրագրալուծումը (Deprogramming)։

Այս նոր մեթոտը յաջողապէս գործադրուած է բազմաթիւ աղանդաւորներու վրայ, եւ գիտակցութեան վերազարթնումի ճանապարհով՝ դարձի բերած հազարաւոր անմեղունակ հոգիներ իրենց մշտական մտաթմբիրէն ու զգայազուրկ վիճակէն։

Նախքան ծրագրալուծման անցնիլը, կ'արժէ մտաբերել այն տխուր երեւոյթը, որ աղանդները կը քանդեն ամբողջ կառոյցը միտքի ու զգացումի։ Անոնք հիմնովին կը բթացնեն ու ապա կը կործանեն մարդոց ինքնուրոյնօրէն մտածելու կարողութիւնը, կը զգայազրկեն ու խեղդամահ կ'ընեն անոնց զգացողութեան նրբագոյն ու ազնուագոյն գիծերը։ Այլ խօսքով, անոնցմէ շատեր չեն զգար ցաւ ու նեղութիւն, կամ հաճոյք եւ ուրախութիւն։

Արդ, ի՞նչ է ծրագրալուծումը։ Ան գիտութեան ձգտող բնագաւառ մըն է, որ կը սերտէ բոլոր հնարաւոր միջոցները՝ աղանդաւորը իր կարծր պատեանէն դուրս բերելու եւ անոր շնորհելու իր նախկին բնական վիճակը։ Ծրագրալուծման հիմնական նպատակն է ստիպել անձը որ մտածելու կարողութիւնը վերագտնէ եւ դառնայ բանաւոր էակ։ Ուղեղալուացքի ենթարկուած աղանդաւորը խիստ կարիքն ունի ծրագրալուծման մէջ մասնագիտացած անձի մը օժանդակութեան, որովհետեւ կորսնցուցած է կշռադատելու կարողութիւնը։

Ամերիկայի մէջ, 1970*–ական թուականներէն սկսեալ, ծրագրալուծումը դարձած է որոշ անձերու համար մասնագիտութիւն՝ ո՛չ անպայման գործածուելու իբրեւ շահի աղբիւր, այլ իբրեւ օգնութեան եւ փրկութեան լաստ բոլոր անոնց, որոնք կը կքին ու կը տառապին աղանդի լուծին ներքոյ։ Ծրագրալուծողներուն մեծամասնութիւնը նախապէս աղանդաւոր եղած է։ Պատմութիւնը երախտագիտութեամբ պիտի յիշէ* Ted Parick*–ի անունը, որ կապուած է այս բնագաւառին հետ։ Ինք էր որ սկզբնաւորեց ու գլխաւորեց անչափահասները* *աղանդաւորներէն ազատագրելու չարժումը։ Փակագիծի մէջ պէտք է յիշատակել որ իր զաւակը եւս յափշտակուած էր աղանդաւորներուն կողմէ, ապա եւ՝ ազատուած իր կողմէ։*

Ծրագրալուծման համար կիրարկուող եղանակաձեւերը սովորաբար կը բաժնուին երեք խումբի։

Առաջին ու հիմնական քայլին կը պատկանին աղանդաւորին առեւանգումն ու ապահովումը։ Հասկնալի է որ առեւանգումն ինքնին չափազանց վտանգաւոր ձեռնարկում է, որուն ընթացքին կարելի է հանդիպիլ բուռն ընդդիմութեան, առճակատման, կատաղի պայքարի ու նոյնիսկ լուրջ սպառնալիքի։ Այստեղ պէտք է աւելցնել նաեւ որ տեղական օրէնքները եւս ի նպաստ չեն առեւանգման եւ զայն կը համարեն քրէական յանցանք։

Երկրորդ փուլը աղանդաւորին մեկուսացումն է, անջատումը հասարակութենէն ու մանաւանդ՝ աղանդի անդամներէն։ Բացարձակ կղզիացումով կարելի պիտի ըլլայ նուաճումն ու տիրապետումը։ Այն հպատակութիւնը եւ ստորակայութեան զգացումը որ ունի աղանդաւորը իր աղանդապետին հանդէպ, պէտք է քանդուի, խորտակուի ու մէկընդմիշտ չէզոքացուի եւ իրեն հայթայթուի հոգեկան ու մարմնական նախանձելի հոգատարութիւն, ապա եւ ներշնչուի ինքնավստահութիւն։

Երրորդ հանգրուանին, ծրագրալուծողը կը յարձակի ու կը քանդէ այն հաւատալիքներու ամբողջութիւնը, որ զետեղուած է աղանդաւորին ուղեղին մէջ։ Ան մէկ առ մէկ կը հերքէ ու հողմացրիւ կ'ընէ այն բոլոր գիտելիքներն ու դրոյթները, որոնք կը վերաբերին աղանդաւորին։ Միանգամայն քարուքանդ ընելով անոր պատրանքներով ու ցնորքներով լեցուն աշխարհը, պարզած կ'ըլլայ միգամած ու անորոշ հորիզոնը։ Աղանդաւորին միտքը, որ մինչ այդ չղթայակապուած էր, կը վերստանայ իր նախկին ազատութիւնը։

Ծրագրալուծման հիմնական արուեստը կամ գործադրուած միջոցը հաղորդակցութիւնն է։ Ճարտար, համոզիչ ու դիւրահաղորդ լեզուի ու հնարագէտ մտքի գործադրութեամբ լոկ կը յաջողի այս։ Աղանդները համակարգիչի նման կը խճողեն ու կը ծանրաբեռնեն աղանդաւորներուն միտքը՝ զանոնք ենթարկելով իրենց կամքին ու քմահաճոյքին։ Աղանդաւորը՝ հրապուրուած, գերուած ու կլանուած աղանդի մատուցած ոլորապտոյտ ու յոգնասպառ կրօնական խրթին մեկնութիւններով, կը դեգերի աննպատակ ու կը թառի մէկ ոստէն միւսը՝ առանց կեդրոնանալ կարենալու կենսականին վրայ։ Աղանդները կը մագնիսացնեն մարդոց հրաշալի ուղեղը ու կը մթագնեն փայլուն միտքի պայծառութիւնը։ Աղանդաւորներէն ոմանք, չդիմանալով իրենց վրայ դրուած ճնշումին, դիմած են անձնասպանութեան։

Ծրագրալուծումը հիմնուած չէ լոկ բանաւոր հաղորդակցութեան պատճառուած արդիւնաւէտ ազդեցութեան վրայ, այլեւ՝ հետեւեալ բաղկացուցիչ տարրերուն՝

ա. Միջավայրի հսկողութիւն- *Աղանդաւորը պէտք է կտրուած մնայ իր անցեալի դառնաղէտ ու կործանաբեր կեանքէն մինչեւ իր վերջնական վերադտնումը։*

բ. Անձնականութիւն– *Աղանդաւորը իր կապը պէտք է կտրէ նաեւ իր անմիջական պարագաներուն հետ ու հեռու մնայ բարեկամական շրջանակներէ։ Օրական 24 ժամ հսկողութիւնը անհրաժեշտութիւն է։*

գ. Քուն– *Ծրագրաւորման ժամանակ աղանդաւորը պէտք չէ բաւարար քուն առնայ։ Քնազրկութիւնը թոյլ չի տար որ անոր միտքը հանգստանալով վերստին կարենայ դիմադրողականութիւն ցուցաբերել ու պայքարիլ ընդդէմ ծրագրաւորողին։*

դ. Անձնական վիրաւորանք– *Ծրագրաւորման ատեն հոգեբանական վիրաւորանքը մեծ դեր կը խաղայ անձը տարհամոզելու գործին մէջ։ Բանաւոր խօսքի միջոցին դիմելով, կարելի է կատարել անարգական, վարկաբեկիչ ու նսեմացուցիչ խօսքեր՝ զինք որակելով մտացիր, խելագար, ապիկար։ Ծայրայեղ դէպքերուն կը դիմուի նաեւ հայհոյանքի՝ աղանդին ու անոր հետեւորդներուն հասցէին։*

ե. «Սրբապղծութիւն»– *Այստեղ տեղին կը համարուի ծաղրուծանակել սրբութիւն համարուող իրերը, գիրքերը, խորհրդանշանները, ապա նաեւ արհամարհել՝ անոնց սրբազան ու նուիրական զգացումները։ Հոս է նաեւ որ պէտք է պատռել իրենց առաջնորդին նկարը, որ աստուածացուած կերպարանք ունի հետեւորդներուն համար։ Պատուանդանէն հարկ է իջեցնել* Կուրու*ին երեւակայական սրբութիւնը, մաքրակենցաղութիւնը, անսխալականութիւնը եւ անհպելիութիւնը, եւ զայն ներկայացնել որպէս սովորական մահկանացու, որ ենթակայ է ամէն տեսակ սխալ մտածումի եւ արարքի։ «Սրբապղծութիւն» ըրած ըլլալու համար, պէտք է քաջալերել որ ենթական ուտէ աղանդին կողմէ արգիլուած ուտելիքներ եւ տօնախմբէ արգիլեալ տօներ։*

զ. Ծնողական միջամտութիւն– *Ծնողաց միջամտութեան անհրաժեշտութիւնը կրնայ զգացուիլ այս ընթացքին։ Անոնց ներկայութիւնը շինիչ, դրական ու բարերար ազդեցութիւն կրնայ ունենալ աղանդաւորին վրայ։ Ծնողաց մտահոգութիւնը, ինչպէս նաեւ անսակարկ ու անտեղիտալի սէրը իրենց որդւոյն հանդէպ, մեծապէս կրնայ ներգործել աղանդաւորին հոգեկան աշխարհի տրամադրութեան վրայ։ Ենթագիտակցաբար հակազդող աղանդաւորը հետզհետէ կը յայտնաբերէ որոշ զղջում ու դարձ դէպի իր հարազատները։*

է. Հարցաքննութիւն– *Հարցադրութեան ժամանակ աղանդաւորը կը ստանայ ամէհի գրոհումներ իր հաւատալիքներու ամբողջ յօրինուածութեան վրայ։ Մշտական հարցաքննութեան ենթարկուող աղանդաւորը տկարութեան նշաններ կը ցուցաբերէ, կը յուսագրկուի ու հոգեպէս կը սպառի։*

Այս բոլոր կէտերը յաջողապէս գործադրելէ ետք, աղանդաւորին կը մնայ լքել իր հաւատալիքները եւ անձնատուր ըլլալ նոր ու առողջ իրականութեան եւ ընդգրկել կեանքի նոր փուլ։

Այսքանը բաւարար չէ, սակայն, աղանդաւորը մէկընդմիշտ հեռու պահելու իր վերադառնալու ցանկութենէն, որովհետեւ դարձի գալու այս գործընթացին կը յաջորդէ ծածանման շրջան, որուն ընթացքին ենթական կը տարուբերի ու կը ծածանի ուղեկորոյս բեկեալ նաւի մը նման։ Այս շրջանի յատկանշական տարրերն են՝ վերյիշում անցեալի «փափուկ ու հաճելի» կեանքի, խիստ կարօտ բարեկամական շրջանակի, անձի ապահովութիւն ի դիմաց արտաքին աշխարհի, ևն։

Ծածանման այս ժամանակամիջոցը վտանգաւոր կը նկատուի որովհետեւ անձը կը զգայ հոգեպէս արմատախլուած ու նետուած՝ անապահով վայր։ Կը զգայ թէ չունի օգնական ու ապաւէն։ Երբեմնի անդորր ու բարօր կեանքը, իր բոլոր հրապոյրներով ու գեղեցկութիւններով, չքացած կը թուի ըլլալ։ Աղանդաւորը իր բովանդակ էութեամբ կը տենչայ ու կ՚երազէ նետուիլ անցեալի գիրկը։ Ահա թէ ինչու կարեւոր կը համարուի, գէթ որոշ ժամանակուայ համար, նորադարձը առանձին չթողուլ։ Ոմանց համար ծածանման ու աղանդէին վերստին դառնալու պահանջը կը տեւէ երկու կամ երեք օր. այլոց համար՝ երկուքէն երեք ամիս։ Պէտք է խոստովանիլ որ ոմանք ալ երբեք այդ վերջնական դարձը չեն կատարեր։ Այս կը նշանակէ որ կը մնան կախեալ ուրիշի կամքէն, ու ենթակայ՝ աղանդագլուխին հրամանին։

Ինչպէս կարելի է տեսնել, ծրագրալուծումը միայն խօսելու եւ ենթական տարհամոզելու գիտութիւնը կամ արուեստը չէ, այլ՝ հետեւողական հոգեբանական յարձակումը անձի ամբողջական հաւատալիքներու յօրինուածութեան վրայ, զինք մէկանգամընդմիշտ ազատելու ստրկամտութենէ ու հաճոյակատարութենէ։

Ծրագրալուծումը բարդ իրավիճակ կրնայ ստեղծել եթէ ձախողի՝ անկար ու անատակ մարդոց անբաւարար գիտութեան ու փորձառութեան պատճառով։ Ձախողութեան պարագային, տեսնուած է որ աղանդաւորը իր կապը ընտանիքին հետ լրիւ խզած է ու մոռացութեան տուած անոր գոյութիւնն իսկ։

Գիտականօրէն փաստուած իրողութիւն է որ նոր դարձ կատարած աղանդաւորին ո՛չ միայն գիտակցութիւնը կը կանոնաւորուի ու ան կը վերստանայ իր նախկին անհատականութիւնը, այլեւ, բնախօսական գետնի վրայ, կը փոխուին ձայնն ու աչքերը։ Ձայնը, որ դարձած էր խուպոտ, երկչոտ ու մանուանդ անճանաչելի, կը պայծառանայ ու կը յստականայ։ Փոս ինկած աչքերը, որ պատուած էին երկիւղով ու կասկածով, վերստին կը կայծկլտան ու կը փայլին։ Հոգեպէս ու մարմնապէս խանգարուած ու ջլատուած աղանդաւորը իր բուժման ու դարձի ճանապարհին կը վերագտնէ նաեւ իր կշիռքը, իր մորթին գոյնը, ևն։ Այսպիսով, տակաւ կ՚անհետանան ժխտական զգացումները՝ երկիւղ, յանցանք, թշնամական ոգի դէպի հասարակութիւնն ու իր կարգերը, անապահովութիւն, անվստահութիւն, ևն։ Յիշելու եւ իրերն ու վիճակները ճանչնալու կարողութիւնը ետ կու գայ եւ իրմէ մէկընդմիշտ կը հեռանայ անձնասպանութիւն կատարելու պահանջը։ Անձը վերջապէս կը գտնէ իր կորուսեալ էութիւնն ու կը սկսի ապրիլ իր բնականոն կեանքը՝ հոգեկան անդորրութեան մէջ։

Աղանդաւորին դարձէն ետք պէտք է՝

ա.– Անմիջապէս վերացնել ամօթի ու յանցանքի զգացումը.

բ.– Փորձել միացնել անձը իր անցեալին հետ.

գ.– Վերստեղծել ու ամրացնել հոգեկան սիրալիր կապը ընտանիքին հետ.

դ.– Ցիչեցնել անձը, որ կը վայելէ բոլորին սէրն ու յարգանքը, ևն։

Աղանդաւորին վրայ շատ ծանր կը կշռէ «կորուստի զգացում»ը։ Անվերադարձ ժամանակի կորուստը, ինչպէս նաեւ յարաբերութեան, սիրոյ ու խանդաղատանքի կորուստը մեծապէս կը ճնշեն անոր հոգին։ Աղանդաւորը դառնապէս կ՚ողբայ իր անկարողութիւնը եւ կը գիտակցի անհնարինութեանը՝ վերստին ձեռք ձգելու յումպէտս վատնուած ժամանակը։

Ծրագրալուծումը արեւմտեան այս ափերուն վրայ բաւական սուղ է ու ծանրագին...։

Ծրագրալուծումի ենթարկուած եւ յաջողապէս դարձ կատարած անհատներ զգացած են որ իրենց տրուած է «երկրորդ պատեհութիւն» կամ «նոր կեանք»։ Գիտակցած են որ կեանքի մեծագոյն պարգեւը տրուած մարդկութեան՝ ազատութիւնն է միտքի ու անձի։ Անկաշկանդ ու ազատ միտքն է լոկ որ կրնայ իւրովի մտածել ու ստեղծագործել, երեւակայել ու երազել։

Ծրագրալուծումը միակ ձեւն է կամ զէնքը՝ հակադարձելու հոգեբանական բռնադատիչ միջոցին, որ կը գործադրուի աղանդապետին կողմէ։

1997

Գաղափարական Ու Հոգեկան Յեղաշրջումներ

(Րաֆֆիի Ծննդեան 160-ամեակին Առիթով)

ԺԹ. դարի երկրորդ կիսուն, հայ ազգային-հոգեւոր անկախութեան գաղափարով տոգորուած մտաւորական դէմքեր ու հասարակական գործիչներ, որոնցմէ յականէ յանուանէ յիշատակենք Րաֆֆին, Միքայէլ Նալպանտեանը, Ստեփաննոս Նազարեանցը, Գրիգոր Արծրունին, Յարութիւն Սվաճեանը, Արմենակ Հայկունին, հրապարակ եկան ազգին լուսաւորութեան նպատակով՝ «Հայ հորիզոնէն տգիտութեան թանձրամած խաւարը» հալածելու։ Անոնք ոգի ի բռին աշխատեցան արմատական փոփոխութիւններ մտցնել հայ ժողովուրդի կեանքէն ներս։ Պատմական այս ժամանակաշրջանին, զանգուածային դժգոհութեան ալիք մը բարձրացած էր ընդդէմ Հայ Եկեղեցւոյ եւ անոր սպասաւորներուն։ Հակակրօնական ու հակակղերական միտքի զարգացումը արդիւնք էր Հայ Եկեղեցւոյ կարգ մը բարոյական ուսուցմանց անընդունելիութեան ու անհանդուրժողութեան, ինչպէս նաեւ որոշ եկեղեցականներու անվայել կենցաղին, աննպատակ կեանքին ու ապերասան գործունէութեան։

Ի շարս բազմաթիւ ու բազմատեսակ հարցերու, նպատակադրուած էր «պայքար ծաւալել հին մարդկային յարաբերութիւնները սրբագործելու կրօնական մտայնութեան դէմ, դպրոցն ու քաղաքական հաստատութիւնները եկեղեցու եւ կրօնի ազդեցութիւնից ազատելու համար»։ Ըստ այս հասկացողութեան, ուրեմն, շարժումը կը միտէր յստակօրէն եւ բացորոշ կերպով լուսաւորութիւն բերել հայոց աշխարհին՝ կրօնի խորտակումով եւ չէզոքացումով։

Եկեղեցական պահպանողական տարրին հակադրուած կը գտնենք յառաջդիմականը, որ կը յանդգնէր քննադատել Հայ Եկեղեցւոյ բարոյական դարաւոր սկզբունքները եւ դատապարտութեան սիւնին կը փորձէր գամել այն եկեղեցականները, որոնք խաչագողի ճարպիկութեամբ ու խորամանկութեամբ ապաստան գտած վանքերու եւ մենաստաններու տաքուկ անկիւնները կ՚ապրէին կեանք մը՝ վայել լո՛կ հեղգերու եւ պորտաբոյծներու։

Կղերական գաղափարախօսութեան ու կրօնական բարոյականութեան դէմ պայքարող հայ ազգի լուսամիտ ու արթուն գործիչները, ազդուած օտար (յիշենք գէթ ռուս Պելինսքին եւ ֆրանսացի Ժան Ժաք Ռուսօն) մեծ մտածողներու եւ գրողներու արտայայտած գաղափարներէն, կը նկրտէին որոշ բարեփոխութիւններ մտցնել հայ կեանքէն ներս՝ առ ի բարելաւում ու զարգացում հայ հասարակութեան։ Կրօնական քննադատութեան հիմնական տարրերն ու ձեւերը կը պատշաճէին ռուսական եւ ֆրանսական անաստուածեան սկզբունքներուն։

Աշխարհական տարրին միակ նպատակն էր, այս շրջանին, ազատագրել հասարակութիւնը կրօնական աշխարհահայեացքէն եւ մէկընդմիշտ ազատ ու անկաշկանդ պահել անոր միտքը կղերական ազդեցութենէ։

Ազգին աշխարհական ու մտաւորական ներկայացուցիչները իրենց հակաեկեղեցական՝ յարձակողական, սուր, խայթող ու վարկաբեկող գրութիւններով կը ջանային արթնցնել ժողովուրդին միտքը, սթափեցնել զինք իր դարաւոր մտայնմբիրչն եւ կատարեալ զգաստութեան բերելով ի կեանս վերակոչել «ազգային գիտակցութիւնը»։

Րաֆֆիին բազմահատոր արժէքաւոր գրութեանց հիմնական առանցքը կը կազմէ լուսաւորութիւնը՝ ուսման ճանապարհով։ Րաֆֆին հայ ժողովուրդը կը բնութագրէ իբրեւ «դէպի ուսման մագնիսը սաստիկ ձգտողութիւն ունեցող ժողովուրդ»։ Ուսումն է որ պիտի փարատէ խաւարը եւ լուսաւորէ միտքերը։

Մեր մեծ վիպասան Րաֆֆին իր անմահ գործերուն մէջ գրած է. «Կրօնք ասած բանը չարաչար վնասել է մարդկութեանը եւ առաւելապէս հայերը կրել են քրիստոնէութեան վնասը»։ Ան քննադատութեան անվերջ շարք մը շղթայազերծած է ընդդէմ կրօնական այն գաղափարախօսութեան՝ թէ չարը պէտք է փոխադարձուի բարիով, կամ՝ պէտք չէ հակառակիլ չարին, այլ՝ ըլլալ ներողամիտ թշնամիին ու չարամիտին հանդէպ, հանդուրժել չարին եւ զայն փոխադարձել քրիստոնէական բարութեամբ ու սիրով։ Իրօք հայ ժողովուրդը մեծապէս տուժած է կղերին կողմէ արձակուած «խոնարհութեան եւ հնազանդութեան» կոչերէն։ Րաֆֆին արդար զայրոյթով ու պոռթկումով կ'արձանագրէ իր երկերուն մէջ հոգեւոր դասին կողմէ կրկնուած ու յանկերգի վերածուած հետեւեալ տողերը. «Ով որ քեզ կը ծեծէ, դու նրան խոնարհութիւն արա, ով որ քո վերարկուն կը խլէ, դու շապիկդ էլ տուր, եթէ ձախ երեսիդ զարկեն, աջն էլ դարձրու...»։ Ահա այսպիսի խօսքերով կղերը ժողովուրդը դարձուցած է «կոյր հաւ», կ'ըսէ ան, անկէ խլելով «քաջազնական ոգին», ոսոխին դիմադրելու, անոր դէմ մաքառելու, հակադարձելու եւ ինքզինք պաշտպանելու մարդկային պահանջը։ Աշխարհիկ բարոյականութիւնն ունենալով իբրեւ մեկնակէտ, Րաֆֆին կ'ըսէ թէ համբերութիւնը լոկ մեռելներուն է վայել. «Համբերութիւնը մահ է, գերեզմանի մէջ միայն մարդիկ համբերատար կ'ըլլան»։ Րաֆֆին «փրկութեան երաշխիքը կը գտնէ ոչ թէ խոնարհութեան ու համբերութեան քարոզներուն մէջ, այլ ժողովուրդի ըմբոստութեան ոգին վառ պահելու, չարին դիմադրելու վճռականութեան մէջ»։

Րաֆֆին անհաւատ ու անաստուած չէր երբեք։ Իրօք, քննադատել կրօնը, եկեղեցին, հոգեւորականութիւնը՝ չի նշանակեր անկրօն ու վատամարդ ըլլալ։ Իր իմաստուն խօսքերով ու խրատներով, ինչպէս նաեւ իր անխնայ քննադատութիւններով, Րաֆֆին կը փորձէ զգաստութեան, լրջախոհութեան, անսակարկ ծառայութեան հրաւիրել եկեղեցական դասը, որպէսզի խաւարը վանելով ընդգրկէ լուսաւոր հորիզոններ եւ իրեն վստահուած հօտը առաջնորդէ դէպի ուսում եւ գիտութիւն։ Յատկանշական է իր այն խօսքը՝ թէ հայ ժողովուրդը պէտք ունի «կրթեալ ու բարոյակրթիչ հոգեւորականութեան»։ Րաֆֆին, ազդուած Խ. Աբովեանէն ու Մ. Նալպանտեանէն, «մահահրաւէր թմրութեան» դէմ պայքարած է։ Երազած է վերստեղծել Ե. դարու սուրբ ու նուիրեալ հայրերու, հայ հին ու պատկառելի լուսաւորիչներու շրջանը։ Իր ազնուագոյն իղձերըն ու մտածումները, սակայն, խստօրէն քննադատուած են մամուլին մէջ՝ իրեն հակառակորդ խումբին կողմէ։ Իրեն հակադրուող ճակատը անամօթաբար զինք կոչած է «ազգի վարկաբեկիչ», մինչ յարգելի վիպասանը, ընդհակառակը, իբրեւ մեծ հայրենասէր, իր վսեմ պարտականութիւնն էր որ կը կատարէր։

ԺԹ. դարու երկրորդ կէսի հասարակական կարկառուն գործիչները չարին հանդուրժելու այս գաղափարախօսութիւնը կը համարէին հակամարդկային, *անընական, բարոյազուրկ եւ բացարձակապէս անընդունելի։ Անոնք կը պատճառաբանէին թէ կարելի եւ ուղիղ չէ, որ բովանդակ ժողովուրդ մը պահուի տրկութեան կապանքներու տակ եւ նետուի խաւարի մէջ՝ երբ անդին, թշնամին կը յօշոտէ մեր հօտը, կը բռնագրաւէ մեր ինչքը եւ մեզ ազգովին կը ցրուէ։*

Ի սկզբանէ հայոց մօտ տիրական եղած է այն բարոյալից զօրաւոր համոզումը, որ կրօնը ուղեցոյց է մարդոց կեանքին, եւ թէ կրօնը պէտք է վերցնել իբրեւ հիմնակէտ ու ելակէտ բոլոր հարցերու բարւոք լուծման։ Ըսուած է նաեւ, որ կրօնը կրնայ ծառայել իբրեւ սկզբնաղբիւր բարոյականութեան, լուսաւորութեան, եղբայրութեան եւ այլ բազմապիսի առաքինութեանց։

Արդարեւ, գեղեցիկ է Մ. Նալպանտեանի 1858 թուականի գրութիւնը, որ կ'ըսէ. «Կրօնի մէջ կերպարանագործւում է մարդու հոգին եւ բանականութիւնը. եւ այս կրօնն է նրա հոգեկան եւ բանական գործունէութեան աղբիւրը եւ չարժառիթը», ապա եւ՝ «Առանց Նոր Կտակարանի սուտ է ամենայն Քրիստոնէութիւն, եւ մեր ազգին բարոյապէս ամրապնդելու համար հարկաւոր է կարդալ Սուրբ Գիրք»։ Ուղիղ տարի մը ետք ան կը հերքէ իր ըսածը եւ կրօնը իբրեւ բարոյականութեան սկզբնաղբիւր համարելու միտքը կը համարէ «լոկ երազ եւ ոչ աւելի»։ Նալպանտեան, իբրեւ լուսամիտ առաջնորդ ու առաջաւոր մտածող, անտարակոյս, ոգեշնչուած էր Աւետարանի պատգամներով, բայց ի տես կրօնի պահանջած բազմապիսի ծանր յանձնառումներու, եւ մանաւանդ ի տես մարդոց անտարբեր ու կրաւորական վերաբերումին, բացագանչած է. «Ո՛հ, եթէ կրօնը ազդէր բարոյականութեան վրայ, երկիրը դրախտ եղած կը լինէր, բայց ո՛ւր է»։ Այս խօսքերով ան կրօնը չէ որ կը մեղադրէ, այլ՝ մարդիկ, որ կրօնի պատուէրները գործադրելու դժկամակութիւն կը ցուցաբերեն։

Նալպանտեան մարդկային միտքի ու հոգիի լաւագոյն ու գերագոյն յատկութիւնները կը սկսի փնտռել «շրջակայ ընկերութեան մէջ»։ Ան կը հաւատայ որ այդ «հոգու ունակութիւնքը հետեւանք են նորա լաւ կամ վատ շրջակայքի ազդեցութիւնից»։

Ծանրանալով «շրջակայ ընկերութեան» ուղեգիծին վրայ, Նալպանտեան կը զգուշացնէ հեռու կենալ բռնակալական արարքներէ։ «Հիւսիսափայլ»ին մէջ ան կը գրէ. «Բռնակալութեան ուղեկիցը ստրկութիւնն է, իսկ ստրկութիւնը մայր է լինում ամենայն անբարոյականութեան»։ Ուստի, բռնակալութեան ենթակայ ժողովուրդ մը չի կրնար մտածել ու գործել ինքնուրոյնօրէն, անկաշկանդօրէն, ստեղծագործօրէն, որովհետեւ մամլակի սաստկութեամբ ճնշուած է ու ենթակայ հարստահարման, կեղեքման ու շահագործման։ Հետեւաբար, նման ժողովուրդ մը «դատապարտուած է հետեւիլ իր դահիճներու թելադրութեանը», կը գրէ ան։ Արդ, ինչպիսի՞ ուղի պէտք է որդեգրէ հայութիւնը, որպէսզի տէր դառնայ անբռնազբօսիկ եւ ուղիղ բարոյականութեան։ «Բարոյական գործը, կը գրէ Նալպանտեան, պիտոյ է բարոյական ճանապարհով կատարուի, առանց արտաքին հարկադրական զօրութեան եւ ուժի օգնութեան. ոչինչ այնպէս վնասակար չէ կարող լինել, որպէս կոպիտ ուժի եւ զօրութեան ներս մտանելը բարոյական խնդիրների մէջ»։

Այսպիսով, Նալպանտեան հեռանալով կրօնական բարոյախօսութենէն, կը յանգի այն եզրակացութեան, որ բարոյականութիւնը «բխում է մարդկային կեանքից ու համերաշխութիւնից»։ «Մարդը ծնանելով չունի իւր մէջ առաքինութեան կամ վատթարութեան սկիզբն կամ տարր, եւ հոգու այդ ունակութիւնքը հետեւանք են նորա լաւ կամ վատ շրջակայքի ազդեցութիւնից»։

Ժողովուրդին դէմ կատարուած անարդարութեանց, սարկութեանց, կեղեքմանց ու չարաչահութեանց մասին խօսելով, Րաֆֆին կ'ըսէ թէ եկեղեցին Աստուծոյ Նախախնամութեան կը վերագրէ այս բոլորը։ Ասիկա պատճառ եղած է որ հայ ընտանիքը իր վրայէն չկարենայ թօթափել սարկական ծանր, ամօթալի ու զզուելի լուծը եւ մնայ իր արգահատելի, անօգնական ու անմխիթար վիճակին մէջ։ Րաֆֆիի մօտեցումով, այս հարցը լուծուած կ'ըլլար եթէ եկեղեցին սպաննած չըլլար ժողովուրդի «քաջազնական ոգին»։ Ան կ'ըսէ թէ կոյր հնազանդութիւնը «մեռցնում է ազատագրական ոգին, օտար բռնակալների դէմ պայքարելու ողջ եռանդը…», ապա եւ՝ Տէր Թոդիկեան դպրոցը «հաստատեց մեր մէջ սարկութիւն. դպրոցը սպաննեց մեր մէջ ինքնագործունէութեան ուժերը»։ Այս կը նշանակէ որ եկեղեցին պէտք է ժողովուրդը դաստիարակէր այլ ոգիով, որ է՝ թշնամիին դիմադրելու, անոր մահացու հարուածին անմիջապէս հակադարձելու, սարկութեան պարանոց չերկարելու եւ ազատութեան տենչով տոգորուելու։

Պատմութեան առջեւ արդար ըլլալու համար, հարկ է նշել որ եղած են եկեղեցականներ, որ դժնդակ ու անբարեյոյս ժամանակներու եւ պարագաներու տակ, եւ կամ նոյնիսկ թերուսման պատճառով, առ ի մխիթարութիւն իրենց սիրեցեալ Բանաւոր Հօտին, քարոզած են համակերպիլ տիրող կացութեանց ու հանդուրժել ամէն անարդարութեան ու հալածանքի։ Անհատական ու պարագայական մօտեցումները, սակայն, պէտք չէ նոյնացնել եկեղեցւոյ որդեգրած հիմնական ու անյեղլի ուղղութեան հետ։ Այլ խօսքով, ճիշդ ու արդար չէ Հայ Եկեղեցիին վերագրել բարոյազուրկ գաղափարախօսութիւն մը, որ կը հանդուրժէ անարդարութեան, սարկութեան, անտեղի խոնարհութեան եւ ներողամտութեան, թշնամութեան ու պատերազմի։ Մեր ամբողջ պատմութիւնը ինքն իսկ է պերճ ու խօսուն վկան Հայ Եկեղեցւոյ ուղիղ դիրքին ու կեցուածքին։ Այս նշելէ ետք, պէտք է աւելցնել որ Հայ Եկեղեցին ո՛չ կը թոյլատրէ եւ ո՛չ ալ կը քաջալերէ բռնութիւն ու վրիժառութիւն։ Ան ոտխին չի հակադարձեր հին կտակարանեան մովսիսական հզօր պատգամախօսութեամբ, որ է՝ ակն ընդական, ատամն ընդ ատաման. այլ՝ միշտ կը դիմէ Նոր Կտակարանի քրիստոնէացեալ ու վերանորոգեալ վարդապետութեան։ Ինչպէս կարելի է տեսնել, բարոյական այս կէտն է որ բորբոքած ու գայրացուցած է մեր այդ շրջանի մտաւորականութիւնը, որ ի վերջոյ, ճարահատ, ջանացած է անջատել ինքզինք այդ գաղափարախօսութենէն ու հակադրուիլ անոր՝ աշխարհական բարոյականութեամբ։

Առանձնապէս ուշագրաւ է այն երեւոյթը, որ հայը, հակառակ իր բոլորած փոթորկալի կեանքին՝ լի ճնշումներով ու զրկանքներով, ամուր կանգնած է կրօնական-բարոյական հաւատքի ապառաժին վրայ՝ երբեք չշեղելով իր որդեգրած դիրքէն ու սկզբունքէն։ Հարց կը ծագի թէ ինչո՞ւ է այդպէս։

Հարցը հոգեբանական տեսանկիւնէն դիտելով, պէտք է նշել որ հայերը ո՛չ միայն գիտակցօրէն հետեւած են իրենց կրօնական դաստիարակութեան, այլեւ չհակադարձելով թշնամիի մահացու հարուածին կամ վնասաբեր արարքին՝

ջանացած են պարագայի եւ միջավայրի հանդէպ համակերպութիւն ցուցաբերել, դիմանալ, տոկալ ու իրենց գոյութիւնը պահպանել։

Կարեւորութեամբ պէտք է աւելցնել, որ հայն եղած է չափազանց վեհանձն, ազնիւ, ու անընդունակ չարիք հասցնելու։ Այդպէս դաստիարակած են զինք իր պատմութիւնն ու հաւատքը. այդպիսին եղած են իր ցեղային գերընտիր յատկութիւններն ու բարեմասնութիւնները։ Առհաւական առանձնայատկութիւններ սերած հայը երբեւիցէ հակառակ չէ ընթացած իր ազգային, տոհմիկ ժառանգութեանց եւ ոգեղէն արժէքներուն։ Սապահ Գիւլեան գմայլելիօրէն կը նկարագրէ հայու աստուածատուր նկարագրային գիծերը, ըսելով որ մենք եղած ենք «մեր բռնած դիրքից վայր չիջնող, ոչ մի գինով մեր համոզմունքներից ձեռք չվերառնող։ Մեր պայքարների մէջ կա՛մ խորտակուել ենք, կամ խորտակել։ Խորտակող պարագային չենք եղել վայրագ, անգութ, արիւնռուշտ. այլ մեծահոգի, ներողամիտ, կարեկից։ Խորտակուած օրերին էլ չենք դարձել որդ, սողացող, ոտքեր լիզող, ամէն ծերպերի մէջ մտնող մողէս»։

Ասկէ բացի, կայ նաեւ քաղաքակիրթ ազգ ըլլալու հարցը։ Հայն իբրեւ քաղաքակիրթ ժողովուրդ, վարժուած է ո՛չ թէ իշխելու, սորկացնելու, քանդելու, կողոպտելու եւ կործանելու, այլ ընդհակառակը՝ կառուցելու, ծաղկեցնելու, շէնցնելու, գեղեցկացնելու եւ պայծառացնելու։ Այս ուղղութեամբ շատ յատկանշական է Պայրընի նշանաւոր խօսքը հայերուն մասին՝ «Անոնց առաքինութիւնները խաղաղութեան առաքինութիւններ են, իսկ արատները՝ արդիւնք են բռնութեան, բռնադատութեան»։ Հայոց մեծ բանաստեղծը պիտի ըսէր՝ հայ ժողովուրդը աշխարհը եթէ գերած է՝ գիրքերո՛վ միայն։

Արմենակ Հայկունի խօսելով բարոյականութեան մասին կ'արտայայտէ այն միտքը, որ կրօնը բացարձակապէս կապ չունի անոր հետ, եւ թէ «մարդկային բարոյականութիւնը երբեք ծագում առած չէ կրօնքէն»։ Անոր կարծիքով, ի յառաջագունէ մարդն իբրեւ «բարոյական եւ պատասխանատու էակ», պարտաւոր է նաեւ «բարոյականութիւնը նորա նախնական եւ անբաժանելի մէկ հանգամանքը» համարել։ Իցիւ թէ Պրն. Հայկունի կարենար գիտական աշխարհին ու մանաւանդ բարոյագէտներուն համոզիչ կերպով բացատրել, թէ ինչպէ՞ս մարդ կրնայ առանց բարոյական պատշաճ դաստիարակութեան պատասխանատու համարուիլ իր մտածումներուն, որոշումներուն եւ արարքներուն։

Հայկունի կ'անդրադառնայ նաեւ կրօնական բարոյականութեան «այլակերպուած» ըլլալու իրողութեան եւ զայն կը վերագրէ կղերին՝ իր քարոզին հանդէպ ցուցաբերած կրաւորականութեան ու անտարբերութեան։ Ան մեծ անջրպետ մը կը գտնէ խօսքի ու արարքի միջեւ, մինչդեռ կ'ակնկալուէր որ կղերը իբրեւ տիպար ու օրինակելի քրիստոնեայ, իբրեւ հաւատացող ու ջատագով քրիստոնէական բարոյականութեան, ի՛նք նախ հետեւէր իր քարոզածին։ Ան այպանելի խօսքերով ու գունագեղ նկարագրութիւններով կը պատկերէ կղերին ամբողջ կեանքն ու վարուելակերպը։ Ի վերջոյ, Հայկունիի կարծիքն այն է, որ «մարդկային բարոյականութիւնը հիմա եղծուած է, եւ ասոր ալ պատճառը կա՛մ կրօնքն է եւ կա՛մ կղերը»։

Այս կատաղի հալածանքը կրօնին ու անարժան կրօնաւորին դէմ շարունակուեցաւ մինչեւ Հայաստանի խորհրդայնացումը։ Հայաստան, խորհրդային կարգեր ընդունելէ ետք, մերժեց կրօնը եւ մոռացութեան տուաւ կրօնական չինիչ ու վսեմ պատգամները։ Տիրեց բարոյական անիշխանութիւն ու սանձարձակ վարուելակերպ։ Խորհրդային պետութիւնը բռնի ուժով ի գործ դրաւ բարոյազիտութեան իր նոր վարդապետութիւնն ու մօտեցումը եւ ժողովուրդը առաջնորդեց առանց եկեղեցիի ու կրօնի, բռնակալութեամբ եւ անգթութեամբ։ Յանուն աշխարհիկ բարոյականութեան, խորհրդային վարչակարգը երկաթէ ծանր թաթով անխնայօրէն հարուածեց ու ճզմեց, խորտակեց ու փճացուց անմեղ կեանքեր։ Մինչդեռ, Մ· Նալպանտեան կը գրէր· «Բռնակալութիւնը դահիճ դառնալով մարդկային հոգու ազատ կարողութիւններին, ջուր է տալիս եւ աճեցնում է չնչին, վնասակար եւ տմարդի ընդունակութիւնները եւ մոլորութիւնները, որոնց կարգումն են կեղծաւորութիւնը, սուտը, դաւաճանութիւնը, եւ այլ սոցանց նման արատներ»։ Մեր հայրենիքի խորհրդայնացումով, ստրկութեան առաջնորդուեցաւ ամբողջ ազգ մը՝ կորսնցնելով խօսքի ու խղճի ազատութիւն, անձի ազատութեան ու ընչատիրութեան մարդկային տարրական իրաւունք։ Ստեփան Շահումեան ըսած է· «Մեր կարծիքով, նա՝ ով ուզում է, որ հայ ժողովուրդը գրականութիւն ունենայ՝ նա պիտի ամէնից առաջ կռիւ յայտարարի այն պայմանների, քաղաքական այն կարգերի դէմ, որոնք արգելում են ժողովրդի, այդ հասարակական օրգանիզմի ազատ, բնական զարգացումը· նա պիտի աշխատի այնպիսի պայմաններ ստեղծել, որ ժողովրդի միջից դուրս եկող մարդիկ – Րաֆֆիներն ու Շիրվանզադէները անհատներ չլինեն, այլ խմբեր, մասսաներ»։ Մեր եօթանասնամեայ դաժան պայմանները չթոյլատրեցին որ մեր մտաւորականները անկաշկանդօրէն մտածէին, իրենց երեւակայութեան թռիչք տային ու ստեղծագործէին։ Նալպանտեանին բառերով, ժողովուրդը այլեւս իրաւունք չունէր «ինքնուրոյնաբար մտածելու, այլ դատապարտուած էր հետեւել իր դահիճների թելադրութեանը»։ Ամէն հրաման ի վերուստ կը տրուէր եւ կը բռնադատուէր ժողովուրդին։ Եթէ ժողովուրդի իրաւունքը բռնաբարուի, ապա «էլ ի՞նչ համ՛ կը մնայ մարդկային արժանաւորութեան մէջ», կը գրէ իմաստուն կերպով Մ· Նալպանտեան։

Րաֆֆին, խօսելով հասարակութեան կազմակերպութեան մասին, կ'ըսէ թէ պէտք է փոխել «վատ կազմակերպութիւնը եւ այն ժամանակ նրա անդամները բոլորը լաւ կը լինեն»։ Թէ ինչպէ՞ս· ան մեզ կը մղէ պայքարելու «խոնարհութեան եւ ստրկամտութեան դէմ» եւ մանաւանդ հրաժարելու անչարժութենէ՝ ըմբոստութեան ոգի ցուցաբերելով։

Րաֆֆիին ազնիւ ցանկութիւնն ու երազն էր տեսնել հայ ազգի ծոցին մէջ ծուարած խաչագողներու հոգեւոր վերածնունդը։ Ան հայոց ապագայի մասին ճիշդ գուշակութիւն կ'ընէ· «Հայ ազգը մի բախտաւոր ապագայ ունի։ Արդարեւ, նորա անցեալն անցաւ արտասուքով, լացով եւ արիւնով· նորա ներկան դարձեալ ցաւալի է, բայց նորա ապագայի մասին բոլորովին անյոյս չենք»։

Ներկայիս, երբ փոխուած են ժամանակները եւ մօտեցումները, եկեղեցին կրկին հանդէս կու գայ քրիստոնէական բարոյագիտութեամբ, որ հիմնապէս ու խորապէս մարդկային բարոյագիտութիւն է, որուն մէջ յաւիտենապէս կը մնջանան մահուան ղօղանջները, կը լռեն ռազմի չեփորները, կը չքանան մարդակործան պատերազմները, կը վերանան ստրկութիւնն ու ատելութիւնը, վատութիւնն ու վրիժառութիւնը, կը քանդուին ձեռակերտ, արուեստական պատուարները, որ ստեղծուած են մարդկութիւնը բաժնելու իրարմէ· կը *վերականգնուի փոխադարձ հասկացողութեան, սիրոյ ու յարգանքի զգացումը, կը ստեղծուի կարելիութիւն մարդոց համար՝ ազատօրէն, խաղաղօրէն ու ստեղծագործօրէն աշխատելու եւ միաբանելու։ Հոգեւոր ու բարոյական արժէքներու վերակերտումով ու ապաբարոյականացած բարքերու վերացումով, ինչպէս նաեւ արդարութեան կանչի արձագանգումով լոկ կարելի պիտի ըլլայ «հասարակաց» սեղան նստիլ ազգերու հետ։*

Գաղափարական ու հոգեկան յեղաշրջումով միայն, որ կարելի է ձեռք բերել գիտութեան եւ կրօնի միջոցով, հնարաւոր պիտի ըլլայ մաքուր, առողջ, բարձրամակարդակ, բարոյականով ընտիր ու նախանձելի «շրջանակ» ստեղծել։

1997

ԽՈՀԵՐ ՈՒ ԽՈՐՀՐԴԱԾՈՒԹԻՒՆՆԵՐ

Ապրիլեան Խոհեր

Ապրիլեան եղեռնի նահատակներուն ոգեկոչման ամիսն է վերստին։ Հայեր, ի սփիւռս աշխարհի, սրտի անհուն կսկիծով ու մորմոքով կը վերյիշեն ողջ ազգի մը գողգոթան։ Այդ բարձունքին էր որ բազմաչարչար ժողովուրդ մը կը խաչուէր ու կը նահատակուէր։ Դարերու կենսափորձով գիտէր Հայը որ չիք ազատութիւն առանց պայքարի եւ չիք անկախութիւն առանց զոհաբերումի։ Իր վերջին դաժանագոյն պահին, ան գերագոյն ճիգ մը եւս կը ցուցաբերէր արիութեան, անվհատութեան ու ինքնապաշտպանութեան։ Այս դառն բաժակը իրմէ հեռացնելու իր թախանձանքին մէջ, ան անգամ մըն ալ իր աչքերը սեւեռեց երկինք, ուրկէ յուսաց փրկութիւն եւ ազատութիւն։ Սակայն, ափսո՜ս, զոյգ ուժերն ալ լքած էին զինք։ Հուժկու բազուկներն ու մկանուտ ջիղերը թուլցած էին։ Ապազինումին առջեւ անզօր էին մսեղէն դնդերք. իսկ երկինքը… ան վաղուց անտեսած էր սրտակտուր աղերսանքները բարեպաշտին։ Հաւատացեալի մրմունջները չէին ծակեր այլեւս կապոյտ երկինքը պխպղխական։ Հայ մամիկն ու մանկիկը դէմ յանդիման էին կարծր իրականութեան, եւ այդ իրականութիւնը մահուան չափ դաժան էր ու անողորմ։

Մահուան քայլերով ընթացող թափօրը երկար էր ու անվերջ։ Ստէպ ստէպ ժանտարմին խարազանը կ'իջնէր ալեւորին, այրիին ու որբին վրայ՝ յիշեցնելու որ պարտադիր տողանցքը չի ճանչնար յոգնութիւն ու գթութիւն, սով ու ծարաւ։ Տօթակէզ որդիք Հայոց, ոմանք բրածեծ, այլք սրախողխող, իրենց հոգեվարքի մէջ իսկ, հաւատարիմ իրենց ցեղային գերընտիր յատկութիւններուն եւ հոգեւոր ու բարոյական արժէքներուն, կը մերժէին այլադաւանութիւնը եւ օտարին սեւ հացը։ Կամաւոր ինքնասպանութիւնը արդիւնք էր անոնց կրօնաբոյր դաստիարակութեան եւ անյողդողդ նկարագրին։

Անապատներ, հովիտներ, ձորեր, գետեր ու կիրճեր լեցուեցան դիակներով։ Մարդակեր ոսոխը նայեցաւ իր շուրջը. ամենուրեք բրգաձեւ գանկեր, խեղդամահ մանուկներ, ոսկրացած խլեակներ եւ մատղաշ կեանքեր։ Գոհունակութեան ժպիտ մը ուրուագծուեցաւ անոր դէմքին վրայ եւ սառնասրտութեամբ մրմնջեց. «Ա՛յս է հախ կեաւուրին»։

Եթերը անասելիօրէն ապականած էր։ Ժանտահոտութիւնը խեղդած էր ամէն բջիջ։ Ժանտարմներու փաղանգ մը տենդագինս գործի լծուած էր։ Լուսնի լոյսի տակ, անոնք հասարակաց փոս մը կը փորէին։ Խոնջած ու խոշտանգուած մարմիններ, աննման գանկեր, կը շարուէին քով-քովի ու կը թաղուէին առանց խաչի ու տապանաքարի։ Գերեզմանն Հայութեան անծայրածիր էր։

Տասնեակ մը տարիներ գլորած են այդ ահարկու պահերէն։ Հայութիւնը դեռեւս կը շարունակէ հողին յանձնել անմեղ կորիճներ, վասնզի գոյապայքարը կը շարունակուի։ Մեր նախահարց մարտը այսօր կը մղուի գիտակցութեամբ եւ «իմացեալ մահով»։ Հայը՝ զարթնած իր դարերու մահաբեր թմբիրէն, բռունցք կը բարձրացնէ ու սուր կը ճօճէ ի դէմս փոթորկայոյզ ժամանակներու եւ բիրտ ուժերու։ Առ ի պաշտպանութիւն իր հաւատքին ու հայրենիքին, ան իր կուրծքը *վահան ըրած, անհաւասար ու դիւցազնական ճակատամարտ կը մղէ ընդդէմ թշնամւոյն, որ կը սպառնայ արմատախիլ ընել զինք իր պապենական հողերէն եւ զրկել իր առհաւական ժառանգութենէն ու տոհմիկ ազնուագոյն գիծերէն։*

Արդարեւ, խառն են ժամանակները ու վտանգաւոր։ Ճակատագրական օրեր կ'ապրին Հայորդիք Արցախի մէջ։ Կոտորածը, աքսորը եւ խժդժութիւնները կը կրկնուին։ Օրհասական Հայը զրկուած անհրաժեշտ կենսապայմաններէն, իր ճանկերով կը պաշտպանէ բուռ մը հողը հայրենի եւ չի խնայեր թէկուզ իր կեանքը անգին։

Ապրիլեան տխուր ու մռայլ օրեր են։

Հայոց երկնակամարը ամպոտ է։ Անորոշութեան հովեր սարսուռ կը պատճառեն Հայու բիւրեղ հոգիին։ Վճռակամ է սակայն Հայն այսօր։ Դարերու քուրային մէջ կոփուած ու չարքաշցած Հայը քաջ գիտէ որ իր պաշտպանութիւնն ու փրկութիւնը դուրսէն չեն։ Դարերով կեղեքուած ու չարաչար խաբուած Հայը իր յոյսը դրած է իր ուժին, բազկին ու հրաշագործ երկաթին։

1992

Թեմիս Դարադարձի Անդրադարձներ

Այս տարի, Հայ Առաքելական Եկեղեցւոյ Ամերիկայի Թեմին հարիւրամեակն է որ մեծ հանդիսութեամբ կը տօնախմբուի ամենուրեք։ Երջանկայիշատակ Խրիմեան Հայրիկ Ամենայն Հայոց Կաթողիկոսի սրբատառ կոնդակով պաշտօնապէս հիմքը դրուեցաւ Ամերիկայի Թեմիս, եւ Հայ ժողովուրդը, որ քաղաքական եւ տնտեսական ստիպողական պատճառներով թողլքած էր իր երբեմնի տաքուկ բոյնը եւ կայք հաստատած այս հեռաւոր ափերը, Թեմիս տքնաջան աշխատանքներով, մշտապէս ու անքակտելիօրէն կապուեցաւ Մայր Աթոռ Սուրբ Էջմիածնին եւ Անկէ ստացաւ իր հոգեւոր սնունդը։ Հայոց Հաւատքի Լուսաւորչահիմն կեդրոնը, հակառակ քաղաքական անբարենպաստ պայմաններուն, տասնեակ տարիներով իր հարազատ զաւակներուն ներարկեց աւիշ ու աւիւն, քաջալերեց ու զօտեպնդեց զանոնք սուրբ հաւատքով, թեւ ու թիկունք կանգնեցաւ եւ անոնց մէջ հաստատեց ուժեղ կամք ու տոկունութիւն՝ ընթանալու նախահարց շաւաւիղով, բարձր ու հայավայել գիտակցութեամբ, դիմագրելու հոսանքներուն եւ յաղթահարելու ամէն խոչընդոտ։

Արդարեւ, երկար ու փառաւոր անցեալ մը արձանագրած է մեր Թեմը։ Հայութիւնը դեռեւս նոր ոտք կոխած էր մերօրեայ Աւետեաց Երկիրը, երբ Թեմը իր իմաստուն, նուիրեալ առաջնորդով եւ համեստ անձնակազմով անմիջապէս գործի լծուեցաւ յօգտակարութիւն մեր ազգի զաւակներուն տեղափոխման, անցումային վիճակի լրման եւ վերջնական վերահաստատման։ Կարիքները բիւրաւոր էին ու անվերջ։ Դժուարութիւնները անթիւ էին ու անհամար։ Հայութիւնը նոր փուլ թեւակոխած էր իր պատմութեան մէջ։ Նոր Աշխարհի պահանջքները բոլորովին տարբեր էին. կար նոր լեզուն ըմբռնելու եւ իւրացնելու հարցը, նոր մշակոյթ ընդգրկելու, տեղական սովորոյթներն ու նիստուկացը որդեգրելու, հոգեբանութիւնը սերտելու եւ ճանչնալու, մտայնութիւնը եւ կենսափիլիսոփայութիւնը ընդունելու եւ անոնց յարմարելու հիմնական հարցերը՝ առանց սակայն անտեսելու, ժխտելու եւ մերժելու մեր ինքնութիւնը, մեր լինելութիւնը, մեր հոգեկան շաղախը։ Զապաւսերելու, չօտարանալու, եւ ի սպառ չուծանալու եւ այս բազմամշակութային ու բազմակրօն երկրին մէջ չհաւատափոխուելու համար, Թեմիս առաջնորդարանը անմիջապէս դիմեց օգտաշատ ծրագիրներու, որոնք եկան մէկընդմիշտ հայ զանգուածը զօդելու եւ միացնելու իր արմատին, պապերու հաւատքին ու մշակութային ակունքին։ Տեղական խիստ պայմաններէն ելլելով, Թեմս լուրջ կարիքը զգաց հոգեւոր ու հասարակական գիտելիքներով սպառազինելու հայ եկեղեցւոյ նուիրեալ մշակները, եկեղեցականները, սպասաւորները։ Ուստի, անյապաղ, բարձրագոյն ուսման հարցը առաջ քաշուեցաւ եւ կղերէն ակնկալուեցաւ ըլլալ բազմակողմանիօրէն զարգացած ու իր ծուխին անսակարկօրէն նուիրուած։ Այսպիսով, եկեղեցականներու շարքերն ընդգրկեցին բանիմաց ու անձնազոհ անձնաւորութիւններ։ Թեմիս բարձրորակ եկեղեցականներով օժտուածութիւնը մեծապէս սատարեց մեր եկեղեցւոյ առաքելութեան։ Հայ կղերը կամաւորապէս ստանձնեց բազմերես գործունէութիւն. ան դարձաւ հովիւ, քարոզիչ, ուսուցիչ, ներկայացուցիչ, խորհրդատու, մտաւորական, մանկավարժ, ևն։ Առաջնորդարանէն տրուած այս ուղղութիւնը խիստ կենսական էր հայ Բանաւոր Հօտը դաստիարակելու եւ լուսաւորելու տեսակէտէն։ Հայ հաւատացեալը այսպիսով ունեցաւ իր հոգեւոր հոգատարը, տէրն ու պաշտպանը, եւ զգաց թէ ծնողական սերտ ու հարազատ կապ կայ իր եւ հովիւին միջեւ։

Նոյն դերը ունեցաւ նաեւ առաջնորդարանը, երբ միջամուխ եղաւ հաւատացեալի հոգեւոր կրթութեան գործին։ Վերջինիս պարտականութիւնը եղաւ չափազանց մեծ ու պատասխանատու։ Թեմն հետզհետէ օժտուեցաւ ատակ գործողներով ամէն մարզի մէջ։ Առաջնորդարանին մէջ հաստատուեցան բազմաթիւ բաժանմունքներ՝ նուիրուած հայ եւ կիրակնօրեայ դպրոցներուն, երգեցիկ դասերուն, երիտասարդութեան, ևն։ Գաղութներ ունեցան իրենց օծեալ եկեղեցիները եւ հոգեւոր հովիւները։ Ամերիկայի այս ծովածաւալ տարածքին վրայ այսօր եւս դեռ կը հաստատուին նորակազմ գաղութներ։ Միով բանիւ, թեմը եղաւ յանձանձիչը հոգեւոր կարեաց, մատակարարը բիւրաւոր պահանջքներու, փարոսը հայ մտքի ու հոգիի եւ հիմնական ու մշտական օղակը հայութիւնը գիրար կապող եւ միացնող։

Թեմն այս բովանդակ տարիներու ընթացքին կատարեց նաեւ մէկ այլ յոյժ կարեւոր ու անյետաձգելի գործ, այն էր՝ ներկայացնել ու ճանչցնել Հայ Եկեղեցին օտարներուն։ Միարարական շարժումին պատկանելով, Հայ Եկեղեցին չափազանց գործունեայ դեր ստանձնեց հայոց ցեղասպանութիւնը եւ իր արդար դատը աշխարհին ներկայացնելու կարեւոր գործին մէջ։ Առաջնորդարանը նախանձելի կորովով ու աշխուժութեամբ մասնակցեցաւ այլ ուղղափառ ու դաւանակից եկեղեցիներու ոչ միայն ծիսական պաշտամունքներուն, այլեւ ձեռնարկներուն, ծրագիրներուն, եւ այսպիսով իր ներկայութիւնը զգալի դարձուց եւ յարգանք պարտադրեց ամէնքին։

Թեմիս հարիւրամեակին առիթով չենք կրնար լռութեամբ անցնիլ Մայր Հայրենիքի՝ Հայաստանի, ինչպէս նաեւ Արցախի նուիրուած բազմաթիւ ու բազմատեսակ աշխատանքներու կողքով։ Վերջին ծանրագոյն իրադարձութիւնները մեր իրականութենէն ներս՝ երկրաշարժն ու Ղարաբաղեան համազգային շարժումը եւ հայապատկան հողաշերտի ազատագրումը, մեծապէս ցնցեցին հայութիւնը։ Ի խնդիր հայրենի երկրի ու Արցախի նիւթական ու բարոյական բարելաւման, թեմս ծրագրեց մեծամեծ հանգանակութիւններ եւ ջանաց թեթեւցնել հայութեան ծանր լուծը եւ ամոքել անոր վիշտը։ Արդարեւ, ծանր ու դժնդակ օրեր բոլորեց հայութիւնը այդ տարիներուն։ Թեմս դիմեց ամէն հնարաւոր միջոցի որպէսզի կարենայ իր պարտականութիւնը կատարել լիովին, ամենայն խղճմտութեամբ ու նախանձախնդրութեամբ։

Թեմս ներկայիս կը հայթայթէ բազմածաւալուն ծրագիրներ՝ ամէն դասակարգի, սեռի եւ տարիքի։ Այս բազմաբնոյթ ծրագիրները կը միտին հայոց սրտին մէջ վառ պահել կանթեղը հայ հաւատքի ու մշակոյթի։ Այս ուղղութեամբ արդէն իսկ կան Հայաստան ուղեւորութեան, ուխտագնացութեան եւ կամ ուխտանորոգութեան հրաշալի ծրագիրներ։ Երիտասարդներ, որոնք կը վերադառնան մայր հայրենիքէն, անկեղծօրէն կը խոստովանին որ անսահման գոհունակութիւն ու խանդավառութիւն կը տիրէ իրենց սիրտերէն ներս, եւ հրապարակաւ կ՚ընդունին թէ կերպարանափոխուած են, վերանորոգուած ու պայծառակերպուած եւ դարձած ուխտեալ մշակներ հայ մտքի ու հաւատքի։

Արձանագրուած յաջողութիւններուն առընթեր, ցաւով կը յիշատակենք նաեւ ամէնքիս յայտնի բաժանումը որ գոյութիւն ունի դեռեւս թեմէս ներս։ Բաղձալի պիտի ըլլար անշուշտ որ միութիւնը իրականացած ըլլար այս հարիւրամեակի առթիւ, որովհետեւ լոկ միացեալ ու հզօրացած ճակատով կարելի է դիմագրաւել բիւրաւոր մարտահրաւէրները։ Բաժանումը, երկպառակտումը, անհարկի վէճերն ու մեղադրանքները մեզ դարձուցած են ուժաքամ ու հոգեսպառ։ Մեր աղօթքն է ու իղձը, որ մեր եկեղեցին վերադառնայ իր բուն, որ է ըսել՝ սիրոյ, աղօթքի, հանդուրժողութեան ու ներողամտութեան ոգիին ու աստուածային բարձր առաքելութեան։

Թեմիս հարիւրամեայ հիմնադրութեան ուրախ առիթով, մեր սրտագին բարեմաղթութիւնն է որ իւրաքանչիւր հայ զօրակցի, թեւ ու թիկունք կանգնի անոր, սատարէ անոր աճին, վերելքին, հզօրացման ու պայծառացման։ Ան պէտք ունի մեր նիւթական ու բարոյական աջակցութեան ու քաջալերութեան։ Անոր բարգաւաճումը գրաւականն է մեր մշտական գոյութեան, մտքի լուսաւորութեան ու հոգիի պայծառակերպութեան։

1998

Խորհրդածութիւններ Նոր Հազարամեակի Սեմին

Մարդկութիւնը ի մօտոյ կը թեւակոխէ Նոր Հազարամեակ։ Եթերը ցնծութեան, ոգեւորութեան ու խանդավառութեան ալիքներով ողողուած ու օծուած է։ Ոմանք, սակայն, որոշ երկիւղով պատուած, տարակուսանք ու վարանում կը յայտնեն Նոր Հազարամեակի սեմին։ Այլք, ունին արդար ակնկալութիւններ, բարի ձգտումներ, բարձր տրամադրութիւն, եւ կը մաղթեն Նոր յոյսերու լիակատար իրականացում, հասարակական կեանքէն ներս որոշ փոփոխութիւններու յաջորդականութիւն, քաղաքական ու տնտեսական վիճակի բարելաւում, բարոյական մակարդակի բարձրացում, գիտական մարզէն ներս նորանոր գաղտնիքներու յայտնաբերում, տիեզերքի նուաճում, ևն։

Արդարեւ, անցնող Հազարամեակը համայն մարդկութեան համար եղաւ խիստ բազմաբեղուն, ինչպէս նաեւ ճակատագրական ու անկիւնադարձային։ Գիտութեան, արուեստի եւ ճարտարարուեստի բոլոր մարզերը իրենց զարմանահրաշ յառաջընթացով (գիւտեր, գրական հսկայական ստեղծագործութիւններ, յայտնաբերումներ, կոթողային կառոյցներ, ևն) ու զարգացման բոլոր աստիճաններով եւ փուլերով նոր ուղիներ ու անընդգրկելի հորիզոններ բացին մարդկութեան առջեւ։ Մարդկային մտքի զարգացման ու մշտական աճման մեծապէս սատար հանդիսացան նաեւ կրօնի, գրականութեան, իմաստասիրութեան, բարոյագիտութեան, հոգեբանութեան, հասարակագիտութեան եւ այլ բազմաթիւ բնագաւառները, որոնք իրենց թարմագոյն գիտելիքներով եւ տեղեկութիւններով, ինչպէս նաեւ իրենց նորագոյն դրոյթներով ու տեսակէտներով, հիմնակէտ ու ելակէտ հանդիսացան իւրաքանչիւր դարաշրջանի մարդկութեան հոգեւոր-բարոյական կեանքի վերելքին, բարգաւաճման ու բարեզարդման։

Հակառակ գիտութեան ընձեռած բոլոր դիւրութիւններուն ու կրօնի պարգեւած բիւրաւոր բարիքներուն, մարդկութիւնը դեռեւս անյոյս ու անապաւէն կը տագնապի, կը տառապի անձկութենէ, կը տուայտի մտատանջութենէ, ինքնաճանաչման պակասէ, կեանքի իմաստը լիովին ըմբռնելու եւ զայն լիովին արժեւորելու անատակութենէ։ Հակառակ բերքի առատութեան ու չռայլութեան, աշխարհի հեռաւոր, մութ ու աննշան անկիւններուն մէջ մարդիկ կը մահանան անսուաղութենէ, ծայր աստիճան չքաւորութենէ, անպատսպարութենէ, հիւանդութիւններէ։ Արդարութեան, խաղաղութեան, եղբայրասիրութեան ու հանդուրժողութեան կանչը աշխարհի չորս ծագերը շեփորուելէ ետք, դեռեւս կը տեսնենք արիւնռուշտ ու բարբարոս պատերազմներ, ահաբեկչութիւններ, սպանդներ, անարդար արարքներ, ցեղային ատելութիւն, ոխ, քէն, անվստահութիւն, կասկածամտութիւն, անձի, ինչքի եւ գոյքի անապահովութիւն։ Բարոյական անկման ու հոգեկան ապականութեան բաւիղին մէջ մխրճուած եւ ընկլուզուած է մարդը։ Մեր փոքրացած աշխարհը դարձած է բոյն վրիժառութեան, անհանդուրժողութեան եւ որջ մարդագայլերու ու գազաններու։

Ի տես այսքան չարութեան, վատութեան ու ամբարշտութեան, մարդիկ յուսահատութեան վիհին կանգնած օգնութիւն կ՚աղաղակեն, գթութիւն կը հայցեն ի վերուստ եւ ողորմութիւն։ Անոնցմէ շատեր սակայն վաղուց ի վեր կորսնցուցած են իրենց վստահութիւնը հանդէպ մարդկային խղճահարութեան ու նոյնիսկ աստուածային միջամտութեան։ Անոնց հաւատքը սասանած է ու խարխլած։ Դժբախտաբար, հաւատքը դէպի աստուածայինը դարձած է պայմանական, ժամանակաւոր ու ժամանակավրէպ։ Աւետարանի շռնդալից ու իմաստալից, ոգեւորիչ ու գօտեպնդիչ պատգամները եւ պատուիրանները խլացած են ու յամրացած, ի սպառ լռած ու խորտակուած՝ իրենց հոգիներուն մէջ։

Գիտական բիւրաւոր ու բազմատեսակ նուաճումներուն առընթեր, նշմարելի է արդ աստուածորոնումի ու աստուածաճանաչութեան հոգեւոր պահանջը։ Հոգեւոր պարգեւները եւ բարիքները, որոնք անտարակոյս աւելի ծանրակշիռ են ու յարգի քան նիւթեղէն կերտուածքները եւ տեսանելի ու շօշափելի իրերն ու առարկաները, այժմ արհամարհուած ու անտեսուած կը թուին ըլլալ այս արագավազ կեանքի յորձանուտին մէջ։ Մշտական ինքնագոյապահպանման այս հանապազօրեայ անվերջ մաքառումը մարդիկը մեքենայացնելով, դարձուցած է հանգստասէր, ինքնասէր, ինքնամփոփ ու անձնակեդրոն՝ պահելով զիրենք միշտ սեղմօրէն ծալլուած իրենց նեղ ու կարծր պատեանին մէջ։ Մեծ իմաստասէր վանականը՝ Գրիգոր Նարեկացի, ճշմարտացիօրէն պիտի բացականչէր. «Ինքդ քու ձեռքովդ կառուցեցիր քեզ անել արգելան ու որոգայթներ անճողոպրելի, ... հաստատելով, որ անբուժելի է կործանումդ»։

Նոր հազարամեակի սեմին կանգնած, մարդկութիւնը լուրջ կարիք ունի հոգեկան վերազարթօնքի ու ինքնագիտակցութեան, վերանորոգութեան ու պայծառակերպութեան։ Կեանքը հետզհետէ կը բարդանայ ու կը դառնայ մանուածապատ։ Հարկ կայ շրջահայեցութեան, աչալրջութեան, հեռատեսութեան, խոհեմութեան ու ծայր աստիճան զգաստութեան ամէն մակարդակի վրայ։ Ազգերու փոխյարաբերութենէն սկսեալ մինչեւ անհատական փոխադարձ հաղորդակցութիւնն ու շփումը կարիք ունին բարելաւման։ Կենդանական ու բուսական աշխարհի, ինչպէս նաեւ կենսոլորտի ու բնութեան անարատ ու անեղծ պահպանման հրամայականին առջեւ կը գտնուի ողջ մարդկութիւնը։ Այն բոլոր ոգեղէն ու նիւթեղէն արժէքները, որոնք իբրեւ սրբազան աւանդ ու անփոխարինելի գանձ փոխանցուած են մեզի, պարտինք իբրեւ զբիբ ական պահել։

Հայ ժողովուրդը իբրեւ վերանկախացեալ ու հոգեւորապէս վերածնեալ ազգ, այս նոր հազարամեակը կը դիմաւորէ բազում յոյսերով ու բազմապիսի ակնկալութիւններով։ Հայութիւնը ամեհի գոյապայքար մղած է դարերով եւ իր ինքնութիւնը պահած է անխաթար ու հարազատ։ Հայութեան լինելութիւնը միշտ պայմանաւորուած է իր գոյութիւնը շարունակելու ազատ ու անխորտակելի կամքով։ Իբրեւ խիզախ, աննկուն, աշխատունակ ու բարեսէր ժողովուրդ, հայութիւնը միշտ ներբողուած է ու մեծապէս գնահատուած քաղաքակիրթ աշխարհի կողմէ։ Այսօր, հայութեան ձեռքը մաճին վրայ է, իսկ աչքը հեռուն՝ հորիզոնին։ Երազներ կան դեռեւս անկատար, իղձեր ու յոյսեր, սպասումներ ու ակնկալութիւններ, որոնք իրենց փառաւոր լրումին ու պսակումին պիտի հասնին միմիայն լուրջ յանձնառումով, ծանր ու անդադրում աշխատանքով։

Հայոց կարչնեղ ու տոկուն բազուկը պրկուած է ու պատրաստ՝ լծուելու ու նուիրուելու սուրբ գործին։ Խոչընդոտները չեն կրնար յուսահատութեան մատնել մեզ։ Ցաւերժական կոթողներ կերտող ժողովուրդ մը չի կրնար վհատիլ, յուսահատիլ, ընկրկիլ ու պարտուիլ։ Ուղին երկար է Հայոց ու դարձդարձիկ։ Ծամբան ալ քալելով կը հատնի արդէն...։

1999

Բաղձալի Հաշտութիւն

Հիւսիսային Ամերիկայի Արեւելեան Թեմի բարեջան Առաջնորդ Տ. Խաժակ Արք. Պարսամեան վերջերս Ս. Վարդան մատենաշարով լոյս ընծայեց անգլերէնով գրքոյկ մը, որուն վերնագիրն է "A Pastoral Letter to the Armenian Faithful", *որ թարգմանի «Թուղթ Հովուական առ Հայ Հաւատացեալս», որ ինքնին բարի տրամադրութեամբ ու ազնիւ զգացումով կատարուած երկարամեայ ցանկալի կոչ մըն է՝ վերջ տալու Հայ Եկեղեցւոյ պատմութեան մէջ բացուած վէրքին ու վիհին։ Ան բարի հրաւէր մըն է նաեւ գործածելու ներկան իբրեւ ոսկի պատեհութիւն՝ խօսքէն գործի անցնելու եւ իրականութիւն դարձնելու հայ ժողովուրդի տարիներու տենչը, իղձը եւ երազը՝ միութիւնը։*

Մեր Առաջնորդ Սրբազան Հօր գրքոյկին բովանդակութիւնը կուռ է ու խիստ այժմէական. իսկ թելադրութիւնները՝ տրամաբանական ու համոզիչ։ Բովանդակ գրքոյկը կը կարդացուի հեշտութեամբ եւ մեծ հաճոյքով։ Ընթերցանութեան աւարտին, ընթերցողը կ'ունենայ հաճելի տպաւորութիւն եւ տրամադրութիւն մը, որովհետեւ գիրքը հեռու է անիմաստ մեղադրանքներ կատարելէ եւ աննպատակ նետեր արձակելէ։ Անոր հիմնական նպատակն է լուսաբանել ընթերցողը եւ յատկապէս անոր միտքն ու էութիւնը առաջնորդել դէպի բաղձալի հաշտութիւն, միութիւն եւ վերջնական խաղաղութիւն։

Այստեղ, անտարակոյս, մեր նպատակը չէ ամենեւին շարադրել եկեղեցական այս սուր ու վնասաբեր տագնապին տուն տուող պատճառները, եւ ոչ ալ դոյզն չափով իսկ անդրադառնալ անոր չարժառիթներուն եւ այլ քաղաքական հանգամանքներուն։

Ներկայիս, հայութիւնը թեւակոխած է այնպիսի փուլ մը, որ կը կոչէ զմեզ ամէնքս ինքնագիտակցութեան, ինքնաքննութեան եւ շրջահայեցութեան։ Հայ ազգային-եկեղեցական կեանքը այժմ կարիքն ունի վերազարթօնքի, վերանորոգման ու վերակազմակերպման։ Ներքին միութիւնը անկասկած պիտի գայ զմեզ զօտեպնդելու եւ զօրացնելու մեր հոգեւոր, ազգային ու մշակութային գոյատեւութեան վճռակամութեան մէջ։

Մեր բազմաչարչար եկեղեցին այսօր, աւելի քան երբեւէ, ծարաւի է հաշտ ու խաղաղ կեանքի, եկեղեցական միութեան եւ վարչական կառոյցի ամբողջականութեան։

Ողջ սփիւռքի եւ հայրենիքի հայութիւնը յուզող եւ մտալլկող հարցը ներկայիս միութեան ապահովումն է։ Հայ Եկեղեցւոյ ծոցին մէջ օրինապահութիւնը եւ կարգապահութիւնը վերահաստատելու հրամայականին առջեւ կը գտնուին ներկայ սերունդին ներկայացուցիչներն ու վերին իշխանութիւնները։ Լաւատեսութեամբ տոգորուիլը, միութեան գաղափարով յուսադրուիլը եւ վարդագոյն արշալոյսներ ընդգրկելու բարի իղձերը եւ տրամադրութիւնները անբաւարար են միութեան գործադրման ու իրականացման համար։ Հարկ է աւելի գործել, քան՝ խօսիլ։

Հետեւաբար՝

Ժամանակը չէ անցեալի պատմական տխուր ու խոր անցուդարձերը վերյիշելու եւ մատնացոյց ընելու դէմքեր, դէպքեր ու թուականներ իբրեւ հիմնական դրդապատճառ բոլոր անհասկացողութեանց ու անհարկի վիճաբանութեանց։

Ժամանակը չէ կիրքեր գրգռելու, ջուրեր պղտորելու եւ ցեխարձակումներով զիրար նշաւակելու եւ այպանելու, վասնզի բաւ է ինչ մելան որ սպառեցինք եւ գերագոյն ճիգեր գործադրեցինք զիրար մեղադրելու, անուանարկելու եւ նսեմացնելու։

Անցեալին թող պատկանին այլեւս մութ, տխուր եւ տրտում էջերը Հայ Եկեղեցւոյ տագնապալի օրերուն։

Ժամանակն է որ լուրջ, զգաստ ու խոհեմ քայլերով դիմաւորենք հրաշագեղ արշալոյսը հայ կեանքի, հարցին մօտենանք հեռատեսութեամբ, լաւատեսութեամբ, եւ առաջնորդուինք հայ բովանդակ ազգի գերագոյն շահերով։

Ժամանակն է որ ընդմիշտ դադրեցնենք սնամէջ բանավէճերը, որոնք կու գան լոկ մեր թանկագին ժամանակը կորզելու, սքանչելի պատեհութիւնը փախցնելու, ապա մեզ ուժաքամ ընելու, պարպելու զմեզ մեր ոգեղէն արժէքներէն, եւ յատկապէս մեր դարաւոր ոստխին զուարթութիւն ու գոհունակութիւն պատճառելու եւ յաչս օտարաց զմեզ նշաւակ դարձնելու։

Եղաւ ժամանակ մը երբ մեր մամուլին էջերը ողողուեցան տագնապը յուզող հարցերով։ Մէջբերուեցան տգեղ միջադէպեր, արձանագրուեցան հայուն վարկին անվայել ու աններելի խօսքեր։ Այդ բոլոր մտքի մարզանքներուն, ճամարտակութեանց ու գրպարտութեանց ժամանակն անցած է այլեւս։ Ժամանակն է որ մէկդի դնենք անձնական կիրքն ու մոլուցքը եւ զիրար հասկնանք սիրոյ ու յարգանքի հաղորդակցութեան ճանապարհով։

Այժմ, երբ այլեւս համայնավար ծանր ու կործանարար թաթը վերցուած է հայոց եկեղեցիին վրայէն, եւ հայուն հոգին թեթեւցած ազատօրէն կը շնչէ ու կը ճախրէ գրկելու անհուն լազուարթ երկինքը.

Այժմ, երբ անաստուածեան վարչակարգը մէկընդմիշտ խորտակուած է ու անոր վարդապետութիւնը դատապարտուած յաւիտենական վախճանի ու լռութեան.

Այժմ, երբ Ղարաբաղի մեր հարազատ քոյրերն ու եղբայրները անհաւասար բայց արդար մարտ մը կը մղեն ընդդէմ ոստխին՝ յանուն հողային ամբողջականութեան եւ առհաւական արժէքներու եւ սրբութիւններու պահպանման.

Այժմ, երբ երկիրն հայոց, գտած իր երբեմնի ազատութիւնը եւ սակայն դարձած է Արշակաւան բազում աղանդաւորներու, մոլար վարդապետութիւններու եւ օտարոտի թիւր ուսմունքներու.

Այլեւս կարելի չէ չլսել ու չանսալ մեր պապերուն ձայնին, հայրենիքի քաջամարտիկներու ձայնին, մեր խղճմտանքի ձայնին ու չդառնալ մէկ ճակատ, չկազմել մէկ բռունցք ու չունենալ մէկ նշանաբան ու նպատակակէտ։

Հայոց հողն ազատագրուած է այսօր, բայց հայոց մէկ ծանր հոգը կը մնայ դեռ իր պարանոցին։ Հայեր ամէնուրեք կը զգան խիստ պահանջը յամեցած, բայց ցանկալի միութեան։

Մայրենի երկրի վրայ տեղի ունեցած պատմական վերջին իրադարձութիւնները, եւ մանաւանդ Մեծի Տանն Կիլիկիոյ Կաթողիկոսին՝ Գարեգին Բ.ի

Ամենայն Հայոց Կաթողիկոս ընտրութիւնն ու օծումը պէտք է վերջակէտ դնեն մեր եկեղեցւոյ երկփեղկման ու երկպառակտման։

Հայ իրականութենէն ներս, նորագոյն նշանակալի եւ ուրախալի դէպքը Մեծի Տանն Կիլիկիոյ Աթոռին նոր Կաթողիկոսի ընտրութիւնն էր ու օծումը։ Արամ Ա. Նորընտիր, պայծառամիտ ու լուսամիտ Կաթողիկոսը իր պատգամներուն մէջ բազմիցս կը շեշտէ մեր մէկ եկեղեցի, մէկ հայրենիք, մէկ ազգ, մէկ մշակոյթ, մէկ ապագայ ունենալու ճշմարիտ իրողութիւնը։ Իրօք որ հայ ժողովուրդը հպարտ ու գերերջանիկ պէտք է զգայ ունենալու երկու հայրապետական աթոռներու վրայ բազմած բարձրորակ, միջազգային շրջանակներու մէջ գերազանցապէս յարգուած, սիրուած ու գնահատուած կաթողիկոսներ։ Պատի՜ւ մեր ազգին ու եկեղեցիին, որ ունի նման արժանաւոր ղեկավարներ, երախտաւոր մշակներ ու հոգեւոր պետեր։

Մեր մաղթանքն է ու աղերսը առ Աստուած, որ Ամենաբարի Տէրը պարգեւէ արեւշատութիւն զոյգ Հայրապետներուն, լիակատար առողջութիւն եւ բազմաբեղուն գործունէութիւն Իր անդաստանէն ներս։

Հայ ազգը կը մնայ լիայոյս եւ աղօթող, որ բաժանումի սառցահալը սկսի, ակնկալուած ու խիստ ցանկացուած միութիւնը, միացեալ ջանքերով եւ սերտ գործակցութեամբ, դառնայ իրականութիւն, եւ ի վերջոյ, մեր եկեղեցին հասնի իր բաղձալի հաշտութեան եւ վերագտնէ իր երբեմնի ըղձալի ու կարօտալի խաղաղութիւնը։

Այս առիթով նաեւ մեր սրտագին շնորհաւորութիւնները կը յղենք մեր Առաջնորդ Խաժակ Սրբազան Պարսամեանին՝ գրքոյկին մէջ արտայայտած իր առողջ մտածումներուն, գաղափարներուն, քրիստոնէական մօտեցումի սքանչելի ու օրինակելի ոգիին համար։

1996

Առաքելարշաւ Ի Հայաստան

Հայաստանեայց Առաքելական Վարդապետութեան Տարածման (ՀԱՎԱՏ) յանձնախումբը իր երկրորդ յաջող ու օգտաշատ առաքելարշաւը կատարեց ի Հայոց Աշխարհ տարւոյս 22 Յունիսէն մինչեւ 13 Յուլիս՝ հիմնական գործադաշտ ունենալով Շիրակի, Սիւնիքի, Գուգարքի եւ Արցախի թեմերը։

ՀԱՎԱՏ-ի նպատակն է ուսուցանել ու տարածել Հայ Եկեղեցւոյ Վարդապետութիւնը, ուսմունքը, հաւատքը. ապա եւ, քարոզչութեան ճանապարհով՝ հոգեւոր արթնութիւն յառաջացնել դէպի մեր հոգեւոր դարաւոր սրբութիւնները եւ արժէքները։ Առաքելարշաւի ծրագրին մաս կը կազմեն նաեւ հոգեւոր գրականութեան տարածումը, խորհրդակատարութիւնը, խորհրդատուութիւնը, այցելութիւնները ի հիւանդանոց, ծերանոց, անկելանոց, զօրանոց, բանտ, ընչազուրկ ընտանիքներ, նահատակեալներու տուներ, ևն։

Մեր երեք հոգինոց փոքրիկ անձնակազմը ուղղուեցաւ պատմական Հայաստանի Սիւնեաց թեմի Գորիս եւ Սիսիան գաւառները։ Արդարեւ, գեղեցիկ ու հմայիչ է Հայոց Աշխարհի բնութիւնը։ Ամենուրեք, մեր ժողովուրդին ամուր ու տոկուն նկարագիրը խորհրդանշող, անընկճելի ու անպարտելի ոգին յայտնող բարձրաբերձ լեռներ ու սքանչելի տեսարաններ կու գան ներշնչելու այցելուն եւ հոգեկան արիութիւն պարգեւելու անոր։

Սիւնեաց Աշխարհը ինքնատիպ է ու եզակի իր բնութեամբ։ Հարուստ է շրջանը վարար գետերով, խոր ձորերով, լիճերով, կիրճերով, ջրամբարներով, զուլալ ու սառնորակ աղբիւրներով, հանքային բազմատեսակ ջուրերով եւ օգտակար հանածոներով։ Նշանաւոր են Գորիսի բուրգերը, քարանձաւները։ Քարայրները օգտագործուած են որպէս կացարան։ Հետաքրքրական է նշել որ Գորիսը եղած է մելիքանիստ քաղաք։ 1765 թուականին, առաջին մելիքը՝ Օհան, կառուցած է Գորիսի եկեղեցին։ Սիսիանը եւս լեռնային քաղաք է, գոյներու ու բնութեան դրախտավայր։ Բլրալանջին բազմած է Սիսաւանի Սբ. Յովհաննէս եկեղեցին՝ կառուցուած Սիւնեաց Կոհազատ իշխանին կողմէ (Զ.-Է. դար)։

Հայաստանի Խորհրդայնացման մռայլ ու տագնապալի, արհաւրալից ու վշտալի տարիներէն ետք, երբ Հայոց Աշխարհի երկնակամարը հետզհետէ կը մաքրուի գորշ ամպերէ եւ կը սկսի ճառագայթել ու լուսաճաճանչել, աշխարհի չորս ծագերէն կրօնական յարանուանութիւններ ու մասնաւորապէս աղանդաւորական խմբակներ իրենց նշանակէտն ու թիրախը դարձուցած մեր վիրաւոր հայրենիքը, կը փութան «դարձի բերելու եւ փրկելու» մեր ազգի զաւակներուն հոգիները։ Անոնք առօք-փառօք կը ժամանեն մեր մայրենի երկիրը՝ խօսքի, կրօնքի ու խղճի ազատութեան օրրանը՝ հսկայական այլադաւան գրականութեամբ՝ ազատ ու անկաշկանդ կերպով նուիրուելու իրենց մարդորսական վտանգաւոր ու կործանարար գործունէութեան։ Անոնք ոգի ի բռին կը ջանին որսալու եւ իրենց ափին մէջ առնելու ազնիւ եւ պարզամիտ քաղաքացին, ջանասէր ու միամիտ գիւղացին։

Խորհրդային Միութեան եօթանասնամեայ բռնատիրութիւնը չյաջողեցաւ ջնջել կրօնական ջերմեռանդութիւնը եւ անկեղծ հայրենասիրութիւնը։ Կառավարութիւնն իր ապերասան ու ամենի հալածանքին մէջ թէկուզ, երբ կը նկրտէր ի սպառ մարել Հայ հաւատքի կանթեղը եւ կործանել ոգեղէն տաճարը քրիստոնեային, երբեք չյաջողեցաւ անդրդուելի Հայը խախտել իր հաւատքէն։ Ճիշդ է որ եօթանասուն տարիներու ընթացքին Հայոց հաւատքը չծաղկեցաւ, բայց եւ այնպէս չմեռաւ, որովհետեւ անթեղուած մնաց՝ սպասելով ազատ ու թարմ շունչի, որպէսզի վերստին բոցավառէր ու շողշողար։

ՀԱՎԱՏ յանձնախումբը, իւրովսանն, ջանաց իր ազգօգուտ առաքելութեան ճանապարհին լոյսի ու յոյսի մասնիկ մը, նոր աւիշ ու աւիւն փոխանցել հայորդիներուն։

Այս յանձնախումբի կազմութիւնը երկար ու խիստ պահանջքի արդիւնք էր։ Այս օրերուն մանաւանդ, երբ Հայոց Աշխարհը ողողուած է բազմագոյն ու բազմատեսակ ու ոչ-կրօնական շարժումներով, որոնք խմորուած արեւմտեան եւ հեռաւոր արեւելեան կրօնական զանազան հոսանքներու ուղղութիւններով եւ հաւատալիքներով, ու կաղապարուած հին ու նորելուկ ուսմունքներու վրայ՝ կ'արշաւեն ու կը բռնագրաւեն արգասաբեր հողը եւ հոգին հայուն, մենք՝ իբրեւ Հայ Եկեղեցւոյ գինուորագրեալ անդամներ, մշակներ ու ծառաներ, պէտք է կասեցնենք այդ յառաջխաղացութիւնը ի գին ամէն զոհողութեան։ Այդ վտանգաւոր յառաջխաղացումը կարելի է կանխել՝

ա. Բանիւ, որ է ըսել՝ քարոզչութեամբ

բ. Գրիչով՝ հոգեւոր անսահման գրականութեան հայթայթումով ու մատակարարումով

գ. Հայ կրօնի եւ եկեղեցւոյ պատմութեան ուսուցիչներու պատրաստութեամբ

դ. Կրօնական նիւթերու կանոնաւոր դասաւանդութիւններով (ի վարժարանս եւ ի Բուհս)

ե. Կրօնական խմբակներու ու բարեսիրական կազմակերպութիւններու հաստատումով

զ. Ամառնային ճամբարներու կազմակերպումով

է. Լայնածաւալ դրամարշաւներու ձեռնարկումով, եւ այլ բազմաթիւ օգտակար միջոցներով։ Զայս իրագործելու համար, մեր եկեղեցին կարիքն ունի բազմատեսակ օժանդակութեանց, որոնցմէ առաջնակարգը անտարակոյս պատրաստակամ մշակներու նուիրումն է հոգեւոր ծառայութեան անդաստանին։

Ներկայիս, յայտնի իրողութիւն է Հայաստանի մէջ Հայաստանեայց Առաքելական Սուրբ Եկեղեցւոյ Եկեղեցասիրաց Եղբայրակցութեան գոյութիւնը եւ գործունէութիւնը։ Այս սիրոյ ընկերութիւնը, որ մեր պատմութեան մէջ յիշուած է նաեւ իբրեւ Մուհապէթճիութիւն, ծագում առած է Մարաշի մէջ 1880-ական թուականներուն Տ. Ղեւոնդ Քհյ. Ճէնանեանի կողմէ։ Այստեղ կ'արժէ յիշել Գրիգոր Վրդ. Ոսկերիչեանի, Պարգեւ Քհյ. Պարտիզպանեանի եւ Հաճի Եղիսաբէթ Քոյր Լաբաշլեանի անունները եւս իբրեւ եռանդուն գործակիցները այս շարժման։

Կարգ մը հայորդիներու կողմէ խէթ ու անհաշտ աչքով դիտուող սոյն Սիրոյ Եղբայրակցութեան անդամները մեր եկեղեցւոյ Հաւատամքին, Խոր-

հուրդներուն, ծէսերուն եւ աւանդութիւններուն հաւատարիմ վկայողներն են։ Անոնց գոյութիւնը հաստատուած ու վաւերացուած է Ամենայն Հայոց Կաթողիկոսին կողմէ։ Հայոց Հայրապետն իր տարւոյս 9 Մարտ, 1994 օրհնագիրին մէջ յստակօրէն կը հաստատէ որ անոնք կը գործեն «Հայ առաքելական եկեղեցու հովանու ներքոյ»։

Եկեղեցասիրաց Եղբայրակցութիւնը այժմ արդիւնաւէտօրէն կը գործէ Հայաստանի չուրջ քսան տարբեր շրջաններուն մէջ։ Անոնք ունին աղօթքի խմբակներ, աղօթատուներ, ուր ամէն Չորեքշաբթի եւ Կիրակի երեկոյ կը հաւաքուին եւ կ'աղօթեն։

Մեր Հայաստան կեցութեան ընթացքին, տեղւոյն հոգեւոր հովիւին, անոր օգնականներուն, ինչպէս նաեւ եղբայրակցութեան անդամներուն հետ այցելութիւններ կատարեցինք պատմական վանքերն ու եկեղեցիները։ Այցելեցինք Տաթեւի վանքը (Ժ. դար), ուր եւ կատարեցինք մեր ուխտի անդրանիկ Պատարագը մայր հողի վրայ։ Միջանկեալ աւելցնենք որ Տաթեւը նշանաւոր եղած է իր համալսարանով եւ Սիւնեաց վարդապետարանով։ Միջին դարերուն եղած է ուսումնագիտական մեծ կեդրոն։ Մեզի յայտնի է թէ այստեղ ապրած, ուսուցանած եւ լայն գործունէութիւն վարած է Յովհան Որոտնեցիի եւամեծ աշակերտ Գրիգոր Տաթեւացի Վարդապետը։ Տաթեւի հռչակաւոր համալսարանը արտադրած է բարձրորակ աշխարհական եւ եկեղեցական գործիչներ, հոգիի ու մտքի դաստիարակներ։

Մենք առիթը ունեցանք նաեւ այցելելու Նորակնունք, Սբ. Յովհաննէս, Սբ. Ստեփանոս, Սբ. Աստուածածին (Անգեղակոթի եւ Լծէն գիւղի) եկեղեցիները, եւն։ Իւրաքանչիւր աղօթարանի մէջ աղօթասացութիւններ կատարուեցան եւ հոգեւոր շարականներ երգուեցան ի ներկայութեան հաւատացեալ ժողովուրդի։ Բարեդէպ համարեցինք նաեւ քարոզներով եւ ոգեշնչող խօսքերով մխիթարել եւ քաջալերել մեր ժողովուրդը իր ծանրագոյն պայմաններուն մէջ։

Այցելութիւններ կատարուեցան հիւանդանոցները, ուր եւ համեստ քանակութեամբ դեղորայք յանձնուեցան բժիշկներուն։ Կարգ Հիւանդացը կատարուեցաւ եւ շուտափոյթ ապաքինման մաղթանքներ եղան համայն հիւանդներուն։

Ի շարս կարեւոր այցելութեանց, մեր խումբը տեսակցեցաւ նաեւ զօրանոցի բանակայիններուն եւ հրամանատարներուն հետ։ Կատարուեցաւ տնօրհնէք եւ բաշխուեցան Նոր Կտակարաններ։ Առանձնապէս ուշագրաւ էր մեր կատարած այցը Բարձրաւանի զօրանոց, ուր եւ 15 զինուորներ մկրտուեցան ու դրոշմուեցան։ Տեսարանը իրօք յուզիչ էր։ Բնութեան գիրկին մէջ մեր հերոս տղաքը կու գային քրիստոնեանալու եւ աւելի հայանալու։ Քաւորը հրամանատարն էր։ Առ ի երախտագիտութիւն մեր եւ Տէր Նարեկ քահանայի հոգեւոր ծառայութեան, բանակայինները միաբերան ու մեծ խանդավառութեամբ հայ ազգային երգեր երգեցին։ Իբրեւ ուրախութեան արտայայտութիւն, հրացանաձգութիւն եւս կատարուեցաւ։

Այս զօրանոցներու եւ զինուորական ոստիկանատուներու մէջ էր որ մենք ականատես եղանք մեր քաջարի ու նուիրեալ հրամանատարներու եւ զինուորականներու հոգեկան անսահման ուժին ու կորովին։ Մենք անգամ մը եւս համոզուեցանք որ ահաւոր պատերազմի վերահաս վտանգէն Նահանջողը, ընկճուողը եւ պարտուողը չէ հայ զինուորը։ Բնական պահանջքներէ ու տարրական կարիքներէ զուրկ հայրենասէր զինուորը, ներշնչուած հայրենիքը ոտխէն մէկընդմիշտ ազատագրելու ազնուագոյն գաղափարով, իր հայեացքը սեւեռած Արարատին ու Էջմիածնի գմբէթին, քաջութեամբ ու մեծագոյն զոհաբերութեամբ կը դիմակալէ իր առջեւ ծառացած առօրեայ կենսական դժուարութիւնները։ «Մի կում ջրով եւ մի պատառ հացով» սնուող այս կռուող տղոց սուրբ նշանաբանն է՝ ոչինչ խնայել փրկելու համար հայրենիքը եւ ժողովուրդը։ Գոյութենական այս անվերջ ու կատաղի պայքարին մէջ, հայ զինուորը իր անտեղիտալի ու վճռական կամքով որոշած է անողոք հարուածով ընկճել հակառակորդի դիմադրութիւնը եւ դուրս գալ յաղթական։ Այս յաղթութիւնը, սակայն, շատ թանկ է մեր փոքր ազգին համար։ Արեան բաղնիքի վերածուած պատերազմի դաշտէն կը վերադառնան բազմաթիւ յօշոտուած ու ածխացած մարմիններ եւ կը զետեղուին յաւիտենական հանգստարաններուն մէջ։ Մեր զոհեալ մարտիկները կը ննջեն արդ անքոյթ՝ անգարթնելի քունով։ Անոնց անունները ոսկետառերով արձանագրուած պիտի մնան հայոց պատմութեան արիւնալի ու սխրալի մատեանին մէջ։

Մեր առաքելութեան գլխաւոր ու անյետաձգելի պարտականութիւններէն մէկն էր այցելել մեր նահատակներուն շիրիմները եւ աղօթք մրմնջել, ապա եւ այցի երթալ որբեւայրիներու եւ որբացեալ մանկանց տուները եւ մխիթարական խօսքին առընթեր չնչին օժանդակութիւն կատարել։ Արդարեւ, անժխտելի ճշմարտութիւն է որ փոքրիկն իր վաղաղոյն տարիքէն զարմանալիօրէն կը զգայ անդարձ կորուստը իր հօր ու կը տառապի ներքնապէս ու լուռ։ Մեր ծանրագոյն լուծը այդ պահերուն բառեր գտնել էր՝ ցաւերնին ու խորագոյն վիշտերնին ամոքելու, իրենց սիրտ տալու եւ վստահեցնելու, որ կորուստները յումպէտս ու անարդիւնք չեն, վասնզի իրօք որ մեր զոհեալներու արեան վրայ է որ պիտի ծլի, ծաղկի ու բարգաւաճի մեր ապագայ յաւերժական հայրենիքը։

Մեր հայրենիք ժամանման առաջին վայրկեանէն իսկ մենք խորապէս զգացինք խիստ անհրաժեշտութիւնը Կենաց Բանին տարածման։ Մեր խմբակը Հարաւի մէջ անհուն եռանդեամբ փարեցաւ քարոզչական նուիրական աշխատանքին։ Մենք ստեղծեցինք բարեպատեհ առիթներ ժողովուրդը մէկտեղելու, թատրոնի բեմին վրայ համերգ տալու, ապա եւ մեր կրօնաշունչ պատգամը փոխանցելու։ Այս կերպով, մենք ջանացինք ցուցադրել մեր նորաբողբոջ սերունդին տաղանդը եւ կարողութիւնը՝ արուեստի մարզէն ներս, ապա եւ օգտագործել առիթը մեր ժողովուրդին ծանօթացնելու իր եկեղեցիին ու հաւատքին։ Ոգեւորութիւնն ու խանդավառութիւնը ամենուրեք էին։ Տեղական պահանջքով, համերգները եւ մեր կրօնական ելոյթները պատկերասփռուեցան։ Մեր կարծիքով, նման միջոցառումներ կարեւոր են։ Եթէ կ'ուզենք մեր եկեղեցւոյ ձայնը լսելի դարձնել եւ մեր դիրքը ճշդել ու ամրապնդել, ապա պէտք է լայնօրէն օգտագործենք հեռատեսիլը, որ իր դիւրահաղորդութեամբ եւ հանրամատչելիութեամբ կրնայ մեծապէս նպաստել մեր գործին։ Ներկայիս ստեղծուած է այնպիսի ծանր վիճակ ու դժնդակ դրութիւն, որ եթէ մեր եկեղեցին չդիմէ լուրջ ու գործնական քայլերու, ի մօտոյ կրնայ կորսնցնել մարտը։

Մեր այցելութեանց աւարտին, մեր խմբակը պատեհութիւնն ունեցաւ տեսնելու Զօրաքարերը, որ մեզի կու գան Ն.Ք. 2–րդ հազարամեակէն։ Նիկողայոս

Ատոնցի կարծիքով, այդ կառոյցները հաւանաբար բերդեր կամ բնակարաններ եղած ըլլան։ Տիրող է նաեւ այն կարծիքը, որ յուշարձանը գործածուած է իբրեւ աստղադիտարան։

Վերջապէս, այցելեցինք նաեւ Շաքիի ջրվէժը։ Այս հրաշալիքը կը գտնուի Որոտանի կիրճին մէջ։ Անոր գուլալ ջուրը կը հոսի շուրջ 18 մեթր բարձրութենէն՝ ստեղծելով սքանչելի ու տպաւորիչ տեսարան մը։ Շաքիի ջրվէժէն գոյացող առուակի ափին խորոված ի խնճոյք սարքեցինք շուրջ երեսուն մանուկներու համար եւ ամրապնդեցինք այն կապը որ գոյութիւն ունէր իրենց եւ եկեղեցիին միջեւ։ Միասին աղօթեցինք, երգեցինք եւ խաղցանք։ Մօտէն զգացինք անոնց սիրտին ջերմութիւնը եւ սէրը մեր հանդէպ։ Մեր փոքրիկները գեղեցիկ են, աչքերնին՝ վառվռուն, իսկ միտքերնին՝ սուր։

Մեր մեկնումի պահը Սիւնեաց Աշխարհէն եղաւ դժուար ու յուզումնախառն։ Անմեղ երախաները մեր շուրջն էին՝ անբաժան մեր էութենէն։ Ամէնքիս աչքերն էին տամուկ ու կոկորդները՝ սեղմուած։ Օրերով մանուկներուն հետ եղած էինք։ Մերուած էինք ու շաղուած։ Խոստացանք վերադառնալ եւ վերստին իրենց հետ ըլլալ։

Մենք՝ ականատեսն ու վերահասուն Հայաստանի ներկայ իրավիճակին, չենք կրնար խլացնել մեր խղճի ձայները մեր մէջ, վասնզի նման արարք մը ցոյց պիտի տայ մեր պարտազանցութիւնն ու հանգստասիրութիւնը։

Մեր բախտը պիտի ժպտայ եւ մեր երազները պիտի իրականանան երբ իրարու ցոյց տանք մեր միութիւնը, սէրը եւ օգնելու ու զոհուելու պատրաստակամութիւնը։

Կը մաղթենք որ ՀԱՎԱՏ յանձնախումբը շարունակէ իր նուիրական առաքելարշաւը, եւ անոր նման ստեղծուին այլ խումբեր եւս՝ թեթեւցնելու վիշտը Հայուն եւ զինք հոգեւորապէս միշտ պահելու արթուն։

1994

REV. ZENOB NALBANDIAN

Book of Identity

Mayreni Publishing
Waltham
2001

On the occasion of the 1700th Anniversary of Armenia's Conversion to Christianity

Dr. & Mrs. Albert & Ginger Melik Ghassemian sponsored this publication, dedicating it to Dr. Ghassemian's parents, HOVHANNES MELIK GHASSEMIAN AND ARMENOUHY APARIAN.

The English translation of this book was done by Dr. Vatche Ghazarian and was revised by Barbara Ghazarian. Many thanks for their joint effort.

Content

ARMENIA
FIRST CHRISTIAN NATION
301 AD
2001
17 CENTURIES OF
WALKING IN THE LIGHT OF OUR LORD

DIOCESE OF THE ARMENIAN CHURCH OF AMERICA

ԱՌԱՋՆՈՐԴՈՒԹԻՒՆ
ՀԱՅՈՑ ԱՄԵՐԻԿԱՅԻ
301–2001

November 16, 2001

The Reverend Father Zenob Nalbandian, Pastor
Holy Cross Armenian Church
54 East Haverhill St.
Lawrence, MA 01841

Dear Father Zenob:

We are very happy to see that besides the heavy responsibilities of your work as a pastor, you are using your writing skills for the benefit of the spiritual and intellectual progress of our people and for their education. It is the duty of a pastor to preach the Word of Life and disseminate Christian culture in word, in deed, and if he has the skill, in writing.

Another bi-lingual volume with rich contents, entitled *Book of Identity*, is now added to the list of your earlier publications. Under the present circumstances of the Armenian Diaspora, such a book brings honour not only to its author, but also to the entire Armenian clergy. Also the range of topics in it—literary, musical, socio-historical, ethical, linguistic and religious—covered in forty-six articles, shows the wide scope of your interest, your intellectual ability, the reading and research you have done on a wide number of issues and your unusual talent in synthesizing the views in these works. Like a diligent bumblebee, you have gathered the nutritious sap from these and prepared a sweet honeycomb for the enjoyment of our people.

In return for the fruits of your many years of labour, please accept our sincere appreciation. We are certain that your new book, like the former ones, will be useful to the present as well as the future generations of Armenians. They will learn from your writings about our past and our culture, as well as about contemporary issues that concern present-day humanity.

May God bless you and the members of your family, and give you power and ability to keep up your useful literary activities.

With prayers,

Abp. K. Barsamian

Archbishop Khajag Barsamian,
Primate

630 Second Avenue
New York, NY 10016-4806
Telephone: 212.686.0710
Facsimile: 212.779.3558
www.armenianchurch.org

Foreword

This anthology is a harmonious and beautiful mosaic of work written and compiled by Fr. Zenob Nalbandian. The articles bear the influence of zealous and noble impulses.

Naturally as a learned clergyman, Fr. Zenob's religious-moral essays have been written to reflect a high standard. However, the other essays also have been written at the same high standard, because the author has written about subjects familiar to him.

His major theme is man, in particular his self-cognizance and moral image. Today, parallel to the advancement of technology, everywhere on this planet we are witnessing the declining morality of men and its disastrous manifestation. Everywhere, Cains number in thousands and millions, and they are committing evil acts. Even states are suffering from the degradation of morality.

How can one bring man to perfection, so that this creature—created in the image of God—may be good and kind, and as loving of his neighbor as he is of himself?

The musical, linguistic, and critical essays contained in this anthology have been written with a professional's standard and zeal. It is evident that the author acquired a well-grounded education in Armenia. During the six years he studied there, his mind and soul were shaped in fine crucibles. Judging from the essays contained in this collection, Fr. Zenob demonstrates his familiarity with the modern achievements of the scholarly mind, as well as the theories and opinions of prominent professionals with regard to the subjects he has chosen to address.

It is noteworthy that a good portion of the anthology is of an Armenological character. Thought and written originally in Armenian, this anthology is a celebration of the literary Western Armenian language.

Upon reading an essay, one not only feels more knowledgeable and educated about the subject, but also motivated to improve himself. To that extent, this is a useful collection, and I recommend that every Armenian read it.

I, myself, will read many of the essays time and again.

Samuel Antosian
Doctor of Philology

LITERARY

Shota Rustaveli's Heritage and Our Reality

The famous philosopher-poet of Georgian literature, Shota Rustaveli, lived and wrote in the twelfth century during the reign of Queen Tamara.

Rustaveli was famed for his greatest and finest work, *The Knight in the Panther's Skin.*

We do not have an abundance of information about this poet. Even the dates of his birth and death are unknown to this date. Based on the scarce information available to us, we have learned that Rustaveli was Meskh by origin. Some think that he may have worked in the court of Queen Tamara.

He was given the title of "Prince of Princes" and was the "Treasurer, or Minister of Commerce and Monetary Center." He spent his elder years in residence at the Georgian Holy Cross Monastery of Jerusalem. Scholars have discovered Rustaveli's image in one of the wall paintings of the monastery.

Ioane Batonishvili—the grandson of Irakli II—who is considered a renowned historian of the eighteenth century, in his book, *Galmasopa* wrote: "Shota Rustaveli, the eldest of the writers, was a philosopher and a theologian. He was a person experienced in religious and lay literature, and fluent in the Persian and Armenian languages during the reign of Queen Tamara."

It is believed that Rustaveli wrote *The Knight in the Panther's Skin* during the years 1189–1207 and that he dedicated the work to Queen Tamara and David Soslan.

Tamara married twice: first in 1185 to Vladimir-Suztalian Prince Andrey Pocalupski's son, Youri, and then, in 1189, with David Soslan. Since Queen Tamara was famed for her many constructive and successful achievements, other poets donated their works to her, as Rustaveli himself did.

The twelfth century is known as the Golden Age of Georgian history. Thanks to Queen Tamara and her immediate associates, Georgia, after years of being a target of invasions and a stage for misfeasance, dissention, and disorder, began to enjoy a phase of growth. During her reign, Georgia prospered and flourished culturally.

Rustaveli's masterpiece, *The Knight in the Panther's Skin,* was published amid political commotion and transitional conditions. It significantly influenced both contemporary and future Georgian writers, intellectuals, and the public in general.

The Knight in the Panther's Skin is a poetic epic, which condenses and embodies the centuries-old desires, aspirations, and dreams of the Georgian people. It is written in fine Georgian using a rich vocabulary. It reflects human moral needs, such as the love of freedom, the homeland, and the brethren, and of people's readiness to support one another.

This literary jewel embodies the oldness of centuries and the freshness of modern ideas. Today, it is received by many nations in the world with a rapture and admiration equal to that which it received in the past. As a magnificent literary piece, *The Knight in the Panther's Skin* offers great pleasure to its readers. While great critics have discussed its profound ideas at length, the Georgians have been rightfully proud and boastful of this great work throughout centuries.

Armenians also, particularly as Georgia's southern neighbors, joined many other nations, in their interested in this work. They introduced it to the Armenian readership through translation. Credit for the first translation of *The Knight in the Panther's Skin* into the Armenian language goes to Dr. Sdepan Bastamian. In 1860, he sent the translated version to the editorship of *Groung Hayots Ashkharhi* monthly with the following note:

"I enclose with this letter a piece translated from Georgian. The book, wherefrom this piece is taken is called *The Knight in the Panther's Skin*. Its author is Shota Rustaveli. This man is so revered among the Georgians that this work has been read by the Georgians for six hundred years, as Homer's works has been read by other nations. The Armenians of Tiflis have always liked Rustaveli's writings, therefore I hope, if I am not mistaken, they will appreciate my translation."

Later, renowned intellectuals and poets such as Hovhannes Toumanian, Vahan Derian, Prof. Kevork Asadour (Asdvadzadourian), Kevork Mooradian, Hovhannes Tavtian, Hovhannes Garayan and others also translated *The Knight in the Panther's Skin*.

Interestingly enough, the Board of the Publishing Association of the Armenians of the Caucasus asked the great Armenian poet Hovhannes Toumanian to translate the work. Toumanian responded to their request in this way:

"In answer to letter number 56 of both your Board and Editorial Subcommittee's joint session, in which you have asked for a timeframe and the conditions necessary for me to translate Shota Rustaveli's famous epic, *The Knight in the Panther's Skin*, I have the honor of informing you that I would be able to complete the translation in five years, at a charge of one ruble for each line, and that the work would become the property of your Association."

Unfortunately, due to many circumstances, Toumanian did not complete his translation. He was only able to translate Dr. Sdepan Bastamian's translation from the dialect of the Armenians of Tiflis into modern Armenian in 1913.

Noteworthy is the case of Vahan Derian. When the young poet decided to translate the work, he was not familiar with the Georgian language. Within a very short time, lots of hard work, and with Nikolay Marr's assistance, he mastered the language fluently, even to the point of understanding the most delicate elements, forms, and peculiarities of the language. Upon completion, the translation was published after the author's death in *Nork* magazine in 1922.

We have to regretfully mention that the original text of *The Knight in the Panther's Skin* was burned under Mongolian rule. Only one handwritten copy survived. The first publication of *The Knight in the Panther's Skin* in Georgian took place in Tiflis in 1712. King Vakhtank VI helped realize this publication and he enriched it with his own editing and commentaries.

* * *

The book, *The Knight in the Panther's Skin* begins with the story of the aged King Rosdevan of Arabia, who during his old age decided to make his only beautiful daughter Tinatin heir to his throne. The viziers agreed unanimously, saying:

Although the king is a woman—a true child of God,
Of course she knows how to rule; we have said that, we don't deny,
Unquenchable is she like the sun, bright and luminous like it,
The lion's whelp is the same, be it female or male.

Based on her father's words, that "a generous hand is like that of a sea, which both gives and receives," Tinatin ordered the treasury be opened and its funds be generously distributed to his subjects. There was no limit to everyone's joy. Avtandil, the son of Amir Spassalari and the adopted son of King Rosdevan was the happiest, because he was in love with Tinatin and wanted to marry her.

One day, while hunting, Rosdevan and Avtandil met a robust and muscular young man wearing the skin of a panther who was weeping. The king became troubled and wanted to know why the man was crying, but he was not to know, because the man dressed in the panther's skin immediately rode away on his horse.

In view of this heartbreaking and shocking scene, Rosdevan began to think. When Tinatin learned about the incident, she called her beloved and courageous Avtandil to her. She asked him to go after the young man and to find him. At once, Avtandil followed the tracks of the stranger and after many difficult, risky, and frustrating moments, he met a woman dressed in black named Asmat. The latter detailed for Avtandil the pain and agony of the young stranger whose name was Tariel. Asmat promised Avtandil that she would introduce him to Tariel. Tariel and Avtandil met and became friends.

Tariel told Avtandil that his royal father, due to the circumstances of old age, had entrusted the rule of the country to King Parsatan of India. Tariel became the adoptee of the king who had no children.

Later, the king was blessed with a daughter, Nestan-Darejan. At the beginning, Tariel was brought up with Nestan-Darejan. When the princess was seven years old, she was taken from Tariel and her education was entrusted to the widowed sister of the king, a woman named Tavar. The inherent fairness of Nestan-Darejan's nature captured Tariel's heart. Then the girl asked Tariel to prove his love to her by attacking the Khatavians who had revolted. At once, Tariel attacked the enemy and wiped them out.

When King Parsatan heard the news of Tariel's triumph, joy engulfed him. He summoned Tariel to the palace and said:

"You know well, my son, that we do not have a male heir to the throne, therefore we wish to marry Nestan-Darejan and to give the throne to her groom; what do you say?"

The groom to be was the prince of Khvarazmasdan.

The news struck Tariel's heart like a lightening bolt. After consulting with Nestan-Darejan, Tariel decided to kill the prince and in doing so, secure his future wife.

Enraged, King Parsatan decided to kill his sister, Tavar. Learning about her brother's intentions, Tavar tortured Nestan-Darejan and then turned her over to the slaves to take her away. Tariel searched in vain for her in all the mountains and gorges.

Upon hearing Tariel's story, Avtandil promised to find his abducted beloved. Avtandil launched a long search for Tariel. Finally, he reached the city Kulanshir where he met Fatman Khanum. Fatman told him the sad story of a fair girl. Avtandil concluded at once that the girl was Nestan-Darejan. He asked Fatman to send a letter to the girl and inform her of Tariel's anxiety about her well being.

Through a messenger, Nestan-Darejan, who had been thrown in a high tower after her abduction, received Fatman's letter, which said:

"Fair, radiant, and warmth giving sun, my dear Nestan-Darejan, write about your life, location, your masters and your health, write in detail; this news is very important for Tariel who wanders and mourns because of you; don't forget to send a sign with your response to Tariel. His brother by promise is with me and he impatiently awaits an answer of this letter."

Nestan-Darejan replied to her very beloved Tariel:

"My waist has become a quill, my gall ink, and my dead heart paper. See, my precious, how the world and time separated us from one another? My life is bitter. I swear that I did not know that you were alive. If I tell you what I have encountered, my tongue will dry out. I do not have the strength . . . After suffering long and unspeakable torments, currently I am in the hands of the invincible daredevils who keep me in a tower so high that my sight hardly reaches the ground. My guards are countless and infinite; woe to anyone who dares come close . . . my soul, my dear Tariel, do not even think of fighting them; they are invincible."

Avtandil immediately delivered the letter to Tariel and together they planned and organized fair Nestan-Darejan's liberation. After many long and bloody battles, Nestan-Darejan was finally delivered from her abductors. Tariel fulfilled his dream and married her.

Tariel was grateful. With Tinatin, he accompanied Avtandil to Arabia and participated in the magnificent wedding of his brave and selfless friend. Thereafter, Tariel and Nestan-Darejan lived happily ever after.

* * *

Parallel to *The Knight in the Panther's Skin* epic of the Georgian people, we find the famous epos of the Armenian people—*David of Sassoun*—which was created by the people in the ninth century. With these two precious works, these two peoples portray their courage, devotion, selflessness, and compassion for their brethren, among other sublime concepts and virtues.

Of particular significance are the respect, love, and compassion toward women that both works demonstrate. Both show a great appreciation of the intellectual ability and spiritual values of women in their cultures. We find solutions to the current issue of equality between the sexes in both works. In *The Knight in the Panther's Skin* when King Rosdevan wishes to transfer the throne to his daughter, the Grand Vizier wisely and without prejudice replied: "The lion's whelp is the same, be it female or male." The same noble and sublime spirit is dominant in *David of Sassoun.* In order to alleviate David's anger against his lover, Khantout, the famous Uncle Toros said: "A lion is a lion, be it female or male. . ."

Shota Rustaveli has expressed in his *The Knight in the Panther's Skin* profound and everlasting ideas, full of wisdom. For example:

"That which you give, is yours, know this;
That which you don't, consider it lost."

The secret and happiness, the spiritual satisfaction and contentment are not in hiding knowledge or wealth, but in giving, distributing, enlightening, enriching, and refining.

Hovhannes Toumanian, Vahan Tekeyan, and other Armenian writers have also expressed similar ideas:

"It is the work that is immortal, know this well;
It lives throughout the centuries."

(H. Toumanian)

"What is left to me of life?
That which I gave to others; strangely only that. . .
All that went to others, came back sweetened."
(V. Tekeyan)

There are impressive images of faith, warm reverence, and piety in *The Knight in the Panther's Skin*, all of which indicate the predominant religious spirit of the time and the faithfulness of the author.

For apparent reasons, the intelligentsia of the former Soviet countries did not reflect upon this matter. For example:

"He commanded: 'God, of course, was not pleased with my joy,
This is why He replaced my joyous day with bitterness;
He gave me an incurable wound that would burn alive until I die;
Glory to him, however, for I read His incomprehensible will in this.'"

The lines that the author dedicated to God's kindness and forgiveness are striking in their simplicity and beauty. Here is another excerpt:

The girl said: 'Let me address you with a daring voice,
My king, what's the use of complaining against God and destiny?
Don't you relate bitterness to Him, Who always looks so sweet;
Why would He do evil to you, when He can do only good?'"

The religious ardor of our ancestors is best reflected in our epos, *David of Sassoun.* Throughout the epos we find praises, glorification, petitions for heavenly help and intercession, wishes, and even curses in order to uproot that which is evil:

David rode his Kourgig Jalali
Sat straight on the saddle and said:
Remember the high Mother of God of Mount Marout,
The Cross of War on the right arm of David. . .

Or

Khantout Khanum called:
Blessed are you, benevolent God,
Your command was plenty,
I wish you command the Angel Gabriel descend
To separate the father and son from each other.

Or

He gave God's name, called the Cross of War.

As a curse we would mention the expression "May God destroy your house," and so on.

* * *

We need to emphasize that in both epic works the heroes—Avtandil, Tariel, David, and others—are peaceful; they do not instigate war, nor do they cause fights, but neither do they retreat before challenges or avoid them. They do not fight capriciously or for the satisfaction of personal wishes; they fight for the sake of freedom, the salvation of their homeland, and particularly against slavery and tyranny. Both Avtandil and David are magnificent and pure hearted. They throw themselves on the altar of their principles, faith, inherent education, and convictions, ready to face merciless death.

The heroes of both works are the embodiment of the best qualities and properties of the two nations. Both epics end with honor and triumph.

The long epos, *David of Sassoun* is dedicated to the heroic struggle of the Armenian people for liberation from the yoke of the enemy and to their battle to maintain their being and existence. On the other hand, *The Knight in the Panther's Skin* is dedicated to free and unrestricted love, the realization of noble wishes, the triumph of beauty and justice, and the eternity of friendship, as well as to the courage, endurance, faithfulness, and steadfastness of women.

The Georgian-Armenian intellectual Souren Avchian is correct when he wrote: "Both *David of Sassoun* and *The Knight in the Panther's Skin* are written with a broad look upon the world; they are common to all mankind, never fading with their ideology, and immortal and ever fresh with their artistic charm."

* * *

We would like to mention that Armenian-Georgian literary ties date back to the fifth century. Movses Khorenatsi, Ghazar Parbetsi, Strabo, and other ancient and reliable sources testify to the presence of Armenians in Georgia. Parbetsi spoke of the settlement of the House of the Mamigonians in Tsourdav city. The biographer Goriun wrote about the Georgian mission of Mesrob Mashdots. According to certain Armenian inscriptions, the Armenians contributed significantly to the construction and prosperity of Georgia.

The seventh century was a turning point in the history of the Armenian and Georgian Churches. It was in this century that the two churches split. The split, however, did not prevent the two people from continuing their friendship and literary relations.

The best assurance of the centuries-old friendship of the Georgians and Armenians lays in their literary-cultural relationship. During the seventh and ninth centuries, many works were translated from Armenian into Georgian, and vice versa.

Particularly interesting are two Armenian figures mentioned in Georgian history—priest Pilibbé Ghaytmazashvili (Ghaytmazian) and Mirza Kourken Mamigonian. Catholicos Andon I of the Georgians (1720–1788) gave interesting accounts of Armenia and the Armenians. Speaking of the Armenian intellectuals in Georgia, he mentioned the priest Pilibbé Ghaytmazashvili, with whose assistance the Catholicos translated into Armenian two works—*History of Ephesus* and the *Treasure* of Cyril of Alexandria.

The Georgian Catholicos spoke highly of this well-educated Armenian priest of noble background. The Catholicos appointed Ghaytmazashvili instructor to the school of Telavi as scholar and philosopher, "who was as experienced in the new philosophy, as he was knowledgeable in the old Greek one."

Armenians have played an instrumental role in Georgian diplomatic relations also. According to K. Shermazian, Kourken Enigolopovi was emitted by King Irakli II to Constantinople, in order to straighten out and resolve the difficulties that had risen between the Turks and the Georgians. Kourken was from the Mamigonian house. Because of his fluency in many languages, the Georgian king called him Enigolopi, which means a chest of languages. This linguist is referred to in the diplomatic history of Georgia as Mirza Kourkina Enigolopashvili.

The eternal friendship of the Armenian and Georgian people is founded on a solid foundation that grows stronger, deeper, and better with time.

1996

Nahabed Kouchag's Songs of Migration

Nahabed Kouchag, the greatest master of our medieval lyric, lived and created in the sixteenth century.

The date of his birth is unknown. However, we know that he died in 1592, and that he lived almost a century. He was buried in the village of Kharagonis. His tombstone reads: "This is the sun Kouchag 1592 Jesus Christ." His grave has been a sanctuary throughout the ages. Grateful Armenians have revered this great poet and kept his memory alive through their constant visits to his grave.

Kouchag wandered the world and enjoyed it. He was, indeed, a man of experience and wisdom. Kouchag was predominantly a singer of songs about love and migration. He emphasized the free, unrestricted, sincere, and true expression of love. He also underlined the importance and necessity of knowledge and learning in human life.

Kouchag was a man of high intellectual ability and fine taste. These qualities are reflected in his picturesque and profound songs and poems. His work is lyrical. Unique are his songs of migration that penetrate into human feelings and emotions.

The language of Kouchag's songs is close to the dialect of Agn. Certain linguistic expressions and idioms are pertinent to the dialect of Agn. When Kouchag describes nature, we immediately imagine Agn with its breathtaking scenery and unmatched natural beauty. We do not know under what circumstances Kouchag left the city of Agn and went to Kharagonis.

Father Ghevont Alishan in his book *Houshigk* mentioned, among others, a Kouchag of Hargouan. The renowned scholar Norayr Puzantatsi reported that Hargouan was Kharagonis, and that the city of Agn was known to have had a village named Kharagonis.

Agn of the sixteenth century was the source of Kouchag's inspiration. Surrounded by his own people and nature, Kouchag wrote magnificent songs unparalleled in our history.

Unfortunately, we lack broader and much needed biographical information on him. The philologists, based on the migrations of the sixteenth century, consider Agn to be Kouchag's hometown.

It is noteworthy that Agn was called the city of archers, because one of the widespread professions of the inhabitants was the making of bows. This fact did not escape Kouchag's attention; he often mentioned the bow and arrow in his songs.

Under Ottoman rule, Western Armenia was becoming more and more oppressed in the sixteenth century. The foreign yoke and taxation stressed the Armenians. In order to avoid unemployment, usury, vexation, and economic crisis, many artisans and their apprentices were forced to leave their birthplace in search for a better place to earn a living. These migrating Armenians caused their beloved ones who remained behind great pain and loss. This movement caused deterioration to the villages and families suffered, whether temporarily or permanently. The artisan was turned into a foreigner. He tasted the bitterness of estrangement and the horrible consequences of living abroad. The hard working and subtle people of Agn searched for their fortune and destiny in foreign countries.

In the sixteenth century, migration became an ever-present part of the lives of the people of Agn. Living abroad usually hardens the heart of the migrant and develops within him the psyche of migration. Consequently, the migrant can lose interest in ending his wandering life and in returning to his homeland in order to join his beloved ones. The case of the people of Agn, however, was different. Although they lived abroad, their hearts beat with the love of the hearth of their birthplace and they kept thinking of their beloved ones left behind. In exchange, their beloved ones responded with many letters that helped comfort their longing hearts and console their souls.

The families of the migrants awaited their return with tears and impatience. They, however, had a long wait. They waited without desperation and without forsaking or forgetting their beloved ones. Both the migrants and their loved ones felt the pain and suffering caused by their separation. This separation of family members caused great harm on a national scale and destroyed many lives.

As a hypersensitive singer of true love and migration, Kouchag inevitably focused on this widespread disease and incurable pain in his songs. With his masterful quill, he expressed love, the vows of loyalty of a lover to his or her beloved, as well as the blood and tear from the eyes, and the fiery longing of the broken heart. The young man, before the crucifixion of his painful migration, sang his song of praise, glory, petition, and yearning in his lover's presence:

O my unparalleled kind, no mother has brought your like;
The beautiful hairs that run down your neck
Gather a bunch of them and give them to me, for I am going to a foreign land;
I'll put it on my face in your stead every time you come to my mind.
The young man's heart was troubled at the time of departure from his lover:
They make the man love, and then put him on the road to go.

The following lines describe the tormented soul and the horrible misery, loneliness, and desperation of the emigrant. They are simply heartbreaking and lamentable:

When man has beloved ones and is separated from them
Consider that he goes to death and his body's breath is reaped;
Like a fish out of the water, how would he stay alive?
It is as if he, poor and miserable, is placed on a hot fire to be grilled.

Or

When the days are feast days, or Easter, or Shrovetide,
All look like a flourishing paradise, while he remains like a tree's broken branch.

Kouchag says to those who do not understand the situation endured by emigrants and who did not pity them:

Anyone who says an evil word to a stranger let him also become a stranger; let him go to a foreign land and learn the value of the stranger.

In dark and sorrowful colors the poet described the migrant suffering from the pain of an unbounded and pure love. The migrant shouted out with heart-rending screams to his lover:

My love, truly I tell you, I have no flesh left, my bones are worn
And the drop of blood I had, has been dried of your love.

Migration was a voluntary orphanhood—depriving the emigrant of parents, wife, children, relatives, and friends. Kouchag's songs of migration were born from a need. His songs were remedies for the wounded and vexed hearts of the migrants. The migrants found comfort in these songs while they continued to live abroad with the hope of a better future and of one day returning to the paternal hearth. Kouchag compassionately gave hope and courage to the poor and tormented migrants. He also appealed to them to come back home and to end their never-ending torment.

As a wise, farsighted, and realistic troubadour, Kouchag penetrated the depths of the migrants' soul. He recognized and understood their aspirations and desires. Inspired by the hope of a not so distant return, the migrants looked upon the sunsets with the expectation of new dawns.

In the comforting words of lovers, the migrants found spiritual peace. The following is an example of how a loving and caring girl wrote to her lover:

I am writing very little, but I deliver you a lot of tears
May you stay well where you are and not forget your beloved lover.

Migration is the greatest tragedy of our nation. Climbing the stairs of foreigners is very difficult:

I recall my migration hourly and sit and cry;
I am scattered like water. . .

To wish or desire migration for anyone is equal to cursing him:

The mother cursed her son:
My son, may you migrate,
May you go to a foreign land
To learn to appreciate the migrant.

Kouchag, this unparalleled singer and incomparable troubadour, this "haloed forehead" who conquered the peak of our lyric poetry, created everlasting monuments in his songs. This thrice-great troubadour who lived the suffering, sorrows, and agony of his people and with his people, has etched a unique place in our hearts with his magnificent poetic images and pleasing lines.

* * *

During the past hundred years of history, the Armenian people have been subjected to wide scale movements, and forced migrations to shores as far as these remote western ones.

Truly sad and dangerous has been the life of the migrants. Like the Agentsis, the Western Armenians during the Armenian Genocide and in the years that followed, left their gorgeous villages and their paternal houses. They fixed their eyes on Europe and the New World, where they came to try their fortune and destiny. Many migrants earn their living by hard work. They send their earnings to their families left behind. It is hard to imagine how the Armenians came to this New World, with radiant hopes, pompous dreams, and particularly with the desire to go back. Many of them remained faithful to their inner voice and conscience. They worked hard for years and endured the bitterness of living abroad. Others succumbed to the yoke of estrangement and lost their identity. They forgot their paternal village and house, their honor and family, their spiritual values and sanctities, and they were assimilated into the multiracial and all-devouring countries. Few were those who managed to return; the rest shut their eyes forever in strange lands, alone and without consolation.

Eastern Armenians also experienced their share of migration. The recent political and particularly economic developments in Armenia have caused a massive migration of Armenians into Russia and neighboring republics, as well as Europe, the United States, and Canada.

These recent, most crucial years of the history of the Armenian people will be marked also as years of migration.

Kouchag prayed with his arms open wide to the migrant: "I call upon you, O my God, to sustain the migrants!"

1996

Sayat-Nova's Religious Views

This year the Armenian people solemnly celebrate the 280th anniversary of the birth of Sayat-Nova, the most loved poet of the post-medieval period.

Before getting into Sayat-Nova's religious views, it would be worthwhile to briefly describe the basic qualities of this great and ingenious poet. Sayat-Nova's work constitutes a whole world of song, music, meditation, and self-confinement. This entirely good and emotionally unparalleled singer's work is considered to represent the summit of Armenian lyric poetry. His magnificent portraits, unique analogies, superb thoughts, and the songs and poems created by his powerful imagination have a place of honor within Armenian poetry.

There are contradictory opinions about whether Sayat-Nova was a clergyman or not. Some think that priesthood was imposed upon him as a kind of punishment designated to awaken him and rescue him from his "incorrigible" life and path. "The black dress," the monastery, the Holy Bible, and pastoral duty would have calmed the poet, brought peace to his turbulent soul, and taught him about a virtuous and prudent life. Other scholars emphasize that priesthood has never been enforced in Armenian life; candidates for the priesthood have always entered the monasteries by their own choice—never forced. Sayat-Nova's case should not have been different, because the opposite approach would eliminate and neglect the right of a person to self-determination, violate centuries-old ecclesiastical law, and destroy a very venerable and sacred tradition.

No matter what actually happened, currently we face an accomplished fact—Sayat-Nova became Father Sdepanos, and, naturally, there is a religious element in his works.

Sayat-Nova lacked a theory or an approach of his own with regard to religious beliefs. He accepted all the teachings of his time. His writings, however, indicate that he was a true and sincere believer. Not only did he engage himself in reading, painting, copying (he copied Naregatsi's *Book of Lamentation*), and the study of religious books, but also he dispensed religious and moral exhortation that invited people to the light of knowing God. Inspired and filled with the books of the Old Testament, he sang about the vanity of this world and its possessions. He carefully emphasized the importance of keeping and implementing the God-given commandments and laws. He was a moralist who discussed shame, humility, honesty, and other virtues in his writings.

Through his written heritage, we are familiar with Sayat-Nova's religious views. In his writings, he often mentions the names of his favorite books—the *Harants Vark* (Biographies of the Fathers), the *Haysmavoork* (Lives of the Saints), and the Gospel. For example: "Your words precious jewels, you are like a speech of *Haysmavoork,*" or "The words of the Gospel are like pretty pearls; don't throw rubies and pearls before the pigs, Sayat-Nova."

It is evident through his references to many books that this poet shone like a sun in his era as a man of high intellectual merits.

His many allusions to the Holy Scripture prove that Sayat-Nova knew the Holy Bible well. Let us mention a few examples: "Although he has a skilful mind and is as wise as Solomon"; "Satan takes away the excess, then one regrets like Araunah, what's the use of threshing?" (cf., 2 Sam 24:16–25); "O you red flower, you are like a lily of valleys to me" (in the likeness of the *Song of Solomon*); or "Honey drops from your lips" (again in the likeness of the *Song of Solomon*). In his exhortation, he does not hesitate to refer his readers to the aforementioned books, so that they too may be guided by them: "The wicked work is lost; read the beautiful *Harants Vark*." The songster goes as far as comparing his lover to the *Haysmavoork*: "With your gold-layered papers you are an open speech of a *Haysmavoork*."

This songster, who used religious expressions to spice his songs, considered it his duty to awaken religious awareness and piety among the people.

Sayat-Nova was a follower of the biblical principle that mankind was created by God: "For your Creator's sake, do not pour your wrath in vain."

By his allusions to the Holy Trinity, Sayat-Nova assured us that he not only did he believe in their existence, but also in their power. Hence: "Take from God's mouth the comforting Holy Spirit."

Sayat-Nova's songs are filled with the words and names of Christianity—God, spirit, exhortation, monastery, hermitage, church, liturgy, book, paradise, Satan, patience, poor, guest, evil, Adam, Abel, Cain, and so on. He particularly focuses on the themes of learning, education, refinement of the soul, loving one's brother, peace, and righteousness. The songster who sang "Glory to God," did not complain about his own situation; he was content and gratefully faced the obstacles that rose before him. Noteworthy is the line relating to God's almightiness: "Man's entrance and exit in this world is easy in God's hand."

Interestingly enough, we find religiously scented sincere wishes in Sayat-Nova's songs that expose the kindness of his heart and the brightness and clarity of his spiritual mind. Thus: "May God protect you and him, with whom you are foolish, my fair"; "May God give you generously, my fair"; and so on.

Sayat-Nova abundantly uses religious-moral exhortations, driven by the desire to guide men to the right path where they would not stumble. Hence: "Love proceeds love"; "Don't throw the salt and bread away"; "Do that which is God-pleasing"; "Give the sweet to anyone who gives you the bitter, Sayat-Nova"; "If someone wishes you evil, reward him with good."

The following expression is a charming embodiment of religion, learning, and education:

Love reverence, love good-breeding, love amour-propre,
Love God, love the soul, love your lover,
Love the monastery, love the hermitage, love the ascetic life.

Enraptured and frightened by the religious thoughts of the second coming of Christ, the poet prepared himself for that awful, horrible day:

If you refused Glory in this life, you'll be given a diamond in the life to come;
If you put on garbs for the sake of your soul, you'll be given golden-threaded fine clothes;
Confess the sins you have committed and do not deny them, Sayat-Nova.

This loving songster who profoundly understood the vanity of this temporal world, while burning in the flames of his love, quietly whispered to his beloved: "This world remains to nobody; nor will it remain to us, my fair." Greatly influenced by Ecclesiastes, the poet looked upon life realistically and assured his lover that nothing but pure love remained in this temporal and deceitful life. Strengthened by the messages of the Gospel, the composer categorically refused the charms and attractions of worldly possessions.

Love was the only remedy for his tormented heart; otherwise he would wander between monasteries and find his comfort inside the walls of a monastery, in solitude, and wrapped in black garbs. Here is the expression of this: "What do I do with the possessions of the world without you . . . I would put on garbs of goat skin, cover my head, and tour the monasteries one by one."

For Sayat-Nova, to be a troubadour meant much more than to be a music player and a singer. Besides having the high awareness of a troubadour, one should be a moralist, always ready to share the wealth of his mind with others and to sacrifice his life for the sake of sublime and noble ideas. He had to put his accumulated experience and knowledge into the service of his own people. Thus, the troubadour not only became a popular singer, but also an educator and role model to be followed. He had to have a clear mind, a pure soul, and use clean language. "The language of the troubadour is that of a nightingale; it's for blessing, it cannot curse," wrote the great poet.

There are many sections in Sayat-Nova's poetry dedicated to praising the saints. In praising St. Garabed, the songster related his ability to learn the alphabet and "play string instruments" to him. He wrote: "St. Garabed, Protector of Mush, your praise has reached the heavens; Head of orthodox teaching, there is no equal to you."

In some instances, Sayat-Nova referred to the religious feasts, sacraments, and traditions. These references do not occur accidentally. Not only do they adorn the songs with radiant colors, but they also vividly describe the liveliness and richness of our glorious traditions. Longing for the sight of his lover, the poor songster dreamed of seeing her dressed for Palm Sunday:

Your tongue is sweet like sugar and honey;
Your hair is like basil wrapped to roses;
I wish to see you dressed for Palm Sunday,
In a fine, gold-threaded cotton dress.

Other images used by Sayat-Nova included sin, the confessor, pilgrimage, wine, etc. "My confessor went away, I am crying for my sins," or "I always want to arrive at your door as a pilgrim."

Through his songs, Sayat-Nova offered his lover an exceptional honor and hospitality. Inflamed by the fire of a mad and unstoppable love, his invitation was elevated to its peak by offering the sacred wine:

My lover with fiery love,
I'll offer you a precious service
With thousands of kinds of food
And with pure sacred wine.

In one of Sayat-Nova's songs there is a curse. This is rare. A dark and evil curse burst out of his wholly pure and virgin heart against the person who set a trap of wickedness and deceit before him and who caused him pain. The songster who believed in the might of St. Garabed and trusted in him, exclaimed:

Whoever made a trap for me
Let him lose his sanity by St. Garabed,
Let the face of the wicked become black.

And most renowned of all is Sayat-Nova's last proclamation to the Persians, when they demanded him to leave the church and renounce Christ:

"I won't exit the church, I won't renounce Jesus."

* * *

Books of a religious nature constituted a portion of Sayat-Nova's literary sources, as we have demonstrated. The author was profoundly influenced by the religious and ecclesiastical literature. As a clergyman, Sayat-Nova attached great importance to the inclusion of religious information and imagery in his songs. By going to spiritual sources, Sayat-Nova made his expressions clearer, sharper, more expressive, and more impressive.

Sayat-Nova's religious view—spread throughout his precious works—bear "the moralistic-ethical norms of the medieval." Under the direct influence of medieval religious and philosophical thought, and having used religious ideological elements successfully, he absorbed the nourishment offered in the Middle Ages, and fed his own soul with mysticism.

Sayat-Nova masterfully combined and synthesized lay and religious themes. His highly refined tasteful works, judged by the standards of world literature, are masterpieces in their originality and uniqueness.

1993

Daniel Varoujan's Letters

The eighty-fifth anniversary of the death of the misfortunate and prominent Western Armenian poet, Daniel Varoujan is celebrated this year. Along with the works he left us that are literary jewels, the graceful poet also left us countless letters. These letters were published under the title, *Letters* in Yerevan, in 1965. They were presented in chronological order, with annotations, and with a dictionary of names included.

Primarily written during the years of his university education, the letters extend over the period from 1903 to 1915. At that time (1915), upon his graduation from the Mourad-Raphaelian School of Venice, he was sent to Kant, the Belgian city of workers, where he dedicated himself to the study of the political and economic sciences and literary and philosophical studies.

One reads Varoujan's letters with great interest and rapture. Many are addressed to contemporary religious figures and famous intellectuals—such as Arshag Chobanian, Vahan Tekeyan, Teotig, Zabel Yessayan, and Roupen Zartarian. Others are correspondence with physicians, close friends, etc. The letters are written in a fine literary style and colorful language. He often painted poetic portraits, used patriotic emotional-packed expressions, and in general, portrayed a brilliance of mind appropriate to an intellectual.

The letters are also very instructive. They reflect not only his life as a student in a foreign land, but also his entire spiritual world—his emotions, waves, tempests, revolts, wraths, and his appeals and demands for justice and peace. The letters reveal a talented and dedicated poet—gigantic, extremely noble, patriotic, and a lover of literature and humanity.

The poet's student years were full of obstacles and thorns. Temptations and adversities abounded. He navigated through a life of ups and downs. He showed broad-mindedness, farsightedness, patience, a character as durable as the steel, and wise perseverance.

After graduating from the Mourad-Raphaelian School and moving to Belgium, Varoujan attended the University of Kant. This was made possible through the financial support of the Mourad-Raphaelian Fund. Varoujan's letters spoke constantly of the expenses and scholarship preassigned to him. He complained that the vital sums were sent with a delay that created an extremely dire and intolerable situation. After many petitions, when the promised sum was still late, he found himself faced with an unbearable situation. Varoujan stated: "Again I am left with two options—either the school has to provide for all my needs with the understanding that the funds of the benefactors have not been thrown into the sea, or I have to leave my education incomplete and earn my daily bread."

Elsewhere, under the most dire financial circumstances, in a personal and petitionary letter to Father H. Torosian, Varoujan wrote: "Winter has arrived, but I am still dressed in summer clothes and in a coat that one would give to a poor worker as an alms (these are confessions that my spiritual pride would have not allowed me to tell anyone else, had I not considered you like a father)." Concerning his expectation for financial support from his parents, Varoujan was extremely cautious and tactful: "Asking my father touches my heart; after the hard work he does, he can hardly sustain the family." Varoujan assured the authorities time and again that every cent spent on him would serve its purpose. He emphasized this in his letter to Father Arisdages: "You understand the necessity of my want and you believe in my full success for which I have worked throughout this year with a steel will, sometimes at the expense of my health. I hope that I will succeed. If not, it would be better and more honorable to go and throw myself into the well." The basic goal of the young poet was to secure his educational expenses so he could dedicate himself to the lessons. He desired to be strengthened with knowledge as soon as possible, in order to return to his birthplace, the village of Perknig, to serve the Armenian nation.

Promising to do his best and give his most in exchange for the scholarship, Varoujan wrote: "I will exert every effort to be the pride of my educators and helpful to the Nation. This is my duty. I say so with awareness, and consider this the duty of all young Armenians. I particularly think so about the sons whose parents have done almost nothing. They have been educated by the contributions of members of our Nation and nourished with their financial means."

These words indicate an amazing maturity of mind, sublimity of soul, determination for success, and nobility of character. Moreover, Varoujan strived to be extremely helpful to the children of his nation: "I still feel myself a seed, almost a particle of dust, thrown by attentive hands to the warm sun and under the May rain; its placenta is pure and strong; it will not abort; no, I would not want it to abort. I will attain my goal only when I become helpful to my Nation and a joy to my cultivators." Indeed, amazing is his care, compassion, and respect for the nation.

In Kant, Varoujan suffered from the lack of Armenians: "If I have a great pain, it is the scarcity of Armenians in this city; there are hardly four or five of us." Away from his family, Varoujan recalled the Christmas days with longing and "sweet sadness." He wrote: "During Feasts a man feels the need for a family circle more."

The exclusion of some of his choice and most beautiful poems from the publication of his first book grieved Varoujan deeply. The publication was undertaken by the Mekhitarist Convent Press. They left out certain poems they felt inappropriate. Varoujan wrathfully and rebelliously talked about this iniquity: "After publishing in *Keghouni* and *Pazmaveb,* soon [the Mekhitarist fathers] will compile a separate volume under the title *Sarsourner* (shudders), but it is painful to say by what a massacre and what (still supposed) conditions they will be published. Man sometimes wants to roar so loudly in view of such a prostitution of ideas that the Muse would tumble down from above in fright." In his letter to the renowned writer Arshag Chobanian he said: "Concerning the small volume, more than half of it—I may say the better part—was not published due to (set aside other reasons) the celibacy and virginity of the monastery press." Elsewhere, in his letter to Vahan Tekeyan, while talking about *Shudders,* once again he discussed the subject: "The thinness of the volume was against my will and wish; the monastery did not want to publish them, finding their tonality too scandalous for their ancient virginity and conservatism."

It appeared that Varoujan's father disapproved of the subject he chose to study: "I receive enervating letters from my father; from the very beginning he has shown bitter and unpleasant dissatisfaction about the field I have chosen. I am in a position where I have to either serve my father or my fatherland. Up until now, the latter has been my choice; let's see. In one word, it is sad not to satiate the great love of parents."

His unbounded love and worship for the fatherland was expressed throughout his letters. His inner voice led him to the country of his ancestors: "I would like to travel two countries thoroughly—Armenia and Italy. In order to feel and think, I would sacrifice the latter to the former."

The fundamental axis around which Varouzhna's letters revolve is the idea of nation. In his letter to Father Arisdages Kaskandilian, he expressed very beautiful and extremely noble feelings: "My aim is to be helpful to my fatherland. This is the idea that enthuses me and helps me stand. Now, I live only with it and it is through it that I am triumphant." Then he made the following statement, which today also should resonate. He warned every student against ungratefulness and selfishness: "It is the nation that has nourished and educated us, whether in the school or at the university. We are the shoots of its skull reviving year after year. We are the continuation of its life and the future of its past. Therefore, every graduate of Mourad-Raphaelian School who has studied for free and who is useful only to his family and does nothing for the fatherland is a thief, and his family is a participant in his booty. I am extremely angry against a few former students who have become degenerate or indifferent Armenians intent on enriching themselves only. In truth, I find the school also somewhat accomplice in this regard…to its disadvantage . . . national knowledge has been completely abandoned there."

Varoujan took his university courses seriously and passed his exams successfully. To this regard, without vainglory or boasting, he repeated the expression of his teacher: "Mon ami, ce n'était pas une annonce que vous avez donné, c'était une conférence" (My friend, that was not an oral presentation; it was a conference). His teachers' sympathy gave him unbounded joy and profound spiritual satisfaction. After the university exams, Varoujan wrote with full confidence: "My soul is filled with benevolent satisfaction, knowing that I passed my course fruitfully and as much as my abilities allowed me, whether in my subject, or in terms of literature."

Varoujan lived a life of isolation in Kant. He suffered from spiritual anxiety. His depression grew so strong that the idea of suicide grew stronger and stronger in him. The longing for his paternal house, the irregular arrival of tuition fees, the absolute and distressful loneliness, the high sense of responsibility he felt as a student, the pressure of excelling himself and justifying the hopes placed upon him, all of these combined took their negative and destructive toll on the young poet and led him to frustration, despair, and particularly pessimism.

There was a time when fright overtook Varoujan with regard to his scary and pitiable situation. He opened his heart to his only close friend, Terenig Jizmedjian. In a long letter to Jizmedjian written in 1907, Varoujan wrote extraordinary and shocking lines in which he expressed his spiritual tumult and disturbance. The inhabitants of Kant harassed him for his unusual movements and position. Teenagers ridiculed him. For a youngster with a poetic nature and Armenian heartbeat, the desolation and national nudity created a terrible and harsh situation. The lines addressed to Jizmedjian, proceed from a pain-stricken soul and give one goosebumps when read. They indicate how desperate the poet felt: "I am lonely, lonely, lonely! Do you understand? Solo e soletto (alone and lonely)! Alone with tears, alone with dreams; it's been two whole years that I have been living with the idea of suicide. This thought has become familiar to me gradually . . . the Armenians here are not Armenian; they understand neither my language, nor my feelings; they are mixed with Russians and Bulgarians, and are alienated . . . I am in such a bitter spiritual state. I know a trip would have changed me a little and improved the sickness of my nerves. In this terrifying loneliness, there is no one who understands my language, let alone my soul. . . . In this forsaking loneliness (although I have piled the masterpieces of Roman and Greek literature on my desk) it will be impossible to give a rest to my ever emotional hours. Not only is there no close person here, a compassionate heart, someone who would comfort you and be comforted by you, or understand your literary temper and support your upbringing and daily growth, but also the native peasants considered me a creature to be hated and feared simultaneously. . . . They consider me a fool. The kids, on my way, have begun to run away from me. At night, next to my house, I sit on the broken trees in a field to watch the sky; the rumor in the village is that I speak to the stars. The old lady has testified that while carrying milk she saw me turn into Satan. Now I am considered an infidel sorcerer, something like a witch. The lads throw stones after me and this completes my ordeal . . . my life is in danger. I even hear that the head of the village will suggest that I take my luggage and leave, because the inhabitants are irritated by my mysterious ways. My God, why have you forsaken me? . . . sadness, anxiety, boredom, and despair—this is the share of my young age. I am confused and always extremely nervous. There are times that I turn into my own enemy. I am almost afraid of myself. If it goes on like this, I will put an end to myself in a bad way." Elsewhere he wrote: "My soul is always sad in my monkish isolation, and every effort for a smile seems to me artificial and impossible . . . on this northern foggy land my longing torments me a lot. There is not a single Armenian here who knows Armenian well. This is what makes a man tighten his fist."

Despite all the anxieties of student life, Varoujan did not succumb to despair. He continued his studies with even a greater enthusiasm and vigor: "Despite my desperate situation, would you be surprised if I say that as a regular student I have already submitted excellent exams, so that I have passed with a certain degree of honor, which surprised both my friends and me?"

Varoujan mentioned, with rage, the detestable fact that through the large sums left to Mourad-Raphaelian for education have benefited "parasites, who for years receive assistance without nurturing themselves within the academic atmosphere, and who if they have opened even a single book during all these years, let all the volumes of the library (where I am writing this letter) fall on my head."

It is with fair revolt, wrath, and sorrow that Varoujan wrote to Father Atanas Diroyan and protested against the wrong treatment of his closest bibliophile and journalist friend, Terenig Jizmedjian. Jizmedjian, a graduate of the Mourad-Raphaelian School, was denied a scholarship that would have enabled him to continue his higher education. He applied on his own and was accepted to study agriculture at the University of Piza. Speaking of Jizmedjian's tight financial situation, Varoujan wrote sorrowfully: "This person prepares food for his classmates, the students of Mourad-Raphaelian, and in this way at least provides for his nourishment. Tell me, I beg you, which one of your students would have wanted to serve his real friends and yet tried to learn? There is the nobility and durability of the Armenian character here, which we need to recognize and respect if we want for our soul to be pure from the blood of jugglers and gypsies. While he is in this shape, what is the color and skin of the students abusing Mourad's funds . . . One cannot remain silent before this maltreated victim, who at this moment expects you to do justice to him . . . Why did you turn him away without mercy? Isn't this a crime? This is a crime, and I am surprised that it is Father Atanas before me who is trying to cover this crime with his skirts. I repeat; why did you throw him out, when, after the game they played, an entire army of less qualified people became students?"

Varoujan's pen was sharp and effective. He put no distinction between clergymen and laity when there was a matter of rights and justice. His strong pen scorned the unworthy clergyman, condemning his shameful activity.

Here is what he wrote about the former principal Sd. Sarian, who was expelled from the monastery: "Considering his psyche (if he has soul), readmitting him into the monastery is like dropping the first sperm of the mule. It would be better if he changed his coat and went to operate a store for paint and cosmetics. This is his unique vocation; a vocation that is more under his monk's dress, than in his heart."

In a letter addressed to Teotig in 1909, Varoujan made confessions and burst out from the depth of his soul about the publication of *Shudders*. Teotig was apparently unaware of the censorship the volume underwent during the course of its publication. He instructed Varoujan to publish his book, *The Heart of the Race* also with St. Lazar, Venice. Hearing this, Varoujan smilingly informed him: "You are advising me to apply to St. Lazar for my book, encouraged by the fact that my *Shudders* was published at the monastery. First, after publishing *Shudders* in *Keghouni* (which spared them new expenses), they compiled a special booklet and shamelessly took from me . . . sixty francs for the paper. The word of the priests is the advertisement of religion; their speech is as sweet as their prayer, but their hearts are as black as their hats. I have not understood how low their feelings were, until I was asked for as dismal a sum as sixty francs, which for a student hardly sustaining himself perhaps means a lot. Regardless, I was ashamed when I sent the sixty francs. I would have liked to send 600 francs, with the following written under the money-order, 'Melt it and drink it, O you that are thirsty of nobility.' The monastery is corrupt; only a few priests deserve to be truly respected; as for the rest, lizards crawl wherever they trod. Only the cemeteries at the monastery are sacred. O the poor bones of my beloved Alishan, how much would I have wanted to save you and bury you only in my heart."

Father Hovhannes Torosian wrote Varoujan from Venice: "The most complicated issue of studentship is the monetary aspect; both you and we suffer from it." Varoujan disdained all financial obstacles. Varoujan always stood tall, his eyes fixed on the unbounded horizon, his heart dedicated to the crushed fatherland, his mind wide open to light and hope, and his heart to literature. His desire to be useful to the fatherland and serve mankind were so strong in him, that he wrote: "My desire if you want; my desire is to donate to humans in the future such a strong song that the fatherland would not regret having given birth to a creature like me."

Varoujan loved his nation and homeland tremendously. He deeply suffered and was troubled by his people's unspeakable deprivations, torments, exile, and massacres. Breathlessly, he followed the news arriving from the provinces with the chill of death. The news wounded the soft heart of the poor young poet. Having enveloped the sorrow of his nation in his heart, he forgot his own pain. A nation is above individuals. Its suffering should be distributed over each individual. In his autobiographical letter to Vartkes Aharonian, he wrote: "You may be familiar with the suffering and financial and moral adventure of an

Armenian student subjected to unfavorable conditions. I can say that my most profound personal suffering, I experienced in Kant. But it was the period of 1904–1907, when the Armenians were suffocated in a nightmare of swords and famine, that I discovered that I did not want to leave room because of my personal pain; I almost silenced my heart, preferring to sing the heart of the race whose heartbeats I felt within me, in the depth of my own blood. The Armenian nation cried and roared in me, and my songs came out under foreign skies connected only with the wire of longing to the soil of our land and to our people."

In a letter dated 1905 and addressed to Jizmedjian, Varoujan made prophetical predictions about an upcoming disaster that would have destructive consequences for the Armenian nation: "I received a letter from my father. I am afraid that Constantinople will become a chaos of blood; I have enough evidence in my mind to suppose so." Elsewhere, he reflected that the Armenians "were harmed to death in the year of the massacres, and they dragged their position up until now limping, and now still feeling strikes every day, it is becoming impossible to maintain their existence. . . . We are being annihilated, my dear Terenig, being annihilated."

In 1907, in a few lines addressed to Raphael Bazardjian, Varoujan clearly revealed the abominable crime against the masses that would take place in the future: "The situation of Turkish Armenia cannot hold just any water. My pessimism is growing. Is this a revival, or a movement of agony?"

In 1909, in a long letter addressed to the editors of *Aztag*, in reference to the Cilician massacres, he wrote: "The soul of the race is crying blood in me; the news coming from the burning cities drops on my head and heart like hot ashes . . . to destroy and burn are virtues for a barbaric people."

Varoujan was the poet of the people; he suffered its pains, rejoiced in its achievements, and hoped for its future. He was the giant who found encouragement and aspiration in the fatherland. He was the interpreter of the feelings of the people of the fatherland. Inspired and filled with the bright hopes and lights of the future fatherland, he wrote: "But the Armenian will live despite the executioners, and despite the barley grown under its lion eye. The Armenian will live to be one of the golden rings of the chain of nations united with love. This is the hope of us, all; a hope that we forged with a hammer just like the spear of our ancestors aimed true for its target, singing in the air and sun."

In order to live, feel, and be inspired, Varoujan needed his fatherland's people, the high mountains, the cloudless, blue sky, the virgin, life giving soil, and the clear water. His soul, burning with love and longing, flew in the authentic Armenian sky. He saw the fatherland with the eyes of his soul. He sincerely and exuberantly wished to see Armenia with his real eyes. He wanted to intermingle with it, and to bow before it: "I have to see Armenia in its entirety. I want to kiss all the places a martyr fell or a hero trod. We are great as long as we drink our feelings from the soil."

Varoujan spoke with high appreciation and profound respect for the laborious poet and great writer Arshag Chobanian. In a letter written in 1908, he praised the great French-Armenian intellectual, saying: "Our people will think and talk about you for long, and if we are not doing it sufficiently, the fault is in its partisan fanaticism. It makes me angry when I see petty people belonging to this or that party being worshipped on shoulders like the calf of the Israelites."

After returning to his birthplace, Varoujan engaged himself in the sacred task of teaching, but the thirst of his heart for learning, literature, and poetry would not find satiation there. In 1912, in a letter to Teotig, he complained: "There is no mental pleasure here; it is a total rending of mind when one is obliged to be girdled with the multi-shaped, or better to say shapeless darkness of a laidback country."

The young poet wanted to create, but soon realized that "the environment is ungrateful toward literature." With the noble intention to gather his scattered poems and publish them, Varoujan tried to find a generous benefactor who would undertake the whole cost of publishing. In his letter to Jizmedjian he wrote: "I want to find a benefactor. Now I understand how cursed the writers are . . . be sure that a prostitute is liked by the people more than a writer, although the latter too prostitutes by placing his work before the public."

Varoujan described the composition of his poems beautifully: "True poetry is a martyrdom; creation is the bleeding of the heart drop after drop in every word."

With great distress we bring here the words of Arshag Chobanian with regard to the lack of benefactors in a letter to Varoujan: "The manuscript of the second volume has remained in manuscript form for two and a half years. I have applied everywhere, but I could not find the amount necessary for publishing. But we are a pitiable nation; the Armenians do not know their benefit."

At the end of our essay, we would like to recite a short section of Nshan Der Sdepanian's letter to Varoujan, in which the ingenious singer, Gomidas Vartabed was mentioned. Der Sdepanian, first, praised the exceptional skill of the unique Vartabed, and then expressed his distress over the negative and contemptuous attitude people held toward Gomidas. Here is what he said: "To listen to Gomidas Vartabed is a great fortune; I sacrifice every pleasure in order to hear him; I shiver while he sings; I turn into a spiritual melody under the influence of his songs; he donated a notebook to the school with twelve magnificent Armenian melodies in it. I have it always in my hand and I play them with my violin. These melodies make me more Armenian daily. While writing 'makes me Armenian,' I am extremely aggravated against some base people who look upon everything Armenian with disdain (thus showing their narrow mind and their lack of personal judgment). According to these stupid people, everything that is Armenian is nothing; everything that is European is magnificent. Ah, ah, again ah! The same base people have had the audacity and insolence to laugh at a person like Gomidas Vartabed, so that when he left, he said, 'try to be kinder.' . . . Those unworthy to be called students of Mourad-Raphaelian, those degenerate and lewd people dare to laugh at someone whose dirt under his nails is worth more than they, and I am right."

Varoujan, the brilliant Western Armenian poet, the man of fine arts, the realist, symbolist, idealist, stylist, critic, and patriot died at a young age under the most merciless, severe, and unspeakable conditions. He was brutally torn apart from his people's womb and destined to annihilation—death. Life was extremely harsh and merciless for this young poet. This talented poet, who hardly completed thirty-one springs, today lives in the heart of every Armenian. His poetry is saturated and filled with humanitarian ideas. Varoujan's poetic thought is unique and magnificent. His portraits are marvelous and unparalleled. The Armenian people today bow before this honorable Armenian with deep reverence for the wonderful literary heritage, noble aspirations, profound emotions, and sincere feelings he left as his legacy.

May the name of this indefatigable, persistent, and brilliant writer of Armenian poetry continue to radiate wisdom for the new generations forever.

May Varoujan's name remain immortal in the heart of our people.

Blessed is the memory of the righteous and the martyrs.

2000

Valeri Bryusov

(1873–1924)

This year, the literary world celebrates the 125th anniversary of the famous Russian activist and talented poet Valeri Bryusov.

The son of Yakov Kouzmich Bryusov and Matriona Alexandrovna Bakoulina, Bryusov demonstrated his intellectual skills from an early age. His father was a liberal and self-educated man. Access to his father's rich and extensive library was a great benefit for Bryusov. As a teenager, he wrote fictitious stories. In fact, he wrote his first mythical story in 1881, when he was only eight years old.

Bryusov spent his childhood years in total isolation. He did not enjoy a circle of friends. In 1884, he enrolled in Frantz Ivanovich Krayman's school, where he lacked comradeship with his classmates, because he did not know how to befriend or play with them.

This inability to interact with the community and people created a negative and objectionable situation for him and for those around him. The unfortunate, silent, and quiet teenager, isolated himself, and dedicated his time to reading, literary research, and to writing. The community respected him for his behavior and exemplary diligence. Moreover, his vast knowledge and particularly the depth of his knowledge in the social sciences and literature caught people by surprise. By his teenage years, it seemed that he had found the course his life would take, and he followed this track without hesitation or regret. By 1893, he had already decided to associate himself with the literature and the new school of symbolism.

It is noteworthy that in his diary entry dated March 4, 1893, he mentioned symbolism as the progressive stream of the future and that he wanted to become its leader. Attracted and absorbed by this new literary school, Bryusov translated many of the works of French poets, such as Stephan Mallarmé, Arthur Rimbaud, and others. He was profoundly influenced by the ideas and orientation of these great figures of French literature. In addition to mastering the Russian language, Bryusov was also fluent in French, Italian, Latin, and German. His fast absorption of many languages and his fluency in them gave him the opportunity to engage himself in the broad task of translating many of the masterpieces of the prominent figures of these cultures. Shakespeare, Hugo, Byron, Goethe, and Dante were among those whose works Bryusov translated.

What is symbolism? Shaped in the 1870s by the famous writers Verlaine, Mallarmé, Rimbaud, and others, symbolism, basically, "created figures who escaped from reality and its essential issues, isolated themselves in the sphere of contradictory emotions and stimuli, and who were torn apart in a helpless torment." The poets and writers of the school of symbolism often expressed views toward the masses of the people, characterized by egoism, misanthropy, and negative sentiments. These inclinations stemmed from their belief that life is a meaningless trip on this temporal earth, and that death is an invincible power. For this very reason, some considered the aesthetic school of symbolism as decadent.

The presence of symbols, together with the mysterious world they create, is evident in symbolism. The symbolist poet feels and envisions an inexplicable world into which he leads the reader. A symbolist believes more in the mysterious and foggy hereafter, than in the sensible and visible world.

To him, this world is a transitional phase, where people stay temporarily, in order to be transferred to the other, mysterious world at the end of their age. The symbolist views this world as faulty, incomplete, and filled with evil. Contempt for mankind is a tendency in this tradition, as is the expression of a limitless inner longing, pain, and the desire for perfection and purity.

There were two groups of Russian symbolists. Konstantine Balmont, Fëdor Sologub, Valeri Bryusov, and Zinaita Hippius comprised the first group, while Aleksandr Blok, Andre Beli, and Vyacheslav Ivanov made up the second.

The Russian intelligentsia demonstrated a reservation toward symbolism, even though it had begun to make its presence felt throughout Russia. Some greeted it with love and widespread arms, embracing it as a direction that would provide the basic elements needed for the renaissance of the recognition of spiritual values. Others viewed it with anger and disapproved of its fundamental principles. Merezhovski and Zinaita considered symbolism a reevaluation of all values. This movement was not only discouraged under the Soviet regime, but also disdained and neglected.

Bryusov became the champion and instigator of Russian symbolism. In 1894, he published an anthology, *Russian Symbolists.* He achieved unprecedented success with this work and was recognized for its sensational poetic novelty. He followed it with the translation of Verlaine's *Speechless Romances.* This publication generated new interest. Young Russian and European symbolists began to contact Bryusov in order to acquaint themselves with this new growing direction of thought in Russia.

In August 1895, Bryusov published his first book of verse. Written with a unique approach and in a fresh, free, and independent style, the poems caused much ado in Russia. The Russian Literary Academy expelled him for three years. In 1898, he was readmitted into the Academy as a writer, and he began to work as an editor also. During the same year, he published his collection of poems, *A Book of Exhortations.* In 1900, he published his third book of verse, which marked a new phase in Bryusov's creativity. In 1904, he was acknowledged as the forerunner of Russian symbolism. Two years later, he published the *Wreath.* A quick glance of Bryusov's poetry reveals that his poems are closer in poetic tendencies to the nineteenth century, than that of the twentieth century. His aesthetic taste and choice of themes also more closely resemble Russian-European poetic elements than those of the leading symbolists.

In 1908, Bryusov swerved from his initial direction and dedicated himself to teaching, although he continued to write sporadically. His writings of 1910 include translations from Edgar Allan Poe, as well as from the Armenian literary treasure. As a lover of culture, Bryusov made a valuable contribution by acquainting the world with Armenian cultural values.

Bryusov passed away on October 9, 1924 in Moscow as a result of pneumonia and pleural inflammation.

Bryusov was a multi-talented writer, historian, activist, instructor, reader, researcher, and producer. He dedicated his entire life to bringing civilization through culture to many nations. His fundamental and sublime aim was to introduce the recognition of order and the appreciation of life and society into this chaotic world.

This essay is but a brief sketch of a literary titan—a man who worked relentlessly in the field of literature and who produced abundantly. He published more than eighty books during his lifetime.

* * *

For us, Armenians, Valeri Bryusov has been a subject of love and respect. As a well-versed scholar, he studied the Armenian culture closely. This tireless lover and cultivator of Armenian literature and history, has done an extremely grateful job by introducing our cultural jewels, literary relics, and unique fragments to the rest of the world. Bryusov valued the fruits of the Armenian literary mind. He considered it original, unique, and ingenious. He wrote: "I found in the study of Armenia an unending fountain of sublime, spiritual joy. As a historian and man of the sciences, I found in the history of Armenia a whole, unique world... and as a poet and an artist, I saw in Armenian poetry a new beautiful and original world, previously unknown to me—a universal beauty that shines and radiates from within the highest structures of true creations of art.

By describing correctly and evaluating with esteem the historic past of the Armenian people, Bryusov wrote: "The Armenian people are one of the oldest of the contemporary cultural peoples. They have come to our world from such an ancient time, a time when not only the modern European nations—French, Italian, British, Russian—did not exist, but also from a time when the ancient people—Romans and Greeks—hardly graced the historic arena."

In 1915, Bryusov initiated the study of Armenian poetry, and in 1916 in Moscow, he published his important work, *Armenian Poetry from the Most Ancient to Current Times.* This work was translated and edited using an anthological structure.

Bryusov also contributed to Armenian history and poetry through the publication of two other works: *The Poetry of Armenia and its Unity Throughout the Centuries* and *The Chronology of the Historic Fate of the Armenian People.* These books were well received both by scholars and in broad literary circles as well. In the aforementioned second book, Bryusov clearly referred to the sad reality that Armenian values were unfamiliar to Russian readers. He said: "The history of Armenia is as worthy of consideration as the history of the most famous nations."

In order to establish close ties with the Armenians and to learn more about their glorious culture, Bryusov visited the Caucasus in 1916. He visited Baku, Tiflis, Yerevan, and Etchmiadzin. Everywhere he went he found a warm and respectful reception. He met with numerous prominent Armenian writers, such as Hovhannes Toumanian and Vahan Derian, and he established friendly relations with them. He lectured on Armenian history and poetry in the cities he visited. In his work, *The Poetry of Armenia,* Bryusov discussed the contribution made by the Armenian culture to the treasury of the international collective mind. He said: "Armenian folk poetry is some of the most fascinating work known to me. Only a few races of people can pride themselves with folk songs that rise to the level of literary works of art. Armenian songs are delicately captivating and authentically unique in their spontaneity and simple sincerity."

Bryusov studied all the developmental phases of our literature and he openly admired its nuances, elegance, and peculiarities. He reserved special praise for our epic tales, including *David of Sassoun,* many of our medieval lyrics, and the songs of our troubadours.

Accurately understanding and analyzing the nobility, the depth, the sentimentality, and the exceptional charm of our medieval poetry, he wrote: "Against the backdrop of world chronology, the Armenian medieval lyric poem is one of the most marvelous triumphs of humanity. It is unique. It is poetry that is simultaneously new in its form, profound in its content, and radiant in its masterful technique."

Bryusov spoke highly of Sayat-Nova, the greatest and most beloved troubadour of Armenian literature. He praised his masterfully composed songs. He wrote: "Sayat-Nova was the first to show and prove, through the example of his own work, the intensity of power contained in the voice of a singer. He demonstrated the power of a singer, not only as someone who makes people merry during a banquet, but also as a teacher and a prophet.... Through the power of true poetic genius, Sayat-Nova songs fulfill all of these roles."

Valeri Bryusov also studied the verse of Western Armenian poets. He expressed his admiration for the poetic achievements of Bedros Tourian, Misak Medzarents, Daniel Varoujan, Siamanto, and others.

Bryusov translated over 170 Armenian poetic works in his lifetime. His collection, *The Poetry of Armenia,* contains poems from more than forty Armenian poets, ranging from Krikor Naregatsi to Vahan Derian.

Bryusov lived a short life, but he was able to produce abundantly and extensively in the time he had.

In appreciation for the magnificent and valuable cultural services he rendered to the Armenian people, on the occasion of his fiftieth birthday the government of Armenia bestowed upon him the title of "Popular Poet." It also named the Pedagogical Institute of Russian and Foreign Languages of Yerevan after him.

The true greatness of Valeri Bryusov is an unquestionable fact. The memory of this writer and great Armenophile remains dear and radiant in our hearts. We gratefully remember him as an erudite and laborious intellectual.

Blessed is the memory of the meritorious.

1998

Krikor Zohrab's Speech and the Month of Culture

The renowned writer, novelist, and parliamentarian Krikor Zohrab, in a speech delivered on October 27, 1913, emphasized the importance of the invention of the Armenian alphabet in the Armenian cultural and national life, and underlined the vital necessity of the Armenian language in the Armenian reality.

The newspaper, *Zhamanag* reported that in 1913, many Armenian and non-Armenian high ranking clergymen, consular representatives, and the Vicar Generals of the Greek, Bulgarian, and Assyrian Patriarchates attended the joint celebration of the 1,500th anniversary of the invention of the Armenian alphabet and the 400th anniversary of the beginning of Armenian printing. The infamous Minister of Internal Affairs, Talaat, also attended this outstanding celebration. He said: "You are gathered here to celebrate the feasts of the 1,500th anniversary of the invention of the Armenian alphabet and the 400th anniversary of the beginning of Armenian printing. I share your joy in the name of the government." Later, the editor and publisher of this statement commented: "The leaders of the Ittihad thus numbed the alertness of the Armenian people, before massacring them."

Zohrab referenced the eternality, the everlastingness and the never ceasing actuality of the language, by saying: "Kingdoms fall, freedoms become void, victories often turn into defeat, but the language remains as inerasable as the fate of a people."

It goes without saying that the everlastingness of a language is conditional upon its perpetual use by a group or a nation. The language ceases to be a means of communication if it is abandoned by the masses, or when it becomes despised, neglected, and forgotten by the people. A few users of the language can change nothing when a language embarks upon its way to final destruction and eternal rest. Every individual plays a significant role in making the language of a nation an everlasting and tangible reality.

In his speech, Zohrab pointed to an important fact, which, he claimed, occurred with "broad-minded liberality"—the borrowing of terms from our neighbors, and thereby enriching our literature. He reserved this exceptional honor to many of the clergy who, with a conscientious approach to their sacred vocation, dedicated themselves to many a serious literary-translation task, which resulted in the authoring of magnificent literary jewels that remain to date fresh, actual, and elegant.

After paying the clergy the homage they deserved, Zohrab rightfully wrote: "The duty of a clergyman is not to pray. Look at the Ghevonts. Former clergymen preoccupied themselves with literature during times of peace and they went into the battlefield at times of war. I can recall numerous names, but first I greet the ashes that rest in Ashdishad and Oshagan."

Indeed, great was the sacred role of the clergy, and it eventually elevated them to the position of saints. Zohrab asked in his speech: "What is sanctity?" Intelligently he answered: "Sanctity requires more than solitude in monasteries, fasting, and refraining from doing evil to others. A saint is the person who relieves the pains of others and altruistically works for their sake. Today, the saints of the twentieth century are Marconi, Edison, Pasteur, and others.

When a person endangers his life and position for the sake of his countrymen, he is a saint of the nation. If we carefully examine Armenian history, we will find that the invention of the alphabet has been the greatest factor contributing to the Armenian existence."

Zohrab expanded the meaning and concept of sanctity, when he defined the saint as a person who defends his homeland. The more typical concept of sanctity implies that a saint is a person who has the ardor to live a life that is virtuous and appropriate to the canons of the church through conviction, pure faith, and fearless, steady, and unbound austerity. The *Menology* and the books depicting the lives of the saints present many saints who lived honest and God-pleasing lives in a cell or in a hermitage on top of a high mountain or deep down in a gorge, away from abodes and humanity, as highlanders, hermits, and stylites. As a consequence of such a lifestyle, some of them were not troubled with issues that normally trouble humanity, and many did not spend their lives trying to find answers to these complicated problems. Their main focus and goal in life was to carry their own cross with sanctity, dignity, and incorrupt faith, and to become worthy of God's blissful sight through the forgiveness of their sins.

In a modern sense, the saint is he who tastes the cup of bitterness, ignores his own person and beats himself to death, constantly disseminating the light of his mind to others and influencing the souls of others through his work, life, and manners. The modern saint belongs to the world; he is preoccupied with worldly anxieties and stands apart from illusions. He makes his presence evident and shares his knowledge with mankind, and is always ready to sacrifice his life for the sake of his kind. The saint possesses a sharp mind, endless dreams, and an unlimited enthusiasm and vigor for labor and creation. His goal is to refresh and to warm the world with his breath, to make it a better place. His moral input is rich and diverse. Fatigue and tiredness are unfamiliar to him. Service is his only companion. Animosity and dissention, slander and talkativeness are strangers to him. He is noble, incapable of upset and grudge, and is adorned with diverse virtues. He is filled with the grace of exceptional humanitarian feelings.

The preceding is, no doubt, the essence of our religion, faith, and conviction. This definition of sanctity embodies not the ideology of detachment and dissociation with the world; on the contrary, it incites a human being to enter the world stage in order to struggle for the sake of justice, equality, peace, solidarity, and for the mutual understanding and respect of society, as well as for the sake of improvements and prosperity in the spiritual and moral life of mankind. Indeed, those aforementioned individuals have achieved the summits of knowledge and they have offered to mankind unforgettable bounties. They have demonstrated extraordinary fortitude, patience, and decisiveness under most difficult conditions.

Marconi (1874-1937), the famous Italian physicist became known for the invention of the telegram and received the Noble Prize; Louis Pasteur (1822-1895), the French bacteriologist and chemist invented many injections, while Thomas Edison (1847-1931), the American scientist invented the incandescent lamp. Zohrab pointed out these three renowned people in order to reveal their important contribution or limitless service to mankind. Their total dedication to their professions gave results and thanks to their inventions, mankind rid itself once and for all from darkness, and followed the path of knowledge, well-being, light, and hope.

The author viewed the solitude and fasting of the medieval life lived in monasteries transformed and magnificently reconstructed in this luminous century. Virtue, sanctity, and chastity birthed from within the firm and high walls of monasteries and expanded into the real world, where evil, war, famine, jealousy, greed, and other temptations and vices are predominant. Thus, a true saint is one who comes out of his own narrow and hard shell and avails himself to his kind, and readily dedicates his talent, efforts, time, and knowledge to the needy, the abandoned, the orphan, the widow, as well as the nation, church, homeland, and culture. It takes an exceptionally altruistic spirit to adopt this façade of sanctity and to work for, attend to, and sacrifice for the progress and security of a nation. Many Armenian precious fighters have died, with guns and grenades in their hands, on the borders of the Armenian territories for the sake of their homeland during the fierce battles of these recent years. Many of them closed their eyes at a young age, having just turned fathers themselves, and departed this world with their dreams and wishes unrealized. They left behind a home and a homeland orphaned. These holy martyrs deserve to be remembered for their sacred act and for sacrificing their lives.

The beneficent servants of the Armenian culture also are saints, because they have poured out into their writings the thoughts of their minds. They availed their limitless knowledge to us, in order to enlighten our minds. The trismegistus man of knowledge, the pioneer of the Armenian culture, and the enlightener Mesrob Mashdots offered his foremost and greatest gift when he invented the golden letters of the Armenian alphabet. This invention was not the mere result of a heavenly vision, which this great saint had had, but rather of a labor, which required vigilance, sleepless nights, careful study, and skill. A phalange of great minds followed this saint. Standing before the turbulent ocean, they defeated all obstacles through fortitude, endurance, and perseverance.

Every October, our church and nation recall the memory of these saints with gratitude. The feast of that remembrance, called The Feast of Holy Translators in our church calendar, is a day of respect, incense, and prayer for every Armenian, as well as an invitation for self-consciousness, dedication, and service. Indeed, we find Zohrab's expression both beautiful and capturing: "The invention of the letters has been the greatest contributing factor for the Armenian existence."

Of course, we would not have been able to build our unique and self-created vast literature and magnificent culture without the invention of the alphabet. After the turbulent march of fifteen centuries, the Armenian nation continues to exist thanks to its foundation—the Armenian letters. There are many in the western world that claim: "The spirit is worth more than the Armenian language." The language of our forefathers gradually loses grounds, because many have begun to believe that being and remaining Armenian by the spirit alone suffices, and that the use of the Armenian language is not essential. Zohrab specifically emphasizes the importance of the invention of the Armenian alphabet, and he relates it to our self-perpetuation. Therefore, there can be no Armenian nation without the Armenian alphabet and authentic literature. It is the jewel-like Armenian letters that unite the Armenians and maintain their identity authentic, incorrupt, and pure. Change the language of the Armenian worship, and the Armenian Church will lose her charm, religious scent, reverence, and identity. Of course, a certain group of people will manage to maintain, for a certain duration, their Armenianness without the Armenian letters, simply by keeping the

Armenian spirit, but that newly shaped Armenian mixture will be estranged from its authentic spiritual heritage and values.

Zohrab made an interesting remark in his speech about our indifference and disunity. Pointing at the native and most noble characteristics of our people, Zohrab stated that the Armenian has taken from the Asian Araradians their "peaceful spirit and durable character as sturdy as a rock"; and inherited from the Hittites "their ingenuity in commerce"; while from the Armens, the Armenian has taken "the delicacy and fine taste of their mind." Zohrab went on: "The period of unification of these three races has not been a successful one, and that is the reason for our disunity." Now, what do we have to do to bring ourselves out of this dislikable situation? The author made the following wise suggestion: "The Armenian elements have to always cooperate, and the language is the greatest factor in this." It is the language that keeps a nation, unites it, and secures its perpetuation. The language provides an Armenian sense, an Armenian reasoning, and an Armenian-styled spirit of creativity. Priceless is the role the language plays in the life of our community. The language is the people itself. There can be no people, no nation without a language of their own. On the occasion of the unique Feast of Holy Translators, yes, let us maintain the spirit, but let us not ignore the language, which is the spirit itself.

1999

Toros Toramanian: The Giant of Armenian Architecture

The Armenian scholarly world recently celebrated the 135th and sixty-fifth anniversaries, respectively, of the birth and death of Toros Toramanian, the laborious cultivator of Armenian architecture.

This erudite and relentless scholar demonstrated a profound interest in architecture from an early age. He remained loyal to his vocation until death, leaving a heritage of unparalleled discoveries and luxuries to his nation.

Nazig Toramanian compiled, annotated, and published 215 letters written or received by Toros Toramanian. The letters included in this work provide us with abundant material with which to help us thoroughly understand the renowned architect. The letters demonstrate the exceptional care and unusual meticulousness he brought to his work. They portray a man who had a unique work ethic. The letters also reveal the inner folds of Toramanian's personal life. Our intention in this essay is to discuss the content of those letters, rather than to discuss his art and the myriads of contributions he made in the field of Armenian architecture.

Toramanian corresponded with famous contemporary figures, Armenians such as Karekin Vartabed Hovsepian, Arshag Chobanian, Adrbed, Bishop Torkom Koushagian, Father Nerses Aginian, Yervant Lalaian, Alexander Tamanian, Ashkharpeg Kalantarian, Arshavir Garinian, Sdepan Lisitsian, as well as non-Armenian scholars and philologists, such as Nikolay Marr, Josef Strzygowski, Jurgis Baltrusaitis, and others.

As a teenager, he grew up an orphan. He tasted the bitterness of life. But architecture was clearly his favorite subject and field from an early age. Financial restraints never deterred him from his chosen path, nor did they set him back or frustrated him morally. After successfully graduating from the Department of Architecture of the Imperial School of Fine Arts of Constantinople, Toramanian worked for a while in Constantinople. Then, during the years preceding the Armenian Genocide, he moved to Bulgaria where he served as a painting and drawing instructor at an Armenian school established for deported orphans.

In Bulgaria, Toramanian designed and built eye-catching buildings and homes. The media praised Toramanian's magnificent constructions, writing: "Architect Mr. Toramanian. . . has become the axis of attention and sympathy for having achieved such an impetus in urban decoration . . . I have witnessed with my own eyes, Bulgarians—who knew very little—biting their fingers while viewing two marvelous pillars that support an entire building."

Later, Toramanian went to live in Romania. But work options and the desire to specialize in his field drew him to Paris. Then, drawn to see the magnificent architectural monuments of the world, he visited Rome, Greece, and Egypt. After studying the masterpieces in these countries, Tormanian traveled to Ani where he found "the architecture of the famed capital of medieval Armenia."

Toramanian had strived as a young man to read and learn about Armenian architecture, but his wish remained unfulfilled due to the lack of materials and resources. Then, standing before the ruins of Ani which waited for excavating hands and searching minds, our honorable scholar wrote: "Since my student years at the School of Fine Arts of Constantinople I have turned with great interest the pages of many books to see and study old and new architectural styles. Unfortunately, nowhere did I encounter a section under the title "Armenian architecture" within the principle of history and study of styles, therefore I could hardly imagine the existence of an Armenian style." But now that he was in Ani, his admiration when talking about his impressions was overwhelming: "It was a surprise for me to see a corner of the world filled with so many jewels of fine art, buildings that sprouted and flourished like an oasis in the ancient darkness of the East. . ."

From 1904 on, Toramanian searched, excavated, measured, and described the ruins of Ani. The scholar expressed his feelings as follows: "After a long swing between diverse feelings, emotions, and sadness, I attached myself with affection to the sad and sacred monuments that our ancestors left us. I vowed to stay there. On one hand to experience the pure happiness of presenting the results of my study to the Armenian people, and on the other hand to show the entire scholarly world the magnificent fragments of our nation's genius, by saving them from beneath their ruins and sad grave mounds." Indeed, he was motivated by a noble and precious feeling. Thus the excavations at Ani became the threshold for his later and broader architectural activities.

Toramanian's research was accompanied with financial and moral difficulties. Almost at every step Toramanian found himself facing a dead end. The sums provided by various people were limited and did not finance long-term work. Therefore he lived in a constant state of despair until the famous scholar, Armenologist, and archaeologist Nikolay Marr showed up. Realizing Toramanian's skill and appreciating his productivity and meticulousness in the field, Marr assisted him financially. The two became close associates and partners.

Through his numerous valuable studies, Toramanian became the founder and forerunner of Armenian architecture. He proved once and for all that Armenians possessed their own architectural mind and had contributed in the history of world architecture. Thanks to his relentless work and unique studies, the European scholarly world acknowledged that there is an Armenian architectural style, which through centuries-long development has improved upon itself and brought to the world a magnificent and original art form.

Worthwhile to mention here is what the prominent historian Josepf Strzygowski said in his book about Toramanian's direction: "One should not be surprised if we discuss here many things that were unknown to date. We are indebted to Toros Toramanian, who through his long experience showed us the road to monuments to which nobody had paid attention before."

Toramanian authored the following works: *The Temple of Zvartnots; The Temple of Etchmiadzin; A Drop from the Sea of Armenian Fine Art; The Temple of Degor; The Nave and Vicarage in the Oldest Armenian Churches; Ani City or Citadel?; The Periods of Armenian Architecture; Most Recent Opinions About Armenian Architecture,* etc.

Reading Toramanian's letters, we can conclude that the scholar faced two basic difficulties. Both he endured in bitterness, sometimes weeping and wailing, sometimes begging and pleading—financial insecurity and negligence toward him and his work.

The financial difficulty was an extremely serious problem for the scholar. He was often subjected to harsh conditions because of his lack of financial means. The problem—yet better the yoke—of living, sustaining his family, and working hung over his head like a constant threat. In his petitioning letters, Toramanian asked for Marr's support, explaining his inconsolable and miserable condition. His unlucky situation seemingly hurt him both morally and spiritually to a great extent. His letters are full of the solicitations of a broken heart, testifying to the extreme decisiveness of his condition. In his letters to Marr, repeated in different instances, Toramanian wrote: "I am in an extremely dire situation"; "My situation is more inconsolable than in any previous year"; "I beg . . . to be saved from these hellish torments, which, after wearing me down, have destroyed also my house and place. . . I am under huge losses. . ."; "I wish not to roll down the abyss of despair as I did last year"; "Shall I live with my various expenditures, or send the money home?"; "The painful thing was not that I was deprived of my daily nourishment; but my inconsolable pain was that I was also deprived of my research that is so dear to me. Besides the smallness of my room and the considerable deficiency of light, from the day I stepped inside I have suffered twenty-four hours a day from a migraine and the arthritis of my left arm and leg, due to the humidity and cold. Every year I gathered my own fire wood; this year I was unable to do so, therefore my warmth has depended on my landlord's caprices. I am left with no shoes on my feet, nor do I have clothes; I am left only with light summer clothes. I shiver constantly. I have no underwear left; I used to wear a woolen undershirt, but they are so torn and so decorated with rags that my landlord lady laughs at me"; "Deprived even of cents, I live thanks to the care of the celibate priest."

The celibate priest known as Father Mikayel Der Minasian, the abbot of Ani, protected Toramanian with the means within his power. Marr, Toramanian, and Strzygowski have highly praised the behavior of this hospitable, serviceable, and model clergyman. Toramanian speaks with profound respect about this celibate priest who also lived in extremely modest conditions: ". . . I am indebted to Mikayel Vartabed, who through his unbounded sympathy toward me has been supportive of my work financially and morally for the last ten years." The aforementioned citations illustrate the miserable situation of our venerable scholar, and the inhuman and hellish conditions in which he lived, endured, and especially worked and produced. In response to Toramanian's letters, Marr consoled his beloved and venerable colleague in a letter: ". . . I see you are suffering morally (I am not talking about the financial aspect which is understood without saying) and there is no way to cure your pain, because that is a pain shared by every idealist; this is world law; nothing can change it, neither an economic, nor a social or political revolution, because materialism prevails in this world, while intellectual work, sciences, arts, and so on are accepted only with tolerance, only with the purpose and measure that eases the digestion of the full, and satisfies their lust created by virtue of their being idle and empty, etc."

In his letters, Toramanian expressed, in very respectful words and with a grateful heart, his satisfaction with regard to Marr's support. Marr has always encouraged and cheered our great master through his words of admiration and support: "All were talking with admiration about your studies today at the hall of the Academy of Sciences; I would dare to say it was the celebration of both Armenian architecture and its relentless cultivator, Mr. Toramanian."

There is no stronger or more acute strike against any scientist or intellectual than the strike of not being appreciated. Financial compensation is nothing compared to moral appreciation. Toramanian, like many other great people, was forced to drink from the cup of bitterness until its last drop. Along with the physical deprivations he bore, he also carried with him the horrible feeling of being disdained and neglected. Mentally dwarfed people and presumptuous figures caused great grief to the soft heart of this great master by their iniquitous actions and negative attitudes. Indeed, how harsh it is, the feeling of being not appreciated. To be rejected with indifference and a cold heart!

Toramanian often mentioned in his letters this extreme indifference and the numerous intentional insults. He wrote to Marr: "My countrymen show condemnable indifference toward my work"; "They have pierced my heart to date with their sharp arrows of indifference and disdain"; "I will only beg you to continue your high moral support and protection against my ungracious countrymen (forgive me, for I write this word from the pain in my heart). Only you would save me from the dangers threatening my prestige and moral merits, and let this be a mark of eternal shame on the society who instead of rewarding me, has disdained me utterly"; "My only consolation would be to see my work being appreciated officially; this moral appreciation would cleanse from my forehead the spit and soot that many have thrown there without mercy; it would deliver me from the dishonorable strikes of many venomous tongues; it would help me forget the sad and miserable days of my five-year long martyrdom of suffering, and it would instill in me strength and encouragement to continue the great work I have initiated." "How strong was the venom poured out by that man whom I feared for years!" This remark, unfortunately, refers to Mesrob Vartabed Der-Movsisian—an Armenologist, a Master of Arts and a cultural activist, who held many responsible positions, such as chief librarian of Etchmiadzin, principal of the Kevorkian Seminary, etc. Toramanian spoke of him with a broken heart and sadness, because "he has fallen in such a vice that, I think, by his own hands he will cleanse my honor that he has stained, because what he has written is wrong." Toramanian is referring to an important and unscrupulous essay, printed in *Azkakragan Hantes*, in which Mesrob Vartabed took away from Toramanian the honor of the first authorship of the reconstruction of the plan of Zvartnots and gave it to the architect Krisdapor Der-Sarkisian. Extremely wounded and grieved, Toramanian wrote to Marr: "Mesrob Vartabed . . . was not kind enough to name me architect and only mentioned me as a painter." Toramanian sharply criticized his adversary, writing to him: "You confuse and contradict yourself, when you engage in criticism beyond your specialty. Wouldn't it be fair to recall here the proverb "Is the shoemaker up to the shoe?" Then he makes the following beautiful statement: "I would never allow myself to forcefully demand from people, who neither know me, nor have seen the legal documents pertinent to my specialty, the honor of calling me an architect. But I would also never forgive a licensed Master of Arts to tread so severely upon the prestige of an honorable diploma. . ." We need to mention that Marr not only criticized Mesrob Vartabed's deed, but also publicly condemned and ridiculed him. He called him plagiarist. The greatest insult, however, had come from an unknown "rich person," who sent his old clothes to the master. Toramanian graciously referred to the incident: ". . . I have received nothing but the old clothes of the agha, who generously sent them to me in order to save me from my rags. I have distributed these clothes to the poor refugees in Etchmiadzin with the request that they pray for the success of Basmajian's business."

In his letter to Arshag Chobanian, Toramanian described the fate of the Armenian intellectual in a very touching manner: "Thus have been rewarded all of the cultivators of the Armenian intellect; they have suffered for long years for the sake of public education, only to retreat from the arena in despair." In another letter, Toramanian wrote: "Let the ill-intentioned people plot against me and strike me as much as they want; they might succeed in keeping me hungry and naked, but they will never dishonor me. For as long as I am convinced that the fruits of my work belong to a whole nation, I believe that the nation will avenge me and nail them to the post of disgrace." This is how certain Armenians appreciated the precious scholar.

Despite these dishonoring and belittling words and deeds, Toramanian did not swerve from his mission. As a fervent worshiper of ancient Armenian architecture, he continued his work with total love and dedication, appropriate to a serious scholar. Noteworthy was his letter to Father Karekin Hovsepian: "No matter how burdensome, one's work is a kind of fun if that is what one loves to do."

Toramanian was grieved over the loss of his written works—rare and valuable books, memoirs, diaries, diverse documents, and nine different works ready for publication. He spoke of them with profound sorrow: "I am troubled very much, almost to despair, over of the loss of my books and manuscripts." He wrote elsewhere: "I am extremely troubled about the loss of my books; I wonder how I will be able to move my work ahead the way I want?" This greatest mishap occurred in 1918, when due to the Turkish invasion, Armenians felt insecure and fled from Alexandrapol to Gharakilisa (Girovagan). Toramanian and his family were among the refugees. Having the premonition that there would be no return, he took with him his research and valuable books.

Here is the moving description of what happened: "Due to my lack of financial means and other unfavorable conditions, I was unable to bring my studies to Tiflis, an action that would have saved them. I was able to move them with great difficulty as far as Gharakilisa with the help of Mr. Hovsep Mirzoyan, the superintendent of the orphanages of Alexandrapol, who was kind enough to put them in a wagon designated for the transportation of the orphans. Since Mr. Mirzoyan lacked the means to transport them farther than Gharakilisa, I was obliged to look for a way to take them farther, but all of my efforts were fruitless. Despairing and frustrated, two hours before the Turks rushed into Gharakilisa, I was hardly able to flee with my family under the shower of Turkish shells and bullets. I had to leave everything to their unfortunate fate. After my almost barefooted and naked escape, I lost not only my scholarly works, but also all the family furniture and the provisions of an entire year. Now the reliable information that I have gathered indicates that nothing is left of my family property or the provisions, while only insignificant distorted and useless fragments of my works survived." Indeed, this was a great and irreplaceable loss for Armenian architecture and culture.

Toramanian played an extremely significant role in introducing Armenian architecture to European nations. His letters were quite expressive with regard to introducing this branch of art to foreign scholarly circles. In a letter to Levon Lisitsian, Toramanian said: "The closest thing to my heart would be to make the Armenian fine arts a subject of study among European scholars." In his letter to Prudos (Mikayel Proudian) we read: "Today I have placed my work, which is the past glory and present honor of our nation, on the table of European scholars, and they, thrilled with great admiration, are studying it. This has been possible through the kind awareness and appreciation of a certain portion of the same Caucasian Armenians, whether good or bad. . . . Armenian architecture has finally entered in the row of the architectural sciences of nations and taken its place of honor in European sciences, and one would hope that it will eventually occupy the place it deserves."

Toramanian's research was not at all easy or smooth at Ani. Thanks to his diligent work, ruins and monuments buried and sleeping under the earth and ashes rose one after another. Toramanian in his letters seriously demanded "security of life" in all the places he planned to work in. This is what he recorded: "No one would dare to travel without prior serious military security, because in addition to the frequent incidents of robbery and theft on the roads, the Turks around Ani are a serious threat to those who stay here. They have openly announced that Ani belongs to them and they will for no price give it up to others." Elsewhere, the scholar spoke of the massive destruction: "The Turks and Kurds have totally destroyed all the constructions; there is not a roof, ceiling, or floor left; they have taken everything made of wood and glass away, and now they have begun to dismantle the stones. The interesting thing is that the Turks . . . are not letting people enter the walls of Ani; they are saying, this belongs to us." What upset us is not the indifference of the foreigners toward our historic ruins, but rather the horrible passivity of some Armenians toward their sanctuaries and monuments of historic value. As Toramanian testified: "Seven or eight versts away from Etchmiadzin, in the plain of Sefiabad, there is a chapel; the villagers petitioned the executive committee for school."

Toramanian was also troubled by the excavations that inexperienced Armenians conducted without permit or professional counsel. Toramanian said: "Father Khachig has performed the excavations in a very disorderly manner and has filled the earth capriciously here and there; later, the Turks also caused a lot of damage." The actions of such irresponsible people would, naturally, harm the foundations and pillars of constructions, and cause destruction to the temples and monuments. Toramanian showed a special care for the ruins. Their intact preservation was one of his basic concerns. He painfully admitted that sometimes people have not approached the constructions with respect and scruple. In his letters to the members of the Committee for the Preservation of the Historic Monuments of Armenia, he asked them to take all measures for supervision and preservation, so that careless and ignorant people would not destroy the relics of antiquity. In his letter to Marr Tormanian he said: "During my last trip I saw too many things ignorantly ruined by the villagers and in miserable shape."

Foreign architects and scholars greatly appreciated Toramanian's contribution and achievements. He received numerous letters of praise, in which the foreigners expressed their heartfelt gratitude for the huge and productive work he did. The German architect and advisory builder, Bodé, in his letter of 1924 to Toramanian said: "The architects of the world and especially we, the German architects, are indebted to you for your efforts and your specialty as an architect and a historiographer of fine arts. Thanks to you Strzygowski was able to lift the curtain on the stage of the gigantic fine art of the architecture of Armenia, publishing for us his two-volume work."

Toros Toramanian will be remembered in our culture as a great architect, scrupulous scholar, and a noble and precious Armenian, who selflessly and uncompromisingly dedicated his whole life to scholarship.

The Armenian people have great respect for this erudite and selfless master.

Blessed is the memory of the great ones.

2000

Krikor Gulian

On His Eightieth Anniversary

Krikor Gulian was one of Holy Etchmiadzin's Seminary most glorious teachers. His dear name will remain forever fresh in our minds and hearts. We will recall him as an exemplary Armenian, a laborious instructor, an inculpable being, a noble spirit, a sensitive heart, a fruitful mind, and a prophet of life.

In 1912, eighty years ago, a child was born in the city of Sis in rich Cilicia. This child had a hard childhood, was required to walk up the stream, and then, overcoming these adversities, he became a true intellectual.

Gulian's share in this life was one of heavy work and sacrifice. The premature death of his father forced him to leave the French school he was attending at the time and find employment.

Young Gulian fulfilled his duty with the utmost conscience and care. In order to provide for his large family, he worked long hours under the most intolerable conditions. Never did he slow or fail in his duties. Only in his poems did he complain once in a while against the dark destiny that was his by voicing a strong wish to depart from this world. His poem, *Fatigue,* best illustrates the unbearable situation his tired body and grieved heart faced: "I am tired of the fruitless growth of my life, . . . I am tired; life troubles me as much as a sin . . . I have no strength to walk; as a last gift, I beg you, Lord! From the depth of my being, call me to you, stop this game, let me rest."

After his repatriation to Armenia from Lebanon in 1946, these desperate screams and appeals soon faded and disappeared, because he embraced the world of letters and literature, and became a teacher, unsurpassed in his vast knowledge and exceptional optimism toward life.

Gulian began to write in the 1930s. His poems were deservedly placed next to the fine articles of Arshag Chobanian's *Anahid* monthly. Chobanian greatly appreciated the writings of this silent, shy, self-contained, and restrained young man. He considered them "the authentic song of a profoundly emotional, vibrant, and harmonious soul."

The young poet, touched and encouraged by Chobanian's words, became one of *Anahid's* regular contributors. He published many poems and prose in the journal.

Vahan Tekeyan found Gulian's writings entitled *Thoughts* magnificent. He reprinted them in *Arev* daily along with the following critical note: "These are fresh and profound, personal and well-phrased thoughts . . . they do not draw a direction, but they capture the mind and make it work; therefore, they are useful after being beautiful, and we recommend them to the readers with pure pleasure."

Gulian was a poet in the true sense of this word. The elements of poetry were inseparable from his character and essence. He was very moderate, if not stingy, in his writing. His works strike us with their literary merits.

Gulian's book, *Through Life,* published in Yerevan in 1969, contains his poetry and prose. The section entitled "Poetry" sports three subtitles: *The Shadow of the Days, In Light,* and *With My Homeland. Thoughts* and *Portraits* are the other two sections in the book. This 160-page book is Gulian's one and only literary monument. In it we find his thoughts, emotions, experiences, and feelings. He had a fine literary taste; his style was firm, his thoughts clear and radiant, his language smooth and clear, and his pictures colorful. Many of his writings were philosophical in nature. His meditational and self-analyzing poems constitute a majority. Life, the universe, sublime and pure love, labor, longing, and the fatherland were his primary themes.

In the poem, *Shadow of the Days,* Gulian revealed himself as a predominantly radiant mind, capable of imaginary flights. Every word and expression that poured out from his mind and heart was balanced and measured. The poet stood face-to-face with the harsh reality of life, the torment of his mind, and before its numerous mysteries.

I become inflamed like a spark
When I face the infinite.

Who has made up this curved tent
And adorned it with numerous stars
That give the shiver to my wandering soul
With their glittering?

The poet, praising nature, brought the spring to his home and sang the golden song of the sun.

The spring is my home;
From the window of flourished trees
The golden-haired sun reaches me.
The soil has its life,
Has its taste and scent. . . .

Filled with mystery,
With the hissing of the winds,
With the whispers of the flowers,
I go to the sun,
I go to the life
— The spring is my home.

In the poem, *The Workers,* the author described the hard life of the workers, their "dusty eyes," and their "sun-burnt faces." Protesting against the unfair wages they received, the poet's words exploded like a volcano:

What do they get against their stubborn fatigue?
Much less than what wealthy people lavishly
Throw before the yawning dog at their doorway;
And an insult that grows out of their inability.

And then, sympathetically he murmured:

Misfortunate workers! My soul unites with
The pain writhing in your bleeding heart,
And I cry with you daily;
It is the same pain that baptized us under the yoke of labor.

Under the title, *In Light,* Gulian's words vibrated with life and light, and desire for living, being, song, love, and happiness:

> *Clear, luminous, widespread morning. Here you are capturing me again, and I walk on your radiant path. I don't know where I go, but the more I progress, the more your light precedes me, and I walk, walk constantly.*

Conversing quietly with his love, Gulian whispered:

More precious than my life, what can I offer to you, my beautiful, my perfect?

Under the heading, *With My Homeland,* the poet praised his motherland. He viewed the fatherland as a safety raft, a factor of encouragement, and a fountain of inspiration:

Like a red lighthouse of hope
Your name brings life to me.

With his affectionate words of patriotism, driven by the harsh and heavy atmosphere of the period of warship of man, the poet found himself obliged to pay homage to great political figures and the illusive results of their ideology. It was on this occasion that he authored his poems, *Before Lenin's Statue, Moscow, Stalingrad, Soviet, To Soviet Armenian,* etc. One wonders how this noble and sincere poet remained so concise and restrained in his expressions. He was not generous with his words of falsehood. The progressive mind of the author stood apart from the slave-mindedness and restrictions of others. With a unique mastery and elegance, and with a prudence and radiant mind, he described the new world with its regime and numerous challenges. The author did not hide his happiness about finally standing firmly in the motherland and his feelings of freedom to fly up into the sky from there:

Do you know, my song, with your arms wide open, how often we soared up?
With my soul thirsty for beams you passed by the sun;
But since we lacked a firmament under our feet
Our sun-strived flight remained struck by the lightening in the air.

Now the land is ours; October gave it to us;
Life is rising now like a new monument of glory;
Our whole heroic present is but a book extirpated from death;
See, I am bringing to you the conquered sun as an offering.

Alongside his poems, noteworthy were Gulian's *Thoughts* and *Profiles*. Filling only five pages, *Thoughts* were concise but meaningful meditations about the writer, art, poetry, life, and other phenomena. Wandering in philosophical spheres and thoroughly examining everything, the poet came to accurate conclusions, thanks to his exceptional ability to comprehend, rationalize, and analyze things correctly.

> *It is not the external splendor that saves a poem. Because worthy is only that poetry, which—balanced and complete in its own meaning—makes the radiance of a being inhabit in a simple, yet elegant and particularly precise form of life. And there are beings that through way of blood come from the centuries, and have their history and their mystery.*

Or

> *To know is not enough. To say is what counts. Because man can say, and says, that which he truly knows, and not that which he thinks he knows. We think we know a lot of things, but we know little in reality. The word expressed is a deed, while the hypothesis of "I know" often is a self-deception.*

At the end of the book, under the title *Profiles,* we meet with the titans of Armenian language, literature, and arts: people such as Mesrob Mashdots, Gomidas Vartabed, Bedros Tourian, Misak Medzarents, Siamanto, Daniel Varoujan, Vahan Tekeyan, and Arshag Chobanian. The author presented every one of them in their most authentic form and sphere. He spoke of the role they played in our culture. These writings, created with fine artistry, are monuments of their own. They are not mere descriptions of or reflections on the authors and their work; they beautifully intertwine history, art, poetry, personal reflections, and numerous subjects that testify to Gulian's imagination as well as to the diversity and depth of his knowledge and interests. Speaking of Mesrob Mashdots, he wrote:

> *There was a moment, when the heart of our history stopped; the clouds surrounded our homeland; there came a bloody rain, but our thunder-maker Yeghishé Charents inflamed from the flames of the northern fire and offered our hearts to the "dance of the mad masses." Mardiros Sarian gathered the last lights from the eyes of our unburied corpses, dipped his brush into the sun and hanged our will to live in the white fire of the almond-tree, burnt by the sun and shivering from the winds. Victor Hampartsoumian put Shiragatsi's forgotten frock on his shoulders, passed the Milky Way in the footsteps of Vahakn, searched, and by revealing the secret of the universe, enlarged the limits of our earth from within.*

Under the heading of *The Great Armenian,* he praised the misfortunate composer, Gomidas Vartabed.

> *Through the compositions of Gomidas, our spiritual songs resembled the white and pure lilies, flourished on the bank of the River of Life and swinging by the life-giving*

> *winds. Reflected in the spiritual songs of Gomidas were the stone flower of our pagan spirit—the three story, huge, tall, and subordinate Zvartnots—and the self-contained, elegant, and praying Hripsime—the married beauty of our artistic soul, surrendered to the everlasting dream.*

Speaking of Bedros Tourian, he wrote: "It is not enough to say that he was great; this teenager was a genius—the most pompous, radiant, and uniquely virgin blazing with our ancient people's poetic genius."

He spoke of the others also with expressions equally rich, sublime, beautiful, and rhetorically powerful. These concise examples are the living witnesses and the assurance of Gulian's fine intellect and taste. His pen was dipped in the ink of life. His words proceed from the clear fountain of life. He comes from life, and with his rich experience and unlimited knowledge he presents us life with all its folds and beauties.

Those who had the opportunity to have had him as their instructor of Armenian history, Greco-Roman literature, and other subjects, know what a pleasure it was to be Gulian's student, listening to him petrified, drinking the nectar of his sentences. Gulian's classes were lectures. He would become inspired, transformed, exalted, and give spirit and breath to his subject. It was there in his classes that the heroes of our history would rise, the betrayers and evildoers of our nation would be cursed, and the projects and achievements of our brave, wise, and farsighted leaders would be praised. Walking the isle of his classroom, he analyzed in radiant, expressive, impressive colors the works of Homer, Sappho, Dante, Shakespeare, Molière, and many other giants. Gulian was full of knowledge and art. I still remember these frequently uttered words: "Students! The teacher only gives you direction; it is you who need to learn." And another: "The best way of gaining knowledge is through self-teaching." This expression was tested in the crucible of his own life. He learned the French language on his own. And imagine, he read the whole world of literature in French!

I graduated in 1969. At the time, he was aware of my interests and inclinations. One day, in the principal's room, he said to me in a way that expressed fatherly care and affection: "I know that you will deal with words; just make sure that while you preoccupy yourself with etymology and comparative linguistics, the words would maintain their aesthetic value; recognize the words for the beauty and depth they contain within themselves."

Gulian was a prophet of life. During our seminarian years, when we often complained to him about the regime, the system, the atheist government, and the widespread disdainful attitude toward the clergy, he answered our concerns with the unique optimism and farsightedness that was his: "Students! World history shows that everything is mutable; nothing is permanent and everlasting, this too will pass and change; be patient." These words were far from true for us, but that was not the case for him. Time has proven that he spoke the truth. He was right.

Gulian has been forever separated from us, but we have inherited from him an example of the best properties of being Armenian—kindness, goodness, diligence, unshakable will, optimism, and circumspection.

Blessed be his memory.

1992

The Instructional Nature of the Canons

Our aged and wise canons, which have been gathered together with great scruple and care in the two large volumes of the *Canon Book of the Armenians,* are unique with regard to their instructional nature.

Canons are decisions that have been made by ecclesiastical authoritative councils. Just as every organization has its rules and regulations, the Armenian Church also has felt the need to define rules and regulations for the faithful and the clergy. The fathers of the church derived the canons in response to local social needs, and particularly, from the necessity to instruct. They did this in order to address the issues that required an appropriate solution or correct approach from either the faithful or the clergy.

One who lightly turns the pages of the *Canon Book* will find it a collection of rules designed to severely punish and torture the people for their transgressions and sins.

But the purpose of the canons is not bound within these narrow limits of interpretation. They include larger and brighter horizons by far. The primary purpose of the canons is to instruct, teach, educate, offer religious guidance, cultivate spiritual consciousness, enlighten blinded minds, and illuminate dark souls. The church fathers that participated in holy councils, have demonstrated a special care for the education, refinement, and crystallization of souls. The aim of the canons, is, on one hand, to judge the guilty, to send them to repentance, and to deprive them of communion, and, on the other hand, to correct and invite the guilty back into the Christian order.

The fathers of the church have cautioned the faithful with various exhortations, always gathered from the Holy Scripture. Thus, the Bible has been at the core of all canonical instructions.

The fathers authored the canons without capriciousness, nor did they impose their personal opinions, or misinterpret vital issues. Every complex issue was solved through the assistance of the Holy Scripture. Using the Scripture as a departing point and as principle, the holy fathers were able to reach sound solutions and offer positive instruction with comparatively less effort, particularly when the matter was related to ethics and ecclesiology.

It is not by accident that the Bible has been used as the basis and foundation of the canons. The Bible contains all the issues and nuances of the Armenian profession of faith and the ritual-ceremonial worship. Likewise, the Holy Scripture is the ever-abundant source in terms of knowing the will of the Lord. The wisdom offered through the Holy Scripture stands above all other religious writings. The numerous revived citations emphasize the importance, truth, and, therefore, the surety of the holy writings. Other books are questionable, but the Holy Scripture is unique and unquestionable in its untouchability. The fathers who wrote the ecclesiastical canons used this to their advantage in order to prove their decrees unarguable.

The *Canon Book* judges the Armenian people. In this sense, it is a codex that can be used also in court of law. The *Canon Book,* however, was not written in response to civic or criminal crimes. It discusses the issues directly related to the ecclesiastical, religious, Christian, and moral life.

One of the primary purposes of the *Canon Book* is to maintain the identity of the Armenian Church. The canons have for centuries served as a barrier or a firm wall against the attacks of other faiths and enemy trespasses. The canons have been used as a protective shield against neighboring and invading nations, and they have been used to firmly fight and face these foreign dangers. Therefore, the canons have played a significant role in terms of syncretizing, intertwining, and uniting our people and our church.

In one word, the *Canon Book* reflects as clearly as a mirror the habits, lifestyle, customs, and traditions of our ancestors. It is the repository of our faith and mind, reflecting the world outlook of our predecessors.

The *Canon Book* belonged equally to Armenians of all classes and genders—whether male or female, clergy or lay, aristocrat or rustic. Sanctified by the holy councils and protected by their sacred seal, the canons were mandatory for all. Even those clergymen, who pronounced the sentences, were subject to the instructions and commands of the rules. According to the nature, extent, and weight of their guilt, clergymen were sometimes punished more severely than their lay counterparts. Punishment was inevitable and was to be fully implemented for every violation. It was through such severe arrangements that the church taught the people to observe the rules. These reformative efforts undoubtedly bore fruits. The canons had their positive and beneficial influence over the public.

* * *

Now let us briefly discuss the predominantly instructional aspect of the canons.

The Apostolic canons of the *Canon Book* relay important information to us about the rules and regulations of the church. At the end of the canon groups, one finds that the Apostles established the canons not only for themselves, but also for their successors, because they knew that "the wolves are ready to put on the clothes of lambs and slaughter the flock of Christ." The Apostles themselves did not need these canons. They "themselves were the law makers." "It would not have been appropriate for the Apostles who were inspired by the power of the Holy Spirit to have been dictated laws by others."

The Disciples of Christ never failed in their role as teachers. Zealous and with meticulous regard for the prosperity and orderliness of the church of Christ, the Apostles taught us the following:

1. To pray facing east. Both prayer and worship should be conducted while facing east, because the Savior said: "As the lightning comes from the east and flashes as far as the west, so will be the coming of the Son of Man" (Mt 24:27). Thus, Christ—the Son of God and the sun of righteousness—will rise from the east and bring salvation to the world.

2. To offering the Liturgy. Let Sunday be "the feast and service and mystery of the dominical body and the blood of the Lord." Let the bread of Communion be "placed on the holy altar freshly baked the same day," and let only the worthy receive communion "with great awe." Saturday also needs to be honored by the Liturgy, because "it is the precursor of the coming of the great king." This tradition was honored and kept for a long period of time uninterruptedly. The oldest and best remnants of this tradition are found in the Lucermarium Liturgies of Christmas and Easter that precede the major feasts.

3. To fast. During the week, one should fast on Wednesday and Friday. On Wednesday, because it was on that day that "The Lord predicted and revealed the mystery of his agony, betrayal, judgment, crucifixion, death, and resurrection." Therefore, this day was assigned as a day of fasting, mourning, worship, and for the offering of "prayers of delight and joy." The punishment for clergymen who violated the fasting was severe—violation meant discharge from the church. It was only later that this command became overlooked and eliminated in certain places "due to the illness of the body." Friday was designated as a day of fasting, mourning, and sadness, because what the Lord predicted on Wednesday, took place on Friday. The fasting was supposed to have lasted "until the ninth hour of the day," or 3:00 p.m. in our modern day understanding.

4. To read. Gospel reading is the most important of all readings. The Gospel is considered "the precious seal of all books"; therefore, the faithful must stand respectfully during the reading of the Gospel, because the words "were the tiding of salvation of all men with the word of the Life-giver."

5. About relics. Those who depart from this world as "Faithful witnesses for the name of Christ," the relics of their "bones" would "glorify Christ, honoring Him." From this belief came the preservation and use, during exceptional occasions, of the relics of the saints in our worship service.

6. About hierarchy. The establishment of the hierarchical orders of the clergy is very old. The functions of priests, deacons, and others originate in the Old Testament. Noteworthy is the duty of the semi-deacons—they are superintendents of the widows and the grieved ones.

A sizeable number of canon groups of the *Canon Book* are dedicated to the significance, highness, and sublimity of priesthood. Canons forbid those who hate learning and are lazy, haughty, jealous, vainglorious, wicked, and slanderers from nearing the priesthood. The canons of Clement allow worthy people "with disabled eye and crippled members" to become bishops, because "it is not the disability of the member that makes him unworthy, but rather the profanity of the person." The spiritual-mental blindness and corrupt heart of a person are greater obstacles than any physical flaw.

The holy councils paid great attention to the life and work of the clergy. The canons of Nerses and Nershabouh exhort the clergymen not to sell the sacrament of penance, but rather to "give it for free, because we have received it for free." Confessors are warned to be extremely secretive, otherwise "they will be discharged by anathema and removed from the inheritance of priesthood by all means." Clergymen are instructed not to worry about worldly matters, but "to be preoccupied with the needs of the church," because "no one can serve two masters." Similarly, those who wish to "serve both the army and the church" need to be discharged, because one should "give to the emperor the things that are the emperor's, and to God the things that are God's."

The canons strictly instruct clergymen—like the ungodly—not to believe in or go to magicians, fortune-tellers, and witches, otherwise "They will be prevented from priesthood and they will not be allowed to hold ecclesiastical positions."

It was not that easy to judge clergymen with guilt. "You shall not accept slander for a priest, unless there are three witnesses." It is clear that two or three witnesses were required in order to accuse a priest of wrongdoing, otherwise the accusation would be considered to be false. In a different instance, it is commanded: "Unless a priest is discharged by the synod or the celibate priests, he should not be separated from the church based on unfounded accusations. There are many machinations by envious people."

In the case that someone knows for certain that a priest has sinned, "he should dare only to inform the bishop"; because if he "mocks the priest publicly, he would wrap judgment around his soul, because he has sought to mock God's priest."

As is evident, as stringent as the canons are for the clergy, so are they protective of them, because the punishments were severe and ruthless.

The *Canon Book* is filled with alerting appeals and exhortation to the laity. Effort is made to make the immoral people, the unbelievers, the unfaithful ones, the sectarians, the ungodly, and the authors of evil and machinations renounce their diversions and to straighten out, so that "the root of bitterness ceases from growing, troubling any one, and infecting others."

The canon that refers to the "incestuous evil-sectarians," not only forbids communication with them, but commands the people "to stay away from them, to abominate and hate them, for they are the children of Satan and tinder for the eternal fire." Incest, as a sexual profanity, was an abominable and detestable act. Despite the numerous demands of authoritative personalities, the incestuous sectarians continued their profanity. The referral to them as "timber for the eternal fire" indicates their being the "root of evil."

Canons have considerable say in moral issues. There are tough instructions about divorce, based on the "dominical law." "Nothing justifies divorcing a woman," not barrenness, wickedness, or spending habits. Nothing except leprosy, possession by demons, sorcery, or "daily prostitution."

Severe punishments are stipulated for those who commit unnatural and unacceptable acts, such as engaging in the sexual act with animals, homosexuality, lesbian conduct, fornication, atheism, sectarianism, sorcery, astrology, body-snatching, killing people mercilessly with deadly medicine, etc. Any one who committed any of the aforementioned acts was exhorted to regret, repent, turn, terminate their association and collaboration with the wicked, come from lawlessness to godliness, and live a normal and God-pleasing life. Otherwise, "they will be denied participation in worship," separated from the sacraments, and be deprived of Holy Communion, and in exceptional cases also from the last pension.

The punishments outlined in the *Canon Book* are numerous. First, however, we need to mention that in the old times an explicit discrimination between the "free" and the "rustic" was made. The free person belonged to the noble class, while the rustic was the peasant. Free people were allowed exemption from punishment by beating, and usually paid a fine and underwent penance. The rustic, on the contrary, were first subjected to a physical punishment, "accepting many blows," then taxed by "the tax of the homeless," and later, they were made to serve by "weeping and groaning," and only then would they be considered lawful, after expiating their sins.

Death was the fiercest punishment. "Death has been allotted to him by Dominican law," decreed the decision of the holy fathers, in accordance with the teachings of the Old Testament. In certain instances, however, pardon was granted by saying "the judgment forgives this one" and the sinner was given the opportunity to repent and be renewed spiritually. Thus, many sentences that stipulated "shall die," "shall be executed," etc., have been changed to "staying under supervision," "staying in obedience or serving," "not receiving communion," "staying outside the church doors," "listening only to the sound of the service and prayers," "repenting for three years," "paying a certain amount of money," and other considerably less severe punishments.

Judging according to our modern standards and lifestyle, sending the rustics to the leper-house seems an extremely odd and severe punishment. The leper-house was an isolated place where leprous people were confined. The guilty were sentenced to perform all kinds of hard labor there, such as grinding grain with a millstone, etc.

A stigma also belongs to the past. The canons of the Council of Shahabivan stipulated severe punishments for those who practiced incest. If the accused person belonged to the ecclesiastical order, he would be discharged, marked with a stigma on his forehead, and sent to a hermitage. But if the guilty person was a layman, he would be sent, immediately after stigmatization, to a "leper-house for penance." If after penance he repeated the same sin, "he would be taken to a leper-house after enervating his two nerves."

Diviners and sorcerers were "beaten by sticks, burned, smutted, reduced to bones, and taken to the leper-house to grind grain there for two years." But if even after numerous warnings and punishments they continued with their sorcery, according to the command of the Holy Scripture "they should be stoned."

As we have seen here, the canons are sometimes harsh, and sometimes mild and tolerable. The most severe canons, in general, were written in a tone that defames the person, abases the guilty, degrades, and scorns—all for the sake of chastity, meekness, honesty, the Armenian faith, the perpetuation of the Armenian racial characteristics, and the sanctification of the Armenian family.

With its instructional nature, the *Canon Book* provides to those interested in the research of law, Armenology, linguistics, medicine, philosophy, and ecclesiology unlimited themes. For example, researchers of the lives of the holy hermits will find quite amazing the fact that Armenian priests have been stylites. The stylites and the secluded ascetics are mentioned only twice in the *Canon Book*. The stylite spent his entire life living on the top of a pillar as an ascetic, while the secluded ascetic spent his life isolated in a cell. This kind of seclusion was quite common during medieval times. Simeon the Stylite was a renowned stylite who spent his days and nights on a pillar. Our church calendar mentions his name every year on the first day of the feast of the Holy Cross of Varak, in conjunction with Saints Mamas and Philictimon.

Linguists will discover that the *Canon Book* is full of linguistic elements. For example, the language of the canons is not always clear. The presence of Greek words, such as *cataros* (pure), *peretut* (superintendent), *monazon* (hermit), etc., is noticeable. The canons have also been influenced by the syntax of the Greek language.

The *Canon Book* is a precious and important monument of the Armenian people that has shined throughout the centuries.

1992

Sketches on Armenian Printing

The year 1992 solemnly marks the 480th anniversary of the printing of the first Armenian book.

Four hundred eighty years ago, a significant and unprecedented event took place in the field of Armenian culture—the publication of the first Armenian book.

Exactly eighty years ago, on January 17, 1912, speaking of the 400th anniversary of Armenian printing, Archbishop Malachia Ormanian wrote: "Celebration of the fourth centennial of Armenian printing stirs the emotions of all Armenians."

Today, too, we feel the deepest gratitude toward the laborious and dedicated servant, Hagop Meghabard, who laid the foundation of Armenian printing.

In 1436, Johan Gütenberg, a German printer, came up with the idea of using mobile letters. Then, in 1455, in the city of Mainz, Gütenberg invented the press. The "Gütenberg Bible"—a marvelous and unique publication of its kind—became his masterpiece.

Almost half a century after the invention of the press, Hagop the Armenian, who humbly called himself *Meghabard* (sinner), initiated the printing of the first Armenian book. There was nothing unusual in his choice of Meghabard as his last name, because Armenian manuscripts and colophons are full of such adjectives. Armenian scribes used the word meghabard to refer to a state of sinfulness, as well as, allegorically, to humility.

Hagop Meghabard first published the *Ourpatakirk* (Friday Book), and later, consecutively, *Barzadoumar* (Simple Calendar), *Badarakadedr* (Book of Liturgy), *Aghtark* (Collection of Astronomical and Other Predictions), and *Dagharan* (Book of Songs).

When speaking of the content of these five books, I have to mention that *Ourpatakirk* is a book composed of a variety of prayers, entreaties, Gospels, and writings of the saints, as well as writings of divination. The *Badarakadedr*, which is now also called *Khorhrtadedr* (Missal), is a religious book related to the Divine Liturgy. It is noteworthy that this is the only one among the five books that contains a colophon that identifies the date, place, and name of the publisher. It says: "This sacred book was written in 1513, in the pious city of Venetia, which is Venice, by Sinful Hagop. May readers ask for God's forgiveness."

Aghtark is an extensive volume written about astrological and medical matters. It contains lengthy chapters devoted to the interpretation of dreams and other divinations. *Barzadoumar* is a calendar, with sections dedicated to the interpretation of dreams and the movements of body parts. *Dagharan* contains songs and poems written by Armenian medieval poets, such as Hovhannes Tlgourantsi, Frig, and Naghash Hovnatan. Also contained in this book are the riddles of Nerses Shnorhali (137 in number).

It is still unclear which printing house published these books. All that we know is that the books were printed in the Italian city of Venice, which was considered one of the enlightened centers of the world at the time.

The publication of these first books was followed by a half a century (fifty-two years, to be exact) of silent barrenness in which no Armenian printing occurred. So dark and fruitless years followed the first radiant progress made in Armenian printing.

Later, however, other selfless people, zealous toward the Armenian culture, continued the grateful work of Hagop Meghabard. In 1562, an Armenian merchant named Apkar Yevtogatsi (also Tokadetsi) continued Sinful Hagop's work. Catholicos Mikayel I Sepasdatsi sent him to Rome with a "political mission." He was commissioned to engage himself in the printing of Armenian books. In 1564, Apkar went to Venice and after overcoming numerous obstacles pertinent to censorship and permit, he printed the *Psalms* of the Prophet David.

Apkar discontinued his fruitful work due to the harsh and intolerable conditions surrounding him at the time in Venice. He moved the Armenian fonts he had prepared and the printing equipment to a more tolerant and better place, Constantinople. There he printed the books *Badarakadedr* (Book of Liturgy), *Domar* (Calendar), and *Zhamakirk* (Book of Hours). Thus Apkar laid the foundation for the first Armenian printing house. After these three books, Armenian printing once again was interrupted. The silence was disturbed upon the publication of the translation of Pope Gregory XIII's *New* or *Gregorian Calendar* by the Roman Papal press. The prominent Armenian historian, Leo, described the printing activities of the sixteenth century as "shaky, unstable, accidental, and poor."

Nor Chugha (New Julfa) became the next center of printing. In fact, the great honor of introducing printing to Persia belongs to the Armenians. Taking advantage of the opportunities and favorable conditions of the time, the Armenians soon added a new press in the monastery of Holy All-Savior, already famed for its school (known also as a university). In 1640, the press printed the book, *The Life of the Fathers*. I would like to recall, with respect and gratitude, the wise and farsighted primate of the monastery, Very Reverend Father Khatchadour Gesaratsi, who by his invincible will and unbreakable faith, led and brought the printing efforts of the monastery to their successful completion. According to Leo, "Khatchadour Vartabed learned the art of printing from nobody; such were also the people around him. However, using their natural intelligence they understood what it would take, and they engraved the fonts and built the press. They even made the paper in house, then they typeset, and printed it."

This heroic work was accomplished away from the homeland, under a foreign sky. Every attempt and effort was exerted to bring assistance and light to the Armenians who were being helplessly fed by darkness. In 1642, the same press published a *Book of Hours.* This accomplishment by itself is indicative of the spiritual thirst of the faithful.

Hovhannes Vartabed Angiuratsi shined in the sacred arena of Armenian printing with an exceptional grace. His name was associated with long travels, great obstacles and torments, and finally with the publishing of the *Psalms,* as well as with the design of more presentable fonts and printing ornaments.

In 1647, Hovhannes Vartabed, after the sad death of the Primate Khatchadour Gesaratsi, published the book *Azaria's Calendar* and others. Unfortunately, after these efforts the printing activities of New Julfa ended.

The Armenian, striving for enlightenment, acted again a few years later. It was Catholicos Hagop IV Chughayetsi this time that emitted the scribe Madteos Dzaretsi of Karabakh to Europe. Dzaretsi first went to Rome, but failing there, he moved to Amsterdam. In 1658, Dzaretsi established a press in Amsterdam and initiated the publication of Nerses Shnorhali's (The Graceful) book, *Jesus Son*. Unfortunately, his premature death prevented him from completing the project. After Dzaretsi's death, Vosgan Vartabed Yerevantsi appeared on the scene. He was the abbot of the monastery of St. Sarkis and the brother of Avedis, an associate of Dzaretsi.

Vosgan Yerevantsi was born in 1614 in Isbahan to the family of Ghlidjents. Clever by birth, he was an energetic teenager with a thirst for knowledge. We know from historical sources that Yerevantsi learned Latin from a Latin clergyman named Piromalli who was hosted at Etchmiadzin. Yerevantsi taught Piromalli Armenian in turn. The two authored many translations together.

Yerevantsi, who was sent to Amsterdam in 1662 by Catholicos Hagop Chughayetsi, harbored ambitious plans. The foremost and most important of his projects was the printing of the Armenian Bible, a project he realized in 1668. Thereafter, Yerevantsi published seventeen additional books. The bulk of these were religious—a book of hours, hymns, New Testament, Mashdots, Psalms, etc. Alongside these religious books, he also published *Grammar* (a book he wrote), *The History* of Arakel Tavrizhetsi, *The Map* of Anania Shiragatsi, and *Aghvesakirk* (a book of fables).

Yerevantsi's life and work in the foreign world were not smooth at all. He was subjected to constant censorship. The servants of the Catholic Church constantly harassed him as a persona non grata. One of the saddest realities of that time was the existence of Armenian censors. It is painful to admit that the evil angel of Yerevantsi's work was a priest named Tateos Hamazasbian. As Yerevantsi testified, this infamous priest "built citadels and castles of injustice," in order to destroy the Armenian press and stop the printing process. Who, however, would be able to stop the work Yerevantsi began and smash projects that benefited the nation? Just like the illuminators of all nations, Yerevantsi was forced to drink from the cup of bitterness to the end, contemn the intrigues and machinations of the ignorant and deceitful priest, and prudently endure the hardship and unjustified animosity. "In pain and sorrow" this good and prudent clergyman, who worked hard and struggled for the enlightenment of his homeland, closed his eyes forever in 1674. The history of Armenian printing has recorded the name of this indefatigable and invincible champion with golden letters.

After Yerevantsi's death, Mateos Hovhannisian of Vanant and Tovmas Vartabed Nourijanian continued in his footsteps. In 1695, they published a map called *All-Exclusive Map,* as well as Khorenatsi's *History of Armenia,* a textbook called *The Gate to Wisdom,* a book titled *A Treasury of Measurements, Weights, Numbers, and Currencies of the Whole World,* and others.

Armenian printing was quite active during the eighteenth century both in Constantinople and Venice. The *Riddles* of Shnorhali, the *History* of Agathangelos, and the *Grammar* of Baghdasar Tbir (Scribe) were published in Constantinople, while Venice birthed the *Armenian Dictionary* and Mikayel Chamchian's *History of Armenia* among others.

The 1770s were remarkable in Armenian history. During this period, two presses were founded: one in Madras, India, and the other in Etchmiadzin. The two political books—*New Tract* and *Trap of Glory*—both published by a group dedicated to the liberation of Armenia, played a significant role in the life of Armenians.

Published in 1773, the book, *New Tract, also Called Exhortation,* discussed the liberation of Armenia. Its wise author, Movses Paghramian, who was originally from Khamsa (Karabakh), exhorted the Armenians toward self-sustenance. In Leo's judgment, "the significance of this book in Armenian literature, despite its humble literary merit, can be considered extremely great."

This is considered an exceptional book in Armenian history. It instilled within the Armenians the idea of liberation and awoke the Armenian mind from a centuries-long numbness. The author clearly stated the goal of his book in the title: "Written in order to awaken Armenian youngsters and teenagers from the fearful and lazy weakness of a sleep that causes idleness."

The book, *Trap of Glory,* linked the fate of the Armenian people with their northern neighbors—the Georgians.

Paghramian's appeals for alertness and his good counsel were timely messages. The brave Karabakhtsi, indeed, was on the right path. The modern-day Moses called the masses to self-confidence, self-determination, and independence at a time, when the Armenians labored under the oppressive yoke of the Turks and the Persians.

Armenian printing gradually grew in the service of its purpose, when copies of the aforementioned two books reached Etchmiadzin and were distributed to the intellectuals there. Thus, a new movement began among the enslaved sons of the Armenian nation, and its waves reached the remote and dark corners of the country.

The objective of this essay is not to present the complete history of Armenian liberation or printing, but rather to outline the developmental stages of the Armenian press and the numerous benefits it offered our people.

The daring and great works published as a result of Armenian printing gave great impetus to the tasks of teaching, educating, and enlightening the people. With the spread of literacy, the Armenians unchained themselves from the blindness of the mind. Inspired and filled with revolutionary ideology and a vision of liberation, the Armenian regained his inherent noble skills and properties through self-cognizance and self-esteem.

Blessed are the memories of the Armenian printers and the forerunners and fighters of the Armenian liberation.

1992

The Agony of a Language

Often written about and emphasized phenomenon in the media on these shores is that the authentic and ancestral language of the Armenians, which has marched throughout the centuries, is in retreat. It retreats with great and hasty steps, leaving behind abysses in our hearts.

The fact that the number of people using the Armenian language to communicate is gradually decreasing, along with the number of writers and readers, is not new.

Those who question the practical use of the Armenian language in this remote western world have always been numerous. Why learn a language that has no actuality, is not practical, nor profitable? This is what people of liberal thoughts and progressive ideas say. Why spend time and effort on a language living its last days? Moreover, why not take advantage of the golden opportunities provided by life, and learn practical languages, such as Spanish, French, or German, so that the benefit of their knowledge is tangible and enviable?

Having this as a basis, they list the Armenian language among those considered crippled, useless, and needless.

We feel obliged to write on this subject and remind once again: Without the existence of its language, the existence of a nation is merely an illusion and deception. Nations perpetuate, progress, flourish, and prosper only when they are attached tightly to their substratum—their fatherland and their conversational language. Without these two attachments, not a single nation can impose its presence or can make itself noticeable on this multiracial and multicultural planet. Nations that have lost their language head for the abyss wherefrom there is no return and salvation.

With the disappearance or loss of the mother tongue, people forget their authentic heritage—their way of thinking, feeling, their psyche, lifestyle, customs, traditions, and even their faith.

Many view these words as the constant repeat of a theme—meaningless and outdated.

What are the basic factors and reasons that axed and dismantled the common conception that it has been our authentic language that kept us warm and safe against assimilation?

The answer is multifaceted and complex. A thorough analysis is not the issue here, but rather general observations.

The essence or core of the issue is the following. Why have people lost their interest, vigor, aspiration, desire, and affection toward learning, absorbing, and using their motherly tongue? What has led this intolerable indifference toward a language that has linked and united the scattered pieces of the Armenian nation and kept it from certain destruction? Why are we experiencing this negative attitude and the psyche of looking down upon the Armenian language, when it is considered one of the richest and most flexible languages in the world? Isn't it true that the Armenian language has been learned not only by Armenians, but also by foreigners? Foreign linguists invested years learning our language, studying its delicacy, and being enchanted by its depth and beauty.

How can we look back and address the decisive and fatal divide that separated us from our mother circle and cut us from our mother artery? We say this with the profound conviction that many have already made peace with their situation and therefore are unwilling to search for and find the symptoms. Many regard this issue quite simply—changes in the conditions of life have played a significant role in this separation and isolation of a people from their native language. Others insist that the lack of Armenian schools has quenched the torrid lamp of our language that has burned uninterruptedly for quite a while, enlightening the Armenian mind and soul. While others argue that there is no need for a secondary language, since English fully meets their communication needs.

Supplying the American Armenians with Armenian schools is an old issue. After decades of diverse and absurd arguments, this vital issue has never been realized, partly because people did not place high hopes on the perpetuation of American Armenians, and partly because of the "lack of financial means," a reason that can never be justified. Thus, the American Armenian, except in a few places, has not enjoyed the same opportunity with regard to learning our language that was offered to a teen born and raised in the Middle East. So, contrary to the latter, the American Armenian opened his eyes and mind in non-Armenian schools, where he heard the English language day and night, and therefore the American Armenian was shaped by the American breath and culture.

We all experienced the years when individuals, groups, and minorities speaking a language different from the English in this country were looked down upon. Annoyed by this silent and indirect persecution, some parents refrained from teaching Armenian to their children, and even discouraged its use at home.

The first generation of Armenians born in the United States spoke Armenian because their parents were unfamiliar with English. When the Armenian refugees who survived the calamities of World War I, reached this promised land of modern times, they brought their motherly tongue with them, whether literary or dialectal. They had no choice between Armenian and the English; they had to speak Armenian. This was not the case with the children born in this country. The latter did not consider speaking to their children in Armenian a necessity, because they were captured and absorbed by the strong local cultural elements.

The fast pace of life, the progress of technology, and the natural needs of life, together, hindered the continued use of the Armenian language in America. Thus, Armenian remained the language of the elder or older generation, while the younger generation felt liberated from the sweet yoke and heavy burden of learning Armenian. This resulted in a gradually widening gap between the two. Today, we have reached an undesirable stage where many children of our young generation are absolutely unaware of the Armenian language. They have been cut off from its splendor and magnificence. Regardless of how regular and fruitful our Sunday school lessons are, these lessons cannot replace the real and true school, which, in the absence of Armenian day schools, is the house. Today, the golden chain linking the old and the young has been broken. As a result of this lack of attention and care, the Armenian language writhes in agony.

What is the picture of the Armenians living in the Middle East? The Armenian day schools, no doubt, play a significant role in providing the Armenian child with an Armenian education. There is also the considerably weaker influence of the environment. Mixed marriages occur at a significantly lower rate than they do in the United States. Thus, the Armenian child is safer and rarely subjected to the danger of cultural estrangement.

We need to emphasize here the selfless services of the Armenian teachers. From early on, the Armenian teachers have been conscientious, selfless, patriotic, and diligent. They have undertaken the responsibility of educating the children of our nation, instilling in them the Armenian spirit, and enlightening their minds with knowledge. It is painful to write here that these meek and humble servants of Armenology and the other fields taught in our schools have in general lived a poor and miserable life. Our nation has never known how to appreciate their value and therefore collectively we left them to their fate and dark destinies. Many precious intellectuals and cultivators of the Armenian language and culture "practiced beggary." Arpiar Arpiarian, the great Western Armenian writer, under the title of *I have Seen a Lot,* portrayed the "famished teachers," whose beggary or "near beggary situation" he witnessed. A teacher of Classical Armenian, who authored a Classical Armenian book, fell and died famished in an unknown place. Nshan Agha, who taught Arpiarian the reading of *Nareg,* became a stonecutter. Nshan's corpse also remained unknown. The Reverend Avedis Berberian, this "laborious and hearty teacher," after selling his personal treasures—his books—died at the right moment. Mgrditch Beshigtashlian's death was also heart-breaking. Father Iknadios Gureghian, the Mekhitarist Abbot, exhorted young Arpiarian thus: "Don't profess teaching; you will not be a better teacher than Beshigtashlian. He died of hunger." Arpiarian then added: "A great talent died poor, and I say he did in due time. Had he lived a little longer, fatigue and old age would have made him long for his daily bread."

The examples in our own life also are troublesome and striking. All three teachers of my childhood met with painful deaths. One of them became a doorkeeper; another was thrown in an orphanage. These two highly cultivated minds, noble spirits, and diligent workers shut their eyes abandoned and forgotten by all, but especially by the nation. The third disappeared without a trace.

Despite the future uncertainties and the insufficient compensation of the Armenian teachers, there are individuals that to date encourage youngsters to dedicate their lives to Armenian studies and teaching. What an irony! This irresponsible act and seemingly good counsel is not praiseworthy, when the uncertain future and harsh conditions awaiting the brilliant graduates of universities is considered. Currently, there is not a single assurance that a teacher of the Armenian language will be able to earn his daily bread and live a dignified life. The sad reality is this—the Armenian nation has always abused its selfless servants. Neglecting the fact that without their knowledge and readiness to teach, the Armenian school would no longer be called Armenian. Without the Armenian language, a school is a casual school where subjects are taught in a foreign language.

The second fallacious and disturbing phenomenon, which is equally unfair, is when young people are encouraged to write and publish books in Armenian. The so-called supporters of the Armenian language and literature preach of the importance of speaking and writing in Armenian, but when the time comes to submit a valuable work written in Armenian for publication, they are the first to retreat. Suddenly the matter becomes tangible, real, and requires financial support for implementation.

To speak the truth and in order to be fair, it would be worthwhile to offer this classic example. The unique works (tens of volumes) of the renowned Armenologist Norayr

Puzantatsi are still unpublished and, therefore, remain scattered. Puzantatsi hoped in vain that the nation would publish his impressive *French-Classical Armenian Dictionary.* Finally, his foreign wife, Selma, compassionately agreed to publish it for the benefit of the Armenians and their culture under great financial sacrifice. Examples are not peculiar only to the past century; they are occurring also in our modern times.

The young generation in the Diaspora is currently caught in a dilemma, which is not encouraging. This dilemma is having a destroying effect and is leading to despair. Disgusted by the undesirable and unfavorable conditions, young Armenians desperately and with broken hearts are staying away from Armenianness and are looking for their future in other places and in different fields.

How can we treat this widespread disease and improve the conditions of the Armenian teacher, so that through him we secure the continuity, protection, and prosperity of the Armenian language?

If as a nation we desire to call back and save the Armenian language from its death sleep and agony, we need to appropriately appreciate our worthy teachers. Let us eliminate once and for all this psyche of the poor and beggar. Let us put an end to their abuse, and instead work to keep the vocation of teaching sublime. We would partially treat the pain if we compensate the Armenian teacher in a dignified manner. As a result of appreciating them, qualified teachers will come to the stage and help raise the standards of the Armenian schools.

The issue of the Armenian language is a complex one in the West. We often hear that we are able to inject new blood and life into a dying community only through newcomers. It is meaningless and unfair to expect great influxes of Armenians from eastern countries to temporarily energize a shrunken and scattered community.

The continuation of the Armenian language requires commitment on a local level. Parents need to show their love for their children by teaching them the Armenian language. Many young Armenians deplored the fact that because of their unfamiliarity with the language, they cannot complete their higher education in Armenia, or understand the Liturgy and sermons.

The Armenian language is in agony. No one can argue or deny it. It shouts out loud everywhere, asking for help and salvation.

The urgency needed to rescue our language requires a collective effort and not individually. A few are those, however, who truly believe in the everlastingness of the Armenian language, its dawn, and its revival.

Our great patriot, Khatchadour Apovian, did not instruct us in vain: "I tell you, young Armenians, may I die for your name, sacrifice myself for you to live, learn ten languages, but keep your language and faith steady."

1993

The Armenian Book

When you open an old parchment. O, it seems that you own heaven.
Goethe
We hear the sounds of weeping coming from our manuscripts; not a single joyful word.
Ashod K. Aprahamian

The Armenian book is the honor of the Armenian, the light of his eye, and the nourishment of his mind.

The Armenian alphabet is a sacred relic, which has reached us through fierce, centuries-long struggles. It is a sacred wafer, created by a miracle, preserved by holiness, and transferred by faith through the tears, sweat, and blood of our ancestors. The Armenian alphabet is an inviolable treasure we have inherited from our forefathers. It maintains our "forever-incorrupt march," our Armenian identity, and our Armenian existence.

The Armenian believes in the life-giving power, miraculous nature, and efficacy of the alphabet. Our laborious authors of the scrolls, historians, scribes, calligraphers, and clerks have for centuries spent the light of their eyes, poured the knowledge of their minds, and wore their lives on the parchments rewarded only with "a piece of bread and a drop of water." With exceptional diligence, profound reverence, and unlimited sacrifices, they brought light and radiance to the Armenian world.

It is an unbreakable human rule that people cannot detach themselves from books. Books are an essential element and inseparable aspect of our lives.

Our laborious spiritual parents and educators have demonstrated great reverence toward the alphabet, manuscripts, and books. Armenian scribes have uninterruptedly produced, copied, designed, illustrated, and saved spiritual treasures and unique cultural values from sure destruction.

These always alert cultivators of the mind and the quill, these servants and worshipers of the sciences, regardless of their age and gender, whether middle-aged or old, teenager or female scribe, have demonstrated extreme humility and humbleness. Antranig Dzarougian said: "The truest greatness is found in the most humble appearances, isn't it?" At the end of their voluminous works, the scribes refer to themselves as "base, abominable, sinful, weak, unskilled, artless, etc." As reported by the laborious scholar and Armenologist Ashod K. Aprahamian, these scribes who "patiently and carefully wrote and completed their manuscripts with the utmost compassion, sometimes working for months and years on one manuscript under the dim, faint light of a lamp."

Our literature mentions a certain Hovhannes Mangasarents, who "for seventy-two years, summer and winter, night and day, continued to write." During this long period, he copied and ornamented numerous books on the lives of the saints, yearbooks, books of hymns, psalms, and songs. "And this Hovhannes wrote chapters at his old age, when his eyes did not see well and his hand trembled. With great difficulty, he hardly completed this final work, and then, no longer able to hold the quill he died at the age of eighty-six."

"O Lord! Remember this poor Vartan and do not blame him . . . Today, I have eaten moldy bread, drunk the lime-water of a well, and wrote in Jerusalem with a great pain."

Another scribe wrote: "I ate a dry millet bread and wrote." The colocynth and salt were far more bitter and burdensome than poverty.

The scribe Boghos wrote while his shelter was besieged by the enemy and he was in need of "a spoon" of milk and yogurt.

The scribes endured unbearable and indescribable deprivations, such as the lack of bread, water, nourishment, light, and many other elemental and vital necessities. The rooms where they worked were cold, humid, and unpropitious, "the papers are rough, there is no quill, my days are cold and clear, my room is high and without fire, my doors are dry and there is no furniture, I am extremely distressed, but there is no cure." Or, "My hand was cold while I was writing. . .," or the ink was thick and the cursed flies annoyed the scribe by their abundance.

Others complained of the smoke from the hearth, water dripping from the roof, various insects, such as flies and fleas, as well as of voluble people, who with their redundant conversations interrupted the flow of the scribe's work. The cross of the Armenian has been a heavy one. Leo Tolstoy rightfully wrote: "God gives man the cross, but also the strength to carry it." The Armenian scribes have literally suffered from their inner wounds and succumbed to their pain. How truly Mouratsan wrote: "A hidden wound causes more pain and torment than the exposed." Destiny simply has not been friendly to us. At crucial moments, the scribes shouted heartbreaking petitions to God: "Take this cup away from me." Despite all these difficulties, they courageously and selflessly continued and completed their beloved work. Our ancestors have appropriately said: "The end crowns the work." Completion brought them a crown, honor, and respect.

Due to political and economic circumstances, Armenians have often migrated to remote places in search of a new way of life, and the means to sustain themselves. The scribes who dedicated themselves to writing abroad have also described their misery with touching words and heartbreaking images. The state of being away from the homeland has been viewed as heavy a burden as poverty and misery. In bitterness Mgrditch Lehatsi wrote: "Khigar the Wise says, I have lifted adobe bricks as a burden, but they were not as heavy as poverty and homelessness. And again, I have put lead on my shoulder, and found it lighter and softer than the state of living abroad."

It is simply a stunning phenomenon that the scribes were able to maintain their balance in life and the ability to think and judge correctly, in the face of shocking and appalling, horrible and deadly conditions, which usually enervate the healthy body and destroy man's moral structure. We need to admit that some were not able to endure the hardship and were destined to silence and barrenness. In other words, the harsh political struggles, persecutions, and the merciless, inhuman, and bestial actions of the enemy were so oppressive that the Armenian scribe was forced to put down his quill and stop creating for a while. It has been truly said that an upset, angry, and "revolted heart does not obey the brain's command." Heartbreak petrified and immobilized many scribes.

It is really a miraculous phenomenon that the Armenian scribes were able to continue their sacred work. They were driven by their invincible and undefeatable wills, despite witnessing and hearing so many natural (earthquake, epidemic, etc.) and man-made (sword and slaughter, famine, persecution, death, etc.) disasters and calamities. Balzac, the great French novelist, wisely remarked: "Failure always gives wing to our daring ambitions."

Armenian manuscripts and books have been pillaged, burned, and destroyed by invaders throughout the centuries. Sdepanos Orpelian, the reliable historian of the thirteenth century, spoke of the destruction of 10,000 manuscripts by the Seljuks at the monastery of Datev. Armenian manuscripts have wandered the world together with the wandering Armenians.

The Armenians, called to drink the cup of bitterness to its last drop time and time again, faced these obstacles with endurance and magnanimity. Referring to the struggle for existence and the migration of the Armenians to foreign lands, Franz Werfel wrote: "The Armenian became a wandering rug woven with the blood-colored threads of destiny . . . which no one can undo. . ." Then, speaking of their suffering, he said: "The eyes of almost all Armenians are large, broadened by the millennial torment." It was simply a quasi-miraculous phenomenon that without a specific foundation or basis, the children of the Armenian nation are today rising from the ashes and are engaged in tasks they need to be thanked for.

The Armenians did not complete their days in foreign lands with lamentations, pessimistic complaints, a negative attitude, or an adversarial spirit. The pen continued to work relentlessly even during such critical situations and tempestuous days. "It is this faith in the letter and literature of the past that most likely was one of the inciting forces motivating the Armenian scribes to work night and day, to labor and write compassionately, and to leave behind them thousands of volumes of manuscripts." The Achilles heel of the Armenians, their weak and vulnerable side, lay in their magnanimity, diligence, and pacifism. Weak, powerless, base, and degenerate people tried to stop the pace of the Armenian mind and terminate its pulse. The arrow of the Armenian mind, however, strengthened by a durable and invincible will, has always soared high and far.

There are numerous records in our bloody history, referring to incidents when Armenian manuscripts were seized and used as hostage, or were taken away as booty and therefore a source of profit. In order to deliver a manuscript from bondage, Armenians paid considerable sums, or offered livestock—cattle, oxen, cow, horse, etc.—from their farms. A manuscript fallen "captive in the hands of aliens" had to be liberated by all means. The Armenians made this ultimate sacrifice with profound consciousness and scruple. The colophons of manuscripts are full of such testimonies. In 1386, the scribe Hagop, speaking of the preciousness of manuscripts, said: ". . . For the fool it [the manuscript] is worth nothing, but for the wise it is worth the world."

The scribes begged and commanded in their colophons that people deal with the manuscripts carefully, because they were written with salty tears, awe, and at the expense of one's life. They contain the spirit of the race. They pass on wisdom, history, tradition, and holiness. The manuscripts that have been passed on to us are now kept with the utmost care at libraries in Armenia, Jerusalem, Venice, Vienna, and other Armenian centers. Having finally found protection, thousands of manuscripts will now be available for the countless generations to come. With the invention of the printing press, the scribes stopped copying and the press replaced them. The press made the high quality publication of large quantities of countless precious books possible.

The Armenian book became available to the public, a possible possession for every individual. Like a luminous lamp, the Armenian book enlightened minds, brightened souls, transformed hearts, refined and crystallized the character of the Armenian, and altogether enriched the treasury of the Armenian national culture.

Countless generations have caressed the Armenian book, appreciating it, loving and cherishing it. Mindful and wise people strive for knowledge, while the lovers of darkness neglect the book, and instead of being flooded by light and accumulating knowledge, prefer to dwell in darkness, "because they work the work of evil."

For an Armenian individual it was not enough to possess books; in order to satiate his intellectual thirst, he read them voraciously. Therefore, the Armenian not only is a bibliophile, but also studious. Hovhannes Karnetsi, author in the thirteenth century, exhorted: "Pass not a day without reading a book." Our people took this advice seriously and followed it. Indeed, books are like people—they are full of diverse and inconsumable knowledge. Khrimian Hayrig, the Catholicos of All Armenians, in his book, *Grandfather and Grandchild* offered this wise message: "Do you know, my grandchild? Each book is a teacher; letters remained alive; there are books that are immortal." Therefore, one should open them and communicate with their wise messages, because each book represents a separate world and contains a unique knowledge. In this regard, there are no useless books. It is an unforgivable sin and particularly an insult to our ancestors when a book is disdained, dishonored, thrown away, burned, or destroyed. Having said this, it is an irony that years ago, in the capital city of Yerevan, four million books perished. They were buried without drums and trumpets, silently, and without rebellion, complaint, or protest.

Currently, in Armenian houses, every year, Armenian books are expelled and orphaned, thrown out on to the streets, delivered to churches, libraries, clubs, and parish houses, because there are no readers or room in the house. . . The Armenian books, these "not welcomed members," are departing from their possessors and beloved ones little by little, destined to eternal loss. Abandoned Armenian books sad, sorrowful, and forsaken to their fate—become pale, moldy, dusty, and deteriorate as food for moths and cockroaches.

It is a primary duty and the urgent priority of every Armenian to safeguard and protect the Armenian book as the apple of their eye, because "the alphabet and literature are woven with the firm fabric of the nerves of our ancestors and hardened with the cement of their blood."

Unfortunately, today, not only has the Armenian book lost its respect in the Diaspora, but also the writer. We are familiar from a study of the history of the last one hundred years with numerous revered figures, laborious writers, bright minds that not only were not appreciated equal to their worth, but also who were neglected and forgotten as the untrue children of our nation. They "fell on the side of the road" unnoticed. Some of these selfless servants closed their eyes in despair, poverty, and loneliness. Others existed as beggars. The Armenian nation has shown a lack of appreciation and support for the Armenian writer. The latter, always humble, self-sufficient, and self-contained, has never protested against this unfair and disgraceful attitude.

It is time for the Armenian book and writer to be placed on the pedestal.

It is time to give back to the Armenian writer his dignity, credibility, and honor.

It is also time for our people to return to one of their ancient cherishable traditions—the love of reading. Our brethren in Armenia have dedicated broad spaces in their small and narrow houses to shelves filled with books. Our people are among those few nations in the world who love to read. Our medieval legends tell us that the difference between the wise man and the fool is as great as that "between the healer and the patient."

Years ago, when I was visiting Karekin I, the Catholicos of All Armenians of the blessed memory, he honored me by donating to me some twenty books. As I prepared to leave, the Catholicos said: "It is the duty of an Armenian clergyman to always read."

Karekin I, in his marvelous book, *The Armenian Man in Front of the Armenian Book* offers many magnificent thoughts about books. He equals to heretics those who close their eyes before the Armenian book and treat it with indifference. Here is what the wise Catholicos of Armenians said: "Today, I allow myself to say that those who refuse to read the Armenian book despite knowing Armenian are heretics to me. The voluntary indifference toward the Armenian book is a form of alienation from Armenianness. No matter how much Armenianness is present in them emotionally, it is as if they lack something essential, something substantial from a national point of view. Something like the coolness of the water one drinks from the spring, the warmth of the ray beaming down from the sun, the taste of the fruit freshly cut from the tree is missing in anyone who closes his eyes to the Armenian book refusing to drink its nourishment from the source of the Armenian-rooted tree and Armenian-lettered book."

Indeed, the Armenian alphabet has its precious place in our Armenian life and reality. It is the Armenian alphabet that unites us, links us, and strengthens us. Armenian books play an instrumental role in transferring the Armenian spirit to subsequent generations. It is through them that we come to know our nation and history. We owe them our identity, existence, and a multitude of virtues. Those who nourish themselves with Armenian books and communicate with them cultivate within themselves an Armenian way of thinking and living. There are bits of wisdom sowed in the books by our mindful, ingenious, and circumspect ancestors. It is our moral obligation to reveal even the slightest and least important historic fact, to learn from the experiences tested in fire and water, and to pass all these on to the next generation.

A people that create something from nothing, who generate a result from absolute nothingness deserve praise, ode, and admiration.

The great Armenian poet Yeghishé Charents portrays the importance of books beautifully in one of his poems:

O, the world of books is an edgeless universe,
Like many diverse suns,
And like stars and beams . . .
Born in different centuries and countries
Each brings a separate honor
Each carries a world within.

2000

RELIGIOUS

Peculiarities of the Book of Revelation

The Book of Revelation is the most complex, convoluted, and difficult to understand book in the New Testament. It has been difficult for this book to gain its rightful place among the others. No one has been able to accurately interpret its meaning; therefore, there are numerous opinions and many contradictory interpretations.

The Book of Revelation is filled with symbols. As such, its content and particularly the dates referring to the end of the world and to Christ's second coming should not be taken literally.

The Book of Revelation needs to be viewed within the context of the historic era in which it was written. It was written in a literary genre and in a style that was new and unique. The book was written in order to instill a sense of security and certainty in the Christians who were living under harsh and crucial conditions during that time, as well as to foretell this victory over evil powers.

It is easy to deduce from the content of the book that in the first century, the Church of Christ faced severe persecution, restrictions, and vexation by the Roman authorities.

The book offers abundant exhortations and much advice for newly converted Christians. It encourages them to stand firm and steady on the rock of their faith no matter what kinds of sacrifices are required. They are advised to suffer, endure, and overcome obstacles through the application of the Christian virtues of patience and prudence. Likewise, it instructs new converts to use judgment and to not submit to the regressive and vain ideas of the pagan religion.

The book raises eschatological issues. Victory and salvation are announced as the final and ultimate end for every believer.

The book clearly presents the antagonism that exists between Christ and Satan. The fight ends with the glorious triumph of Christ. A similar fate awaits believers, if they do not retreat or lose hope. This is the basic message of the book. It emphasizes the importance of hope, consolation, and redemption in the life of the faithful.

Undoubtedly, the author of the Book of Revelation is John. His name is mentioned four times (Rev 1:1, 4:9, 22:8). Because of his Christian faith, John was exiled by the emperor Domitian (81–96 A.D.) to the rocky Greek island of Patmos, some fifty miles south of Ephesus. The island was used by the Romans as a place of exile. It seems clear, then, that John was sent there to expiate his sin "because of the Word of God and the testimony of Jesus" (Rev 1:9).

It is strange that John never calls himself Apostle. Some fathers of the church acknowledge him as Apostle John, while others deny him that right.

There are linguistic (phrases and words) and theological similarities between the Gospel of John and the Revelation of John, which suggest the sameness of the author. The words "logos" and "lamb", for example, are particular to John.

The book may have been written between 81 and 97 A.D. John wrote his Book of Revelation in a cave south of the Patmos Island.

The Book of Revelation contains seven letters addressed specifically to the seven churches of Ephesus, Smyrna, Pergamum, Thyatira, Sardis, Philadelphia, and Laodicea. Written as letters, these seven letters tend to maintain the vocation of the faithful intact and incorrupt.

Interestingly, Archbishop Shnork Kaloosdian, the blessed memory Patriarch, noted in his book, *Seven Letters to Seven Churches* (1977, Istanbul), that if the aforementioned cities are connected to each other on a map, an oval frame is revealed. This frame symbolizes the totality of all churches.

Let's begin our analysis of this frame by looking at the important center of Ephesus.

Ephesus is located in western Asia Minor. It was considered the largest city of Asia Minor during the Roman Empire. According to the testimony of the Apostle Paul, an arena and circus of humans with beasts (compare 1 Cor 4;9, 9:24-25) existed at Ephesus. The Apostle says: "I fought with wild animals at Ephesus" (1 Cor 15:32). According to tradition, Ephesus is where the Apostle John passed away.

In his first letter to the church of Ephesus, John the Theologian emphasizes the necessity of self-awareness and penance. The author is aware of the difficulties, the hardships, and the anxieties of the members of the church, and of the dangers that threaten them. Interesting is the case of the Nicolaitanes of whom, unfortunately, we do not know much. The current dominant opinion is that the Nicolaitanes were sectarians disguised as lambs attempting to sow weeds in pure hearts. With his encouraging and supportive words, John stimulates the new congregation of Ephesus. John seems to paint the following picture: temptations, bitterness, and pain are part of our daily life on this earth. They should not lead us to despair, because Christ struggled and defeated the world.

The second letter was sent to the church of Smyrna, located forty miles north of Ephesus. This letter discusses issues, such as "affliction, poverty, and the slanders on the part of those who say that they are Jews and are not, but are the synagogue of Satan" (Rev 2:9):

1. Through "affliction" the author is alluding to the imperialistic tendencies of the era. The local Christians were required to face the tributary demands of the emperor. The faithful had to pay the emperor respect and worship in a way that contradicted the principles of Christianity. This caused anxiety within the congregation, because for them, Christ was their one and only emperor.

2. It was evident that the Smyrnian congregation suffered economic hardship. Poverty seems to have been widespread. This, too, could ax the fresh tree of faith and destine it to barrenness.

3. The slander referred to in the Book of Revelation speaks directly to the fact that the Jews were a dominant majority in Smyrna, and they were at odds with the Christians. A never-ending battle raged between the Christians and the Jews who outnumbered them substantially. The Jews collaborated closely with the imperial authorities against the Christians, and they claimed to be the true children and heirs of God. This attitude of the Jews was an insult to the truth and was considered to be condemnable slander. The book's reference to the "congregation of Satan" points explicitly at the audacious and unruly activity of the Jews, which was destructive and harmful. Thankfully, in the second century the

Christian population of this city was strengthened in their faith through the efforts of Polycarp, a student of John. Polycarp was martyred in 155 A.D.

John addressed his third letter to the church of Pergamum. Pergamum was an ancient city located in western Asia Minor. It was an important cultural center. As a nest of wickedness, John placed the "seat of Satan" there. Some think that this expression refers to the "teaching of Balaam," while others suggest that it emphasizes the worship of man—the emperor. Balaam's teaching encouraged people to err and sin.

There is an appeal to the members of the church of Pergamum to repent, otherwise says Christ: "I will come and make war against them with the sword of my mouth" (Rev 2:16). Those who persevere will be rewarded with the privilege of eating *manna*, the allegorical image of spiritual reward.

The fourth letter is addressed to the church of Thyatira, a city in Asia Minor. Thyatira is also mentioned in the Book of Acts. It was there that Lydia, the pious woman and a dealer of purple cloth, turned to God and was baptized (Act 16:14).

Thyatira was a city where the inhabitants worshiped Greek idols and the Roman emperor. The letter reproaches the members of the church for having tolerated the presence of a woman called Jezebel, who portents to be a prophet. Jezebel is also referred to in 4 Kings (2 Kings) as a "wicked and idolater queen" (4 King 9). This woman encouraged fornication and served as an evil example. As Patriarch Kaloosdian correctly interprets, the word "fornication" does not necessarily mean "a sexual immoral act . . . but also religious infidelity." Jezebel, then, is the embodiment of scandal; she encouraged the eating of "the meat of the sacrificed one" and "disloyalty" to the Lord. She also commanded others to obey the emperor and to worship only him. The letter concludes: "Hold fast to what you have until I come" (2:25), because only they will receive "authority over the nations."

The fifth letter is written to the church of Sardis. A city in Asia Minor, Sardis shined, for a brief period, as a commercial center.

The letter begins with the following strong and striking lines: "You have a name of being alive, but you are dead." These words indicate the idleness and the death of faith among many of the members of the church of Sardis. Evidently, the congregation had been drained of its essence. The spiritual life of the Christians there had dried up, because Christ had been excluded. As always, Christ did not want to see the destruction of this congregation, but instead, He wanted salvation for its members. Therefore, the author felt that the dying congregation needed to be awakened with encouraging words. The commands given (for example, wake up and strengthen) emphasize the importance of repentance and the return to truth.

The sixth letter is addressed to the church of Philadelphia. Philadelphia, which means brotherly love or brother lover, is located almost 25 miles to the south of Sardis. The city has been destroyed and rebuilt often, due to earthquakes.

Macedonians predominantly inhabited Philadelphia, but it was home to both Jews and Christians also. The small Christian congregation of Philadelphia while limited in power, had been able to steadfastly "keep the living word and not deny." Christ calls the Jews of the city "a congregation of Satan," because they categorically refused to acknowledge Him as the Messiah.

"I am coming soon; hold fast to what you have, so that no one may seize your crown," says Christ. With these encouraging words Christ activated the congregation, which had been somewhat depressed.

The last letter is addressed to the church of Laodicea. This was a city located in a Roman province. Currently abandoned, according to archaeological findings, Laodicea was a famous city in the past. Patriarch Kaloosdian reminds us that there is a group of fifty-five canons in the *Canon Book of the Armenians* that were written in and named after Laodicea.

The letter begins by introducing Christ. It addresses the church, saying: "You are neither cold nor hot . . . you are lukewarm." We interpret this allegorical expression to mean that a true Christian should not tolerate any moderation of his religion or faith. A faithful person cannot choose to walk two roads. In other words, individuals must decisively choose the road that will be useful and appropriate for them. Any attempt to serve two masters is in itself adversity and not prudent. People need to make a clear choice between evil and good, the wicked and the kind, the Anti-Christ and Christ. The lukewarm attitude of the Christian's of Laodicea is not a desirable condition. Worse, it is morally wrong and therefore condemnable.

The Laodiceans are advised to purchase "gold refined by fire." The act of buying is in itself an indication of a giving up and a personal sacrifice, because one needs to pay in order to purchase. According to Patriarch Kaloosdian's interpretation, the Laodiceans "had to buy spiritual wealth, instead of the material."

The letter ends with the promise of spiritual authority: "To the one who conquers I will give a place with me on my throne" (Rev 3:21).

* * *

As was mentioned earlier, the Book of Revelation is a book of symbols. The symbols are borrowed from the prophetic books of the Old Testament, such as Isaiah, Jeremiah, and others. The meanings of certain symbols can be easily found in Rev 5:6–8; 13:18; and 17:9–18.

According to the symbolic images, a woman represents a people or a city (Rev 17:1), the horns indicate power (5:6; 12:3), the eye means knowledge (1:14; 2:18; 4:6; 5:6), etc. Colors also are used metaphorically. The expression "white robe" indicates honor and glory (6:11; 7:9; etc.); the crown refers to authority and the kingdom; and the sea to insecurity, danger, and death. White is a sign of the joy of victory. Purple indicates luxury and the kingdom. Black means death, and so forth.

Another peculiarity of the Book of Revelation is the frequent use of numbers. Each number has a hidden meaning—seven is perfection and completion, twelve symbolizes the twelve Israeli tribes, and four refers to the widespread nature of the visible and sensible world. The use of the number 1,000 is closely associated with Christ's millennial kingdom. A horrible clash between heaven and the Anti-Christ will precede the salvation of the innocent and it will cause awful calamities among mankind. Also described in the book are the end of the world and the Last Judgment, after which the innocent will live a happy and painless life, while the sinful will be tortured in the eternal fire.

The idea of Christ's millennial kingdom and Armageddon, both of which are introduced in the Book of Revelation, play a unique role in the beliefs of many Christian sects. Some sectarian groups—such as the Jehovah's Witnesses—emphasize our closeness to the end of the world, based on information given in the Book of Revelation.

The mystery of the book that is sealed by seven seals (Rev 5:8) also has resulted in great misinterpretations and caused endless arguments among the public. The same goes for the number 666 (Rev 13:18). Similar numbers and coded sections have confused mankind and have led many into scandals and transgressions.

The scholarly world has come up with four different methods with which to interpret the Book of Revelation that is comprised of twenty-two chapters and 12,000 words:

1. Spiritual Approach. From early times, many who ascribed to this approach claimed that the purpose of the book is to provide Christians with basic spiritual principles and to warn of the disasters and temptations to come. Salvation is promised to those who defeat the scandals and sins. Supporters of this theory consider the predictions made in Revelations about future events to be fantasy.

2. Archaic Approach. In this approach, the author relates the book to events and developments taking place in the Roman Empire at the time it was written.

3. Historic Approach. Proponents of this approach consider the Book of Revelation, and particularly the mystery of the seals, a description of world historic events associated with the wellbeing, growth, and prosperity of the church.

4. Futuristic Approach. Followers of this theory are convinced that the book is a collection of predictions. Any denial of the predictions made in the book is viewed as a falsification and wrong understanding of the Book of Revelation. The futurist believes and insists that the events predicted in this book will come to pass.

* * *

The Book of Revelation is not read in our church. The reason for this is that in the fifth century, when the Bible was originally translated into Armenian, the book was not yet accepted among the canonical books. It was not until the twelfth century that Nerses Lampronatsi translated it and it became a part of our Holy Bible.

The letters sent to the seven churches are everlasting messages to all believers in Christ throughout the world. These messages continue to hold the living, fresh, and vital word of Christ.

The book blesses all those who read it and listen to its profound messages.

1993

The Use of Metaphors in the Bible

The Bible is full of names of plants, animals, and body parts used graphically, metaphorically and allegorically. Noteworthy from the plant world are: myrtle, plane, cedar, the root of Jesse, the fig tree, mustard, manna, and weed. The dove, serpent, scorpion, dragon, snail, fox, goat, lamb, frog, leopard, gnat, viper, and hare belong to the animal world. From the human body the Bible mentions: the ear, tooth, cheek, eye, bosom, head, face, kidney, arm, foreskin, liver, tongue, marrow, soul, hand, forehead, hair, body, beard, lip, bone, foot, shoulder, heart, neck, etc.

The metaphorical use of the names of plants, shrubs, trees, fruit-bearing trees, and fruits is evident everywhere in the Scriptures. The high and attractive plane tree is used to describe a tall and handsome person, as in "I rose like a plane tree" (Sirach 24:19). The same is true for the myrtle tree. It is a sweet-scented evergreen tree with bright green leaves and white flowers, and it is used instead of the brier, to praise the name of the Lord (Is 55:13).

The fig tree is a classic example of tree personified: "Shall I stop producing my sweetness and my delicious fruit, and go to sway over the trees?" (Judges 9:11). The fig tree is also a symbol of peace and abundance. The tree was favored not only for its delicious, precious, and extremely nutritious fruit, but also for its broad leaves. People used to rest and refresh themselves under its shade on hot days. Therefore, to invite a person under a fig tree meant to invite them to safety and rest (Mic 4:4, Zech 3:10).

The cedar is referred to in a similar way. It has been used as umbrage for its height and width, and for providing comfort and tranquility. Although with a different nuance, the cedar is used in the following verse: "The voice of the Lord breaks the cedars" (Ps 28:5). The purpose of the seed of mustard in a parable was to illustrate man's insufficient faith when compared to the insignificant and trivial size of the seed (Mt 17:19). The manna was sent, together with the dew, instead of bread in order to feed the refugees in the wilderness. Manna was called angels' bread and heaven's grain. It symbolizes the sublime bounty from above for the tortured and famished people (Ps 78: 24, 25). The manna was gathered and distributed daily; storing and hiding it was forbidden. The Apostle Paul said: "The one who gathered much did not have too much, and the one who gathered little, did not have too little" (2 Cor 15). With these words Paul exhorted the faithful "not to bury the worldly and perishable bounty, but rather give it abundantly to our brothers for their needs" (*Dictionary of the Holy Bible,* Constantinople, 1881). In the New Testament, the manna refers metaphorically to Christ, who descended from heaven like a "true bread," in order to be sacrificed for mankind. "Christ descended unto the field of the church from above like the manna, like a daily and abundant provision, in order to fill everybody's needs" (*Dictionary of the Holy Bible*).

The weed is a harmful plant; it is used in conjunction with the wheat and represents "the children of the evil one" (Mt 13:25-38).

The metaphorical interpretation of animals is equally important in understanding the various books and sections of the Holy Scripture. Let us take hares, which are fat and slow animals, lacking tails. Solomon called them both "a people without power," because they cannot build their own shelter; and wise, because they make their comfortable and safe homes in the rocks and unreachable places.

The dove is a symbol of cleanliness and purity, and a messenger of peace. It is also a symbol of innocence and loyalty (Hos 7:11). It is the embodiment of naivety—"Be wise as serpents and simple-minded as doves" (Mt 10:16). The dove was the animal that reconciled God with man after the Deluge (Gen 8). In the New Testament, the dove is a symbol of the Holy Spirit (Mt 3:16).

The serpent in the Holy Bible is described as a deceitful, cheating, poisonous, and cunning reptile. Endowed with its deadly venom, the serpent symbolizes the devil, corruption, and death. Christ referred to the Saducees and Pharisees as "brood of vipers" (Mt 3:7). The scorpion is described as the "biggest and meanest of all insects," because it is horrible, disgusting, and terrifying by its nature. At the moment of extreme danger, the scorpion will commit suicide by stinging itself. In the Book of Revelation the agents of the Anti-Christ are compared to scorpions with poisonous stingers (Rev 9:3-10). To hold a scorpion in one's hand meant to interact with wicked and base people (compare to Sirach's Wisdom). The dragon is also a metaphor of Satan (Rev 12:3,9). The fox is a symbol of cunningness, the lamb of meekness, the frog of uncleanliness, the leopard of the inability to change, and the ant of hard work, economy, and skillfulness. Solomon, interestingly, praises the ant because it is so hard working and not wasteful (Prov 30:24–25). Animals of humble classes are wiser than man in many aspects. Job the patient said: "Ask the animals, and they will teach you; the birds of the air, and they will tell you" (Job 12:7).

The allegorical use of human body parts is an interesting and important phenomenon in the Bible. The meaning of the word, ear, for example, differs from its common use in "The exhortation of the Lord opens my ears" (Is 50:5), meaning, "God's Word opens my mind," enlightens it, and fills it with wisdom. To pierce the ear, meant to keep a person in permanent servitude.

The Prophet Jeremiah used the word tooth metaphorically. He said: "The teeth of everyone who eats sour grapes shall be set on edge" (Jer 31:30). This sentence means that children will suffer because of their parents' sins. "Gnashing of the teeth" is an indication of despair, anger, and wrath (Mt 8). Amos said: "I gave you pain of teeth" (Am 4:6), which means "I have cleansed your teeth"; that is, I have subjected you to famine. The Old Testament's commandment, "eye for an eye, and tooth for a tooth," is a classic example of the vengeance of the laws of Moses. An excellent sample of a counter strike is found in the Psalms: "You will break the teeth of the wicked" (Ps 3:8).

The word eye was used to mean a variety of things. We have: an evil eye or "Is your eye evil?" (Mt 20:15); "He who has a bountiful eye will be blessed" (Prov 22:9); haughty, proud, and arrogant eyes (Prov 6:17); wanton eyes (Is 3:16); "eyes full of adultery" (2 Pet 2:14); "the desire of the eyes" (1 Jn 2:16); etc.

The word head was used to refer to a leader, chief, and guide: "has made him the head over all things for the church" (Eph 1:22). "Grayed head," is a term used in the Book of Proverbs: "Gray hair is a crown of glory" (Prov 16:31).

The face was used to indicate a presence, such as: "They hid themselves from the face of God among the trees of the garden" (Genesis). The term face was also used to indicate wrath: "The slave-girl ran away from her face" (Gen 16:6); justice: "Moses fled from the face of the

Pharaoh" (Ex 2:15); and severity: "Let those who hate him flee from his face" (Ps 68:1), "Hide us from his face" (Rev 6:16).

The kidney was considered the center of profound feelings, inclinations, emotions, and compassion. "God tests the kidneys" (Ps 25:2) in order to examine their honesty and chastity. He stays "away from the kidneys of those" who acknowledge Him with lips alone (Jer 12:27).

The word foreskin in Deuteronomy was used to ask people to submit themselves to the law: "Circumcise the foreskin of your heart" (Deut 10:16).

The word tongue was used quite frequently in the Holy Scripture. It is used to boast, to brag, and to pride oneself vaingloriously. The tongue also uttered sharp, bitter, and poisonous words, such as: "They sharpen their tongues like swords" (Ps 64:3); or "Death and life are in the power of the tongue" (Prov 18:21); or "His tongue was released" (Mk 7:35), or "a soft tongue can break bones" (Prov 25:15). The tongue was also used for the purpose of praise and glorification: "Our tongue was filled with shouts of joy" (Ps 126:2).

The expression "The Only begotten Son is in His father's bosom," meant that Christ was the closest to God and knows everything that He knows. Our Lord "will gather the lambs in his lap" (Is 40:11).

The hand was used to indicate many different meanings. Washing one's hands indicates innocence; stretching them means faithfulness and help. The right hand is a symbol of power, might, and sovereignty. Kissing the hand is an indication of respect. Pouring water on the hand is synonymous with service, etc.

The lip allegorically means praise, such as: "the fruit of lips" (Heb 13:15); "we will offer the fruit of our lips" (Hos 14:2). "To open the lip" means to ridicule, insult, and disobey (Ps 22:7). The word bone is used to indicate compassion and family ties (Gen 29:14). The expression "dry bones" in the Book of Ezekiel is a sign of hopeless death and despair (37:1-12).

Job's expression, "My foot has held fast to his steps" (Job 23:11), is a poetic and allegorical usage of the word foot. We also find the expression "foot of arrogance" (Ps 36:11). Washing or kissing the feet is a sign of humility.

One of the most often referred to body parts in the Holy Bible is the heart. We would like to consider the symbolism of this word in depth. For ancient people, the heart represented a human being externally as well as psychologically and intellectually. Throughout the Holy Scripture there is an abundance of metaphors, allegories, proverbs, and mysterious images, most probably proceeding from ancient Jewish literature, in which the heart was considered the center for mental activities, as the kidney was considered the emotional center.

As a center of human sensitivity, the heart has been portrayed as the most important, noble, and precious body part. It was influenced not only by natural phenomena and human relationships, but also by food and drink. Physiologically and biologically speaking, this is false, of course. However, if we consider this concept within the context of the daily experience of people; that is, if we view the heart as the symbol of a person's inner spirituality with all of his intellectual and emotional nuances, expressions, and brightness (as in his ability to understand and reason, including his subjective world through feelings, sensations, perceptions, etc.), then we understand and accept this portrait of the heart.

The heart, in its essence, represents the whole human being with his spiritual, moral, psychological, and intellectual merits and attributes. The heart separates a human being from animals and governs his movements. In the Holy Bible, the heart is used to indicate character, personality, mind, will, and life.

It is interesting to note that the primitive people designated a prominent role to the liver. Based on ancient sources, the Babylonians considered the liver the fundament. Later, when people better understood the function of the heart and became aware of its vital role, they began to view it as the most important and miraculous vessel of the body.

The heart is considered the center of thoughts, memories, understanding, imagination, joy, sadness, excitement, wrath, calmness, fortitude, enthusiasm, encouragement, temperament, intention, etc. The heart is also the fundament of religious sentiments. A clean heart and a change of heart indicate a spiritual, new, and meaningful life, as well as an awakening of the conscience and a higher level of religious consciousness. Hence: "His heart was lifted up in the ways of God" (2 Chron 17:6).

It is quite significant that the heart, not the brain is considered the fundament of consciousness, thinking, and will. The heart is the source of love. The heart opens the door on diverse desires. It is a source of light and hope. It meditates, comprehends, reasons, penetrates, radiates wisdom, and rules. It is the heart that discerns good from evil. The heart is the center for decisions and sacred feelings—obedience, honesty, prudence, puritanism, chastity, tolerance, forgiveness, etc. Before going up to the sanctuary, the celebrant clergyman washes his hands and says: "Test my kidneys and my heart"; that is, examine my kidneys and my heart, and only then make me—this poor and sinful servant—worthy of rising to your sanctuary and of making the offering.

People accept God in their heart, because God dwells in people through the conversion of the heart. The essential question in human relationship is: How do people express their feelings, thoughts, emotions, and the delicate sensations of their inner soul? People are recognized through their heart, countenance, and particularly words. People's faces change, as do their words and deeds, when the heart rules (see Sirach 13:25). Not always, however, are the heart and the inner mystery revealed through the words and deeds of people, because people have the skills to fake, cheat, and make false and illusive impressions, when the heart is full of deception, cheating, and tricks. Man is inclined to ambiguity and double-dealing. It is possible, of course, to avoid this dangerous duality and to be renewed by turning the heart, for "God is a devouring fire" (Deut 4:24). He demands that people submit to His higher will. The word heart is rarely used in its authentic meaning as a blood distributing muscular organ.

In conclusion, the metaphorical utilization of the heart has produced many idioms, such as: broken heart, humble heart, soft heart, hard heart, pure heart, happy heart, brave heart, fearful heart, calm heart, merciless heart, sad heart, large heart, narrow heart, stone heart, and so on.

1998

Manasseh, the Model of Penance

King Manasseh, son of Hezekiah, was bestowed the kingship when he was only twelve years old, in 698 B.C. He reigned over Jerusalem for fifty-five years.

Manasseh rebuilt the idols that his father had destroyed, and reestablished paganism. In addition, he engaged himself in making predictions, witchcraft, and sorcery. He also kept necromancers and astrologists. He committed extremely wicked acts in the sight of the Lord and enraged Him: "I enraged you and I did what was evil in your sight." Manasseh misled Judah and the inhabitants of Jerusalem. Despite the reproaches and warnings of God, the inhabitants continued their abominable conduct. By the command of God, the Assyrian king and his commanders attacked, took Manasseh captive in manacles, and brought him to Babylon. There, in captivity, while he was subjected to unheard of torments, Manasseh bitterly regretted his unwise and shortsighted actions ("I am bowed down with many iron bands, and I have no release"). He turned ("Now therefore I bow the knee of my heart, beseeching your grace"), and then, the Lord restored him again to his kingdom in Jerusalem.

King Manasseh banished the foreign gods from his country and built an altar of the Lord on which he "offered sacrifices of well-being and of thanksgiving" (1 Chr 32:16).

It is interesting to note that Manasseh's father, Hezekiah also was an ungrateful person, despite God's many favors. When near death and in agony, he was cured miraculously. Then, he recognized his abominable and unbecoming behavior, and humbled his arrogant soul and accepted humility.

Manasseh's son, Amon, when he began to reign at the age of twenty-two, he too committed the same evil actions of his father. However, he met with a tragic end; his servants killed him in his house.

A penitential psalm written by Manasseh has made its way into our days. It is a very cozy and uniquely contemplative prayer to God. This short prayer that came forth from the depth of a heart is the sincere expression of the king's faulty heart and tormented and sinful soul. The prayer begins by recalling Abraham, Isaac, and Jacob who never sinned, because they were righteous, while he is sinful and weak. His sins number "more than the number of the sands of the sea." He reveals God's almightiness and then reflects upon the fact that God's wrath is awful, His angry threats toward sinners importable, yet His "merciful promise is immeasurable and unsearchable." Then he confesses that he is unworthy of lifting his eyes to the heavens because of his multiplied transgressions. He feels that by "erecting idols" he has brought upon himself the wrath of the Lord. He begs the Lord not to destroy him, "not to remember the evil he did," and promises to bless the Lord for "all the days of his life."

This beautiful prayer, full of regret, is included in our Book of Hours and is usually read during Lent. The Protestants consider it an apocryphal work, while the Catholic Church classifies it among the secondary books.

We need to talk briefly about the books called apocrypha. All religious books not included in the Jewish Holy scriptures and left out of the Hebrew canon, and therefore also from the Holy Bible, are called apocrypha or irregular. The word apocryphos in Greek means hidden, covered, and veiled. The apocryphal books were made available to the public for simply home reading and for the personal spiritual benefit of the faithful. Their circulation among the masses was a rare and never encouraged phenomenon. These books were kept away from the public because of their mysterious nature. Some thought that the apocryphal books were unavailable because they were false, artificial, and heretical. Having mentioned this, we need to add that Manasseh's prayer has a totally different nature, style, and content. There are a variety of opinions about the significance and value of the apocryphal books. The variety stems from the influences of both place and time. At the beginning, for example, certain books were considered to be of high value and quality, more useful and beneficial than others. Later, their presence was tolerated. More recently, they were neglected and excluded from the scriptural list.

When the Greek language was dominant in the Mediterranean, the Old Testament, written in Hebrew, was not understood by the public. For this reason, it was deemed necessary to translate the Hebrew text into Greek. Thus the *Septuagint* came forth. According to traditional and historical data, the *Septuagint,* which means seventy, was translated within seventy-two days by seventy-two Palestine-learned Rabbis during the third century before Christ in Alexandria, under the reign of King Ptolemy II Philadelphos of Egypt. Thus, the *Septuagint* is considered the oldest and most authentic translation of the Holy Bible. It was this translation that served as a basis for the Latin translation, known as the *Vulgate.* The latter translation was conducted by St. Jerome in the fourth century. This one is the translation officially acknowledged by the Roman Catholic Church.

Going back to Manasseh's prayer, we would like to add that there are many examples of prayers in the Old Testament. One needs to make a clear distinction between a meaningful and a senseless prayer. Senseless, vain, and useless is a prayer that is offered only by lips and that does not proceed from the heart. In such a case, it does not affect the individual, which means that it does not make any radical change. The prayers of the Old Testament have the burning heart of the sinner as their source. The whispers of the prayers to God were sincere expressions and demonstrations of the penitent. The prayers usually praised His name, because He was the creator of the heavens and earth, and His authority extended over all creatures. God listens to every petition and request, because He is merciful, patient, and forgiving. In the prayers one explicitly admits that God is sublime, and shows how he expresses his obedience and loyalty. The unworthiness of the sinner to find God's grace, be forgiven, and called again God's worthy child is an emphasized reality. King Manasseh's prayer is a moving appeal intended to receive mercy, pity, and expiation for a transgression that was made knowingly. God loves the return of the prodigal and lost one. He with open arms expects the return of the ungodly and the impious. King Manasseh is a model penitent who finds forgiveness and an exceptional grace before God.

1998

Seal of Confession

According to one of the important canons of Armenian Church law, all confessions made to the confessor are confidential and inviolable. Disclosure to a third party is forbidden. The bright fathers of our church dealt with this delicate issue with extreme caution and care. The twenty-second canon of the statutes of Gregory the Illuminator discusses the disclosure of confidential confessions made to priests and the severe punishment, a lack of confidentiality entails: "If any one of the priests discloses a confidential confession to an outsider, he should be degraded and cast away from the office, and the sins of non-confessors should fall upon him."

Before discussing the theological meaning and significance of the seal of confession, we ought to mention that confession is both private and public within our church. A person makes a private confession to the priest in person, without fear, hesitation, or the need to hide anything. The public confession is usually made collectively. The text of the confession has been used for centuries. It lists all kinds of sins, from the simplest to the heaviest. With a quick glance at the list, it suffices to say that some of the sins mentioned there truly bewilder a person and lead him astray. Some of the sins can easily cause embarrassment to the faithful; moreover, they can offend his religious and human feelings. Considering the bizarre nature of some of the sins, currently we practice an abridged order of confession or confessional formula. It is definitely preferable and more practical than the old one.

It would be interesting to know what the biblical basis of confession and confidentiality is.

Both the Old and the New Testaments contain many incidents and examples of confessions. Mention of the necessity of confession is contained in Leviticus (5:1) and Numbers (5:6). In the Psalms, confession is brought up through a prayer to God (31).

We find that a confession of sins in the New Testament as an essential necessity of baptism: "[They] were baptized . . . confessing their sins" (Mt 3:6). Simon Peter admitted or confessed his sin: "Depart from me, for I am a sinful man, O Lord" (Lk 5:8). There is also the repentance of the sinful woman through weeping and the washing of Christ's feet (Lk 7:37). Zacchaeus offers to make a fourfold restitution to those whom he defrauded, wrongfully exacted, or deprived (Lk 19:8). A version of confession occurs in Luke the Evangelist's statement: "We indeed justly receive due retribution for our deeds" (Lk 23:41). In Acts we read: "Many that believed came and confessed and divulged their practices" following Paul's ministry in Ephesus (Act 19:18). Many who practiced magical arts, burned their books publicly. The Epistle of James mentions a rare way of confession: "Confess your sins one to another and pray one for another" (Js 5:16). Judas the Iscariot, the betrayer of our Lord, regretted and repented his betrayal. He confessed: "I have sinned in that I have betrayed the innocent blood" (Mat 27:4).

In the works of our Church Fathers this subject is not discussed; nevertheless, in the past, the confidentiality of confession has been respected as an unwritten law. The fact that the penitent's privacy remains out of question and inviolable, has been respected from the very beginning. The holy fathers of the church were well aware that if the sins of a confessing person were disclosed publicly, he would be indirectly deprived of the holy sacraments of Penance and Communion.

The priest, with his venerable vocation, holy order, and noble role, is called to mediate between the sinner or the penitent and God. The penitent approaches the priest with full and complete confidence that he will be discreet and trustworthy. The priest, in his turn, takes every precautionary measure to not disclose information confessed to him—a secret—under any circumstances. The priest is under a moral obligation not to disclose someone's confidential confession to any other person or the public. In the history of the Universal Church, there have been writers and moralists who have initially opposed the role of the priest as a confessor. Their objection, in general, has been that a sin should be confessed to God alone and no one else. This approach or attitude toward holy penance has never been dominant for long. The intermediary role of the priest between God and the penitent was always reinstated.

Sister Churches of the Armenian Church also speak of the confidentiality of confession. Their canons also call for severe punishment against clergymen who disclose the secrets told them in confidence. One of the canons not only dismisses the priest from his duty, but also sends him handcuffed to a monastery, so that he spends the rest of his life in pain and repentance. Another canon prohibits the guilty priest from offering the Liturgy and assuming the role of a confessor again.

Not only is the confirmation of confession protected and confirmed by the church law, but it is also the immutable law of nature and divinity. We say a law of nature, because if a sin is disclosed and made known to the public, the sinner not only is insulted and condemned publicly, but also deprived of his privacy. There is also the issue of the absolute confidence toward the priest, which the priest has to justify, by demonstrating maturity and a profound respect toward his sublime duty and position. We also call it a divine law, because Christ, the author of the mystery of penance, gave the sinner the full right to maintain his confession secret. According to the great theologian Thomas Aquinas, any even slight violation of this law desecrates and morally deforms the mystery of penance. The great majority of theologians agree that the role of the priest is not that of a simple person, but that of Christ's representative. Therefore, when a confession is made to the priest, he is unaware of the kind, extent, weight, and enormity of the sin. As a human being, he is absolutely unaware of the sins and therefore accountable to no one.

Speaking historically, the confidentiality of sin has often allowed the criminal to remain without judgment and to go unpunished. Many infamous criminals have not been apprehended, because priests have remained faithful to their ecclesiastic vocation and did not disclose what they knew to the authorities. The disclosure of a sin, or the violation of a confession morally and legally before the public is up to the criminal himself, if he regrets his deed and has an urge for justice.

The moral issue at hand is: How can a priest remain silent and leave a criminal unpunished, when the criminal has committed a heavy sin and deserves imprisonment or even the death sentence? We need to remember that the priest is not an employee of the city or the government, nor is he a judge who decrees punishments with a sentence. He is the humble and faithful servant of God, and as such he is not responsible to any civic authority.

As we have already mentioned, any sin or trespass disclosed to a priest will remain contained and sealed in their shell. Therefore, it is morally condemnable when someone exerts pressure on a priest to disclose what he knows before a tribune, in the presence of a judge, prosecutor, or other representatives of the authorities. The mystery of penance never justifies such a disclosure, nor does it forgive such a breach or violation.

Speaking of confidentiality, it would be worthwhile to add that physicians, too, are required to keep the physical weaknesses, illnesses, and pains of their patients confidential. This confidentiality maintains the privacy of the subject, which stands above all other partial or secondary interests, and works in favor of the patient.

How appropriate and timely is the discussion of this subject at the present, when public confessions have become predominant in our society. The faithful participating in public confessions tend to feel quite comfortable that they are not isolated from the group of confessors. It is up to the faithful to decide how timely and practical a private confession is. It is a matter of need. Confession comes in many different ways. The important thing is to assure the faithful that even the slightest and most insignificant confession made to the priest remains under an inviolable seal and unbreakable lock. In other words, one should have confidence in the priest and feel completely safe that the priest, as a confessor, is loyal to his sacred vocation.

1999

Sparks of Wisdom

The diversity of subjects contained in the Old Testament is one of its peculiarities. The books of wisdom are found in this meaningful scripture. In this context, the word wisdom should be taken in its broadest and deepest connotation, which is knowledge, prudence, alertness, meditation, judgment, and the ability for sound logic. Thus, the word wisdom, in its broadest aspect, cannot be viewed as a uniform concept.

In order to wander in the spheres of wisdom, we need to go back to the pre-Christian era and visit Mesopotamia, Israel, Egypt, and other ancient nations. The sparks of wisdom flew freely in these nations—inflaming the imagination, enlightening the minds, and brightening the souls of people.

The lack of reliably written sources prevent us from making a definitive claim that collective movements or unions functioned during ancient times who strove to introduce changes in the social life of the people for the purpose of leading the people toward a meaningful and moral life, full of fruitful and productive activity.

By focusing on groups we do not intend to negate the efforts of individuals. Many individuals have contributed many works of great authenticity and everlasting values in the world of literature.

Proverbs, Job, and Ecclesiastes are among the wisdom books of the Old Testament. The entire Holy Bible is an abundant granary. Mankind has resorted to it throughout the centuries as a source from which to receive direction, wisdom, comfort, mental maturity, and experience in life.

The representatives and advocates of the books of wisdom try to relay their unlimited knowledge to people, in order to illuminate the meaning and purpose of life, and the way and art of living a good, straight, righteous, prudent, and flexible life. Their main objective is to make the human character nobler. Through the consecutive and endless presentation of fables, proverbs, aphorisms, metaphors, short stories, and portraits, the venerable authors, acting in their highest and unarguable authority, show that they have the suitable and sufficient knowledge to talk about issues of ethics and behavior. They also demonstrate the strong intellectual ability needed to give decisive answers to various, multifold, and complex phenomena of life. It is beyond doubt that the authors are irrefutable and invincible. Their convincing statements are founded on true moral theses.

Originally, the world was pure, orderly, and authentically natural. Human beings violated the divine law and turned the world into a place of heavenly curse and fire. When Divine law was violated, this inappropriate conduct by human beings defiled and erased the moral rules and concepts that existed. Dipped in the abyss of sin, mankind lived capriciously, according to his wishes and without a sense of accountability and responsibility. This important phenomenon could not avoid the attention of sages such as Solomon, and they initiated their call for society to awaken.

The books of wisdom are written like poetry. The poetic lines are everlasting beauties that condense life to its intricacy, inner spheres, obstacles, complexes, hindrances, thorny issues, and various shades. The abundance, diversity, and colorfulness of the words help enlarge man's horizon, enrich and extend his knowledge, cultivate his mind, educate him, and make him flourish. The books of wisdom offer mankind a rich experience, because they teach one how to best express himself within society and social circles. They teach the art of talking or remaining silence in due time, as well as the secret of having a virtuous, happy, healthy, long, and safe life. The wisdom books release sparks of life and prompt man to be alert, awake, broad-minded, prudent, and experienced. Good and pleasant experiences need preparation; they do not happen accidentally. Such experiences require the person to be knowledgeable and wise beforehand. It is up to the individual how he should best ignite the sparks of wisdom in his life and utilize them for his own benefit and particularly for the interest and well being of his own kind and environment.

The overall structure of world order is under the constant threat of mankind, through the sciences, technology, and other fields. On the one hand, mankind is completing a new era of unprecedented progress in the sciences and various arts, while on the other hand, its moral life is submerged in deep mud. This phenomenon is causing corruption of the human character, distorting the noblest human trends and divine bounties, and abasing man's value.

Naregatsi, the greatest Armenian religious poet, in his *Book of Prayer* described with marvelous mastery man's demoralization and spiritual corruption, and, as a result of this heavy fall, his suffering and regret. He wrote: "Indeed, great is the pain and danger of hesitations and troubles. When your body is swallowed by sin . . . the entire composition of your substance is contaminated by only fatal passion . . . When, despite being a rational creature, you are classified with animals, abominable filth is mingled with your essence; externally healthy, internally you are wounded; and you are frustrated by the memories of your eternally heavy transgressions." It is at this point that the proverbs, filled and scented with wisdom, hasten to rescue us. They recover man from his sinful state, err and diversion, and put him on the right path, leading him from despair to salvation, and guiding him from the darkness of uncertainty to the light.

The fables, proverbs, and the other allegoric words of the Old Testament are concise, short, to the point, and easy to understand. These expressions reflect living and real images. They are clear, radiant, simple, and pure in language and style to a point where in ancient times people were able to recite them by heart during casual conversations and in daily communications.

Some people have, unduly and unfairly, searched the wisdom books for answers to the troublesome, complex, and huge problems that concern, worry, and torment mankind in this modern era. Humanity knows well that the modern world suffers from unnecessary, horrible wars, sharp international conflicts, complex racial issues, and deep hatred, as well as unanswered ethical problems. Although fixed to signboards and recorded in parchments, slogans of justice, human rights, peace, fraternity, and temperance are not recalled to life for the benefit of human prosperity and the well being of mankind.

Now, what do the wisdom books offer to mankind in terms of using human intellectual abilities, utilizing the strength of the arm, and using spiritual and moral values? How justified is, for example, the inclusion of Ecclesiastes in the Holy Bible, when it does not completely satisfy modern humanity or instill hope and optimistic ideas? Indeed, Ecclesiastes is a book full of pessimistic views pertinent to the vanity of life.

Numerous men of knowledge, theologians, and Bible specialists have studied these and similar vital issues. Gregory Thaumaturgus (d. 270 A.D.), the worthy apprentice of Origen, discussed the matter. He, reminded us that the purpose of this book was to point out the vanity of human beings and the temporality of their plans and aspirations, so that we may be led through its mighty messages to heavenly, spiritual, and eternal values.

The books of wisdom do not pretend to give exhaustive answers to the problems of the twenty-first century. They do not suggest even partial solutions. Therefore, it would be totally unfair on our part to view the books from such an angle. We would be extremely demanding in our expectations. However, we do find in the fables a warm communicativeness and lively words uttered with paternal care and compassion. These words can guide us in life like a luminous torch and ever-glowing lighthouse. They can keep our faith alive, profound, and steady, and steer us away from the corruption of human behavior, evil habits, abominable temperament, and numerous other vices, stains, insatiable passions, scandalous actions, and twisted paths.

In order to make the teaching of his proverbs a consistent process from generation to generation, Solomon not only instructs us to accept and keep them, but also to be ready and willing to pass them on to successive generations, so that they, too, may live a noble, befitting, and prosperous life.

The value and significance of Proverbs is not found in the number of Solomon's proverbs, but rather in their weight, perfection, and profound meaning. The proverbs are jewels. They compete with each other in their allegoric nature and mysteriousness. Their originality, charm, and superiority are condensed in their message. The proverbs are not always easily understood by their form and content. Some of them possess the nature of riddles and mysteries. The reader should be able to untangle the tie and render the proverb comprehensible. Such proverbs tend to put the reader's mind into work, sharpen it, and develop in him the ability to think.

The authors of the wisdom books are scholars, skilled educators, and scrupulous instructors. According to their religious-philosophical view, people do not determine their destiny, because God is their manager. People plan and decide, but they cannot implement if God does not approve: "Man's thought, God's will." A person may exert much effort to secure his success and happiness on this earth, but if those efforts are not according to God's will, blessing, and permission, all human efforts and toils are useless. Man is created with limited knowledge and ability. In other words, his ability to gather knowledge or the provision of his knowledge is not unbounded.

Now, how can one attain wisdom and become prudent, wise, and mature. Solomon's proverbs, which come to us from the depth of centuries teach us that, "The fear of the Lord is the beginning of knowledge." Therefore, wisdom consists of and is condensed in the fear, reverence, and worship we have for God. People should, therefore, accept and feel God's presence in their lives, and shape, regulate, and demonstrate their lives according to His commandments. One should never boast before God and pretend to be wise, but rather always "trust in the Lord with all his heart." Along with godly, chaste, and honest people, there will be the ungodly ones who disregard wisdom and counsel, and among whom God's absence is filled with the presence of the Anti-Christ. The proverbs advise people to stay away from ungodly, deceitful, sacrilege, and unwise people.

The proverbs exhort the children to be obedient, respectful, and sagacious, because a wise son brings joy to his father, while the unwise grief to his mother. Solomon said: "Do not let loyalty and faithfulness forsake you; bind them around your neck, write them on the tablet of your heart" (Prov 3:3). Wisdom is far more precious than silver, gold, and many other treasures and jewels. It grants complete health to the body and soul, as well as peace and comfort of the mind and a sweet life.

According to Ecclesiastes, people are incapable of administering their own destiny, because it is determined by Providence. People will live according to what God has planned for them, because it is above and beyond their reach to introduce even a particle of change into their lives. Man with his limited knowledge is destined not to know the mysteries of life. The uncertainty of the future should not make man unable to live a decent and pleasant life; he can and should do so, particularly when he is young: "Rejoice, young man, while you are young, and let your heart cheer in you during the days of your youth" (Ecl 11:9).

Now, anything that has been predestined and is in line with the unwritten law, cannot change or be turned; one should accept it and keep it as such: "What is crooked cannot be made straight, and what is lacking cannot be counted" (Ecl 1:15). This shows the impossibility of changing the world's external phenomena and man's inability and weakness. Therefore, all that we need to do is to accept the world in its entirety. Man as a weak and perishable vessel will never be able to penetrate into the deep and perplexing mysteries. Man should concentrate his entire being on fully using and enjoying the short time given to him. The signs of the future, silhouetted on the remote and unbounded horizon, and the dream or desire to enjoy the brilliant colors of the dawn are mere illusion. It is better to use the present than to dream of the uncertain day to come. Unfortunately, people waste the present thinking of the future, while they have the possibility, time, and health to live and enjoy the bounties of today: "Go, eat your bread with enjoyment, and drink your wine with a merry heart" (Ecl 9:7). Life itself is sweet, full of pleasure and joy; life's secret is in living and enjoying it. For as long as we lack a rational and logical explanation to human life, all efforts to explain it are useless and in vain. Man does not need much knowledge. Abundant knowledge increases our pain, concludes Ecclesiastes.

The Proverbs provide some very constructive instructions about the use of one's tongue. The tongue plays an instrumental role in man's life. The tongue decides man's worth, greatness, goodness, sublimity, and depth. "Death and life are in the power of the tongue, and those who love it will eat its fruits" (Prov 18:21). Every thought and counsel is expressed by the tongue. Therefore, the tongue is the beginning of everything good and evil. Although small, the tongue can cause destruction and make miracles. The tongue can make possible that which is impossible. The tongue is a flexible tool or means to communicate, transfer our thoughts to people, and express the image and feelings of our heart. It is the mouth that sustains or destroys man. Solomon the Great said: "A soft tongue can break bones" (Prov 25:15). Our people said: "The sweet tongue attracts the serpent out of its hole." The inappropriate, unnecessary, unduly, and filthy use of the tongue generates trouble, sadness, misery, grief, sorrow, and adversity: "Put away from you crooked speech," because those who guard their mouth preserve their lives; those who open wide their lips come to ruin (Prov 13:3). Solomon warns us against slander and ill speech, participating in false and in vain conversation. He warns us against using the tongue as if by accident, without thinking, and recklessly: "The evil are ensnared by the transgression of their lips . . . From the fruit of the mouth one is filled with the good things" (Prov 12: 13–14).

Hard work, diligence, assiduity, and the readiness to work relentlessly are among the preconditions of people's health and success. Labor is holy and sacred; it generates goodness, benevolence, abundance of harvest, productivity, wealth, and joy. Idleness is lifelessness and the root of all evil; therefore it leads to failure, misery, and hunger. Solomon wrote: "If you sleep a little, sit, take a nap, and rest your hands on your waist, poverty and want will come upon you"" (cf. Prov 6:10). He brings here the example of the diligent ant, who without a supervisor, prepares its food in the summer, and gathers the harvest. The bee does the same; it works honestly all day long, and everybody enjoys the fruits of its labor.

The proverbs warn us to stay away from a lewd, lustful, and immodest life, and from satiety, gluttonous passions, and harmful desires, which can deteriorate man's health and throw him down into the pit.

Temptation can visit man at any time. Its venom can strike and throw him to the ground. Solomon wrote: "The lips of a loose woman drip honey, her speech is smoother than oil, but in the end she is as bitter as wormwood, sharp as a two-edged sword" (Prov 5:3–4). The loose woman is attractive; her countenance is charming and exciting; her speech is seductive and convincing, but her actions are destructive: "A prostitute's fee is only a loaf of bread, but the wife of another stalks a man's very life" (Prov 6:26).

Contrary to loose woman, there are magnificent lines dedicated to prudent, faithful, honest, and diligent women: "The wise woman builds her house, but the foolish tears it down with her own hands" (Prov 14:1). Diligence, magnanimity, kindness, and modesty are the foundation and basis of an individual's character.

The contradictory images of the wise man and the fool are abundant. More than offering instruction on wisdom and intelligent knowledge, the Proverbs teach about holiness, saintliness, chastity, and noble and modest behavior. Wise is he who can make right decisions in life. The coexistence of good and evil is inevitable; therefore, it is a basic task for men to clearly distinguish between them and to choose the way that will benefit their soul and the growth of their moral life.

The last chapter of Proverbs is dedicated to the woman who is a colleague of her husband and who is cognizant of her responsibilities. As a good natured and compassionate woman, she has at her disposal the modest means to help the poor and the homeless. Her life is full of useful activity and labor. She does not tolerate idleness and parasitism. "She girds herself with strength, and makes her arms strong" (Prov 31:17). Her lamp never goes out; she works day and night, and "She puts her hands to the distaff, and her hands hold the spindle" (Prov 31:19). A woman adorned with rare and diverse virtues is appreciated by her family and respected by the society. Her husband gives her the best and ultimate praise, when he says: "Many women have done excellently, but you surpass them all" (Prov 31:29). As reward to the wise and the broadminded woman for her good acts, she will be blessed and honored.

Proverbs also touch upon bad human behavior and characteristics. Specific proverbs are dedicated to greed, anger, hypocrisy, mercilessness, despotism, foolishness, passion, egoism, and other vices. We wish we were able to dwell on each one of them and discuss here the position of the proverbs and the direction they offer. But we will be satisfied here by talking about a few of them.

Wrath or anger is one of the diseases and worst habits of man. It destroys and ruins man's powerful internal spiritual structure, as well as his external attractive structure. Fervent anger is a sign of little intellect, madness, deficiency of mind, imbalance, impatience, and ignorance. Solomon the Wise wrote numerous proverbs about wrath and advised us to stay away from nervous, quick-tempered, irritable, wrathful people: "One who is quick-tempered acts foolishly, but a sensible man bears up under many things" (Prov 14:17). The quick-tempered person not only harms himself, but also infects others with vice: "Make no friends with those who are given to anger, and do not associate with hotheads, or you may learn their ways and entangle yourself in a snare" (Prov 22:24–25).

In the current situation in which we live; that is, in the confusing and uncertain conditions of life, when mankind rushes to preserve his existence, human beings have become more stressed, ill-tempered, and irritable. We witness awful mishaps and evil adversities happening everywhere because of impatience and quick-temperedness. Accidents, fights, and deaths occur simply because human beings have become extremely agitated and passionate, and have lost their cool-headedness and calm. The Proverbs caution us: "Those who are hot-tempered stir up strife, but those who are slow to anger calm contention" (Prov 15:18).

Solomon the Wise mentions seven things that God hates—haughty eyes, a lying tongue, hands that shed innocent blood, a heart that devises wicked plans, feet that hurry to run to evil, a witness who testifies falsely, and one who sows discord in a family. Other evil actions proceed from these evils and corrupt man.

At the end of our essay, we would like to briefly reflect upon the famous third chapter of Ecclesiastes, where time is mentioned as important, significant, and vital. Every movement has its time in life. Nothing is born and dies before its time. All the phenomena and changes in life are associated, conditioned, mixed, and intermingled with the concept of time. It is time that stirs us to war and peace, love or hatred, speech or silence, destruction or construction. People cannot act, hope, or expect before its time. It is time that brings man's dreams and wishes to completion. The world, conditioned by time, shows us that it is impossible to think or act outside time. Man himself is born in time; therefore he has to use time to its best benefit for his soul, its crystallization, and its transfiguration.

The books of wisdom and the sublime ideas expressed in them have captured and enraptured the imagination, heart, and soul of the people on earth for centuries. Through the execution of their commandments, the world undoubtedly will be a more pleasant place where man can breathe easier.

2000

Faith Healing

"Anyone who wants to look at sun beams, needs to clean the turbidity, dirt, and bleariness from his eyes, so that the gloom that reflects through the pupil may not hinder the clear vision of light."
Yeznig

This observation of Yeznig Goghpatsi, the great philosopher and writer of the fifth century, clearly emphasizes the necessity of being objective and unemotional in our judgments. We are objective when we perceive every concept, situation, and issue within their true framework, as they are. In order not to paint, falsify, or hide the reality, people need to be free of prejudices, superstitions, emotional contemplation, and vain thoughts, so that they may separate themselves from the deceptive emotional world and be able to direct the arrow of their thought toward reason, healthy judgment, and correct conclusions. It follows that people need to rationalize every phenomenon of life, base their convictions on logical truth and tangible evidence, and categorically refuse superficial, partial, arguable, and refutable solutions offered to them. Our judgments are sound when they are based on straight elements and real proportions.

The human being is inclined by nature to believe, without the slightest hesitation and doubt, in supernatural forces. The entire Old Testament is the story of God's supernaturalness. The Holy Bible, with its eternal truths, has so profoundly influenced and spiritually exalted certain individuals, which they have unconsciously, and to their own dismay, noticeably distanced themselves from the sciences and particularly from medicine and all the good things that it offers.

Medicine, which before Christ and throughout the Middle Ages, was a science ridiculed and neglected by many. Religious beliefs and certain superstitious acts have made great progress and stunning and unbelievable achievements during the past one hundred years.

The boundaries of science are wide and endless, but the human mind and ability are limited. The modern exploring scientific mind examines and searches constantly, without pause, rest, or boredom. It strives for absolute truth and reality, and tries to reach the unreachable and the impossible. Today, armed with the latest methods and equipment, medicine walks down never before trodden roads, making miraculous inventions and utilizing all that technology offers.

The medical world, however, cannot boast that it knows the reason and answer, the solution and cure to all diseases. Physicians admit that their knowledge and the results provided in the medical field are insufficient. They assure us, however, that medicine is not standing still or retreating, but rather through its ever improving growth it is advancing and bringing to mankind its precious contribution.

Now, to deny the achievements of the sciences, not to be excited about their success, and particularly not to take advantage of the benefits they offer is simply dark-mindedness and moral bankruptcy.

There is no doubt that health is the most important issue concerning mankind. Illness is a phenomenon that annoys, disturbs, and troubles mankind. From the early ages on, men have resorted to all means in order to prevent various diseases and fatal illnesses. The patient, driven by his pains, has sought both the interference of external invisible powers and medications. In the midst of current harsh and undesirable conditions, when poverty, unemployment, work-related stress, the limitedness of social means, the consumption of unhealthy food, the extremely serious and alarming environmental threats, and the anxieties and concerns of everyday life drain us spiritually and physically, people—confused and desperate—search for a salvaging raft, look for a foundation to rely on, and strive for anything capable of freeing them from their anxieties, concerns, hardship, and illnesses—anything that offers them healing of the body and the soul.

It is at this juncture that religion offers its support to mankind, in order to improve human life and health.

Among many other religious beliefs, the faithful may believe in faith healing. What is faith healing?

Faith healing is the art. . . and profession of healing by faith. A faith healer's primary obligation is that of reminding the faithful that his art requires profound faith and generous material compensation.

There are many examples of faith healing in the New Testament. Our Lord healed the crippled, the blind, the deaf, and the dumb. He even made the dead rise again. Following Christ's lead, the Apostles also prayed and asked God for healing by placing their hands upon patients' heads. These accounts of healing established by tradition have been passed down through the ages to us today. The tragedy is in that this grace, freely granted by Christ, has become a source of benefit and trade after Him.

We find in our old literature the story of the construction of the citadel of Mahppank, where the Armenian prince, in order to secure a miraculous healing for his son, offered the Apostle Thaddaeus the construction of a monastery with silver and gold walls. But the Apostle suggested the construction of a citadel, instead. Armenian history is full of similar wonderful episodes.

Today, people resort to prayer in order to cure their various pains and heal their illnesses. The completion of a healthy and happy life is the greatest wish and aim of mankind. All kinds of illnesses, however, never allowed human beings to conduct an illness-free, quiet, and joyful life.

In the last few decades, many faith healers have come forth in the Western Hemisphere. Many pretend to be anointed ones sent from the heavens that are in constant communication with God. Arrogantly they announce that they have the heavenly gift, ability, and power to offer human beings the complete cure. These great masters of lies and deceptions provide "healing" in exchange for the payment of plenty and countless sums.

According to the theories, faith healers acknowledge that illnesses are the consequences of disobeying God, the intercessions of demons and Satan, examples of the wickedness of man, a dishonest and perverted life, etc.

The idea that human beings can regain their enviable health only through the interference and influence of external and invisible forces is one rooted deep in the subconscious of man. The firm conviction that people are sinful, their state of being is dipped in sins and that is the leading cause of physical corruption, sickness, and death has been a predominant belief throughout the ages.

Taking advantage of the old and indurate mentality of the faithful, the faith healer resorts to all kinds of machinations, cunning, illusions, and the art of cheating in order to charm, stun, and amaze his prey. The faith healer practices a ravishing policy. By abusing the good intentions, sincere devotion, and noble aspiration and desire of the faithful, not only does he capture their kind heart and good soul, but he also seizes their purse and empties it. The faith healer, therefore, is a man who vexes and abuses both the wealthy and the poor, while offering them nothing. Faith healing secures millions of dollars in the west for the faith healer and his associates.

Free in his Babylon, and away from the restrictions of authorities and human conscience, the faith healer captures thousands of innocent souls in the course of practicing his skills, destroying and darkening every beam of hope and light they have. Not only does the faith healer not offer healing, but he also causes people and families to fall into bankruptcy, great losses, dissension, disagreements, enervation, separation, and even acts of suicide.

The cunning juggling of faith healers takes place during collective prayers, when the crowd of the faithful is gathered in a large playground, stadium, or a hall. Recently, the utilization of tents has also become popular. The preparation of an artificial stage is a necessity, so that wheelchairs may be kept behind the curtains. In his effort to implement his premeditated plan, the faith healer memorizes the names of his patients and the nature of their pains and diseases. The diversity of diseases is important in order to demonstrate the almightiness of the faith healer. The diseases include tumors, cancer, pancreatic pains, arthritis, intestinal inflammations, diabetes, high blood pressure, deafness, blindness, etc. Old people capable of walking, talking, seeing, and hearing are chosen to play the roles. Real patients are kept away from the faith healer who then publicly demonstrates his gift of healing, one supposed patient at a time, generating enthusiasm and excitement in the crowd. The faithful, having reached a stage of ecstasy, enraptured by the staged events, is extremely pleased. Meanwhile, on stage, people abandon their wheelchairs, break their crutches and throw them in the air, the blind begin to see, and the deaf to hear. Others fall on the ground from the power and impact of the visitation of the Holy Spirit. The arena is full of absurd movements, loud cries, Hallelujahs, applause, and exclamations of excitement. The faith healer has succeeded. He has impressed the naïve, absent minded, and irrational crowd. The faithful open their arms to the miracles they have witnessed, refusing to rationalize, examine the facts, or judge the authenticity and truth of the healing they have seen.

After a long and exhausting ceremony, the healed ones leave happily, while those who have not been healed return sad and grieved. They suffer from the sting of conscience, and from a horrible feeling of guilt and shame. They become desperate, lose their faith, optimism, liveliness, productivity, and the energy to continue living. Many, truly believing that they have been cured, stop taking medications and thus open the door to new complications and even death. Many "healed" people die after being "healed." The faith healer considers this natural and exclaims: "Death is the ultimate healing."

It is obvious that in cases such as these, the blindness of eyes and minds have reached their peak. People cannot or do not want to see reality as it is. Such believers live confined in their own shell. They live a life, which is strange and incomprehensible to us. If we try to understand them in full, we need to live, feel, and think like them. According to reliable sources, certain denominations, such as the Baptists, Evangelists, and the Born Again, forbid their congregation from watching TV, listening to the news, going to movie theaters, celebrating anniversaries, attending dance parties, and so on, because they consider these Satanic actions. The faithful who lives in a closed world, unfamiliar with the realities of the world, unquestionably believes in and follows instructions given to him.

Self-deceit is a psychological state by which almost every individual is affected more or less. There are self-illusive feelings and actions that do not harm the individual greatly, but those who cheat themselves by faith healing, not only lose their money, but also their dignity and credibility.

Let us recall from our history what our first historian, Movses Khorenatsi, related to us as a classic example of self-deception. When Ara the Fair died during a battle, Queen Samiramis ordered her gods to lick his wounds and to bring him back to life. Samiramis tried to revive Ara through her magical charm and belief. But when Ara was not brought back to life, Samiramis adorned one of her lovers and announced: "The gods have fulfilled our wish and desire by licking and reviving Ara, therefore from now on they deserve to be worshiped and glorified more by us as their rejoicers and servants." Not satisfied with this, Samiramis also erected a statue in the name of the gods and honored it with sacrifices.

We also know from history that many patients have avoided physicians and, instead, they went to sorcerers. It is noteworthy that Samiramis wore amulets in order to protect herself from the evil eye, sickness, and adversity.

The faith healer is caught by the desire to play God. Noteworthy is one case of pastor and faith healer who made "miracles," William Brahman. Whenever he failed, he reproached the subjects saying that they were living a sinful life, and that they were weak and ill-believers. This pastor made his first healing attempt in 1947 in Illinois by "healing" a deaf and dumb person. The patient was advised not to smoke, because the pastor had told him that his deafness and dumbness were the result of smoking. The person was not healed completely, because he did not follow the healer's instructions. In 1965, when this wonder-maker faith healer died by accident, the people did not bury him; they waited for four months, hoping he would rise.

Faith healers receive heartbreaking petitions for prayers and other things. The insolent and infidel faith healers not only do not pray for other petitioners, but they also order these letters be torn up and thrown in the trash can. The checks, however, that accompany the letters, are immediately cashed. The cupid faith healer lives at the expense of his rich prey. Today, the cheating faith healers and TV preachers use any irregular and shameful means within their possession for the sake of their personal benefit and at the expense of the blind faithful.

It is noteworthy that the faith healer considers the sciences "instruments of Satan." He does not encourage medical interference or assistance, operations, or medication. Like the traditional dragon, the faith healer strictly forbids the patient to undergo a medical examination. In our folk tales the dragons did not allow the simple, kind, and hard-working people to come close to the life-giving water and receive from it the gift of life.

It is for this reason that we find the causes of death multiplied. Some parents demonstrate lack of prudence by refusing to subject their children to medical examination. They unfoundedly claim that people should live only through faith, and that only faith is capable of curing the soul and the body. Certain religious groups, such as the First Assembly Church and the Faith Tabernacle Congregation prohibit all kinds of medical services. Consequently, many innocent children perish.

It is only normal that people do not want to lose hope, get depressed, or feel defeated. They want to hope and desire to attain the impossible, the unreachable. The faith healer also, despite the voice of his conscience, continues to walk against the stream, denying and ridiculing the truth.

Today, Lourdes, France, is considered the center of faith healing. This internationally renowned holy place is the product of the vision of a girl named Bernadette who thought she saw the Holy Mother-of-God in 1858. This center of healing and faith was declared a sanctuary in 1876, and receives close to five million visitors annually.

Painfully we need to mention that this sanctuary has become a competing arena for opportunists and cunning businessmen.

It is odd that Bernadette died in pain, suffering from pneumonia and asthma in 1879 at thirty-five years of age. Her father also passed away from the suffering of his pains.

The Armenian Church believes that religion and science are not fields in conflict; they complement and complete one another. It is with this belief that the Armenian Church encourages and urges patients to seek medical care, in addition to praying.

It is worthwhile to recite here what Ellen Bernsten, the editor of the *Medical and Health Annual of the Encyclopaedia Britannica*, says about Lourdes: "Wonders do occur when pilgrims discover their own strengths and learn the art of living with their maladies."

1996

ETHICAL

Opposite Views

Pessimism and optimism are two opposite, contradicting, and irreconcilable views of life.

Pessimism is the habit or custom of looking at life with hopeless, frustrated, powerless, and helpless eyes. The entire inner world of the pessimist is covered with a black veil, because he suffers from the lack of light and hope. The gates of hope are forever closed before him, either because he does not want to, or cannot see the bright days. He is in a burdensome spiritual situation and comes to the public as the entrapped victim of his rusty and imaginary ideas.

The pessimist lives in a narrow, moldy, despicable, and pitiable world. In his view, life is vanity and therefore meaningless. He considers human nature radically evil and fundamentally weak. He sees the pace of human progress and the possibility for improvement insufficient or insignificant. In other words, mankind is at a standstill for the pessimist. The pessimist has lost the inner thrust and, therefore, his ability to tear darkness apart and head for light and future radiance.

The pessimist finds little reason for joy in this world; he is always troubled and worried. The negative attitude toward the world, life, mankind, and phenomena dominates him. He portrays life in dark, sad, and melancholic colors. With his negative position and repellent stand, he upsets those who are around him and leads them to despair.

The pessimist considers the following as major reasons for his attitude: the wickedness of human beings, their inclination toward evil, the consequences of destructive wars and the impossibility to prevent their repetition, God's passivity—the incomprehensible attitude that He does not interfere in the evil and harmful decisions of mankind—the annihilation of important natural elements, the existence of serious environmental problems, the immoral and irresponsible act of leaving iniquity and evil unpunished, etc.

Pessimism is not pertinent to only individuals; nations and peoples also suffer from it. There have been communities and tiny nations in history who have lost their optimism for life. Inevitably, the complex world community swallowed these nations.

One can find among religious doctrines also ideas that might lead to pessimism. Some emphasize the nearness of the end of the world and underline the disastrous consequences of such an event. They instill fear, uncertainty, and confusion in many individuals. Consequently, many followers live in great fear, while others with great expectations. Beliefs like these make many live pessimistically. Their future becomes cloudy and uncertain.

The pessimist usually shows signs of dissatisfaction and desperation, as well as an attitude of self-abandonment and the symptoms of a broken heart. The idea that he has failed in life and that society has abandoned him prevails in his mind. The pessimist dwells on the past, dreams of the past years, and longingly recalls every memory. There is no luminous, radiant, and shiny future for him, but always a glorious and radiant past. He does not expect new developments in his life. Instead, he remembers dusty and forgotten insignificant events and incidents buried in the pages of his own history, and tries to give them some value and meaning in order to drag his existence on.

It was truly said that "Desperation is the threshold of death," and "Hope is the will to live."

The pessimist is narrow-minded and suffers from the lack of broad-mindedness. The horizon of his mind is limited. He lacks the ability to imagine and have flights of mind. His world is full of tumult and disdain. The pessimist criticizes, and ridicules every person, and belittles every beauty, good counsel, and positive idea, in order to satisfy his ego, his vainglory, and his abominable negative nature. The pessimist does not accept that he is wrong; he is always right and perfect, omniscient and almighty.

Optimism, which is a healthy and natural state, is the opposite of pessimism.

Optimism is the virtue of responding to the world and life positively. The optimist profoundly believes that the world is governed by goodness, by good and virtuous principles and order, and that the good elements are predominant. Therefore, the optimist believes that mankind can advance infinitely, and by improving his and others' lives, make a paradise of this world.

Optimism is a source of spiritual inspiration, a hope-giving power, an inner drive and hope by which mankind can not only create material well-being, but also a normal and healthy spiritual state, joy, high mood, and inconsumable enthusiasm and zeal for labor.

The Armenian Church has always emphasized the importance of faith, hope, and optimism in the life of the faithful. The Armenian who has confronted the fierce waves and merciless blows of centuries, has faced all kinds of persecutions, torments, oppression, and massacres by facing them with optimism, farsightedness, and a brave and invincible spirit. The Armenian has looked upon life with radiant hope, and with the determination to flourish and prosper. The Armenian people seem impervious to desperation and frustration. They have firmly believed in Christ's life-giving words: "In the world you face persecutions. But take courage; I have conquered the world" (Jn 16:33).

Should a Christian be an optimist? Yes, answered the great Apostle: "We know that all things work together for the good for those who love God" (Rom 8:28).

Optimism is life. It brings the gift of health. People live and work with hope. Optimistic people have attained great achievements in life.

People should liberate themselves from the realm of harmful pessimism and embrace the horizons of optimism, farsightedness, and temperance.

1998

Leo Tolstoy's Moral Teaching

World great and ingenious Russian writer Leo Tolstoy was born on August 28, 1828 in Yasnaya Polyana, a city located 100 miles from Moscow.

Tolstoy was an aristocrat by birth. He lived during the slave-owning period. His parents lived in luxury. Tolstoy's father was born in 1795. He fought against Napoleon in 1812, and passed away in 1837, when Tolstoy was nine years old. Tolstoy's mother also died prematurely. He was brought up in a luxurious palace composed of forty-two rooms and served by thirty slaves. The palace was furnished with rich western furniture, precious oil paintings, rare books, a piano, and fine artworks.

The Tolstoy family showed kindness toward the slaves and the poor. Witnessing his parents' compassion and care for the slaves, Tolstoy was profoundly impressed. He admitted that he had a happy childhood, full of love, caress, and affection. Tolstoy's father's cousin, Tatiana (Touanet Ergolski) played an instrumental role in his education. It was Tatiana who provided for his financial and spiritual needs. She was also his mentor, cultivating in him the finest human qualities and instilling in him the zeal for work. Like a good planter, Tatiana sowed the seeds of goodness and benevolence in his young heart, and particularly those of pity and compassion for the miserable, the abandoned, the needy, and the weak. It was also Tatiana who emphasized for Tolstoy the importance and harmony of a self-contained, self-absorbed, isolated, and peaceful life.

The Russian people of the nineteenth century were religious and pious. One could not stand indifferent or passive in front of the waves and elements of the religious culture and fervor. People often made a pilgrimage to the monasteries of the saints. The pilgrims donated their money to their preferred monasteries with great reverence and awe, and they offered their warm prayers before the icons. As a pious and traditional woman, Tolstoy's mother participated in all of this. A particle of this pure religious soul radiated in Tolstoy's heart and he caressed it carefully. The predominant mentality of the time was that religion belonged to the peasants and the uneducated. Tolstoy, however, received his religious education as a child and was well acquainted with Divine law and the commandments. In his book, *Confessions*, Tolstoy wrote: "When I lose my faith in God's existence, I can no longer live; I would have committed suicide long ago, had I not had the dim hope of finding Him."

Leo Tolstoy attended the University of Kazan and participated in the Crimean War of 1854 as a volunteer. In his early years he lived a dissolute and lewd life. For long years he gave himself to gambling, womanizing, and other vices. As a result of his unlawful copulation with a woman named Axinia, Tolstoy had a child named Timefey.

In 1862, Tolstoy married Sonya and they were blessed with thirteen children. He had a dramatic and tempestuous life with his wife. At the sunset of his life, Tolstoy bid adieu to his beloved and revered wife and departed from the house for good.

Tolstoy demonstrated odd conduct. He made Sonya the victim of his extraordinary behavior. Sonya was accused of secretly reading his diary and memoirs. The matter of the estates of Yasnaya Polyana and Samara also were the subject of sharp arguments. In 1909, after consulting with his friend Chertkov, Tolstoy wrote to his family saying that they should relinquish all publishing rights and donate the estate of Yasnaya Polyana to the peasants. Sonya was against this decision. She argued that this act would lead the family into bankruptcy.

At the sunset of his life, Tolstoy wanted to demonstratively distribute his possessions to the poor and show that he was a generous person. Tolstoy accused his wife of being a materialist, while Sonya exposed Tolstoy's hypocrisy and showiness. After long and undue arguments and many exchanged insults, Sonya's fragile health gave way and she began to suffer from emotional instability. She attempted suicide by poisoning, but a miracle saved her. After she was saved, she expressed joy and satisfaction, saying: "I will live so that my husband might not surrender himself to his idol, Chertkov." Sonya's diary indicated that Chertkov had been a major accomplice of his in devising the plot to deprive Tolstoy's family of their possessions and excluding them from his will. Sonya wholeheartedly hated Chertkov who wove dissension and division within the Tolstoy family.

Tolstoy died in 1910 in the Astapovo station of the Ryazan-Ural railroad. Tolstoy's father, Nikolay, had told his three sons, Leo, Dimitri, and Sergei, that he had discovered the secret for eternal happiness and the removal of poverty and sickness. He said that he had written this secret on a stick and buried it in a torrent in the Zakaz woods of Yasnaya Polyana. For this reason, Tolstoy asked to be buried there in recognition to the beautiful and memorable tale that his father had passed on to him. Tolstoy had a simple and inglorious burial. Vahan Derian wrote: "Not only Russia in its entirety, but also the whole world should have participated in Tolstoy's burial."

In 1912, after Tolstoy's death, Sasha, his son, executed his father's will, and in 1917 the peasants protected Tolstoy's palace against the attacks of the revolutionaries. Ownership of the manuscripts and diaries was a great issue upon Tolstoy's death, because Chertkov, his loyal apprentice and fan, was appointed as their sole proprietor in the will. After years of court proceedings, all rights were granted to Sonya, their lawful owner.

Tolstoy began to write at an early age. His early novellas and stories were published in the 1850s. Encouraged by this success, Tolstoy never then put his pen down. He faithfully followed Goethe's slogan: "Man is created not to preoccupy himself in meditation, but rather to work." Tolstoy relentlessly worked throughout his life and produced literary masterpieces, such as *War and Peace, Anna Karenina, Resurrection, The Living Corpse, The Kazaks,* etc.

In high appreciation of Tolstoy's literary merits, Maxim Gorky wrote: "Tolstoy is profoundly national; in a stunning wholeness he embodies within his soul all the peculiarities of the Russian psyche. Tolstoy is a whole world."

Anatole France said: "Hellata gave Homer, Russia Tolstoy."

Tolstoy captured in his novels the harsh life and the unbearable conditions of the Russian people. He exposed the inequity, ruthlessness, and degradation of the abusing class. Tolstoy expressed his wrath against the ravishing, enslaving, and oppressing policies of the Tsarist government of Russia. He staunchly defended the moral integrity of the Russian people and their undeniable rights, as well as national and cultural interests.

Tolstoy was a cosmopolitan. Coming out of his narrow shell, he encompassed broader horizons. It's been well said: "There were neither classes, nor geographical positions before Tolstoy's authority. He was spread over the minds of all mankind."

Tolstoy attentively read the best works of other nations and particularly the peoples of the Caucasus. He visited the Caucasus. Tiflis to him was "a land of love and a civilized city." It was there that he wrote his first works. In *The Kazaks, The Captive of the Caucasus, Invasion, Cutting the Woods,* and other works he clearly and authentically reflected the life in the Caucasus.

During the course of acquainting himself with the people of the Caucasus, Tolstoy took an interest in the Armenian culture and in its prominent and energetic representatives. Unfortunately, there were only a few Russian translations of Armenian literary jewels in the 1850s; therefore Tolstoy's knowledge of the history of Armenia and the achievements of its people was incomplete.

Numerous Armenian writers and intellectuals have highly praised Tolstoy's precious works. The Armenian media abundantly and deliberately wrote about Tolstoy's works. Sdepan Zorian rightfully judged his works when he said: "Leo Tolstoy truly remains an extraordinary and unsurpassed giant. In the narrative art not only among Russian writers, but also, in my profound conviction, none of the world's writers can equal him by circumference, depth, and truthful art."

Tolstoy—the glory of international literature— suffered from extraordinary and endless contradictions as a preacher, profound thinker, and a penetrating mind of the human soul. His life and views are full of striking contrasts. Tolstoy's major weakness was in not following what he preached. Shakespeare formulated this concept beautifully: "A good preacher is one that follows what he preaches." The discrepancies between the theory of practice in Tolstoy and the inconsistency of his words and deeds are obvious. Many tend to explain his ambiguous and hypocritical life by sighting his unusual and eccentric personality, while others attribute it to his genius.

The foundation of Tolstoy's moral teaching is the teachings, principles, and virtues of Christianity. His themes include humanity, meekness, poverty, abstinence, patience, forgiveness, sincerity, and so on. Speaking on love, he constantly preached moderation in sexual passions, but in his own life he acted as a lewd person. He refrained from hunting, smoking, and drinking alcoholic beverages, but never from his insatiable sexual desires. Sonya wrote in her memoirs: "It's fine that he's writing and advising others to be prudent, pure, and reserved; how about him?"

Tolstoy was interested in the beauty of the human body. Sonya confirmed this: "He loves me only at night, but never during the day." During a certain phase of his life, Tolstoy went as far as to condemn the matrimonial copulation of lawfully married couples. Initially, he advised his obedient apprentice, Chertkov, to marry and have children. Later, influenced by the *Groytzer Sonata,* he changed his mind and ruled that married partners should live as brothers live with sisters.

The leader of the American Shakers religious movement sent Tolstoy a book in which the lawful copulation of couples was forbidden. Tolstoy was pleased by this approach and exclaimed: "Magnificent; total prudence and celibacy is needed." The public greeted this self-contradicting and overburdened hypocrite with ridicule and laughter.

Tolstoy considered cupidity a sin, but he always remained a man of possessions, estates, and fortune. At the end of his life he wanted to donate his furniture, piano, and other objects to the needy, but his family prevented it. He preached uninterruptedly, but never abided by what he preached. Perhaps he was convinced that there was merit in his preaching, but he was never able to practice his teachings himself.

In 1901, when Tolstoy became critically ill, despite preaching poverty and modesty, he refused to go to a village hospital or to a modest sanatorium for treatment. Instead, he went to Kasbra (Crimea), to the gorgeous palace of Countess Sophia Panina. He received his treatment there surrounded with great care and kindness. His wife and sons found this odd and called him a hypocrite. Others designated him as a weak person.

It was in 1901 also that Tolstoy, this writer known as a benefactor and true Christian, was sentenced and banished by the Russian Orthodox Church for his unorthodox ideas and views, as well as for his unique interpretation of fundamental theological points. Tolstoy wrote: "Truth torments me, and reason is given to me in order to be delivered from it." In the course of his search for God, he developed the theory that God's kingdom was among men, and one should not look for it somewhere else or wait for it to happen. Such concepts were in violation of the traditional stand of the church and they enraged the clergy. The sentence of the church did not affect him. He believed in what he wrote: "God gives man his cross, but he also gives him the strength to carry it."

Tolstoy was not interested in issues pertinent to revelation, nor was he interested in prophetical and apocalyptical issues. He did not pay attention to supernatural powers, the life to come, resurrection, and immortality. His only obsession was to humanize religion. He tried to make religion accessible to all classes equally and its divine commandments executable. Tolstoy considered uncompromising, unselfish, pure, and sincere love a primary idea. According to Tolstoy, human awareness should be elevated to a new level and the law of love must dominate instead of the law of opposition, tyranny, and violence. This can occur only when man is unchained from all kinds of religious and political concepts and trends. It is evident that Tolstoy was influenced, charged, and armed with the spirit of Voltaire and the ideas of Nietzche.

The Communists considered Tolstoy's religious views regressive and therefore criticized him. We would like to mention a few of the many religious thoughts of Tolstoy: "It is only in faith that we can find the meaning and possibility of life"; "Faith is the power of life"; "One cannot live without faith"; "Here is He. We cannot live without Him. To know God and to live are the same thing. God is life."

The concept most descriptive of Tolstoy's religious creed was his conviction not to resist evil. Tolstoy tried to defend as his best theory and moral teaching, this belief in not resisting the evil one. Armenian intellectuals, while speaking highly of Tolstoy's literary heritage, sharply criticized this erroneous moral teaching.

One of our elder intellectuals, Ghazaros Aghayan, when discussing the theory of not confronting evil, considered it unwise: "Not to oppose evil is a result of inability, weakness, and slavery; that is, not to oppose evil is not a virtue, but rather the prudence of a disabled person who wants to gain time in order to gather strength for resistance. Not opposing evil allows the wicked to deal with the good ones as they wish. . ." Therefore, our wise and radiant intellectual concluded: "Not opposing evil is not an orthodox and moral doctrine. It is against both mind and reason."

Along with other writers, Sdepan Shahoumian also criticized the theory of "resisting not him who is evil." He said: "In order not to resist evil by force, Tolstoy suggests to not accept government authority, enlistment in the army, judiciary establishments, or prisons." He criticized "the absurdity and harmfulness" of Tolstoy's teaching.

The following is a classic example of not resisting the evil one. Tolstoy was filled with humanitarian and forgiving feelings with regard to those who assassinated Tsar Alexander II (1881). He petitioned Alexander III to spare the lives of the six criminals as an example of the actions of a Christian spirit. Needless to say, the guilty were hanged in the same year.

In Paris, Tolstoy witnessed a public execution performed by guillotine. He expressed wrath and disgust against the inhuman act of beheading. He said: "Man's goal is to strive for moral perfection." Lawful and orderly, Tolstoy protected the fanatic followers of two religious sects who acted against the authorities—the Doukhabores (fighters against the spirit) and the Malakans (milk drinkers).

The Doukhabores were sectarians with peaceful tendencies and communist principles. They were exiled in the Caucasus in 1840 and persecuted. They refused military service and rejected the authority of the state. In 1893, they refrained from using tobacco, eating meat, and drinking wine. Tolstoy viewed members of this sect as heroes. During the years 1898–1902, these sectarians settled in Canada as a result of Tolstoy's mediation and after receiving permission from the British government. The sects made peace with Canadian rules and regulations. The Malakans held sentiments similar to the Doukhabores with regard to the government. They were also persecuted and finally migrated to Canada with Tolstoy's help.

The aforementioned examples clearly indicate that Tolstoy categorically opposed the death penalty and supported the common people and those who loved freedom.

Our great and immortal author, Raffi, composed many writings in which he spoke out against the philosophy of "resisting not he who is evil." In his novels, Raffi awakened the Armenian people from their centuries-long sleep and invited them to alertness, resistance, bravery, and into the endless struggle for self-perpetuation. Raffi admitted that people are good by nature, but that circumstances make them wicked. In *Jalaleddin* he wrote: "Sarhad concluded that guilty are only those who have been unable to understand the requirements of life, who do not think that they are living on this earth, and that they are dealing with human beings and not angels. . ."

The priest in *Jalaleddin* is an excellent example of "resisting not the evil one." The aged priest was in agony, because as the Kurds were getting ready to "put the fiery hat on his head," the bullets of the brave Armenians saved him from imminent death. The fearing and despicable priest, surprised by this wonderful incident and not aware of the identity of his saviors, quietly said: "For God's sake, do not kill them; let them do whatever they wish to us; do not touch them; they will massacre the Armenians. . ."

In his novels, Raffi cursed those who "have taken away from us our hearts and have placed there instead a piece of dead meat . . . And cursed be those who taught us to be good, obedient, patient. . ." Speaking of the abundant number of monasteries and the scarcity of schools, in his novel, *The Fool,* Raffi wrote: "If in this country there were regular schools even numbering one school against ten monasteries and churches, Armenia would have been saved by now."

Contrary to Tolstoy's vain ideology, Raffi's concept of happiness in life was this: "Happy are those who know how to hate . . . Anyone who does not know hate, remains deprived also of the feeling of love."

While Tolstoy preached unconditional love and the doctrine of "resisting not the evil one," Raffi argued the following, using this reasoning: "The law of self-protection requires us to respond to the enemy with the same weapon the enemy has used to oppress and kill us."

One questions the reason behind the Armenians extending their necks out before the sword and the merciless strike of their enemy throughout the centuries. Why rarely they struggled in the name of truth, justice, freedom, and self-redemption?

Upon examining the phenomenon, some psychologists have concluded that the Armenians have been surrounded by nations of people who loved to rob, kill, and fight. The peacefulness of the Armenians may be attributed to their agricultural and sedentary life as opposed to the nomadic and wandering lifestyle of other nations.

The second and more fundamental reason for the peacefulness of the Armenians may be the introduction of Christianity to Armenia. Christianity cultivated, refined, ennobled, and crystallized the Armenian spirit. Thus, Armenians were considered a civilized nation, thanks to their culture and refined expressions. The Armenians have suffered from this courageous and sublime position to a great extent.

The third reason may be the need to take into consideration the time, circumstances, and the environment. Neglecting any one of these three components would have endangered the nation's existence.

The Armenians have lived oppressed, vexed, and robbed by their enemies for ages. In spite of this, their character has remained strikingly pure and durable. The Armenians gained their daily bread through their labor. They stayed away from robbery, degeneration, immoral actions, divorce, crimes, etc. The merit of the Armenians has been in not being influenced or swallowed by immoral nations. Instead, they maintained their racial properties and heritage as a sanctity.

Some psychologists have also noted that the Armenians may have misunderstood Christianity. One of them wrote: "Christianity sealed the Armenian heart so profoundly that by forgetting the visible and real life, the Armenian instead strived for the unreal and invisible life to come. While war-loving nations enlarged their boundaries, Armenian kings abandoned their thrones and crowns to labor and pray in monasteries." A great historic example of this is King Drtad's abandonment of his throne and self-isolation in a hermitage.

Indeed, it is a proven fact that the Armenians at the time of Drtad were lion-hearted and good fighters. But once Christianity was introduced to Armenia, the love of war gradually decreased and young Armenians instead of confronting and protecting themselves from the fierce attacks of the enemy, began to turn their other cheek to the enemy, or take flight for remote monasteries. Thus, the Armenians lost the strength to impose their existence upon others and undertook the role of subjects, leaving their existence subject to the will and mercy of foreigners.

One of the fundamental goals of religion is to secure for a nation not only its physical existence, but also its physical multiplication and spiritual growth. Religion has come to deliver mankind from the rusty and old chains of slavery, to elevate its moral life, and provide mankind with dignity.

The current sociopolitical system and structure of the world has made us undertake the vital and crucial role of self-governance, and to forbid others from determining our fate. It is worthwhile to mention that the Armenian was not instructed by "the frightening and warmonger God of Sinai, combined with the infinite love of Christ." Without this history he would be less able to maintain his combativeness and, in particular, the might to oppose evil and resist it.

Tolstoy's doctrine of "resisting not the evil one" does not stand up under healthy criticism, because it is based on an incorrect, shaky, and inhuman principle.

1997

LINGUISTIC

The Role of the Russian Language in the Progress of Eastern Armenian and Related Matters

The centuries-old Armenian language has undergone constant refinement, enrichment, and progress since the day of its inception. The evolution of languages is a natural requirement in linguistics. Due to many historic circumstances, the Armenian language has been in contact with various foreign races and neighboring nations. Through this contact, it has imported concepts and words that were initially unfamiliar to it. The Russian language, among many others, has had a great influence on the Eastern Armenian language. First, however, let us talk about the Russian language in general, in order to identify its flexibility, point out the main sources of its richness, and underline its place in the large family of world languages.

Russian is considered one of the most opulent and wealthy languages of the world. All the great literary monuments of Russian literature were written in the Russian language. It suffices to mention the names of Pushkin, Tolstoy, Maxim Gorky, Lomonosov, Lermontov, Dostoyevsky, and Gogol in order to show the value and significance of the great literary contributions they have authored.

The beauty, attractiveness, resonance, and expressiveness of the Russian language render it opulent, authentic, unique, fine, and magnificent. Russian is completely cultivated and refined. The most important literary works and masterpieces of the world are translated into Russian. Reciprocally, the civilized nations of the world have translated the precious works of the great Russian writers into their respective languages.

Russian has an infinitely rich vocabulary. Amazing are the nuances and shades of meanings of Russian words.

The theory that the Russian language was formed before the introduction of Christianity to Russia in the tenth century is a dominant one among the specialists of the Russian language, or among Russian philologists. It was influenced immensely by the old Slavic, particularly in terms of vocabulary enrichment, as well as with regard to borrowings of philosophical, religious, and other concepts. Without the utilization of the basics of the old Slavic language, Russian would not have reached its current level. It is now an accepted fact that the Ukrainian and Belorussian languages also have influenced the Russian to a great extent. Through borrowing and appropriating the countless means and forms of expression used by the aforementioned languages, Russian enlarged and extended itself. The world-renowned Russian writer Gogol, for example, used with great mastery and exceptional flexibility many phrases and idioms pertinent to Ukrainian.

One cannot neglect the influence Russian dialects have had on the progress of literary Russian. These dialects contributed greatly to the liveliness and radiance of Russian by adding many words, phrases, and expressions. They played a decisive role in the final shaping of Russian language used today, a language infinitely receptive to injections of new blood. The unparalleled lyric poet and great novelist of Russian literature, Pushkin, who is the embodiment of the choicest and rarest properties of Russian national literature, often advised the younger generation not to avoid the dialects; on the contrary, he told them to benefit from them as much as they could, because the dialects contain the popular word and speech and one can learn much more from the speech of the people, than from magazines. Thus, S. Ghazarian wrote: "Pushkin destroyed many of the traditional limitations of the Russian literary language and he highlighted the importance of benefiting from dialects in creating the literary language."

Pushkin is the crown and diadem of Russian literature. His works are unique and unconquerable. He is a master of speech; his style is original and profoundly national. It was thanks to Pushkin, Pelinski, Chernishevsky, and other great writers that Russian experienced an unprecedented progress and attained magnificent regard as a language.

It is an extremely interesting linguistic fact that after old Slavic was replaced by Russian, as of the seventeenth century, Russian in turn began to play an important role in the final formation and development of some Slavic languages, such as the Serbian and Bulgarian languages. The influence of Russian literature extended to the Serbian and Bulgarian literatures, sealing them with its ineffaceable seal. Russian borrowings of the Bulgarian language were quite significant. Countless terms came originally from Russian, most notably the scientific and social fields. The famous Bulgarian scholar, Prof. P. Yontsev, in his study, *Russian-Bulgarian Parallels,* readily admitted: "The Bulgarians owe their spiritual liberation to Russian literature, as they owe their political liberation to the Russian state."

The influence of Russian is evident on other languages also, such as Czech, which belongs to the Serbian branch of Indo-European languages. The facts, peculiarities, and nuances of the Russian language have found radiant expression in Czech.

Let us emphasize the fact that it is not only the people of Slavic origin that have been influenced by Russian and interested in learning it, but also the civilized nations of the west—the Europeans and Americans. In the literary colophons of the English and European works of the sixteenth and seventeenth centuries one easily finds Russian words. During these centuries and later, numerous Russian works have been translated into English and European languages.

In order to ease the learning of the Russian language, dictionaries were authored. Richard James's (1592–1638) *Dictionariolum Russico-Anglicum* is considered the most important dictionary. In the art of translation, memorable is A. Stevens's translation of Lermontov's *Devil,* which the Russian critic Turgenev evaluated: "It is a phenomenon of great importance, particularly if we consider the beautiful tidiness and strength of Lermontov's poems." The works of many other poets, writers, and men of letters also were translated in order to ease and expedite the learning of the Russian language.

After the establishment of the Soviet regime, Russian came forth with an original vocabulary, which reflected the concepts and terms of the new system's ideology, way of thinking, status, lifestyle, and behavior. Among some of these words and concepts were: sovet, Bolshevik, golkhoz, Marxism, Leninism, partia, plan, kino, fabrika, tractor, and thousands of similar expressions.

During the many decades of Soviet rule, the Russian language directly influenced the Georgian, Azeri, Kazakh, Tajik, Kirgiz, as well as the French and Armenian languages. The Georgian language borrowed countless words from Russian. It enriched its own vocabulary by appropriating them. The same and even more can be said about the Azeri language. It expanded its vocabulary by borrowing thousands of words. It is noteworthy that the Azeris have patterned their "choices of word formation and pronunciation, and the regularities of development" after Russian. This means that the Azeris also borrowed letters and sounds that their alphabet lacked. The Azeri benefited from Russian also "through derivative words and phrases that are formed in the likeness of the Russian, or have had a slight change in their meaning," in order to improve their borrowings.

A similarly significant phenomenon exists in the Kazak language, where Russian affected "the sound system, orthography, and other linguistic facts."

The Soviet regime immediately cast out and erased old social concepts, such as parish, parish house, parish priest, parish council member, etc., and created new terms that made sense in the new system. In this way, words pertinent to classes, religion, church, and many other fields were terminated and forgotten. During the years of Soviet rule, an impetus was given to the advancement and progress of the sciences, arts and many other fields and professions. There was a great need for new words in order to reflect all these disciplines. The social status also had the same needs.

The Armenian language, among other languages spoken in the Soviet Union, was radically influenced. The Armenian language was enriched with words and phrases pertinent to the fine arts. Words that never before existed in our language, gradually found an audience and were included in the sphere of words in circulation spoken by the people. Such new words include աշխօր (ashkhor/working day), ընդյատակեայ (unthadagya/underground), etc.

Russian has a seemingly endless method of word formation where prefixes and suffixes play an instrumental role. As it is known, for Armenian to fully replace these it had to use its own prefixes and suffixes, as well as roots, such as առաջ, տեղ, ետեւ, համար, արտ-, անդր-, -ուստ, -եղէն, -եայ, etc. In the likeness of Russian, Armenian began to use abbreviations, whether as compound sounds, syllables, or sound-syllable-word, such as բուհ for (բարձրագոյն ուսումնական հաստատութիւն/institution of higher education) or հայպետհրատ for (Հայաստանի պետական հրատարակչութիւն/Armenia's state publishing house). Influenced by Russian, borrowing of verbs also became generalized in Armenian, such as էվակուացնել (évacuatsnel/to evacuate), կոորդինացնել (coordinatsnel/to coordinate), օկուպացնել (ocupatsnel/to occupy), etc.

The Russian founders and leaders of Communism suggested some new concepts, such as conscientious group, united party discipline, leading group of the working class, principles of centralism, etc.

Armenians followed the Russian leaders. In his speeches and writings, Sdepan Shahoumian began to use idioms, words, and phrases previously unfamiliar to Armenian, such as "to display a red proletarian flag," "to preach political revolutionary battle," "certified intelligentsia," "specific; zemstvo; impuls; tragism; liberal; political forms and systems; industrial relationship; wage norm; historic mission of the working class; social life, bourgeois states; industrial proletariat; etc." The following expressions have been created in the likeness of the Russian: "One should have the courage to look straight into reality's face," "We are talking about the parliamentarian illusions of the popular masses," etc.

Sdepan Shahoumian, S. Sbantarian, H. Hagopian, and many others attached great importance to the constant progress of the Russian language and they tried to benefit from it in order to enrich the Armenian vocabulary. Not only political, but also economic words found their way into Armenian, such as goods, variable value, excess value, consuming value, etc. In the political field, Shahoumian daringly used countless words transferred from Russian, such as historic materialism, administration, aggressive nationalism, metaphysics, political situation, provocateur, etc.

These thousands of words and phrases brought forth a new style pertinent to the Communist leadership. The arena was unnecessarily choked with words related to the new ideology. People thought they were refining and cultivating the mother tongue. Newspapers, research papers, and literary works were published using this newly cultivated language. These publications were novelties for the Armenian language in their style.

People looked upon the parish life, parish and diocesan schools, and the churches with disdain. Anything that was connected to the parish, church, and parish school was considered regressive, temporal, and archaic, while the parishioners were viewed as masses of people living "under the auspices of the clergy obediently and meekly," struggling by all means to keep that which is old, noble, and pure. The advocates of the new doctrine badmouthed the clergy on a daily basis, belittling their role within the Armenian reality. They tried to rid themselves of the clerical intelligentsia in order to lead the Armenian language "toward new shores." In their writings certain authors expressed the fear that this sudden change and revolution in Armenian social life would take the "Armenian seminarian intelligentsia" by surprise and frustrate it. But seemingly it was meaningless, because "the centuries long sleep of the masses had been disturbed" and it was time to embrace "broad horizons," and to "come out of national limitedness." Thus, the Armenian language and literature underwent a fundamental change. The language "tossed away the yoke of the clergy," and was liberated once and for all from the paws of the church and parish. The Armenian language opened its bosom wide before the elements of, and particularly to borrowings from, the Russian and European cultures. Speaking of this phenomenon, Vahan Derian voiced his protest and revolt: "I am altogether against the strange pattern that our Mekhitarist fathers and, influenced by them, the Constantinople Armenians have adopted. They translate the foreign words or they create a new word that sounds more Armenian." Thus, Derian continued, "they create lifeless, artificial, and unintelligible words and idioms that render our language difficult and make it a language that one learns with more difficulty." Therefore, one of the basic obstacles and faults of the progress of Western Armenian was considered the translation or Armenianization of foreign words, because in doing so they elevated the language "to the level of unintelligibility."

Vahan Derian "found assurance of the progress of the Armenian language not in its self-containment, or in overburdening the language with dialectal words which only results in raising obstacles before the stream of new ideas, but rather in the strong struggle fought against the erection of walls and in favor of accepting the Russian influence, whereby providing the language with the opportunity of remaining vital through the inclusion of terms associated with the new concepts." Derian wished that the Armenian language not be isolated and stagnant, but rather to continue to progress at a great pace. He wrote: "Just as an individual is immobilized and dies in solitude, so does the nation. The progress and advancement of nations is conditional upon mutual relationships and interactive influences."

Speaking of the peculiarities of the language and its style during his time, Derian recorded: "Time has its general style and if an individual tries to come out of the boundaries of this style and isolate himself, he will not meet success and he will inevitably be forgotten, because 'self-containment and ignorance do not help him' in playing a role in the life of a society or in maintaining his language. We are apprentices to Europe (that is, Russia) and our future depends on how well we apprentice."

It is customary to say that Derian constantly struggled to liberate Armenian literature "from its narrow and tiny national-clerical prison," and by paving the road leading "to the endless space of true art."

We would like to emphasize that Communist politicians roughly imposed their opinions with regard to the progress of literary Armenian upon the good, honest, and impartial scholars. Based on Marxist positions, the politicians tried to explain matters pertinent to the language and literature. Needless to say, the Marxist approach toward linguistic issues was completely refuted later, because it lacked a scholarly foundation and suffered from capriciousness and artificiality. It's a different matter to contemplate whether political activists have a right to have their say in linguistic matters. Influenced by prominent Russian intellectuals, both the language and literature of this period added words pertinent to the Communist doctrine, such as Bolshevism, tactic, situation, and Marxist, as well as new forms of syntax, such as "What is the matter in?"

During the Soviet years, Armenian orthography was also discussed, because it was classical or traditional in nature. The prominent linguist S. G. Ghazarian wrote in this regard: "During the very first years of establishing Soviet rule in Armenia, having in mind the progressive experience of the Russian language, our government adopted certain measures, which eased the learning of the state language. We made that language understandable by the broad classes of workers, and fundamentally changed the attitude of the workers toward the literary language. One of the first measures taken was the regulation of orthography."

The Armenian government and certain renowned linguists decided to standardize orthography, in order to secure the simplest and most easily comprehensible state of the language. In 1922, the Armenian language was "regulated" and the orthography known as classical or Mesrobian was expelled, because it did not match the pronunciation of words.

The reform, which was based on the "progressive experience of the Russian language," brought confusion with it and turned out to be disastrous for our nation. During the initial phase of orthographic reform, certain letters were terminated. Later, these letters were reinstated by necessity. The new generation of Eastern Armenians were forbidden to use literature produced using the classic orthography and created before Soviet rule. Moreover, a large gap opened between the eastern and western segments of the Armenian population. Although the orthographic rules were completely revised in 1940 and certain amendments were suggested, the language had already received the greatest blow and still suffers under the heavy burden of a detestable form of writing. The great Armenian linguist and prominent scholar Hratchia Ajarian delivered this authoritative statement in favor of returning to the old Armenian orthography: "It is an ideal for which one might strive, but never attain." Today, many articles have been written, demanding amendments in the field of Eastern Armenian orthography. There is a positive and fervent desire to go back to the classical, authentic, and traditional. Only time will illuminate whether this is practical or not.

Foreign words also are transliterated in Armenian according to the phonetic regulations of our language influenced by the Russian.

We find that the entire revolutionary and rebellious spirit expressed in Russian literature has infiltrated, with its whole sensation, power, and colors, into the works of great Armenian authors. Yeghishé Charents in his works used words and images that were closely associated with the political path adopted by the Soviet Union. The word red, for example, in many different nuances of meanings was often used by Charents, such as red future, red pilot, red compensation, reddishly hot, reddishly bright, etc. Other Soviet writers also raised, in their poetry and other genres, issues related to rebellion, workers, construction, and the prosperity and flourishing of the country. All movements within the social life and all radical changes echoed largely in the language. Besides Derian and Charents, Movses Arazi, Sdepan Zorian, Terenig Temirjian, Nayiri Zarian, and many other writers made contributions to Armenian literature during the Soviet era. In their various short stories, these authors began to use words befitting the Soviet establishment; sometimes they even resorted to word formation, such as collective, kino, village-coop, but also registration paper, inspection, etc.

During the Soviet years, as a result of the strong influence of Russian, the Armenian language underwent many changes in the meanings of words. Semantics is the science of the meanings of old words. It is also the study of the nature and kinds of meanings, and it traces the historic changes and the emersion of the new meanings of words. Semantic changes are common to all languages and they are considered natural. This process takes place primarily when a language is under the direct influence of another one. Influenced by Russian, Armenian underwent semantic changes. A classic example is the word չքաւորութիւն (chkavoroutyoun). In Classical Armenian this word meant poverty, while under Soviet rule it changed to mean "The majority of village inhabitants who follow the working class and supported the regime in the villages." Many new words were created in the likeness of Russian words, such as մենաշխատ (menashkhad/individual worker), մենատնտես (menadndes/individual peasant or farmer), etc. New meanings came forth by narrowing, enlarging, or turning upside down old meanings. An expressive example is the word խորասույզ (khorasouyz) which formerly meant sunk deeply, but due to a semantic change it began to be used for the mines that were blown up after being immersed in water.

There are also derivative and complex words created after Russian in our language. Even prepositions began to be used in the likeness of Russian ones. For example the preposition near began to mean at home as in "he is near him"; it also meant an approximation, as in "he is near twenty years of age."

Russian influenced Armenian also through lexicography. Through numerous Russian-Armenian dictionaries, Armenian was enriched with new words. In these dictionaries one can find words created by the lexicographers, which did not exist in Classic Armenian. From this angle, the lexicographers rendered a great service to the Armenian language. For example, here are some words patterned after the Russian originating from the word brush: head-brush, tooth-brush, nail-brush, floor-brush, shoe-brush, brush-maker, etc.

Unfortunately, certain lexicographers, instead of giving the Armenian equivalent of a Russian word, simply transliterated the Russian and presented it to the public as an authentic Armenian word. From among thousands of such words we would like to mention: almanac, aggressive, anarchy, balcony, billiard, document, information, theory, censorship, object, etc.

In summary, we would like to emphasize the fact that the Russian language also had a positive influence on Eastern Armenian. There is no doubt that Eastern Armenian benefited from the richness and flexibility of the Russian language. The interactive influence of languages on each other is healthy and useful. It is necessary for languages to borrow from one another in order to fill in what they lack. Eastern Armenian broadly, abundantly, unduly, and even unnecessarily took advantage of the flexibility Russian provided.

Contrary to Eastern Armenian, Western Armenian has been extremely conservative. It has tended to banish foreign elements and reject all that is at odds with its character. Western Armenian, through the principle and way of creating Armenian words, has tried to remain genuine, using the word formation methods inherent in the Armenian language. For this reason, Western Armenian has remained intact, incorrupt, clear, and easily understood by all. Here are some words that the Western Armenians use universally: խոհագիր (khohakir/recipe), լաստակ (lasdag/scaffold), օդապարիկ (otabarig/balloon), համացանց (hamatsants/internet), միջոցք (mitchotsk/media), շողանկարում (shoghangarum/Xray), արտահոսք (ardahosk/influx), խորդակ (khortag/crane), թղթակալ (tghtagal/dossier), որմազդ (vormazt/poster), ներմարմնաւորեալ (nermarmnavoryal/incorporative), կուտակիչ (goudagitch/battery), հեռարձակում (herartsagoum/telethon), ելեքտրասնուցիչ (yelekdrasnoutsich/generator), կոչնագիր (gochnakir/citation), պտուտահողմ (bdoudahoghm/tornado), նկարերիզ (ngareriz/video), հեռատիպ (heradib/fax), լուսակիճ (lousagij/alabaster), ձեռնասայլ (tsernasayl/wheelbarrow), ուտիճ (oudij/cockroach), իւղցան (yughtsan/gravy), ազդալոյս (aztalouys/traffic light), etc.

2000

The Theory of the Indo-European Origin of Armenian and the Attempts to Reconstruct the Indo-European Protolanguage

(On the Occasion of the 130th Anniversary of August Schleicher's Death)

Numerous Armenian and foreign Armenologists and linguists have studied the origin of the Armenian language.

There are many known approaches and theories about the origin of the Armenian language. A few of these include the traditional (M. Khorenatsi), theological (the Holy Bible), Indo-European, Asian-Caucasian, Hayasian, and finally the contemporary Armenological theories.

We do not intend to elaborately talk about each one of these. We will briefly look at the various theories and dwell primarily on the Indo-European theory, which represents a turning point. Up until the first quarter of the nineteenth century, not a single scholarly opinion or theory about the origin of the Armenian language had been voiced. Predominant was the opinion that Armenian was a biblical language, and therefore a God-given one. Needless to say scholars have categorically rejected this opinion, because it has absolutely no scientific ground.

In the 1830s, linguistics finally liberated itself from the non-scientific and particularly from biblical and mythical false theories. With the creation of the historic-comparative methodology, linguistics found its correct path and proceeded victoriously without obstacles. The greatest contribution of this new method was that it provided the means and opportunities for the development of language lineages. Based on this methodology, linguists brought forth the theory that all of the languages of the world are branches from ancient languages that were comparatively less in number. Currently, languages are classified and grouped in different language families. The best known and most studied among them is considered to be the Indo-European family of languages.

Petermann, a German Indo-Europeanist, sighted Armenian as an Indo-European language in his study. Despite his unprecedented success, Petermann's theory suffered serious faults. Based on the similarities of Armenian and Persian roots, he tried to prove that Armenian belonged to the Indo-Iranian branch. Petermann's theory was considered logical and it was generalized. Even a few Armenologists supported this theory, until the great Indo-Europeanist and linguist Heinrich Hübschmann entered into the arena in the 1880s. With his impressive studies, Hübschmann proved that Armenian is an independent branch of the Indo-European family of languages. He refuted once and for all that the Armenian language is an Iranian dialect. Great linguists such as Antoine Meillet and Hratchia Ajarian soon adopted Hübschmann's theory.

In the 1890s, the Phrygian caught the attention of scholars. They began to propose that Armenian might have been derived from the Phrygian, because the Phrygians, being an Indo-

European race, were in contact with the Armens. Greek historians made remarks about the lineage, coexistence, collaboration, and close communication and relationship between the Armenians and Phrygians. Certain linguists began to search for similarities between Armenian and Phrygian. Finding fifteen similar roots, they concluded that Armenian was a branch of the Phrygian. Scholars like Father Hagopos Dashian and Hratchia Ajarian categorically rejected this opinion.

Armenologists who refused the Indo-European origin of Armenian brought forth also the supposition that Armenian was derived from Hittite. Formerly, this language was not classified among the Indo-European languages, but in the 1910s, when the Hittite inscriptions were uncovered and interpreted, it became clear that Hittite was a language that belonged to the Indo-European family. This theory, based on the racial eponyms, is currently considered weak, dismal, and insufficient in terms of leading to sound conclusions.

Nikolay Marr, the Georgian archaeologist and scholar, came up with a new theory of the origin of Armenian. He considered it an Asian or Caucasian language. The Japhethic (after Noah's son, Japheth) theory, as well as the later theory of crossed languages, was refuted. Krikor Ghapantsian also came up with a unique theory, suggesting that Armenian was derived from a mixture of Indo-European and Asian languages. He tried to show Asian and Hayassian linguistic elements in order to prove that Armenian resulted from Hayassian. All these groundless suppositions were refuted.

There was also the suggestion that the Arim race and the Armens were the same. The Hittite inscriptions testified that the Arims lived to the south of Lake Van. By moving to historic Armenia, they assimilated the Urartians and imposed their language on the natives, thereby shaping the Armenian language.

The renowned Armenian linguist Hratchia Ajarian dates the prehistory of Armenian back to the third millennium before Christ and he inseparably links it to the history of the Indo-European protolanguage. According to Ajarian's theory, during this period the Indo-European protorace increased in number and spread throughout the world, taking with them the Indo-European protolanguage. The relative races, separated from the protorace, during the course of time changed the mother tongue, thus generating many different relative languages. Armenian is considered one of the languages generated from the protolanguage.

With the creation and progress of historic-comparative linguistics, scholars found vast opportunities to study the methods of reconstructing the protolanguages. Comparative linguistics entered into a very interesting developmental phase in the mid nineteenth century, when August Schleicher (1821–1868), the great German linguist and philologist, attempted to reconstruct the Indo-European protolanguage. The purpose of his studies was the total reconstruction of the Indo-European protolanguage.

We know that there are many different methods for the historic study of languages. Out of the universe of approaches, we would like to mention the methods of external and internal reconstruction, and that of the archaeological.

Based on the method of external reconstruction, historic-comparative linguistics primarily engages in the task of reconstructing the most ancient forms of a language. The method of external reconstruction, which appeared in the nineteenth century, aimed at reconstructing the oldest condition of words and morphs that were not documented in writing. The comparison of cognate languages made it possible to reconstruct the ancient status of languages. In other words, the supposition is that modern morphs have their origin in the ancient morphs. The method of internal reconstruction, which is associated directly with the exploration of roots, supported on its own, the reconstruction of the most ancient forms of the languages.

Through the archaeological linguistic method, linguists tried to locate and decide the original location where the Indo-Europeans came forth, lived, and from which they progressed. It was through this method that scholars were able to decide which languages they were brought into contact with, what kind of animals and plants they were familiar with, what kind of lifestyle they had, and how they lived. This method also helped reveal the type of culture they had and their standard of living. Scholars examined, through this method, the beliefs and religious concepts of the Indo-Europeans. We should emphasize that this method also contributed to a great extent to the etymological study of words and roots.

The renowned Armenian linguist Kevork B. Jahukian in an article entitled *The Contemporary Phase of the Development of the Historic-Comparative Linguistics and Armenology,* specifically evaluated the archaeological linguistics that originated in the nineteenth century. He said: "The archaeological linguistics try to draw the image of the Indo-Europeans' culture and civilization based on linguistic data, and to determine the natural conditions and their original homeland. Despite its important achievements, the archaeological linguistics of the late nineteenth and early twentieth centuries is characterized by hasty generalizations and a somewhat idealized status of the Indo-Europeans."

For decades, scholars relentlessly and with profound interest excavated, searched, looked for, and pursued every fragment and relic pertinent to the Indo-European culture. We must record that the style of these efforts is significantly changed. Prof. Jahukian in the same article added: "Issues of determining the original homeland of the Indo-Europeans, its natural conditions, their social life, civilization, and the degree of intellectual development continue to be focused on in our times, but the approach is changed, the method is improved, and the data is enriched." This improved approach includes evidence and elements of a vital nature in reconstructing the base language. Let us mention among these "The discovery of new languages, the latest results of examining the chronological layers of the development of the Indo-European language and the diversity of its dialects," etc.

Lastly, referring to the possibility of reconstructing the base language, Prof. Jahukian makes the following important statement: "By doing chronological divisions and by trying to reconstruct the proto-Indo-European state, the linguists initially did not pay much attention to the possibility of its reconstruction, whether such a language was possible, or not. The accumulation of data with regard to various languages, and the thorough study of general and particular peculiarities of language types, allow us to decide the typical probability of reconstructed language structures."

The historic-comparative study of languages did not originate with August Schleicher. Rasmus Rask and Jacob Grimm did a thorough examination of phonetic commonalities and regular agreements of sister or cognate languages. The necessity of reconstructing the overall phonetic system of the protolanguage was already felt in 1937 by Theodor Benfey. Shleicher's greatness is in initiating the task for the first time. His method of reconstructing the protolanguage or base language was effective until the 1870s, when the new grammarians showed up.

In 1861, Shleicher published his impressive volume, *Compendium of the Comparative Grammar of the Indo-European, Sanskrit, Greek and Latin Language.* The basic aim of this work was the reconstruction of the total phonetic composition of the protolanguage (Ursprache, Grundsprache in German). Shleicher believed that language is a living organism, which has its phases of growth, maturity, and death. In his opinion, it was possible to study certain linguistic phenomena using the methods used in the natural sciences.

The Indo-Europeans were annihilated by 2000 B.C. Nothing written has survived them. There are contradictory theories about the location of their cradle. According to Indo-Europeanists and Ajarian, the original homeland of the Indo-Europeans was located in southwestern Russia; others find it more appropriately located it in Eastern Lithuania. There are those who insist that their origin should be linked to the Eastern Anatolian highland. There is also an opinion that their initial cradle was in Eastern Europe. Numerous details pertinent to the Indo-Europeans and their language are subject to debate and opinions of all kinds.

No one can deny that a language is the boundless granary of a nation's culture. The language contains not only the unbounded means and possibilities of communication and expression, but also the spiritual and moral values and treasures of the people. Language reflects like a mirror the method of a people's thinking, their behavior, customs, and traditions. Through the reconstruction of the vocabulary of the Indo-Europeans, it became clear that they were occupied in weaving, pottery, and shepherding. They were quite familiar with tools used in farming—the plow and plough-share, plough-tail, cart—products and cereal—linen, flax, wheat, barley—as well as domestic animals—sheep, goat, horse, pig, bull, eagle, swallow—and also wolf, beaver, etc. The Indo-Europeans designated a prominent place to the family. To them, the family was a group or unity of closely associated people. Every individual had his designated position in the family, which was governed by patriarchal rules. Certain scholars claim that Indo-European society had a structure of classes; that is, they had artisans, husbandmen, fighters, priests, etc. Others think that their society was much more primitive.

Reconstructing the Indo-European protolanguage is a hypothetical exercise, because there are no written sources. Naturally, the attempts at reconstruction should be built on precise and acceptable scientific rules. Linguists unanimously agree that phonetics with all of its rules should be the point of origin, without leaving room to diversions, irregularities, or exceptions. In order to reconstruct the Indo-European protolanguage, scholars utilized the method of comparing cognate languages. For example, they compared the roots of the cognate languages—Sanskrit, Latin, Classical Greek, Classical Armenian—to decide their similarities and relationship. The Sanskrit "asmi," the Latin "sum," the Greek "eime," and the Armenian "եմ/em" preserved in their written forms, are supposed to have had root in one mother tongue from which these variations grew. Considering the similarities in the aforementioned languages, the linguists, based on reconstructive methods, have come up with the prototype **es–* which they believe fits the different populations with additional inflections. Through the same method we obtain the word *brather (brother, frère, եղբայր/yeghpayr); or the Sanskrit bharami, Latin fero, and Armenian կը բերեմ/ge perem (I bring).

World-renowned linguist and prominent Armenologist, Antoine Meillet, has done a very grateful work by finding the comparative phonetic rules of the Armenian language and sorting them in his work, *Esquisse d'une grammaire comparée du l'arménien classique*. Discussing the conformities that exist between Indo-European and Armenian, Meillet found that the Indo-European "bh" became "բ," "dh" turned into "դ," "ā" and "ǎ" conformed with "ա," etc.

Based on the broad means offered by historic-comparative linguistics, August Schleicher tried to reconstruct the Indo-European base language. His attempts made more than a century ago are accepted in linguistics with caution or reservation. Schleicher founded reconstructive comparative linguistics. The original description of the protolanguage surfaced when Schleicher's followers performed a great study in the field. For the sake of curiosity, we would like to bring a sample from Shleicher's attempt to reconstruct the Indo-European protolanguage: "Owis nu ekwomos ewewkwet: 'Kêr aghnutoi moi ekwôns agontm nerm widntei'"; that is, The sheep told the horses: My heart is in pain, seeing a man drive a horse.

Science is full of the hope and expectation that one opportune day old inscriptions will be discovered that prove the existence of the Indo-European protolanguage. However, without such discovery, one does not know if the comparative grammar and particularly the efforts to reconstruct the Indo-European protolanguage were on the right path. As a matter of fact, all the reconstructed words are marked by asterisks, indicating that no written material supports them.

August Shleicher lived—only 47 years—but he had a productive life. He will always be remembered as a scholar, linguist, comparativist, and the first person to reconstruct the protolanguage.

2000

Hratchia Ajarian and Linguistic Reflections

Scholars in Armenia and throughout the world are celebrating the 120th anniversary of the birth of the renowned scholar and linguist Hratchia Ajarian.

The goal of this article is not to reflect on the scholarly works and merits of this great linguist. It is impossible to discuss his broad and rich heritage in these limited lines. However, we will try to present Ajarian as a diligent scholar and as a personality with profound and straight principles.

The scholarly media has reflected at length and in detail on his great contributions in the Armenological and linguistic fields. We have to admit that the scholars and the intellectuals at large in Armenia have rightfully praised him. The great Armenologist is the author of hundreds of both voluminous and concise studies and articles in which he discussed all matters related to the Armenian language, without exception. He studied the Armenian dialects, the history of the Armenian language, the comparative-historical grammar of the Armenian language, the lexicography, the etymology, theoretical linguistics, etc. Also, he authored the *Etymological Dictionary,* which is a unique work, and a masterpiece comprised of seven volumes. Referring to this work, Antoine Meillet, a renowned French linguist and specialist of Indo-European languages, said: "Nowhere, in no time, and in no language has such a complete work been produced."

Ajarian lived during a period of political instability, uncertainty, and fearful upheavals. Despite the fact that Ajarian was far from being involved in politics, nor was he affiliated with any given political current or orientation, he encountered hardship and was included among those ranked as suspected people during the horrible years of worshiping Stalin.

This humble and dedicated scholar, whose attention was constantly focused on the sciences and the academy, was often misunderstood and misjudged.

We are more or less familiar with the story of Ajarian's life and his strange habits through his own book, *From the Memoirs of my Life* and Karnig Sdepanian's biographical work, *With Ajarian.* Some of Ajarian's peculiar characteristics were his studiousness, unshakable will, and the steadiness of his principles.

His steel will and studiousness were demonstrated from early childhood when he dedicated himself to insatiable readings and word collecting. Thanks to these praiseworthy qualities, today we possess a rich and inviolable heritage that brings honor to our nation and culture.

Studiousness was Ajarian's slogan. With his only eye (he suffered from semi-blindness), Ajarian read our old literature in its entirety and gathered words from our virgin and endless literature. Travel of this magnitude, through both the old and new Armenian literature, required a great deal of spiritual fortitude, devotion, and boundless love. Ajarian, too, can exclaim like the great French novelist Balzac: "My pleasures have always been intellectual enjoyments."

Studiousness, this peculiarity of Ajarian's character, shaped in him the person, the serious scholar, and the dedicated cultivator. Ajarian avoided wasting time. He avoided meaningless gatherings and conversations. He worked relentlessly, without boredom, like the precision of a clock, without despair, retreat, complaint, or protest. He never bothered himself with petty daily matters and annoyances. He placed himself above all vain and false festivities. Knowing well since childhood that the life of a scholar was full of research, reading, and production, he arranged his life accordingly and lived appropriately. He followed the words of the truly great writer Goethe: "A man of knowledge cannot not learn; he is an eternal student." Thus, Ajarian's studiousness knew no fatigue, repose, and exhaustion. He, categorically and specifically, refused tranquility and vacations in his life. He considered the latter a waste of time.

Ajarian was a scholar of steady principles. He believed in the teachings, accuracy, authenticity, and scholarliness of his professors (among whom were Hübschmann and Meillet). He never compromised the linguistic theses and principles that he acquired through experience and conviction. At a time when others adjusted their theories to please other scholars or political leaders, Ajarian was uncompromising in his discoveries. He knew well that he was standing on solid ground and that the truth was with him. It is appropriate here to recall the words of the writer Mouratsan: "One should talk based on evidence and not hypothetically."

During the so called "blessed and happy" period of Stalin's reign, when people everywhere praised and glorified the Great One, in the field of linguistics many bowed before the new theories of Nikolay Marr (1864-1934)—an archeologist, Orientalist, and scholar of Georgian origin. While every new scholar rushed to adopt Marr's "New Teaching," Ajarian, as a serious, heavyweight, and sober scholar, opposed Marr. Because of his opposition, he was accused of defending Indo-Europeanism, and he was banished from the State University of Yerevan. It was only after a year of separation that Ajarian was reinstated as a professor of the university, in late December 1939.

What was Marr's theory that was so readily adopted by many and rejected by Ajarian and a few other linguists? Before discussing Marr's theory, let us briefly talk about his specialty and work. Nikolay Marr was born in Kutayis, Georgia, to a Scottish father and a Georgian mother. As an Armenologist, he studied the fables of Vartan Aykegtsi and the origin of the Armenian language. He made great contributions to the Armenian culture through his efforts to excavate the ruins located at the foothills of Arakadz, the citadel of Tvin, the pagan temple of Karni, the ruins of Ani, the Urartian cuneiform inscriptions of Van, and others.

In addition to archeology and Orientalism, Marr also studied languages. As a linguist, Marr came up with a new theory, known as the "New Teaching of Language," centered on Japhethism. This teaching dominated Soviet linguistics for more than two decades, from the 1920s through the late 1940s. The field of Soviet linguistics became saturated with his teaching and theories. Certain linguists, driven by the intolerable conditions and subdued by the harshness of life, adopted Marr's theory and followed his false direction. The scholars, forced to limit themselves to the one-sided theory of Marr, became unable to recognize and appreciate the great linguistic achievements that preceded Marr and his theory.

Marr's New Teaching has become known for its theoretical basic errors. At first, Marr studied the languages of Asia Minor and the Caucasus. His objective was to decipher the lineage of the Caucasian languages based on the opportunities provided by comparative-historical linguistics. He significantly distanced himself from Indo-Europeanism during this process and categorically refused to accept the theory of the lineage of languages. Instead, he suggested a new theory as to the origin and progress of languages. He claimed that the similarities among different languages are a result of a common and simultaneous flow of all languages. He said that all languages contain similar elements, and that these similarities are not necessarily the result of a lineage. He suggested a linguistic theory of four elements—sal (Sarmadian), ber (Iberian), yon (Ionian), and rosh (Etruscian). This absurdity had no scholarly basis, and was in fact, based on the grouping of sounds proceeding from screams. However, it attracted immediate followers, who believed, as Marr proposed, that the vocabulary of all languages came forth from these four elements.

Marr, the founder of Japhethism, considered that the Kartwellian languages, such as Georgian, Ossetian, and Manglerian were derived from Japheth (Noah's son, according to the Old Testament). Later, he included the Apkhazian-Adegian and Daghestani languages, as well as Bellasquian, Etruscian, and Persian. The Kartwellian languages seemed to have a certain lineage and association with the Semitic languages, particularly in terms of words and word-shaping models. The existence of Japhethian elements in the Armenian language led Marr to consider the Armenian language close to the Georgian.

Japhethian linguistics claimed the existence of a hierarchy of languages. It proposed that each social class had a language of its own (thus, Classical Armenian, Krapar, was the privileged language of the royal class and Armenian clergy, while dialects and sub-dialects of the language were used by the common people). He also theorized that changes within languages occurred abruptly, with sudden jumps or bangs, instead of through a gradual and slow evolutionary process. This theory was rejected, once and for all, during the extended linguistic discussions of 1950. Nietzche eloquently said: "Whatever has decayed needs to be destroyed." Marr's unfounded theory had decayed and was, therefore, destined to destruction. It could not stand up to critical examination.

Unfortunately, this anti-scholarly and anti-historical theory for years hindered the progress of linguistics and allowed the publication of works that added confusion to the already confused minds of linguists, rather than clarifying them.

Ajarian remained firmly committed to his initial theories. His weak point was the love he felt for the university. Base people delivered the fatal blow to the noble scholar into the point of his vulnerability when he was deprived of the sweet duty and sublime pleasure of teaching. Balzac said: "One of the most pitiable habits of people with dwarf-like souls is that they think the person before them has a similar abject soul." Ajarian demonstrated magnanimity, fortitude, and steadfastness. He suffered silently, but he did not submit to the pressures.

It is noteworthy that during the years of my study at the university my classmates and I often visited Ajarian's wife, Sophi. She used to describe to us Ajarian's agony and pain over his dismissal from the university. "You should have seen Hratchia in those days," would say Sophig. "Every day he said, 'Sophig, let's go to the university; I cannot live without it.' He would hold my hand—by that time he walked with a staff and his eyes were extremely weak—and I would take him to the university. He would touch and kiss the stones of the university, then we would return home. We repeated this ceremony every day. The situation was unbearable. I was very upset over his agony. They asked him to give up his commitment to Indo-European linguistics. If he did, they said they would reinstate him in his teaching position in the university. But, he refused, because he knew that Marr's theory was groundless, while the belief that the Armenian language originated with Indo-Europeanism had merit."

Once Sophig told us the story of how Ajarian's manuscripts survived. "We suffered significantly for hiding the manuscript of the *Etymological Dictionary* and saving it from the inspectors. Those days were not good; the inspectors were numerous; they visited us frequently. We transferred Hratchia's manuscripts from one hiding place to another under extraordinary circumstances. It was almost a miracle that we succeeded in saving his manuscripts during those difficult years."

I need to emphasize here that the scholarly works of Ajarian written during the years of Stalin's reign are absolutely free of caprices, flattery, absurd praises, and glorification. Those who superficially read Ajarian's studies and theories may think, at first, that the scholar paid tribute to the authorities, as everybody else did in those days. For example, according to Ajarian, the cradle or proto-homeland of the Indo-European proto-race was Russia. The author says that Russia should be proud that the Indo-Europeans lived and worked on land that was now Russian. To date, science considers the northern parts of the Black Sea and the central and eastern regions of the River Danube as the possible cradle of the Indo-European proto-language.

Speaking of the influence of the Russian language on the Armenian language, the author rightfully credited the richness and flexibility of the Russian language. He clearly indicated that Russian extensively helped the Armenian language and enriched its vocabulary.

We would like to emphasize that according to Ajarian, Indo-European linguistics—which was developed in the nineteenth century by its renowned founders and diligent servants such as Bopp, Rask, Schleicher, Müller, Brugmann, Hübschmann, and Meillet—was the best and most accurate way to study the Armenian language. The theory that the Armenian language developed from Indo-European linguistics is founded on historical evidence, and not on emotions, good will, or temperaments. Marr not only dared not to separate the Armenian language from the Georgian, but he also tried to bring these two languages as close as possible to one another, although, in truth, they belong to two totally different groups of languages.

Today, the tempest of linguistic arguments has long been calmed. The field of linguistics has made significant progress in the direction laid initially by Hübschmann and expanded upon by his faithful follower, Ajarian.

Destiny was kind to Ajarian in his last days. He departed this world with a content heart and peaceful conscience, having witnessed the realization of all that he wanted.

As Karnig Sdepanian described, on his last day, Ajarian said to his wife: "Sophig, I am happy. Thank God, my wife is healthy, my daughter is healthy, today, too, I was able to go to the university and my lessons went well; I have finished my basic work and I have lived 77 years—two magic numbers next to each other. I have enjoyed everything and seen the days I dreamt of seeing. Now everything is over for me."

Ajarian remained uncompromising, selfless, and honest before the demands of his science. Each of his scholarly works remains a monument. Generations and generations will find inspiration in the example of his life and enlightenment in his heritage.

We have inherited from Ajarian two irreplaceable characteristics: studiousness and the adherence to one's principles.

Blessed be the memory of this great laborer.

1996

The Art of Word Creation

The vocabulary of the Armenian language contained in our printed dictionaries, is in constant flux and needs to be revised, renovated, and reconstructed.

We know that throughout the history of the Armenian language the treasury of Armenian words has undergone great changes. The language has been refined and enriched by many new words through the utilization of all methods of word formation. A great number of words have been excluded from the language as ancient and archaic. Other words have lost their freshness and effectiveness due to changes in meaning and usage over time. In the case of changed meanings, many words that took on a new shade and content have been readmitted back into circulation.

As a branch of the Indo-European family of languages, the Armenian language was founded on a limited base of words received from the originating language. Then throughout the centuries, Armenian developed a unique method of word formation and by cultivating these forms and utilizing them successfully, the language nurtured a rich vocabulary.

The basic sources for the enrichment of the Armenian language have been:

Roots or radical words
Possessive words
Dialectal words
Word-building possibilities
Abbreviations
Translation loan
International borrowings
Verb changes
Words pertinent to dictionaries

1. Roots or Radical Words. As Hratchia Ajarian said, roots or radical words are the inseparable and fixed part of a word, which can be "added or multiplied to," but cannot be "subtracted and divided from." The Armenian language contains 927 roots of Indo-European origin. As is evident by this relatively small number, the core roots that comprise the fundamental vocabulary of the Armenian language are limited in number. This limit, however, constitutes no disadvantage; on the contrary, it has guaranteed the longevity of the roots and provided the opportunity to create an unlimited quantity of words derived from them. The Armenian language has 153 onomatopoeic words and 3,680 roots of unknown origin. There was a time in the history of our language when the language was preoccupied with the formation of roots. That earliest phase of creating roots and suffixes or prefixes is long past. There is no need for such a task in the present. Instead of creating new roots, languages tend to resort to the established methods of word formation from those roots.

2. Possessive Words. These are authentically and uniquely Armenian words; words not borrowed from another language or Indo-European in origin. More than 3,000 roots are present in the Armenian language as a result of the amalgamations that took place during ancient times when certain languages of defeated people left their traces on the Armenian language.

3. Dialectal Words. These are words that have been derived from many different dialects. Almost forty dialects and sub-dialects have provided thousands of words to the Armenian language, enriching its vocabulary. Sahag Vartabed Amadouni gathered dialectal words—he included 15,000 words in his dictionary, *Armenian Word and Speech*—and Hratchia Ajarian—included 30,000 words in his *Armenian Dialectal Dictionary*.

4. Word-building Possibilities. The methods of word formation in the Armenian language are striking and endless. Currently, roots and morphemes are used in the formation of new words. By the way of synthesis and word combination, our language is capable of creating thousands of compound and complex words. Prefixes, suffixes, and affixes in the middle of a word give the language the flexibility to create a great diversity of new words. This flexibility has prevented the infiltration of many foreign words into our language.

5. Abbreviations. This newer kind of word formation creates new words by combining the initial letters of a variety of different words. For example, the word բուհ (pouh) is derived from բարձրագոյն ուսումնական հաստատութիւն (institution of higher learning).

6. Translation Loan. By translation loan, we mean the literal translation of a foreign word. This also is a common phenomenon in our language. Our ancestors used this method and cloned many words from the Latin, Greek, Syriac, Hebrew, and other languages into Armenian. The Russian language has played an instrumental role in the enrichment of Eastern Armenian through this method. Through translation loan we have obtained ինքնաթիռ/inknatir (Russian samalyot), ինքնաեռ/inknayer (samavar), հիւրանոց/hyuranots (gastinitsa), օրինաչափութիւն/orinachapoutyoun (zakonomernost), and numerous other words. Meanwhile Western Armenian has made translation loans from English such as գորտաձուկ/kordatsoug (toadfish), արքայարծիւ/arkayardziv (king eagle), գորգացեց/kor-katsests (carpet bug), ականախխունջ/ougnakhghounch (ear snail), ազատուղի/azadoughi (freeway), etc.

7. International Borrowings. The Armenian language has borrowed more than 4,000 roots and words from neighboring languages, either by way of mutual influence, or necessity. Among the lending languages from which Armenian has borrowed are the Persian, Arabic, Greek, Syriac, Hebrew, Turkish, Latin, Georgian, and others. H. Hübschmann and A. Meillet in their studies, as well as the renowned Armenian linguist Hratchia Ajarian in his *History of the Armenian Language* (two volumes) and *Etymological Dictionary*, have mentioned these borrowings and made the effort to reveal their sources and meanings.

8. Verb Changes. All borrowed words that are fit to be used as verbs according to the rules of the Armenian language fall under this category.

9. Words Pertinent to Dictionaries. Armenian lexicographers have also played an instrumental role in the enrichment of our language. Dictionaries not only gather but also regulate, correct, shape, and enrich the Armenian language. Currently we have various dictionaries, such as etymological, comprehensive, orthographical-orthological, military, medical, dialectal, linguistic, ritualistic, law, constructional, idiomatic, biographical, critical, etc. These dictionaries contain thousands of professional words and terms. Terminological dictionaries contain professional terms pertinent to the sciences, arts, technology, and many other fields.

Armenian lexicographers have always been challenged by foreign words whose equivalents the Armenian language lacked. Generally, they felt the need to form and create words of their own, whether practical or impractical. The great Armenologist and lexicographer Norayr Puzantatsi placed in his voluminous *French-Classical Armenian Dictionary* (1884) many newly created words that were created either by him or by other contemporary writers. The following are a few examples of these words: ազդադրող/aztatrogh (afficheur), ափաւոր/apavor (appaumé), բնակղմուխ/pnagkhmoukh (inuline; a chemical word), սրճաղաց/srjaghats (moulin à café), etc.

In 1892, Mesrob Nubarian published his *French-Armenian Modern Language Dictionary*. In the preface, the author admits that the Armenian language "struggled against the French language, a language refined both literally and scientifically, and in order to render this struggle possible, he was obliged to research all available sources, searching and examining not only the Armenian of the old and recent centuries, but also relentlessly gathering countless newly formed words, some of which were related to the trades and sciences." The author consistently preferred "short and neat" words and synonyms, as opposed to "the diverse long and noisy words of the Classical Armenian." Speaking of the formation of new words, Nubarian thought "The new words, if successful, would enrich the Armenian language and ease the task of translators, while the unsuccessful ones perhaps would lead to the formation of better ones." The preface also informed us that Odian Effendi stated that "even if half or one quarter" of the newly formed words are accepted by the public, Nubarian will be considered a great contributor to his people and culture.

In the second section of the preface, Nubarian explained that the particle "ի" was capable of indicating femininity when added at the end of words, such as lion, wolf, and eagle. He added, "he would not be considered one that is guilty of violating the language rules." Perhaps he wanted the public approve this idea, but time proved the impracticality of his suggestion, which also antagonized Armenian grammatical rules.

There are more than 5,000 self-made words in Nubarian's dictionary. These are identified from the rest with an asterisk. A few samples of these words are: տարազարդ/darazart, խստագիծ/khstagidz (austére), ստրկել/sdrgel (asservir), դրոշմաւորել/troshmavorel (caractériser), յուրան/houran (carafe), etc.

In 1896, Yeghia Demirjibashian wrote in the preface of his *French-Armenian Dictionary*: "The Norayrian and Nubarian dictionaries, put together by a meticulous labor of forty years, were a treasury for me. The advantage of my dictionary over theirs is the new words I have made." In his aspiration to serve the public, Demirjibashian not only wrote a dictionary, but also created new words. He said that the words he created while writing were usually successful, but the words that he formed while compiling the dictionary were not. Demirjibashian advised those using his dictionary to carefully choose and use the words that "I have made by instinct—by ear. . . not allowing myself always a scholarly formation of words that require patience." In his pocket sized *French-Armenian Dictionary,* Demirjibashian said that he formed one thousand words. Father S. Meserlian (1930) in his preface said that our literature was unable to absorb within the past forty years most of the words that Demirjibashian created, nor had time authenticated them.

Prof. H. H. Chakmakjian wrote in the preface of his voluminous *English-Armenian Dictionary*: "There are thousands of words that are new for an English Armenian dictionary, and it was necessary to create Armenian words for many of them." The respected lexicographer formed many words, but as he stated: "We do not agree that we need to find an Armenian word in all cases; there are words that cannot be translated; there are others that, if translated, would come out tasteless and without grace. In such cases, the direct adoption of the European word is more appropriate. We cannot put up a Chinese wall around our language, and if we do, we will seal the border of progress." Asterisks at the end of the words indicate Chakmakjian's self-made words in his dictionary. Here are a few of his newly formed words: երկարժէնիշ/yergarzhenish (double standard), կժաձուկ/gzhatsoug (jugfish), ծայրատերև/dzayraderev (jugulum), նախակենդան/nakhagentan (protozoic), վերափոխարկել/verapokhargel (permute), etc.

Not only lexicographers, but also writers, social activists, and translators have been involved in the creation of new Armenian words. In the seventh century, for example, Theotoros the haircloth wearer created multi-complex words pertinent to his style. Renowned in our literature for the complexity of his language is Krikor Makisdros, a prince and author who lived in the tenth century. In 1671, a man named Vartan Hounanian surfaced with newly made words. Madatia Karakashian the Armenologist added the equivalents of the words microscope and binocular. From the modern era, Nahabed Roussinian and Tovmas Terzian need to be mentioned. Both created words that did not find common ground and soon disappeared.

During the Soviet rule of Armenia, Armenians entered a new and unprecedented phase where the regime, the lifestyle, and the culture changed. The new conditions brought with them new concepts and words. During this period many pre-Soviet words, such as trustee, parish priest, parish, etc., disappeared forever, and new words, such as kolkhoz, sovkhoz, soved, respublica, pioneer, and thousands of others were born.

During the Soviet regime, if the Eastern Armenian language on the one hand began to enrich the Armenian vocabulary in response to new political, economic, and cultural situations, on the other hand, the people abused this new opportunity to crowd the Armenian language with many foreign words imported from the Russian language. Those who justified this phenomenon argued that this change was the result of the gradual death of old concepts, words, phrases, and idioms, and the revelation of new ones. The painful and harmful aspect of this unprecedented phenomenon was that our language became overburdened in an undue and unfair manner with unpleasant foreign words, such as conference, mayor, tradition, philology, ogruk, compressor, etc. The Armenian language had the authentic Armenian equivalents for all of these words, like hamakumar, hramanadar, avantoutyoun, panasiroutyoun, shertchan, jenshag, etc. Needless to say the influence of the Russian language on Eastern Armenian was so forceful that it changed the pattern of language usage of Eastern Armenians; it affected their way of thinking and expressing themselves. Many Russian phrases and idioms are currently used and considered as authentically Armenian.

Misak Medzarents, the talented Western Armenian poet, when speaking of cherishing everything foreign, wrote: "Let us benefit from the new and fresh expressions offered by the European languages, but let us not forget especially to benefit from the abundant granaries offered us in the Classical Armenian. Why should we drop our bread on the ground and run after others like beggars. . . ?"

What has been the approach of Western Armenians toward this vital, complex, and crucial issue? Western Armenians have exercised caution, prudence, and farsightedness. They remained meticulous traditionalists. They have tried to use authentic Armenian words instead of foreign ones. They chose to Armenianize and give an Armenian character to every foreign word. Driven by the fear of assimilation and language corruption, they stayed away from anything foreign. However, there has also been the issue of excessive borrowings. Particularly noteworthy was the excessiveness of the borrowed words in the dialect of Istanbul Armenians, whereby "Armenian words were drowned in a flood of Turkish words." This phenomenon alerted the intelligentsia who then consciously worked to prevent the final destruction of the Armenian language. Discussing the formation and development of modern Armenian in the second volume of his *History of the Armenian Language,* Hratchia Ajarian mentions that in the middle and toward the end of the nineteenth century, there was a massive movement in Turkey to Armenianize foreign words. Turkish words were either Armenianized, or, if impossible, replaced by newly formed ones. Reformers of the Armenian language consistently refined it and endowed it with authentic words. Western Armenians demonstrated this anti-foreign spirit also with regard to European words. They did not tolerate any foreign word. Based on this, Western Armenians use the following words on these shores today: որմազդ/vormazt (poster), արտահոսք/ardahosk (influx), բազմահամադրական/pazmahamatragan (polysynthetic), ներմարմնաւորեալ/nermarmnavoryal (incorporative), լսատեսողական/lsadesoghagan (audio-visual), etc.

Every writer, more or less, forms words. Word forming is an art; it requires a thorough familiarity with old and new roots and affixes, fine taste, an inner sense, and delicacy. On these foreign shores, having in mind the current conditions of life, we feel the need for new words in order to express ourselves in a more precise and authentic way. We need to utilize all available means to ensure the enrichment of the Armenian treasury of words, and we should create words that suit our knowledge and taste. However, we also need to openly admit that not everyone has the exceptional gift and fine taste needed to create flexible, beautiful words. The arena is filled with impractical words that exist alongside fine and practical ones.

In the process of word formation, we need to consider the following, if we wish a word to become a part of our vocabulary and, therefore, remain in circulation:

1. Words need to be short, neat, precise, easy to pronounce, pleasing to the ear, easy to use, and practical. The following words have been quite successful: սահիկ/sahig (slide), սրճիտ/srjid (caffeine), ճչակ/jchag (horn), հեռատիպ/heradib (fax).

2. When considering the formation of new words, one should avoid using foreign roots, and instead, rely on the roots of both Classical and Modern Armenian.

3. One should stay away from unused, molded, and artificial words, as well as from words that are created only to lengthen dictionaries. In dictionaries, we find many Armenian words placed next to their foreign counterparts, but nobody uses them, particularly in their complex or compound form. One should stop using all impractical words and try to create new practical ones instead. Languages are constantly evolving. They reject the odd and unusual, and accept that which is simple, pretty, and resonant.

Ajarian said: "Generally there is a negative opinion among us with regard to newly formed words which we call 'base creation.' This is wrong in general for the majority of newly formed words." This outdated, meaningless, and harmful mentality needs to be changed, if we desire to not petrify or stagnate the continued development of the Armenian language.

Nowadays, Catholicos Karekin I is one of the contributors to our word formation in the field of religious literature. He adorns his writings with words formed with fine taste, delicacy, and beauty. A few years ago, during a personal meeting I had with him, when we were discussing the formation of words, I brought to His Holiness' attention his self-made words. He told me that he does not exert any special effort with regard to the creation of new words; they proceed out from within, without effort. The following are a few examples of the Catholicos's words: հայաղեկ/hayagheg, հայուղի/hayoughi, հայագնաց/hayaknats, հոգեմտաւոր/hokemdavor, հոգեձուլարան/hoketsoularan, հոգեմշակութիւն/hokemshagoutyoun, վերաբիւրեղացում/verapyureghatsum, վերահաղորդութիւն/verahaghortoutyoun, ինքնանուիրում/inknanviroum, սովորութենականանալ/sovoroutenagananal, Աստուածաճառագայթ/Asdvadzajarakayt, Յիսուսազգեստ/Hisusazkesd, etc.

Of course it is difficult to predict which words will find their way into common usage; only time will demonstrate whether a word will be long or short lived. Each word is rooted and spread in the language through usage by the people. It is the people that decide the fate of words. Meanwhile, the art of word creation continues, in order to satisfy the needs constantly rising in the sciences, arts, and other fields.

Currently, the Armenian language is in dire need of a dictionary of newly formed words. In a dictionary such as this, one would hope to find words, with their meanings and foreign equivalents, as well as the names of their creator, together with the place and time of their creation. Ajarian gathered in his *Etymological Dictionary* more than 4,000 newly formed words. The revered scholar wrote: "This number needs to increase dramatically."

1997

Etymological Exercises and the Art of Etymology

(Dedicated to the 150th Anniversary of Heinrich Hübschmann)

With greatest honor and pride, the history of Armenian linguistics commemorates the immortal and glorious name of the honorable German scholar, linguist, and specialist of the Indo-European, Armenian, and Persian languages, Heinrich Hübschmann. His labor is highly appreciated and it has earned him a place among the great ones.

Through his great service, Hübschmann contributed significantly to the advancement of Armenian linguistics.

To speak about the art of etymology, first, we need to talk about etymology in general, to determine its place and role in linguistics. Secondly, we need to briefly discuss the primitive state of Armenian linguistics, and finally, we will explain the methodology and ease with which historic-comparative linguistics has helped linguists, grammarians, and etymologists in their efforts to study words, examine their roots, and look into the lineage of languages and their relationships with one another, as well as their development.

Etymology is an independent branch of linguistics. It examines the origin of words, where they are borrowed from, what their primitive shape and meaning was, and what stages and degrees of development they underwent.

The primary duty of the etymologist is to strip the word of all its components (affixes, grammatical forms), to clarify its initial state, find its root, and decide upon its origin. In the case of word borrowing, the etymologist needs to specify the language of origin and the time and way the word was borrowed. In case of an authentic Armenian word, he needs to find or recreate, by way of reconstruction, the supposed initial form, and to point at the historic pronunciation changes, by utilizing the means offered by historic-comparative linguistics.

The first and foremost duty of the etymologist is to arm himself with abundant knowledge. It is vital for him to be well-acquainted with languages, possess a sharp linguistic sense, be familiar with phonetic rules, and the historic pronunciational and semantic changes of languages. He also needs to exercise caution, so that he is not deceived by accidental resemblances and, therefore, avoids drawing wrong conclusions.

We do not intend to write about the history of etymology, although it is an extremely interesting field that is partially presented in Hratchia Ajarian's *Etymological Dictionary*. However, we would like to mention the early etymological attempts and work that preceded the implementation of the historic-comparative method. The historic-comparative scientific method "is designed to recognize the truth through examining the differences and similarities of more than one historic system," while historic-comparative linguistics "studies the interaction of the lineage of languages and their historic changes."

In the past, etymology was an inseparable component of grammar. One can find numerous word etymologies included in grammatical works. Armenian grammarians, writers—whether ancient or modern—lexicographers, as well as non-Armenian Armenologists and linguists working at later dates have engaged in complex and professional etymologic studies. There is a countless number of worthless etymologies, because they are not based on a scientific foundation. In linguistics, these are usually called false scientific etymologies. These exercises have usually been made capriciously, without the slightest awareness that solid conclusions require consideration of phonetic rules and language lineages. A classic folk etymology is the word եկեղեցի (yegeghetsi/church), which has been etymologized as եկ (yeg/come) and եղիցի (yeghitsi/let it be as you wish), or the word սպանախ (sbanakh/spinach) which has been etymologized as սպան (sban/kill) and նախ (nakh/first).

Numerous are those in our vast literature who have been engaged in etymology, the study of the origin, interpretation, borrowing, and semantics of words and the changes in the form and grammatical aspect of words throughout history. During the classical period of our literature, writers tried to decompose word roots and etymologize them. The earliest etymological attempts were primitive, superficial, and unfounded, due to the limitedness of their linguistic concepts and ability.

Writer and philosopher Yeznig Goghpatsi of the classical period included certain etymological explanations in his work, *Refutation of the Sects*. Noteworthy of these is the word հիւղ (hiugh/particle), for which he says: "They call it հիւղ, which means նիւթ (niut/matter)." Khorenatsi, the father of our history, etymologized many names in his *History of the Armenians*. For example, Marmed is "The Mar came." Here is the whole text: "He commanded the army to shout out loud together, 'Mar amad.' This means the Mar came, thus the author is reminded of the animosity by calling him Mar. Using the same pronunciation, the estate was called Marmed." Noteworthy is Khorenatsi's interpretation of the name Knouni as "he has wine." Our canorous historian Yeghishé has the interpretation of the name Seraph, as in "Seraphim, which means one who burns, inflames." Hovhan Mantagouni is famous for his interpretation of one word—Maranata, which is Maran (Lord) and ata (comes); that is, "Our Lord comes."

David the Invincible in his work *Exposition of Grammar* has the word սափոր (sapor/pitcher), which he etymologized as being generated from the words "this" and "belly." For Anania Shiragatsi the word Զատիկ (Zadig/Easter) is derived from the verb "to separate." He says: "It is called the Easter of the Lord; that is, differentiated from all pagan and Jewish feasts."

Sdepanos Siunetsi considers the following words onomatopoeic: "From their sounds, such as raven, crane, wind, breeze, and their likes." Hovhannes Imasdaser offered the interpretation of the word եկեղեցի (yegeghetsi/church), which he considered borrowed: "Church from the Hebrew means gathering to us." Hamam Areveltsi etymologized the word կանուխ (ganoukh/early) in his *Exposition of Grammar,* deriving it from the preposition "gan," while the word խոնարհ (khonarh/humble) from the preposition "khon." Arakel Siunetsi presented the word աղջիկ (aghchig/girl) from the word չիք (chik/there is not).

The great Armenian linguist Edward Aghayan, from whose *History of the Armenian Language* we gathered the abovementioned examples, says: "By examining all the etymologies gathered from our classical literature, we have come to this general conclusion: the greatest portion of all these etymologies are imaginary, wrong, and unfounded. They do not present any scientific value as etymologies. They are not based on scientific principle, or linguistic research. Each author has etymologized according to his own understanding, often driven by the accidental resemblance between a given word and another."

We need to mention that, along with these erroneous and false etymologies, there have also been correct and acceptable ones, although insignificant in number. For example, Nerses Lampronatsi was correct in considering the word ճնճղուկ (jnjghoug/sparrow) as an onomatopoeic word. Krikor Datevatsi also considered this word onomatopoeic in his work, *Book of Questions*.

Yeremia Meghretsi's *Dictionary of Armenian* (published in Halogorna in 1698) was a unique dictionary in terms of hindering etymological works. This often-criticized work is full of typographical errors and mistakes. It is for this reason that lexicographers of later periods (for example, the authors of the *New Armenian Dictionary* and the *Armenian-Italian Dictionary*) have disregarded it. In his *Etymological Dictionary*, Hratchia Ajarian advises to "exhibit extreme caution toward this dictionary and to not accept the forms recorded there as truth."

Schröder (1680–1756) has the following etymologies: Աստուած (asdvadz/God) = efficient producer and հրեշտակ (hreshdag/angel) = burning as fire.

Father Ghougas Injijian (1758–1833) etymologizes proper names in a most primitive way. For example: Zarmayr = amazing man; Dikran = pike for strangers; and Kegham = all beautiful. Examples of some names of places: Nakhitchevan = first lodging place; and Agori = sow a willow. From animal and bird names: ուղտ (oughd/camel) = grudger (whose grudge exceeds that of any other animal); աղուէս (aghves/fox) = that which has a sweet voice; սողուն (soghoun/reptile) = from the s sound, which they make as they crawl; աղաւնի (aghavni/dove) = is agreeable, etc.

After a quick glance at medieval linguistics, one realizes that the work done in the field lacked serious scholarly study or research. Also it lacked a general direction, scientific linguistic understanding and approach, and a precise way or method of etymologizing word roots. E. Aghayan eloquently describes the primitive etymological efforts and attempts, when he writes: "They are childish babbles; sometimes naïve interpretations, which one can view now more as cheering wit." Such interpretations provide the history of Armenian etymology with abundant material.

The publication of Abbot Mekhitar Sepasdatsi's voluminous work, *A Dictionary of the Armenian Language* (two volumes, Venice, 1749 and 1769) was a significant phenomenon in the history of Armenian linguistics. The author indicates a clear understanding of the interaction of languages. The second volume of the dictionary reflects, to a certain extent, on the words borrowed from Turkish. Sepasdatsi makes numerous incorrect etymologies. The preface of the dictionary indicates that etymology is not a complicated thing: "Hardly is there a word in our language that a skilled linguist would not be able to etymologize." As a sample, he presents a group of etymologized words, such as: religion from carrying, fire from consumer, man from fight, rainbow from spreader, etc. Along with such false, untrue, and vain etymologies, there are some accurate comparisons with other languages and therefore a number of reliable etymologies, which, according to E. Aghayan, are "the unique merit of Mekhitar's dictionary." Among these words are: synagogue as "Jewish meeting place," soreg as "choice, noble, precious," sopesdes as "sophist," timos as "money, possession," tialegtiagan as "dialectical, argumentative, logical," tialoghos as "dialogic," etc.

The history of etymology mentions the name of Gevork Der Hovhannesian with specific importance. He is also known as Kevork Tbir (1737–1812). Attached to the end of his voluminous Persian dictionary is a list of words presenting "the similarities of synonymous and equivocal words among the Persians and Armenians." With the principle of comparative grammar, the author compares the Armenian words with Persian, Hebrew, and Greek. The renowned linguist Hratchia Ajarian, refers in his *Etymological Dictionary* to Kevork Tbir's important contribution to Armenian etymology, saying: "It is one of the earliest fruits of Armenian linguistics." Despite inaccuracies in certain comparisons, thanks to his exceptional linguistic skill, Kevork Tbir in general has been able to offer the complicated task of etymology with such amazing samples that many future linguists have been surprised. If we consider the era of Kevork Tbir, when there was no foundation, and historic-comparative linguistics did not exist, the author's achievement becomes doubly amazing and appreciatory. Speaking of Kevork Tbir's literary work and especially his great contribution in the field of linguistics, Aghayan writes: "After Mekhitar's dictionary, his was the first serious etymological attempt . . . This gives us every ground to consider Kevork Tbir a real linguist." Among the words Kevork Tbir etymologized were: ազատ (azad) as "aristocrat, independent, sovereign"; դուխտ (toukhd) as "daughter"; canon, monozon (monk), etc.

Contrary to Kevork Tbir, a certain Shahan Chrbedian (1772–1834), first in France and then in Georgia, allowed himself capricious etymologies that reflected his inability, incompetence, and particularly his ignorance. For example, from the root "ar" he generated the words father, mother, fresh, evil, etc. This absolutely unscientific and artless charlatanism "could well transport him back from the nineteenth to the seventh or eighth centuries, when ancient authors etymologized Armenian words based on their accidental similarities," writes Aghayan.

The art of etymology appeared gloriously in the *New Armenian Dictionary* thanks to three brilliant, dedicated, and diligent celibate priests, Father Kapriel Avedikian (1750–1827), Father Khatchadour Surmelian (1751–1827), and Father Mgrditch Avkerian (1762–1854), who relentlessly and diligently worked for half a century in order to complete their voluminous dictionary, which rightfully can be viewed as a debut to an etymological dictionary. The dictionary of the three Vartabeds uses the scholarly approach of Mekhitar Sepasdatsi and Kevork Tbir as a guideline.

The *New Armenian Dictionary* is significant in many ways. It has an explanatory nature, as well as an etymological one. The ability of the three clergymen for accurate orientation is evident thanks to their knowledge of many languages. Numerous words are etymologized in the dictionary correctly. Word comparisons are made in a most accurate way with cognate languages. There are some inaccurate etymologies also, but "the accurate ones are so numerous that the mistakes, regardless of their quantity, are forgivable for that period," writes E. Aghayan.

In the beginning of the nineteenth century, the torchbearer of our literature's enlightenment, Khatchadour Apovian, tried to show in his writings the lineage of the Armenian, French, German, and Russian languages. Apovian's comparisons were accurate in general, although there were a few mistakes. The generalizations made during Apovian's time were a great achievement and the results of his comparative studies are highly appreciated today.

The laborious linguists Petermann, Windischmann, Richard Goshe, Franz Bopp, Friedrich Müller, Paul de Lagarde, and others also had their significant contribution in the comparative study of Armenian. Regardless of their linguistic views, based on the historic-comparative method, they came up with accurate generalizations and etymologized numerous words. Of particular significance was Paul de Lagarde's *Armenische Studien* (Göttingen, 1877), where not only did he gather the results of studies in Armenian linguistics, but also he compiled "the first etymologic dictionary of Armenian." Despite its weak points and faults, and regardless of its small size, the dictionary has a great value in the field of etymology.

The art of etymology was best demonstrated through the prominent Indo-Europeanist Heinrich Hübschmann (1848–1908). He was the one who put Armenian linguistics and the scientific study of Armenian on the right track. Hratchia Ajarian writes in the preface of his *Etymological Dictionary:* "Today, Hübschmann's school is the only accepted one in the science. Anyone who does not follow Hübschmann's school, is not the child of science." Speaking of Hübschmann's *Armenischen Grammatik* (Leipzig, 1895–1897), Ajarian considers it "the foundation stone of Armenian linguistics." Through this monumental work, Hübschmann became a guide for future etymologists with his most accurate and authentic methods of etymology. In his book, Hübschmann offered hundreds of etymologies from the ancient and medieval Persian, Arabic, Syriac, Greek, and old French. He identified the Indo-European origin of hundreds of words. Ajarian included these etymologies in his *Etymological Dictionary* as irrefutable truths. Hübschmann left an unwritten commandment to all etymologists—be extremely cautious and scrupulous when etymologizing words.

It is not within our goal to present Hübschmann with his unbounded contribution to the science and accordingly evaluate his merits, because one would require volumes to do so. It suffices to underline that Hübschmann was the first to categorically refute the supposition that Armenian belongs to the Indo-Iranian family of languages. Through his thorough examinations, primarily based on phonetic rules, Hübschmann established and proved the theory that the Armenian language is an independent branch in the family of Indo-European languages.

Father Serovpé Dervishian (1846–1892) also occupied himself with etymology. About him Ajarian writes: "Dervishian has a specific merit, which has been neglected by scholars until today. Dervishian gave the accurate etymology of a group of Armenian words, which should rightfully become the possession of the science. Not being able to use Armenian books, European scholars did not see Dervishian's etymologies . . . and it often happened that they suggested etymologies that were suggested by Dervishian years before."

Noteworthy among the young grammarians was the linguist Bugge, who in his work *A Contribution to the Etymological Explanations of the Armenian Language* (published in 1889) brought forth numerous etymologies of Armenian words. One should not forget the fact that Bugge based his etymologies on self-made phonetic rules, the majority of which were unacceptable. His few accurate etymologies, however, are an important contribution to Armenian linguistics.

Father Ghevont Alishan (1820–1901), the prominent scholar and Armenologist of the Mekhitarist Brotherhood in his illustrated dictionary called *Haypousag or Armenian Plant Words* (Venice, 1895), in addition to classifying, explaining, and describing numerous and multi-species plants, shrubs, and flowers, also etymologized them. This work was sharply criticized at the time by the prominent Armenologist Norayr Puzantatsi in his work *A Critique of the Haypousag*. Puzantatsi rightfully writes: "Here are the Armenian words for plant. It may be better to conceive it as a chaos, where words pertinent to anatomy, medicine, pharmacology, zoology, archaeology, and the kitchen are presented as names of plants, together with their supposed synonyms and other dialects." There is no doubt that Father Ghevont Alishan was not a botanist, nor was he a linguist, lexicographer, or etymologist, although he has a few accurately etymologized words.

The entrance of the world-renowned French linguist of the twentieth century, Antoine Meillet (1866–1936) in the world of Armenian and general linguistics was an exceptional phenomenon. Thanks to his broad knowledge, seriousness, diligence, and scruples, he offered a sizeable contribution to the treasury of the Armenian culture.

Meillet studied all the fields of Armenian linguistics without exception. What interests us here is the etymology. As an erudite scholar and skilled linguist, he etymologized countless words. Hratchia Ajarian "validated through him numerous etymologies, seeking his approval or refusal."

A portion of Meillet's etymologies is contained in the voluminous work *Armenological Studies* (Yerevan, 1978, translated from the French by M. Minasian). The great Armenian linguist Kevork Jahugian writes in the preface of this work: "Meillet kept his attention focused on the matters of Armenian etymology and comparative grammar throughout his life. He suggested and corrected numerous etymologies; studied and solved many issues pertinent to the comparative phonology, morphology, and syntax of the Armenian language."

Meillet was a humble and exemplary personality. Armenian writers, Armenologists, and linguists constantly consulted him on diverse issues. Meillet gratefully acknowledged their high confidence in him and always expressed his personal opinion with a unique sense of responsibility and kindness.

We would like to divert slightly from our main subject and reflect on an important linguistic matter on which Meillet had an interesting opinion. As of the eighteenth century, many scholars exerted efforts toward the reconstruction of the Indo-European base language. August Schleicher (1821–1868) was the first to try to reconstruct the protolanguage through the historic-comparative method. It is known in general linguistics that the great Swiss linguist Ferdinand de Saussure (1857–1913), the founder of the sociological school, in his turn initiated a similar study and offered "the new principles of reconstruction of the phonetic system of the protolanguage."

In Meillet's view, the attempt to reconstruct the Indo-European protolanguage was meaningless and inappropriate. He was categorically against the reconstruction of the base language, because "Only similarities between authentic languages are real. Only similarities comprise the subject of the sciences. It is impossible to reconstruct a language that has vanished through comparisons." Indeed, what was the use of initiating the heavy and exhausting task of reconstructing the protolanguage through historic-comparative analysis, when to begin with it was an impossible and impractical idea. We know well that not a single written source, not even the smallest fragment, has survived from the base language. The impracticality of this reconstructive effort is evident if considered that it will have no significance in analyzing, interpreting, and clarifying matters pertinent to the protolanguage. We wanted to mention this in order to emphasize that the exposition of Indo-European words in itself proves that there was an Indo-European protolanguage. Thus, all efforts to write paragraphs in the protolanguage, as F. de Saussure planned and diligently tried to do, become secondary and even unnecessary.

The Swedish linguist Evald Lide also contributed to the field of etymology. He enriched the field with his accurate etymologies. Other noteworthy etimologists are Scheftelowitz and Patrubany (a Hungarian Armenian, originally named Patrubanian). Patrubany's etymologies are for the most part wrong and unscientific. Such was also the case with the priest Hovhannes Hunkiarbeyendian (1818–1895), whose etymological dictionary was bestowed with the Izmirian reward and published in Constantinople in 1894. This sharply criticized dictionary is full of meaningless and absurd etymologies. The author lacks linguistic preparation and etymological grace. He etymologizes capriciously, without resorting to any law or rule. This dictionary has nothing to do with science and is considered extremely harmful and dangerous. Hunkiarbeyendian's etymologies are childish and ridiculous. For example, he derives the word crab from the word short, sheep from prince, universe from leech, etc. What surprises and stuns us is that an enlightened intellectual of Madatia Karakashian's caliber was a follower of Hunkiarbeyendian's ridiculous theory. One can offer no explanation for this. Karakashian was a bright professor, Armenologist, laborious author, and scholar yet he followed the false and artificial theories of Hunkiarbeyendian. Speaking of Hunkiarbeyendian's dictionary, E. Aghayan raises an important issue: "His etymologies are absolutely unscientific and therefore their demonstration has the side effect of showing what a person should avoid in the study of languages, and how he should not etymologize words."

Another lawless and anarchistic etymologist of Hunkiarbeyendian's kind was Joseph Karst, the specialist of Cilician Armenian, who through his colorful comparisons confused himself and led others astray. Karst's correct etymologies number few. Noteworthy of these are the words chanun = canonicus, a rank of Latin clergyman (French) and samsar or sensal = a tax collector of lower rank during the Roupinian Dynasty (Arabic). The art of etymology requires seriousness and caution, and not naivety and blind-mindedness.

The great textologist and lexicographer Norayr Puzantatsi offered magnificent etymologies in his voluminous *French-Classic Armenian Dictionary* (Constantinople, 1881). All these words are included in Ajarian's *Etymological Dictionary,* with the mark: "Norayr interpreted it correctly." Some of these words are; Pndoug = hotel, inn (Arabic), sros = a hard swelling on the horse (French), asdakhodos = a sweet scented plant with red flowers (Arabic), etc.

The history of etymology remembers the name of the prominent Armenologist Hratchia Ajarian with pride and profound gratitude. He spent forty years of hard work and successfully completed his *Etymological Dictionary* (Yerevan, 1926–1935), which is a monumental work comprised of 11,000 roots, almost half of them etymologized. Referring to this dictionary, the great French Armenologist Antoine Meillet said: "No other language has as rich and as perfect an etymological dictionary." Ajarian treated etymology with utmost caution and with a respect for phonetic rules that pass the most scrutinized scientific requirements. He etymologized more than 1,600 roots. Most of these etymologies met the approval of his teacher, Meillet. We would like to mention Ajarian's comparison of the word աղմուկ (aghmoug/ado) with the Greek polemos (war). In view of this wonderful comparison, Meillet wrote him a letter: "Il faut vous applaudir pour cette belle étymologie" (You deserve to be applauded for this beautiful etymology). Indeed, great is Ajarian's contribution to the field of etymology. As a very conscientious, productive, and serious scholar, Ajarian followed the steps of his thrice great teachers and forerunners without any diversion. His dictionary remains unsurpassed and it is the constant companion of those who study Armenian, whether student, Armenologist, scholar, or linguist.

Nikolay Marr, Krikor Ghapantsian, Edward Aghayan, Kevork Jahugian, and others also engaged themselves in etymologies. In the preface of his *Word-Examination and Etymologic Researches* (Yerevan, 1974), Aghayan discusses the importance of mastering, implementing, and considering semantic knowledge as a requirement for etymology: "Anyone engaged in historic semantics should consider all circumstances—whether within a language, outside it, or otherwise—and try to clarify the historic course of semantic changes through the utilization of all these. And since historic semantics is the foundation of scientific etymology, it follows that an etymologist should depart from the data of historic semantics in each etymological case."

Elsewhere, the author emphasizes the importance of the implementation of phonetic rules: "Without revealing the phonetic rules and implementing them, there cannot be a scientific etymology." He invites us to watch and avoid making comparisons and reaching conclusions based on accidental similarities between words: "Only the precise implementation of phonetic rules can result in scientific etymology. Where phonetic rules are neglected and comparisons are based on accidental similarities, there etymology stops being a scientific truth." After such a meaningful preface, the author etymologizes 101 words; most of which he considers originated from the Indo-European protolanguage. Aghayan also corrected some false or artificial words. In general, Aghayan follows Hübschmann, Meillet, and Ajarian in the art of etymology. Time will show whether his etymologies are correct or not.

Jahugian's *The Armenian and the Indo-European Old Languages* (Yerevan, 1970) examines the connections between the Armenian and Illirian, old Macedonian, Thragian, Taga-Mizierian, Belaskian, Phrygian, and Hittite-Luvian. This book contains countless word comparisons and certain etymologies, whereby the author mentions in the margin, "The etymology of the Armenian word is ours," or "belongs to the author."

There is no doubt that the comparative work is useful and it helps explain coincidences as well as the etymology of certain words. However, one finds himself obliged to ask why the classic representatives of our linguistics—Hübschmann, Meillet, and Ajarian—paid less attention to the ancient languages of the Balkan peninsula and Asia minor. Aghayan has a partial answer to this: "Many famous Armenologists . . . reject the possibility of lineage between the Phrygian and Armenian, although they admit certain close associations of a phonetic and grammatical nature."

Future thorough studies and ancient inscriptions will reveal the accuracy, truthfulness, or absolute incoherence of all these linguistic comparisons. Until then, every attempt in the field of etymology will help us understand this important sphere more comprehensively.

Etymological works are going on everywhere. Etymologists should always remember that etymology, as a scientific field, requires a scientific and not an accidental or superficial approach toward words and defined rules; it also requires seriousness and particularly cautiousness. Etymology is an art. A great German linguist said about the etymology of words: "Do not search; find!"

1999

MUSICAL

The Khorenian Liturgy

(A Musical Analysis)

The composition and publication of an entire Liturgy is a rare phenomenon within the Armenian reality. Almost half a century after the publication of the Liturgies of Magar Yegmalian and Gomidas Vartabed, which are now rooted in the soul and heart of the Armenian people, a new Liturgy—called the Khorenian—is being offered to the Armenian faithful.

This new Liturgy is already nine years old. In 1985, its hectographic publication was first realized in Etchmiadzin. Its graceful composer is Maestro Khoren Mekanejian. He is a laborious conductor who has performed in many cities throughout the world. In conjunction with his recitals, he lectures also in many of the places he visits. For the last fifteen years, Mekanejian has served as the permanent conductor of the choir of the Cathedral of Holy Etchmiadzin. On October 20, 1984, the Catholicos of All Armenians awarded the Khorenian Liturgy a special encyclical, stating: "Today, we have good news to bring to all of you—our church has been enriched by a newly composed liturgical chanting."

The encyclical of the Catholicos made the Khorenian Liturgy an official Liturgy within the Armenian Church, and in doing so, the new Liturgy spread throughout the world.

Before commenting further on the Khorenian Liturgy itself, I believe it is necessary to consider the conditions of life under which this composition was born and developed.

Communism, from its catastrophic inception to its deserved end, took a great toll on the Armenians. Religion faced severe and constant persecution during the Soviet era. As a result of this unfavorable and dangerous position, hellish and characterless people organized exiles that took thousands of innocent lives.

The holy religion of the Armenians was persecuted and its wise and skilled servants—the clergy—perished either in dark cells or from the frost. Nobody was exempt from this persecution—not the good and constructive faithful, or the humble, service-rendering priest, or the devoted Catholicos. All met the same yataghan and fate. Armenia lived through heavy and disastrous days. All religious establishments growing in her womb faced destruction. The authorities violently and indiscriminately destroyed many of the holy temples, profaned monasteries, and appropriated churches. The state turned many of the appropriated churches into theaters and amusement centers. Others they changed into storage, straw-yards, and stables.

They tore down the sanctified crosses and replaced them with the hammer and the sickle. They ridiculed the faith and again and again brought dishonor upon the Crucified One. Corruption suffocated the social arena. The spread of Communist ideology restricted freedom of conscience, religion, and the media. The authorities violated the human rights of the people they had held for centuries. The "doors of hope" and salvation locked before the Armenians. Religious literature vanished, replaced with the absurd and poisonous ideology of the Communists. People were forced to think, work, and orient themselves in one direction—the Communist direction. Communist ideology penetrated all fields. In linguistics, for example, the false theories of Marx and Stalin ruled. In music, creativity was unimpeded. "Non-standard" ideas and "bold" subjects were forbidden. Pieces composed with any revolutionary spirit were destroyed and their composers persecuted. The same fate existed in the literary arts too. The only allowable theories were those based on the philosophy of Marx and Engels. Their theories should have been used as a starting point from which to contemplate world phenomena and clarify social, economic, political, scientific, and other issues. Then, during the days of Stalin worship, censorship was at its peak.

Communism replaced the worship of God with atheism. It impeded the human genius, limited the imagination, and stopped the pace of creativity. During those unfortunate days, all spiritual, moral, and intellectual values bore the seal of partisanship.

The sciences were saturated with atheistic teachings as well. Scientific atheism was the subject of a mandatory course in the institutions of higher education. Armenian children were baptized and anointed with Lenin instead of with Christ. The mad invasion that bulldozed religion plowed the kind peasant and the honest rustic down in its path.

The faithful were prohibited from participating in religious services. The number of religious books gradually declined and their circulation came to a halt. Thus, the Holy Bible, the *Nareg,* the *Book of Hours,* and the *Mashdots* disappeared from sight. The Communists tried to detach the Armenians from their centuries-old sanctities and uproot all religious sentiment. They tried to drain the Armenian of his marrow, and make him a funny puppet manipulated by their violent hands.

Many conscientious Armenians, who possessed healthy minds and Christian virtues, and who brought their children up with knowledge of the spirit of God and with religious education were placed in mental hospitals.

Laboring under such unhealthy and intolerable conditions, it was difficult to write religious literature or compose ecclesiastical music. Due to the unnatural and antihuman regime that ruled Communist Armenia, devoted hearts and pious souls were forced to create in secrecy.

Despite its attempt to quench the spiritual lamp of the Armenian home, communism failed to strip from the healthy cell and soul the pure instincts and precious feelings innate in our people. The Armenian kept the lantern of conscience and consciousness full and shining in his soul, so that when the time came that allowed free expression, his hidden and oppressed spiritual needs and thirst would pour out of him like lava from an erupting volcano.

However, these unnatural conditions of evil and persecution took their toll on the society. During a six-year-long study (1965–1971) conducted at the Seminary of Holy Etchmiadzin and later at Yerevan State University, I, too, felt the pressure of the antireligious and anticlerical sentiments on my soul. The testimonies of many eyewitnesses who lived under the pre-described conditions emphasize the tension, seriousness, and intolerability of life in those days.

It was against the backdrop of these undesirable and harsh years that Khoren Mekanejian engaged himself in the sacred and devotional task of composing the Liturgy. To write a Liturgy, then, required courage. He resolved to accomplish the task at the expense of all kinds of sacrifices. Trusting in the strength and protection offered by Providence, he neglected the obstacles and the threats that surrounded him. He felt that it was time to act out of his spiritual fortitude and higher sense of responsibility.

1. The History of the Liturgy

The composition of the Liturgy has an interesting history.

"It was the last Sunday of September, 1980," recalls the composer, "when, after the Liturgy, the Catholicos called me to him and remarked that the soloist was stretching the expression *The One Holy* for too long. The observation was fair and appropriate. The words *the one* should have been sung faster. The first note of Yegmalian's *The One Holy* was a one fourth note; I thought of changing it to a one eighth or one sixteenth note. My decision to introduce this minor change meant a lot apparently, because in the course of research and alteration, I then decided to compose the *The One Holy* on my own. I found out that the composition, without stretching the note, of course, lay in the same tune-tonality feelings. For three or four consecutive Sundays, I performed my composition. The Catholicos liked the new melody and the issue seemed resolved.

"A few Sundays later, however, the Catholicos called me to him again. Metaphorically he told me that my version of *The One Holy* if left unaccompanied will be like a fragrant flower alone in the middle of a desert. He said: 'Do you think you should leave this sweet-scented flower orphan and abandoned, without moving on to the next melody?' Upon hearing this, I decided to write a melody for the song dedicated to the Holy Trinity, which is called *Amen. Holy Father, Holy Son, Holy Spirit.* Enthused about this second success, the Catholicos suggested I also compose a version of *Der Voghormia* (Lord, Have Mercy) to complete the trinity.

"To me, the thought of composing a new Der Voghormia after those done by M. Yegmalian and Gomidas Vartabed, in itself, was an absurd and vainglorious ambition. However, the Catholicos's request was sublime and required immediate implementation.

"One day, sometime between November 10 and 20, 1980—a cold and leafless season—I climbed Dzidzernagapert which lay across from our house and tried to warm my cold soul in front of the eternal fire. 'God! What is this tragedy?' I shouted. 'Is it true that the Armenian destiny *is drawn by the dregs of graves?*' I looked around me; the earth was cold and lifeless. The wind blew mercilessly, robbing the trees of what leaves remained. Suddenly, Armenian martyrs reincarnated one-by-one and marched before my eyes. I imagined the endless line of refugees being led to the slaughterhouse. I felt a chocking in my throat and tears rolled down from my eyes as the unheard-of agony of thousands of martyrs of the Genocide paraded before me. At that moment, the mode VI of our church hymns, which symbolizes the wailing, tears, and mourning of our people's suffering, tortured my mind. In the midst of these thoughts and the inner struggle provoked within me, my imagination was ignited and the result was my composition of *Der Voghormia.*

"The following day, with the newly born song in my pocket, I went to Luciné Zakarian's house. Luciné's gentle eyes shined when she performed the song for the first time.

"On Sunday, when the Catholicos heard it, not only did he expressed his rapture, but he also called it a *chef-d'oeuvre,* which means masterpiece. The Catholicos found it genuine to our profound and religion-scented atmosphere. This is how the triad of the songs was formed.

"In 1981, in the presence of many high ranking clergymen, I was called once again to the seat of the Catholicos. After expressing appreciation for my work, the Catholicos told me that he would like me to compose a new Liturgy using the same style and relationship of melodies. When I argued that we already had two perfect Liturgies, the Catholicos replied:

'The Latins have hundreds of Liturgies. The Russians and other nations also have numerous Liturgies. This is wealth and culture.' Then I asked him twice why I have been chosen when we had many composers more capable than I. The Catholicos replied: 'You were born in Aleppo. You have tasted the pain and longing of an outlander. You have studied at the Seminary of Holy Etchmiadzin, and you have prayed and sang under these arches. You are familiar with our two existing Liturgies. You have attended the conservatory where you received the appropriate education. You have been appointed maestro to the State Academic Choir of Armenia. All these premises have convinced me that only you are capable of this task. There is no need to rush. Let it take two or three years. My only request is that you write it in the style of our hymns—profound, charming, simple, and beautiful.' The Catholicos then read a benediction, so that the work may be blessed and fruitful. My eyes teared under this heavy responsibility. I left the seat with the heavy feeling of duty weighing on my soul. The moral commitment had reached its peak.

"Afterwards, it was time to detach myself from the material world and the anxieties of life, in order to isolate myself and confine my thoughts to the most holy mystery of the Armenian Church. I felt the need for devotion and prayer.

"For a moment, when I was offered the opportunity to write the new Liturgy an unexpectedly pleasant idea engulfed me. I thought of the beginning of the music. Shall I rearrange the melodies of Yegmalian and Gomidas into a new form? I realized that I would not be able to better their work. Thus convinced that I could not touch their versions, I decided to write and arrange a new one. If I was going to arrange a new Liturgy, then came the question of which eras and styles of the various works would be the most Armenian? I decided to consider the oldest source—pure and virgin. My conviction was founded on the rationale that the older the music I choose, the more authentic I would get.

"The fifth century is called the Golden Age in our literature. It was during this period that the Armenian alphabet was born and Armenian literature began. Therefore, I felt it best to make use of the melodies of Mesrob Mashdots' period. My preference went to the mode II, mode III, mode V, mode VI, mode VII, and mode VIII beginnings, which sounded authentic and Armenian to my ear.

"Yegmalian's Liturgical melodies are basically ones reminiscent of the art of the troubadours. I decided to mix the old and the new, and I hoped that in doing so, I would create a work unique in its style.

"I completed the composition of the Liturgy by the end of 1982. I presented it in its completed form to the Catholicos, and after his consent, I gave consecutive portions of it to our choir in order to find out how they would sound.

"As always, this time, too, the conservative wing of the public voiced its dissatisfaction. They argued that there was no need for a new Liturgy, when we had the old ones.

"In 1984, the Catholicos formed a committee composed of Armenian musicologists to discuss my Liturgy. Members of the committee were: Robert Atayan, Markarid Proudian, Manoug Manougian, and Vahakn Sdamboltsian. They came to hear the Liturgy in the Cathedral. After a thorough examination, the committee suggested that I stretch out the section that says *Blessed be the name of the Lord*. Their collective opinion was that the Liturgy was an exceptional accomplishment in the spiritual life of our church and a novelty in the musical arts.

"At the end of 1984, the Catholicos, with an encyclical, authorized the Liturgy to be performed in our churches. After the encyclical, tapes were prepared and sent worldwide. I must emphasize here that the taped Liturgy was not the final version, I mean to say the improved one. The songs were performed slowly, because the singers were not used to it. Inexperience and hesitation result in slowness. In certain places, even musical dictation marks and instructions were neglected."

We have to unfortunately mention that under the Soviet regime, the scholarly circle, due to comprehensible reasons, did not focus on the merits of this Liturgy. No one dared discuss it publicly or voice an opinion about it. Perhaps this unwillingness in Armenia resulted in the silence that occurred in the Diaspora also. However, this silence was in no way justifiable in the Diaspora where we have many musicians and critics.

A noteworthy exception was a valuable essay authored by Dr. Toros Toranian published in the March-April 1992 issue of *Shirag* monthly for literature and arts, in Beirut, Lebanon. In this essay, he presented Mekanejian as a conductor, composer, and lecturer, and he discussed the Khorenian Liturgy.

2. Critical Musical Analysis

In the course of composing the work, the composer made an effort to keep the musical themes close to their old Armenian sources and to preserve the Armenian integrity of those themes. Therefore, he considered the following:

a. Accents. Accents form the backbone of language. Accentuation is as important in music as it is in language in terms of understanding and revealing the true meaning of words, sentences, and the contexts of a song in general. The accents included in the composition of a piece of music must be accurately followed. The composer does not allow singers or conductors to place absurd and senseless accents in inappropriate places. In the Khorenian Liturgy, a singer lacks the flexibility to make changes in the accents and therefore, the musical imagery and the meaning of the piece. In the Armenian language, the accent falls on the last syllable of each word. There are no exceptions. This was, no doubt, a primary issue for the artist when composing the Liturgy. In honoring this rule, the composer by necessity insured the Armenianness of the work. In itself, this is a great accomplishment.

b. The Presence of Poetic Elements. The text of the Armenian Liturgy is rich with poetic verse and imagery. When considering the Liturgy from a stylistic point-of-view, one easily recognizes that many narrative sentences are mixed with spiritual/religious petitioning. These petitions include such words and phrases as "remember us," "have mercy on us," and others.

Musical melodies express these ideas through the use of flexible movements. For example, if the sentence has a narrative nature, one tends to refrain from using passion or much emotion. If a section is petitioning in nature, then the music tends to reflect that petitioning or begging style. To illustrate this, let us consider a few examples. The expression, "You who continually feed us" is a simple sentence of quasi-narrative nature. The one, "Send down upon us!" has a petitioning nature, while the expression "Glory to You, Lord and Glory to the Highest" are both of a praising and glorifying nature.

c. Partition. Through the study of European music, one learns that the sound following a hyphen is emphasized, but in Armenian music, this pattern hinders and constrains the piece. The Khorenian Liturgy is free of partitions according to the artistic meaning of this word. Partitions occur more naturally. They are driven by the logical accent of the words. The author has chosen to express the musical meanings freely—ad libitum.

The partition used with the phrase, "Christ in our midst," is regulated in the themes and rhythmic images used. In this section, Mekanejian has used a classical polyphonic style—the fugue. This style requires partitions, which originate from the inherent rhythmic feeling of the main melody.

d. Diversions in Sound Combinations or Lads. *Lad* (sound combination) is a Russian word that refers to a system of relationship that exists between stable and unstable sounds. In this Liturgy, the changes of various sound combinations or beginnings (such as mode I, mode II, mode III, mode IV, etc.) used, refresh the musical atmosphere, and bring to the composition a nuance of joy. This may be best heard in the procession song titled *Through the Intercession*. The use of diverse lads enriches the phonic aspect of the song through the exchange of various sounds.

It is quite interesting that at the end of *Through the Intercession,* when the prayer says, "This day classes of the priests assembled. . .," the music is written with a different combination of sounds designed to evoke joy and praise. Here the rhythm becomes more vivacious—*un poco vivo.* Both mobility and liveliness are evident in this section.

The last section of the song *Through the Intercession* that says, "Through the intercession of your supernal hosts" reminds us of the hymn *Devoted Persons* composed by Gomidas Catholicos in the seventh century. Both are composed in a mode V variant from *tartzvadzk* (turn).

The diverse use of sound combinations has one primary objective: to introduce into the piece a new spirit, vigor, and vitality. Diversions help break the monotony of the musical piece that may result if one did not use them.

e. The Implementation of Tetrachord. In European music, the tetrachord represents the series of four diatonic tones, which encompass the interval known as the perfect fourth.

When speaking of the importance of the tetrachord, Gomidas Vartabed emphasized the following: "Every Armenian song, whether ecclesiastical or folk, is written according to the principle of the tetrachord. If something is written without adhering to this principle, it is not Armenian." Patriarch Torkom Manoogian wisely stated in his book *The Genius of Gomidas:* "Today, of course, our musicians should know this, that is, if they want to write Armenian songs."

Use of the tetrachord has played a significant role in the composition of this Liturgy. An example of a magnificent use of tetrachords occurs in the broad-breathed song, *Christ in our midst has been revealed.*

The song begins with a tetrachordal point of support. Mi-La (four tones), "Christ among us," bass; La-Ré "Raise your voices," tenor; Ré-Sol "Now, Ministers," alto; Sol-Do "Now, Ministers," bass; Do-Fa "Now, Ministers," soprano; and then again Mi-La "Consubstantial," alto.

When heard, the song is striking, especially when sung with exuberance. The revelation, energy, joy, and happiness over transferring the tiding becomes almost tangible. The frequent use of galloping tetrachords leaves the listener with the impression that they are in the midst of a crowd with all its noise and commotion. At this mysterious moment, the faithful greet, embrace, and kiss one another. As they do, the music supports the general mood with its warm intimacy and emotional atmosphere. The tetrachords chosen by the composer serve to bring the sublime purpose of the song to its completion.

We also find a similar masterful implementation of tetrachords in the processional song, *Through the Intercession.*

3. Peculiar points.

a. *Dominical Body.* The structure of the song entitled *Dominical Body* in the Khorenian Liturgy is quite striking. Here we find the amalgamation of both old and new melodies. According to the artist, while composing this song, he took into consideration information based on the findings of the historian Agathangelos.

Agathangelos stated that the cathedral of Holy Etchmiadzin is founded on the site of a pagan hearth. With this in mind, the composer wrote the generalized melody of *Dominical Body* towards the bottom of the range, for tenors, and he built the melody on the new quadrivocal sounds, written in the sound combination of the mode V variant from *tartzvadzk.* The significant aspect of this is that the composer combined the new melody with the old one by allocating the new one to the sopranos.

This song proves once more that the presence of the old helps the new to be more easily accepted and understood. In other words, the utilization of the familiar eases the introduction of the new.

b. Hosanna! At the end of the song *Holy, Holy,* the word *Hosanna* is repeated eight times. The repetition of the word is immediately obvious. The author, however, has used the shower of Hosannas to illustrate the point that Christ was not greeted by one Hosanna, but by the thousands of Hosannas that made up the crowd. After one understands this reasonable and convincing explanation for the repetitiveness of the word, it is pure joy to listen to the exchange and succession of expressive sounds contained in this section of the Liturgy.

c. Holy Trinity. The melody *Amen. Holy Father, Holy Son, Holy Spirit* in the past, according to the tradition and the theology of the Armenian Church, has always been monotonous. The monotonality of this melody is explained by the fact that the entities of the Holy Trinity are coexistent and therefore equal. This belief of the Armenian Church is reflected in the Liturgies composed by the masters of Armenian composition, Magar Yegmalian and Gomidas Vartabed.

However, in the Khorenian Liturgy we find a fundamental diversion from this tradition. This diversion has an explanation of its own. By composing three totally different melodies, the artist visualized the three different functions of the Holy Trinity. The father is the creator of the heavens and the earth. The work or mission of the Son is different from that of the Father. The Holy Spirit is the comforter and grace-giver. The idea of "three persons in one nature" is kept intact with the creation of one complete melody.

This melody, written in the mode V sound, has two tonics. It employs the Ré and La Majors as ending sounds. In the European musical system, this piece belongs to the harmonic Ré Major and Ré minor.

d. The Necessity of Newly Created Melodies. Contrary to the Liturgies of Yegmalian and Gomidas, where the creation of new melodies was not a necessity because they found their substance in the people, the Khorenian Liturgy is not based on readily made patterns of melody. If the former composers simply wrote down the songs that already existed and arranged them for four voices, this composer's primary task was to create a work of his own. The source and elements of his composition were the ancient and medieval songs of the Armenian people, as well as the wealth of the musical richness of Yegmalian and Gomidas, but his composition is new.

* * *

The Khorenian Liturgy is a work of welcome achievement. The Liturgy is polyphonic and full of lyricism. Created by spiritual colors and vibrations, this Liturgy is unique. It is rich in content. It is emotional—sad and melancholic in its character. Particularly heartbreaking is *Der Voghormia.* It touches the feelings of every Armenian and creates a tempest in their souls.

The history of Armenian church music will remember the name of this precious conductor-composer with gratitude. The Khorenian Liturgy, combined with the Liturgies of the immortal Yegmalian and Gomidas, create an inseparable trinity.

Mekanejian received high praise from his meticulous instructor, Robert Atayan, who, upon hearing this monumental work, screamed: "This is the work of a genius, dear Khoren!" He then kissed the composer's forehead in congratulations.

We, too, want to express our belated but profound congratulations to Khoren Mekanejian, our old and revered teacher at the Seminary, for his exceptional achievement.

We wish to see the Khorenian Liturgy reprinted elegantly in its entirety and in a quantity appropriate with its merit.

Thank you, my dear teacher.

1994

Alexander Spentiarian

(1871–1928)

This year, music lovers in Armenia and throughout the Diaspora are celebrating the 125th anniversary of the birth of the renowned composer and conductor Alexander Spentiarian.

Spentiarian was born on November 1, 1871 in the Gakhovga settlement of Davros district. Gakhovga is currently located in the Kherson region of Ukraine. Spentiarian lived and composed many years in Crimea.

Crimea is a large peninsula located at the northern shore of the Black Sea. During the first millennium before Christ, the peninsula was home for the Cimmerians and Scythians. In ancient times, Greek colonies, such as Theodosia, Khersonés, and others were established there. As of the eleventh century, Armenians are mentioned among the other inhabitants of the peninsula. Their presence, in fact, dates back to the reign of King Dikran (Tigranes) the Great and Mihritades of Eupatoria. Beginning in the 1330s, Armenians finally settled in Crimea and later their numbers increased due to migrations.

The Armenians lived primarily in the cities of Theodosia, Soudag, Sourkhat (Old Crimea), Eupatoria, Gharasoubazar (currently Belogorsk), as well as in purely Armenian villages. The Armenians were mainly preoccupied with trade. Their financial prominence was evident. They conducted their business in the wealthy cities of Theodosia, Soudag, Sourkhat, and Gharasoubazar. They established extensive ties with European and Asian countries. Crafts also were developed in Crimea.

The Tartars and the Greeks neighbored the Armenians. The Tartars were animal breeders, while the Greek and Armenians were artisans. Noteworthy among the artisans were the goldsmiths, masons, tanners, weavers, shoemakers, carpenters, and so on. Some Armenians were engaged also in vineyards, breeding animals, and in the making of wine. Wealthy Armenians dealt with real estate and usury. The latter were called princes, khojas, emirs, beys, etc.

In 1318, the Catholic Armenians established a bishopric in Gafa (Theodosia). Armenian Dominicans followed them in 1333. The history of this period recorded many attempts at forced conversion by the Catholics through the implementation of severe measures. The Armenian working class, however, strongly resisted Catholicism, and maintained the faith of their forefathers. One of the primary duties of the Armenians relocated from New Nakhitchevan, Turkey, and other places to Crimea was to attend to the religious and intellectual needs of the people. The Armenians turned Crimea into a spiritual colony.

Numerous famous Armenians lived and created in Crimea, making it a cultural center. World-renowned sea painter Hovhannes Ayvazovski (1817–1900), who painted close to 6,000 pictures, was one of Crimea's various social activists, writers, intellectuals, clergymen, composers, and painters. His bust is still exhibited in Theodosia. His grave is located in the confine of St. Sarkis Church of Theodosia. His tombstone bears the following inscription: "Born to die, he leaves an immortal memory." Other noteworthy names of Armenians who lived and worked in Crimea were composers Krisdapor Kara-Mourza (1853-1902) and Antreas Kaghtsadzian (1809–1856), violinist Hovhannes Nalbandian (1871–1942), poet and pedagogue Kevork Totokhian (1830–1908), and Armenologist Father Kerovpé Koushnarian (1841–1891).

Religious centers in the region were the Holy Cross Monastery (Sourkhat, 1358), St. Sarkis Church (Theodosia, 12–13th centuries), St. John the Baptist Church (Theodosia, 1348), St. Archangels (Theodosia, 1408), St. Kevork (Theodosia, fiteenth century), and others. About 300 manuscripts were produced in Crimea. The Armenian schools of Sourkhat, Theodosia, Gharasoubazar, and elsewhere educated thousands of Armenian children. In 1905 alone, the district of Davriga had nine Armenian schools. The schools offered courses in theology, philosophy, calligraphy, foreign languages, etc.

Particularly famous was the Khalibian School built by the generous donation of Haroutioun Khalibian (1790–1871). He was a wealthy and renowned merchant, and the mayor of New Nakhitchevan. He was a patriotic person, who loved the church and the culture. The three-story Khalibian School was established in Theodosia in 1858. Father Kapriel Ayvazovski (1812–1880) supervised the school for seven years. The school was closed under most deplorable circumstances in 1871.

It was in this culturally rich and prosperous region that Alexander Spentiarian was brought up. Spentiarian was the son of Afanasi Spentiarov and Natalia Selinova. The couple was married in Theodosia, but lived in Gakhovga. Natalia was a graceful woman, endowed with musical talent. Alexander inherited his love and devotion for music from his mother. His mother played Tartar music for her child. These songs and the dance music impressed Alexander from an early age. He was hardly four years old when he began to play. This marvelous child who not only played piano, but also the drum with precise rhythms amazed the inhabitants of Gakhovga.

The fragile heart of young Alexander was greatly influenced by the sad divorce of his parents. Immediately after their separation, Natalia moved to Simferopol. It was here that Hovhannes Ayvazovski met the young boy and his mother, and advised his mother to teach her son to sculpt.

Alexander spent his childhood in a magnificent mountainous country where ancient traditions and patriarchal manners were maintained intact. Soon he witnessed the festivities of the carnival in Gharasoubazar, with the city squares full of clowns, jesters, masked people, wrestlers, players of string instruments, dancers of tartar dances, and others, all dressed in attractive colors. The scenes of Gharasoubazar left a magnificent impression on his young soul. When he went back to Simferopol, his imagination was fueled. Similar visits to the neighboring cities played an instrumental and decisive role in the development and expression of his future artistic taste.

Spentiarian also demonstrated an exceptional ability and wit at an early age. This self-confined, quiet, shy, but likeable and progressive teenager captured the attention of his environment. Although still immature and unknowing of the musical rules and regulations, he had already engaged himself in the difficult task of rearranging Malorussian songs for a chorus.

Victor Doblovski was Alexander's first serious instructor of music, while Voban instructed him on the violin. Thanks to his dedication, the teenager advanced daily in the field of music. At the age of sixteen, inspired by his first love, he wrote his first romance, *I Am Captured by Your Beauty.*

In 1890, at the age of nineteen, he was accepted by Moscow University in the department of physics. In 1892, he began to seriously study the theory of music under N. S. Glenovski. To broaden his musical horizon and to come into contact with the refined European art of song, he went with his father to Vienna, the center of musical notes, and he listened to the performances of the highly qualified orchestras performing there. Later, in his memoirs he wrote: "I exited the theater amazed, dreaming to hear one day, as an utmost pleasure, one of my creations being presented by such a marvelous performance. Undoubtedly, from that moment on, a special love was born inside me for the orchestra and a similar love was strengthened in me for the exotic colors in music."

Excited and encouraged by the successes of the magnificent artists of foreign countries, Alexander followed the harmony courses of the world-renowned composer Rimsky-Korsakov. Spentiarian spoke highly of Korsakov's *Scheherazade.*

The affectionate romance pieces Alexander Spentiarian wrote out of his affection for Varvara Apolovna Eberlain were the fruits of the emotions of a young man. Among these romances are: *Problems Have Disappeared from Early On, I Still Don't Love, We Soar, Don't Cry My Little One.* Spentiarian dedicated them "to the one who inspired me. . ." From the melancholic pieces, noteworthy was the one for violin, *Lullaby.* In 1894, Alexander composed his famous romance, *O Rose,* based on the words of the poet Alexander Dzadourian.

Spentiarian retained his close interest in Armenian life and the old Armenian songs and dance music during the years he spent both in Moscow and Crimea. The songs and dances he recorded and arranged in Crimea became part of his work, *Crimean Sketches.* He followed, carefully and with admiration, the songs arranged by the ingenious composer Gomidas Vartabed. He expressed astonishment with regard to their Armenian character and fine artistry. After listening to the marvelous songs, *Apricot Tree, Lo Lo, Morning Greeting,* and *Sweet Moon,* Spentiarian was stunned and exclaimed: "This is a new world for me."

Three incidents in the life of the composer shook him tremendously and troubled his sensitive heart. The first was the sudden death of his brother, Leonid. Leonid was a geologist. He had traveled to Petersburg in order to participate in the 7th International Gathering of Geologists in 1897. There, he caught a fever and died at the age of twenty-eight. In order to keep his memory alive, the Spentiarian family donated Leonid's research, personal library, and other items to the University of Dorpat, as well as a considerable amount of money to the Rewards Fund of the International Geological Society. Extremely moved and grieved by this unexpected tragedy, Spentiarian decided not to leave his brother's widow alone. On February 27, 1901 he married his brother's widow, Varvara Leonidovna, in the German Lutheran Church of Odessa. The Armenian Church had refused to marry the couple, considering it a violation of its traditional rules and regulations.

The second shocking event was the premature death of his nephew, Leosia. Leosia was not even sixteen years old when he passed away as a result of suffering from tetanus. These two premature deaths resulted in the composition of the sad lullaby, *He Was Asleep in His Cradle,* dedicated to his nephew, and a romance, *To My Brother's Memory.*

The third and greatest catastrophic event was the massacre, exile, and deportation of Western Armenians. The Genocide perpetrated against the Armenians weighed heavily upon the composer's heart. He considered the unspeakable barbarity, violent acts, persecutions, and vexation affecting all civilized nations. The works that he wrote in 1915, such as *To Armenia* (based on H. Hovhannesian's words) and the march, *Brave Soldiers,* for orchestra are full of emotions, longing for the homeland, and affection for its brave protectors.

In 1901, Spentiarian moved to Yalta, located to the south of Crimea. Yalta was the gathering place and center of many Russian writers. Leo Tolstoy was in Kasbra. Chekhov, Goubrin, Gorky, and other Russian writers were in Yalta. In the likeness of the gatherings of the "Upper Room" of Tiflis, where intellectuals met to deliver speeches, exchange opinions, analyze literary works, etc., Alexander set up the Spentiarian Evenings in Yalta. At these events he gathered those who cherished music, arts, and culture, and offered them magnificently unforgettable evenings.

Alexander was so famed in those days that he was called Glinka of the East. Hovhannes Ayvazovski called him Young Mozart, while Gnesin referred to him as "a truly talented man."

The musical works of Spentiarian include songs to be accompanied by piano or orchestra, choral pieces, instrumental works for piano, violin and piano, cello and piano, quartets, orchestral works—*Crimean Sketches, Three Palm Trees, Prelude for Mourning* dedicated to Rimsky-Korsakov's memory, *The Brave Soldiers* in the theme of Kazak songs, *Yerevan Etudes,* and the *Almasd* opera.

The *Crimean Sketches* is dedicated to the memory of Hovhannes Ayvazovski. This is a work filled with the melodies of Crimean songs. Captured and inspired by the attractive Crimean nature, the composer was profoundly moved by these tunes.

The symphonic picture *Three Palm Trees* was highly appreciated for its charm and depth, and won the 500-ruble award named after Glinka. Amazed by the eastern colors and authenticity of the *Three Palm Trees,* when people asked Spentiarian how he achieved such a standard, the composer proudly replied: "I am Armenian."

Spentiarian also left to us his valuable and extensive opera, *Almasd.* Initially, the author had decided to write an opera called *Samiramis,* but he gave up his initial plan and concentrated on Hovhannes Toumanian's *Parvana.* Toumanian, however, suggested his historic epic, *The Conquest of Tmgapert,* instead. Later, Toumanian suggested that Spentiarian call the opera *Kohar,* but it was named *Almasd.* The work was written in the years 1918–1923. On August 23, 1923, the first suite of the opera *Almasd* was performed for the first time in Yalta, conducted by the composer himself.

Hovhannes Toumanian's epic *The Conquest of Tmgapert* is the story of the fierce fight between the Persian Nadir Shah and Tatoul the Brave, in which Tatoul's wife undertakes a despicably treacherous role. Driven by her lust she gives herself up to Nadir Shah. The Shah hands the Lady of Tmga to the executioner as a betrayer. Tatoul's wife's destiny is death:

They took her to that steep cliff
That stands up unto our days,
And from the edge of that awful rock
They threw her down the gorge.

Wolves and foxes came from the fields
Devoured her greedy heart

Hawks and ravens came down the clouds
And gouged out her dark eyes.

H. Toumanian

It is this shocking episode that constituted the foundation of the patriotic opera *Almasd.* Particularly significant in the opera are the march of the generals leaving for the battlefield, the female and male dances, Almasd's dance, and the dance of the intoxicated soldiers with their radiance and pompousness.

It is noteworthy that the composer conceived the idea of an opera driven by Rimsky-Korsakov's suggestion.

According to Yastreptsev, one night Rimsky-Korsakov advised Spentiarian to write an opera, and write "definitely an Eastern" one. Korsakov said: "You are an Easterner by birth; as the expression goes, the East is in your blood and therefore you can give to the field of music something real and invaluable. That's not me, because my East is somewhat mental and conceptual."

In 1924, the composer moved to Armenia with his family. In 1926, the twenty-fifth jubilee in honor of his work was celebrated solemnly. On April 23, 1928 he gave his last concert, and he passed away on May 7.

Great is Spentiarian's contribution to Armenian music. His style is unique. There are elements of programmed music. Speaking of the peculiarities of Spentiarian's style, one needs to mention that it is Armenian, picturesque, simple, sublime, and melodically rich and colorful. His works are sealed with Armenianness. His pieces are invaluable monuments that will continue to charm and amaze Armenians. Unquestionably, he is one of the masters of Armenian music.

We find it necessary to reflect on Spentiarian's human character also in this brief sketch. Not only was he a great musician, but he was also a humanitarian, a good citizen adorned with the noblest and most sincere humanitarian feelings. This benevolent and compassionate composer lived with an endless list of "urgent works," which, according to his daughter Marina, usually consisted of "helping a large family to purchase a cow, visiting a sick student, taking care of an old Tartar woman," etc.

Spentiarian was the president of the Armenian Benevolent Union of Yalta. This union was established in 1905 for the purpose of assisting Armenians. Those who knew Spentiarian well, testify that he was generous, compassionate, full of pity, and a man of nobility and virtues. He voluntarily paid the tuition of many needy students of Yalta and its vicinities. He rendered financial support to musically talented students in need, and he morally encouraged them to continue their higher education.

Spentiarian was loved and appreciated by Armenians. His life was not an easy one. He overcame many difficulties by applying his invincible will and uncompromising position. Mardiros Sarian was right when he wrote: "How strongly spiritual was he, to have composed festive music in a cold room, under the oil lamp, while facing famine." The composer heroically disdained the temporal obstacles of life. He neglected all arrows and criticism directed at him.

Spentiarian lived and authored for the sake of Armenian art, music, and the progress of the Armenian culture.

The Armenian government published the works of the composer in eleven large volumes in a manner worthy of his contribution. The Academic Theater of Opera and Ballet in Yerevan was named after Spentiarian in 1933. There is also a conservatory named after him.

Incense and prayers to his glorious and unforgettable memory.

1996

HISTORIC
&
SOCIAL

Historic Lessons and Ancestral Hereditary Properties

In the Memory of Worldwide Armenian Martyrs

"We are a poor nation primarily because we always see our enemy late."
Shirvanzadé

The great Armenian novelist, Shirvanzadé, in his ninth volume, under the title *Internal Look,* has undertaken the sad duty of delivering to us the history of the massacre of Armenians in Baku on February 6–9, 1905—an event of unspeakable violence and indescribable animosity. This meaningless and purposeless massacre of Armenians, which sprang forth from a very simple incident, was the prelude of the great and horrible Genocide that a decade later annihilated the Western Armenians in their entirety.

The confrontation between the Armenians and Turks in Baku began with a simple insult and argument, that immediately inflamed and turned into a blood bath. The innocent lives of numerous Armenians were taken and the city was left trembling and wailing.

The incident was not accidental. Shirvanzadé clearly said: "Anyone who had been in Baku during the months of November and December, would have smelled the blood." This means that there were witty, alert, farsighted, and prudent people, who foresaw the calamity and who strongly warned the local Armenian intelligentsia. It seems, however, that "it was the blind and arrogant Armenian intelligentsia of Baku, who refused to see farther than the edges of their shoes, recognize anything but their own interests, and failed to identify that smell." As a result of this reluctance, shortsightedness, and false optimism, something occurred that was unexpected, unspeakable, devilish, fierce, and horrible. The innocent blood of the Armenian was shed once more. Poor, lonely, helpless mothers lost their children; girls and young adult girls were forcefully and shamelessly stripped naked in the squares; virgins were raped brutally and bestially; unborn infants were killed by the sword, people were mutilated, burned alive, and subjected to unheard of vandalism and brutality which raised the twentieth century to the peak of shame and dishonor.

One unconsciously wonders where the authorities, the police, troops, laws, rules, regulations, and the courts were? All were silent and absent. It was evident that the iniquitous acts were perpetrated through the government's arrangement, complicity, and blessing.

At this tense moment of awe and fear, torture and mass murder, two resisting powers and selfless heroes came forth, trying in vain not to be martyred, but rather to die armed, while protecting the poor, the weak, the invalid, and the abandoned, and keeping the honor and prestigious reputation of the Armenian lofty. These two lion-hearted and fearless Armenians were Alexander Atamian and his thirteen-year-old son. Both were "brave hunters and accurate shooters." Father and son opened the shatter window. Wrath filled them when they saw that "a large crowd of Turks had thrown the corpse of an Armenian lady out of the house across from them and they were abducting an Armenian girl (Aslanian)." The blood immediately rushed to Atamian's head. He ordered for guns to be brought in and used to counterattack the enemy and revengefully demand justice. A horrible massacre took place; tens of bloody enemies fell dead on the ground. Unable to endure the counterattack through manly means, the enemy resorted to inhuman means—they rolled a barrel full of gas to the front of the building and set it on fire. The fierce flames burned infants, teenagers, adults, and aged people. After the building was destroyed, people found "the blackened bones of Armenian families firmly hugging one another in the ruins. Ashes and black bones were delivered to the grave," wrote Shirvanzadé. In response to the inquiry as to why did these abominable and unforgivable acts occur, the Turks ignorantly and shamelessly said: "That was a calamity, a heavenly punishment that came and passed over our heads."

One noteworthy story stands out, in all of the dreadful descriptions, that revels the pure character, the magnanimity, and spiritual fortitude of the Armenians—a newspaper article by a certain Turkish journalist, Aghayev, was written about the spiritual sublimity and nobility of an Armenian woman. After the unfortunate loss of her children, the noble Armenian woman put her hands on the coffin during the burial ceremony at the cemetery, and said: "Armenians, I want you to swear on the innocent blood of these children, I want you to swear on the broken heart of their miserable mother, that you will forgive the Muslims what they did; do not feel animosity against them, but rather love them with a fraternal love, just as you have loved one another before." These words, so befitting a Christian, impressed Aghayev immensely. His tears poured. Had he been there at that moment, he would have knelt down before that Armenian woman and prayed in admiration and excitement. . . Aghayev then praised the Armenian woman for expressing the choicest qualities and most sublime human sentiments. He wrote: "Yes, you are a great, noble Armenian. You adorn the race you belong to. You make the nation whose daughter you are noble and you raise it to an unreachable height. . . When the news of this moving scene spread among the Muslims, through the initiative of a few individuals a decision was made that the Muslim clergy would perform a requiem service for the children of the great Armenian lady and place wreaths on their grave."

Do not be surprised at the expressions of the unfortunate mother filled with sublime ideas. This attitude and behavior of the Armenian woman has its roots in the mysterious ancient times and history. Let us request permission to take a small diversion and go as far back as the fifth century. Our great ancient writer and unparalleled canorous historian, Yeghishé Vartabed wrote magnificent portraits describing the virtuous and noble Armenian women. He presented their model behavior through the use of colorful poetic images and unique comparisons. These women, accustomed to a delicate and easy life, "nourished by the delicate morsels of games," and having enjoyed all the pleasures of life to the last particle, willingly endured every deprivation and trouble, without complaint, frustration, or moral weakness, because their husbands were either killed during battle or captured and imprisoned forever. These lines, woven with a beauty rarely found in our vast literature, are the crown and diadem of our immortal literature of the fifth century. The Armenian woman is characterized and presented there as loyal, pious, abstinent, patient, enduring, brave, flexible, uncomplaining, chaste, virtuous, humble, honest, and forgiving. The historian Yeghishé compared these women to "bloodless cicadas that live with the sweetness of their song, without nourishment, and live only by breathing the air, in the likeness of the incorporeal (that is the angels)."

This excerpt shows that Armenian women from the beginning have been endowed with exceptional moral vigor and unique merits. The pure and choice hereditary properties that we see in our women today, are ancestral by their nature. These rare peculiarities inherited by blood are precious, because they condense and reflect beautiful humanitarian feelings and are unique and exemplary in their kind.

Now, following the massacres, both the Turks and Armenians delivered appeals and speeches for mutual peace and fraternity. Each wanted to reestablish the normal course and regain the prosperous and peaceful life. With the hope of reviving love and solidarity, Armenians and Turks shook hands, hugged and kissed one another, and promised to live and work together in a harmonious atmosphere.

Righteous, peaceful, and optimist people waited for the dawn with the radiant hope that the guilty would be judged and justice would finally prevail. Shirvanzadé wrote about the approaching triumph with sincerity and honesty: "We, Armenians, want nothing but an impartial judgment. We will wait for the righteous judgment with the Christian patience we have inherited from the centuries. And that judgment will be the only cure of our broken hearts. . . Let us wait, then. . ."

The Armenians, with a patience befitting the saints, awaited the call and toll of justice and expected in vain a change in the state of matters. They wanted a straight social approach with regard to our nation, as well as the final removal of the regressive mentality and moldy psyche, and the trumpeting of justice and the glorious triumph of truth. But soon after, the enemy perpetrated its horrific and terrible plan to annihilate the Armenians. The world knows the insatiability of the bloodthirstiness of the enemy, but the Armenian blood is weighed and very limited. Harsh reality has shown the Armenians that one cannot rely on words, toasts, abundant promises, and Judaic kisses. Those who are deceived by vain expressions and strive to drag the masses in that direction "commit a sin against the perpetuation of their own nation. They cut the air with their sharp tongues, while thinking that they are cutting enemies. The situation of the Armenians is insecure not only in the Caucasus, but also in Persia, while in Turkey theirs is not a situation, it is hell," wrote Shirvanzadé. These wise and prophetic words proved to be true in view of the premeditated dark plan of the Ottoman Empire to altogether uproot and annihilate the Western Armenians. The unprotected Armenian nation was utterly deceived and decimated one more time. Scattered now throughout the world, we are the victims of that inhuman genocide. The current bloody events of Sumgait are the exact duplicate of the aforementioned two massacres. Time and again the Armenians, have resorted to their pure and noble instinct and hereditary properties, and were forced to place their lives on the enemy's sacrificial altar, slaughtered by a bestial brutality. The arena was again filled with indolent actions pertinent to circuses—virgins were raped and burned alive, Armenian houses were looted and pillaged, possessions were seized, and basic human rights were denied. History repeated itself.

Shirvanzadé wrote in a scornful voice: "We are a poor nation primarily because we always see our enemy late." We are trapped like the good and naïve roe deer and have become the prey of the hungry beast. Many will continue to praise the merits of the forgiving Armenian women like Aghayev, because there is no room for evil, wickedness, and revenge in Armenian education, but rather only goodness and sublimity. But the time has come and even passed for the Armenian to pay attention to the pearly words of the great Armenian novelist Raffi, who invited, enticed, and instigated the Armenians to self-defense. He appealed to all Armenians to give up their passivity and become diligent and eager in protecting the nation, the church, their family, and also to save their possessions and estates from destruction and seizure. The prominent Russian writer Saltikov-Schedrin expressed in one of his writings the important idea that man should stay alert if he wants to live. Indeed, in order to maintain existence, grow, and flourish, one needs to see deep and to be realistic. One needs a steel will for resistance, a sound logic, a firm policy, and wisdom.

A marvelous Latin proverb says, "Trial is the best teacher." People stumble by trying and learn from their mistakes. The relationships of nations also are based on experience. Connections between different nations are strengthened by being tested in the crucible successfully. The Armenian nation has tried (and often) and still tries to pass the ties of its relationship through the furnace in order to find out and test the warmth and sincerity of the people who have hosted it. These thoughts do not reflect criticism, nor are they full of grudge. Our basic concern is the security of our nation and its constant growth. No one has the moral right to stop the pace, flight, and ascent of our growth and development. After centuries-long fierce struggles for existence, today it is our sacred duty to keep our minds healthy and alert, and our moral strength gathered and fastened, always ready to confront deceitful and illusively shiny words, which temporarily flatter our ears and self-esteem, but in reality endanger our homeland, threaten our existence, destroy our will, and smash the best of our centuries-long aspirations and dreams. Nations that are always ready to confront their enemy and resist his harsh and fatal strike, have partially prevented war and battle by being ready for it. The Armenians have for centuries been victims, because they have lacked a political system, diplomatic flexibility, the strong mind for discussing and analyzing phenomena politically, and the ability to know the enemy closely and soon. Our holy religion, no doubt, has played an important role in our patience, good nature, and forgiving character. Christianity has greatly influenced our spirit and transformed and transfigured us. Our people have treated other nations so respectfully, with consideration, and in a civilized manner that our neighboring nations have mistaken our forgiveness and tolerance for weakness and frailness. Now it is time for Armenians to wake up and recognize their true friends and enemies.

Incense and prayers to the immortal memory of our martyrs, and reverence to the graves that lack stones and tombs.

2000

Silent Martyrs

A martyr, in Christianity, is a person who has died for Christ's sake and who demonstrated his loyalty to the Savior and His Gospel throughout his life.

The history of the Armenian Church is full of martyrs. Catholicos Zakaria of Aghtamar, Haroutioun of Malghara, Hovhannes of Malatia, Toukhman of Dikranagerd (Diyarbekir), Sahag of Garin (Erzroum), Varvaré, and Sayat-Nova are only a few of them. The number of Armenian martyrs is countless and infinite. We are indebted to Hagop Manantian and Hratchia Ajarian for gathering and collecting the names of many new Armenian martyrs in their two-volume study, *The New Martyrs of the Armenians,* published in Vagharshabad (Etchmiadzin) in 1902. The volumes include the names of martyrs beginning in the year 1155 and continuing through 1843.

We will now briefly examine the life of those martyrs and the circumstances, which led to their early and merciless deaths.

1. Catholicos Zakaria of Aghtamar

After assuming the throne in 1378, he dedicated himself to the "development of the congregation and the progress of the throne." Both *Haysmavoork* and *The New Martyrs of the Armenians* (NMA) provide detailed information on the pious conduct of Catholicos Zakaria and his zealous and ardent work. Both sources mention that the Catholicos was a victim of the machinations of the judge of Vosdan named Jafer. The Moslems exerted pressure on the Catholicos to renounce his faith and convert, but he remained unshakeable. He was slapped on his face and insulted. He "was dragged, a rope tied around his neck, through the streets, while being stoned, until he passed away in the middle of the street" (Ormanian, *Azkabadoom*), "with blessings on his lips, through a good martyrdom" (NMA). According to the information provided in *Haysmavoork,* the Catholicos was buried in Aghtamar on June 26, 1393.

2. Haroutioun of Malghara

In the year 1775, when Haroutioun was still a young man, hardly having completed his twentieth spring, he was beheaded and martyred because of his faith.

3. Hovhannes of Malatia

This humble and honorable artisan was first "imprisoned because of the capitation tax" and then forced to denounce his ancestors' faith. Upon his refusal, he was subjected to unheard of tortures through "fustigation, trunk, and derision." All these seemed to be useless and vain. Therefore, he was sentenced to hang and he was hanged. He was buried in the church of Forty Martyrs in 1775.

4. Toukhman of Dikranagerd

In the year 1784, a despicable act took place "at the entrance of St. Giragos Church of

Diyarbekir." "A martyr named Toukhman" was taken to the door of the church and beheaded because he had confessed Christ as his Savior.

5. Sahag of Garin

Sahag, who was also called Meser, at the age of twenty-one—having been orphaned from his father and abandoned by a mother who had given herself up to an immoral life—scorned his perverted mother's behavior. His mother, who had seemingly spent Sahag's and his brothers' inheritance in lechery, was extremely distressed with her son and she appealed to the court against him. Sahag was invited into court and he "was asked as a sign of mercy to renounce his faith by the hand of the Pasha's son. He refused categorically" (Ormanian, *Azkabadoom*). His mother protested to the Pasha: "Why don't you deprive my son of life?" This time around, Sahag was taken to the Ganayjampa quarter and hanged in public with a rope that his mother paid for. As her son was dying, she "went and drank the spring water with her hands, saying: 'O, my heart has cooled down'" (NMA). Sahag's scandal and iniquitous sentence moved the audience, including the Moslems. The Primate attended Sahag's funeral. The year was 1778.

6. Varvaré

Varvaré was the daughter of Hampar Zourigian of the village of Tvnig. She was engaged at the age of eleven and she was supposed to marry in her fourteenth year, when a Moslem neighbor, captured by her beauty, wanted to have her for himself. The virgin remained steady in her decision and did not change her vow of love to her betrothed. Then, she was asked to deny her faith and convert. Upon refusing, she was tortured by "whipping and the tortures of ice and burning iron." These horrible physical torments failed to affect the virgin. Finally, she was hanged in front of the church entrance.

7. Sayat-Nova

This renowned troubadour, Haroutioun, a native of Tiflis, sang and played music for many years in the royal court. At the end of his life, he put on clerical garments and dedicated the rest of his life to the church. It is a historically known fact that when Agha Mahmed attacked Georgia, Sayat-Nova was in the Haghpad monastery praying. He was called out to renounce his faith. He said: "I will not exit the church and I will not deny Christ." He was martyred under the fatal blows of the Persians in 1795.

From the glorious date of declaring Christianity the state religion in Armenia until the infamous date of Armenia's sovietization, and during each of the phases of its centuries-long history, the Armenian people have given martyrs of faith and dedication. These martyrs' sacred blood have irrigated and sanctified the Armenian land. We recall these martyrs in our historical books and church services.

One glance at our church calendar reveals the names of thousands of Armenian and non-Armenian martyrs. Of particular significance are the 1,030 martyrs that fell during the first religious war in 451.

There were numerous martyrs among the hundreds of thousands of victims that we recall every April 24. They refused to convert, and therefore, sacrificed their precious lives to the altar of Christ.

The year 1920 was a turning point for the Armenian people, because a new bloody page was opened in the history of the already tormented and exhausted Armenian people. The ranks of Armenian martyrdom grew unnecessarily richer through the oppression, savagery, and murders that began that year. In general, the Soviet regime had a great impact on the character of our people. Communism undermined our unity, crushed our will to live, work, and pray together, and accused the innocent and ardent Armenians of betraying the government when exercising their faith. Consequently, many faithful were banished to remote territories to live and die in the most difficult and inhumane conditions, engulfed by ice storms.

No one can deny that the atheist Soviet regime caused enormous harm to humanity as a whole. In addition to the loss of many lives, the Armenian people suffered culturally. On the one hand, Soviet law protected and preserved the ancient historical monuments. On the other hand, however, it ruthlessly struck down and destroyed many unique monuments of the Armenian culture, turning many chapels and churches into stables and places of storage. In the capital city of Yerevan, many theatres came to replace magnificent churches that were destroyed. The tyrannical and ungodly authorities appropriated to the state numerous lands, estates, and properties that belonged to the church.

The Soviet authorities flooded our culture with their doctrine. They enforced changes in the Armenian traditional orthography, and thus, created a gap between the Eastern and Western segments of the Armenian people. In those years, the sciences, whether philosophy, linguistics, literature, musicology, and others were forced to consider the glorification of the regime their beginning and ending points. In every walk of life, people had to glorify the Great One and praise him. The atmosphere was unbearably corrupt and the people were choking. All opportunities to think and create freely, to compose and sing, to write and pray, to feel and enjoy through the expression of one's inner world were suppressed and smashed. The human being was deprived of his basic rights and noble mission.

Many countries of the Soviet Union revolted against this colonialist policy and raised a huge wave of protest. The government immediately cleansed and annihilated those religious authorities who holding the government responsible, refused to submit to it. Countless clergy and lay people shared this bitter fate. The horrible incident, which occurred to Khoren Mouradpegian, the Catholicos of All Armenians of the blessed memory, is still fresh in our memories. The Catholicos opposed the local authorities by refusing to give them the belongings and ecclesiastical objects of Holy Etchmiadzin as payment against the heavy taxes imposed on Etchmiadzin. April 10, 1938 was declared a day of mourning for the entire Armenian nation. It was the day that the Catholicos of All Armenians was strangled by the hands of immoral and profane people. During my studentship, the people of the city of Etchmiadzin would point, with apparent fear and disdain, to the criminal woman* who breathed and walked the streets freely under state protection, and who, with the assistance of two men, had voluntarily strangled the tall and stout Catholicos.

* Piruz Nahabedian (1912-) born in the village Mogs of the province Van and a member of the choir. Six other pious women from Van lifted the coffin of the Catholicos on their shoulders and buried him in the monastery of St. Kayané.

During the years from 1938 through 1945, the throne of Gregory the Illuminator remained vacant, while the faithful mourned without consolation. The Seminary was closed. The brotherhood was exiled to the remote north, so that they repent the sin of being a member of the clergy and of confessing Christ. Many died in cold prisons. The few who returned had lost their health and their sanity. Our history does not mention these martyrs by name. It seems that we have ceased writing about the life of our martyrs.

During these six years of darkness, uncertainty, and horror, the secret agents of the state persecuted the wise and patient Locum Tenens, Archbishop Kevork Cheorekjian. Our great poet, Avedik Isahagian, perfectly portrayed the odyssey of this humble and meek servant of God. The survival of Archbishop Cheorekjian is considered a quasi-miraculous event. Later, this dedicated servant, who swallowed every drop from the cup of bitterness, became a great Catholicos of the Armenian Church.

Other neighboring republics of the Soviet Union also faced hours of crisis. To our north, the Georgian Church was also subjected to great pressures and calamities. In 1922, when Catholicos Ambros launched a large-scale protest during the Geneva Convention against Soviet persecutions, he was apprehended and imprisoned. He spent eight torturous years in prison. Other Christian countries of the Soviet Union shared the same fate. The Russian Orthodox Church suffered similar treatment.

In 1943, the religious restrictions in the Soviet Union moderated slightly and a relatively favorable period followed for the church. Stalin was cognizant of the positive role the church could play in the midst of the dire situation the war had caused. The limited promises and compromises Stalin made to the churches in exchange to their help in winning the war were respected. The Armenian Church, among others, participated in the Second World War by making significant donations (such as the armored vehicles named after David of Sassoun) and sacrifice. This relatively mild and tolerant policy of the Soviet government toward the church was doubtlessly based on state interests and other considerations. In addition, this policy of shady calculations helped the Soviet government improve its image among other countries.

Then, during the years 1959 through 1964, thousands of churches were closed in Soviet countries. However, despite all the harsh and forceful measures taken against the faithful, a good number of believers continued to faithfully attend the churches. The Armenian Church survived at the expense of great human and material sacrifices.

How accurate was Franz Werfel, when, describing the catastrophic consequences of the destruction and demolition of spiritual values, he wrote: "The destruction of values affects human ability more than murder affects the body."

Armenia slid into the gorge of moral death because of the atheist regime. The moral fall of Armenia and the profound desperation and demoralization of the people were, no doubt, the result of an ungodly state and its vainglorious operation. Chaos ruled in the hearts of people, because the concept of a spiritual life and call was demolished or banished. In departing from the idea of God's fear and love, people seemed to have lost their kindest instincts, virtues, moral and religious values. They seemed to surrender themselves unconsciously and unwillingly to an anti-Christian lifestyle. The structure of human life and the family collapsed. The separation of man from God finally gave room for unruly behavior and self-pleasing activity. Sin and death were predominant in those years. The charming qualities and the inviolable spiritual wealth, which had been transferred from our forefathers to the newer generation of Armenians, was destined to elimination and disappearance. The bimillennial faith of the Armenians was falling into ashes and becoming forgotten.

The Armenians of Armenia, chained and locked in an iron cage, were deprived of contact with other civilized nations and from peoples who cherished culture. The Armenians, totally surrounded, remained isolated, helpless, and disconsolate. Often when I asked my now deceased teacher, Krikor Gulian, about the rudeness of our people's character, he reasonably replied: "What can one expect from a people abandoned in the Caucasus and deprived of the basic and necessary conditions of communication with the countries of the Western World?" Indeed, the iron curtain isolated Armenia from countries of people who had seen the light. The forsaken Armenian has a long struggle before him.

A people whose spiritual mother, sustainer, and protector was the Armenian Church, suddenly and explicitly found themselves deprived of the nourishment, caress, and affection of the church. The Communist regime invited the Armenians to bid their religion adieu, deny the past, and follow the new direction that prioritized building Communism and uniting the workers of all nations. The command was merciless and the sentence delivered as hard and as unbearable as death itself. Our nation with its old faith, virtue, and loyalty was forced to abandon its true religious feelings and most noble patriotic emotions.

The statement that man's freedom of religion and speech should be honored is considered an unwritten law. Despite the negative position adopted by the Soviet Union toward the church, and despite the slogan of "Down with religion and long live Communism!" many, whether collectively or individually, remained loyal soldiers to the faith. They kept their traditionalistic approach and exemplary ecclesiastical lawfulness. Many of them too were followed and betrayed at the hands of sacrilegious people. Their punishment was severe and irrevocable. Many became silent witnesses and anonymous victims of their faith and of Christ's Gospel. During the years of the worship of man, many radiant personalities, known as the crown jewels of Armenian literature, were apprehended as suspicious and guilty people, and made to pay the price with their lives.

The Armenians of the Diaspora who moved to the wounded homeland driven by the desire to settle in the "Promised Land"—the homeland—and find a final and safe haven also suffered this ruthless and hard-to-endure destiny that befell the Armenians of Armenia. With the initiation of a large-scale repatriation, the homeland instilled in the Diaspora Armenian the hope of a new future, promising prosperity, the security of properties and possessions, and happiness. But the fatigued Armenians who repatriated were unable to judge the state of affairs or predict the horrible conditions they would find in the homeland. They were driven by one aim—to assist the wounded fatherland through repatriation.

Repatriation began in 1921, and Armenians from all over the world went to Armenia. Caravans moved Armenians from Syria, Lebanon, Iran, Turkey, Egypt, Greece, Bulgaria, France, and even from the United States into Armenia. With brief interruptions, the repatriation continued until 1948.

At the end of World War II, the Armenian economy was destroyed. The people faced indescribable financial difficulties. Soviet internal political considerations demanded that the population of Armenia increase. They encouraged the settlement of Diaspora Armenians in Armenia. Repatriation became the slogan of the day. Diaspora Armenians returned to the homeland filled with longing, tears, and visions. Alas! The strength of their faith was soon tested by fire. They found themselves faced with maintaining the faith of their forefathers under the threat of death, their hopes smashed like crystal glass hitting rocks. They were forced to swallow the cup of bitterness to the last drop after this unexpected welcome. There was no return from the homeland, nor was there a magic wand that would improve everything with a wave of a wand. The times were confused and dangerous. There was absolutely no trust. It was evident that the government had, on one hand, numbed the naïve people with vain and deceitful promises, while smashing, on the other hand, their expectations for a fair, free, and prosperous life.

The transplanted Diasporan Armenians, who had suffered from their longing for the homeland and who returned to the motherland with the noblest of intentions, were destined to become martyrs of their convictions and faith. Thousands of these innocent Armenians were exiled without lawful trial or sentencing. They perished in strange lands.

These silent martyrs who perished, forever deprived of the goodness and grace of the sun and the light, cry out to our souls, reminding with their heart breaking screams that they have not been lost in the abyss of death in vain.

Today, the abominable conduct of the Soviet Union is the subject of condemnation. But the Armenian Church has judged the guilty and the authors of this evil only with the weapons of conscience and the pen, not with fire and sword. The Church has looked into the conscience of the perpetrators and condemned their disastrous and harmful actions.

In 1991, the Armenians revolted against this oppressive regime and regained their freedom. It is an irrevocable fact that the Armenian people are now on the right path and heading in the right direction.

A cross-stone stands in our souls. The inscription written on it with the blood of our martyrs says: "Here rest the silent martyrs of the Armenian nation."

May they lay in peace. May the eternal light enlighten their tormented souls!

1995

The Art of Being a Perfect Human

Dedicated to the Immortal Memory of Yervant Odian

The Letters of a Merchant, or *The Art of Being a Perfect Human* is a collection of chronologically grouped letters written by Kozma Damianosian to his son, Mihran. These letters are significant among the comic novellas of Yervant Odian. The letters cover the period from 1906 through 1913, and they reveal a very interesting portrait of the political turmoil of these years.

In the Ottoman Empire, under the despotic rule of Abdul Hamid, this was a period of uncertainty, crisis, tempest, and anxiety. The internal political situation was tense. There was constant trouble for everybody. At this juncture of fast-spreading political events and commotion, the country was unstable and showed, for a while, the signs of a possible fall. Armenians, along with other nations, anxiously looked for an exit.

The sad events surrounding the declaration of the Constitution and reforms, and the movement for liberation, as well as the general turmoil, revolts, and the unspeakable Armenian massacres left an imminent shadow upon the Armenians. The revolutionaries reacted courageously and firmly, without showing hesitation or doubt. Others chose to make peace with the situation through soft politics and by using reconciliatory terms. These people adopted a cunning diplomatic principle—they favored their personal interests over the national and political. Patriotic, selfless Armenians worked with a revolutionary spirit day and night to try to bring forth reforms and improve the life of Armenians, merchants, and individuals like Kozma Effendi who, alienated from their Armenianness and fully drained of human dignity, were diligently trying to secure their own comfort by filling their purses. The latter found their ultimate joy and spiritual satisfaction only in the success of their business.

Kozma's persona is very striking. He is not a victim of harsh conditions and circumstances, but rather a person who complies with, accommodates to, adapts, and demonstrates consent and alertness. Kozma, who demonstrates constant character change and intolerable versatility, reveals in his letters the corruptness of his morality, the unbounded baseness of his soul, and particularly his sham and fawn. In his letters he urges his son, whom he has sent to an institution of higher education in Geneva, to be a perfect human.

Kozma is a merchant by trade and has improved his financial situation by firmly adhering to his principles. However, his fundamental principles are at odd with ethical norms; in other words, his moral views and conceptions are worthless, empty, and false, because they deny others the right to well being and emphasize only his own comfort and pleasure. Odian magnificently describes Kozma's essence by saying: "Never before has an Armenian merchant so perfectly exposed his spiritual nudity. The Armenian bourgeois shows himself with a shameless presumption, proud of his ideas and excited by his convictions."

Charmed and captivated by his desire to make his son "a perfect human," Kozma sends messages and dispenses advice from his sublime paternal throne. He encourages his son before everything else to be an extreme egoist and to take care of only himself, his ego, and his body—particularly his stomach. Kozma wrote: "One who does not love himself, cannot love others; first, yourself, then others!" Having this as fundamental, Kozma explicitly emphasizes the importance of a full stomach, because "man's first and greatest ideal is filling his own stomach, and then the stomachs of his family and sons. A hungry man cannot be of help to his family or to the homeland. Everybody's homeland is his stomach. When one fills his stomach, the homeland becomes happy. And there are not two ways of filling the stomach, but one—money. Anyone who truly loves his homeland, should love money."

Kozma who is drowning in money-love, reproaches his son for his generosity. His son said: "A thousand kisses to you, to my mother and my sisters." Kozma finds the word "one thousand" unnecessary and an exaggeration. He instructed his son to write: "I kiss you all with love." In this way, love, longing, affection, and sincere expressions also should be restrained and used extremely sparingly, just like money. One must avoid lavishness and spending. With high mercantile authority, Kozma wrote: "Moderation in everything, my dear young Mihran; one can be a perfect human only with moderation." Thus the sparingly granted kisses were to have their direct reflection upon Mihran's character.

These remarks, instructions, corrections, and even reproaches—during a phase when Mihran's character was being shaped—were intended to make him a duplication of his father's persona—a person who was consumed by the filth of money-loving and the disease of comfort-loving. As Mihran opens his mind to learning, knowledge, enlightenment, and progress, he uninterruptedly counterstrikes his father from Geneva. This endless confrontation of opposite ideas, irreconcilable concepts, and intolerable positions creates a tense atmosphere. Sincere relations, cordiality, and confidence melt away. Mihran constantly struggles against his father's ideas. He demonstrates daring and courageous resistance: "I want to be a man of ideal and ideas; money is a means to me and not a goal." The father considers these words silly, improper, unbecoming, and immature. Kozma angrily instructs Mihran either to listen to his father, or to leave the school and return in order to learn about the reality of life under his supervision.

Kozma warns his son against communicating with Armenians who are filled and shaped with revolutionary breath and spirit, because "Money represents the totality of freedom, independence, and revolution. One who does not love money, cannot love freedom." He tries to erase from his son's mind the abstract ideas that are illusive and delusional. Instead, he wants him to be prudent, practical, and wise. Those brave Armenians who are after the reestablishment of the Ottoman Constitution, the lifting of censorship, and total freedom, are accused and blamed by Kozma as shortsighted and unwise people. The deprivation of the people, their spiritual suffering, complaints, and endless struggle fall outside the attention, interest, and realm of concerns of Kozma, the opportunist and materialist. The world of his interests is extremely small, because it contains only himself.

Kozma has also a daughter, Meliné, who is ready to be engaged to Mardig Effendi Trchnagerian. His friends inform Kozma that Mardig Effendi "has had an unlawful relationship with a virgin and has a son by her." This scandal is meaningless for Kozma. He attributes the incident to Mardig's "inexperience of youth." Rather, what concerns and troubles him is the thought that now "Mardig Effendi is obliged to make a monthly payment to the girl and her son. It is here that the matter gets complicated and problems arise." Worse, Mardig Effendi has also committed an act punishable by imprisonment. He burned down his own storage facility after insuring it. In addition, Mardig is not on good terms with his father;

during an argument with his father, "he pulled a knife against him." They have not talked since. Kozma wants to penetrate into the depths of this hostility. Might Mardig Effendi be deprived of his father's inheritance because of this hostility? Kozma wants to know how wealthy his son-in-law-to-be is? "If Mardig's father has indeed decided to deprive his son of inheritance, then the matter gets complicated," wrote Kozma to a friend, Pilibbos, asking him for information about the situation. In response, Pilibbos elaborates upon Mardig's character. He adds some unfavorable information with regard to Mardig's gambling, drinking, and irascible nature. These faults have no significance for Kozma, because "when a man has money, these little faults go unnoticed. Show me the perfectly virtuous man! These are faults that fade as the years pass by, while money is a virtue that increases throughout the years by way of compound interest."

Kozma covers up the faults and minimizes the weaknesses and scandals of his son-in-law-to-be, because "when any vice or shameful act is kept hidden, one can consider it to have never happened. When we wear a new coat over ragged clothes and button ourselves, no one will ever suspect that our inner clothes are torn," Kozma wrote to his son.

With the triumph of the Constitution, Kozma suddenly changes his attitude and position: "I have always said that these people work selflessly," and he wrote: "I have been a fan of the revolutionary movement from the beginning. . . a perfect human being should belong to a political party; I have always professed this conviction." As is seen, Kozma is skillful in changing colors. He metaphorically expresses himself in this regard: "Convictions and opinions are like suits that need to be changed with the seasons. In winter time one does not go out into the street dressed in white, nor does he wear wool or a coat in August. He changes the clothes according to the weather change. This is what wisdom requires."

Kozma informs Mihran that Mardig Effendi, when intoxicated, beat Meliné severely; but he says that it is not an issue, because "money covers a lot of things. . . Luckily no one heard of the incident and we settled the matter. . . Had it gotten out, the media would have written about it and everybody would have talked about us. When such things remain unknown, they are meaningless and one forgets them."

In fact, Kozma—this immoral man prejudiced with imaginary ideas—has a unique viewpoint, which not only is unacceptable to the public, but also extremely condemnable, reproachable, and shameful. Referring to crime, Kozma said: "One can commit all kinds of foolish things in this world, provided that one does not leave traces." In other words, it is possible and morally allowed to commit the most despicable crime or act, provided that nobody knows about it. Kozma has lost his conscience, pity, and compassion, as well as the ability for clear thinking, sound logic, and judgment. His is not the philosophy of having the awareness not to commit a sin or a transgression, but rather that of burying, neutralizing, and forgetting a fault, which is befitting to only dishonest people. In order to maintain his moral prestige and reputation high and intact, Kozma is ready to use all deceitful means available to him.

Through the support of his false mask, Kozma elevates his son-in-law to the position of a perfect man: "I have seen you up until now as a perfect man, and you will of course remain perfect thereafter." Concerning Mardig Effendi's having a peaceful life with Meliné, Kozma hypocritically exhorted: "The matter is that you must demonstrate love and solidarity on the surface, the rest is of no significance."

Mihran follows his sister's painful and hellish life from Geneva and complains to his father. Instead of paying attention and dealing compassionately with his son, Kozma said: "this kind of judgment comes from an unawareness of life." Finally, he finds his son unworthy of being "a practical and perfect man." In his undue mental exercises and charlatanism, Kozma goes far in creating new philosophical approaches toward marital love and life. He condenses his thoughts and feelings in the following manner: "Deal with every matter as a merchant and then your judgments will be sound. One cannot live as a perfect human being by living according to aerial principles. Love is the worst thing in marital life, because it can lead us down extremely wrong and harmful roads. . . . Concerning Meliné's being miserable, this is pure imagination." For Kozma, matrimony does not signify unity of man and woman, but rather "Marriage is a job just as the trading of opium, cotton, or coffee; sometimes it can be extremely beneficial and sometimes it causes losses. A clever and perfect person, however, after weighing everything and considering all the possibilities can perform the job and be assured of success."

Kozma, who rejects, disregards, and ignores the virtues of mutual love, respect, sacrifice, and loyalty, finds no happiness or the necessity of keeping the matrimonial vows and divine commandments. Such a commitment is limited only to "inexperienced youngsters," wrote Kozma. "In marriage, my dear young Mihran, financial security is the real happiness. You might not find my words correct now, but one day, when you become a perfect man, you will be convinced of their truth. . . Would the grocer or butcher exchange a pure and sincere love for food? I seriously doubt that they would do so."

Kozma does not hesitate to give moral lessons to his son, but he is reluctant to inform him of the pretty and real phenomena of life. The rules of his morality are founded on money and profit. To him, money is both a means for life and a purpose. Money is the lord and ruler of the world; all difficulties melt and fade away before it. Mardig Effendi is allowed to continue his irresponsible, scandalous, and immoral life for as long as his wealth is not drained. Without the slightest shame and respect, Kozma daringly expresses himself: "Mardig Effendi committed certain acts that we were able to cover with the power of our money; we kept our honor and reputation clear. But let us suppose that we lacked the money, then what would have been our situation? The whole infamy would have been revealed and we would have not dared to face people. We would have lost our honor and reputation. This is why those who do not have money should have morality. Their capital is their morality. . . I accept Mardig Effendi as a son-in-law, respect him, and honor him, because he has position and wealth. Here is a lesson of morality to you, my dear son, which will help you throughout your life."

Apparently Mihran raises in his letters the issue of his close relationship with a girl named Miss Janet whom he met in Geneva. Kozma asks his son about his daughter-in-law-to-be. Specifically, he wants to know "How much is the girl's cash and ready dowry? Does she have relatives? Are they rich or poor?" Kozma then says that his wife disapproves of Mihran's marriage to a non-Armenian. But Kozma wrote: "We should not lose opportunities, no matter in what shape they may come to us. A perfect merchant needs to know how to take advantage of every incident and opportunity." Concerning the church, faith, and loyalty and belonging to a profession of faith, the father writes to his son: "It is impossible for you to depart from your church. The matter is totally different if there are exceptional circumstances.

That is, if the girl is very wealthy and demands that you accept her profession of faith as a must." As a last piece of "good and useful" advice, Kozma adds that Mihran should not be deceived and entrapped, but rather he should be alert and present himself as a person hard to get. Here is the passage: "It is the girl that should fall in love with you, and not you with her. A lover cannot act with calculation and often is caught by his nose. Have this truth always in mind. Stay cool! This is my paternal advice."

It is evident that Mihran is upset with his father's advice and that he is suffering. He is looking for emotions, spirit, liveliness, humanity, and compassion in his father's letters, but he looks in vain, because Kozma is completely unfeeling, a disgraceful, money-maniac, egotist. Receiving Mihran's complaints, Kozma wrote: "You argue that I do not put feelings in my letters, that I look upon everything as a merchant, that I am unwilling to accept that there can be things other than money and double entries. . . Feeling, without money, doubles man's misery. Feeling is pleasure only when man has plenty of money in his pocket."

At the end of these letters, Kozma exclaims with arrogance, haughtiness, and indecency: "I wrote what I wrote."

* * *

Kozma is the embodiment of the abusive class. He is greedy, self-centered, materialistic, weak, disguised, hypocritical, heartless, and merciless. It is an irrefutable fact that Kozma, who preached perfection, stands miles away from perfection and truth. His ideas and instructions do not lead to moral perfection; on the contrary, they belittle, debase, and devalue a human being. The purpose and fixation of his life is money. His profession of faith is in money, which can undo all ties, solve all complex problems, make wonders happen, and pave the road for success, joy, and health. Kozma lacks the concept of virtues and holiness. He seems to have appropriated the Latin proverb that says: "Ubi bene, ibi patria," which means the fatherland is where goodness is.

Kozma dares to arrogantly advise his son and to chain his mind, without realizing that his son has his own way of thinking, his own psyche and viewpoint, as well as his personal preferences and choices, which deserve to be respected. Without shame or hesitation, Kozma roughly interferes in his son's life. He emphasizes the importance of trade and expects him to embrace the same profitable profession. Kozma desires in vain for his son to inherit his qualities and interests. By the time his son returns from Geneva, Kozma had died. Mihran dismantles his father's office and throws all his "constructive and beneficial" instructions up into the wind of forgetfulness.

Modern society suffers from the misery of having in its womb countless "perfect personas" or dwarfs of mind similar to Kozma. These individuals are stuck to the public like leeches, sucking blood inexorably. Infamous Kozmas are everywhere. They belong to all times. Lacking a healthy conscience, Kozmas trumpets materialism. He sees and judges life through the narrow angle of money. Kozma's spiritual wound is deep and incurable. Nothing can shake his being except the lack or scarcity of money. His insatiable and fervent desire is in possessing and possessing more and more. It's the secret of his complete happiness. Kozma, who disdains mankind and shows sarcasm and indifference toward its thorny problems, with a complete loss of his senses heads for the abyss wherefrom there is no return. He does not seek the improvement of or a remedy for his disturbed soul and despicable situation. The Armenian proverb wisely says: "Only grave can straighten a hunchback."

The great satirist Yervant Odian recommends reading Kozma's letters "particularly to the lads of the bourgeois who have resolved to be 'perfect human being.'"

2000

"The Protest of Wreaths"

Authored by the famous Armenian writer Mouratsan, *The Protest of the Wreaths,* is a comedy that was first published in 1899, in *Luma* magazine.

The content of the work is the following.

One day, the sacristan of the mother church asked the primate for his permission to take down the funeral wreaths from the church walls, so that he could smash them and throw them out. The primate, surprised by this strange appeal, gave the sacristan a letter and sent him to a doctor named Maloukhian.

After a careful reading of the primate's letter, the doctor began his medical examination. A complete medical examination revealed that the sacristan was perfectly healthy in both body and mind. After concluding his examination, the doctor talked with the sacristan who informed him that he had earned the rank of deacon. He said that he had hopes of becoming a priest, but that since there was no one to mediate for him before the primate, he has been left a deacon. The sacristan added that he had not yet fallen into despair, and still hoped that one day the primate would recognize his merits and ordain him a priest.

Then, the sacristan told the doctor how scrupulously and ardently he loves the church, cared for it, and often gave himself over to religious readings.

The sacristan also spoke to the doctor about his profound love of church feasts, processions, and particularly of fancy funerals. He said that he found the colors and the golden inscriptions on the ribbons of the funeral wreaths charming and captivating. He explained that to him, these wreaths represented "the broken life chains that, once separated by death from each other, would not united again.... They represented the tears of the beloved mourning the loss of their deceased, and the transformation of those tears into roses and jasmines, hyacinths and lily flowers."

These wreaths, given to the church by the relatives of the deceased, hung from the upper room of the church "as a reminder of the precious deceased." The wreaths in the sacristan's care remained fresh, clean, and sweet-scented, because in them "two praiseworthy and extremely precious perfections were embodied and united—the merits of virtue and genius, and the sorrow for the loss of these merits."

The sacristan then told the doctor that on that one day, to his surprise, he heard the voice of a wreath, saying to him: "Throw all of us out of this place, for we do not deserve to be hung in this sacred house. . . . We are but a sham and a deceit; our existence is the negation of truth." Then the sacristan recited the golden inscriptions written on the ribbons of the wreaths, which were not at all in accord with the life, conduct, and behavior of the deceased. For example, one inscription said, "his worthy son," but that was an absolute lie, because the deceased was a worthless and useless son of the nation. He had never helped the nation; he had not used the language, nor kept the faith. He had lived a self-centered and lavish life, without helping anyone. He had lived for his own benefit and pleasure. "He had lived without recognizing the homeland, without knowing the suffering of his people, or without being compassionate, even remotely, toward his people's sorrows. He never tried to move his nation's burden, even by lifting the tip of his finger." Now, however, people were calling him a "worthy son" and adorning his coffin with sweet-scented flowers. What an irony and disgrace.

Then the sacristan heard the voice of another wreath whose ribbon said: "From the grateful community to a virtuous Benefactor." "O, if you had known the person whom they not only were calling benefactor, but also virtuous." Lacking the slightest human feeling, that person had lived a petty and low life. He closed his eyes and plugged his ears tight in view of the misery and needs of his compatriots and men. He brought tears to many eyes, and made poor creatures miserable by using his debauchery to destroy and smash their futures. And now, shamelessly, with all indecency, he was the recipient of gratitude and the love of his society.

Thus, the wreaths spoke to the sacristan and told him that they did not deserve to be in the church. The wreaths screamed and begged the sacristan to immediately throw them out, so that they would not corrupt the holy temple.

The doctor attentively listened to the sacristan's story. He was sure the man was not insane, but rather a worthy, kind, honest, and pure-hearted person. He replied to the primate's letter, saying that the sacristan was not insane, but that "To him spoke the souls that once addressed Socrates, Mohammed, Loyola, Luther, and Goethe. The difference was that the aforementioned people became famous, while this person, at most, will become an Armenian priest. Regardless, it would be nice if you listen to him and removed the wreaths of the deceased people from the church. Indeed, it is unpleasant to see objects being used to cloak deceit and sham in the church."

When the primate read the doctor's letter, he immediately ordered the sacristan be expelled from the church and he forbid the doctor from entering in church. He considered both of them insane and he felt that both may infect the congregation and the clergy with their insanity.

* * *

This one hundred-year-old farce has long ceased to be viewed as a comedy, because it contains too many elements that speak to the painful realities of our contemporary life.

The title, which seems strange and funny at first glance, reminds us of humanity, with its weaknesses and corruption.

Indeed, the play performed by mankind on the world stage is a horrible and detestable one. And we—the audience, participants, and accomplices—accept the performed comedy, whether willingly or unwillingly, as a high order established and regulated by civilized people. In view of these, the voices of our begging conscience seem to be choked at the moment among the passions of the world and the course of a speedy and descending life. We perform acts against our will and submit to the caprices of people, simply to please their ego, nurture their vain self-esteem, and caress and revere their "precious" names. We have become complaisant and condescending, to the point where we readily tread on our pure feelings and virtues. People who love comfort and honor, and who are haughty and vainglorious, continue to demand praises and ear-deafening applause, and generous postmortem eulogies delivered with eloquent styles and rich content. And we, creatures caught in between two opposite forces, and functioning under pressure and enforcement, place on the pedestal the dwarf-minded, the leeches of humanity, and the humble unskilled people who have wrapped themselves in the veil of mockery.

And I think.... How easy have become the eulogies delivered with abundant usage of venerable and sacred words—words such as church-lover, faithful, godly, loyal member, nation-loving, helpful, generous, benefactor, benevolent, virtuous, genuine, worthy son of the nation, and many more diverse adjectives. We revere the worthy and worthless alike, and we attribute the same good qualities and virtues to both of them. Today, it is still the custom to keep a few of the wreaths that adorn the coffins of the recently departed in our churches. These wreaths talk to us and deliver their messages today as well. How many ears willingly hear their protests?

The simple and humble sacristan, after judging the wreaths according to his own pure soul, revolted and shouted out against the order and rules of this unjust world and against the disguised shams and pharisees. By tossing the wreaths out of the church, he would have quenched the intense turbulence that engulfed his heart. Justice, however, slid down the steep slope, and injustice, sham, moral corruption, and degradation won impertinently.

How accurately Balzac, the great French novelist, describing the fate and short life of pure souls, wrote: "Pure souls cannot live long in this world. And indeed, how can the great sensations coexist in a base, futile, and superficial society?"

The protest of the wreaths was sincere and significant. We ought to listen to their noble voice and... protest too.

1996

The Urgency of Self-Cognition

Human self-cognition is an individual, collective, and national requirement. There is a widespread tendency to want to know man and explore his character and disposition. People not only study and research their race by looking at its peculiarities, behaviors, lifestyle, and customs, but they also try to understand the unique psyche and characteristics of other nations. Not only psychologists and anthropologists, but also writers help us recognize and evaluate ourselves.

Writers reflect on the inner spiritual world of man. Through vibrant and authentic colors they describe to us our identity, true selves, tendencies, aspirations, wishes, dreams, needs, troubles, and so on. Writers put us in touch with the spiritual wealth of the past and invite us to maintain it as a fountain of life and as a never-ending inspiration.

The role of Armenian writers, historians, and poets has been significant from early on. They not only recorded heroic events and developments, and the historic achievements and bloody battles that occurred in the history of the Armenian people, but with their picturesque thoughts, wise words, fatherly exhortations, and diverse proverbs they also instilled hope and confidence in the people. Moreover, they gave the Armenian people the never-expiring light of knowledge, and through the weaving of our magnificent history, they shaped our identity, cultivated our existence, refined our souls, and crystallized and brightened our minds and delicate sensation. The Armenians recall the great people of their past with profound appreciation and gratitude, and bow before their devoted and sacred souls.

The Armenian writer, however, has never had an easy life, exempt from hardship, anxieties, and insecurity. In addition to suffering the troubles of his people, the Armenian writer has also been troubled with the necessity of sustaining himself and maintaining his physical existence.

It is as if by predestined order that Armenian writers, intellectuals, and particularly teachers were destined to minimal appreciation and compensation, sometimes even, forced to the inappropriate act of begging for the sake of their survival. These cultivators of the mind and dedicated servants of the culture, who have often been called sacred fools, have become extremely scarce nowadays. In fact, their numbers decrease daily.

Today, writing, reading, learning how to speak, and speaking Armenian are considered purposeless tasks, if not foolishness. To preoccupy oneself with Armenian studies is viewed as a waste of time. Interest in the Armenian culture is considered archaic and unattractive. We meditate about this painful reality with a fearful and broken heart and with a depressed soul, because those dedicated people who used to make the field of Armenian literature flourish with their golden pens have truly become rare. If these writers disappear, one-by-one, from the Armenian sky, who will invite us to self-cognition, spiritual fortitude, re-formation of the spiritual powers, invigoration, and vitalization?

We feel obliged to ask again: Why are we experiencing this collapse? Is this phenomenon a new situation in our life, or is it the boring repetition of a remote past? The answer, although somehow complex, is oddly simple. This situation will continue to dominate as long as we remain unable, or, more accurately, unwilling to cultivate a sense of appreciation among us. In the past, the lack of appreciation for our writers and other dedicated servants subjected them to extreme misery, despair, and demoralization.

Indeed, which man of letters, writer, or teacher in our reality can claim that he has been appropriately appreciated and generously rewarded? The life circumstances of the teachers, writers, and philologists of the last century can be easily followed in both the eastern and western segments of our culture. All were confident that the nation would support them and they encourage one another in their literary efforts, achievements and in the publication of the fruits of their intellectual labor. Alas, the nation abandoned them, neglecting their sacred vocation. Moreover, the nation has fed them crumbs, disregarding their prestige, pride, and the profound and delicate sensibility of these men of letters. These noble men have often been deceived bitterly, persecuted constantly, wounded, despised, criticized, and contemned. Each man of letter has been forced to preoccupy himself with professions that would earn him the income necessary to sustain him, or in the worst case he has had to resort to receiving alms. For the Armenian writer there is no feeling of humiliation greater than that of subjecting himself to the mercy and pity of others and of being the recipient of the donations of kind people.

Is this the dark fate of great men, or is it a reflection of the absolute indifference of the Armenian masses? Examples in Armenian life of this phenomenon are abundant and reprehensible. Kamar Katiba spent his entire life in misery. This well-liked poet carried the unbearable cross of a man of letter without the slightest murmur or complaint. As Ghazaros Aghaian wrote, copies of the work, *Bouquet* authored by our great novelist Raffi, after being left in the printing house were "sold according to weight in order to be used for packaging." The renowned editor Krikor Ardzrouni "received alms from his father, but after the death of his father and the loss of the inn, he did not refrain from asking alms from the nation." Berj Broshiants's novel, *For the Sake of Bread,* is not entitled so in vain. "Broshiants was often without bread, and he looked upon bread like a famished person even when his stomach was full." The critic Alexander Yeritsian, who suffered premature aging, never sought help, pity, or compassion, and lived through the financial support of his friends.

Sometimes, our writers contemplated suicide because of the inadequate compensation or unemployment they were forced to bear, as well as the repugnant persecution they suffered. The meritorious pedagogue and writer Ghazaros Aghaian had such a miserable and unbearable life that the newspaper *Mshag* printed an announcement about his misery. Aghaian wrote: "My situation was extremely unbearable. I wanted to commit suicide. All the ignorant people combined caused this despair in me. If written, this would be a huge tragedy." Fortunately, benevolent people extended a caring hand and through their humanitarian support they saved the intellectual from perishing. Aghaian publicly expressed his gratitude to his benefactors.

Speaking of living writers, Aghaian wrote: "All of them live through alms. The existence of one exception does not refute the miserable state of the whole." Aghaian sincerely admitted the ignorance of his day (the 1860s): "There was a lack of appreciation for skills and talents, and a person of genius was considered either insane or, at least, a heretic."

In his essay entitled *Elemental Truths,* Aghaian discussed old but very serious, basic, and essential issues related directly to writers and their material appreciation. He wrote: "We do not have a class that lives by literature," and those who profess the pursuit of Armenian literature and intellectual labor, feel the necessity to do other various works to make a living. This situation created a major disadvantage for the Armenian people, because the university student would never think of dedicating himself to literature. "And why shouldn't he think like that, since he cannot hope to make a living from that very literature?"

As a result of these conditions, we will not have intellectuals or scholars who write in Armenian. "Because the present intellectual climate will not nourish such people through their literary work." Indeed, nothing has changed since the time of Aghaian. Is there a solution? Aghaian said: "If man feels secured by the nation, he will be able to live amongst us and study us and bring us to self-cognition."

The solution is self-cognition. How simple this complex expression sounds both in form and content. We have in mind the non-Armenian Armenologists of the past century. They embraced the study of the Armenian language, history, and literature with great enthusiasm and affection, and pursued their studies under foreign skies. Today, too, foreigners are interested in our language, our history, and our cultural monuments. Relentlessly they examine us and want to know us—this ancient surviving people.

But are we willing to study and know ourselves? What are the relevant psychological peculiarities of our nation, moral heritage, spiritual values, dominant characteristics, potential, personality, intellect, and so on? What are the essential issues that need concern us as a nation and that prompt us to work collectively? What are the ways of thinking and the characteristics that make us distinctly Armenian, and that guide us, finally, toward one national and ecclesiastical purpose, vision, future, and fate? Who will write about these vital issues if not the Armenian writer? Who, if not the writer, will show us our advantages and achievements, as well as our faults, weaknesses, mistakes, stumblings, and failures? Who, if not the writer, will revitalize our buried and forgotten treasures, the irreplaceable literary relics, and the sparks of wisdom that remain hidden in our manuscripts? Who, if not the writer, will reveal these and make them available to the public, thus offering the public, without discrimination, the beam of light that radiates out from the uncovered material, so that people may communicate with the heritage of their forefathers, and be enlightened and nourished by it?

Indeed, we have great expectations of the Armenian writer. But if we expect too much from the Armenian writer, for how long should the Armenian writer, intellectual, and educator live and create only by relying on their fate?

The foremost and sacred duty of the Armenian nation is to change the deadlocked and hopeless conditions of its writers and to make life pleasant and bearable for them. We need to give up the prejudice that the cultivator of the Armenian mind has to be poor or satisfied with what little is given him, because what he does is a service to the nation. Let us awaken from our long sleep and walk with probity, broad-mindedness, extreme scrupulosity, and high conscientiousness. We need to reward the worthy.

The Armenian writer is the rock and vertebrae of our collective infrastructure. Let us not dishonor and disdain the rock, or ill-appreciate and devaluate it, because "the stone which the builders rejected, has become the head of the corner."

1996

Interrupted History

The darkest page of the history of Armenians is, no doubt, the period of its interrupted history. The Armenian people never faced as crucial a struggle for perpetuation as they did during the deadly days of World War I. In the year of the Genocide, Armenian history halted; it froze. Indeed, very few are the nations that have experienced the misfortune of witnessing an interruption of their history. Our centuries-long enemy granted us that despicable "honor." We are one of those rare nations. Truly, Armenian history has never been so profoundly or fatally wounded until then, and it had never been so filled with so many bloody pages. The dark plan for the annihilation of an entire nation came to cut the artery of the Armenian nation and entrusted it to the winds of history. The freezing storms of confusion, uncertainty, and insecurity struck the Armenian and his fate. A people forcefully deported and uprooted from their holy ancestral land were murdered and they fell, but by the same wonderful miracle, we were not extinguished forever. We survived. We, the present day Armenians—scattered throughout the world—are the sons, witnesses, and the descendants of this interrupted, shattered, frozen, sad, dark, and bloody history.

The survivors—in the likeness of the saddest fading reflections of the sunset—tried to understand and explain the barbaric and horrible crime perpetrated against them. Some were unable to measure the extent, enormity, and weight of the horrific act. Others lost their inner peace and lived a semi-insane life, deprived of reason, memory, emotions, dreams, and visions. Thus a gap was created between the old and new generations. The young generation woke up to the absence of the old generation of their parents and ancestors.

The fear of abandonment and the uncertainty of self-determination continue to torment us spiritually and drain our sacred energy. The Armenian—subjected more to a broken heart and agony, rather than an uncertain fate—will continuously struggle to attain self-cognizance and self-revelation. Meanwhile, time will never be able to heal our wounds and comfort our bleeding hearts. Typical, but extremely vital questions will always accompany the Armenian, who, in order to clarify, enlighten, and crystallize his identity, will ask himself: "Who am I? Where do I come from and where do I go? Who are my ancestors? What kind of psyche, mentality, personality, nature, views, character, and temperament did my ancestors have? What kind of skills and qualifications adorned them? What kind of qualities, sentiments, inclinations, occupations, orientations, and interests did they have?" Standing at the crossroads of searching, defining, and recognizing ourselves, submerged, lost, and confused in the maze of contemplation, we constantly question, but most of our questions remain unanswered. Myriads of similar unanswered questions influence our inner spiritual world and daily life, and pressure our hearts enormously. From the point of self-cognizance, we live an incomplete life, because of our destroyed chain and detachment from our past.

The fortunate ones, who enjoyed the pride and pleasure of being born in the sacred land of their forefathers, remember their past. They recall their warm homes and simple and innocent lives with bitter tears, longing, and nostalgia. Antranig Dzarougian said: "A generation, many generations have to yet pass, in order for their traces and memories to disappear forever." Others, who have not had the fortune of being born in their historic homeland, or the opportunity to see the birthplaces and workplaces of their forefathers, can only imagine seeing the splendor and beauty of these places, the magnificence of nature, and the peaceful life they could have lived. Dzarougian rightfully wrote: "Western Armenians have not been able to make a final peace with the loss of their former birthplaces and, therefore, they do not have that strong spiritual impetus that drives someone toward his own homeland."

Consequently, the Western Armenian is a man of multiple citizenships. The fact that we are cosmopolitans, at present, is a reflection of the sad yet true reality that we have been scattered throughout the world. We live a torn, confined and divided life. We are divided geographically, politically, and ecclesiastically. Diverse ideological streams have dismantled us, turning us into followers of convictions and worshippers of these streams. When necessary, we unite and support each other; that is, when our sacred homeland or liberated Karabakh are in question. Fortunately, considerations for the safety and prosperity of our homeland seem to override our personal interests, intentions, emotions, and passions. Salute to the Armenian people, for they know how to voluntarily and generously, as well as with consciousness and commitment, support the homeland. This beautiful and praiseworthy patriotism is, no doubt, a legacy left to us by our forefathers.

Nowadays, Western Armenians live under foreign skies, apart from their homeland, native customs, and traditions. Physically they live on foreign land, "but their hearts are in the orange trees of Deort-Yol, or the cotton fields of Adana," said Dzarougian. They constantly draw parallels between the old and the new, and amazingly, the old weighs more on the balance. It is far sweeter, precious, simple, close, native, and Armenian than the new.

Nowadays, in the Diaspora, there are individual and collective desires to research and analyze the life, work, thoughts, and words of our forefathers. There is a common tendency and need to return to the places where the Armenian presence was wiped out and was forgotten, in order to study the slightest and least significant particle and inscription, so that we may reveal new insights from the old, dusty, and thorny past, and analyze hidden or unnoticed historic events, achievements, and acts of bravery. There is a consistent effort to reconstruct the interruption in our history, to bridge, unite, link, and mix it with the lives of the worthy children of the new generation.

The children of the interrupted Armenian history generation, rightfully and in all fairness, are mesmerized on the free and independent fatherland—the fountain of their sustenance—that is growing daily, accumulating strength, and making advancements thanks to the strong arms and talented and creative minds of its laborious people. The Western Armenian often asks: "Why he has remained orphaned and alone, and deprived of Armenian citizenship, especially now that the government of Armenia is able to grant citizenship to Armenians scattered throughout the world? Is citizenship not a fair expectation, and an easily achievable one?" This also would have a beneficial impact psychologically. We would, for a while at least, feel a part of one great flock, and it would help us link our interrupted history to the present times. However, the President of Armenia expects us to be magnanimous and to understand the essence and delicacy of the matter. The honorable President said: "I think the Diaspora should have enough magnanimity to understand the reason behind our rejection of dual citizenship. Had we declared dual citizenship, we would not have an army today."

Today, we find the magnificent continuation of our interrupted history in the healthy generation growing and prospering in the fatherland. We have inherited from our ancestors our miraculous ability, our imagination, our tradition of labor, and to our ancestors we owe these and other virtues that allow us to move toward perfection.

The Armenian of the Diaspora faces hard realities today. We walk through dark tunnels and down spiral paths. Despite all the visible obstacles, he looks beyond these hardships, in order to optimistically embrace new horizons and greet the radiant dawns. He is not alone in his endless struggle against the uncertainties of the future. The source of his hope and light is the fatherland that gives him the vigor and vitality, as well as the determination to live and perpetuate. The fatherland has for decades cried out loud in our hearts, commanding us to gather under one banner and unite. The honorable President of Armenia said in a recent interview: "The Diaspora lacks a united representative body. The Diaspora simply has not been able to liberate itself from the concept of traditional national structures and conceive of a super-Diasporan or pan-Diasporan unified structure."

It is as if our interrupted history prevents us from ridding ourselves of the psyche of refugees, or liberating ourselves from the inferiority complex of the immigrant. The fear of assimilation hangs over our heads like the sword of Damocles and therefore we tried to live clustered and to show our belonging or subjection to one movement or group, rather than to the whole. If we wish to bridge the present with the past, we need to develop in the Diaspora a higher level of political consciousness and establish an umbrella organization that will supervise the activities of all of our organizations. To do this, however, President Ter-Petrosian wisely instructed: "The Diaspora, first of all, has to unite."

The remark addressed all organizations without exception. Our ancestors lived with one will and one heart. They acted with one counsel, and united they resisted the enemy, with an unsurpassed Christian spirit. In these decisive days, Armenians are expected to support one another, and to cooperate with each other for the benefit and prosperity of their identity, nation, and fatherland.

Today, everywhere, we have planted seeds from our Historic Armenia like flowers. We have become influential and noticeable in the countries we have settled in. We are recognized for our good and beneficial thoughts and deeds, behavior and conduct, orderliness and adherence to the rules. We work, create, and shine with our ingenuity. The interrupted history of the Armenians has been bridged. We are joined with the modern reality, and therefore we continue victoriously and forever.

1997

Loving the Nation and Adhering to Principles

We all, equally and often, have heard the two mighty and sacred phrases used in the title of this essay. "Loving the nation" has become an overused, tormented, and worn out expression. Almost every individual knows how to speak about loving the nation, and can express his own thoughts and opinions about it. Loving the nation—the sacred feeling related to the nation, homeland, church, and culture that implies a careful and zealous attitude—has become a cheap expression, almost meaningless and empty of its original meaning. Today, this exhausted expression rarely serves its purpose of reaching out to the diverse needs of the nation and the homeland. Despite the fact that the majority of people seem not to understand the sublime and noblest connotations of the phrase, loving the nation when spoken, does caress our ears. It sounds good and appealing, even gives us certain spiritual satisfaction. Particularly fond of the expression are those who love comfort and who are indifferent, alienated, and adorned by vainglory. To them, the realization of the idea conjured up by this expression is a remote dream wrapped within the fog of uncertainty and illusion. Not because it is impossible or unattainable on practical grounds, but because loving the nation demands sacrifice, commitment, generosity, dedication to attending to the diverse needs of the people, and magnanimity with regard to lightening their burden.

Adherence to principles is one of life's necessities. People adopt certain principles and adhere to them in order to make distinctions between life's many different phenomena. Men of principles reveal their behavior through the way they think and behave. Men of principles are ordinarily correct, honest, virtuous, benevolent, and nation-loving, because their leading concept and purpose is to be useful to the public, and to support healthy education, existence, and growth. Men of principles are refined, and therefore working with them is a pleasant, beneficial, and fruitful experience.

Disguised under the veil of the adherence to principles, we find the "false adherence to principles." This false adherence serves one's ego, caprice, comfort, and well being. In such a case, the concept of adhering to principles loses its noble character and becomes a dishonest and despicable means of camouflage. In other words, while acting in public, people often pretend to be men of principles. In this case, the word principle becomes a shield against moral attacks, demands, needs, and the like. Men of true principles do not create hindrances between themselves and the vast needs of the homeland. They help the homeland selflessly. They pursue its progress and spiritual growth as their main objective. A man of no principles, however, resorts to the necessity of adhering to principles. He claims to be a man of principles while exercising dishonorable and despicable means, especially when people approach his wallet with appeals for help. By using principle as an excuse, he relieves himself of a sense of moral obligation and thereby, avoids his duty without shame or the sting of conscience.

The renowned Armenian novelist Shirvanzadé wrote a short, yet meaningful story in which he eloquently presented Baghdasar, a wealthy person who enjoyed all the good things the nation and the homeland offered him. His luxurious apartment was furnished with furniture brought from overseas. His closets were full of all kinds of fancy things. He was free of hardship, trouble, and grief. In the story, he sent 25 rubles to the Association of Young Armenian Women in order to glorify his name. Because he took every opportunity to boast about his petty donation, a priest asked him to pay his nephew's school tuition on the grounds that the youngster was a promising student and would become a useful member of the nation. After listening to the priest attentively and sorting through a brief moment of confusion, Baghdasar regained his calm upon finding a way to turn down the offer. He said: "In principle, I do not render help to students." He argued that the students who have received such generosity in the past have proven to be ungrateful. Baghdasar remained firm in his decision. Nothing would change his mind. He was happy and pleased that he managed to send the priest away empty-handed and in doing so, he kept his pocket closed and safe.

A week later, an editor came to Baghdasar, asking for financial assistance for his newspaper whose existence was endangered. Baghdasar, smiled a smile unique to him, and replied: "Sorry, I have decided not to assist the Armenian newspapers in principle." He argued that the newspapers "fight with each other." Now, they must quit their inappropriate and shameful arguments and reconcile with each other. But since reconciliation seemed impossible, it would also be impossible to get a cent from him.

A week later, again Baghdasar met with another guest who came on behalf of the theater. The guest was a close friend of the nation-loving benefactor. He spoke about the importance of the theater and he flattered Baghdasar that he really did not need him to tell him anything, because he already knew about the significance and beneficial role the theater played in the life of the nation and people. Then he asked his friend for a small contribution to put the theater into order. Baghdasar readily and without shame said: "No, my friend, ask me for anybody and anything you want, but do not force me to act against my principles. I do benevolence consciously." The reason he gave for his rejection was that the actors were impolite and rude, and the actresses dressed like maidens.

Afterwards, people came to Baghdasar for money to help with the renovation of the monastery of Etchmiadzin. He argued that it was against his principles to support the renovation of ancient monuments.

People asked him for money for the village school; he rejected. He instructed them that first "they needed to educate the poor children of the cities, and then, reach out to the villages." He also refused to support efforts geared at supporting the nation's literature. With a philosophy of his own he said: "The literature of all nations is maintained without side contributions; let Armenian literature also sustain itself."

People came to ask for "the hospital, the orphanage, the priests' fund, student meals, etc.," all in vain, because Baghdasar was a man of principles and he could not go astray. Despite all these refusals to help, Baghdasar was a conscientious and scrupulous nation lover, a man concerned about his people's fate and particularly their spiritual renaissance and progress. He was ready to help at all times, as long as no contradiction arose between his principles and what was asked of him.

Unfortunately, today, there are nation-loving generous people like Baghdasar who have become wealthy either accidentally or through rightful labor. They go around, everywhere, boasting and overestimating their financial and intellectual ability. These arrogant and morally bankrupt novices expect the public to glorify and praise them in order to satisfy their egos. Goethe had these kind of people in mind when he exclaimed: "I see man as a cicada with long legs: so abject is he." Baghdasar and his kind, men who have full purses but barren heads and base spirits, isolate themselves in their mansions and watch the Armenian world through the narrow window of their minds. They offer good counsel, make positive suggestions, give orders, but they are unwilling to lighten the pain of an even one Armenian by lifting a pinkie finger, because that would be acting against one of his "beautiful" principles.

One feels the urge to ask how Baghdasar and his like dare to call thousands of our students ungrateful, in spite of the fact that many of them gratefully support their nation and homeland after graduation.

Concerning the editors and the Armenian newspapers, how would it not have been possible for them to antagonize one another, or not to defame or debase each other when each was trying to spread different ideologies and secure their perpetuation and growth? This has been the case since the beginning, and nobody expects any dramatic change in the foreseeable future.

With regard to the theater, which is the highest and best expression of culture, it has never nurtured in its womb impolite and rude actors. The actors have performed their roles with full vocation and self-consciousness.

Baghdasar and his kind oppose the renovation of our historic monasteries and magnificent monuments, but they boast to others, all day long, about the past cultural monuments and achievements of our nation. Baghdasar and those like him do not know how to appreciate our history and they hastily forget it. This creates a gap between themselves and the history.

Baghdasar and his kind should understand the necessity of education, both in the cities and villages. They should not forget that many of the best representatives of our culture have been born and raised in villages. One should not neglect, or consider less important, the remote territories of Armenia. Our precious diamonds are scattered everywhere. Baghdasar and people like him consider contributing to Armenian literary efforts useless. If there are insufficient records of such contributions in the history of the Armenian culture, one has only to look into the history of other nations to discover how and through whom their literature was maintained. Writers were protected, supported, and published, not only by the state, but also through individual supporters and literature-lovers. It is noteworthy that many foreigners have funded and published many valuable Armenian works. The Armenian people recall their names with great respect and gratitude.

People who share the despicable psyche of Baghdasar will also distance themselves from hospitals and patients, orphanages and orphans, priest's funds and candidates for priesthood, student meals and needy students, the motherland and the Armenian nation. In one word, Baghdasar and his kind, isolate themselves in the hard shell of their principles. They cover their spiritual and moral nudity with a fig leaf, and stripped of human dignity and virtues, they greet each new visitor and bid them farewell with insolent and loud laughter. They continue to refuse their benefactors on the false pretext of principles, because they have lost their human conscience and compassion. Their egotism is their only law.

The feeling of rejection is truly bitter and unbearable. Franz Werfel described their inner turmoil best, when he said: "Nothing enervates you more than the feeling of reality based on personal experience."

1977

Sacred Fools

The concept of sacred fools originated in the Diaspora when the Armenians—detached from their homeland, and scattered throughout the world—began to lose their former interest toward their Armenianness, their homeland, the Armenian language, the faith, and the culture. This occurred, particularly in western countries, over the course of decades. It was right at that time, that some conscious, scrupulous, and faithful Armenians, extremely disturbed by this alarming and disastrous reality, began to praise Armenian values, and to warn of the approaching danger of assimilation, destruction, and finally of disappearance. Fortified by the Armenian spirit and brought up with a resolute will, these sacred fools were the first to raise the flag of Armenia again and to march ahead. At the expense of their own comfort and precious blood, they fought a spiritual battle against alienation, desperation, and also practicality. By practicality, we would like to emphasize that the sacred fools tended to be idealists, and not particularly practical people. Their objective was to secure the integrity of the decimated Armenians and to promote the untouchability of Armenian cultural values. This handful of good and visionary people launched a fierce war for the propagation of their sublime, noble, and patriotic ideas.

The pragmatic, realistic, and comfort-loving people of the real world ridiculed their efforts as theatrical entertainment worthy of Homeric laughter. Despite all the mocking, contempt, insults, demoralizing remarks, and sharp criticism, these sacred fools, driven, shielded, and strengthened by their faith, resolutely and invincibly chose the narrow and most difficult path paved with thorns and obstacles. In those decisive days, they cried out loud and made their magnetic presence felt for the sake of the perpetuation of the Armenian nation. They were full of vision, purpose, and the noblest intent. They were captured and filled with the basic and central idea that they had to exert every effort for the sake of the nation's existence and perpetuation. Some demonstrated an interest, great zeal, dedication, and sacrifice in the field of literature, while others engaged themselves in educational, ecclesiastical, and cultural arenas.

The mission of the perpetuation of the Armenian identity is an ongoing process today. The sacred fools continue to speak, preach, write, read in Armenian, teach Armenian, sing and pray, and produce and create in Armenian. In other words, preoccupied as they are with the Armenian culture, and the arts, whether dance or music, and with the publication of Armenian newspapers and books, they are actively engaged in shaping future Armenian generations. Armenianness is their only interest and care. The realm of their concern is limited to the Armenian nation, complete with its wounds and pains, as well as its successes and achievements.

There was a time when our national, ecclesiastical, and cultural life was full of activity and enthusiasm, because the Armenians were brought up and educated in their national identity and fine characteristics. They felt tied to the sacred and thankful task of maintaining this identity and values with efforts that reflected their sacred love and profound conscience and diligence. Their zeal was extremely praiseworthy and exemplary, because it was innate.

They inherited from our forefathers their meticulousness for national and ecclesiastical values and conceptions. This applaudable spirit survived unto our parents, whereupon it began to subside, until today, when it has become almost extinct.

On these remote western shores, due to local conditions and, particularly, due to the tendency to overestimate the attributes of the local culture and, therefore, suffering from a complex of inferiority, we have willfully destroyed and ruined the walls and barricades of our true and authentic identity. In doing so, we have given our fate over to the winds. We are heading today toward absolute uncertainty and perhaps even irreversible destruction. Our retreat is gradually becoming evident, unarguable, and sure. This unstoppable descend has become, regretfully, a common phenomenon. We witness, with indifferent eyes, the fall of the brave bodyguards of the citadel of our faith—the fall of those faithful and devoted fighters, who for centuries have defended with their bitter tears and precious blood our invincible castle, the cradle of their education, and who have kept lofty their national creed, banner, character, and traditions.

The retreat was accomplished both with consciousness and with unconsciousness. Some detached themselves from the artery of Armenian life willfully and with indifference, while others were victims of unfavorable conditions. In both cases, however, the true sons of the Armenian nation, detached, uprooted, or transplanted in one way or another, embraced the cold and dark reality of estrangement. A few alert individuals became fully aware of this harsh, malicious, painful, and dramatic reality. They were not willing to drown in the whirlpool. Instead, they tried to hinder the mighty stream of estrangement by building barriers and resorting to the foundations of their convictions, principles, and ideals. These few people, whether lay or clergy, led by healthy instinct and radiant national ideas, kept the sacred lantern of their spirits burning, and kept their eyes fixed on the bright horizon of the Armenian nation.

Today, the number of brave servants is declining gradually. The battle for self-perpetuation has presented its grave obstacles and challenges on all fronts. Nothing, however, can stop the struggle of these few people. They struggle constantly, because they are men of vision. They have pure and sacred dreams, which will come true. They strive for the impossible, which will become possible through their bold will and vigor. They do not want to retreat, because retreat is in conflict with their brave spirits. They cannot accept defeat, because they are nurtured and inspired by the homeland. They strive for perfection, because they are visionaries. They do not criticize, preferring to work silently. They do not suffer from vanity, because their motto is service and humility.

By all standards, they are impractical people in this practical world. In a different word, the sacred fools are those people who have given up their comfort and pleasure, and have dedicated themselves to their sublime ideals, searching for the source of their happiness and spiritual satisfaction in the realization of their sacred ideas. These sacred fools have closed their ears, firm, before the deafening and death-spreading tolls of the outer world. They have closed their eyes before the inevitable fall, in order to continue their national mission with full devotion and in cold blood. They know well that they are rowing against the current; they know that their arms are tiring and that their oars are coming to a halt; but they are unable to accept the final shameful defeat, because that is against their national prestige, and particularly at odds with their sacred motto. Alas! These voluntarily heroes, these sacred fools have become scarce. They are the oaks of the Armenians of the Diaspora who stand tall, without retreat. They are invincible spirits who burn with a national conscience, with the living religious faith of their ancestors, and with a radiating light. These people, called impractical, have the sublime and lofty vocation of awakening the sleepy brains and revitalizing and rejuvenating the molded spirits.

Mouratsan would have said that the sacred fools "possess the courage to sacrifice the personal to the collective." In the Diaspora they have created their own "spiritual homeland," and the longing for the real homeland torments them. They dream of and see the fatherland with the eyes of their spirits in their daily activities. These sacred fools, almost everywhere and in every arena, by sticking out their heads like mushrooms, and by making their presence apparent, bring hope to the entire Armenian nation and enlighten it. Their struggle is critical. The fate of the Armenian existence in the Diaspora will be determined through their struggle. Facing the mighty waves and strong winds of life, these sacred fools have resolved not to bow, bend, or lose hope before the obstacles before them. They have vowed not to fear or become desperate.

In these critical days, the Armenian nation needs such sacred fools, selflessly devoted people, individuals that offer themselves to the collective, men of impracticality and illusions, so that they may lead the wrecked ship through the wavy sea and bring it to the safe harbor of salvation.

Greetings to the sacred fools.

1998

The Armenian Language and the Grandmother

There is an inseparable link between the Armenian language and the Armenian grandmother who loves her nation, religion, and traditions, and who speaks Armenian. Armenianness is vibrant in her thoughts and deeds.

Great is the role of the grandmother in teaching the Armenian language and utilizing it in daily life. She is ready to pass it on to the young generation. The grandmother is aware that without our language there will be no Armenian nation, Armenian life, or reality. She is careful, diligent, precarious, and especially eager for Armenian children to learn their language, master their mother tongue, and keep it like the apple of their eyes.

Let us honestly admit that the horizon for the Armenian language is quite dark and uninviting. The language has reached the gate of death. This reality has made us desperate, melancholic, and suspicious. Without losing optimism, we must be realistic and farsighted in order to unmistakably assess the realities we face. Our conclusions should be based on facts and not suppositions.

On these foreign shores, our language gradually and silently retreats before the local language. While this fact seems to even cause a strange and incomprehensible spiritual satisfaction to some people, the Armenian grandmother diligently established barriers against the fierce and destructive streams that are causing the retreat. She is determined to prevent the loss of the often-tormented Armenian language that has been entrusted to us like a sacred wafer. She reads, with curiosity and excitement, the Armenian books that are covered with dust and the unique scrolls that have been forgotten and forsaken. Through them she brings our national heroes, our great minds, our ancient prayers, our holy martyrs, our irreplaceable literary figures, and the heroic events of our history to life. She is the one who bequeathed them as a spiritual heritage to the young generation. By giving voice to the scrolls that were destined to silence, the grandmother makes their messages resonate in the minds and hearts of the teenagers like an ever-repeating echo. Teenagers deprived of the opportunity of an Armenian education due to local circumstances, feel the warmth of their grandmother's breath, which opens their frozen hearts to their Armenianness. Gradually these young people strive to learn and speak Armenian, pay attention to Armenian issues, visit Armenia, become baptized and confirmed with the unique and unquenchable Armenian spirit, and become true and real sons of the Armenian nation.

We have noticed during numerous pastoral visits that the Armenian home is twice blessed with the presence of the grandmother and her beneficial national activity. She has spoken in Armenian not only to her son, but also to her grandson. Thus, a direct relationship is established between grandmother and grandson—a golden chain, sturdy and immovable.

It happens sometimes that the grandmother, exhausted after hard work for long years, closes her eyes forever and departs from this perishable world to embrace eternity without completing her sacred work. With the eternal departure of the grandmother, the sounds of the Armenian language are silenced in that given home; Armenian words become spurious and rough to the ears of the family members. The Armenian language slowly loses its charm, attraction, and beauty. Years later, when the grown children are asked how it happened that they learned Armenian on these foreign shores, they immediately say: "We owe our knowledge of the language to our grandmother. She spoke Armenian to us. She taught us to pray. She took us to church. Now that she is gone, no one speaks Armenian at home. No one reads Armenian newspapers or books." It is as if she packaged the Armenian language and took it with her to the grave.

Why would a grandmother continuously say: "Armenian, speak Armenian," if she wanted the Armenian artery to stop after her death? Was she truly unaware of the local conditions and needs, the rapid pace of life, and the decline of Armenian life? Never! Grandmother knew well the heavy conditions and pressures placed on our people in the Diaspora. She understood the threats to the Armenian language. But she also understood well the truth that language is the cornerstone of a nation and its eternal existence. Without its language, a nation collapses, a culture suffers, and the true identity of a people degenerates.

Our precious, irreplaceable, conscientious, and alert grandmothers are disappearing from the Armenian sky like comets. Their numbers decline daily. The loss of devoted grandmothers leaves emptiness in our hearts, and our spirit shivers like a leaf in a winter storm. When we look around, we only see retreat and agony. The deafening silence and appalling passiveness drive us to despair. The intense public efforts to perpetuate our language are insufficient and insignificant. Defeat is inevitable. The walls have been destroyed, the barriers ruined, the Armenians are separated and decimated, the foundries and hearths of the Armenian mind are locked and abandoned. Those few who faithfully work uninterruptedly and straightforwardly, and who sail without fear and with the most radiant optimism through the fierce waves of the ocean deserve our sincere gratitude and admiration.

Nowadays, the grandmothers are living the sunset of their lives. While they are leaving us, their spirits are unquenchable. We are witnessing the daily departure of the grandmothers and with them the Armenian language is departing too. The grandmothers are leaving us alone and without consolation. Let every Armenian look upon his grandmother with reverence, treat her with respect, gather from her the juices of life, inherit from her a particle of hope, a drop of faith, and the limitless adoration and love for the Armenian language. The inner world of a grandmother, her soul, is infinitely kind, gentle, and fully Armenian.

To secure victory and perpetuation, the Armenian language desperately needs selfless and devoted grandmothers. They are needed to give a new breath, a new life into the dying fire, bring a renewed vitality to the Armenian language, and help save it from its imminent loss.

Let the immortal memory of departed grandmothers be revered forever.

1998

The Art of Knowing Man and Casuistic Matters

"For there is not a righteous man in the earth, who will do good, and not sin"
(Eccl 7:21)

The art of knowing man is a delicate one. Not only from a physiological angle, but also psychologically, man is complex. The ancient Greek philosopher Socrates touched our hearts and stirred our souls when he said those two penetrating and weighty words: "Know thyself!"

Human spiritual life is extremely complex, sinuous, and knotted. Much of what we consider spiritual phenomena is inconceivable and often unattainable and inexplicable. The inner world of man stretches without horizons and plunges as deep as any ocean. Man's soul sometimes shines as clear and radiant as the sun, and sometimes it is darkened with a hidden obscurity. Man is made up of a composite of spiritual conscious and subconscious phenomena and emotions. Emotions such as tumult, agitation, sadness, wrath, joy, and so on, are fast changing and ever mutable. Man, therefore, is mutable and inconsistent in his relationships.

Of course, we also need to consider the profound external influences that affect man. These include the era in which one lives, the environment, the conditions of life, and so on. The outer world presents itself to us with extremely complex and diverse countenances, phenomena, folds, ways, and aspects, and we are expected to navigate the wavy ocean by swimming with strong arms and a never-retreating spirit.

People differ from one another in character and temperament. The genetic aspect, of course, plays a prominent role in temperament. We inherit many temperamental traits from our ancestors.

Character is not only adventitious in nature, but it can also be shaped and cultivated. In order to penetrate the inner world of men, we must carefully examine, not only their temperament, inherent desires, capabilities, moods, and the ways in which they think and act, but we must also study their character. Human character or disposition is closely related to social environment, learning, education, and experience. While temperament cannot be changed, character can be. Human character is revealed through a person's behavior, habit, manner, words, expressions, attitude, and way of thinking and acting.

In our search to know man, we need to directly focus on character, because it is character that basically defines man and his personality, as well as reveals his qualities. Throughout history, those men who have attained moral heights, have always been individuals of high character. The roots of their high morality can be traced to their upright and honest thinking, fair judgment, and invincible will, as well as their adherence to inspiring noble and useful ideas.

Character is revealed through the principles a person chooses to adhere to, whether right or wrong, useful or harmful. A man possessing a strong and healthy character is able to decide at the end which of his traits is beneficial to the common. Men of admirable and strong character can exert great influence on their environment, as well as on the trends of thought and the philosophy of the era in which they live.

Human will plays an instrumental role in the shaping of character. Will is a spiritual skill and it reflects the ability of the soul. Although indirectly, the will is considerably affected by the overall mood and nature of a person. The environment can play a helpful role in character shaping. Of course, the efforts of the individual also contribute significantly to the formation of character. Much depends on how a person faces and addresses undesirable and difficult moral issues.

There is freedom of choice in life; one has the absolute freedom to judge the phenomena that occur in life, and to draw his conclusions. In this process of decision making, the intellect, knowledge, and the ability and the skill of the person to understand the phenomena correctly and to analyze thoroughly plays a major role. If the choices he makes are bad and useless, he is said to be lacking in character. In other words, it is the will that decides what path to follow in life. People will always find themselves facing options. This is a torturous and soul-tearing situation in itself and it is at this point that moral theology reaches out to help us.

Moral theology suggests that we fill ourselves with God's grace, strengthen ourselves within His wisdom by adhering to the vivifying Word, and to use our innate, natural, inherent spiritual strength, and reason. In the course of shaping and strengthening the will, one should concentrate his efforts on the virtues. Moral theology distinguishes four major virtues: righteousness, prudence, temperance, and fortitude. These virtues strengthen our will, personality, and character. Let us consider prudence, for example, because prudence helps man make the right choices. Prudence, circumspection, and caution provide us with the ability to think and weigh matters before taking action.

According to the Old Testament, man is created in the image of God. This truth relies on the fact that the creator of the universe and of all its creatures is the spirit of intellect and the embodiment of love. St. Augustine mentions, quite interestingly, that man alone has intellect in the universe, and as such, his abilities of intellect (cognition, logic, and judgment) and love are spiritual. Despite the fact that man carries God's image within himself, he will always remain weak, incomplete, sinful, and subject to God's grace and forgiveness. Theologians refer to Christ as the perfect image of the heavenly Father. This image encourages men to proceed "until all of us come to the unity of faith and of the knowledge of the Son of God, to maturity, to the measure of the full stature of Christ" (Eph 4:13).

The road to spiritual growth and maturity is quite long, and people inevitably live many ups and downs in this life. They face endless obstacles and temptations. These ups and downs should not lead people to despair or drain their spiritual abilities, good counsel, and virtuous intentions, nor should they change their healthy and incorrupt character. Life is an endless chain of ups and downs that test our will and character. No one is exempt from experiencing transgressions, or fateful events that bring about destruction. All of us have easily deceived minds, and some of us have changing natures and inconstant character. The great Apostle rightfully instructed us: "If you think you are standing, watch out that you do not fall" (1 Cor 10:12).

The renowned Armenian philosopher, David the Invincible, said that Plato defined "philosophy as resemblance to God, to the extent of human ability." In his book, *The Definitions of Philosophy,* David wrote: "The properties that are pertinent to God's image, are also pertinent to the perfect philosopher." What are these properties? He stated: "These three properties are pertinent to God's image: goodness, wisdom, and might. . . A perfect philosopher is also characterized with these three properties. . . With goodness. . . a perfect philosopher cares for incomplete souls and through knowledge he leads the incomplete and ignorant soul to complete knowledge. . . A perfect philosopher strives at learning everything. . . A perfect philosopher wishes as much as he can do." Addressing the question of whether man is capable of absorbing everything during his short lifetime, Plato said: "Happy is the man who attains wisdom and prudence at least in his old age."

According to the philosophy of David the Invincible, to resemble God, meant: "to become pious and righteous, filled with prudence." The great Armenian philosopher evidently and explicitly considered prudence the cornerstone of everything that was good: "The aim of reason is prudence and to become pious and righteous, because piety and righteousness are moral virtues, and the aim of the practical side are those virtues that adorn our habits."

Sin is the main obstacle and hindrance that stands between Providence and humanity. It is the very distortion and corruption of our true and real image. Shakespeare wisely remarked that God gave man one face (that is, image, character), but men create other faces for themselves. In his hopelessness and despair, Hamlet shouted: "Man is not what he appears." These words—filled with the wisdom of life and tested with the living fire—ask mankind to remove the masks. They point at the hidden souls, the deceitful hearts, and the cheating external appearances, and ask him to return to his former authentic and pure image. Our Lord Jesus Christ reproached the false scribes and Pharisees by calling them fools, blind leaders, serpents, and the children of viper (cf. Mt 23). When the corruption of character, baseness, deceit, and the lowliness of man are in question, our Lord uses harsh and sharp language. Jesus unmasked the corrupt ones through His words and he condemned their entire being, thinking, teaching, and manner. Christ pointed out ideological opposites—the teachings of the rabbis and the contradiction of those teachings by truth or life.

Hypocrisy is the lack of virtues. Masked people lack even the slightest appreciation of virtues. They are content with their insufficient, poor, petty, and detestable "virtues," and they adorn themselves with colorful feathers before people. In one word, hypocrisy is a sign of indifference, insult, and the disdain of virtues.

Hypocrisy is the corruption of virtues. We need to emphasize that there is a casuistry in religious ethics and manners. Moralists, who are engaged in philosophy, consider casuistry "the goal of manners." Casuistry is the teaching or art of choosing between right and wrong in the absence of rules that are either canonized or practiced and acknowledged by all. The upright, honest, and righteous person relies on his own experience, as well as his perception of the common benefit and security when he acts under extraordinary conditions or opposes the projects or the direction adopted by the collective. Forced or imposed situations require conditional approaches and solutions. In matters of casuistry or conditional ethics, people need to be prepared to face two contradictory moral feelings, demands, and decisions. A classic example is when a man lies, falsifies, or denies the truth, and later, this despicable action becomes justified because of a good result.

Another example is when the wrong command given by a man in authority is neglected for a justifiable reason. When choosing to allow His disciples to pluck the heads of grain, Christ broke the Sabbath. He explained his choice this way: "The Sabbath was made for humankind, and not humankind for the Sabbath" (Mk 2:27). This type of breaking of the rules does not indicate a corruption of character, because the actions taken were dictated by necessity and secured the improvement and well being of the people involved.

As a science of extraordinary situations and conscience, casuistry, unfortunately, suffers when it is misused or abused. In other words, people may take advantage of the flexibility casuistry offers without accepting the moral obligation that comes with it. In these cases, the true and inalienable principles of morality may be violated.

The Armenian medieval narratives contain magnificent aphorisms, anecdotes, stories, and exhortations, which address the particular aspects of human character, based on the unique experience of our people. In a handwritten anthology dated 1291, entitled *Interpretations, Advice to the Common, Prayers, etc.,* the author said: "You look at man's appearance" and judge him based on his exterior without looking into his interior, or examining his nature, character, and psyche. There are people who look at the exterior, the clothes, and body of a person, and judge him by his appearance and good looks, while absolutely ignoring the inner person, including the soul with its complex structure and bottomless depth.

The following example taken from our ancient narratives is quite illustrative. It is a story that relates a spiritually bankrupt, morally enslaved, stingy, rich person's request to a sculptor for a statue to be made in his likeness. After the completion of the statue, which came out beautifully, the wealthy person asked his friend: "Is it truly well built and appropriate to my image?" The honest friend replied: "It resembles both your spirit and body well and perfectly."

We need to emphasize here that to know man is a complex and difficult task, because human beings have the innate skill and ability to hide their truth and spiritual identity. With great mastery they can hide their inner world and appear as masked personas. Often one hears someone say, "I still do not understand that man," despite his friendship and collaboration with the man for many years.

For every one of us the formation of character requires, first, self-cognizance, and then continuous, life long labor.

1998

Deceased Twice

"Be estranged, distance yourselves as much as you like;
You will always remain deserters."

Our martyred laborious and brilliant man of letters, Krikor Zohrab, in his short story *Living Dead Ones* says that a priest named Hunkiarbeyendian announced the sad news of the death of the renowned doctor Behran in Paris. The priest, who had participated in the funeral of the doctor, wrote from Paris, saying: "Your Eminence, today, here, Dr. Behran who had been considered already deceased by our nation long ago passed away."

The death of Dr. Behran, who was considered dead by the nation for quite a while, reminds the author of the death of an Armenian millionaire in the French capital. This wealthy person was educated in Constantinople where he taught for a while. Then, abandoning the educational field, he preoccupied himself with commerce, which made him wealthy and, of course, isolated from the public. The life of this man who proceeded from mediocrity to financial success changed dramatically. He lost his conscience, noble conceptions, pity, and compassion. He neglected all moral principles, concepts, and duties. He confined himself to his cold shell, and became self-contained, self-centered, egocentric, and selfish. "This wealthy mundane Armenian who was fond of foreigners and who passed away in Paris, was one of those essentially pitiable creatures, who boast by denying their past the day they see the face of wealth," says Zohrab.

This Armenian by name alone, who distanced and alienated himself from the nation and the homeland, spoke of his nation with a particular hatred. It was as if he regretted being born Armenian and wanted to avenge to his Armenian birth by badmouthing and defaming his own nation. No one knew why. Zohrab describes more than that: "And this was the man about whom it was said that the nation should play the role of a poor relative in his last moments and remind him of the bonds he and the nation had. No! This role of a humble beggar is not appropriate to a society. No! The society should never reduce itself to a beggar. A nation should present demands to its members and not requests."

Indeed, We see living dead ones nowadays, too, almost everywhere. By their absolute indifference, cold bloodedness, and corrupt and infected spirits, they deny their identity and turn their backs on their nation. They are in an indirect confrontation with themselves and the nation. Their main goal is to stay untouchable, unattainable, and unreachable. Psychologists have analyzed these characters and concluded that these subjects choose their own mode of life and gradually refine it in order to keep all the tricksters, beggars, parasites, and also the poor, forsaken, orphan, nation, and church away through their repellent conduct.

Zohrab's story reminds us of an Armenian who died years ago. A captive of his wealth and property, he lived a petty and base life. Indeed, he was a living dead man as demonstrated by his passiveness toward the community, his pitiable hatred and disdain for the nation and the church, and his arrogance and haughtiness for considering himself an influential and respectful personality. This permanently living dead person, "who was considered deceased by the nation for long," was deemed worthy of praise and compliments, glorification and panegyric. How profoundly corrupted we are as a nation heading for the abyss of moral bankruptcy? Wreaths poured from all directions. Each one of the ribbons on the wreaths record who the deceased was. The relatives and friends of the deceased raised mockery to its peak. The atmosphere was so heavy that any honest and righteous person would have choked. Truth, however, cried loud in those who knew the deceased well and they publicized each and every hidden fold of his life. Truth is like an ever-shining beam that cannot be buried. Indeed, who can hide the lantern under the bushel? The lives of people reflect as a mirror.

There are numerous Armenians who have lived, died, and been buried outside the heart of the Armenian nation, and whose names occasionally reach the holy sanctuary in order to be mentioned on the altar of sacrifice and to ask the all-merciful and all-compassionate God for forgiveness, so that the Lord may grant them absolution for all their sins and rank their souls "amongst the saints, on His right hand." The relatives and friends of the deceased like to enjoy the satisfaction of fulfilling a moral duty by their final and utmost effort to respect the memory of the deceased and make it everlasting, without realizing at all that the deceased had chosen to stay a disbeliever by his own free will and by listening to his own hardened heart, while staying inactive and unfruitful in terms of social activities. He had banished sacred religious and patriotic feelings from his heart. Now, however, post mortem, his intercessors wanted to save his soul despite his will.

And we ask now: What has changed from Zohrab's time? What has been improved and transformed on this earth for the sake of the moral progress and growth of mankind? How different is modern mankind from the mankind of Zohrab's days in its mentality and behavior? Hardly do we find a positive answer, because not a single thing has changed. Having detached themselves from the Armenian reality, from the Armenian crisis and turmoil, from the achievements and joys of the nation, the living dead ones live an extremely content life, crowning themselves with self-made fake crowns, living a sluggish and despicable life, away from their national belonging, their innate customs, and sacred traditions, and waiting for someone to knock on their doors at the sunset of their life, in order to remind them like a beggar of their last duties toward the nation and the church.

Krikor Zohrab, this magnificent, bright, and unique man of letters, gives us a wonderful lesson of consciousness, duty, and responsibility. A nation not only is a respectful collective and holy integrity, but also a sacred authority. The nation and the church cannot and should not assume the role of a beggar and chase and convince their members by presenting requests to them. On the contrary, a nation can present demands to its members. In other words, the nation has the moral right to demand and not to request, flatter, pamper, or beg.

Today, certain living dead ones, who seem to have lost their national dignity and honesty, and to have ignored the simplest nobility, dare to be inconsiderate and imprudent enough to bequest their possessions to strange establishments and people, without the slightest remorse, without hesitation, and without realizing that their nation has a myriad of needs, and that this is the time—always is the time—to extend their support to it. A tree is beautiful and healthy not only by its trunk, but also its branches. Every broken and separated branch dries up and dies. Every Armenian individual has a sincere debt to his nation, faith, and culture. This is the sweet and sacred debt of our existence, perpetuity, prosperity, progress, and everlastingness. This debt comes to us in many different ways: some are called to undertake the defense of the homeland; others to make great financial sacrifices; and others to serve the culture and enrich its treasury. Each individual should fully, carefully, and meticulously fulfill his duties on his own, without waiting for the nation to ask, because that nation needs not to search with lanterns for people in broad daylight in order to present them requests and beg for their support.

1999

The Necessity of Soul Renovation

Life, unquestionably, is the greatest gift granted to mankind. People conceive and understand life in diverse ways. Some view life as the mere continuation of objects, events, and phenomena. They view themselves as the victims of a whirlpool out of their control. These people have been diverted from their true path. They lack the will to control and change things, and they wander without purpose, wasting the days of their lives. To them, life is the sum of contingencies and accidents. There is nothing perpetual and memorable.

Parallel to these people, there is the elite of the society—the intellectual class—to whom life is the sum of noble and sublime ideas, and fortitudinous acts and good memories. It is perpetual and not temporal and perishable.

There is an essay among the great Armenian poet Hovhannes Toumanian's works entitled *Bitter People*. The poet wrote about people infected by corrupt passions, who look upon the progress and remarkable success of their fellow countrymen with a malevolence and evil eye, trying all day long to drown them in the mud and make them fall in the abyss.

The poet wrote about the evil intentions and illnesses rooted deep in our spirits. He mentioned that people "although admitting the presence of an illness, consider themselves healthy and claim that others are ill. None of them is evil; a hypocrite, a slanderer, a liar, or a bigot; these qualities belong to other people." Then, he cautioned us, saying: "But, of course, one should not trust them. . . . the truth is that we all suffer from a heavy and profound moral disease."

The poet, then, brought forth, in a significant sequence, the peasant, merchant, clergyman, townsman, media, national-social activist, and teacher. He wrote that:

The peasant is full of jealousy and rage because of his neighbor's abundant crops.

The merchant "loses his sleep" when presented with the success of a competitor or colleague.

The clergyman, "No matter how much reward and respect allocated to him, is always dissatisfied. He protests and complains of injustice. But what is that injustice? That his colleague receives as much as he and is able to live."

The townsman and the peasant constantly argue and antagonize one another. They spend their whole life defaming and destroying one another.

The media—this spokesman and interpreter of the thoughts and feelings of all segments of the society, uses the best and noblest treasures of mankind, which are "insult, accusation, flagrant lie, evil-speaking, hypocrisy." The strange thing in the literary world is that, "no matter how good the published work is, the author needs to be constantly stricken, ridiculed, or ignored; in other words, he needs to be killed by all means, simply because he is not with us, he has not sided with us."

The situation of the national-social activists is quite similar to the above mentioned; that is, "one cannot tolerate the other's fame and success."

The teachers—these educated and dedicated servants of the new generation—are actively involved in "digging holes for one another. . ., defaming each other, banishing from the profession, and killing morally. . . There is no kindness, forgiveness, or limit to their wickedness."

The venerable author then asked, "Why is this so?" He finds the answer in our history. He reminded us that barbaric nations have for centuries impeded us, ruled us, and "trod" upon us. "And every living creature that is trodden upon, if not dead, becomes distorted, bitter, and corrupt. Such is the rule of nature," concluded Toumanian.

Bitterness pops up like an infectious disease everywhere and leaves its marks of destruction. The disease infects bright intellectuals born and nourished in such an environment, until "they, too, are bitter and merciless."

What is, then, the cure for this spiritual corruption and suffocating atmosphere? At the end of his essay, the poet drew the following constructive proposals:

"Our inner self is extremely corrupt. The first condition of fighting against and recovering from it is that we need to sincerely admit and recognize our misery both within our own hearts and before the world. The sublime desire and noble task of self-perfection follows that redeeming cognition. There is no other way. Sure salvation comes from within, because we are corrupt from within."

One sometimes feels obliged to ask what the moral principles of modern mankind are based upon? If they are based only on the theories of certain theoreticians who preach and teach the superiority of personal interests, the love of vain glory, the love of domination, criticism, hypocrisy, jealousy, an inner want to gain benefits at the expense of someone else, and so on, then we have to admit that such a teaching or theory is based on the violation and denial of the basic rights and dignity of men, and tends to abuse the kindness of good and honest people, which is contradictory to the Christian spirit and our centuries-old noble values.

In 1827, Archpriest Haroutioun Alamtarian, the renowned scholar clergyman and the principal of the Nersissian school of Tiflis, delivered a famous speech in which he encouraged the Armenian volunteers of the war. He said: "We are the shadows of our ancestors. We are not the heirs of their fortitude and virtues, lest we are their ghosts." The fighters leaving for the battlefield held this mighty message and priceless warrant like the apple of an eye and they tried to resemble their ancestors by outdoing themselves.

Let us mention specifically that our ancestors, throughout the ages, maintained the divine and human commandments, and never violated the moral rights of people.

Nowadays, the oracle of "fortitude and virtues" has become obsolete. Balzac, the great French novelist, truly stated: "The lay society is an ocean of mud; whoever steps in, gets buried up to his throat." The elimination of modesty and shame from society has leveled us to the ground.

Despite the various benefits of the era of enlightenment, and despite the progress of technology and the sciences, mankind continues to grope in darkness and lives with a regressed and musty psychology. People have become base, self-centered, and comfort loving. Such people lack a purpose and aim in life. Life has become purposeless, meaningless, and without charm to them. They find their utmost pleasure and spiritual satisfaction in the fall, failure, or misery of another person or a colleague. This is nothing but an example of a base character and poor soul. Indeed, Toumanian reminded us that we are "corrupted from within," therefore "certain salvation should be from within."

Hovhannes Toumanian's essay is a classic portrait of jealousy, criticism, and arrogance—some of our national diseases.

According to Christianity, jealousy is a sin. From a psychological angle, jealousy is considered a valuable quality. Jealousy is born with man and grows with him. Jealousy is an instinct rooted in man; it cannot be uprooted, but it can be transformed and changed into a source of goodness, it can "become a source of emulation and noble competition." Therefore, one should not feel ashamed that Armenians are jealous like other people. H. B. Boghosian, an Armenian psychologist, reminded us that "we should be ashamed when jealousy, this blind instinct, is not turned into an advanced, refined emulation and a spirit of zeal."

In the case of jealousy, man wants to satisfy, caress, and boost himself—his ego—by using, destroying, ruining someone else. In case of emulation, a person again wants to promote his ego, without, however, destroying someone else or harming him. Jealousy is as deadly as the poison of a scorpion. Jealousy results in the use of a sharp, stinging, and slanderous language. People criticize, offend, and slander when filled with jealousy.

Let us admit that nowadays, in the Western world, we live in a multicultural complex society. As a minority we are influenced by the psychology and conditions of the locals, and sometimes our behavior and lifestyle are assimilated into theirs. Consciously or unconsciously, we are under the immediate influence of our environment.

Criticism is right and justifiable when it advances the initiatives of a people and encourages it to go forward, advance, and progress.

Negative criticism has a destroying, ruining, and harmful effect if done unnecessarily and wrongly, or simply with an intention to offend and defame. Numerous right and wrong criticisms have drained us of power, and made us irritable, suspicious, and deceitful. As soon as we discover people's weak points, we make that weak and vulnerable point our target—the object of our criticism.

It is very unfortunate to admit that we make the noble desires, achievements, and successes of people subject to negative criticism. People who practice criticism do not have the spirit of fair evaluation. This is not only a serious fault; it is a disease. Archbishop Moushegh Seropian wrote in his *Lectures*: "The weakest side of our national psyche is the lack of admiration, appreciation, and fair judgment." The Armenians do not fairly appreciate their great people. On the contrary, they beat them to death and spiritually kill them through their criticism. As in the past, today too, the Armenians have not learned to appreciate the men of culture, the intellectuals, the artists, the teachers, the social activists, and so on. The examples are obvious. There is no need to point fingers. Through appreciating the merits of great people we demonstrate our gratitude and magnanimity. It seems that we have forgotten the beautiful saying: "Tribute to the venerable, honor to the worthy."

Arrogance is the absence of humbleness and humility. We find an ill spiritual situation around us. People suffer from the mania of greatness. The intolerable and petty tradition of men who attribute noble characteristics to themselves has become a regular phenomenon. These mediocre people, enticed by the loud cries of criers and the comfort of their laurels, have taken on the evil behavior of looking down upon people, and ignoring, criticizing, and offending them. Then they try to hide their ignoble and reprehensible conduct behind the leaf of a fig tree. Such coverage is nothing but self-illusion. Their merit is in their ability to appreciate people. We demonstrate a tendency as a people to intentionally avoid, rather than to seek truth and reality. This is called the policy of an ostrich. The unworthy take advantage of this vain and bankrupt policy, and those who are worthy, noble, humble, and honest suffer from it. What a horrible injustice!

It is evident that we are dealing with a conscientious violation of moral rules. This intentional and voluntary violation or negligence is the result of an uncultivated and barren character, arrogance, faulty upbringing, and the lack of religious education. Religious faith and ardor simply cannot co-exist with the evil behavior and detestable habits of men. The more science advances and ethics makes great achievements and progress, the deeper mankind will plunge into the mud of immorality, from which there is no salvation.

Saltikov Schedrin, the Russian writer, expressed the following wonderful and wise idea in one of his speeches: "The darkness in which we grope is the result of a bitter historic accident, but because now, thanks to more recent discoveries, it is possible to examine that accident in detail, we cannot consider the reasons behind the cause of the darkness irremovable."

Indeed, we can treat the fog, do away with the darkness, and banish evil. A relentless and patient effort is required on the path to self-perfection.

There is a class in mankind that has totally dedicated itself to the old Greek philosophical idea of ataraxia—peace of mind and emotional tranquility. The skeptics insisted that the best expression of this state of mind was to stay away from criticizing or making judgments. This ideology also showed indifference toward the joys, achievements, and spiritual emotions of human beings.

Passiveness and indifference are not appropriate for Armenians, but positive influence and participation are. If the Armenians truly have the psyche of a mountainous people, whose basic characteristics are bravery, the love of freedom, independence, labor, magnanimity, and sagacity, then they must stay away from petty considerations, jealousy, criticism, and arrogance. Instead, they must adorn themselves with, and demonstrate virtues that befit them, and they must work to make their humble contribution to the treasury of world culture.

It is a proven fact that human behavior is not irreversible. Change is possible, because there is nothing immutable in life. Human beings are also subject to this natural law. Catholicos Karekin I put it eloquently: "Life is a chain of changes, otherwise it is not life."

If it were not possible to change human behavior, then the efforts of ecclesiastical, governmental, educational, and similar establishments have been in vain.

Religion and ethics play a great role in the essential task of our soul renovation.

1996

Deprogramming

While discussing the sects, one should also study the practical means and methods used to save a sectarian from the poisonous teeth and paws of a sect and the heresiarch.

The brain of a victim belonging to a sect has been numbed, it cannot function properly, nor can it judge clearly and logically. On the contrary, it is subject to pressure and overburdened by the absurd and heavy information provided by false preaching. Therefore, the person caught in a sect is unable to free himself from his confinement. External intercession is required to save him from the false, fake, and unreal knowledge. This needs to be done through effective means, and by force, if necessary.

In order to free a sectarian, who is a prisoner of a sect, from his narrow mind-path, people have employed many useful and interesting methods, one of which is called deprogramming.

This new method has been successfully implemented on numerous sectarians. Through the reawakening of the conscience, thousands of innocent souls have returned from the numbness of their mind and its insensibility.

Before discussing deprogramming, it seems worthwhile to reflect upon the sad phenomenon that results in the total destruction of the faculties of mind and sensations in the sectarian by the sects. Sects dull people's consciousness, and then level their ability to think independently to the ground. They make people insensible and choke them of the most delicate and noble facets of sensation. In other words, many people caught in a sect cannot feel pain, anxiety, joy, or happiness.

What is deprogramming? Deprogramming is a near-scientific field that studies the possible means needed to bring a sectarian out of his shell and return him to his former state of mind and soul. The main objective of deprogramming is to force a person to regain his ability to think independently and to once again become a rational being. The brainwashed sectarian is terribly in need of a specialist in the field of deprogramming, because he has lost his ability to think.

As of the 1970s, here, in the United States, deprogramming became a specialty for some people, not necessarily as a means of profit, but rather as a way to help and redeem those subjected to the heavy yoke of a sect.

The majority of deprogrammers are former sectarians. History will gratefully remember Ted Patrick. He is the one who initiated and led the movement of liberating minors from sectarians. It is noteworthy that his son, too, was captivated by sectarians and only liberated through his father's efforts.

The methods of deprogramming are in general divided into three groups.

The first and basic step requires kidnapping the affected sectarian and providing him with a secure place. It goes without saying that the act of kidnapping in itself is quite a dangerous undertaking, during which one can face forceful resistance, struggle, a fierce fight, and even serious threats. We also need to mention that local rules and regulations are not in favor of kidnapping and consider it a criminal act.

The second phase requires the sectarian to be isolated from society and, particularly, from other members of the sect. Only through absolute isolation can one achieve liberation of the person. The subjection and inferiority that a sectarian feels toward his heresiarch needs to be destroyed and neutralized. Parallel to this, the sectarian needs to be provided with perfect spiritual and physical care, and his self-confidence needs to be reinstated.

In the third phase, the deprogrammer attacks and destroys the system of beliefs that has been planted in the mind of the sectarian. The deprogrammer refutes, one-by-one, all the knowledge and theories belonging to the sect. Simultaneously by destroying the illusions and deceits of the sectarian world, the deprogrammer clears a foggy and uncertain horizon. Out of the fog, the chained mind of the sectarian can regain its former freedom.

Communication is the main art or means of implementation used in this field. Deprogramming can be achieved only through the use of skillful, convincing, and easy to understand language, employed with ingenuity. Sects congest and overburden the mind of their sectarians like a computer. Through overload, they subject them to their will and caprice. The sectarian, captured and filled with the complex religious interpretations imposed upon him, wanders purposelessly, jumping from one branch to another. He loses the ability to concentrate on what is essential. Sects hypnotize and darken the radiance of people's bright minds. Unable to endure the pressure placed on them, many sectarians commit suicide.

Deprogramming is not based merely on the effective influence of oral communication, but also on the following components:

1. **Supervised environment.** The sectarian should be detached from the disastrous life of the past until he has finally recovered.

2. **Solitude.** The sectarian should sever relations with relatives and friends. Twenty-four-hour-supervision is a necessity.

3. **Sleep.** The sectarian should not be allowed sufficient sleep during deprogramming. Sleep deprivation prevents the mind from relaxing, and therefore, it prevents the sectarian from regaining his ability to resist the deprogrammer.

4. **Personal insult.** In the course of deprogramming, the psychological insult plays a significant role in convincing the individual. It is possible to use words designed to dishonor, defame, and debase during oral communications. For instance, the sectarian may be called absent-minded, insane, and useless. In extreme cases, one may insult the sect and its followers.

5. **"Desecration."** It is considered appropriate to ridicule objects, books, and symbols that are viewed as sacred by the sect, and then to despise the holy and sacred feelings of the sectarians. It is at this point that one tears apart the picture of the heresiarch who has a blessed image in the eyes of his followers. The imaginary holiness, chastity, infallibility, and sanctity of the Guru need to be brought down off the pedestal. The Guru needs to be turned into a regular mortal creature who is subject to all kinds of wrong thoughts and deeds. In order to commit "desecration," the sectarian should be encouraged to eat food and celebrate feasts that have been prohibited by the sect.

6. Parents' intercession. During this process, the need for the intercession of parents may rise. Their presence may have a positive and benevolent influence upon the sectarian. The concern of the parents for their child's well being, as well as their total and inalienable love may affect the inner world of the sectarian and the development of his temperament. The sectarian, reacting subconsciously, may gradually demonstrate repentance and return to his loved ones.

7. **Interrogation.** During interrogation, it may become necessary to fiercely attack the sectarian's overall structure of beliefs. A sectarian subjected to constant interrogation will show signs of weakness as he loses hope and grows spiritually exhausted.

Upon the successful implementation of all these steps, the sectarian will have no other choice but to abandon the beliefs of the sect, and to give himself over to the new, healthier reality, and phase of life.

This rehabilitation, however, may not be enough to stop the sectarian's desire to return to the sect. A period of flotation follows the process of conversion, during which time the subject floats like a lost ship. Some of the significant elements of this period are recollections of the "comfortable and joyful" past life, the longing for friends, the seeking of personal security from the outer world, etc.

This period of flotation is a time of danger, because the person feels uprooted spiritually. He feels as if he's in an unsafe place with no one to support and help him. It seems to him that the peaceful and prosperous life of yesterday, with all its attractions and beauties, has disappeared. The sectarian may strive, wholeheartedly, to jump into the womb of the past. For these reasons, it is important for the newly rehabilitated sectarian not to be left alone during this period. For some the period of flotation and the desire to return to the sect may last two or three days, while for others it may last two to three months. We need to admit here that deprogramming may not be successful for all people. This means that some individuals may, despite all efforts, continue to depend on the will of other people and to subject themselves to the orders of the heresiarch.

As it is evident, deprogramming is not only the art or science of talking to and dissuading the subject, but rather, it is a fierce and persistent psychological attack of the overall structure of a person's beliefs in order to liberate him from subjection and complaisance.

If it fails, deprogramming can result in a complex situation. Therefore, knowledgeable and experienced people must do it. In cases of the failure to rehabilitate the sectarian, the result may be that the individual completely severs ties with his family and even forgets about their existence.

It is a scientifically proven fact that recovering sectarians not only regain their previous conscience and personality, but they also experience a physiological change in their voices and eyes. The voice that became hoarse, timid, and especially unrecognizable, returns to its former clarity. The eyes that were enveloped in fear and confusion regain their radiance and shine. The sectarian who has been enervated spiritually and physically, regains, during the course of his treatment, his weight, skin color, etc. Thus, little by little, he gets rid of the negative feelings instilled in him by the sect. These feelings may include fear, guilt, animosity toward society and its rules, insecurity, lack of confidence, and so on. The ability to remember and recognize objects and situations come back to him and any suicidal feelings subside. Finally, the person regains his lost essence and begins to live a normal life, his spiritual peace restored.

Immediately after his conversion, the sectarian lacks the ability to make independent judgments, and particularly, to work effectively. Upon their return, sectarians usually suffer from feelings of shame. A sensation of inferiority consumes and bothers them constantly. Deep down, they understand that they have committed an unforgivable mistake.

Upon the return of a sectarian one needs to:

1. Immediately alleviate the feelings of shame and guilt.
2. Try to reunite the person with his pre-sect past.
3. Reestablish and strengthen his compassionate spiritual ties with his family.
4. Remind the person that he enjoys the love and respect of all, etc.

The "feeling of loss" weighs heavily upon the sectarian. The unrecoverable loss of time, as well as the loss of relationship, love, and affection burdens his soul. The sectarian bitterly mourns the time he has lost in vain.

Deprogramming on these western shores is quite expensive and difficult. The price for this service depends on the cooperation of the subject. When considering the cost of all expenses, such as food, security, housing, wages, etc., the price of deprogramming can reach up to $13,000.

People who have gone through deprogramming and made a successful comeback feel that they have been given a "second chance," or a "new life." They realize that the greatest reward of life is the freedom of mind and soul. Only the free and unchained mind can think, create, imagine, and dream independently.

Deprogramming is the only weapon one has against the psychological impositions used by heresiarchs.

1997

Ideological and Spiritual Revolutions

For the occasion of the 160th Anniversary of Raffi's birth.

In the second half of the nineteenth century, people filled with the idea of national-spiritual independence—namely Raffi, Mikayel Nalbandian, Sdepanos Nazarian, Krikor Ardzrouni, Haroutioun Svadjian, and Armenag Haiguni among other intellectuals and renowned social activists—came forth to enlighten the public and to banish "the thick darkness of ignorance from the Armenian horizon." They exerted much effort to introduce radical changes in public life. During this historic period, the Armenian Church and its servants faced massive dissatisfaction. Anti-religious and anti-clerical sentiments were the fruit of certain unacceptable and intolerable moral teachings, as well as a reaction against the inappropriate conduct, unruly activities, and purposeless life of certain clergymen.

Besides many and diverse issues, there was a tendency to "launch a struggle against the religious mentality of sanctifying the old human relations, in order to liberate the schools and political establishments from the influence of the church and religion." According to this tendency, the movement clearly and evidently strove to bring enlightenment to the Armenian world by destroying and neutralizing the church.

The progressive class antagonized the conservative ecclesiastical elements of society. Daringly they criticized the centuries-old moral principles of the Armenian Church and condemned those clergymen who, as cunning as racketeers, had sheltered themselves in the warm corners of monasteries, living a life appropriate only to the sluggards and parasites.

Influenced by the ideas of foreign intellectuals and writers such as the Russian Pelinski and the French Jean-Jacques Rousseau, the bright and alert Armenian activists opposing the clerical ideologies and religious morality, tried to introduce improvements in the Armenian community life for the sake of the progress of society. The basic elements and forms of the anti-religious criticism at the time closely paralleled both the Russian and French atheistic principles.

The one and only purpose of the laity during this period was to liberate society from religious viewpoints and to keep it free from clerical influence.

The lay and intellectual representatives of the nation strove, through their sharp and defaming anti-ecclesiastical attacks, to raise public awareness, awaken the society from its centuries-long numbness, and reintroduce "national self-conscience" by bringing the public to total alertness.

Raffi's literature called for enlightenment through education. Raffi viewed the Armenian people as "a people strongly attracted by the magnet of education." It is education that will eliminate darkness and enlighten the minds.

Raffi, the immortal novelist, said in his works: "What is called religion has terribly harmed mankind and it is the Armenians who have suffered the most from Christianity." Raffi constantly criticized the religious ideology as promoting the idea of confronting evil with good, not opposing evil, and forgiving the enemy and the wicked, by tolerating evil, or countering it with Christian goodness and love. Indeed, the Armenian people have suffered terribly from the appeals of the clergy for "humility and obedience." It is with a rightful rage that Raffi wrote in his works the following lines, often heard repeated by members of the clergy: "If someone beats you, treat him with humility. If someone takes away your tunic, give him also your shirt. If someone strikes your on your left cheek, turn to him your right, too. Never lift a sword against anyone, because he who lifts a sword, dies by the sword; it was for this reason that our Lord took the sword away from Peter's hand." With such expressions the clergy have turned the people into "blind hens," claimed Raffi. They have deprived them from their "brave spirit" and the human need to resist the enemy, fight him, and defend himself or herself. Moreover, the clergy have preached Christian patience and endurance to a people subjected to hardship and persecutions. Having the lay ethic as his basis, Raffi said that patience was fitting only for the dead: "Patience is death. People are patient only in their graves." Raffi "finds the guarantee for salvation not in the sermons of humility and patience, but in keeping the spirit of revolt and the determination to resist evil alive in the people."

We would like to emphasize here that Raffi was not a disbeliever or an atheist. Indeed, to criticize religion, the church, and the clergy does not mean one is impious and wicked. With his wise words and instructions, as well as with his merciless criticism, Raffi invited the clergymen to be alert, prudent, and selfless servants, so that they may dismiss the darkness and adopt radiant horizons, thereby leading their flock toward education and knowledge. Quite significantly Raffi stated that the Armenians should have "educated and educating clergymen." Influenced by Khatchadour Apovian and Mikayel Nalbandian, Raffi struggled against the "death-bringing numbness." Raffi dreamed of recreating the period of the dedicated fathers of the fifth century, the period of Armenian enlighteners. His opponents, however, criticized his most noble desires and opinions in the Armenian media. The newspapers *Mshag* and *Meghou Hayasdani* engaged in a fierce and passionate fight, exchanging inappropriate expressions. Raffi's opponents shamelessly called him "One who discredits the nation," while the revered novelist was simply fulfilling his noble duty as a great patriot.

The prominent social activists of the second half of the nineteenth century considered the ideology of not resisting evil antihuman, unnatural, amoral, and absolutely unacceptable. By countering the religious morality with lay morality, they argued that it was not possible, nor was it correct—based on moral considerations—for an entire people to be kept under the chains of slavery or left in darkness, while the enemy tore their flock apart, ravished their possessions, and scattered the nation.

From the beginning Armenians believed strongly that religion offered a handbook for human life, and that religion needed to be taken as the starting point and basis on which to find solutions to all kinds of issues. In other words, Armenians viewed their religion as a source of morality, enlightenment, fraternity, and the multitude of virtues.

Indeed, beautiful is Mikayel Nalbandian's essay written in 1858. We read there: "Man's spirit and reason are shaped in religion, and this religion is the source and reason for man's spiritual and rational activity." Also: "Christianity is false without the New Testament, and in order to fortify our people spiritually, we need to read the Holy Scripture." Precisely a year later, Nalbandian refuted what he said and considered the idea of viewing religion as the source of ethics "merely an illusion and nothing more." There is no doubt that Nalbandian, as a bright leader and progressive thinker, was inspired by the powerful messages of the

Gospel; however, in view of peoples' indifference and passiveness, he exclaimed: "O, had religion influenced morality, the earth would be a paradise. But where is it?" In saying this, he was not blaming religion, but rather the people who were unwilling to follow the commandments, messages, and exhortations of the Scriptures. Nalbandian was well aware of the significant, essential role of religion in community life, but the absolute indifference of people can neutralize and reduce to nothing the bounties and benefits that religion offers.

Now, by refusing to accept religion as a source for morality, Nalbandian began to search for the best and sublime qualities of the human mind and spirit "in the society surrounding him." He came to believe that "spiritual qualities were the result of the influence of a good or a bad environment." Emphasizing the "surrounding society," Nalbandian cautioned us to stay away from despotic actions. In *Husisapayl* he wrote: "The companion of despotism is slavery, and slavery is the mother of all immorality." Therefore, a people subjected to despotism cannot think and act independently, freely, or creatively, because they are heavily suppressed and subject to oppression, vexation, and abuse. Consequently, such a people, he wrote: "are destined to follow what the executioners dictate." Now, what path should the Armenians take in order to attain unconstrained and honest morality? "The moral task," wrote Nalbandian, "needs to be done through moral means, without the support of external imposition and force. Nothing can be more damaging than the presence of imposition and force in moral issues."

By distancing himself from religious moralization, Nalbandian concluded that morality "proceeds from human life and solidarity." He wrote: "When man is born, he does not have within him the beginning or elements of virtue or wickedness. These properties of the spirit are shaped by the influence of his good or evil environment." Of course, the economic element also has a significant role in this vital issue. However, one very important issue remains unclear and unsolved, and Nalbandian does not mention it. The matter is this. What kind of a direction should morality take in order to be followed by all classes of society equally? In other words, how does morality help those people facing financial hardship? According to Raffi's essays, if the church relates the insufficient wages of peasants and workers to predestination, an absurd and senseless notion, then what is the lay and acceptable approach to this problem?

Discussing the inequity, slavery, vexation, and abuses perpetrated against the people, Raffi concluded that the church related all these to God's predestination. In doing so, the church has caused the Armenian families to be unable to remove this heavy, shameful, and despicable yoke of slavery. The result is that they continued to stay in their miserable, helpless, and inconsolable situation. According to Raffi, this issue could have been solved, had the church not killed "the brave spirit" of the people. He said that blind obedience "kills the spirit of liberation, the whole vigor of struggle against foreign oppressors." He also added that the old school system "established slavery within us. The school killed within us the power of self-activity." It followed that the church should have educated the people in a different spirit—in the spirit of resisting the enemy, immediately responding to his deadly strikes, refusing to submit to slavery, and striving to freedom.

To be fair, we have to mention that, yes, there have been clergymen who have preached to their flock the benefit of making peace with their present situation, which included tolerating all kinds of injustice and persecutions. Individual cases and circumstantial approaches, however, should not be confused with the fundamental and firm stand of the church. In other words, it is not right to say that the Armenian Church promotes an amoral ideology that tolerates injustice, slavery, unjustified humility, and forgiveness, as well as animosity and war. Our entire history is the rich evidence of the correct stand and orientation of the Armenian Church. Moreover, the Armenian Church neither allows, nor encourages violence and revenge. It does not counter the enemy with Moses' Old Testament message of "an eye for an eye, and a tooth for a tooth." On the contrary, it has always consoled itself with the renewed and christianized doctrine of the New Testament. It is this moral point that enraged the intellectuals of the second half of the nineteenth century. They finally strove to separate themselves from this ideology and to question it with their lay morality.

Significant here is that despite a tempestuous life, full of oppression and deprivation, the Armenians have stood firm on the rock of their religious-moral belief, never swerving from their positions and principles. One wonders, why this has been so?

When examining the matter from a psychological angle, one needs to mention that the Armenians were not only consciously following their religious beliefs, but when attacked by the fatal strike and damaging actions of the enemy, they believed that their ability to endure, last, and survive under any conditions and environments was important.

We need to emphasize that the Armenians have been extremely magnanimous, kind, and incapable of hurting others. Their history and faith have influenced them in this way, and this characteristic has been one of their choicest racial properties and qualities. Inheriting these innate qualities, the Armenians have never acted contrary to their heritage, or spiritual values. Sabahkulian wonderfully described the God-given characteristic of the Armenians. He said that we are "people who do not retreat from our positions, or abandon our convictions. We have either destroyed or been destroyed during our struggles. As destroyers, we have not been fierce, merciless, and bloodthirsty, but rather magnanimous, forgiving, and compassionate. When being destroyed, we have not turned into worms, reptiles, foot-lickers, or lizards that creep into all kinds of holes."

Besides, there is the issue of being a civilized nation. As a civilized nation, the Armenians are not accustomed to ruling, enslaving, destroying, robbing, and ruining, but rather they prefer to build, make things flourish, settle, beautify, and add splendor to their environment. Lord Byron's remark about the Armenians is quite illustrative in this regard: "Their virtues are virtues of peace, while their stains are the result of oppression and suppression." The great Armenian poet Barouyr Sevag would have said that if Armenians captured the world, they did so with their books.

Speaking of morality, Armenag Haiguni claims that religion has nothing to do with it, and that "human morality does not stem from religion." According to Haiguni, man is "a moral and responsible creature" from the beginning, therefore morality should be considered "his primary and inseparable attribute." However, Haiguni was unable to convincingly explain to the scientific world and in particular the moralists how a person can be considered responsible for his thoughts, decisions, and actions without a proper and moral education.

Haiguni also discussed the fact that religious morality "has undergone a metamorphosis" due to the passivity and indifference clergymen demonstrate in their sermons. He found a great gap between the speech and the actions of the clergy. Expected to be exemplary, model Christians, and the believers and promoters of the Christian morality, they first needed to abide with what they preached. With words of condemnation he colorfully described the life and conduct of the clergy. Finally, Haiguni maintained, "Human morality is corrupted now, because of either religion or the clergy."

This fierce attack against religion and unworthy clergymen continued until the sovietization of Armenia. After the introduction of the Soviet regime in Armenia, the country rejected religion and forgot all constructive and sublime religious commandments. Moral anarchism and unrestrained behavior ruled the country. The Soviet government forcefully imposed its new doctrine and concept of ethics, and governed the people with despotism—without mercy, church, and religion. In the name of lay morality, the Soviet regime struck and crushed, destroyed and ruined innocent lives with a heavy iron hand, without mercy. Mikayel Nalbandian wrote in his essays: "By becoming an executioner of the free skills of human spirit, despotism waters and grows base, harmful, and inhuman skills and perversions, such as mockery, lies, betrayal, and similar stains." Through the sovietization of our homeland, a whole nation was subjected to slavery. We lost the freedom of speech and conscience, as well as the basic human rights of individual freedom and possessions. Sdepan Shahoumian said: "The way we see it, if someone wants the Armenian people to have literature, he must first declare war against the conditions and political regimes that prevent the free and natural progress of the people—that social organism. That someone must try to create conditions that would allow those who come out of the people to be groups and masses, and not individuals such as Raffi and Shirvanzadé."

The seventy years of Communist oppression did not give our intellectuals the opportunity to freely think, set their imaginations loose, and create. The right of the individual to think, feel, and freely express himself was crushed. Borrowing words from Mikayel Nalbandian, the people no longer had the right to "think independently; they were destined to follow the directives of their executioners." In robotic motion, the people no longer needed to think, exercise their right to self-determination, make important national decisions, or create independently, because they neither needed, nor had the right to maintain their reason and judgment. Every command was given from above and imposed upon the people. When the right of a people is violated, "human dignity loses its taste," wrote Mikayel Nalbandian so wisely.

Speaking about social organization, Raffi said that one needs to change "the bad organization, then all the members become good." How can this be achieved? Very simply. Raffi urged us to fight against "humility and the mentality of slaves," and particularly to give up our immobility by demonstrating a spirit of revolt. The latest events in our history prove that the selfless Armenian freedom fighters have worked diligently and with total devotion for the sake of finding a just solution for the conflict of Karabakh.

Raffi's noble desire was to see the spiritual renaissance, transformation, and transfiguration of the racketeers within the Armenian nation, as well as the spread of education and the generous compensation of the working class. He rightfully foretold that: "The Armenian nation has a fortunate future. Indeed, it has had a tearful, mournful, and bloody past; its present also is painful, but we are not desperate about its future at all."

Raffi went on to declare: "The entire world will turn into one house, with all the nations a clan of that one house. They will act together, earn together, and eat together. Then, no one will say this is mine; everything will be common." During the "happy and blissful" Soviet years, this idea was greeted with applause, and Raffi was called a prophet of life. The harsh reality, however, served to refute and ridicule this illusive and unrealistic idea.

Today, when times and concepts have changed, the church again comes forth with its Christian ethics—an essential and profound human ethics—which eternally silence the tolls of death, the trumpets of war that destroy mankind. Slavery, hatred, wickedness, and revenge disappear; handmade and artificial barriers created to separate men from men crumble; feeling of mutual understanding, love, and respect reestablish; the possibility for people to freely, peacefully, and cooperatively work and unite comes forth. Through the reconstruction of spiritual and moral values, the alleviation of amoral behaviors and conducts, and by calls for justice, it will be possible to sit at the common table with other nations and participate in their meditations, instructions, and decisions.

Only through ideological and spiritual revolution, attainable both by science and religion, it will be possible to create a pure, healthy, fine, and exemplary environment.

1997

THOUGHTS
&
CONTEMPLATIONS

April Meditations

Once again it is time for us to evoke the memory of the martyrs of the Genocide. Armenians, the world over, are recalling with sorrow and pain the agony of a whole nation. It was on top of Golgotha that our often tortured and crucified nation embraced martyrdom. The Armenian knew, through centuries of experience, that there was no liberty without struggle and no independence without sacrifice. At the last most atrocious moment, once again the Armenian demonstrated bravery, resolution, and self-defense. In his plea to push this bitter cup away from him, the Armenian one more time looked to the heavens, hoping for salvation and freedom. Alas! The powers abandoned him. His strong arms and brawny muscles were weak. His fleshy muscles were powerless without weapons, while heaven. . . Heaven had for long neglected the heart breaking pleas of this godly one. The murmurs of the faithful had ceased piercing the blue biblical sky. The Armenian grandmother and infant stood before the harsh reality, and that reality was atrocious and merciless.

The procession of death was long and endless. Once in a while, the whip of the gendarme struck the old, the widow, and the orphan, to remind them that the mandatory procession did not recognize fatigue, mercy, famine, and thirst. The scorched Armenians—some beaten by clubs and others wounded by swords even in their agony they remained faithful to their superb racial qualities and spiritual and moral values. They refused conversion and the dark bread of the foreigners. Voluntary suicide was the fruit of their religious education and firm character.

Deserts, valleys, gorges, and rivers filled with corpses. The cannibal enemy looked around to find skulls stacked in pyramids, infants strangled, wretches ossified, and young lives taken. A smile of satisfaction appeared on the enemy's face and cold-bloodedly he murmured: "This is what the infidel gets."

The air was unspeakably contaminated. The stench of death suffocated every single cell. A group of gendarmes worked diligently. They dug a collective grave under the moonlight. Exhausted and tortured bodies and precious skulls were thrown next to one another and buried without cross and tombstone. The graves of the Armenians stretched unbounded.

Decades have passed since those horrible moments. Armenians continue to bury their innocent brave ones, for the battle for self-existence continues. The battle of our ancestors is being fought today with consciousness and "conscientious death." Awakened from its centuries-long fatal sleep, the Armenian lifts his fist and swings his sword against today's turbulent times and fierce powers. Having turned his chest into a shield, and dedicated to defending his faith and homeland, he continues to fight a heroic battle against the outnumbering enemy who threatens to uproot him from his ancestral lands, his inherent legacy, and his innate noble characteristics.

Indeed, these times are confusing and dangerous. Armenians are living crucial days in Artsakh. Massacres, deportation, and persecutions are repeating themselves. Today, the Armenian, with his last grasp, deprived of basic necessities, is defending his palm-sized fatherland with his paws and with the sacrifice of his invaluable life.

April's sad and gloomy days are here. The Armenian sky is cloudy. The winds of uncertainty bring a shiver to the crystal soul of the Armenian. He, however, is resolute. Today, the Armenian, shaped and strengthened by the crucible of the centuries, knows well that his defense and salvation come from within. The Armenian, who has been persecuted and deceived for centuries, is relying now on his own might, arm, and miraculous weapon.

1992

Reflections on the First Centennial of Our Diocese

The year 1998 marks the centennial of the Diocese of the Armenian Apostolic Church in America. This centennial is being solemnly celebrated throughout the United States. Khrimian Hayrig, the Catholicos of All Armenians of blessed memory, laid the official foundation of our Diocese through his sacred encyclical. Thus the Armenians, who left the warm nest of their homeland and settled on these remote shores for political and economical reasons, became inseparably tied with the Holy See of St. Etchmiadzin. Through the relentless efforts of our Diocese in partnership with the mother Church—established by the Illuminator—the church, despite the hindrances of political conditions injected vitality and vigor into the Armenian faithful. The Diocese encouraged and strengthened them in their holy faith, supported and assisted them, and instilled in them a strong will and endurance, so that they may resist alien influences and overcome obstacles.

Indeed, our Diocese has a long and magnificent record. The Armenian community was hardly established in the modern Land of Promise, when the Diocese, with its dedicated primate and humble staff, began to work for the benefit of the relocated faithful. The Diocese helped them complete the transition phase and the final settlement of this land. There were countless needs. There were endless difficulties to overcome. The Armenians entered a new phase in their history. The requirements of the New World were different. There was the matter of understanding and mastering a new language. There were the fundamental challenges of absorbing a new culture and adapting to local habits and customs. They had to study, recognize, and adjust to the psyche, mentality, and philosophy of the life that surrounded them, all without neglecting, denying, or relinquishing their own Armenian identity, being, and spiritual mortar.

The curacy of our Diocese immediately launched a series of programs designed to prevent the degeneration, alienation, assimilation, and conversion of the Armenians into this multicultural and multi-religious country. These programs were put together to help them remain attached to their roots, the faith of their ancestors, and the source of their culture. Due to local circumstances, the Diocese faced the serious challenge of arming the devoted clergymen and other servants of the church with religious and social knowledge. Therefore, the issue of the need for higher education became apparent and the clergymen were expected to receive a well-rounded education and to demonstrate a selfless dedication toward their parishes.

Many knowledgeable and selfless personalities joined the ecclesiastical ranks. The presence of these highly qualified clergymen greatly helped our church's mission to a great extent. The Armenian clergymen voluntarily undertook on a multitude of diverse activities. They acted as pastors, ministers, teachers, representatives, advisors, intellectuals, pedagogues, and so on. This direction of the Diocese proved to be essential for the education of the Armenian Rational Flock. The Armenian faithful thus found their spiritual caretakers, masters, and protectors. The faithful felt the close and familiar parental type ties between themselves and their pastors.

The curacy played a similar role with regard to the spiritual education of the faithful. The duty of the curacy was extremely heavy and obliging. Gradually, the Diocese obtained skilful activists in all fields. The curacy established departments to supervise Armenian language schools, Sunday schools, choirs, and youth programs. The communities built their own consecrated churches, each with a spiritual pastor.

Today, too, we are witnessing the establishment of new communities in this widespread country. By all means, the Diocese became the manager of the spiritual needs of the people. It became the provider for the multitude of needs, the lighthouse of the Armenian mind and spirit, and the permanent and fundamental link that kept the Armenians united in America.

Throughout the past years, the Diocese has also performed another extremely important and urgent task—the presentation of the Armenian Church to the foreign world. Belonging to the unifying movement, the Armenian Church undertook a very active role in introducing the Armenian Genocide and the Armenian Cause to the world. The curacy participated diligently and enthusiastically in the ritual services as well as other functions and projects of other Orthodox and non-Orthodox churches, thus establishing the presence of the Armenian Church and gaining respect.

On the occasion of the centennial of our Diocese, we must also mention the various activities of the Diocese relative to our Fatherland, Armenia, and Artsakh (Karabakh). The recent serious developments within the Armenian world—the earthquake, the national movement for Karabakh, and the liberation of its territories—shook Armenians to a great extent. For the sake of the financial and moral well being of our homeland and Artsakh, our Diocese raised significant funds and has tried to lighten the burden of the people, and to console them. Indeed, the Armenians faced crucial days of hardship during that period. Our Diocese did everything possible to fulfill its duty, with utmost consciousness and zeal.

Currently, our Diocese offers diverse and extended programs to the faithful of all classes, genders, and ages. These various programs are designed to maintain the lantern of Armenian faith and culture that burns in the hearts of the Armenians. Many wonderful activities are planned for traveling to Armenia, pilgrimages, and for the renewal of our vows. Youngsters returning from Armenia acknowledge that they were extremely happy and enthusiastic in the homeland. Publicly, they admit that they were transformed, renewed, and transfigured into devoted servants of the Armenian mind and faith through their experiences.

Along with the achievements we have made, we must regretfully mention the split that occurred within our Diocese. It would have been better, of course, to have seen unity again, on the occasion of this centennial, particularly since we could then face the multitude of challenges we now face with a united and strengthened front. The split, the division, the absurd arguments and the blaming of each other continues to drain our strength and spirit. We pray and wish for our Church to return to its sublime mission and true spirit, which is one of love, prayer, tolerance, and forgiveness.

On this joyous occasion of the centennial of the establishment of our Diocese, we sincerely wish that every Armenian support and help her, and contribute to her growth, advancement, strength, and radiance. She needs our financial and moral support and encouragement. Her prosperity is an assurance for our perpetuity, enlightened mind, and transfigured soul.

1998

Meditations at the Threshold of a New Millennium

Mankind will soon enter a new millennium. The air is filled and anointed with waves of joy, enthusiasm, and excitement. Some, however, are enveloped in fear. They are expressing doubt and hesitation at the threshold of the new millennium. Others have fair expectations, good aspirations, and high mood. They are wishing for the full realization of new hopes, the continuation of certain changes in social life, improvement in political and economic life, a rise in the moral standard, and the revelation of new mysteries and the conquest of the universe in the scientific arena, etc.

Indeed, the past millennium was extremely fruitful, crucial, and decisive for mankind. All the fields of the sciences, arts, and technology opened new paths and horizons before mankind. Wonderful and exciting progress (inventions, great literary works, findings, monumental structures, etc.) was made by all the steps and phases of development. Religion, literature, philosophy, ethics, psychiatry, social sciences, and many other fields also helped the human mind improve and continuously grow to a great extent. By adding new knowledge and information, and through the implementation of new theories and concepts, these fields have been the foundation and departure point of mankind's spiritual-moral growth and prosperity in every given era.

Despite all the ease the sciences offer and the numerous bounties religion brings, mankind continues to be troubled, hopelessly and without protection. Mankind suffers from anxiety, is grieved by apprehension, lacks self-awareness, and is unable to fully understand and appreciate the meaning of life. Despite the abundance and plentifulness of food, people living in the dark and insignificant corners of the world die of famine, extreme poverty, lack of shelters, and diseases. Despite the trumpeting of appeals for justice, peace, fraternity, and tolerance throughout the world, we continue to witness bloody and barbaric wars, terrorism, massacres, iniquitous actions, racial hatred, grudge, rancor, distrust, doubt, and the insecurity of life and its possessions. Man is sunk and engulfed in a maze of moral degradation and spiritual corruption. Our shrunken world has become the home for revenge and intolerance, and a habitat for human wolves and beasts.

In sight of so much wickedness and ungodliness, standing on the verge of the abyss, mankind appeals for help and asks for mercy and pity from above. Many of them, however, have long ago, lost their confidence in human conscience and even in divine intervention. Their faith has been shaken and it has fallen into ruin. Unfortunately, the faith in that which is divine has become conditional, temporal, and anachronistic. The resounding, meaningful, inspiring, and encouraging messages and commandments of the Gospel have been rendered deaf and dumb, silenced and destroyed in their souls.

Amid the thousands of various scientific achievements, we clearly see the need for searching for and knowing God. The spiritual bounties and goodness, which are undoubtedly weightier and more precious than things made of matter, now seem to be despised and neglected in the whirlpool of this speedy life. The endless daily struggle for self-maintenance has turned man into a comfort-loving, egoist, self-contained, and egocentric machine, forever folded tight in his narrow, hard shell. The great philosopher monk, Krikor Naregatsi, rightfully exclaimed: "You have built by your own hands inextricable prison and traps . . . confirming that your destruction is incurable."

Standing at the threshold of the new millennium, mankind desperately needs a spiritual revival, self-awareness, renovation, and transfiguration. Life is becoming more complex and twisted. One needs to be circumspect, cautious, farsighted, prudent, and extremely alert on all levels. Everything is in need of improvement, from the interaction between nations to the communication and contact between individuals. Mankind faces the challenge of keeping the animal and plant kingdoms, as well as nature and the environment incorrupt and intact. We ought to keep as the apple of our eyes, the spiritual and material values that have been left to us as a sacred heritage and irreplaceable treasure.

As a nation that has found its independence again and is reborn spiritually, the Armenians greet the new millennium with a multitude of hopes and expectations. Armenians have fought the fierce fight of existence for centuries and they have kept their identity intact and incorrupt. The existence of the Armenians is, as it has always been, conditioned on their free and unbreakable desire for self-perpetuation. As a courageous, invincible, laborious, and benevolent people, Armenians have been praised and appreciated by the civilized world. Today, the Armenians have their hand on the plough and their eye fixed to the remote horizon. There are numerous not yet accomplished dreams, aspirations, hopes, wishes, and expectations that will come to their glorious completion and crowning only through serious commitment and heavy and relentless labor. The strong and enduring arm of the Armenian is tightened and ready to be engaged and dedicated to the sacred task of realizing these dreams. Obstacles cannot lead us to despair. A nation that has built everlasting monuments cannot lose hope, become frustrated, retreat, or be defeated. The path of the Armenians is long and twisted. But the road ends by walking on it.

1999

Desired Conciliation

Archbishop Khajag Barsamian, the Primate of the Eastern Diocese of the Armenian Church, recently published through St. Vartan Press a booklet entitled *A Pastoral Letter to the Armenian Faithful.* It is a long awaited appeal, full of kind intentions and noble emotions, to heal the wound still open in the history of the Armenian Church. It is also a warm invitation to use the present as a golden opportunity to move from speech to action in order to realize the long standing desire, wish, and dream of the Armenian people—unity.

The booklet authored by our Primate is concise and actual, and contains reasonable and convincing suggestions. The reader enjoys reading the entire book and closes it with profound impressions. It is far from a work that points fingers or shoots purposeless arrows. The basic goal of the booklet is to enlighten the reader and to guide his mind and soul towards conciliation, unity, and peace.

It is not our purpose here to reiterate the reasons that led to the intense and harmful crisis within the Armenian Church, nor do we want to draw attention, even slightly, to the motivations and political circumstance behind it.

The Armenians have reached a time when the self-consciousness, self-examination, and circumspection are required of us all. The Armenian national-religious life needs rejuvenation, renovation, and reorganization. An inner unity, beyond any doubt, would encourage and strengthen us in our spiritual, national, and cultural determination. Today, more than ever, our long tormented Church needs a harmonious and peaceful life, unity within itself, and oneness in its administrative structure.

Unity is the most crucial issue facing the Armenians of the Diaspora and Armenia. Representatives of the current generation and those among our top authorities face the challenge of reestablishing law and order within the womb of the Armenian Church. Optimism, hopes for unity, and expressions of good wishes for brighter dawns all fall short of achieving unity. More than talk, unity requires work.

Therefore:

It is not time to recall the sad and painful realities of the past, or to point at individuals, events, and dates as the reason for all the misunderstandings and absurd arguments.

It is not time to provoke emotions, disturb the waters, or slander and insult one another by mudslinging. We have consumed enough ink and exerted enough energy accusing, defaming, and shaming one another.

Let these dark, sad, and painful pages of the Armenian Church belong to the past.

It is time for us to greet the magnificent dawn of Armenian life by taking alert and prudent steps. It is time to approach the matter with farsightedness and optimism, and to be guided by the sublime interests of the Armenian nation.

It is time for us to terminate once and for all the useless arguments that consume our precious time, make us miss the perfect opportunity, drain us from our strength, empty us of our spiritual wealth, and give our enemies, particularly our centuries-long enemy, the pleasure of slandering us in the eyes of other nations.

There was a time when the pages of our newspapers were filled with issues relevant to the crisis. People recited unpleasant incidents and wrote unforgivable sentences inappropriate to our prestige. All these mental exercises, bragging, and accusations are obsolete now. It is time for us to put personal emotions and fury aside, and understand one another by way of love and respect.

Now that the heavy and destructive Communist paw has been lifted from the Armenian Church, and the Armenian spirit breathes light and free and flies to embrace the infinite blue of the sky;

Now that the atheist regime has been destroyed forever and its doctrine is destined to eternal death and silence;

Now that our sisters and brethren of Karabakh are engaged in a righteous but uneven fight against the enemy for the sake of territorial integrity and the preservation of values and sanctities;

Now that the Armenian homeland has regained its freedom but has become a Babylon of numerous sects, erroneous doctrines, and foreign teachings;

How can we not listen to the voice of our forefathers, to the voice of the brave ones, to the voice of our own conscience, and not unite ourselves into one front and with one fist, one motto, and one aim?

The Armenian land is free today, but Armenians everywhere continue to carry a heavy yoke. Everywhere they feel the acute pain of the delayed but desired unity.

The recent historic developments in the motherland, and in particular the election and anointment of Karekin II, the former Catholicos of the Great House of Cilicia, as Catholicos of All Armenians must put an end to the split and disunity of our Church.

The election of a new Catholicos of the Great House of Cilicia was the most significant and joyous event among the latest developments. The newly elected Catholicos, Aram I, has emphasized in his messages, time and again, the truth that we have one church, one homeland, one nation, one culture, and one future. As Armenians we have to be truly proud and happy about having two qualified Catholicoi on the two Catholical thrones. Both are well respected, liked, and appreciated in international circles. It is an honor for our Church to have such worthy leaders, beneficent servants, and spiritual heads.

We pray to God and ask the All Beneficent Lord to grant both these Catholicoi longevity, full health, and fruitful labor in His field.

The Armenian nation hopes and prays for the meltdown of the division, so that the expected and desired unity may occur with united efforts and close cooperation, and that conciliation within the Church will be achieved, and the awaited for peace be reestablished.

On this occasion, we offer our heartfelt congratulations to our Primate, Archbishop Khajag Barsamian, for expressing his sound judgments and thoughts, Christian approach, and exemplary spirit.

1996

A Mission Trip to Armenia

The Committee for the Spread of the Armenian Apostolic Teaching (CSAAT or HAVAD) just completed its second successful and beneficial mission trip to Armenia from June 22 through July 18, 1994. The Dioceses of Shirag, Siunik, Koukark, and Artsakh were the focus of its mission.

The purpose of HAVAD is to teach and to spread the doctrine, teachings, and beliefs of the Armenian Church. Also the Committee hopes to bring forth a spiritual awakening for our centuries-old sanctities and values through preaching. The project included the dissemination of spiritual literature, performing sacraments, offering counsel, and visiting hospitals, the homes of the aged and crippled, the garrisons, prisons, and the families of the poor and the martyred.

The small group of three people of which I was a part, headed for the Koris and Sisian provinces of the Diocese of Siunik located in historic Armenia. Indeed, Armenia has a beautiful and capturing nature.

Everywhere the high mountains—reflect the strong and durable character of our people and their undefeatable and invincible spirit. Combined with magnificent scenery, the visitor is inspired and fortified spiritually.

Siunik has a unique and singular nature. The region is rich with rivers engorged with water, deep gorges, lakes, mountain passes, reservoirs, clear springs, various mineral waters, and generous quantities of useful ores. Famous are the pyramids and caves of Koris. Historically, the caves have been used as dwelling places. It is noteworthy that Koris was once the seat of Meliks. In 1765, the first Melik, Ohan, built the church of Koris.

Sisian also is a mountainous city—a paradise of colors and nature. The church of St. John of Sisavan, built by Prince Gohazad of Siunik (sixth to seventh centuries), is located on the hillside.

After the painful years of Soviet rule in Armenia, as the Armenian sky gradually clears of dark clouds and begins to shine once again, many religious denominations and particularly sects from across the world are targeting our wounded fatherland. They are rushing in to "convert and redeem" the souls of our brethren. They are arriving in our fatherland—the cradle of freedom of speech, religion, and conscience—with no restrictions placed on them. They are bringing with them tons of heterodoxal literature, and they are engaging in the dangerous and destructive activity of man hunting. They are exerting every effort to hunt people in order to take in their hands the honest and naïve rustic, as well as the hard working and simple-minded peasant.

Seventy years of Soviet tyranny failed to erase the religious ardor and sincere patriotism of our people. Even during the unruly and fierce persecution intent on dousing the lantern of the Armenian faith and destroying the living temple of the Christians, the Soviet regime failed to alienate the steadfast Armenians from their faith. It is true, however, that for those seventy years the Armenian faith did not flourish, but it also true that it did not die. It remained alive, patiently waiting to breathe a free and fresh breath in order to burn and shine again.

The HAVAD's mission was to bring a particle of hope and to kindle a new enthusiasm among the Armenian people. The formation of this Committee was done so in response to a deliberate and acute need.

Today, in particular, Armenia is filled with multicolored and multishaped religious and non-religious movements—based upon the beliefs of diverse Western and remote Eastern religious thoughts patterned after both old and new doctrines. These sects are attacking and conquering the fertile soil and soul of the Armenians. As devoted servants of the Armenian Church, we must unequivocally stop their advancement. This dangerous wave of conversion can be prevented through:

1. Words, which means preaching;
2. The pen, which means supplying the people with endless literature;
3. Preparing teachers of the Armenian religion and church;
4. Offering the instruction of religious subjects in schools and colleges;
5. Establishing religious groups and charitable organizations;
6. Organizing summer camps;
7. Initiating widespread fund raising, and many more ways.

To realize these efforts, our church needs multifaceted support, the first of which is the assistance of dedicated volunteers in the field of spiritual service.

Currently, the existence and activities of the Brotherhood of the Lovers of the Armenian Apostolic Church is a known fact. This association of love, which in our history has also been called *Mouhabetjioutioun,* was founded in the 1880s in Marash by Father Ghevont Jenanian, Krikor Vartabed Vosgeritchian, Father Barkev Bardizbanian, and Haji Yeghisapet Sister Lapashlian. The members of this brotherhood of love, whom many Armenians have viewed with suspicion, are faithful witnesses to the Creed, sacraments, rituals, and traditions of our church. The organization is approved by the Catholicos of All Armenians. The Catholicos in his letter of blessing, dated March 9, 1994, clearly confirmed that the Brotherhood acts "under the umbrella of the Armenian Apostolic Church."

Currently, the Brotherhood of Church Lovers is working competently in almost twenty different regions in Armenia. They organize prayer groups and prayer houses. They meet every Wednesday and Sunday evening to pray.

During our stay in Armenia, we visited the historic churches and monasteries, accompanied by the local priest, his assistants, and members of the brotherhood. At the monastery of Datev (tenth century), we performed our first Divine Liturgy. Datev's fame originates with its university and the seminary of Siunik. During medieval times, it was a great center of learning. We know that Krikor Datevatsi, the trismegistus student of Hovhan Vorodnetsi, worked and taught there. The renowned University of Datev graduated qualified lay and ecclesiastical activists, and educators of both the mind and soul.

We also had the opportunity to visit three newly consecrated churches—St. John, St. Sdepanos, and Holy Mother of God (of Ankeghagot and Ldzen village). We prayed in them in the presence of the faithful. We consoled and stimulated our people with sermons and words of encouragement. We hope that our actions help them endure the harshest conditions.

We visited hospitals, where we delivered modest quantities of medical supplies to the physicians. We performed the sacrament of the sick and we wished the patients we met a quick recovery.

Besides making many important visitations, our group met with the commanders and soldiers of the garrison. We performed the house blessing rite and distributed copies of the New Testament. Particularly noteworthy was our visit to the garrison of Partsravan where we baptized and confirmed fifteen soldiers into the faith. These heroes asked to become Christians, and in doing so, became even more Armenian. Their commander was their godfather. In appreciation of Father Nareg's and our spiritual service, united, the soldiers sang Armenian patriotic songs with great zeal. They fired their gun as an expression of joy.

It was in these garrisons and barracks that we witnessed the unlimited spiritual strength and vigor of our brave and selfless commanders and soldiers. We were convinced, one more time, that the Armenian does not fear the horrible war, nor is he the one who will come out of war retreating or defeated. These patriotic soldiers, although deprived of life's basic necessities, face their daily hardship with courage and sacrifice. Inspired by the noblest idea of liberating the homeland from the enemy, their eyes are fixed on Mount Ararat and the dome of Holy Etchmiadzin.

The sacred motto of these fighters, who are nourished by "a drop of water and a piece of bread," is to spare nothing for the sake of the salvation of the country and its people. In this never ending struggle for perpetuation, the Armenian soldiers have firmly decided to crush the enemy's resistance with a merciless strike and defeat them. This victory, however, is costly for our small nation. Many torn and burned bodies are brought back from the bloody battlefield to be laid in their eternal place of rest. Our deceased fighters sleep with a sleep from which there is no awakening, but their names will be recorded in golden letters in the bloody and heroic book of Armenian history.

One of the major and urgent duties of our mission was to visit and pray at the graves of our martyrs. Then we visited the homes of the widows and orphans, in order to console them and offer them our symbolic assistance. It is an undeniable fact that a child acutely feels the pain of a father's final departure at an early age, and the child suffers silently and from within. Our greatest burden was to find the words in such moments that would comfort their deepest sorrow and pains, as well as the words that would encourage them, and assure them that their losses were not useless. For indeed, it is on the blood of our martyrs that our future eternal homeland will flower, flourish, and grow.

From the very first moment of our arrival in Armenia, we profoundly felt the necessity of spreading the Word of Life. Our group dedicated itself with great zeal to the sacred task of preaching in the south. We organized talent shows so that the people had the opportunities to gather and perform on stage, after which we delivered our religious message. By doing so, we tried to demonstrate the talent and capabilities of our young generation in the fields of the arts, and then take advantage of the opportunity to introduce our church and faith to our people. Everywhere we traveled, we found enthusiasm and excitement. The public demanded that the concerts and our preaching be televised. In our opinion, similar functions are important. If we want to make the voice of our church heard and to strengthen our position, then we need to use the television, which by its popularity can help us greatly in our mission. Currently there exists such a harsh reality in Armenia that if our church hesitates to make decisive and practical moves, it may soon lose the fight.

At the end of our visit, our group had the opportunity to see the ancient monument of Zorakarer, which dates back to the second millennium B.C. According to Nigoghayos Adonts, these structures were most probably citadels or abodes. There is also a leading opinion that they might have been observatories.

Finally, we visited the waterfall of Shaki. This wonder is located in the pass of Vorodan. Its fresh water runs down from a height of eighteen meters, creating a magnificent and impressive scene. We organized a barbecue for almost thirty children on the bank of the rivulet formed by the fall, and in doing so, we strengthened their ties with their church. We prayed, sang, and played together. We felt the warmth of their hearts and the love they had for us. The children were beautiful, with their shiny eyes and bright minds.

Our departure from Siunik was difficult and sad. The innocent children were around us, inseparable from our essence. We all had wet eyes and choking throats. We had spent days with these children. We had mixed with them. We promised to return and be with them again.

We, the witnesses of Armenia's current situation, cannot silence the voice of conscience within us, because such an act would represent irresponsibility and complacency.

Luck will smile upon us and our dreams will come true when we show our unity, love, and the willingness to help and sacrifice for one another.

We wish HAVAD persistence in its sacred mission, and we hope to see the formation of other similar groups. All are needed to reduce the pain of the Armenians and to help keep them vigilant.

1994